〈忠州의 象徵 中央塔(충주탑평리 7층석탑, 국보 제6호)〉
신라의 삼국통일을 기념하는 상징탑(p.499 참조)

〈中原의 象徵 忠州(中原) 高句麗碑(국보 제205호)〉
고구려의 남진통일정책을 상징하는 기념비(pp.23, 286 참조)

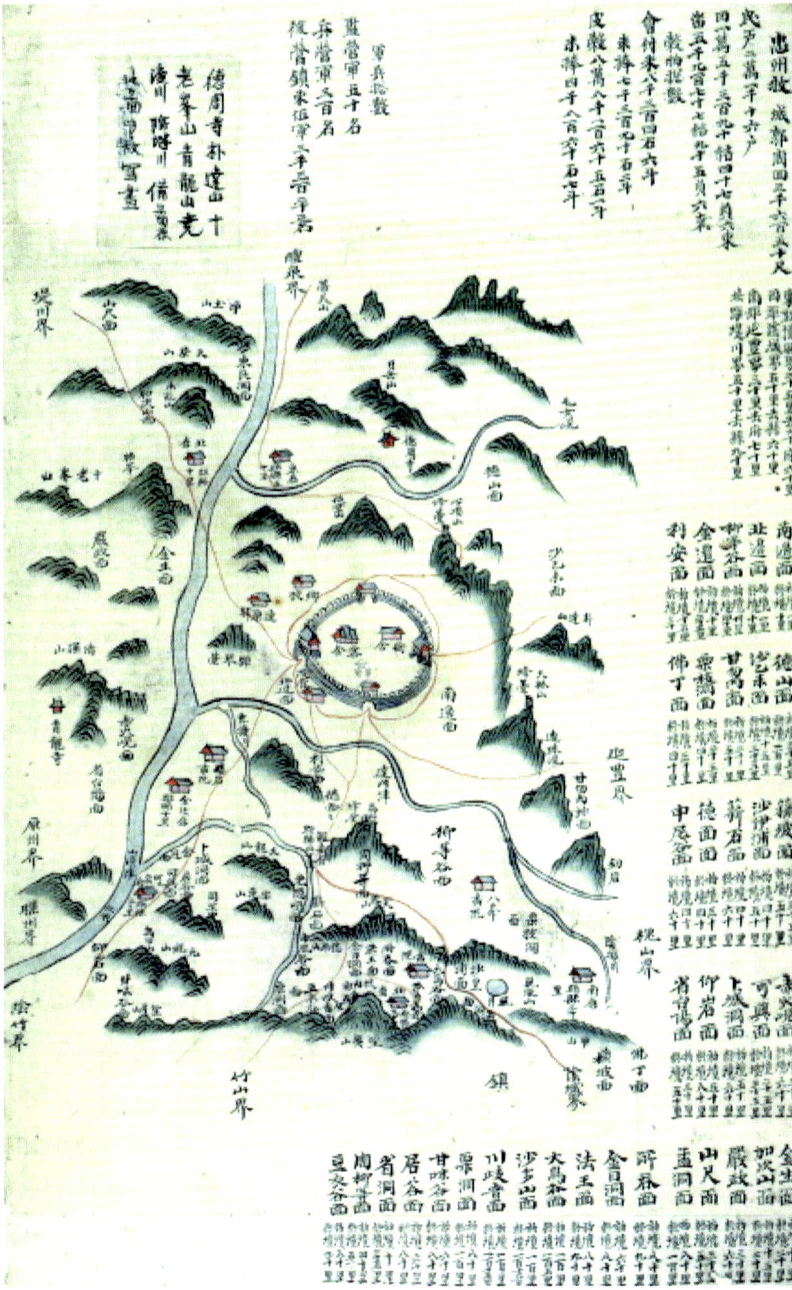

〈18세기 중엽의 忠州牧(海東地圖, 47.0×30.5cm, 서울대, 규장각)〉

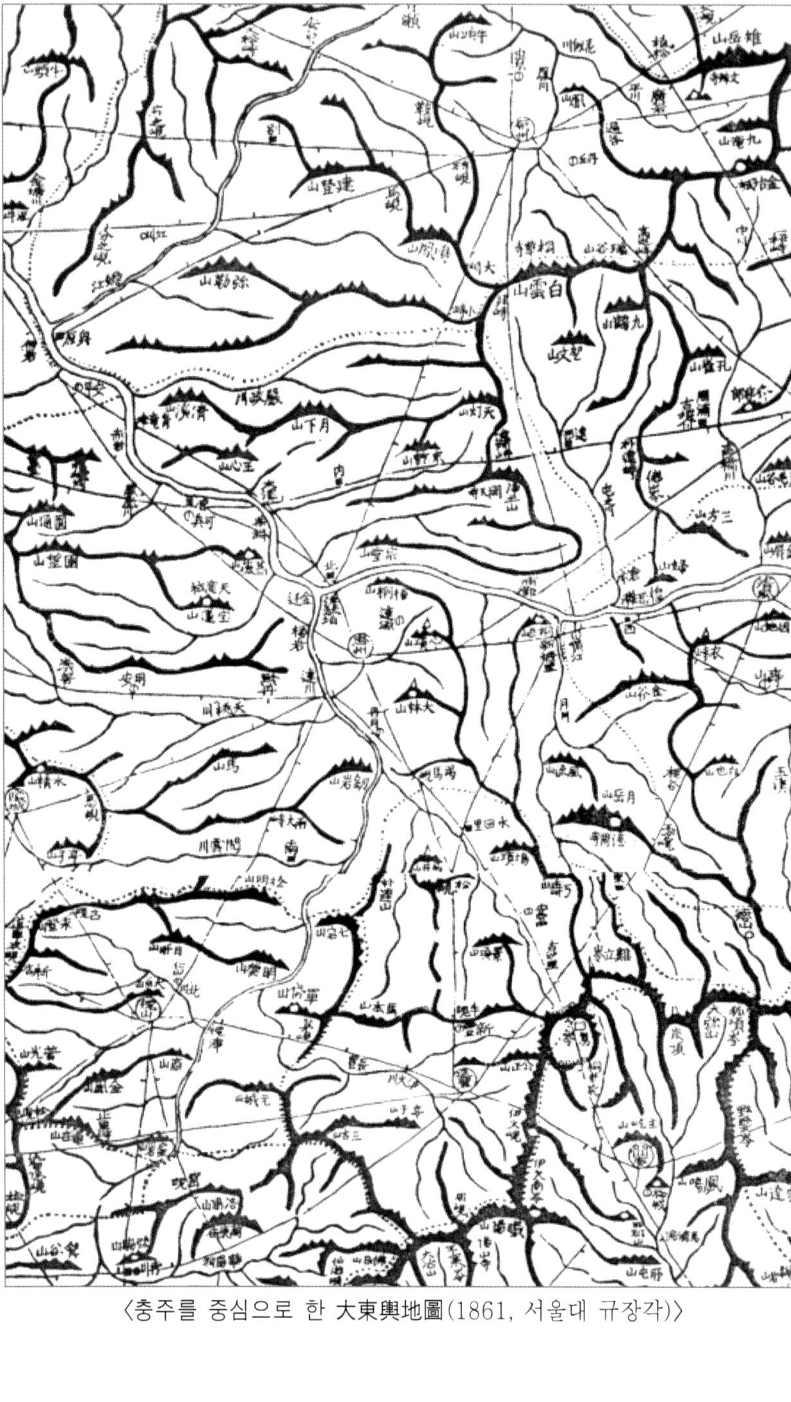

〈충주를 중심으로 한 **大東輿地圖**(1861, 서울대 규장각)〉

〈숭선사지 항공〉

〈탄금대 항공사진(북에서)〉

〈청룡사 보각국사 관련 문화재〉

〈충주계립령로 하늘재〉

〈미륵리사지 전경〉

〈온달산성〉

〈남한강(탄금대상공에서 바라본 모습)〉

〈임충민공 충렬사〉

〈대몽항쟁 전승탑〉

中原의 研究

金顯吉 著

修書院

김현길(金顯吉)

1932년, 충북 진천생

主要經歷

국학대학·고려대학교 대학원 사학과 졸업
연세대학교 동방학연구소 조수
대한유도학교·고려대학교·충북대학교 출강
충주대학교 교수, 동 대학 박물관장
충청북도 문화재위원
충북향토문화연구소 소장
한국향토사연구전국협의회 회장
충주대학교 명예교수

主要著書

中原의 歷史와 文化遺蹟(1984)/ 新講韓國史(1991)/
槐山의 歷史(1990)/방죽안 풍덕의 씨족마을(1998)

共編著

三國史記·高麗史 索引(1961)/
國家保衛와 精神革命(1977)/忠清北道 輿地集成(1994)/
中原의 金石文集(1985)/향토사의 길잡이(1995)/
忠清北道의 鄕約(1998)/실용 국사연표(1998)

飜 譯

菜根譚(역해, 1975)/忠州의 地誌(2009)

隨想集

中原文化散策(1991)/어머니의 설날(2001)

其 他

문화유적 등 조사보고서 다수

머리말

1978년 충주에 자리를 잡게 되면서 이 지역에 대한 연구를 하고자 마음을 다졌으니 배운 바가 역사이므로 이 학문을 지역과 연관시킬 때 자연 地域史[향토사]로 이어지기 때문이었던 것입니다. 당시에 충주에는 향토사 연구단체인 藥城同好會(현 예성문화연구회)가 활동을 하기 시작한 해이기도 하였습니다. 지역에 생소한 나로서는 그들과 쉽게 어울리지를 못하여 학생들과 향토문화 조사반을 구성하고 현지를 찾아다니면서 새로운 학문의 세계를 열어가기 시작하였습니다.

이 무렵에 '중원문화권'이 설정되면서 중원지역에 대한 문화유적의 발굴조사가 비교적 활발히 이루어지게 되었으며, 이 조사사업에 참여하게 되면서 중원문화에 깊이 빠져들게 되었다고 생각됩니다. 이와 같이 활동을 하다 보니 자연 예성동호회원들과도 유대를 새롭게 하게 되어 1987년에는 그 회장직을 맡게 되었습니다. 이에 나는 중원문화의 이해를 확산코자 '시민문화강좌'를 개설하기도 하고, 이를 학문적으로 체계화하여 나가고자 '中原文化學術會議'를 개최하기 시작하였습니다. 첫 학술회의를 하는 1989년 11월 18일에 나는,

> "이제 우리는 중원문화권의 문제에 머무를 것이 아니라 '中原學'을 정립하기 위한 첫 출발점에 새로이 서게 되었음을 자부하고자 하는 바입니다. 우리가 바라는 바는 중원지역이 갖는 지리적 환경을 바탕으

로 하여 올바른 歷史와 文化를 살피면서 나아가 이 지역의 발전 전망까지를 아울러 생각해야 할 때가 왔기에 이에 대한 종합적인 연구기구의 편성이 요구된다고 하겠습니다. 이것이 곧 中原學이며 이를 정립하기 위한 지역민의 총의가 한데 모아져야 하겠습니다."

라고, 韓國學의 일부분으로 '中原學'의 형성을 題言하였던 것입니다. 이후 中原文化學術會議를 매년 시행하면서 중원문화의 학문적인 체계를 다져왔으니 중원학의 기틀이 되어온 것이라고 하겠습니다. 그 동안 중원지역에 대한 연구는 다른 지역에 비하여 여러 분야에서 활발하게 이루어졌다고 하겠습니다. 이 지역에 많이 산재하고 있는 문화유적에 대한 발굴조사에 따른 학문적 평가도 있어왔기 때문이라 하겠습니다.

한 지역의 역사와 문화를 체계있게 정리하여 하나의 학문으로 정립한다는 것은 쉬운 일이 아니라고 봅니다. 그러나 중원지역에 한하여서는 가능하다고 보아졌기 때문에 일찍 이를 제언하였던 것입니다. 이는 이 지역이 우리 역사의 흐름 속에 중요한 자리를 차지하고 있기 때문입니다.

이와 같이 지역의 역사와 문화, 즉 향토문화에 관심을 깊이 하다 보니 주위에 알려져 학생들이나 일반인의 의문시되는 사안들에 대한 자문을 자주 받게 되었습니다. 이에 또한 의외로 알려지지 않았던 유적과 유물 등을 접하게 되어 새로운 공부를 하게 되었으니 이런 것을 일러 새로운 발견이니, 발굴이니 하여 보도도 되고 또는 논문으로 이루어지면서 나름대로 지역학, 즉 중원학을 이루어 가게 되었다고 생각됩니다.

이러한 과정에서 일부의 요구도 있었고, 한 번쯤 정리하여 보겠다는 욕심도 생겨 일반사의 흐름 속에 중원지역이 차지하는 역사적 흐름을 체계화하려고 시도하여《中原의 歷史와 文化遺蹟》을 펴낸 바도 있습니다. 이후 오늘에 이르기까지 새로운 자료에 의한 의문점을 풀기 위한 노력으로 이루어진 여러 편의 논문 등은 실제 이 지역에 있어서 만이 연구가 가능했던 것으로 지역사의 체계화에 일조가 되리라고 생각됩니다. 여기에 이 중 일부를 《中原의 硏究》라 하여 일반적인 총설부분을 비롯하여 시대별로 엮어보고자 하였습니다.

그러나 舊稿들을 들추어 보니 체계화되지를 못한 데다가 또한 단편적이며 모두가 독립된 글이다 보니 중복되는 부분도 있으며, 시간이 흐르면서 새로운 발굴조사로 인한 자료에 따라 보완되어야 할 부분도 있으나 손질을 못하고 말미에 별도로 변화된 상황 만을 附記라 하여 이해에 도움이 되도록 하였습니다.

다음에 몇 가지 변화된 바를 일러 두겠습니다.

일러두기 [凡例]

여러 곳에서 동일한 내용의 강연 등을 하게 되어 경우에 따라 그때그때 부분적으로 손질하여 다른 곳에 발표한 바 있으며, 일부는 주제를 바꾼 것도 있어 그 경위를 개략하여 밝히고자 하였습니다.

더욱 원고를 작성할 당시의 행정구역인 중원군·제원군 등이 바뀌어 오늘과는 다름이 있으나 글을 쓸 당시의 분위기도 있고 하여 특별히 고치지 않았습니다. '중원군'은 1995년 1월 1일부로 '충주시'로 통합되었으며, '제원군'은 1991년 1월 1일부로 '제천군'으로 개칭되었다가, 1995년 1월 1일부로 '제천시'로 통합되어 오늘에 이르고 있음을 말하여 둡니다.

또한 2010년 12월 27일(문화재청 고시 제2010-133호)자로 일부 문화재 명칭이 변경되었으나 종전의 명칭을 그대로 두었습니다. 변경된 명칭은 다음과 같습니다.

구 분	기존 명칭	변경 명칭
국보 제006호	중원탑평리 칠층석탑	충주 탑평리 칠층석탑
국보 제197호	청룡사 보각국사정혜원륭탑	충주 청룡사지 보각국사탑
국보 제205호	중원고구려비	충주고구려비
보물 제016호	억정사대지국사비	충주 억정사지 대지국사탑비
보물 제017호	정토사법경대사자등탑비	충주정토사지 법경대사탑비
보물 제095호	괴산미륵리오층석탑	충주미륵리오층석탑
보물 제656호	청룡사보각국사정혜원륭탑전 사자석등	충주청룡사지보각국사탑 앞 사자석등
보물 제658호	청룡사보각국사정혜원륭탑비	충주청룡사지 보각국사탑비

I. 總說編

中原文化의 概觀 :

原題 「中原地域의 歷史的 背景」(中原文化學術會議 ; 1995)을 改題한 것이다. 중원지역의 역사적 흐름을 개관한 것으로 일부분 보완하였다. 총론으로 이해되리라 생각되어 첫머리에 실었다.

中原文化의 理解 :

原題 「중원문화의 특징」(《충북문화론》, 충북개발연구원·충북학연구소, 2003)이다. '중원문화권'을 설정하게 된 배경을 중심으로 하여 시대별로 중원문화의 특징을 개관하였다. 총괄적인 이해가 되리라고 생각된다.

南漢江流域의 交通路 :

《충북의 역원과 봉수》(충북향토문화연구소, 2009)

「南漢江流域의 驛站과 漕運」(《충북향토문화》 12, 2001)을 보완 개고한 것이다. 남한강유역은 물길을 따라 육로가 발달하고, 수로를 이용하여 조운하던 경제 물류의 중심으로 중원문화를 형성한 역사적 주역이었다고 하겠다.

忠北人의 氣質과 意識 :

《忠北學》 11호(충북학연구소, 2009)

중원문화라는 이름아래 유적의 발굴조사에는 관심을 크게 갖고 있으나, 정신문화에 대하여는 희박한 것 같아 이 지역이 갖는 역사적 배경 속에서 살아왔던 사람들의 성품의 흐름을 살피고자 하였다.

忠州沿革의 諸問題:

《향토사와 향토문화》(한국향토사연구전국협의회, 1996)

「忠州沿革의 잘못을 바로잡고자 함」(《예성문화》 14, 1993)을 改題한 것이다. 일제시대 일인들에 의해 크게 변조된 연혁을 광복 후에도 그대로 답습하고 있음에 바로잡고자 하였다.

忠州의 地名變遷考:

《蘂城文化》 26(蘂城文化硏究會, 2006)

모든 地理志에 충주를 「本高句麗」라 하여 잘못을 보이고 있다. 이를 바로 이해시키고자 충주의 여러 명칭을 시대별로 추정하고자 하였다. '2007 문화유산 방문교사용 교재'와 '2010 지역명예교사'(문화체육관광부)로 '지명 유래를 찾아 떠나는 역사문화기행'의 교재로도 이용하였다.

택견의 變遷考:

《한국의 전통택견》(한국전통택견회, 2003)

전통 맨손무예인 택견의 역사적인 변천을 고찰하였다. 태권도가 그 시원을 택견에 두고 있음에 잘못을 지적하고, 고구려 고분벽화의 소위 수박도를 '택견도'라 규정하고, 올바른 택견의 흐름과 이해를 돕고자 하였다.

Ⅱ. 三國時代編

忠州地域의 歷史地理的 背景:

《國史館論叢》 16(國史編纂委員會, 1990)

내륙의 중심부에 위치한 충주지역이 삼국의 쟁점지역이었던 지리적 배경에서 이루어진 역사의 흐름을 개관하고자 하였다. 《中原京과 中央塔》(中原郡·忠州工業專門大學博物館, 1992)에도 수록하였다.

雞立嶺考:

《竹堂 李炫熙敎授華甲紀念韓國史學論叢》(東方圖書, 1997)

竹嶺과 함께 역사상 최초의 교통로로 개척된 지역으로 위치 비정에 여러 설이 있어왔다. 충주시 수안보면 미륵리에서 문경 관음리로 넘어가는 오늘의 하늘재, 삼국 쟁점의 중심에 있었던 역사적 중요성을 밝히고자 하였다.

眞興王과 于勒의 新歌:

《忠州彈琴臺》(忠北大學校 中原文化硏究所, 2002)

「娘城의 봄」(《忠州文學》 17, 1999)을 보완한 것이다. 진흥왕은 낭성의 河臨宮에서 우륵의 新歌를 들은 후 전 한강유역에서 고구려와 백제세력을 물리치고 치밀한 관리로 삼국통일까지 이어지게 되는 계기가 되고 있음에 그 의미를 밝히려 하였다. 이를 보완하여 '우륵문화제(2008)'에서 발표하였다.

于勒에 관한 硏究:

《彈琴臺地表調査報告書》(충주공업전문대학박물관, 1991)

《蘂城文化》 7(1985)에 발표한 내용을 보완한 것이다. 우륵과 가야금을 탄금대를 중심으로 역사적인 의미를 고찰하고자 하였다.

溫達과 阿旦城에 관한 硏究:

《中原文化論叢》 2·3(忠北大中原文化硏究所, 1996)

온달전에 대한 검토와 그의 싸움터인 阿旦城을 阿且城으로의 비정이 잘못되었음을 밝히고자 하였다. 《溫達山城의 文化와 歷史》(단양문화원, 1997)·《온달과 단양》(단양문화원, 1999)에 수록.

興武大王 金庾信의 生涯:

《常山文化》 8(상산고적회, 2002)

《삼국사기》 김유신전을 중심으로 하여 장군의 일념 삼국통일의 의지를 실현하기 위한 생애를 살피고자 하였다. 한 영웅의 생애에는 神異한 사건이 뒤따르는 것임을 알게 하는 일대기이다.

强首의 硏究:

《忠州의 人物》 1(충주시·예성문화연구회, 2001)

외교문서를 통하여 신라의 삼국통일에 크게 공헌한 강수는 중원의 沙梁에서 태어났다. 스스로 儒學을 선택하여 대성을 이룬 대문장이다. 그의 이름은 태종이 붙여준 것이며, 任씨로 알려지고 있는 성이 昔씨임을 밝혔다.

國原京과 中原京:

《中原京과 中央塔》(中原郡·충주공업전문대학 박물관, 1992)

신라는 통일한 후 5소경을 설치하고 國原京(충주)을 中原京이라 하였다. 소경설치의 의미와 중원문화의 시원을 이룩한 충주지역이 갖는 의의를 살피고자 하였다.

中央塔과 建塔緣由에 대한 考察 :

《中原京과 中央塔》(1992)

삼국을 통일한 신라는 국토의 중앙지를 정하고 탑을 세워 中央塔이라 하였다고 한다. 전하는 이야기와 탑의 양식 등을 고려하여 삼국통일을 기념하기 위하여 세운 상징탑으로 규정하고자 하였다.

金生과 그의 遺墨跡 :

《忠州의 人物》 2(충주시·예성문화연구회, 2003)

原題는 「書聖 金生」이다. 「金生과 그의 遺墨跡에 관하여」(金生 學術發表會, 1997)라 하여 발표한 내용을 보완한 것이다.

Ⅲ. 高麗時代編

崇善寺址와 忠州劉氏 :

《崇善寺址 地表調査報告書》(예성동호회, 1995)

「崇善寺址와 그 建造年代考」(《蘂城文化》 3, 1981), 「崇善寺址와 忠州劉氏」(《斗山 金宅圭博士 華甲紀念 文化人類學論叢》, 1989) 등에 발표한 내용을 보완한 것이다. 逸名 廢寺址에서 수습한 銘文瓦에 의해 創寺에 관한 동기까지 밝혔다. 숭선사지는 사적 제445호로 지정되었다.

박달재와 朴達峴싸움 :

「박달재 문화유산 학술강연회」(2005. 11. 9)

「박달재」(《內陸文學》 29, 1992)라 발표한 내용을 보완한 것이다. 「울고 넘는 박달재」의 노래말과 함께 현지에 전하는 잘못된 유래(조선시대)와 고려시대 글안병을 물리친 김취려 장군의 싸움의 현장임을 일깨우고자 하였다.

外寇와 忠州地域-高麗時代- :

《蘂城文化》 15(1994)

제6회 중원문화학술회의(1994. 10. 29)에서 발표한 내용을 보완한 것이다. 글안·몽고·합단·홍건적·왜구 등 많은 외침의 와중에서의 상황을 개관하면서 지역적인 배경과 지역인의 의식문제에도 관심을 기울이고자 하였다.

忠州山城考:

《충주대학교 박물관보》 20(2009)

옛 지도에는 漢美山城이라 하였으나, '충주산성'이라는 이름 때문에 고려시대 몽고와의 항전 관련인 '충주산성'으로서의 비정에 혼선을 빚어왔다. 이에 대한 관심을 기울인 소론이다.

多仁鐵所考:

《忠北鄕土文化》 11(2000)

몽고와의 항전과정에서 다인철소의 사람들이 몽고군의 침입을 막아낸 공으로 소를 승격시켜 익안현으로 하였다. 지금의 이류면 지역으로 철의 산지임과 그 의미를 지역적인 입장에서 밝히고자 하였다.

松界里 大佛頂呪碑에 대하여:

《鄕土史硏究會報》(창간호, 1988. 봄호)

1988년 한수면(제천시, 당시는 제원군) 송계리의 월광사 터 입구의 도로확장공사 중 발견한 梵字文碑이다. 덕주사로 옮겨져 보호각을 세워 충청북도 유형문화재 제231호로 지정되고 있다.

普覺國師 混修:

《忠州의 人物》 5(충주시·예성문화연구회, 2006)

고려말 충주의 소태면 青龍寺를 중심으로 불교계를 이끌어간 고승이나 전면에 나서지 않으려고한 그의 생애와 사상을 밝히고자 하였다. 소태면의 청룡사터에는 혼수의 부도탑(국보 197호)과 탑비(보물 658) 등 석조유물이 많다.

Ⅳ. 朝鮮時代編

壬辰倭亂의 忠州戰鬪:

《藥城文化》 29(2009)

壬亂 충주의 싸움은 申砬의 배수진과 연관된다고 할 것이다. 이를 무모한 작전이었다고들 하나 신립은 왜군의 진로를 살피고, 현지 지형을 이용한 작전구상을 하였다고 본다. 또한 잘못 전하여지는 전사지에 대하여도 밝히고자 하였다.

壬亂 義兵將 趙熊考:

《忠州의 人物》 3(충주대학교 박물관, 2003)

「壬辰倭亂과 義兵將 趙熊」(《湖西文化硏究》 1, 1981), 「忠州義兵將 趙熊」(《軍史》 5, 국방부 전사편찬위원회, 1982)에 발표한 내용을 보완한 것이다. 충주의 패전 후 의병을 일으켜 북상하는 왜군의 후속부대를 저지하며 싸우다 전사한 청년장군에 대한 연구이다.

晋州城을 지킨 金時敏 장군:

《忠淸文藝》(1980년 2월호)

진주 通判으로 임란을 당하자 공석 중인 牧使를 대리하여 진주성을 지키다가 목사가 되어 포위 공격하는 적의 대군을 막아 싸우다 순절한 장군의 생애를 살피고자 하였다.

林慶業과 忠烈祠:

《忠淸日報》(忠北史의 再照明 57회, 1987. 2. 25)

충주의 달천에 임경업 장군의 사당인 충렬사, 살미면 세성리에는 부조묘사우, 풍동 산에는 묘소가 있는 충주지역의 대표적 인물이다. 초기의 의기는 컸으나 뜻을 펴보지 못한 불운한 생애를 살피었다.

嚴政面 所在 胎室碑에 대하여:

《蘂城文化》 5(1983)

엄정면 주동에서 새로 발견한 두 胎室碑가 仁祖의 계비 趙貴人의 소생인 崇善君과 樂善君의 것임을 밝히고, 같은 지역에 있는 景宗大王 태실 등 조선시대의 태실 운영의 실상을 살피고자 하였다.

抗日義兵將 韓鳳洙考:

《淸州文化》 10(淸州文化院, 1995)

한말에 의병을 일으켜 신출귀몰하는 유격전으로 왜병에게 크게 타격을 입힌 청주의 대표적 의병장이다. 신화적인 의병활동을 몇몇 전기와 판결문을 중심으로 살피고자 하였다.

이상의 대부분은 지역의 필요와 요구, 또한 이웃의 새로운 정보 등에 의한 의문점의 해결책으로 이루어진 것들입니다. 따라서 연구하게 된 동기를 머리 부분에 밝히어 자료를 제공하여준 분들에 대한 고마움을 표하려 하였습니다. 다만 이 방면의 연구는 많은 부분 이 지역에서 만이 접하는 새로운 사례들로, 나름대로는 성의를 다하여 연구하고자 하였으나 올바른 견해와 해석이 이루어졌는지 우견을 탓하며, 앞으로 명론 탁견과 새로운 해설이 나오기를 기대하고자 할 뿐입니다.

끝으로 이 책이 나오도록 도움을 주고 출간을 도맡아 준 修書院 孫光春 사장님의 후의에 감사하며, 교정에 수고를 하여주신 하성용님께도 고마운 뜻을 표하는 바입니다.

2011년 5월

著者 **謹識**

目 次

總 說

三國時代

高麗時代

朝鮮時代

總 說

中原文化의 槪觀

〈목 차〉

Ⅰ. 序　言

중원문화권이 논의되기 시작한 것은 1981년도에 충청북도와 중원군에서 중원문화권이라는 이름 아래 이 지역에 대한 문화유적의 기초조사를 실시한 데서 비롯되었다. 이 조사사업은 충북대학교 박물관이 주관하였으며, 그 결과에 따라 정부에서는 중원문화권을 포함하여 전국을 五大文化圈域5대문화권역으로 나누어 설정하였다. 그리고 이들 지역에 대한 조사연구를 깊이 있게 하기 위하여 문화재연구소를 설치·운영하기에 이르렀다.

중원문화권을 설정하고 기초조사를 실시할 때의 권역은 오늘의 충청북도 전역과 이에 인접한 북부는 경기도 여주·이천지역, 강원도의 원주·영월과 동북쪽으로는 경상북도의 영주·영풍·봉화·문경·예천·안동·상주 등지가 포함되고 있다. 이 권역에 대하여 문화재관리국에서는 1982년부터 8년 여에 걸쳐서 각 대학의 조사팀에 의뢰하여 본격적인 정밀조사를 실시하여 《中原文化圈文化遺蹟精密調査報告書중원문화권문화유적정밀조사보고서》를 각 시·군 단위로 펴낸 바 있다.

여기서 중원문화라고 함은 통일신라시대 中原京중원경의 역사성에서 비롯된 것이기는 하나, 사실상은 백제·신라문화권을 제외한 지역이라고 하겠다. 지역적인 여건에서 살펴보면 북쪽으로는 남한강 유역에 발달한 문화와 남쪽으로는 금강 상류역에서 자라난 문화를 포괄하고 있으며, 게다가 일찍부터 교통·군사상 삼국의 쟁점이었던 雞立嶺계립령과 竹嶺죽령을 중심으로한 남북 간의 문화대를 포함한 것으로 역사지리적인 중요성에서 기인한 것이라고 하겠다. 바로 이 중심부가 오늘의 중원권(충청북도)인 것이다.

이 지역은 지리적으로 매우 중시되는 곳으로 일찍부터 역사무대에 등장하게 되었으니 삼국 초기에는 백제와 신라의 활발한 공방이 있었으며, 고구려의 남하 과정에서는 삼국의 국경지대로서 싸움이 그치지 않았던 곳이다. 中原高句麗碑중원고구려비가 이 지역에 세워지게 된 것도 이러한 시대상을 반영하는 것이라고 할 것이다. 신라에 의한 삼국통일도 그 원인을 찾는다면 신라가 중원권을 확보하기 위한 노력의 결과라고도 하겠다. 따라서 삼국시대에 이 지역이 갖는 역사적 의미는 매우 크다고 하겠다.

삼국을 통일한 신라는 지방제도를 크게 개편하여 전국을 9주 5소경으로 하였다. 이 중 오늘에 정한 중원문화권역은 충주를 중심으로 하여 주위에 5주가 접하고 있으며, 中原京중원경(忠州)을 비롯하여 西原京서원경(淸州)과 北原京북원경(原州)의 3소경이 포함되고 있다. 반도의 중심지역으로도 이해된다.

후삼국의 분열기에 있어서도 이 지역은 분쟁의 중심지역이었으니 삼국시대와 유사한 역할을 하고 있었던 중요한 지리적 의미를 갖는다. 고려 태조가 후삼국을 통일한 뒤 이 지역의 중심인 중원을 충주라고 개칭한 바도 중심되는 고을이라는 뜻으로 이해되어 주목된다.

고려와 조선시대의 통일된 시기에는 이 지역이 남북으로 통하는 중앙부이기도 하여 외세의 영향을 크게 받고 있었던 것도 특징이라고 하겠다. 고려시대 몽고와의 항쟁기에도 그러하였으며, 조선시대 임진왜란 때에도 이 지역은 주목되는 곳이었다. 그러나 이러한 외세를 이 지역민은 그냥 앉아서 당한 것이 아니라 자발적으로 일어나 반외세를 위한 적극적인 운동을 벌였으니, 抗蒙戰항몽전에서도 그러했으며 壬亂임란 때도 의병활동이 왕성했던 곳으로도 이해된다. 이와같은 반외세를 위한 사상은 한말 의병운동도 이 고장에서 그 기치를 높이 올렸다는 데서 주목된다.

또한 교통의 利이는 수운에도 있었다. 고려시대 이후 漕運制조운제가 시행되어 한강에는 유일하게 內陸倉내륙창이 있었으니 충주의 可興倉가흥창이었다. 이곳에는 오늘의 경상도와 충청북도의 전역에서 거두어 들인 田稅전세를 集積집적하였다가 서울로 물길을 이용하여 운반하였다. 실로 산업·경제의 중심으로서 중원문화권이 갖는 또 하나의 역할이었다고 하겠다.

중원문화권의 역사적인 배경을 서술함에는 이 권역에 대한 일반적인 역사의 흐름을 고려하여야 하겠으나 필자의 천박한 지식이 이에 미치지 못함에 가급적 충청북도 지역을 중심으로 지역적 성격에서 오는 중요한 사건을 개관하고자 할 뿐이다. 미비한 부분은 일후 제언의 도움으로 그 實실을 거둘 수 있게 되길 바랄 뿐이다.

Ⅱ. 先史時代의 中原

남한강과 금강의 상류지역은 일찍부터 선사인류가 생활하였던 전기구석기시대부터 역사시대에 이르는 다양한 문화유적과 유물들이 넓은 지역에 산재하고 있어 중원지역의 여명을 알리는 역사적 고장이다.

단양 도담 금굴은 지금으로부터 70만 년 전의 인류가 살았던 전기구석기

시대의 유적으로 관심이 간다. 구석기시대의 사람들은 주로 동굴을 이용하거나, 평지에 움집을 짓고 살았기 때문에 동굴유적과 한데유적을 남기고 있다. 동굴유적으로는 제천의 점말용굴·청원 두루봉동굴·단양 상시바위그늘유적·구낭굴유적·도담 금굴유적 등이 조사되어 알려지고 있다.

한데유적으로는 남한강유역의 단양의 수양개, 제천의 창내·명오리큰길가유적과 금강유역의 청원 소로리·청주 봉명동유적 등이 조사되었다. 이중 수양개유적은 석기제작소로 알려지고 있으며, 동아시아 선사문화의 교류를 밝히는 문화비교의 중요한 자료로 주목되고 있으며 선사박물관이 세워지고 있다. 또한 청원 소로리·단양 수양개·충주 조동리 등에서 검출된 벼 등 많은 농경자료들은 우리 뿐만 아니라 아시아지역 선사시대 농경사 연구에도 중요한 자료이기도 하다.

이 시기를 다음으로하여 대체로 BC 6000년경부터 신석기시대가 시작된다고 보고 있다. 이들은 구석기시대의 採集經濟채집경제의 단계를 벗어나 生産經濟생산경제로 옮겨가게 되었으니 농경생활과 가축을 기르는 등 큰 발전을 하게 되었다. 따라서 생산물을 저장하기 위한 그릇으로 토기를 만들어 쓰게 되었다.

우리나라 신석기시대의 사람들은 주로 빗살무늬토기[櫛文土器]를 사용하였으므로 빗살무늬토기시대라고도 한다. 남한강유역에는 단양 상시바위그늘·도담 금굴·제천 황석리·충주 조동리유적 등이 조사되었다. 이 외에 제천 양평리·광의리 등과 충주 명서리·하천리 등 강변유적에서 빗살무늬토기편이 출토된 바 있다. 금강유역에는 청원 쌍청리, 청주 봉명동, 영동 금정리유적 등이 조사되었다. 청주 상당산성에서 빗살무늬토기가 채집되고 있어 山上遺蹟산상유적이라는 특성을 가진 새로운 자료가 나타나 주목되기도 한다.

신석기시대를 다음하여 BC 10세기경에 북방계통의 청동기문화를 지닌 민무늬토기[無文土器]인의 등장으로 새로운 청동기시대가 시작된다. 이 시대를 대표하는 유물로 민무늬토기와 고인돌[支石墓]이 있어 민무늬토기시대, 또는 지석묘시대라고도 한다. 고인돌은 지배자의 무덤으로 인식되고 있으니, 청동기문화를 배경으로 지배자와 피지배집단이 생기게 되면서 초기의 정치세력이 형성되는 시기이기도 하다. 우리나라 최초의 국가인 고조선사회도 이 문화를 배경으로 성장하게 되었다.

남한강유역에는 고인돌이, 금강유역에는 선돌이 비교적 많은 것이 특징이라 할 수 있다. 고인돌은 1962년 제천 황석리에서 처음 발굴 조사된 이래 충주댐 수몰지역의 조사와 중부고속도로 건설, 경부고속전철 공사 등과 관련된 구제 발굴에 의해 이루어졌다. 황석리 고인돌에서는 인골자료가 나와 청동기시대 사람들에 관한 형질인류학 자료를 제공하고도 있다.

집터유적으로 청원 내수리, 청주 향정동·내곡동·궁평리유적이 조사되었으며, 충주 동량면 조동리 유적에서는 네모꼴의 집터와 불 땐 자리, 움, 돌무지유구 등 생활유구를 확인하였으며, 쌀·보리·밀·귀리·수수 등의 불탄 낟알이 많이 출토되어 당시의 농경생활과 생산 작물을 알게 하는 자료로 관심이 간다. 조동리는 이 지역의 선사문화를 주도한 곳으로서 당시 인류가 활발한 생산활동을 하였던 지역으로 충주지역의 여명기를 장식하는 유적으로 선사박물관이 세워지고 있다.

Ⅲ. 三國時代의 中原

馬韓마한의 일각에서 일어난 백제는 점차 주변의 여러 땅을 아우르면서 성장해 갔다. AD. 63년에는 娘子谷城낭자곡성(충주)까지 영토를 확장하였으며, 이듬해인 64년에는 신라의 蛙山城와산성·狗壤城구양성(보은지역)을 공격하였으나 이기지 못하였다. 그러나 이 지역에서 백제와 신라는 10수 년 동안 수 차례에 걸쳐서 공방전이 오고 갔다. 이 사실은 63년을 기점으로 하여 백제는 충청북도의 북부인 충주지역과 남부인 보은지역까지 세력을 확장하려고 하였음을 알 수 있다. 그러나 와산성은 끝내 확보하지 못하였으니 남부지역은 신라에 의해 버티고 있었음을 알 수 있다.

백제가 마한의 지역을 아울러 나가는데 반하여 신라는 북쪽으로 영토확장을 도모하게 되었다. 신라는 156년에 계립령(충주 상모면 미륵리 지역)을, 158년에는 죽령(단양)을 각각 개통하였다. 신라에 의해서 소백산맥으로 인한 남북 간의 천연적 장벽이 뚫리게 된 것이다.

이 두 고갯길은 북서쪽으로는 한강이 흐르고 있으며 그 중심부에 충주가 있어서 일찍부터 한반도의 중심적 역할을 담당하여 온 곳이다. 그러므로 이 지역을 장악하기 위한 삼국 간의 분쟁은 매우 치열하였다. 한강을 중심으로 한 계립령과 죽령 그리고 충주는 삼국시대 뿐만 아니라 조선시대에도 큰 의미를 지니는 역사를 간직하고 있다.

대체로 이 시기에 백제는 소백산맥을 경계로 하여 북부지역을 확보하고 있었으며, 신라는 산맥의 동남쪽과 보은지역에 세력권이 있었기 때문에 대부분의 분쟁은 충주와 보은지역 사이에서 일어나고 있었음을 알 수 있다.

백제는 근초고왕(346~375) 때를 맞이하면서 크게 국력을 기르고 힘을 기울여 마한의 잔여세력을 확보하고, 다시 북쪽으로 진출하여 371년에 고구려의 평양성까지 나아가 고국원왕을 전사케 하였다. 이리하여 백제는 오늘의 경기·충남·전라도의 전부와 낙동강 중류유역, 강원·황해도의 일부까지 점유하게 되었다. 따라서 충청북도 지역은 이 무렵에 거의 대부분이 백제령에 들게 되었다.

고구려는 고국원왕의 전사로 큰 타격을 받게 되자 그 다음을 계승한 소수림왕(371~384)은 위기를 극복하기 위한 체제정비에 힘을 기울였다. 372

년에 불교를 수용하고 태학을 설치하였으며, 이듬에는 율령을 반포하는 등 착실히 왕권을 확립하고 국력을 길러갔다.

이와 같이 길러진 힘은 광개토왕(391~412) 때에 이르러서 일대 정복사업으로 나타나게 되었다. 왕의 위업은 당시 고구려의 서울이었던 국내성에 남아 있는 거대한 광개토왕릉비에 의해 자세히 알 수 있다. 왕은 永樂영락이라는 연호를 세우고 재위 22년 동안 주변을 크게 아울러 동북아에 군림하는 대제국을 형성하였으며, 그 여세로 백제에 대한 보복전을 하기에 이르렀다.

영락 6년(396)에 왕은 수군을 이끌고 백제의 한강유역을 정벌하였으니 이때 그 세는 충주지역인 고모루성·아단성까지 미친 것이었다. 광개토왕의 뒤를 이은 장수왕(413~491)은 부왕의 사업을 계승하여 고구려의 極盛期극성기를 이루었다. 왕은 15년(427)에 국내성에서 평양으로 도읍을 옮기고 남진통일정책을 폈으니 이는 백제와 신라에게는 큰 위협이었다.

백제는 이에 대비하기 위해 중국의 남조와 외교를 확대하면서 이웃 신라와는 동맹관계를 맺게 되었으니 433년의 일이다. 이러한 정황을 안 장수왕은 63년(475)에 3만의 병력을 이끌고 백제의 서울 한산漢山을 공격하여 개로왕을 참살하였다. 이에 그의 아들 文周문주는 熊津웅진(공주)으로 도읍을 옮기고 나라의 재건에 힘을 기울였다. 충주에는 이 무렵 사정의 일단을 전하는 전설이 있으니 개로왕이 한강변의 위험을 알고 이곳으로 도읍을 옮기려고 준비하였다는 離宮址이궁지가 있어 관심이 간다. 지금의 충주시 안림동으로 어림리라고도 한다.

고구려는 백제의 南遷남천으로 보다 적극적인 남진책을 도모하여 한강의 전유역을 포함하여 크게 남쪽으로 영역을 확대하였다. 지금의 아산만에서 계립령·죽령을 넘어 경상북도의 영덕·평해에 이르는 선에서 백제와 신라와의 경계를 삼게 되었다. 이에 따라 충북의 북부지역은 고구려의 장악하에 들게 되었으니 《삼국사기》 지리지에 본래 고구려 지역이라고 한 진천·

음성·도안·괴산·연풍·충주·청풍·단양·영춘 지방이다. 이 지역은 장수왕 63년(475) 이후에 고구려에 예속된 것으로 보아야 할 것이다.

고구려는 이 지역을 장악한 후 충주지역의 중요성을 알고 이곳을 중심으로 하여 남방경략, 즉 통일을 위한 전진기지화를 시도하였다고 생각된다. 왜냐하면 이곳을 나라의 중심이라는 뜻을 지닌 국원성이라 이름하고, 중원고구려비를 세웠다는 데서 짐작된다. 고구려는 남북 간 통로로서의 계립령과 죽령을 중시하고 한강과 그 중심의 심장부라고 할 충주 즉, 국원성을 크게 인식한 것이라고 하겠다.

Ⅳ. 新羅의 漢江流域 進出

고구려의 본격적인 남진책이 있었던 474년에 앞선 470년(신라 자비 13)에 신라는 충북의 남쪽 보은지역에 三年山城삼년산성을 쌓았으며, 486년에는 삼년산성과 屈山城굴산성(청산)을 개축하는 등 이 지역에 대한 보강조치를 하고 있다. 이는 5세기 후반기에 있어서 충북지역의 판도를 추측케 하는 사건이라고 하겠으니 고구려의 남진책과의 관계를 의미하는 것이라고 생각된다.

고구려는 484년(장수 72) 신라의 북쪽을 침입하였다. 이에 신라군은 백제와 더불어 母山城모산성(진천지역) 아래에서 크게 격파하였다. 489년에도 고구려는 신라의 북쪽 戈峴과현을 습격하고 孤山城고산성을 함락하였다. 이러한 사건에 백제도 위협을 느꼈음인지 490년(동성 12)에 북부의 사람 15세 이상의 장정을 징발하여 沙峴城사현성(괴산 사리면 모래재?)과 耳山城이산성(증평 尼聖山城?)을 쌓고 있다. 이상에서 볼 때 이 무렵 신라는 보은방면을, 백제는 괴산방면에다 고구려에 대한 방어시설을 갖추면서 더욱 동맹관계를 다지고 있었으니 493년에 백제는 신라에 청혼을 하고 있음에서 짐작된다.

고구려는 이 방면에 계속적인 공격을 하고 있다. 494년(문자 3) 7월 신라의 북변인 薩水原살수원(청천)을 공격하자 신라 장군 實竹실죽은 犬牙城견아성(청천의 상류?)으로 물러나니 백제군이 와서 도와 고구려병을 물리쳤다.

495년 8월에 고구려군이 백제의 雉壤城치양성(조령 이남?)을 포위하자 신라는 군사를 내어 백제를 도와 물리쳤다. 496년 7월에 고구려군은 신라의 牛山城우산성(보은지방?)을 공격하였으나 이를 물리쳤다. 그러나 이듬해에 다시 고구려는 우산성을 공취하였다. 살수와 우산성은 서로 밀접한 관계에 있는 것으로 보인다. 이 싸움으로 고구려는 소백산맥의 북쪽인 괴산지역 일원을 장악하는 것이라고 생각된다.

이와 같은 삼국의 관계는 475년 고구려의 漢城한성 공략 이후 497년까지의 사이에 이루어진 것이다. 이와 같이 본다면 죽령·계립령을 잇는 소백산맥과 속리산으로부터 서쪽 보은의 북쪽을 긋는 선에서 신라는 고구려와 경계를 이루고, 이 서쪽으로 백제가 자리하고 있었던 것으로 짐작된다.

이후 신라와 백제는 서로 협력하여 고구려의 세력을 점차 북으로 밀어 올리고 있었던 것으로 생각되니 백제는 한때 충주방면까지 장악한 것으로 보인다. 이는 548년에 고구려가 백제의 獨山城독산성(충주지역?)을 공격하고 있음에서 알 수 있다. 이에 백제는 신라에 구원을 청하니 신라는 3천의 甲卒갑졸을 보내어 독산성 아래에서 고구려군을 크게 깨치고 물리쳤다. 이 독산성 싸움에서 백제와 신라의 공동작전은 3년 뒤에 올 한강유역 공략을 위한 전초전이라고 생각되어 의미가 크다.

신라와 백제는 551년(신라 진흥 12, 백제 성왕 29)에 전 한강유역에서 고구려의 세력을 완전히 북으로 물리치는 대작전을 수행한다. 백제는 먼저 신라와 가야의 군사를 이끌고 한강 하류역의 6개 군을 장악하고, 신라의 진흥왕은 이 해에 開國개국이라 연호를 세우고 3월에 居柒夫거칠부·仇珍구진 등 8

장군에게 명하여 한강 상류역인 죽령 이북 고현(철령) 이남의 10개 군을 공취하였다. 백제로서는 개로왕이 한강변에서 전사하고 남천한지 76년만의 일로 의미가 크다하겠으며, 신라는 이 작전 중에 단양지역을 장악하고 그를 기념키 위해 赤城碑적성비를 세웠다. 이 작전으로 충북의 북부지역은 완전히 신라의 영유로 변하게 된 것이다.

신라는 이와 같은 작전을 수행하기 전에 충주지역을 확보하였던 것이다. 왜냐하면 국원(충주)에는 이미 가야의 樂聖악성 于勒우륵이 신라에 망명하여 이곳에 와서 살고 있었기 때문이다. 진흥왕은 이 해(551) 3월에 娘城낭성(충주)의 하림궁(탄금대?)에 들려서 우륵의 음악을 듣고 있었다는 데서 알 수 있다. 진흥왕의 낭성 巡守순수는 이미 확보된 충주지역이 갖는 중요성을 직접 살피고 신라가 장차 나아가야 할 대전략을 구상하기 위한 것으로 풀이된다.

진흥왕은 이곳에서 우륵의 음악을 듣고 난 후에 앞에서 기술한 한강 상류역에 대한 공략을 거칠부 등에게 명하고 있기 때문이다. 또한 2년 뒤인 553년에는 백제가 76년 만에 회복한 한강 하류역을 석권하고, 新州신주(廣州)를 설치하였으니 신라는 전 한강유역을 완전히 확보하게 된 것이다. 신라의 한강유역 확보는 기름진 영토를 얻었다는 경제적 이익도 크다고 하겠으나 고구려와 백제의 중간부분을 끊고 강력한 군단(주)을 배치하여 중국대륙과 직접 통할 수 있는 문호를 얻게 되었다는 점에서 더욱 큰 의미를 갖는다. 이는 바로 정치·군사·외교상에서 장차 반도의 주인공이 될 지정학적인 이 점을 확보한 것이며, 그 중심부를 이루는 곳이 충주지역이라는 것을 생각할 때 충주에 대한 관심을 크게 하였음은 당연한 일이라고 하겠다.

따라서 진흥왕은 한강유역에 대한 관리를 위하여 깊은 배려를 하지 않을 수 없었다. 진흥왕은 한강 하류역의 관리를 위해 2년 뒤인 555년에 북한산을 巡幸순행하고 북한산순수비를 세운다. 그리고 2년 뒤인 557년에는 신주를 북한산주로 개칭하고, 국원(충주)을 소경으로 승격시켰으며, 이듬해(558)

에는 국원에 貴戚子弟귀척자제와 6부의 豪民호민을 옮겨 살게 하여 이 지역을 충실케 하였다. 이는 국원소경을 실질적인 작은 서울로서 경주 다음가는 정치·문화적인 중심지로 삼으려고 한 것이라고 보아야 할 것이다. 고구려가 이 지역을 장악하여 국원성이라 명하고 이곳에 중원고구려비를 세우는 등 남진통일정책의 전진기지로 삼았던 것과 같이, 신라도 이곳을 중요시하여 소경을 설치하는 등 북진통일정책을 위한 전진기지로 삼으려 하였던 것이라고 생각된다.

백제의 성왕은 국토수복운동이 신라의 배신에 의해 불과 2년 만에 좌절되자 분격하여 이듬해인 554년 7월에 신라의 管山城관산성(옥천)을 공격하다가 전사하였다. 신라의 배신에 대한 보복을 하려다 실패한 것이다.

한강유역에서 물러간 고구려에 있어서도 이 지역의 중요성은 지대한 것이었다. 고구려는 이 지역을 탈환하고자 평원왕(559~589)의 사위로 일찍이 무위를 날리던 온달장군이 영양왕(590~618)초에 자청하여 군사를 이끌고 출정하였다. 온달은 출정에 앞서서 "계립령과 죽령 서쪽의 땅을 우리에게 귀속시키지 않으면 살아서 돌아오지 않겠다"는 비장한 맹서를 하고 출정하였다가 뜻을 이루지 못하고 阿旦城아단성(영춘지역)의 싸움에서 전사를 하였다. 여기에서 계림령과 죽령의 서쪽은 바로 충주를 중심으로 한 한강유역을 가리키는 것으로 이 지역이 갖는 의미를 더하게 한다. 온달의 출정은 고구려의 남진기지였던 국원을 탈환하기 위한 것이라고 보아야 옳을 것이다. 그러므로 계립령과 죽령 주변에는 당시의 사정을 알리듯 온달과의 관련 전설이 전해오고 있다.

백제 또한 한강하류 지역을 신라에게 빼앗긴 뒤 이에 대한 보복전은 관산성을 공격하다가 성왕이 전사한 이후 더욱 가열되었다. 602년에는 백제가 阿莫山城아막산성(일명 모산성, 진천?)을 공격하였으며, 611년 8월에는 赤嵒城적암성(보은 마봉면 적암리)을 쌓았으며, 10월에는 椵岑城가잠성(괴산지역?)을 공격 함락하였다. 616년에는 신라의 모산성(진천)을 공격하였으며, 618년에는 신라가 가잠성을 회복하고자 하였으나 뜻을 이루지 못하였다. 이 지역은 이후에도 백제와 신라의 공방전이 있었다.

백제의 신라에 대한 일방적인 공격은 날로 심하였다. 642년(의자왕 2년)에는 大耶城대야성을 공격하여 신라의 都督도독 品釋품석 부부를 전사하게 하였다. 품석의 처는 김춘추의 딸이었다. 이에 김춘추는 백제를 정벌하기 위해서는 전날의 적이었던 고구려의 힘을 빌려야 하겠다고 고구려에 들어가 원병을 요청하였다. 이에 대해 고구려의 보장왕은 "麻木峴마목현(계립령)과 죽령은 본시 우리 땅이니 그 서북지방을 돌려준다면 같이 군사를 내어 돕겠다"고 위협하였다. 이에 대해 거절하자 김춘추는 억류되는 몸이 되었다. 김춘추는 이 어려운 고비에서 고구려를 탈출하여 돌아와서는 할 수 없이 對唐外交대당외교로 이 문제를 해결하려고 하였다.

여기에서 고구려가 요구하고 나선 마목현과 죽령의 서북지방은 온달장군의 출정목적과 다를 바가 없는 것으로 고구려는 멸망하기까지 그들의 남진기지였던 국원, 즉 충주지역에 대한 욕망을 버리지 못하고 있었음을 시사하는 것이다. 이 지역의 중요성을 다시 한 번 실감하게 하는 사실이다.

V. 新羅時代의 中原

신라의 대당외교는 660년 唐당이 蘇定方소정방에게 水陸軍수육군 13만 명을 주어 신라를 도와 백제를 공멸하게 하였다. 백제를 멸망시킨 뒤 당은 신라와 668년에 고구려도 멸망시켰다. 신라는 당의 협력으로 두 나라를 멸망시켰으나 실질적인 소득은 없었다. 당은 백제와 고구려 뿐만 아니라 신라마저도 그들의 직할령으로 삼고자 하였기 때문이다. 백제와 고구려지역에는 여러 도독부를 설치하고 군정을 폈으며, 신라도 계림대도독부라 하고 문무왕을 계림주도독에 임명하는 등 그들의 야심을 드러내게 되었다. 이리하여 신라는 당초의 통일이라는 기대는 사라지고 멸망한 백제와 고구려와 동등한 대우를 받게 되는 결과가 된 것이다.

신라로서는 참으로 굴욕적인 일이었다. 이리하여 신라는 스스로의 안전을 도모함은 물론 나아가서 당의 세력을 몰아내어 통일을 이룩하고자 고구려의 부흥군을 지원하면서 대당전쟁을 시작하였으니 이것이 바로 신라의 통일전쟁이다. 당의 공세는 매우 치열하였으며, 당의 총관 薛仁貴설인귀는 문무왕에게 항전을 중지하라는 항의문을 보내기까지 하였다. 이에 신라는 당당한 입장을 설명하는 答薛仁貴書답설인귀서를 보내면서 항쟁을 지속하였다. 이 대문장인 답설인귀서는 중원인 强首강수의 글이라 한다.

이와 같은 통일전쟁이 격렬해지자 신라에서는 최후의 보루를 위한 방비를 하게 된 것 같다. 672년(문무 12)에 한산주에 晝長城주장성(남한산성의 전신)을 쌓았으며, 이듬해에는 西兄山城서형산성(경주)·沙熱山城사열산성(청풍)을 증축하고 국원성(충주)을 비롯하여 北兄山城북형산성(경주), 召文城소문성(의성), 耳山城이산성(고령), 走壤城주양성(춘천), 主岑城주잠성(?), 萬興山城만흥산성(거창), 骨爭峴城골쟁현성(안산)을 쌓고 있음에서 짐작이 간다. 이들의 위치를 보면 충주지역을 중심으로한 한강유역과 경주를 중심으로한 외곽지역으로서 이는 당군의 침공에서 최악의 경우 이들 지역 만은 사수하겠다는 의지로 보여진다.

신라의 통일전쟁은 7년 만인 677년(문무 17)에 당이 옛 삼국을 총괄 지배하려던 평양의 안동도호부를 만주방면으로 철수하면서 매듭짓게 되었다. 이로 인하여 신라는 대동강과 원산만을 잇는 선 이남의 지역을 통치하는데 성공하였으니 바로 삼국통일을 완수한 것이다. 신라는 대당제국을 자주적인 힘으로 몰아내고 민족의 통일을 이룩한 것이다. 신라의 삼국통일이 갖는 역사적 의의가 여기에 있는 것이다.

이상의 사실에서 보아 신라의 삼국통일은 곧 계립령과 죽령의 서쪽 충주 지역을 중심으로한 한강유역의 확보를 위한 노력의 결과로 이루어진 것이라고도 하겠다. 바로 중원지역이 갖는 역사지리적인 의의를 새롭게 한다고 하겠다.

삼국을 통일한 신라는 늘어난 영토와 인구를 통치 관리하기 위하여 보다 정비된 제도를 필요로 하였다. 이에 따라 중앙의 정치기구도 확대 개편하고, 지방의 행정구역도 재편성하였다. 지방제도는 685년(신문 5)에 전국을 9주 5소경으로 마련하였다. 9주는 옛 3국의 지역을 각 3개 주씩 두었으며, 5소경은 새로 편입된 고구려 지역에 북원경(원주)과 중원경(충주), 백제 지역에 서원경(청주)·남원경(남원)과 가야지역에 금관경(김해)을 두었으니 모두가 새로이 편입된 지역에 대한 안배를 뜻하는 것으로 실질적인 통일의 의지를 표현한 것이라고 하겠다.

소경의 제도는 통일 전인 514년(지증 15)에 阿尸村아시촌에 소경을 둔 이후 685년(신문왕 5)까지 7개 소에 설치한 바 있다. 그 설치순은 다음과 같다.

阿尸村小京	514년(지증 15)	今 安康 또는 咸安 ? 罷年?
國原小京	557년(진흥 18)	今忠州 뒤에 中原으로 改稱
北小京	639년(선덕 8)	今 江陵(하슬라) 658년(무열왕 5) 罷
北原小京	678년(문무 18)	今 原州
金官小京	680년(문무 20)	今 金海
西原小京	685년(신문 5)	今 淸州
南原小京	685년(신문 5)	今 南原

위의 소경 중에서 하슬라의 북소경은 658년에 罷파한 기록이 있으나

685년 5소경제가 확정된 것으로 보아 첫 번째로 설치한 아시촌소경도 이미 파한 것임을 알 수 있다. 따라서 5소경은 국원소경을 비롯하여 북원·금관·서원·남원이다. 이 중 국원은 757년(경덕 16)의 제도 정비과정에서 중원소경으로 개칭되고 있음을 본다.

그러나 중원이라는 호칭은 이보다 앞서서 사용된 것으로 보이니 문무왕 때 특히 통일기에 활약이 컸던 강수의 열전에 보면 중원경 沙梁人사량인이라고 하였음에서이다. 통일전쟁이 끝난 직후인 678년(문무 18)에 방위적 의미로서의 북원소경을 설치하고 있으며, 685년(신문 5)에는 서원·남원소경이 설치되는 것으로 보아 늦어도 685년 이전, 이르면 678년을 전후하여 국원은 중원으로 개칭된 것이 아닌가 생각된다. 따라서 신라는 통일전쟁이 끝나면서 사전에 방위적 의미를 부여하는 5小京制5소경제를 계획하고 이를 실행한 것이라고 보아진다.

이 중 중원은 소경 중에서도 중심을 이루는 위치를 갖는다는 뜻으로 의미가 크다. 오늘의 중원문화권의 문제도 이에서 비롯된 것이다. 그러므로 중원의 호칭은 다른 지역과 구별되는 문화적인 중심지로 계승되어 왔던 것이라고 하겠으며, 이 지역에서도 중원이라는 의미를 긍지로서 지켜왔던 것이라고 생각된다. 이는 고려초 전국의 지명을 크게 고칠 때 중원을 충주라고 개칭한 940년(태조 23) 이후 제도로서 10도의 하나인 中原道중원도라고 한 때도 있었으나, 이 지역에서는 오히려 中原府중원부 또는 中州중주라고 계속 칭한 데서도 알 수 있다. 충주라는 의미도 실은 중심되는 州주라는 뜻으로 이해되어야 할 것이다.

경덕왕 때 개편된 지역으로 오늘의 충청북도 지역을 보면 9주 5소경 중 5개 주의 일부와 중원·서원경이 포함되고 있으며, 중원문화권역에 속하는 州京주경은 5개 주와 3소경이니 원주의 북원경이 포함된다. 중원문화권역에 속한 5개 주 지역을 보면 다음과 같다.

① 漢州 : 충주(중원경)·괴산·진천·이천·여주

② 熊州 : 청주(서원경)·회인·문의

③ 朔州 : 원주(북원경)·제천·단양·영주·봉화

④ 溟州 : 영춘·영월

⑤ 尙州 : 보은·옥천·영동·문경·예천·안동

이와같이 통일신라는 제도를 정비하고 대륙의 문물을 받아들이면서 크게 번영하여 中代중대의 꽃을 피우게 되었다. 중원지역도 경주에 버금가는 소경을 중심으로 문화적인 번영이 이루어졌다고 하겠다. 그러다가 하대에 접어들면서 점차 혼란 속에 빠져들게 되었다.

822년(헌덕 14) 熊川州都督웅천주도독 金憲昌김헌창은 왕위 계승에 불만을 품고 여러 州郡縣주군현의 수령을 협박하여 亂난을 일으켰으니 이때 서원경과 중원경도 포함되었다. 이 난은 곧 정부군에 의해 평정되었지만 이 당시 보은지역에서는 큰 격전이 있었다.

9세기 후반기에 접어들면서 신라는 정치적으로 더욱 어지러워져 갔으니 왕의 권위는 땅에 떨어지고 각 지방에는 새로운 실력자가 등장하게 되었으니 호족들이다.

호족들은 중앙정부의 통제력에서 벗어나 스스로 城主성주니 將軍장군이라 칭하면서 토지와 인민을 자의로 지배하면서 세력을 넓혀갔다. 그러므로 지방의 농민들은 지역의 성주와 국가에 대해 이중적인 세부담을 안아야 했던 것이다. 이와 같은 무질서와 혼란은 마침내 889년(진성 3)에 전국적인 민란으로 번지게 되었다. 이에 각지에 자립하고 있었던 호족들은 이들을 이용하여 세력을 확대하여 갔으니 그 대표적인 것이 상주에서 일어난 元宗원종과 哀奴애노였으며, 북원(원주)의 梁吉양길, 竹州죽주의 箕萱기훤, 完山州완산주(전주)의 甄萱견훤, 그리고 양길의 부하인 弓裔궁예 등이었다.

이들 중 견훤은 892년(진성 6)에 후백제를 건국하였으며, 궁예는 북원 양길의 부하로 들어가 활약하다가 894년(진성 8)에 하슬라(강릉)로 들어가 세를 키우고 자칭하여 장군이라 하고 자립하였다. 이듬해에 松嶽송악(개성)에서 王建왕건이 투항하자 궁예는 그를 鐵原太守철원태수에 임명하는 등 영역을 확장하면서 898년(효공 2)에 송악으로 도읍을 옮겼다.

한편 양길은 899년에 북원에 있으면서 궁예가 딴 마음을 품고 있음을 꺼리어 국원(충주) 등 30여 성을 공취하고, 이 여세를 몰아 궁예를 공격하려 하였으나 궁예는 이 사실을 미리 알고 먼저 공격하여 크게 罷파하였다. 이듬해(900)에 궁예는 왕건에게 명하여 광주·충주·당성·청주(지금의 청천 또는 청주)·괴양(괴산) 등을 쳐서 모두 평정하니, 이때 충주·청주·괴산 방면의 호족 淸吉청길·莘萱신훤 등이 성을 들어 항복하였다. 이 싸움으로 인하여 충북의 중북부 지역은 모두 궁예의 수중에 들게 된 것이다.

901년(효공 5) 궁예는 고구려의 부흥을 꾀하고 건국하였다. 이로써 신라는 분열하여 후삼국시대로 접어들게 되었다. 궁예는 905년(효공 9) 청주의 민가(인호) 1천을 철원으로 옮기고 이곳을 도읍으로 정하였다. 이 사민정책은 청주지방의 호족세력이 후백제에 붙을 가능성 때문에 이주시킨 것이라는 견해와 청주세력을 제거하기 위한 형벌적 의미의 집단 인질적인 성격으로 보는 견해도 있다.

궁예는 이 해에 나라 이름을 摩震마진이라 하더니 911년(효공 15)에는 泰封태봉으로 바꾸는 등 체제를 정비하여 면모를 갖추더니 지나친 전제적 권위를 과시하다가 918년(경명 2)에 신하들에게 쫓겨나고 말았다. 궁예의 뒤를 이어 왕건이 추대되었다. 왕건은 나라 이름을 고려라 정하고 천수라고 연호를 세우니 고려 왕조의 태조이다. 태조는 919년 송악으로 도읍을 옮기고 나라의 기틀을 잡아가기 시작하였다.

Ⅵ. 後三國時代의 中原

고려가 건국하고 발전해 나가는데 있어서는 서남방에 위치하고 있는 강력한 후백제의 존재가 문제였다. 따라서 고려의 건국 이후 후삼국과의 세력다툼은 사실상 후백제와의 패권다툼으로 압축된다고 하겠다. 왜냐하면 신라는 이미 골품제도 등 내부의 모순으로 쇄약해질대로 쇄약해져서 경주를 중심으로한 경상남도 일원에 대한 지배권과 왕조의 맥을 겨우 유지하기에 급급한 상황이었기 때문이다.

따라서 고려의 왕건과 후백제 견훤의 대결은 자연 양국의 접경지대인 보은·문의·회인·괴산·청주·진천·충주로 연결되는 중·서부 전선인 충북지역을 중심으로 하여 상주·대구·합천 등지의 경북지역으로 나누어 살필 수가 있다. 이 중 중서부 전선은 전라도 지역을 장악한 견훤이 한강유역으로 진출하기 위한 군사력으로나 교통상으로 중요한 요충지라고 할 수 있다. 그러므로 두 나라 사이의 충돌은 필연적으로 이 지역에서 있게 마련이다.

이 지역 중 청주지역에 대한 두 나라의 공방은 매우 주목할 만하다. 청주는 고려의 남쪽으로 후백제와 경계를 이루는 곳으로 이 지역의 장군이라 칭하는 호족세력은 고려와 후백제의 세력 균형에 크게 영향을 받고 있는 듯하다. 왜냐하면 918년(태조 1) 7월에 靑州청주의 장군 堅金견금이 왕건에게 알현하고, 10월에는 같은 청주의 장군 陳瑄진선의 형제가 반역하다 복주되었다. 이듬해인 919년 8월에는 이 지역에 유언비어가 일어나 애매한 태도를 취하자 왕건은 친히 靑州청주에 나아가 慰撫위무하고 성을 쌓도록 하는 등 관심을 기울이는 데서 알 수 있다.

태조는 925년(태조 8)에 북변정벌에 공이 큰 庾黔弼유검필을 征西大將軍정서대장군에 임명하고 燕山鎭연산진(文義)과 任存城임존성(禮山)을 공격하였다. 이 싸움의 승리로 이 일대의 호족들이 점차 고려쪽으로 귀부하게 되었다. 928년 1월에 태조(11)는 후백제 견훤에게 보낸 경고하는 글에서 "…연산부에서 吉奐길환을 군전에서 목베고…청주성을 격파하던 날에는 直心직심 등 4~5명이 목을 바쳤으며…"라고 한 것으로 보아 청주방면은 교전지역이었으며, 그 남쪽 보은지역은 백제의 지키는 바였다고 생각된다. 그러나 이 해 7월에 왕건은 직접 삼년산성(보은)을 공격하였으나 깨치지 못하고 청주로 물러났으며, 후백제군이 청주에까지 침입하여 오므로 왕건은 부득이 8월에 충주까지 후퇴하게 된다.

이 사실을 안 庾黔弼유검필이 溫井郡온정군(온양)에서 성을 쌓다가 西原서원(청주)으로 급히 달려가서 후백제군을 격퇴하고 중원부(충주)로 나아가 태조를 위로하였다. 태조는 이에 "桐山동산(대구)에서 申崇謙신숭겸·金樂김락 두 장군이 전사해 근심하고 있었는데 그대의 말을 들으니 안심이 되는구나"라고 말한 데서 알 수 있다. 이와 같은 일련의 사건은 보은·청천·충주를 잇는 요지인 청주를 확고히 확보하였다는 뜻이기도 하다. 2년 뒤인 930년에 왕건은 청주를 방문하고 나성을 쌓았음에서 분명하다. 고려에서는 남방의 경계지역인 청주방면을 공고히 다지고자 한 조치라고 하겠다.

昧谷城매곡성(회인)主주의 장군 龔直공직은 후백제가 강세해지자 그의 두 아들(直達·金舒)과 한 딸을 견훤에게 인질로 보냈었다. 그러나 고려의 세가 커지자 그는 다시 아들 英舒영서를 왕건에게 보내어 932년(태조 15)에 귀부하였다. 이에 견훤의 미움을 사서 인질로 가 있던 장자 直達직달이 끔찍한 죽음을 당하기도 하였다.

고려에 귀부한 공직은 후백제의 一牟山郡일모산군(문의)의 공격을 요구하여 격파하였다. 이로 인하여 고려는 청천·회인·문의를 잇는 중서부지역의 전세를 유리하게 바꾸어 놓았다. 태조는 공직의 공을 인정하고 大相대상을 삼아 白城郡백성군(安城)을 祿邑녹읍으로 주었다. 공직의 귀부 이후 이 지역 호족들의 향배가 고려에 기울게 되므로 후삼국을 제압하고 통일왕조를 이룩하는 계기가 된 때문이라고도 하겠다. 또한 공직의 강세에 좌우되는 태도는 당시 지방호족들의 일반적인 경향이었음을 단적으로 보여주는 예라고도 하겠다.

한편 신라는 내부적인 정치의 혼란과 밖으로부터 후백제의 침략을 받아 더 이상 국맥을 유지할 수 없다고 판단하여 경순왕은 935년(태조 18) 나라를 들어 고려에 귀부하였다. 이에 고려는 신라왕조의 전통과 권위를 계승하므로써 정통왕조의 지위를 얻게 되었다.

후백제는 934년(태조 17) 運州운주(洪城)에서 고려군에게 크게 패하자 웅진 이북의 30여 성이 고려에 귀부하였다. 백제로서는 큰 타격이었던 것이다. 이듬해에는 견훤의 부자 간에 불화가 생겼으니 견훤은 아들 신검에 의하여 金山寺금산사에 유폐되었던 것이다. 견훤이 탈출하여 고려에 귀의하니 이러한 내분을 틈타 태조는 936년에 대군을 이끌고 善山선산에서 신검군을 깨쳐 항복을 받으니 고려에 의한 후삼국은 통일하게 되었다.

이로서 우리 역사상 최대의 내란기였던 약 50여 년간 분열되었던 민족을 재통일하게 된 것이다. 이 분열기에 통일을 위한 중심적 역할을 하였던 지역이 또한 중원지역이었다는 데서 신라의 통일기와도 연관이 되어 주목된다. 이는 지리적으로 역사적으로도 이 지역이 갖는 의미를 새삼 느끼게 하는 것이다.

Ⅶ. 豪族과 高麗 太祖의 政略

고려 태조가 건국하면서 가장 부심했던 일은 지방 호족 세력을 통제하는 일이었다. 호족들은 후삼국을 통일한 후에도 여전히 지방에서 분권적인 독립세력을 형성하고 있었다. 태조는 이들을 효과적으로 통제 관리하기 위해서 긴밀한 유대를 가지면서 정권을 유지하여 나가고 있었다. 이러한 정책은 왕실과의 결혼동맹으로 이어지니 태조는 29명이나 되는 많은 后妃후비를 거느리고 있었다. 이들의 대부분은 지방 호족의 딸들이었다.

이와 같은 호족들 중에서도 태조는 충주와 진천지방의 호족세력에 큰 희망을 걸었던 것같다. 왜냐하면 건국초기의 전선이 후백제의 중심세력인 보은방면과 고려의 충주를 사이에 한 青州청주·懷仁회인·文義문의 등지였으며, 이들 전선의 관리와 그 배후 지원세력의 근거지로서 충주와 진천은 중요시되었던 것으로 생각되었기 때문이다. 따라서 태조는 건국초기에 충주지방의 강력한 호족인 劉兢達유긍달의 딸을 제3비로 맞이하였으니 神明順成太后신명순성태후이며, 진천지방의 호족인 大匡대광 名必명필의 딸을 제10비로 맞이하였으니 肅穆夫人숙목부인이다.

충주유씨는 고려의 건국에도 크게 역할하였으니 劉權說유권열의 활약으로도 알 수 있으며, 특히 神明太后신명태후의 소생인 낙랑공주를 신라 경순왕에게 출가시켜 인연을 맺었으며 3대 정종, 4대 광종이 왕위를 계승한 사실로도 충주지방의 호족세력이 얼마나 강하게 건국초기부터 중앙정부에 작용을 하였나를 짐작케 한다. 광종은 그 5년(954)에 어머니의 고향인 충주에다 어머니의 명복을 빌기 위해 崇善寺숭선사를 창건하기도 하였으니, 왕권을 강화하기 위한 배후적 세력을 의식한 것이라고 하겠다. 《고려사》에는 "后妃(神明太后)의 성인 劉氏유씨인 자는 모두 그 宗종으로부터 나왔으므로 대대로 戚里척리가 되었다(劉瑨조)"고 기록하고 있을 정도였음에서도 짐작이 간다.

충주의 法鏡大師碑법경대사비(943년 立碑)는 당대의 석학 崔彦撝최언위가 태조의 명에 의해 撰文찬문한 것으로 유권열이 주동이 되어 세워진 것이다. 이는 고려의 건국초기 이 지방의 호족 충주 유씨와 禪宗선종을 통하여 왕실과 긴밀한 유대관계를 말하여 주는 기념물이기도 하다. 이 비의 陰記음기에는 또한 "中原府중원부의 道俗二官도속이관"이란 귀절이 있다. 俗官속관의 성격으로 보아 충주지역에는 지방정부적인 형태의 독자적인 官府관부(官衙組織)가 있었으며 이는 이 지역의 호족들에 의해 운영된 것으로 보여진다. 중원부의 독자적인 관부, 즉 실무를 담당한 직제는 執事郎中집사랑중, 史사 등과 兵部卿병부경·倉部卿창부경·彦事卿언사경·忠式卿충식경·孔律卿공율경·□□卿경 등이니 唐당의 六典體制육전체제를 모방한 것임을 뜻한다고 하겠다. 이와 같이 볼 때 충주지역은 신라시대의 중원경과도 연결되는 것으로 고려시대에도 이 고장 호족들이 중앙정부에도 참여하여 활약하였으며 지방문화(佛敎) 등의 형성에도 이바지 하였음을 알 수 있다. 이 또한 중원문화의 특징적 요소가 아닐까 한다.

진천 명필의 딸인 肅穆夫人숙목부인은 그 성은 알 수 없다 하고 元寧太子원녕태자를 낳았다고 하였으나 명필은 진천의 대표적인 호족인 鎭川林氏진천임씨라고 생각된다. 이는 태조가 건국 초에 임명한 巡軍部令순군부령 林明必임명필과 같은 인물로 볼 수 있기 때문이다. 태조는 건국 초에 청주의 모반을 근심하고 洪儒홍유·庾黔弼유검필에게 진천을 진압케 하니 청주에서 반란하지 않았다. 진천세의 영향인 것이다. 진천의 호족으로 林曦임희가 있다. 兵部令병부령에 임명된 인물로 그의 딸이 2대 惠宗妃혜종비인 義化王后의화왕후이다. 이 지역의 호족으로 태조의 제10비와 혜종비를 배출하였다는 사실도 또한 초기의 왕권과 관련된 지역세력이 갖는 후원자로서의 의미로 해석된다.

충주유씨와 진천임씨의 고려왕실과의 관련은 건국기로부터 후삼국, 특히 중원지역의 통일정책과 아울러 왕권을 다지기 위한 협조자로서 이 지역의 호족세력에 힘을 얻고자한 것이라고 하겠다.

Ⅷ. 外侵과 中原地域

삼국시대에도 그러했지만 중원(충주)지역은 반도의 중심부에 위치하고 있으므로 남북으로 오고가는 길목에 해당된다. 삼국시대와 후삼국시대는 각국 간의 경계지역이었으므로 서로 간에 활발하게 다투는 땅이 되었으나 통일기에는 국내적인 분쟁이 아니라 이민족의 침입이 있을 때 그들의 통과지역으로서 특징을 보여주고 있었다. 그러나 이 지역은 단순히 외세가 북에서 남으로(蒙古時), 남에서 북으로(壬亂時)의 통과라는 의미도 있었으나 이 지역민들의 방어로 그들의 진출을 저지 억제하는데 있어서 타지역에 비해 적극적이었다는 특징을 보여주고 있다.

이러한 사실은 이 지역민들이 이민족에 대한 저항이 보다 강했던 것으로서 중원 지역인들이 갖는 의식 문제로도 연관되어진다고 하겠다. 삼국시대에 이 지역은 여러 차례 주인이 바뀌고 끊임없는 싸움의 터가 되었기 때문에 그 누구가 주인이 되던 스스로의 안전을 도모하기 위한 노력이 체질화되어 온 것이라고 보아지기 때문이다. 이것이 개인적으로는 배타적인 성격으로 나타나기도 하지만 크게는 외세에 대한 저항으로 스스로의 고장을 지키고자 하는 의식으로 승화된 것이 아니었나 한다. 우선 이 지역에 영향하였던 외세의 침략을 개관하여 보기로 한다.

1. 朴達峴의 격전

13세기 초인 고려 고종 3년(1216) 8월 이후 契丹글안이 몽고의 동방 진출로 인해 그들에게 쫓기어 압록강을 건너 고려에 침입하여 오게 되었다. 이들의 일부는 이듬해(1217) 5월에 철원·춘천을 거쳐 원주를 함락하고 충주방면으로 나오려고 하였다. 그러나 고려의 金就勵김취려 장군 등의 선전으로 박달현에서 크게 격파되어 더 이상 남하하지 못하고 북으로 쫓겨가게 되었다.

글안군은 쫓기어 1219년 江東城강동성에 집거하게 되었는데 이들을 고려는 몽고군과 함께 함락하였다. 이후 몽고는 고려에 대한 은인으로 자처하며 공물 등을 취해 갔는데 지나친 그들의 행위에 불응하는 일이 잦았다. 그런 중에 몽고의 사신 著古與저고여가 고려로부터 돌아가던 중 1225년(고종 12)에 살해된 일이 발생하자 이것을 구실로 몽고와의 싸움이 시작되었다.

2. 蒙古와의 抗戰

몽고는 1231년(고종 18) 고려에 침입하여 왔다. 이로부터 전후 30년에 걸친 몽고와의 싸움은 시작된 것이다. 고려 조정은 이듬해(고종 19) 서울을 강화로 옮기고 백성들에게는 적이 침입해 오면 山城산성이나 海島해도로 들어가라 하고는 장기적인 항전을 계획하였으니 몽고군은 아무런 장애도 받지 않고 전국을 여러 차례 침입해 유린하였다. 실로 우리 민족사상 최대의 시련기였던 것이다. 이러한 전란과정에서 중원지역 특히 충주에서의 항전은 특기할 만하니 그 초기부터 지역민들의 적극적인 대응으로 번번히 적을 물리치고 있기 때문이다.

몽고의 1차 침입시에 충주에서는 副使부사·判官판관 兩班別抄양반별초들은 모두 달아났으나 奴軍노군·雜類別抄잡류별초들 만이 성에 남아 적극적으로 싸워서 적을 더 이상 남으로 내려가지 못하게 물리쳤다.

1253년(고종 40) 여름 몽고의 也古야고(窟)가 5차로 침입하여 왔을 때 충주에서의 싸움은 매우 격렬하였다. 9월에 충주 倉正창정 崔守최수는 金堂峽금당협(東良面?)에 복병하였다가 몽고군을 급히 쳐서 15급을 베고 복병과 포로가 되었던 남녀 200명을 빼앗았다.

10월에는 몽고군의 주력이 楊根양근·天龍城천룡성(寶蓮山城)을 위협하고 항복받은 백성을 거느리고 충주성을 70여 일이나 포위하고 공격하였다. 성 안에는 군량미도 떨어지게 되는 위기를 맞게 되었다. 이 때에 忠州山城충주산성 防護別監방호별감인 金允候김윤후는 관노들에게 "이번 싸움에서 이긴다면 귀천을 가리지 않고 官爵관작을 주겠다"고 약속하고 싸움을 독려하니 사졸 간에 죽음을 다하여 싸워서 적을 물리쳤다. 이 때에도 몽고군은 더 남하하지 못하고 물러갔다. 만일 이때 충주에서 적을 물리치지 못했다면 전국이 크게 유린되었을 것이다. 고려 정부는 이 엄청난 守城수성의 공을 인정하여 이듬해 2월에 김윤후는 監門衛上將軍감문위상장군으로 올리고, 관노들에게도 차등있게 벼슬을 주었다. 4월에는 충주를 국원경으로 승격시켰다.

12월에 고려 조정은 山川神祇산천신지에 제사하고 빌 때 "…중원에서 여러 달을 공격하니 남아 있는 외로운 성이 위태하였나이다. 이 때를 당하여 만약 이 성이 함락되었던들 기타의 여러 城堡성보는 靡然미연히 석권되었음은 필연적이었던 바 다행이 月嶽大王월악대왕이 큰 위력을 나타내어 도움을 주었음에 힘입어 능히 성을 지키어 마침내 만세에 공을 이루었나이다"고 제문을 쓰고 있으니 이는 바로 충주 항전을 의미하는 것이다. 월악대왕의 도움이라고 하였지만 사실은 충주인의 용감한 싸움의 결과였던 것이다.

몽고군은 1254년(고종 41)부터 6년에 걸쳐서 4차례나 침입해 왔으니 내륙의 각지를 짓밟는 큰 전화였다. 1254년 8월에 몽고의 척후 기병대가 槐州괴주(槐山)城성 아래에 둔치고 있을 때 散員산원 張子邦장자방이 별초를 거느리고 가서 격파하였다. 9월에는 또다시 충주산성을 몽고의 車羅大차라대가 포위 공격하였으나 성 안에서는 精兵정병으로 공격하여 물리쳤다. 몽고병은 포위를 풀고 남쪽으로 내려가 10월에 尙州山城상주산성을 공격하였으나 黃嶺寺황령사의 중 洪之홍지의 항거로 물러났다. 몽고군은 이후 각지를 유린하고 이듬해 봄에 돌아갔다. 이 때에 침략의 참상에 대하여 《고려사》는 "이 해에 몽고군에 사로잡힌 남녀가 무려 20만 6천 8백이요, 살육된 자도 가히 헤아릴 수 없으며, 지나가는 州주·郡군마다 모두 잿더미가 되었으니 몽고병의 난이 있은 이래로 이 때처럼 심한 적은 없었다"고 하였으며, 또한 "병란으로 황폐한 이래로 해골이 들을 덮고 포로되었던 백성이 경성으로 도망하여 오는 자들이 연락부절이었다"고 하였을 정도였다. 그러나 이와 같은 전란을 충주에서만 극복하였던 것이다.

1255년(고종 42) 10월에 몽고병이 大院嶺대원령을 넘어오는 것을 충주에서 정예병을 보내 천여 명을 격살하였다.

또한 이 해 충주의 多仁鐵所다인철소(利柳面) 사람들이 몽고군을 막아 물리친 공으로 所소를 승격시켜 翼安縣익안현으로 하였다. 所소란 천민들이 사는 특수지역으로 철소는 철제품을 공물로 하여 조정에 바치는 곳이었으니 지금의 이류면 지역에는 당시의 제철유지가 40여 곳이나 있어 주목된다.

1256년(고종 43) 4월에 몽고군은 또다시 충주의 州城주성을 무찔렀다. 관리와 노약자가 月嶽神祠월악신사로 피난을 갔다. 적군이 이곳까지 공격하였으나 갑자가 비바람과 번개, 벼락이 들이쳐서 몽고군을 물러나게도 하였다. 월악산의 德周山城덕주산성은 3~4중으로 둘러싼 곳으로 매우 요새화되고 있음에도 관련이 있지 않을까 한다.

1258년(고종 45) 10월에 충주별초가 박달현에 매복했다가 몽군을 저격하여 잡혔던 포로와 牛馬兵仗우마병장을 빼앗았으니 이 싸움이 몽고군의 마지막 전투로 보아진다.

3. 哈丹의 侵入과 紅巾賊의 亂

1287년(충열 13)에 막북에서 乃顔내안의 반란이 일어났다. 이 반란의 여파는 고려에 미치게 되었다. 즉 내안의 餘黨여당인 哈丹합단이 1290년(충렬 16) 초에 만주에서 고려의 동계로 침입하기 시작하여 11월에는 雙城쌍성을, 연말에는 登州등주(安邊)를 함락하게 되었다. 이에 왕은 강화로 난을 피해 들어가게 되었다.

이듬해(1291) 정월에는 철령을 넘어 먼저 楊根양근을 함락한 뒤 원주에 둔취하고 치악성을 공격하다가 元沖甲원충갑 등의 반격으로 세가 꺾이었다. 그러나 이들의 주력은 남하하여 4월에 충주산성을 공격하였다. 그러나 충주산성 별감이 이를 격파하고 40급을 베어 바쳤다. 적은 다시 남하하여 연기현(조치원)에서 크게 패하여 북으로 달아나게 되었다.

6월에 哈丹합단을 물리치기 위하여 충청도에 韓希愈한희유를, 交州道교주도에 羅愈나유를 또 金忻김흔을 죽전(서홍)에 보냈다. 한희유는 丹賊단적 580명을 항복받고, 나유는 평양으로 달아나는 적을 막아 싸워서 헤아릴 수 없이 베었다. 이것이 燕岐大捷연기대첩이다.

이외에 이민족의 침입으로 인하여 충북지역에 영향 받았던 일은 왕이 난을 피하여 이 지역을 통과한 예가 있다. 1011년(현종 2) 글안의 침입으로 왕이 나주로 몽진 갔다. 개경으로 돌아가던 중 2월 1일에 청주에서 묵었으며 3일에는 연등회를 열었다. 이것이 고려에서는 2월 15일 연등회가 열리게 된 시작으로 뜻이 있다. 4일에 출발하여 11일에 개경 壽昌宮수창궁에 들어가게 되었다.

1361년(공민왕 10) 홍건적이 2차로 침입하여 왔을 때 왕은 福州복주(안동)까지 몽진길에 올랐다. 11월 19일 개경을 출발하여 20일 梵修院범수원(波州)에 이르렀다. 이때 按廉使안렴사 安宗源안종원과 충주목사 朴曦박희가 와서 알현하고, 迎曙驛영서역(楊州)에 이르니 남경유수 崔仁遠최인원과 청주목사 全成甲전성갑이 와서 알현하였다. 22일에는 京安驛경안역(광주), 24일에는 이천, 이 날 개경이 함락되었다. 25일에 음죽현, 28일에 충주, 12월 15일 복주에 이르렀다. 충주에서 복주까지 가는 동안 御留城어류성(鳥嶺과 連함)을 쌓았다고 한다. 이듬해(1362) 정월 난이 평정되자 2월 25일 귀경

길에 올라 27일 상주에 머물렀다. 6월 22일에는 감찰사가 "수원에 궁궐을 경영한다는 소식을 듣고 수원은 왜구가 염려된다고 하고 청주는 이미 순행준비가 되었으며 三道의 요충이며 양곡 운반에 편리하고 적이 가까이 못할 곳이니 청주에 멈추었다가 농사의 틈을 기다려 개경으로 향하도록 함이 좋다"고 상언하였다. 이에 따라 8월 13일 상주를 떠나 15일에 속리사, 16일에 원암역, 18일에 보령(보은), 19일에 회인을 거쳐 20일 청주에 이르렀다. 청주 행궁에서 머물다가 이듬해(1363) 2월 4일 청주를 떠나 鎭州진주(진천)에, 5일에 죽주, 10일에 峯城봉성(파주), 11일에 통제원, 12일에 興王寺흥왕사에 이르러 윤3월 1일 金鏞김용의 행궁 침범의 변이 있자 즉시 京都경도로 돌아갔다. 가는 길, 오는 길에 충청북도를 지났으니 이 또한 남북으로 통한 요로이며 청주행궁은 아마도 천도의 뜻도 있었던 것이 아닌가 생각된다.

4. 倭寇의 侵入과 史庫

고려 말기 왜구의 침입은 매우 심각한 정도였다. 왕조의 변혁에까지 영향한 바에서도 짐작된다. 왜구는 해안 뿐 아니라 내륙 깊숙이까지 침입하여 왔으니 충북지역도 곳곳에 여러 차례 침탈하여 왔다. 고려에서는 이에 대한 방비와 토벌에 큰 고충을 받았다. 漕運船조운선이 불통하여 관리들의 녹봉마저 제대로 주지 못하는 형편이었으며, 때로는 계엄령이 내려지고, 서울을 내륙지방인 충주로 옮기자는 천도론까지 나올 정도였으며, 史籍사적(史庫)을 옮겨 보존하는 문제도 뒤따르게 되었다.

1378년(우왕 4) 6월 왜구가 청주에 쳐들어 왔으며, 10월에는 沃州옥주(옥천)·珍同진동·회덕·청산·임주에 침입하여 왔다. 모두 물리치고 있다.

1380년(우왕 6) 7월에는 錦州금주(금산)·沃州옥주와 咸悅함열·豊堤풍제(용안지방) 등 현에, 8월에는 黃澗황간·御海어해(금산)·中牟중모(상주)·化寧

화녕 등지를 불사르고 尙州상주·善州선주를 불살랐다.

1383년(우왕 9) 6월에는 단양·제주(제천)·주천·평창·횡천·영주·순흥 등지에 침입하였다. 왜구가 내륙으로 함부로 들어오므로 충주 開天寺개천사에 소장한 사적을 죽주 칠장사로 옮겼다. 8월에는 옥주와 報寧보령(보은)현을 함락하기도 하였다.

1384년 충주에 침범하여 왔다(普覺國師碑).

1385년(우왕 11)에는 괴주까지 침입하여 왔으며, 또 2백 기로 長延縣장연현에 쳐들어 오므로 王安德왕안덕·金斯革김사혁 등이 이들을 물리쳤다. 10월에는 충주에 침입하여 왔다. 또다시 원주·충주·단양·제천에 침입하여 오는 것을 忠州兵馬使충주병마사 崔雲海최운해가 이들을 물리친 공으로 忠州牧使충주목사가 되었다. 단양에는 加隱岩山城가은암산성이 있다. 《동국여지승람》에는 고려 말 제천·청풍 및 단양군민들이 왜구를 이곳에서 피하였다는 기록이 있어 주목된다.

1388년(우왕 14) 8월에 청주·유성·진잠에, 또 옥주·황간·영동 등지에 침입하여 왔다. 1390년(공양 2) 6월에는 음죽·안성·죽주·괴주 등지에 침입하여 왔다. 이렇게 되자 죽주 칠장사로 옮겼던 사고를 12월에 다시 충주로 옮겼으니 그대로 조선시대로 이어져 오게 된 것이다.

5. 壬辰倭亂과 中原

임진왜란 7년 간의 항쟁은 고려 고종 때 몽고와의 30년 항전과 함께 우리 민족사에 있어서 가장 큰 시련의 시기였던 대전란이었다. 1592년(선조 25) 4월 13일 왜군은 30여 만의 대군으로 부산에 상륙하여 삽시간에 전국을 유린하였다. 전쟁 초기부터 우리는 아무런 준비없이 속수무책으로 왜군을 맞았으니 그들은 거침없이 서울로 향해 치달았다.

부산과 동래를 함락한 왜군은 아무런 저항을 받음이 없이 양산·밀양을 휩쓸고 파죽의 勢세로 상주·조령 방면으로 올라오고 있었다. 조정에서는 中路중로인 조령 방면과 東路동로인 죽령 방면, 西路서로인 추풍령 방면을 방어하기 위해 방어책을 급히 보냈으며, 申砬신립을 都巡邊使도순변사로 삼아 충주방면을 지키도록 하였으니 조정 뿐 아니라 온 국민은 그에게 거는 기대가 컸었던 것이다.

그러나 신립은 충주에서 달천을 배경으로 삼아 탄금대에 배수의 진을 치고 적을 막으려 하였으나 뜻을 이루지 못하고 倭將왜장 小西소서와 加藤가등의 주력 앞에 8천여 將卒장졸과 함께 전사하고 말았다. 신립의 패전은 온 국민에게도 실망을 안겨다 준 것이었다. 충주의 패보를 접한 조정에서는 서울을 버리고 북쪽으로 몽진의 길을 재촉하게 되었다. 한편 추풍령 방면의 방어는 趙儆조경이 鄭起龍정기룡을 만나서 왜군과 대처하며 居昌·新倉신창에서 적을 쳐서 한때 승리하는 듯했으나 끝내는 황간으로 후퇴할 수 밖에 없었다. 적장 黑田흑전은 영동을 거쳐 청주로 북상하였다. 이리하여 적군이 부산에 상륙한지 20일 만인 5월 2일 서울이 함락되는 바 되었다.

관군의 계속된 패배에 나라의 운명이 위기에 봉착되자 전국 각지에서 이름있는 선비들이 의를 부르짖고 의병을 일으켰다. 이에 농민은 물론 승려·천인까지도 이에 호응하여 왜적과 싸우기 위해 가담하였으니 대표적인 의병장으로는 곽재우·고경명·조헌·김천일 등이었다.

이러한 의병의 활동에 있어서도 충청북도지역에서의 활약은 다른 지역에 비해 눈부신 바 있었으니, 《懲毖錄징비록》에는 "충청도에 있어서도 중 靈圭영규를 비롯하여 전 제독관 조헌, 전 청주목사 김홍민, 서얼 이산겸, 선비 박춘무, 충주 사람 조덕공, 내금위 조웅, 청주사람 이봉 등이 있었다"고 하였으니 대부분이 충북지역 출신들이라는 데에 관심이 간다.

조헌은 옥천에서 그 문화생들과 의병을 일으켜 보은을 거쳐서 공주에서 일어난 영규와 합세하여 청주성을 수복하였다. 그러나 전라도로 향하는 왜군(小早川)을 막아 금산에서 싸우다가 조헌 부자와 영규 등의 의군 700이 모두 전사하였다. 금산의 칠백의총은 이 사실을 전하는 유적이다. 청주 중앙공원에는 「趙憲戰場記念碑조헌전장기념비」(1710년 立)와 「騎虛堂靈圭大師戰場記念碑기허당영규대사전장기념비」(1974년 立)가 있어 당시의 사정을 오늘에 전하고 있다.

충주의 의병장 趙熊조웅은 내금위를 사직하고 충주 고향에 와 있다가 왜란을 맞이했다. 충주의 패전 후 고향을 지키겠다고 500여 명의 의병을 모집하고 충주 북쪽 台子山태자산 아래에서 서울로 향하는 왜군의 후속부대를 막아 물리치다가 적에게 사로잡혔다. 끝내 항복하지 않자 왜군은 四肢사지를 찢어 죽이었다. 옛 싸우던 앙성면에 그의 묘와 충신문이 있으며 탄금대에는 기념비(1994)가 세워져 있다.

조덕공도 아우 德儉덕검과 의병을 일으켰으며 그의 숙부인 趙服조복과 충주 남쪽 牛牧우목들에서 용감하게 싸웠다.

박춘무와 그의 아들 東命동명(18세)도 조헌의 청주 탈환전에 큰 공을 세웠으며, 진천으로 나아가 적을 물리치고 민심을 수습하였다. 동명은 병자호란 때 의병을 일으켜 싸우다가 전사하였다.

張知賢장지현은 영동·황간에서 의병을 일으켜 추풍령에서 왜군의 북상을 저지하다 황간에서 전사하였다. 추풍령에는 그의 위령비가 있다. 이 밖에도 많은 의병들의 활동이 있었다. 이들 의병의 활동은 적군의 후방을 교란하는 역할을 하였으므로 왜군은 더 전진하지 못하고 후퇴를 하게 된 것이다.

6. 韓末의 抗日義兵

조선조 말기 대원군의 집정 이후 그의 斥洋鎖國척양쇄국 정책에도 불구하고 1875년(고종 12) 운양호 사건 이후 일본에 의해 강제로 개항하게 되고 서구열강의 잇다른 수교는 朝鮮政情조선정정을 갈피잡지 못하게 흔들어 놓게 되었다. 이에 대한 척양척왜의 사상은 민중에게까지 뿌리내리게 되었으니 1892년(고종 29) 3월에 동학교도들은 보은 장안마을[帳內]에 집결하여 除暴救民제폭구민과 「斥倭斥洋倡義척왜척양창의」의 대기치를 세우게 되었으며, 드디어 이듬해 정월에 전봉준의 영도하에 난을 일으키게 되었으니 동학농민운동, 또는 갑오동학혁명이라고 한다. 이 난은 청일전쟁을 일으키는 불씨가 되었으며 갑오경장을 불러오게도 되었다.

이 난은 전라도에서 일어났으나 충북지역에서도 孫秉熙손병희를 통령으로 삼아 기세를 올렸으니 전봉준의 남접과 충북지역의 북접이 사실상 주도를 하였다. 외세를 몰아내고 국권의 회복을 위한 대운동이었으니 충북의 전역에서 이에 호응했던 것이다. 갑오동학농민군의 외세에 대항하려는 민중항쟁은 실패하였지만 각지로 흩어진 농민군은 1895년(고종 32, 을미) 이후의 항일의병의 주력으로 활약하고 있다는 점에서 큰 위치를 점한다고 하겠다.

청일전쟁에서 일본이 승리하자 일본의 간섭은 극심하였다. 그러나 승리의 대가로 일본은 청국으로부터 물려받은 요동반도를 露國노국의 압력으로 돌려주게 되니 민씨일파는 일본보다 露國노국이 강함을 알고 친러세력으로 기울게 되었다. 이에 분개한 일본공사 三浦삼포는 일본 浪人낭인으로 하여금 1895년(고종 32, 을미) 8월 20일 새벽에 경복궁을 잠입하여 明成皇后명성황후(민씨)를 살해하였다. 이를 을미사변이라고 한다. 이후 일제의 압력에 의해 각종 개혁정책이 시행되니 이는 곧 일제의 침략이라 규정하고 여러 곳에서 의병이 봉기하였다. 이는 항일전쟁으로 발전하여 가게 되었으니 이것이 곧 을미의병이다.

8월 22일(음 10월 10일) 서울에 唱義所창의소 고시문이 나붙고, 10월 11일(음 12월 26일)을 전후하여 보은에서 文錫鳳문석봉 등의 유생들이 의거에 나섰으니 을미의병의 첫 봉기였다. 제천의 柳麟錫유인석, 춘천의 李昭應이소응, 이천의 朴準英박준영 등의 의병은 대단했다. 이 중에서도 제천의 유인석을 중심으로한 의병운동은 더욱 뚜렷하였으니 그들은 한때 충주를 점령하고 수안보까지 위협하였다.

유인석을 대장으로 추대한 의병진은 부서를 정비하여 중군장에 李春永이춘영을 비롯하여 전·후군, 선봉·좌·우군, 참모장 등으로 당당히 조직하고, 제천을 중심으로 충청도·경상도·강원도의 3도가 접경하는 충주·단양·괴산·원주·영월·안동·문경을 연결하는 일대에서 활약하였다. 이 의병부대는 왜병이 천여 명이나 주둔하고 있는 충주성을 공략하고자 하였다. 이에 앞서 이듬해인 1886년(고종 33) 1월 3일에 단양군수 權肅권숙, 청풍군수 徐相耆서상기, 평창군수 엄문환 등 왜놈들의 주구를 주살하고 4일에는 보무도 당당히 진군하여 平洞평동을 거쳐 5일에 충주 금가면 북창나루의 살얼음판을 건너 連原연원을 거쳐서 충주성에 입성하였다. 이에 왜병들은 혼비하여 수안보로 도망치고 말았다. 충주를 점령한 의병군은 관찰사 김규식을 참하고 8道列邑8도열읍에 격문을 발하니 그 위세가 대단했다. 이것이 「檄告內外百官격고내외백관」이다. 이 때에 충주읍성의 문루가 모두 불탔다.

수안보로 패주한 왜군은 청주·괴산 방면에서 지원군을 받아 군세를 만회하여 여러 차례 반격하였으나 격퇴되었다. 유인석은 李康秊이강년을 유격대장으로 수안보의 왜군을 치게 하였으나 뜻을 이루지 못하고 참모 이춘영·朱庸奎주용규 등이 전사하였다. 3월 초에 왜군의 대대적인 공격이 시작되었다. 유인석의 의병군은 부득이 충주를 포기하고 제천으로 물러났다. 그후 여러 차례 왜군과의 싸움으로 악전고투하다가 끝내 유인석은 뒷날을 기약하고, 7월에 의병을 해산시키고, 만주방면으로 망명하여 독립운동을 펴게 되었다.

을미의병은 유인석의 起義기의, 충주성의 함락과 「檄告內外百官격고내외백관」의 격문 등에 크게 영향을 받아 1896년 1월 중순에는 경기·충청·강원도에서, 2월 상순에는 경상도 북부, 강원도 북부, 그리고 함경도 북부까지 전국 각지로 번져갔다. 이들은 갑오경장의 새로운 법령을 시행하는 관찰사·군수 혹은 경무관·순검 등을 친일파로 지목하여 처단하거나 그들을 진압하려는 관군과 왜군을 공격하기도 하였다.

을미의병운동 이후 왜인들은 점차 노골적인 침략정책을 펴가게 되었다. 1904년(광무 8) 露日戰爭노일전쟁을 승리로 이끈 왜인들은 이듬해 우리의 의사와는 아랑곳 없이 강제로 보호조약이라는 이름의 乙巳勒約을사늑약(1905)을 체결하고 12월에는 서울에 統監府통감부를 두고 집요하게 우리의 주권을 빼앗아 갔다. 이에 비분 강개한 趙秉世조병세·閔永煥민영환 등이 자결함으로써 국민들에게 독립할 것을 호소하였으니, 또다시 의병운동이 일어나기 시작하였다. 또한 1907년(광무 11)에 헤이그 밀사사건으로 인해 고종이 강제로 퇴위하게 되고, 이내 군대가 해산되자 격분한 군인들은 무기고에서 무기를 꺼내들고 왜군과 싸우기도 하였다. 또한 해산당한 군인들은 경향각지에서 전날의 의병과 합세하여 본격적인 항일의병운동을 펴게 되었으니 약 5년 간 계속되었다.

1905년(광무 9, 을사)에 충북지역에서의 의병운동은 4월에 단양 영춘과 영월 일대에서 元容八원용팔에 의해 처음으로 일어났다. 이에 잇따라 충북·경북·경기도에 파급되어 갔으며, 제천에서는 鄭雲慶정운경·尹膺善윤응선이, 보은에서는 盧炳大노병대가 연말경에 봉기하였다.

1907년 군대의 강제 해산에 따른 의병운동은 대단하였다. 이강년은 영춘에서 다시 일어나 원주에서 봉기한 閔肯鎬민긍호와 합세하여 충주를 공격하였으며 7월에는 판서 沈相薰심상훈이 고종의 密勅밀칙을 전하자 감격하여 제천에서 왜적을 크게 무찌르고 전비를 정렬하였다. 12월에는 湖西倡義大將호서창의대장에 추대되어 서울 진격작전을 계획하기도 하였다. 그의 주된 활동지역은 청풍·황강·문경·갈평·제천싸릿재(신림柤峙)·죽령·사인암·영춘·의풍·안동 등지로 전국을 진동시키는 전과를 올렸으나 1908년 6월 청풍·鵲城작성에서 왜군과 싸우다 사로잡혀 9월에 교수형을 당했다.

제천에서는 朴汝成박여성·孫在奎손재규 부대가 크게 활약하고 趙東敎조동교·申成大신성대 의병도 할거하니 제천은 의병천하라고 할 정도였다. 이 지역이 뒷날 왜군들에 의해 잔혹한 초토작전으로 잿더미가 된 이유도 여기에 있다고 하겠다.

보은에서 노병대가 다시 봉기하여 보은을 중심으로 상주·청주·거창 등지에서 활동하였으며, 청주에서는 韓鳳洙한봉수가 군대 해산 후 고향인 청주의 細橋場세교장에서 해산군인 수십 명으로 기병하여 3년 동안 33전 1패의 전과를 거두었으니 그 활동지역은 진천·청주·괴산지역이었다. 충주지역에서도 白南奎백남규·方仁寬방인관·全玉振전옥진 등이 주로 의병을 일으켜 충주지역에서 활동하였다.

이상과 같은 의병운동을 살펴 볼 때에 그 첫 봉기가 중원지역이었으며 주된 활동무대가 이곳이었으며, 이곳으로부터 전국으로 확대되어 갔으니 이 지역민의 외세에 대처하고자 하는 강인한 의식을 다시금 생각케 한다.

Ⅸ. 漕運과 中原

큰 강을 따라 문물의 왕래가 있었음은 동서를 통하여 어디나 같았다. 한강은 일찍부터 그러한 역할을 맡아 왔으니 수운의 利리에 의한 것이다. 수운을 이용한 漕倉조창의 제도는 고려 성종 때 완비되었다. 고려시대의 조창은 12개 소가 있었다. 이 중 한강변에 두 곳이 있었으니 충주의 德興倉덕흥창과 원주의 興元倉흥원창이다. 나머지는 모두가 서해안에 설치되어 있어 沿岸船路연안선로를 이용하여 개경에 운반되었던 것이다. 충주의 덕흥창은 오늘의 충북지역의 세곡을 이곳에 모았다가 서울로 운반해 갔다.

이러한 조창은 고려 말 왜구들의 약탈 대상이 되었기 때문에 운영이 어렵게 되자 1376년(우왕 2)에 파하게 되었다. 이에 따라 陸運육운으로 할 수 밖에 없었다. 이 때에 경상도의 세곡은 조령(草岾)을 넘어 충주의 덕흥창에 수납하였다. 따라서 충주는 충청도와 경상도의 세곡을 집적하는 곳으로 국가재정의 중추적 역할을 갖고 있었다. 그러다가 1390년(공양 2)에 조창제는 다시 부활하여 조선시대로 이어진다.

조선 초기에는 충청도지역의 세곡은 한강변의 5개 처와 서해안의 3곳에서 수납하였다. 한강변에는 충주의 淵遷연천·仰巖앙암과 경기의 干音安浦간음안포·推安浦추안포·梨浦이포였다. 고려시대의 덕흥창은 연천에 있었으며 조선초기에는 한때 경원창으로 불리다가 세조 때에 가흥으로 옮겨 가흥창이라 이름하게 되었다.

《경국대전》에 의하면 충주의 가흥창은 충청도와 경상도의 전세를 수납한다고 하였다.《동국여지승람》에는 경상도의 여러 고을과 충주·음성·괴산·청안·보은·단양·영춘·제천·황간·영동·청풍·연풍·청산 등 고을의 전세를 가흥창에 거두어 서울로 운수하는데 수로가 260리라 하였다. 이것으로 보면 충주는 경상도와 오늘의 충북전역의 세곡을 모은 곳으로《경국대전》9조창 중 이곳에 집적되는 전세가 가장 많았던 것임을 알 수 있다. 중원은 실로 내륙경제의 중심으로 새로운 의미를 갖고 있었음을 짐작케 한다.

가흥창은 처음에는 강변 언덕에 노적하였던 것이었으나, 1521년(중종 16) 충청도 감사 이세응과 경상도 감사 김안국의 계문에 의해 창고 70간을 세우게 되었다. 그러다가 조선 후기에 이르면서 경상도의 전세가 作錢작전하여 수납하게 되면서 충청도의 세곡 만을 수납하였다. 수운을 통하여 중원지역의 산업·경제의 역할을 이해하는 의미로서 관심이 간다.

(中原文化學術會議(1995. 4. 28)에서 「中原地域의 歷史的 背景」으로 發表)

中原文化의 理解

〈목 차〉

Ⅰ. 중원문화란

우리들이 중원문화, 또는 중원문화권이라는 용어를 일반적으로 사용하기 시작한 것은 1981년 정부에서 전국을 5대 문화권으로 나누어 개발하려는 계획을 수립하여 추진할 때, 충청북도와 당시의 중원군에서는 가칭 중원문화권을 설정하고 충북대학교 박물관에 의뢰하여 이에 대한 기초조사사업을 실시하면서 비롯되었다. 이 조사사업의 결과로 1/50,000 지도에 《中原文化圈遺蹟分布圖중원문화권유적분포도》와 이에 따른 《중원문화권 유적분포도 索引색인》을 별책으로 하여 보고서가 나오게 되었다. 정부에서는 이 보고서에 기초하여 1982년에 5대 문화권의 하나로 확정하고, 이를 뒷받침하고자 문화재관리국에서는 동년부터 8년 간에 걸쳐서 이 圈域권역에 대한 문화유적의 정밀조사사업을 실시하여 《中原文化圈遺蹟精密調査報告書중원문화권유적정밀조사보고서》[1]를 펴내게 되면서 중원문화라는 말은 널

1) 중원문화권의 전 권역에 대한 시·군 단위별로 정밀조사를 하여 조사보고서를 펴냈으니, 忠州市·中原郡편을 비롯하여 충청북도의 전 시·군과 인접도인 경기도의 여

리 학계에까지 확산되기 시작하였다.

이에 앞서 충청북도에서는 1977년도에 '중원 미륵리 寺址사지'에 대한 발굴조사를 실시하고 이듬해까지 연장발굴이 진행되었다. 충청북도에서는 처음으로 실시된 발굴조사사업이었다. 이와 때를 같이하여 충주댐의 조성계획에 따른 수몰지역에 대한 사전 지표조사가 1978부터 실시되었다. 이 과정에서 의외로 미륵리 사지를 중심으로 그 주변과 남한강유역에 수 많은 문화유적이 분포되어 있음에 관심을 기울이던 중 '문화권'의 설정문제가 제기되자 중원문화권을 거론하게 되었던 것이다.

1981년도에 중원문화권의 범위를 설정함에 있어서 충청북도의 남쪽인 옥천군과 영동군을 제외한 전역과 북쪽으로는 충청북도와 인접한 남한강유역인 경기도의 여주군과 이천군, 강원도의 원주시와 원성군 및 영월군을 포함시키고, 동쪽으로는 죽령과 조령을 넘어서 경상북도의 영주시·영풍군·봉화군·문경군·예천군·상주시·상주군·안동시·안동군[2]을 포함한 넓은 지역을 포함시켰다. 이에 대해 정부에서는 이듬해 당초에 빠졌던 충청북도의 영동군과 옥천군을 포함시켜서 중원문화권을 확정하였다. 이는 행정적으로 충청북도가 주관하는 영역을 의식한 것으로 의미가 있다. 그리고 이 전지역에 대한 정밀조사를 실시하였던 것이다. 정밀조사가 끝난 1989년부터 이 권역에 대한 본격적인 조사사업의 일환으로 문화재연구소에 의해 '중원 누암리 고분군'과 '용관동 고분군'에 대한 발굴조사를 실시하였다. 이런 과정에서 중원문화권에 대한 인식의 폭이 넓혀져 가게 되었다.

이러한 사업이 진행되는 과정에서 권역의 문제 등 여러 논의가 있어 충청

주군·이천군편, 강원도의 원주시·원성군편, 영월군편, 경상북도의 영주시·영풍군편, 문경군·예천군편, 안동시·안동군편, 상주시·상주군편, 봉화군편 등이다.

2) 문화권의 설정당시 행정구역임. 1995년에 행정구역의 통폐합에 따라 중원군은 충주시에, 원성군은 원주시로, 영풍군은 영주시로, 상주군은 상주시로, 안동군은 안동시로 통합되었다.

북도와 충주시에서는 중원문화권의 위상을 정립하고자 여러 차례 학술회의를 하면서 학문적으로 체계화하기 위한 노력을 하여왔다[3].

그러던 중 1998년도에 전국을 다시 7대 문화권으로 나누어 '安東儒敎文化圈안동유교문화권'을 추가로 설정하게 되면서 경상북도 지역의 일부가 그에 포함되게 되었다. 그러나 안동 유교문화권은 사실상 조선시대의 유교적 전통이 다른 지역보다 잘 간직되어 있으므로 기인한 것으로 볼 때 그 이전의 문화적 영향은 오히려 중원문화권에 포함되어야 할 것으로 본다.

이와 같은 광범위한 중원문화권은 실제 행정적으로 오늘의 충청북도를 중심으로 한 것이며 그 문화적 특징도 자연 이에 국한 될 수 밖에 없다. 충청북도를 말한다고 하더라도 문화적 성격은 크게 충주를 중심으로 한 남한강 유역의 문화와 청주를 중심으로 한 중부권, 그리고 금강의 상류역에 해당되는 남부지역으로 나누어 생각할 수 있다. 따라서 그 동안 중원문화권의 위상을 정립하기 위한 여러 차례의 학술회의를 통하여서도 권역의 문제가 자주 거론되었으며, 아울러 문화적 특징을 찾고자 노력을 하였으니 다음에 그 동안의 경과를 살피면서 주제에 접근하고자 한다.

Ⅱ. 중원문화권의 설정 배경

중원이란 본래 중국문명의 발상지인 周주나라의 서울과 그 王畿왕기(주변)

---

3) 《中原文化 學術會議報告書》(충주시·한국미술사학회, 1983)
《中原文化 學術會議報告書·位相定立과 發展方向》(충청북도·충북대 호서문화연구소, 1995)
《中原文化 國際學術會議 結果報告書》(충청북도·충북대 호서문화연구소, 1996)
《中原文化學術會議》, 『통일시대 '중원문화권'의 위상정립과 개발의 차별화 전략-중원문화권과 인접문화권과의 비교-』(충청북도·충북대 중원문화연구소, 2001) 이와 같은 여러 차례의 학술회의는 한결같이 중원문화의 중심지인 충주에서 개최되었음도 주목된다.

를 말하던 것으로 황하의 중류유역이 된다. 즉 漢族한족이 중심을 이루던 지역으로 그 외곽 夷狄이적의 땅과 구별되는 말이다. 그러나 한족이 성장하면서 중원사상을 확대하여 감에 따라 지금에는 화북지방 전체를 중원이라 부르고 있다.

우리나라에서 이 용어를 사용한 것은 신라가 삼국을 통일한 이후 확대된 영토와 늘어난 인구를 효율적으로 통치 관리하기 위하여 전국을 9州주와 5小京소경으로 개편하면서 오늘의 충주지역을 '중원소경'으로 명명하면서 비롯된 것이다. 중원소경은 경덕왕 16년(757)에 종래의 '國原국원소경'을 개칭한 것이라고 하였으나 실은 통일 직후인 문무왕 18년(678)에서 신문왕 5년(685) 사이에 이루어진 것으로 보인다[4].

5소경의 이름을 보면 西原서원·南原남원·北原북원 등 方位的방위적 의미를 띠고 있으니 중원경은 그 중심지역이라는 뜻이다. 신라가 삼국을 통일하고 이 지역을 중원이라고 한 것은 나라의 중심인 이곳으로부터 새로이 편입된 고구려와 백제지역의 백성들을 三韓一統삼한일통의 통일사상으로 제도하기 위한 목적에서였다고 생각된다. 그러기 위하여 신라는 이곳에 거대한 중앙탑(중원탑평리 7층석탑, 국보 제6호)을 세워 통일을 기념하고, 나아가서는 佛力불력의 힘으로 세 국민의 사상적인 통일을 기원하는 중심으로 삼고자 하였던 것이니, 중앙탑은 반 신라적 민심을 무마하여 범국민적 화합을 다지기 위한 상징물인 것이다[5].

고려가 건국한 뒤 태조 23년(940)에 전국의 지명을 개칭할 때 중원은 충주로, 서원은 청주로 바뀌어 오늘에 이르고 있다. 성종 2년(983)에 처음으

4) 김현길:「국원경과 중앙경」(《中原京과 中央塔》 p.66. 충주공업전문대학 박물관, 1992).

5) 김현길:「中央塔의 建塔緣由에 대한 考察」(《中原京과 中央塔》 p.201). 학술명은 중원탑평리 7층석탑이다. 중앙탑은 통일신라의 중앙지라는 의미를 담은 뜻으로 전해오는 이름이다. 1992~3년에 탑의 주변을 발굴 조사하였으나 절터의 흔적을 찾지 못하였다. 따라서 이 탑은 탑을 세우기 위한 목적이 뚜렷한 것으로 보인다.

로 외관을 파견하는 12목을 설치하였을 때 충주와 청주가 포함되었다. 성종 14년(995)에 전국을 10도로 나눌 때 충주와 청주를 포함하여 주변의 지역을 아울러서 中原道중원도라 하였다. 현종 9년(1018)에 8목으로 하였을 때도 청주와 충주는 포함되었다. 예종 원년(1106)에 10도를 5도로 축소 개편하게 되자 관내·중원·하남도를 합하여 楊廣忠淸州道양광충청주도라 하였으며, 명종 원년(1171)에 다시 나누어 '양광도'와 '충청도'로 하였다. 충숙왕 원년(1314)에 다시 '양광도'로 정하고, 공민왕 5년(1356)에 '충청도'라 하였으니, 1경(京) 3목 2부 27군 78현을 관할하였다. 이와 같이 고려시대에는 '중원도'에서 '양광도'로 그리고 '충청도'로 바뀌었으며, 청주와 충주는 항상 동일한 행정권의 중심에 있었다.

중원을 충주라 함도 破字파자하면 중심주라는 뜻도 있지만, 이 지역에서는 충주보다는 중심·중원이라는 의식이 뿌리깊게 이어지고 있었다고 보인다. 고려시대에 중원·中原府중원부 또는 中州중주라고 호칭하여 온 데서 알 수 있다[6]. 조선시대에 와서도 이 지역을 종종 '중원'이라는 이름으로 사용되어 왔으니 이것이 바로 중원의식의 뿌리라고 보아 무리는 아니라고 본다.

그러다가 '중원'이 지역명칭으로 다시 부각된 것은 1956년 충주군 충주읍이 충주시로 승격되면서 충주시의 외곽지역 13개 면을 '중원군'이라 이름하게 되면서이다. 이때 '중원'이라 이름한 것은 오랜 역사성을 고려한 것으로 뜻이 깊다[7]. 그러나 이 이름도 39년 만인 1994년 말로 다시 사라

---

6) 충주라고 940년에 개칭하였으나, 942년에 세운 淨土寺法鏡大師碑(보물 제17호)와 1017년에 세운 淨土寺弘法國師實相塔碑(보물 제359호)에는 中原府라 하였으며, 1022년에 세운 獅子頻迅寺石塔(보물 제94호)記에는 中州라 하였음에서 짐작된다. 《高麗史》에서도 中原과 中原府를 자주 사용하고 있다.

7) 이 당시 郡의 소재지 邑이 市로 승격될 때 대부분의 지역에서는 종전의 郡의 머리자 밑에 原자를 붙여 사용하는 것이 일반적인 예였다. 淸州와 堤川의 경우 淸原郡과 堤原郡이라 한 예이다. 이는 아무런 의미가 없는 것이었다. 따라서 얼마 뒤에 몇몇 군에서는 原자를 빼고 원이름을 되찾는 일이 있었으니, 堤原郡을 다시 堤川郡으로 바

지고 충주시로 통합되었다.

1981년 충청북도에서 문화권을 설정할 때 '중원'이라 한 것은 중원군에서 이름을 빌려온 것이기는 하나, 이는 바로 통일신라의 중원에 연유한 것이니 중원문화의 발상지이기 때문이다. 그리고 여기에 의미를 더하여 오늘의 우리나라 내륙의 중심으로서 중원을 생각한 것이니 곧 충청북도가 그 중심을 이룬다고 보아야 할 것이다.

오늘의 중원문화권은 백제와 신라문화권을 제외한 내륙지역임을 알 수 있다. 이 지역은 지리적인 여건으로 볼 때 북쪽으로는 중원문화의 발상지라고 할 남한강유역에서 발달한 문화와 남쪽으로는 금강상류에서 자라난 문화를 포괄하고 있으며, 여기에다 일찍부터 개척된 교통로이며 군사상 삼국의 쟁점이었던 계립령과 죽령을 중심으로 한 남북 간의 文化帶문화대를 포함한 곳으로 역사·지리적으로도 중요한 요충이기도 하였다.

이곳은 삼국 초기에는 한강 이남을 중심으로 한 백제가 이 일대를 점유하였으며, 5세기 후반에 고구려가 남하하면서 국원성이라 이름하고 중원고구려비를 세운 점 등으로 미루어 보아, 남쪽으로 백제와 신라를 제압하여 통일을 기하려는 전진기지로 역할을 하였다고 본다. 이 시기의 충북지역은 3국이 등분되어 서로 대치하는 상태였으니 대체로 북부지역은 고구려, 남부는 청주·회인의 서쪽은 백제, 동쪽은 신라가 장악하게 되었다. 따라서 삼국이 접경을 이루던 곳이었으므로 싸움이 그치지 않았으니, 고대 관방유적이 많은 특징이 있다.

그러다가 6세기 후반에 신라의 진흥왕이 이 지역으로 진출하여 한강유역을 장악하고 국원에 小京소경을 설치하면서 삼국항쟁의 주도권을 잡고 삼

꾼 것이다. 하지만 충주는 忠原郡이라 하지 않고 전통을 찾아 中原郡이라 하였다. 그뿐 아니라 1995년 市郡이 통합될 때 일부에서는 中原市로 하자는 여론이 있기도 하였으니 이는 중원에 대한 오랜 전통에 애착을 갖는 지역민의 의식에서 온 것이라고 할 것이다. 중원이라는 이름은 이 지역에서 영원히 없어지지 않을 것이다.

국통일의 기반을 마련하는 계기가 되었다.

이러한 빈번한 정치적인 변화에 따라 이 지역정서는 강하게 자립하려는 생명력과 인내심을 터득하였으니 시련기를 당하면 그것을 극복하려는 저항정신으로 나타나게 된 것이다. 이를 소극적인 면에서는 '배타적 이기심과 인색함'으로 보이기도 하였으나, 외침을 당하여서는 '애국 애향'의 의지로 승화되었던 것이다. 또한 삼국이 각기 한 차례씩 지배하던 곳으로 삼국문화가 混融혼융하는 특징을 지닌 곳이기도 하다.

신라가 장악하면서 대륙으로 통하는 문호의 역할을 하면서 대륙선진문화의 유입통로였기 때문에 사실상 신라의 서울 경주보다 문화의 선진지이기도 하였다. 통일시대 이후에는 나라의 중앙지대로서의 역할을 하였으니, 이 중원문화권은 통일신라시대의 9주 중 5개 주와 문화적으로 중요시된 중원경을 비롯하여 서원경과 북원경의 3소경이 있다. 5개 주에 예속된 오늘의 지역을 보면 漢州한주에 충주(중원경)·괴산·진천·음성·이천·여주, 熊州웅주에 청주(서원경), 朔州삭주에 원주(북원경)·제천·단양·영주, 溟州명주에 영월·영춘(단양의 일부), 尙州상주에 영동·옥천·보은·예천·안동·문경이다.

따라서 지금에 와서는 역사적인 시대와 시간의 개념보다 지역적인 행정적 의미가 강하다는 점에 주목된다. 즉 행정관리상의 측면에서 충청북도를 중심으로 한 문화권의 형성을 고려한 것이기 때문이다[8]. 이는 오랜 역사의 배경 속에서 이루어진 문화이기 때문에 그 문화의 연원이 다른 지역보다 넓고 깊으며, 또한 중부 내륙지역에 있어서 복합문화적인 특색있는 지역문화

---

8) 《中原文化學術會議報告書》 p. 92(충주시, 1983)에서 鄭在勳(문화재관리국)은 "처음에 政府가 中原文化圈이라고 해서 설정할 때 어떤 文化的 性格보다는 이 지역이 문화유산도 많고, 그래서 地域的 概念으로 정부가 古都文化圈이라던가 新羅文化圈·百濟文化圈·伽倻文化圈을 설정하면서 지역적인 개념을 행정적인 개념으로 우선 假稱으로 설정"한 것이라고 한 데서 알 수 있다.

권으로 설정된 데에 큰 의미를 찾을 수 있다.

그렇다고 충청북도를 지나치게 의식하는 중원문화권이 되어서는 안될 것이다. 자칫 지역적 이기주의의 문제를 제기하게 될 점이 있기 때문이다. 비록 행정적 관리주체는 충청북도라고 하지만 이 지역에 대한 종합적인 조사연구 및 보존과 관리를 위한 정책이 필요하다고 본다. 이러한 목적을 이루기 위해서 이를 전담할 국가적인 문화재연구소의 필요성을 꾸준하게 요구하여 왔으나 이루어지지를 못하였다. 다행하게도 지역의 뜻이 있는 분들의 노력으로 최근에 '중원문화재 연구원'의 발족을 보게 되었으니 앞으로의 기대하는 바 크다고 하겠다.

Ⅲ. 위상정립을 위한 노력

앞에서도 언급한 바와 같이 1981년도에 중원문화권이 설정된 이후 이 지역에서는 이를 학술적으로 정립하기 위하여 여러 차례 학술회의를 개최한 바 있다. 그 첫 회의는 1983년에 중원의 중심인 충주에서 『중원문화학술회의』가 열렸으니 한국미술사학회가 주관하였다.

이 자리에서 도지사(임성재)는 치사에서 "그 동안 전국 유수의 각 대학이 많은 노력을 기울여 충북의 문화와 역사유적을 발굴·조사해온 공도 크지만, 지난해부터 착수한 충주댐 수몰지역문화재 발굴조사는 그 규모에 있어서나 그 수준에 있어서 가장 광범위한 조사가 이루어졌기 때문에 우리는 그를 기초하여 중원문화의 성격과 범위 그리고 개념을 학문적으로 정립하려는데 오늘 학술발표회의 목적이 있다"고 학문적으로 중원문화권을 정립하기 위한 기대를 하였다.

발표 내용은 고고학적인 측면, 역사적인 배경, 불교미술사적인 측면, 건축 조형적인 특성 등을 중심으로 하였다. 기조강연을 한 황수영(동국대 총장)은 '중원지구'라 표현하면서 범위를 "충주시와 그 인접한 중원군 일원만을 가리킨다"고 전제하고, 나라의 중심임을 의미하는 중앙탑을 비롯하여 중원고구려비 등 중요한 유적유물과 역사적으로도 고대사에 끼친 역할 등에 관심을 보이면서, "기왕의 知見지견을 종합하는 동시에 금후 우리의 새로운 연구의 지침"이 될 것이 요구된다고 하였다. 기타 발표자들도 '중원지구' 또는 '중원문화', '중원지방' 등으로 표현하면서 지역적인 범위를 넓은 의미의 중원문화권을 언급하면서도 대부분은 충주와 남한강유역에 치중하는 경향을 보였다. 이는 발표자의 대부분이 충주댐의 조성으로 인한 수몰지역의 발굴조사에 참여한 관계로 영향한 것으로 보인다. 그러나 대체로 문화권 설정의 가능성을 제시하고 각 분야별로 더욱 깊고 넓은 조사연구가 진행되어야 한다고 하였다.

이후 아무런 행정당국의 후속조치가 없게 되자, 충주 KBS에서는 「중원문화를 이해하고 중원권 개발을 앞당기는 밑거름」이 되겠다고 1985년부터 89년까지 5차례의 『중원문화학술토론회』를 개최하여 이 방면의 인식의 폭을 넓히는데 기여한 바 있으며, 예성문화연구회에서도 1989년부터 「중원문화권의 정립」을 위한 목적으로 해마다 『중원문화학술회의』를 개최하여 오늘에 이르고 있다.

중원군에서도 「중원문화권 정립을 위한 학술연구」사업의 일환으로 '통일신라시대의 행정중심으로서의 중원경의 위치와 중앙탑의 유래 및 역사적 배경'을 조사 연구하여 《중원경과 중앙탑》에 관련된 학술연구논문집을 펴낸 바 있다[9].

---

9) 《中原京과 中央塔》(중원군·충주공업전문대학 박물관, 1992) 내용은 다음과 같다. 김현길 : 忠州地域의 歷史地理的 背景/ 동 : 國原京과 中原京/ 윤무병·박태우 : 五小京의 位置 및 都市構造에 대한 一考察/ 차용걸 : 國原小京의 遺蹟·遺物/ 장준식 : 中央塔과 中原京의 治址/ 한종구 : 地名傳說을 통해 考察한 中原京 治所/ 김현길 : 中

이러한 논의과정에서 1995년에 충청북도에서는 「중원문화권의 위상정립과 발전방향」을 주제로 『중원문화학술회의』(충북대 호서문화연구소 주관)를 주최하였다. 이 자리에서 도지사(허태열)는 "그 동안 중원문화에 대한 연구와 유적조사 발굴 및 보존 정비사업은 어려운 여건 속에서도 꾸준히 추진하여 왔으나 체계적인 조사와 발굴 및 보존관리가 미흡하여 여타 문화권에 비해 중원문화권의 개념과 위상이 모두의 기대에 적극 부응하지 못한 것을 매우 안타깝게 생각"하며, "이 모임으로 중원문화의 개념과 위상이 보다 명확하게 규명되므로서 중원문화권이 명실상부한 5대 문화권으로 확실하게 자리매김 할 수 있는 계기"가 되기를 바란다는 환영사를 통해 그 동안의 지방정부로서의 애로를 호소하며, 중앙정부 차원에서의 '문화재연구소' 설립의 필요성을 도모코자 하였다.

주제 발표를 한 한병삼(문화재위원장)은 중원문화권이 설정된 이후의 연구성과를 개관하면서 "국가나 도 단위의 행정적 차원에서 이 지역문화재에 대한 체계적 조사와 연구 및 보존을 담당할 기구로 다른 문화권과 같이 문화재연구소를 이곳에 세울 여지가 있다"고 하고, 도나 시·군에도 문화재과의 신설이 바람직하다고 하였다. 발표자의 대다수는 문화권의 타당성과 문화재연구소의 설립이 요구된다고 하였으나, 원론적인 권역의 문제를 들고 나온 김영진 교수는 "중원문화는 충주지역문화권이며 청주지역문화와 함께 충북문화를 이루고 있다"고 하면서 "중원문화권은 충북문화권에 속하는 작은 문화권이 될 것"이라며 명칭 문제를 제기하였다.

명칭 문제에 대한 토론에 나선 이수봉 교수는 "중원문화권이 설정된 지 10 수 년이 지난 지금에 와서 위상정립 운운"함과 또한 "새삼스런 작명시비는 무리가 있다"고 하여 부정적인 견해를 보였으며, 이해준 교수도, "특

央塔의 建塔緣由에 대한 考察/ 이달훈: 中原塔坪里七層石塔의 復元的 考察/ 길경택: 中原郡 可金面의 文化遺蹟/ 최일성: 忠州關聯 古地圖 및 解題

정지역의 문화를 중시하게 된다면 5대 문화권이 아닌 10대, 20대 문화권이 설정된다 하더라도 그 문화 권역의 대표명칭이 포함되지 못하는 주변지역의 문화는 또 다른 소외감과 반발을 지니게 될 것"이라며, "이질성이나 계열성이 존재한다고 하더라도 지역문화의 특성을 인정한다면 그것을 상징하는 대표명칭의 설정은 필요하다"고 하고 대표명칭이 부여되면 그에 접근하기 위한 다방면의 연구가 뒤따라야 한다고 하였다.

특히 종합토론에서 나온 결론으로는 중원문화권이 설정된지 10 수 년이 지난 지금에 와서 어떤 개념이나 성격이 불안정한 것은 사실이나 이제는 구체적인 각론으로 들어가서 선사문화나 불교문화가 어떻다고 토론을 벌이며, 중원문화가 이렇게 가야 된다는 등 한 목소리가 나와야 한다. 그리고 정립된 결과를 관광·홍보·개발은 도에서, 교육·연구·토론은 대학에서, 기초자료 조사는 예성문화연구회와 같은 지역의 연구자들이 역할 분담을 해서 하나의 모양으로 나가야 되지 않느냐, 그러기 위해서는 자주 거론되는 문화재연구소와 같은 연구체나 조직이 있어야 된다고 하였다.

이듬해인 1996년에는 "중원문화 위상의 확고한 정립은 물론 체계적인 조사연구와 종합적인 보존정비 방안이 마련되어 중원문화가 세계 속의 독특한 문화권으로 우뚝 서는 토론의 장"(지사의 치사)이 되기를 기대하는 한·중·일의 3국학자들이 참여한 『중원문화국제학술회의』(호서문화연구소 주관)를 개최하였다. 여기에서 주제연설을 한 한병삼 위원장은 "지방자치제의 정착과 함께 그 지역 문화유산의 보존이라는 커다란 책무가 이제는 지역으로 넘어왔다는 사실을 명심해야 할 것"이라면서 "이런 관점에서 지방자치단체 나름대로 문화재의 보호와 보존을 위한 제도적 장치를 보완하는 것이 중요하다"고 하고, 도나 시·군에 문화재과를 신설하여 전문직을 채용하여 운용한다면 다른 시·도의 모범 사례가 될 것이며, 문화충북의 건설과 함께 이 지역의 문화유산을 관광자원화하는 데도 큰 도움이 될 것이라고 제시하였다.

이 학술회의에서는 외국인의 눈에도 문화권의 설정에는 이의가 없다는 견해를 보였으나, 신형식 교수는 명칭과 권역의 문제로 호서문화, 충북문화, 중부지역문화 또는 충청문화권 등을 또다시 거론하였다. 이 문제는 전년도의 토론이 참고가 되리라고 본다. 이번 학술회의의 결론으로는 그 동안 논의된 바를 종합화하여 중원문화재연구소의 설립과 정례적인 학술회의의 개최, 도내의 문화유적에 대한 충실한 지표조사가 선행되어야 하며, 중원문화권과 다른 문화권과의 차이점 등을 지속적으로 연구 검토하여야 한다는 등의 내용으로 당국에 건의문을 채택하기도 하였다[10].

이상에서 그 동안 명칭에 대한 학자들의 논의가 있었던 것과 같이 지역의 인사들 사이에서도 이 문제가 간간이 제기되고 있었기에 이해를 돕기 위해 다음과 같이 요약 정리해 보고자 한다. 우리가 단순하게 '중원문화' 운운할 때에는 좁은 의미[狹義]로 충주를 중심으로 한 남한강유역의 문화를 뜻한다고 볼 것이나, '중원문화권'을 말할 때는 충청북도를 중심으로 한 보다 넓은 의미로 확대된 '중원문화'를 생각하여야 할 것으로 본다. 따라서 이 문제를 갖고 지역적인 문제로만 생각할 것이 아니라, 충주지역 사람들은 충주를 중심으로 한 중원에만 집착하지 말고 확대된 의미로 가슴을 펴고 보다 넓게 바라볼 것이며, 다른 지역 사람들은 우리도 당당한 중원인이라는 의식 운동이 필요하다고 보기 때문이다.

어쨌든 이와 같은 여러 차례 학술회의의 결과 많은 성과를 거둔 것은 사실이나 중원이라는 지역적 개념에 따른 권역의 범위에 논란이 계속되며, 다른 문화권과 비교할 때 정체성을 명확히 규명하지 못하여 단순히 충북지역 문화재라는 인식에서 크게 벗어나지 못하고, 현재와 미래지향적 충북의 발전계획과의 연계가 부족한 점 등을 고려하여 충청북도에서는 2001년 초에 "중원문화의 역사적·문화적·지리적 위상을 새롭게 정립하고, 앞으로 다

10) 김현길:「中原文化圈 諸說의 檢討」(《忠北學》 2, 2000, 충북학연구소)

가올 통일시대에 중추적인 문화권의 역할을 수행할 수 있도록 학술적 기초를 확립하여 중원문화권의 정체성을 재확인하고, 국토의 종합적이고 효율적인 개발계획과 연계시키므로서 통일시대에 새로운 문화창조의 중심적 역할을 수행하고, 살기 좋은 문화복지 충북을 이룩하므로서 열린 미래, 희망찬 충북건설에 기여"하고자, 한국문화정책개발원과 충북대학교 중원문화연구소에 의뢰하여 『중원문화권 위상정립과 발전계획』을 연구케 하였다.

이 연구의 일환으로 동년 10월에 중원문화학술회의를 충주에서 개최하였으며, 이를 종합한 보고서로 2002년 3월에 《통일시대 대비 중원문화권 위상정립 및 발전계획》을 국배판 700여 면을 2책으로 나누어(1권 : 중원문화권 위상정립, 2권 : 중원문화권 발전계획) 출간하였다. 여기에서 역사적 정체성에 대한 부분 만을 정리하면 다음과 같이 요약된다.

1. '兩班文化양반문화'의 본 고장 : 중원문화의 정서를 한마디로 요약하면 '청풍명월'의 고장으로, 그리고 문화의 내용을 양반문화로 규정할 수 있다. 다시 말해서 멋과 풍류를 즐기는 양반적인 기질이 곧 중원문화의 본질 내지는 정체성으로 파악된다.

2. 중심의식, 조화와 융합 : 중원문화는 역사적으로 삼국의 항쟁 속에서 백제·고구려·신라·가야·동예 등 여러 이질문화를 받아들여 조화와 포용의 문화를 형성시킨 점이 특색이고, 그 특질을 시대적 감각에 따라 당시에 맞게 변화시켜 오늘에 이르기까지 변화를 거쳐 보편화된 것이다. 이것을 '중원의식'으로도 집약시킬 수 있다.

3. 학문과 예술의 중심 : 중원지역은 지방의 별도임에도 학문·종교·예술 등 문화적 전통이 강했던 곳이다. 통일시대 지방문화의 중심지인 중원소경·서원소경·북원소경의 3소경이 배치된 곳으로 불교·유교·예술의 중심지였다.

충주의 우륵과 강수 및 김생, 영동의 박연 등의 고장으로 이들의 업적을 계승 발전시키기 위한 차원에서 충주에서는 '우륵 문화제', 영동에서는 '난계 국악제'가 해마다 개최되고 있으며, 특히 충주의 중앙탑(중원탑평리 7층석탑)은 통일신라가 반 신라적인 민심을 무마하여 범국민적 화합을 다지는 중심적 상징물로 뜻이 깊다. 이런 것들이 바로 중원의 의식이 오늘에도 이어지고 있음인 것이다.

4. 護國호국과 義烈의열의 중심 : 중원지역은 國亂국란시에는 이를 극복하기 위한 충렬과 호국의 중심지 역할을 하여 왔던 곳이다. 이는 교통의 중심으로 군사적 요충지이기 때문에 빈번한 침해를 받아왔던 곳으로, 이럴 때마다 스스로의 힘으로 이를 극복하기 위한 저항정신이 있었다.

몽고와의 항쟁, 임진왜란, 한말의 의병전쟁과 동학농민전쟁, 그리고 항일운동 등에 있어서의 주도적 활동을 하였던 것은 바로 중원의식이 역사적으로 형성된 것으로 자긍심과 조화·융합의 정신에서 비롯된 것이라 할 것이다. 이러한 면에서 중원문화권의 역사적 정체성을 찾을 수 있다고 하여 사실상 종합적으로 중원문화의 정체성과 특징을 정리하고자 하였다.

Ⅳ. 중원문화의 특징

문화의 특징은 지역적인 환경과 시대적인 상황에 따라 변화 발전하여 가는 것으로 본다. 따라서 중원문화권을 말한다면 앞서 종합적이고 개략적인 특징에 관하여는 언급하였지만, 지리적인 환경에 의한 지역적인 문제와 시대에 따른 역사적인 상황에 대한 면도 살펴야 할 것이다.

그러나 중원문화에 대한 체계적인 연구가 이루어지지 못하고 있는 것이 현실이며, 이러한 시점에서 시대별 특징을 살핀다는 것은 무리한 일이라고 할 것이다. 따라서 최근까지 조사 연구된 부분에 한하여 타 지역문화와의 차이를 고려하여 살필 수 밖에 없다. 그렇기 때문에 전반적인 문화상이 아니라 극히 제한된 한계를 면치 못함을 전제한다. 이 또한 《통일시대 대비 중원문화권 위상정립과 발전계획》(2002, 충청북도)에 비교적 잘 정리되고 있으므로 크게 참고하고자 하였다.

1. 선사문화의 특징

남한강과 금강의 상류지역에는 고생대의 옥천계에 형성된 많은 석회암 지대에 발달된 동굴유적과 큰 강을 중심으로 한 한데유적이 골고루 분포되어 있는 특징이 있다. 이들 지역에 대한 조사는 대청댐과 충주댐의 조성으로 인한 수몰지역에 한한 지역적 한계는 있지만, 이 지역에 선사시대는 물론 역사시대에 이르는 다양한 문화유적과 유물들이 넓은 지역에 산재하고 있음을 확인하였다.

구석기시대: 남한강유역의 한데유적으로 단양 수양개유적(사적 제398호)·제천 창내유적·제천 명오리 큰길가유적 등이 있으며, 동굴유적으로는 제천 점말유적·단양 상시 바위그늘유적·단양 금굴유적(충북기념물 제102호)·단양 구낭굴유적(충북기념물 제103호) 등이 조사되었다. 금강유역의 한데유적으로는 청원 소로리유적·청주 봉명동유적 등이 있으며, 동굴유적으로는 청원 두루봉유적 등 많은 유적이 조사되었다.

중원지역에는 우리나라 구석기유적 발굴 중 1/3이 집중되고 있어 선사문화의 보고라고 할 수 있으며, 우리나라 구석기시대의 가장 이른 시원문화(단양 금굴유적)가 있다고 밝혀졌다. 또한 이들 유적 유물은 북한·중국·일본지역과 문화비교의 중요한 단서를 제공하고 있다.

더욱 청원 소로리·단양 수양개·충주 조동리 등에서 검출된 벼 등 많은 농경자료들은 우리 뿐만 아니라 아시아지역 선사시대 농경사 연구에도 중요한 자료이다.

신석기시대: 남한강유역에는 단양 상시 3바위그늘유적·도담 금굴유적·제천 황석리유적·충주 조동리유적 등이 조사되었다. 이 외에 제천 양평리·광의리 등과 충주 명서리·하천리 등 강변유적에서 빗살무늬토기편이 출토된 바 있다. 금강유역에는 청원 쌍청리유적과 청주 봉명동유적이 조사되었으며, 영동 금정리와 청주 상당산성에서 빗살무늬토기가 채집되고 있어 山上遺蹟산상유적이라는 특성을 가진 새로운 자료라는 데서 주목된다.

단양 상시 3바위그늘유적에서 출토된 융기문토기는 우리나라 융기문토기의 발생과 전파에 중요한 관건이 되고 있다. 이 토기는 강원도 오산리유적과 일본 규슈지방, 러시아 흑룡강유역의 노보페트로브카(Novopetrofka)유적과 중국 동북지방에서도 출토되고 있어 그 기원과 전파에 많은 논란이 되고 있다. 더욱 이 토기는 강원도지역보다 동해안에서 낙동강을 따라 올라와 전래된 것으로 추정되어 한반도의 중부지방과 동남부지방 사이에서 밀접한 문화적 접촉과 교류가 있었음을 알 수 있다.

쌍청리와 금정리에서 나온 이른 바 '금강식토기'는 대전 둔산동유적에 한정되어 나타나고 있어 주목된다.

청동기시대: 남한강유역에는 고인돌이, 금강유역에는 선돌이 비교적 많은 것이 특징이라 할 수 있다. 고인돌유적은 1962년 제천 황석리에서 처음 발굴조사된 이래 충주댐 수몰지역의 조사와 중부고속도로 건설, 경부고속전철공사 등과 관련된 구제 발굴에 의해 이루어졌다. 남한강유역의 고인돌은 대부분 남방식이나 북방식과 개석식도 혼재해 있으며, 황석리 고인돌에서는 인골자료가 나와 청동기시대 사람들에 관한 형질인류학 자료를 제공하고 있다.

금강유역에는 선돌이 집중적으로 많이 분포되고 있는 특징이 있다. 옥천

석탄리 안터에는 북방식·모표식·남방식의 서로 다른 형식을 가진 고인돌 3기가 섞여 있으며, 선돌 3기가 이와 짝을 이루고 있는 점 등 특징이 있다. 이 지역의 고인돌은 지세의 큰 흐름방향을 고려하여 분포되고 있으며, 대개 1~3기 정도가 떼지어 독립적으로 분포되어 있는 것도 특징이다.

집터유적으로 청원 내수리유적과 청주 향정동·내곡동유적의 수혈식 주거지에서는 이중 구연토기가 출토되어 경기도 흠암리유적과의 관련성을 시사해 주고 있다. 청원 내수리 주거지는 부여 송국리와 유사하며, 청원 궁평리유적에서는 이른 시기의 송국리형토기가 출토되어 문화적 관련성을 보여주고 있다.

이상과 같은 선사시대의 문화적 성격을 가진 자료들을 중심으로 중원지역에 발달한 독특한 양식과 특징으로 해석하려는 견해가 있지만, 이 지역의 선사문화의 영향이 직·간접으로 중원문화에 미치고 있다는 점에서 그 모태 또는 시원적 성격으로 보려는 것은 이해가 되지만, 충북지역의 선사문화를 중원문화의 중심핵으로 보려는 견해는 보다 신중한 검토가 필요하다고 생각된다.

2. 원삼국시대 문화의 특징

초기철기시대의 문화유적은 조사된 예가 별로 없어 앞으로의 조사에 의존할 수 밖에 없으나, 다음 단계의 원삼국시대에 해당하는 유적조사는 비교적 활발히 진행되고 있다. 이 시대의 조사도 그 대부분이 충주댐 수몰지역과 중부고속도로의 건설 및 경부고속전철공사 등과 관련된 지역에서 구제발굴에 의해 이루어진 것들이다.

중원지역은 초기에는 마한의 영역이었다가, 백제가 진출하면서 삼국시대가 열리게 되었다. 한강 하류역을 확보한 백제는 점차 상류인 충주지역인 남한강유역으로 세력권을 넓혀 나가면서 국가발전에 중요한 철의 생산지를 확보하였다. 그러다가 2세기 중엽 신라에 의해 계립령(156)과 죽령(158)이 개척되면서 충주지역은 남북 간에 문물교류의 관문으로 교통상·군사상으로 매우 중요시되었다.

탄금대의 토성과 장미산성 등의 존재는 백제의 남한강 경영의 중심지였음을 말해주고 있다. 이 지역의 초기철기시대와 원삼국시대의 유적지로 주거유적은 충주 하천리와 지동리유적, 수양개 Ⅱ지구 유적 등이 있다. 분묘유적으로는 제천 계산리·연곡리·양평리·도화리·하리 신담·연곡리 등지에 적석총이 있다. 이들은 서울 석촌동, 양평 문호리, 춘천 중도 등의 적석분묘유적과 함께 고구려계 이주민과 관련있는 것으로 보인다.

단양 수양개 Ⅱ지구 유적에서 원삼국시대 후반인 이른 바 '중도식 무문토기'가 출토되었다. 이 유적은 남한강유역 소국의 발전과정과 그 이후 삼국시대와의 연결고리를 파악할 수 있다는 점에서 중요성이 평가된다.

남한강유역에서 출토되는 철기류의 존재를 통해 고대국가 형성에 있어서 철의 중요성을 실증적으로 입증할 수 있게 되었다. 충주의 하천리·제천 양평리·도화리 유적에서는 鑄造주조된 철제 도끼류와 鍛造단조된 농공구와 무기들이 상당량 출토되고 있음에 참고된다. 또한 진천 석장리의 제철유적은 3~5세기경 백제의 대규모 철 생산단지로 밝혀졌다. 이곳의 鐵滓쇠똥들은 충주지역의 것과 같은 성분인 것으로 드러났다.

중원지역이 삼국의 각축장이었던 것은 아마도 국가발전의 중요 요소였던 철생산의 거점을 확보하려는 의도에서 비롯되었다고 할 것이다.

원삼국시대의 분묘유적으로는 청주의 송절동고분군·봉명동 Ⅳ지구, 청원 오창면 상평리유적·송대리유적, 진천 성석리유적·송두리유적 등이 있다. 이들 유적들에서 중서부지방의 고고·역사적인 문화상을 파악할 수 있게 되었으나 아직까지 종합적인 검토가 이루어지지 못하고 있다.

백제가 진출하기 이전에는 마한의 國邑時代국읍시대로 그 기본적인 무덤 양식은 토광묘이다. 이들의 세력은 미호천 유역의 농업경제를 바탕으로 성장하고 있었다고 보인다.

청주 송절동의 토광묘유적은 무심천이 미호천과 합류하는 까치내의 서남쪽 100m 이하의 낮은 구릉과 야산지대에 자리한 대규모(16기 조사)의 무덤이다. 이 중 6기는 묘광 주위에 周溝주구가 돌려진 것이 특징이다. 이 유적은 3세기 중엽에 축조된 것으로 추정되며, 우리나라 서북부지역과 연결되는 대형의 귀틀무덤이다.

송절동유적에서 확인된 주구시설은 보령 관청리, 천안 청당동, 공주 하봉리, 익산 영동 등의 분묘와 공통점을 지니고 있다. 이러한 중서부지역의 토광묘들은 서울지역과 내용면에서 차이를 보이고 있다.

청원 상평리와 진천 송두리유적에서는 영남지역에서 출토되는 와질토기가 출토되어 학계의 주목을 받아 왔다. 또한 진천 산수리요지(사적 제325호)와 삼용리요지(사적 제344호)는 중부지역 원삼국시대나, 삼국시대 초의 대표적인 소위 타날문토기의 제작과 밀폐요의 등장문제를 밝히는데 중요한 유적이다.

청주 봉명동유적에서는 원삼국시대 토광묘 166기와 옹관 2기가 조사되었다. 이 지역은 이 시대의 고분유적으로는 최대 규모로 일부 마구류를 비롯하여 마형대구와 같은 청동기도 출토되었다. 이 유적은 3세기 중·후반에서 4세기 전반으로 추정되며, 송절동 단계에서 신봉동 사이의 공백을 메워줄 중요한 유적으로 평가된다.

3. 삼국시대 문화의 특징

삼국 중 중원지역을 처음 확보한 나라는 백제였다. 백제는 4세기 후반 근초고왕(346~374)대에 이르러 마한의 잔여세력을 통합하고, 오늘의 경기·충청·전라도와 강원·황해도의 일부와 낙동강 중류의 가야 세력권을 흡수할 정도로 성장하였다. 그리고 근초고왕은 371년에 평양성을 공격하여 고구려의 고국원왕을 전사시켰다. 고구려는 이에 대한 보복으로 남진을 하였으니 4세기 말에서 6세기 중반의 광개토왕(391~413)과 장수왕(413~491) 때의 일로 고구려의 최강성기에 해당한다. 고구려의 남진으로 백제는 신라와 동맹관계를 맺으며 대응했으나 475년에 한성에서 웅진으로 천도하게 되니, 중원지역(충북)은 고구려·백제·신라가 3분하는 시기를 맞게 되었다.

고구려는 한강유역을 확보하고 충주를 남진통일의 전진기지로 삼고자 국원성이라 이름하고, 신라에 대한 우위 과시적인 의미의 중원고구려비(국보 제205호)를 세우는 등 다지기 시작하였다. 한편 신라는 5세기 중반 이후 고구려의 세력권을 소백산맥 이북으로 물리치게 되었다. 551년에 백제는 신라와 가야의 힘을 빌려 한강 하류역의 옛땅을 회복하고, 신라는 죽령 이북의 10개 군을 확보하면서 고구려의 세력을 완전히 한강 이북으로 물리쳤다. 그리고 신라는 백제와의 동맹관계를 깨고 한강 하류지역의 백제를 그 이남으로 물리치고 전 한강유역을 독점하고 고구려에 대신하여 충주를 통일의 전진기지로 삼고자 소경(557)을 설치하는 등 副都부도로서의 입지를 다지고 삼국통일의 기틀을 마련하여 갔다.

이 시기의 백제유적으로 학술조사를 거친 것은 미호천유역의 청주 신봉동 백제고분군(사적 제319호)·봉명동유적·명암동유적·청원 주성리유적·오창 송대리유적 등의 분묘유적과 성터로는 청주 정북동 토성(충북기념물 제82호)·우암산 토성·부모산성, 청원 양성산성·저산성 등이 있다. 이 외에 생활유적으로는 청주 봉명동·명암동·가경동 주거유적과 청원 쌍청리 주거유적, 진천 산수리와 삼용리 가마터와 석장리 철생산유적 등이 있다.

고구려와의 관련유적으로는 중원고구려비(국보 제205호)를 비롯하여 충주의 장미산성(사적 제400호), 음성의 망이산성, 청원의 남성골산성 등 성터와 충주 햇골산의 봉황리 마애불상군(충북유형 제131호), 노은면에서 발견된 건흥 5년명 금동불상광배 등을 들 수 있다. 특히 청원 남성골산성은 고구려 세력의 남쪽 한계를 시사해 주는 유적으로 서울 아차산유적과 함께 주목되고 있다.

신라의 유적으로는 보은의 삼년산성(사적 제235호), 옥천의 굴산성, 문의의 일모산성 등 성터와 영동 매곡면 옥전리유적·추풍령면 지봉리고분군·양산면 가곡리고분군(충북기념물 제97호) 등이 있다. 이 외에 보은 마로면 원정리, 보은읍 풍취리·성주리 등지에서 수습된 신라토기들은 5세기 말에서 6세기 전반에 걸쳐 영동과 보은지역이 신라문화의 영향권에 있었음을 말해준다. 신라는 6세기 중엽 한강유역으로 진출하면서 단양에 신라적성비(국보 제198호)를 세웠다. 또한 삼국시대에 北狄북적(말갈족)이 자주 침입하므로 충주의 동량면 말흘산 밑에 龍頭寺용두사를 짓고 탑을 세워 북적을 물리치기 위해 빌었다고 한다(동국여지승람). 정확한 시기는 알 수 없으나 비교적 일찍 건립된 호국사찰로 생각되어 관심이 간다.

중원지역은 삼국의 각축장이었던 관계로 다른 지역에 비해 성터유적이 많은 것이 특징이다. 우선 학술조사를 거친 것을 들면 청주의 상당산성(사적 제212호)·우암산성·정북동토성·부모산성, 보은의 매곡산성·삼년산성(사적 제235호)·주성산성, 제천의 성산성·와룡산성·덕주산성(충북기념물 제35호)·청풍 망월산성(충북기념물 제93호)·청풍 토성지. 단양의 적성(사적 제265호)·온달산성(사적 제264호), 충주의 장미산성(사적 제400호)·충주산성(충북기념물 제31호)·견학리토성, 괴산의 아성리토성·다락산성, 영월의 왕검성 등이 있다.

고분유적으로는 백제고분이 남아 있는 청주와 청원지역을 제외한 충북지역의 고분들은 대체로 신라의 것이 주류를 이루고 있다. 학술조사를 거친 것으로 청주의 봉명동유적·명암동유적·용암동유적, 청원의 미천리유적·교성리유적, 음성의 오궁리·문촌리유적, 충주의 누암리고분군(사적 제463호)·하구암리유적·단월동고분군·용관동유적, 옥천의 오덕리고분군, 영동의 지봉리유적·가곡리유적 등이 있다[11].

이상에서 보아 삼국시대의 중원지역은 삼국 간 세력의 각축장이었기 때문에 문화의 양상이 토착 기층문화 이외에 백제·고구려·신라·가야적 요소와 영동지역의 濊系예계문화 등이 지역별, 시기별로 섞여 있을 정도로 혼합문화적 성격을 띠고 있다.

6세기 후반으로 편년되는 청원 비중리 일광삼존불상(충북유형 제114호)이 삼국 혼합적인 불상양식을 띠고 있는 점과 충주의 중원탑평리 7층석탑(일명 중앙탑) 주변에서 출토된 6엽 연화문 수막새가 백제와 고구려 계통의 혼합양식을 보이고 있는 점 등은 주목할 만한 자료이다.

또한 고구려계 북방문화와 신라계의 남방문화와의 융합 및 한강과 금강을 통한 중국·왜와의 국제적 관계와 문화적 교류를 수행하여 새로운 문화 창출의 요람지로서 기능을 해왔다. 청주 신봉동 B-1호 묘에서 출토된 鐵製短甲철제단갑 등이 가야와 왜의 그것과 형태상 유사하며, 동일한 제작기법을 보이고 있는 점 등이 이를 뒷받침하여 준다고 하겠다.

4. 통일기의 문화적 특징

신라의 삼국통일은 중원지역(충주)을 중심으로 하여 한강유역을 확보하

11) 충주의 누암리 고분군은 墓制나 출토품들이 진흥왕 18년(557)에 충주를 國原小京으로 삼고, 그 이듬해에 경주의 貴戚子弟와 6부의 豪民들을 이곳에 이사시켰다는 기록처럼, 6세기 후반의 경주에서 이사 온 중앙 지배세력에 의해 경주의 문화가 직접 이식되는 계기가 된 것임을 입증하는 자료로 평가되고 있어 주목된다. 그리고 이들 신라고분에서 출토되는 뚜껑있는 고배(有蓋高杯)와 臺脚이 매우 낮고 透窓이 작은 短脚高杯 등 6세기 이후의 전형적인 신라토기가 공통적으로 발견되고 있는 점은 신라 진흥왕대 이후 북진을 입증하는 자료라고 할 수 있다.

려는 의지와 노력에 의한 결과로 이루어진 것이라고 보아 중원지역이 갖는 역사지리적 의미가 크다고 하겠다.

신라는 삼국을 통일한 후 넓어진 영토와 늘어난 인구를 효율적으로 관리 운영하고자 통치제도의 개선이 필요하였다. 그 중 지방을 9주 5소경으로 개편하였으니 새로 편입된 백제와 고구려인들을 의식한 것으로 의미가 있다. 즉 고구려·백제·신라지역을 고루 3개 주씩으로 하고, 소경제도는 방위적 의미로 고구려 지역에 북원과 중원소경, 백제지역에 서원과 남원소경을, 가야지역에 금관소경을 두어 편입된 지역을 안배한 것이다.

9주 5소경이 행정상의 구분이라고는 하나 주와 군현은 軍政的군정적 성격이 강한데 비해 소경은 주로 정치적, 문화적 중심지로서의 역할을 수행하였다. 그런 중에도 중원지역에서는 중원의식의 대두로 다른 지역(소경)과 구별되는 문화적 중심지로 발전하게 되어 왕도인 경주에 버금가는 문화적 번영을 이루었다. 이는 경주보다 대륙문화를 받아들이는 길목에 위치한 때문에 문화의 선진지라고도 함에 유의된다. 우륵은 가야금과 가야의 춤을 전승시키고 河臨調하림조를 개발하여 신라악을 형성하였으며, 强首강수는 스스로 학문을 익히고 지역의 스승에게서 효경·곡례·이아·문선을 배워 대문장가로 성장하여 삼국통일에 기여한 바 크다. 중원지역이 학문의 선진지라 할 사례이다. 김생도 스스로 익혀서 書聖서성으로 대성하였다는 점에 관심이 간다.

특히 중앙탑으로 불리는 충주의 중원탑평리 7층석탑(국보 제6호)은 삼국민의 화합과 사상적인 통일을 기원하기 위해 세워진 것으로 바로 중원의식을 일깨우는 발원지라고도 할 것이다.

이 모두는 중원지역이 갖는 특징으로 풀이될 수 있는 사안들이다. 통일신라의 문화는 한마디로 불교에 있다고 할 것이니, 이 시기의 중원지역도 불교는 융성하였다. 충주의 「정토사지 법경대사자등탑비」, 괴산의 「통일대사탑비」, 청주의 「운천동신라사적비」·「용두사지철당간기」 등에서 당시의 불교활동과 높은 학문 수준을 엿볼 수 있다.

또한 영춘의 비마라사지는 義湘의상이 세운 화엄 十刹십찰 중의 하나로 화엄사상의 중심도량이었으며, 眞表진표에 의해 창건된 보은의 법주사는 법상종 계열의 사찰로 그 교세는 뒤에 청주지역까지 확장되었다. 이 외에 통일기에 창건된 사찰로 충주의 미륵리사지·탑평리사지·정토사지·김생사지, 청주의 보살사·목우사지·흥덕사지·구앙사지, 제천의 월광사지, 괴산의 각연사 등은 중원지역 사람들의 종교적 구심체의 역할을 하여 왔음에 틀림없다.

5. 고려시대의 국난극복

1) 豪族들의 향배

후삼국시대에 들어와서 중원지역은 또다시 세력의 각축장으로 변하게 되었다. 梁吉양길과 弓裔궁예, 그리고 王建왕건의 세력은 중원지역을 발판으로 일어났으며, 충주의 강력한 호족으로 세력기반을 둔 충주 유씨 劉兢達유긍달과 진천의 진천 임씨 林曦임희 등은 일찍이 왕건에게 협력하였다. 후백제에 연계된 회인의 龔直공직과 청주의 반 왕건세력 등이 분포하여 이 지역은 고려와 후백제 간의 주요 쟁패지역이었다.

궁예는 904년에 청주의 민호 1천 호를 철원으로 이사시켜 그의 세력기반으로 삼았으며, 또한 후백제와의 접경지대로 이 지역의 향배가 전세에 큰 영향을 주기 때문에 궁예와 고려 태조는 이 지역을 중요시하였다. 이는 지역 호족들의 세력이 정치안정과 국력신장에 변수가 된다고 판단하였기 때문이다.

보은 회인의 호족 공직은 매곡성의 장군으로 처음에는 후백제의 견훤에게 귀순하여 두 아들을 인질로 보냈으나, 932년에 견훤의 무도함을 보고 고려의 왕건에게 귀순하여 후백제를 제압하는데 크게 역할을 하여 후삼국 통일을 앞당기는 계기를 마련하였다.

이 당시의 쟁패지로 떠오르면서 전략적 요충지는 충주의 견학리토성, 청주의 상당산성·정북토성, 문의의 양성산성, 보은의 삼년산성, 회인의 매곡산성·호점산성, 원주의 영원산성·해미산성 등이 있다.

충주의 호족 유긍달은 그의 딸을 고려 태조 왕건의 제3비로 들였으니, 신명순성왕태후이다. 그의 소생이 제3대 정종, 제4대 광종이 될 정도로 강력한 세력기반을 갖고 있었다. 충주의 「정토사 법경대사자등탑비」와 신니면의 숭선사(지)는 충주 유씨와의 관계를 말해주는 대표적인 유물과 유적이다. 탑비의 음기에 의하면 충주에는 지방정부의 형태인 독자적인 관부가 있었으며, 이들은 충주 유씨의 재정적 후원에 의해 이루어졌음을 알 수 있으며, 숭선사는 광종이 자기의 어머니(신명왕후)의 명복을 빌기 위해 어머니의 고향인 충주에다 세운 절이다. 이와 같이 고려 초기의 충주는 독특한 호족을 중심으로 한 문화가 있었다.

진천의 호족 임희는 고려 태조와 제휴하여 병부령이 되었으며, 딸을 제2대 혜종에게 출가시켜 의화왕후가 되었다.

2) 시련과 극복

삼국시대와 후삼국시대에는 세력다툼의 변경지역으로 끊임없는 분쟁지역이었던 중원지역은 고려의 재통일로 인하여 분쟁지역에서 벗어나게 되었으나, 북방의 이민족에 의한 침입이 끊이지 않았던 외침의 역사로 이어지게 되었다. 이럴 때마다 중원지역은 남북을 잇는 중앙통로라는 지정학적인 위치에 있었기 때문에 수 없는 침입을 받아왔으니 다음과 같다.

거란의 침입 : 고종 4년(1217) 거란군이 개경을 위협하며, 그 일부가 철

원·춘천·원주를 함락시키고 충주방면으로 진출하기 위하여 제천의 박달현을 공격하였다. 이때 김취려 장군이 이끄는 고려군이 미리 고개에 올라 적의 공격을 크게 격파하여 더 이상 남하하지 못하고 북으로 달아나게 되었다. 박달재에는 김취려 장군의 전적비가 있다.

몽고의 침입: 고종 18년부터 45년까지 28년 간에 걸친 몽고의 침입은 온 나라를 유린하는 우리 역사상 가장 큰 시련기였다. 이때 몽고군은 중원(충주)지역에 수 없이 쳐들어 왔으나 중원인들의 자위적인 항쟁으로 모두 물리쳤으니 그 기개와 호국정신을 높이 사야 할 일이다. 다음에 중요한 싸움을 적어본다.

고종 18년(1231) 몽고의 1차 침입이 있었다. 이때 몽고군은 개경을 위협하며 일부 별동부대가 충주성을 공격하여 왔다. 이때 부사와 판관 등은 양반별초와 더불어 도망갔으나, 지광수·우본 등이 이끄는 노군과 잡류별초군들의 결사 항전으로 적을 물리쳤다.

고종 40년(1253) 몽고의 5차 침입은 몽고군에 의해 충주산성이 70여 일이나 포위공격을 받게 되었다. 그러자 성 안에 식량이 떨어지는 위기에 처하자, 충주산성 방호별감 김윤후는 노군들에게 신분적 해방을 약속하며 독전을 벌여 몽고군을 물리쳤다. 이에 노군의 신분은 해방되고 충주도 한때 국원경으로 승격되었다.

고종 41년(1254) 6차 침입이 있었다. 진천에서는 향리출신 임연이, 괴산에서는 산원 장자방이, 충주산성에서는 정예군이 출격하는 등 하여 모두 적을 물리쳤다.

고종 42년(1255) 충주의 多仁鐵所다인철소(이류면 지역)인들이 몽고군을 물리치는 전과를 올렸으므로 무기 등 철제품을 생산하던 하층민들이 살았던 철소가 翼安縣익안현으로 승격되어 신분의 격상을 보게 되었다.

이후에도 몽고군은 대원령·충주산성·월악산성 등을 공격하여 왔으며,

고종 45년(1258) 10월 박달현의 싸움에 이르기까지 28년 동안 9차례나 침입을 하여왔다. 그러나 충주에서는 한 번도 적에 굴복함이 없이 그들을 물리친 전과를 올렸다. 몽고군은 고려의 당시 수도인 강화도를 고립시키고 배후에 있는 무기의 공급원인 중원지역을 장악하려고 하였던 것이나 지역민들이 중심을 이룬 노군 잡류·철소민 등 신분적으로 하층민들과 별초군 등 향리가 이끄는 민병대들의 완강한 저항에 부딪쳐 실패하였다.

이와 같은 10여 차례에 걸친 몽고의 침입은 철산지로서 무기류의 공급원이었다는 점과 지역이 갖는 지정학적 특성에 기인한 것이며, 이러한 많은 침입에도 끝가지 승리를 거두게 된 것은 중원인들이 이민족에 대한 저항의식이 투철하였기 때문이라고 할 것이다. 삼국시대에는 접경지대로서 주인이 바뀌는 빈번한 싸움에서 스스로의 안전을 도모하기 위한 노력이 체질화된 면도 없지 않다고 생각되지만 이것이 또한 중원의식의 하나라고도 할 것이다. 충주에서는 항몽기념탑을 세우고 매년 우국 충절을 기리는 기념행사를 하고 있다.

합단의 침입: 충렬왕 16년(1290)에 元원의 막북에서 乃顔내안의 반란이 일어나 그 무리인 哈丹합단이 고려의 동계로 침입하여 오자 왕은 강화로 피해 들어가고, 이듬해(1291) 합단의 무리가 철령을 넘어 원주를 거쳐 충주산성을 공격하였다. 충주산성 별감은 이를 잘 막아냈다. 그들은 남쪽 연기현으로 밀려갔으나 여기에서 고려군의 반격으로 남하를 저지당하여 북으로 달아났다.

홍건적의 침입: 공민왕 10년에 2차 홍건적의 침입이 있자, 왕은 복주(안동)로 피난길에 올랐다. 자연 충주를 거쳐 갔으며 이듬해 귀경길에는 보은·청주·진천을 거쳐 올라갔으니 남북의 중요한 교통로임을 알게 한다.

왜구의 침입: 우왕 때(1374~1388) 왜구는 해안 뿐만 아니라 내륙 깊숙이 중원지역까지도 침입하여 왔다. 충주에는 덕흥창이 있어 세곡을 수장하

던 곳으로 왜구의 공격대상이었다고 보인다. 단양의 가은암산성은 제천·청풍·단양지역민들이 왜구를 피하여 입보한 산성으로 유명하다.

遷都천도의 대상 : 공민왕 때(1351~1374) 왜구의 침입으로 천도론이 일자 충주는 그 후보지로 자주 거론되었다. 공민왕은 18년(1369)에 三蘇삼소의 巡駐순주로 평양·금강산·충주에 머무를[駐駕] 뜻을 비쳤으며, 우왕 3년(1377)에 이인임이 충주로 천도할 것을 건의한 일이 있었다. 그러나 이는 최영의 반대로 무산되었다.

史籍사적의 보관 : 우왕 7년(1381) 왜구의 창궐로 보주(예천) 보문사의 사적을 충주 개천사로 옮겨 보관하였으며, 우왕 9년에 죽주 칠장사로 갔다가 공양왕 2년(1390)에 다시 충주로 옮겨서 조선시대로 넘어왔다.

이와 같이 고려시대의 중원지역은 이민족의 침입이 있었던 때에는 적군의 통과하는 길목으로 숱한 시련을 겪었으나 그 때마다 이를 잘 극복하는 우국 충절을 보여왔다. 그렇지만 왜구의 침입시에는 내륙의 안정성을 갖고 있었던 곳으로 천도의 대상지로, 국가의 중요한 사적을 보존할 만한 곳이었음도 알 수 있다. 이는 모두 군사전략상으로 중요한 곳이었음을 알게 하는 것이다.

3) 인쇄문화의 중심

고려 문종 12년(1058)에 충주목에서 《黃帝八十一難經황제팔십일난경》 등 7종의 醫書의서를 새로 조판하여 조정에 올렸으며, 이를 秘閣비각에 보존토록 하여 고려 의학의 발달에 크게 기여한 바 있다.

우왕 4년(1378, 宣光 8년) 2월에 충주 청룡사의 연회암에서 《禪林寶訓선림보훈》 2권 2책(1378년, 보물 700호), 《金剛般若經疏纂要助顯錄금강반야경소찬요조현록》 2권 2책(1378년, 보물 720호)을 印刊인간하였다. 이후 청룡사에서는 《護法論호법론》(1379년 覆刊, 보물 702호), 《禪宗永嘉集선종영가집》

(1381년 刊, 보물 641호) 등을 간행하여 오늘에 전하고 있으니, 충주는 고려시대 목판 인쇄기술이 발달하였던 곳임을 알 수 있다.

청주의 흥덕사에서는 우왕 3년(1377, 宣光 7년)에 白雲和尙백운화상이 초록한 《佛祖直指心體要節불조직지심체요절》 2권 2책을 주자로 인쇄하여 간행하였으니, 현존하는 세계 최고의 활자 인쇄본으로 당시 청주가 주자인쇄문화의 중심지였음을 알려주고 있다. 이 책은 현재 하권 만이 프랑스 파리 국립도서관에 소장되고 있으며, 2001년에 세계 유네스코 기록문화유산에 등록되었다.

흥덕사는 1985년 운천동 택지개발지구의 조사과정에서 청주대학교 박물관에 의해 발굴조사시 흥덕사명의 佛鉢불발 뚜껑을 발견하므로서 확인된 곳이다. 이후 흥덕사는 일부 복원하여 사적 제315호로 지정보호하고 있으며, 이웃에 청주 고인쇄박물관을 세워서 직지를 중심으로 한 인쇄문화의 요람으로 자리잡아 가고 있다.

6. 조선시대의 구국운동

1) 충청도의 명칭변화

고려시대의 중원지역은 충주와 청주가 중심이 된 행정구역으로 중원도라 하였다가 양광충청주도로, 다시 양광도와 충청도로 나누었다가 양광도로 정하고, 공민왕 5년(1356)에 양광도에서 충청도로 개칭하고 조선시대로 넘어왔다. 조선의 건국 초인 태조 4년(1395)에 수도를 개경에서 지금의 서울로 옮기면서 충청도 가운데 양주와 광주 및 그에 예속된 군현을 떼어 경기라 하고, 충주와 청주에다 공주·홍주의 소속 군현을 합쳐서 충청도라 하고 충주에 관찰사를 두었다.

정종 원년(1399)에 영월군을 떼어 강원도에 주고, 강원도의 영춘을 편입시켰다. 태종 13년(1413)에 여흥·안성·음죽·양지를 경기로 떼어주고, 경상도의 옥천·황간·영동·청산·보은을 충청도에 이속시키므로 대체로 오늘의 충청북도의 관내와 같게 되었다.

그리고 선조 31년(1598)에 충주의 감영(관찰사)을 공주로 옮겼다. 이후 도의 이름이 때때로 변경된 바 있었으니 州牧주목의 소속 고을에서 역모나 강상을 범한 사건이 일어나면 그 고을의 머리 자를 삭제하여, 公淸道공청도·公洪道공홍도·忠洪道충홍도 등으로 개칭된 적이 있었으나 곧 충청도로 되불렀다. 그리고 행정상의 편의에 따라 좌·우도로 나누었는데 대체로 오늘의 충청북도지역은 좌도에 속하고, 그 북부지역은 충주목, 남부지역은 청주목에서 관할하였다.

고종 33년(1896)에 8도를 13도로 나누었을 때 종래의 충청좌도를 북도, 우도를 남도라 하면서 충청북도가 탄생하게 되었다. 그후 일제하인 1914년 군·면의 폐합에 따라 천안·목천·직산을 충청남도로 이관하였다.

이와 같이 볼 때 중원지역은 충주를 중심으로 하는 북부지역과 청주를 중심으로 하는 서남부지역이라는 2개의 특색있는 작은 지역권을 유지해 왔다고도 보여진다.

2) 義烈의 고장

중원지역은 고려시대에 북쪽으로부터 이민족의 침입을 받아왔던 것에 반하여 조선시대에는 남쪽의 왜적에게 일대 시련을 겪게 되었다. 이에 따라 중원인은 자발적이고 적극적으로 대응하는 구국운동을 전개하였다. 임진왜란 때의 의병운동, 동학농민운동에다 구한말로 부터의 지속적인 의병운동 등은 모두 왜의 침략의도에 대처하려는 구국독립운동이었다. 그러나 일제는 끝내 우리의 주권을 침탈하였으니, 우리는 3·1민족 대 독립운동에도 자발적으로 참여하여 그 선봉에서 활동하였으니 의열의 고장이라 할 수 있다.

임진왜란은 고려시대의 몽고와의 항쟁과 함께 우리 역사상 최대의 시련기였다. 이때 중원지역에서도 나라를 구하겠다는 의지로 의병을 일으킨 청주의 趙憲조헌과 朴春茂박춘무, 충주의 趙熊조웅, 그리고 영동의 張智賢장지현 등은 유명하다.

제일 먼저 청주에서 전 찰방 박춘무는 李時發이시발 등과 함께 1,000여 명을 모아 의병을 일으켰다. 다음으로 조헌이 옥천에서 일으킨 1,600여 명의 의병은 승장 靈圭영규의 500여 명과 합세하여 청주성을 수복하였으며, 다시 금산으로 옮겨가서 왜적과 싸우다가 700명의 의병과 함께 장렬히 옥쇄하였다. 충주에서는 조웅이 500여 명을 모집하여 서울로 향하는 왜군의 후속부대와 싸우다가 포로가 되어 살해되었다. 추풍령 방면에서는 영동출신의 장지현이 영동·황간에서 의병을 일으켜 왜장 黑田(흑전, 구로다)의 부대와 접전하여 싸우다가 전사하였다. 이들은 모두 자발적으로 의병을 일으킨 호국정신의 귀감이다.

동학농민운동은 1890년대의 봉건집권 세력과 일본과 서양 등 외세의 침략에 대한 반봉건·반외세의 기치를 들고 보국안민을 내세운 구국운동이었다. 1893년 3월의 報恩보은집회는 탐관오리의 숙청[除暴救民]과 서양과 일본세력의 축출[斥洋斥倭]을 요구하는 농민중심의 정치운동으로 발전하였으니, 중원출신의 孫秉熙손병희·孫天民손천민 등이 주도적인 역할을 하였다. 이 집회는 1894년 동학농민군의 봉기가 전면적으로 확산되는 계기가 되었다.

조선 말기의 의병은 중원지역에서 처음으로 일어났으며, 그 주된 활동무대도 제천을 중심으로 충청도·경상도·강원도의 접경지대인 충주·단양·원주·영월·안동·문경을 연결하는 중원지역으로 중원인의 외세에 대처하는 강인한 저항의식을 엿보게 한다.

조선 말의 의병전쟁은 1895년 왜인들이 명성황후를 살해한 을미사변에 격분하여 일어난 을미의병으로 비롯되었다. 보은의 文錫鳳문석봉은 전국에서 처음으로 의병을 일으켜 회덕으로 나아가 관아를 습격하고 무장하였으니 의병전쟁의 선도적 역할을 하였다. 11월에 단발령이 내려지자 전국적으로 의병이 일어나게 되었으니 그 주도세력을 이룬 것은 제천의 柳麟錫유인석을 중심으로 한 호좌의병진이다. 1896년 초 유인석의 의병부대는 단양·청풍군수 등 왜놈의 주구들을 주살하고, 충주성을 점령한 후 관찰사 김규식을 처형하고 8도 열읍에 격문을 발하니 그 기세가 크게 떨쳤다. 그러나 얼마 아니하여 왜군의 증파로 중군장 이춘영을 잃고 제천으로 철수하였으며, 끝내는 세가 불리하여 의병을 해산하고 만주로 망명하여 의병전쟁을 계속하였다.

유인석의 의병전쟁은 전국적으로 영향을 미쳐 1905년 을사의병, 1907년 정미의병으로 이어졌다. 을사의병 때는 단양에서 원용팔, 제천에서 정운경·윤응선, 보은에서 노병대의 활동이 컸으며, 정미의병 때에는 민긍호가 충주·제천·청풍에서, 제천에서 박태성·조동규, 충주에서 백남규가 각각 활동하였다. 특히 한봉수는 군대 해산 후 청주 세교장에서 의병을 일으켜 3년 동안이나 신출귀몰한다는 전설을 낳으면서 활약하였다.

3·1민족 대 독립운동에 있어서는 다른 지역에 비해 다소 늦은 3월 19일 괴산에서 처음 시작되었으나 참여인원은 약 3만 명이나 되고, 총 55회 이상에 달하는 만세시위를 벌였으며, 그 중 절반이 폭력성을 띤 치열하고 끈질긴 항쟁을 전개하였다. 또한 청원 태성리의 조동식은 "옛날부터 국난을 당하면 봉화를 올렸다"는 풍습에 따라 야간에 산에 올라가서 봉화시위를 처음으로 전개하였다. 이 시위방법은 이후 이웃 마을로 전파되고, 이웃 도에까지 확산되어 일제 관원들을 당황케 하였다. 더욱 3·1운동의 선도적 역할을 담당한 민족대표 33인 중 손병희·신석구·권병덕·정춘수 등 6인이 중원출신이었다는 점도 관심이 간다.

이상과 같이 조선시대의 임진왜란과 일제의 국권침탈 및 강점기와 같은 민족적 시련을 당했을 때 중원인들은 전국에서 제일 먼저 의병활동이나 독립운동 등 항일구국운동의 선봉에서 역할을 하였다. 이는 삼국시대 이후부터 싹튼 중원의식을 바탕으로 하여 고려시대에는 대몽항쟁으로, 임진왜란 및 일제의 침략기를 거쳐 오면서 더욱 발전하여 자위적 호국정신으로 승화되었으니 이것이 중원문화의 정체성을 나타내는 주요 인자라고 하겠다.

(《충북문화론》, 충북개발연구원, 2003)

附記:

중원문화권의 설정은 문화유적에 대한 정부차원의 조사연구를 위해 이 지역에 국립문화재연구소의 설치를 요구하였던 것이다. 2007년도에 중원문화의 중심인 충주에 '국립중원문화재연구소'가 설치되어 중원문화의 실상을 밝히기 위해 활발한 학술조사를 하고 있음에 기대가 크다고 함을 덧붙인다.

南漢江 流域의 交通路

-水運을 중심으로-

〈목 차〉

Ⅰ. 序 言

현대의 교통은 매우 발달하여 전국이 도로망으로 거미줄처럼 이어지고 있으며, 지금도 새로운 길을 만들거나 확장하기 위하여 산을 헐고 뚫으며, 다리(교량)를 놓는 등 공사를 하는 곳이 수 없이 있음을 본다. 최근에는 도로가 산을 뚫고 골짜기에 다리를 놓아 건너뛰어 들을 이어가고 있으니, 다리라는 일반적 의미가 河川하천을 건너가게 하는 뜻에서 산과 산을 이어주는 것으로 바뀌어 가고 있는 느낌이 들기도 한다.

또한 교통의 수단으로 자동차의 이용도가 늘어나고 있으니 각 가정에는 한 대 이상의 차를 갖고 있지 않은 집이 없을 정도이다. 따라서 어느 곳을 막론하고 큰 마을 등 都心도심에는 차량의 물결로 혼잡을 이루고 있음이 현실이다. 이러한 자동차문화가 급격하게 성장을 이루게 된 것은 불과 40여 년 전부터라고 생각되니 엄청난 속도로 변화하여 왔음을 알 수 있다. 3~40년 전에는 대중교통이라고 하는 버스나 기차를 많이 이용하여 왔으며 웬만한 거리는 걸어다니는 것을 일반으로 알았다. 급한 업무는 말이나 자전거를 이용하기도 하였고, 큰 강가에는 나룻배를 중요 교통수단으로 활용하고 있었으니 참으로 격세의 감이 있다고 하겠다.

예로부터 교통·통신은 어느 나라를 막론하고 首都수도를 중심으로 전국을 방사선처럼 이어져 왔음은 오늘과도 같았다. 이는 인구밀집지역으로 생산품이 풍부한 지역과의 교류를 위한 수단으로 교통·통신로가 이루어지게 마련이었기 때문이다. 이러한 교통로는 陸路육로와 水路수로로 구분할 수 있으니 우리나라에서는 육상교통과 통신의 편의를 위한 기관으로 驛站역참을 두고, 수상교통을 위해서는 漕船조선에 의한 水運수운으로 漕運조운의 제도가 있었으며 나라의 긴급을 요한 통신수단으로서는 烽燧봉수의 제도가 있었다.

육로라 하더라도 지난날에는 대개 물길을 따라 이어지고 있었다. 이는 평탄한 곳을 찾아 사람들의 왕래가 이루어지게 마련이었으니 자연적으로 길이 열리게 된 것이라 하겠다. 그러므로 水運수운은 매우 중요한 역할을 하여 왔던 것이다. 따라서 우리나라의 중앙지대를 東동에서 西서로 가로지르는 漢江한강을 일러 「서울의 젖줄」이라고 한 바도 이러한 역할에 기인한 것임이 분명하다.

한강유역은 다른 강줄기보다 일찍부터 사람들이 생활하여 온 터전이었다. 우리나라에서 가장 오래된 70만 년 전의 선사인류가 살았던 丹陽단양의 금굴 유적이며, 구석기시대와 그 이후로 이어지는 수양개 유적을 비롯하여 신석기시대 및 청동기시대의 각종 유적이 단양·제천·충주·여주로 이어지는 남한강 유역에 수 없이 있음은 우연이 아니라고 보이니 관심이 간다. 오늘날에도 이 강가에는 크고 작은 마을이 수 없이 형성되고 있으니 그 역사는 선사시대부터 이어져 온 것이다. 이들은 서로 간에 문물을 교류하며, 생활을 향상 발전시키면서 오늘에 이른 것이다.

남한강 유역에 형성되었던 교통로를 중심으로 한 운영기관으로서의 역참과 수운의 제도를 살피고자 함은 지난날의 강을 이용한 사람들의 생활문화를 연구하는 기초작업이라 생각된다[1].

Ⅱ. 中原文化의 中心 南漢江의 水系

남한강은 사실상 한강의 본류이기도 하니 한강의 發源地발원지도 이곳에 있다. 《세종실록》 지리지에는 한강의 발원지를 五臺山오대산 于筒水우통수(평창군 진부면)라 하였으며 이후에 이루어진 각종 지리지는 모두 이를 따르고 있다. 그러나 1987년에 國立地理院국립지리원에서는 태백시 창죽동 大德山대덕산(금대봉, 1,418m)의 북쪽 계곡에 있는 검룡소(상류, 제당궁 샘)를 공식으로 인정하였다.

따라서 한강의 원 줄기는 강원도 태백시에 있는 대덕산에서 발원하여 북서쪽으로 흘러가는 골지천이 정선군 임계면 봉산리에서 임계천을 합류하여 서쪽으로 흐르다가 북면 여량(아우라지)과 黃柄山황병산에서 발원한 송천과 합류하여 정선읍을 거쳐 남서쪽으로 흐르면서 여러 지류를 합류하여 동강을 이루고, 영월읍의 남쪽 하송리에서 서강(평창강)과 합류한다. 평창강은 桂芳山계방산(1,577m)에서 발원하여 남서쪽으로 흐르면서 영월군 서면 신천리와 횡성군 태기산에서 발원한 주천강과 합류하여 서강을 형성하고, 영월읍 하송리에서 동강과 합류하면서 남한강의 본류를 이루게 되니, 곧 한강

1) 이 글은 「南漢江 流域의 驛站과 漕運」(《忠北鄕土文化》12, 2001, 충북향토문화연구소)을 보완 改稿하여 재구성한 것이다.

의 본류인 것이다.

남한강의 본류는 크고 작은 지류를 모아 영춘·단양·청풍·충주로 흘러가면서 충주댐에 의한 忠州湖충주호를 형성한다. 충주호에서 나온 남한강은 속리산에서 발원하여 報恩보은·槐山괴산을 거쳐서 흘러온 달천을 충주의 탄금대 서쪽에서 합류하여 북서쪽으로 흐르다가 충청북도와 강원도의 경계지역에서 횡성군에서 발원한 섬강을 합류하고, 경기도 여주군 대신면 양촌리에서 북하천과 합류하여 양평을 지나 양수리에서 북한강과 합류한다. 이곳에서 보다 넓은 유역면적을 이루며 북서쪽으로 흘러 서울을 지나 서해의 江華灣강화만으로 유입된다. 따라서 남한강유역은 강원도의 정선군·평창군·영월군·횡성군·원주시, 충청북도의 단양군·제천시·충주시·보은군·괴산군, 경기도의 여주군·이천군·양평군 등의 넓은 지역에 해당된다.

실로 남한강은 우리나라 중앙부의 내륙 한복판을 동쪽에서 서쪽으로 관류하는 大河대하로 수도 서울의 젖줄이며, 남북으로 통하는 육로와 동서로 흐르는 水運수운의 교통을 연결하는 四通八達사통팔달의 요충으로 발달하여 왔다. 따라서 일찍부터 사람들이 이곳을 중심으로 살아왔으니, 역사시대는 물론이려니와 선사문화의 寶庫보고이기도 하다. 역사시대의 분열기에는 항상 주도권을 다투는 곳이 되었으며, 통일기에는 문화발상의 중심으로 번영을 이루어 역사를 주도하여 중원문화를 형성하였던 곳이니, 바로 중원문화권의 중심지역으로 떠오르고 있는 지역이다.

Ⅲ. 陸路로의 驛站

고래로부터 육상교통의 유일한 기관인 驛站역참의 제도는 중국에서부터 기원하여 우리나라에는 이미 삼국시대에 시행되었으니 郵驛우역이라고도 한다. 이는 국가의 政令정령과 공문서[公報]의 전달 및 군사적인 연락과 특수한 물자의 수송과 사신의 왕래와 지방에 파견하는 官吏관리들의 오고 가는 일과 숙박 등의 편의를 주기 위해 설치한 국가의 官用機關관용기관이었다.

역참은 군사와 외교면에서 뿐만 아니라 행정적인 측면에서도 중요한 역할을 하였으니 육상에는 역참, 해상에는 水站수참을 설치하여 육로와 수로를 연결하였으며 때로는 關防관방의 구실도 하였다.

신라 소지왕 9년(487)에 郵驛우역을 설치하고 소속관원들에게 명하여 도로를 수리하게 하였다[2]"고 하였으며, 문무왕 8년(668) 10월에 "왕이 褥突驛욕돌역에 묵으니, 國原京국원경의 사신 龍長용장이 연회를 베풀고 가야의 춤으로 위로하였다[3]"고 하였으며, 고구려에는 國內城국내성에서 평양까지에 17역이 있었다[4]고 한 사실 등에서 보아, 이미 신라 뿐만 아니라 고구려 등 삼국시대부터 驛路역로가 설치 운영되고 있었음을 알 수 있다.

고려시대에는 신라의 역참조직을 바탕으로 하여 확대 개편하여 운영하였다고 보인다. 따라서 역참은 매우 발달하여 그 제도가 전국적으로 펼쳐지게 되어 道路網도로망이 정연하고 질서와 계통을 가지고 편성되었다. 이는 성종 2년(983)에 정비 체계화되었다고 보이니, 이들 역참에는 驛田역전과 驛丁역정 및 驛馬역마를 두고 그 기능을 담당하게 하고, 驛丞역승이라는 벼슬아치를 두어 관리하게 하였다[5].

고려시대 역로의 幹線간선은 22도로 나누고, 각 도에 예속된 站驛참역의

---

2) 《三國史記》 권3, 신라본기 3. 炤知王 9년 3월「始置四方郵驛 名所司修理官道」.
3) 《三國史記》 권6, 신라본기 6. 文武王 8년 10월 25일「王還國次褥突驛 國原仕臣龍長大阿湌私設筵饗王及諸侍從及樂作奈麻繁周子能晏年十五歲 呈加耶之舞 王見容儀端麗 召前撫背以金盞 勸酒賜弊帛頗厚」.
4) 《三國史記》 권37, 지리지 4. 고구려조「鴨綠江以北已降城十一 其一國內城 從平壤至此十七驛」.
5) 《高麗史》 권82, 병지 2, 驛站조.

수가 524개 소나 되었다. 이들 중 남한강 유역을 주로 하여 이루어진 역로는 22도 중 平丘道평구도와 溟州道명주도, 廣州道광주도에 속하고 있으니 그 참역명을 보면 다음과 같다.

平丘道(30) : 平丘(南京)·奉安(廣州)·娛賓(陽根)·田谷(陽平)·伯冬(砥平)·幽原(原州)·楊花(川寧)·嘉興(忠州)·連原(忠州)·黃剛(黃江)·壽山(水山)·安陰(淸風)·丹丘(丹陽)·安壤·神林(原州)·泉南(堤州)·延平(寧越)·溫山·正陽(寧越)·靈泉·長林(丹山)·義豊(永春)·樂壽(平昌)·新興·新津(黃利)·昌樂(興州)·平恩·昌保(剛州)·幽洞(甘泉)·道深(奉化)

溟州道(28) : 大昌·橫溪·珍富·大化·芳林·雲橋(溟州)·安昌(原州)·烏原(橫川)·木界·安仁·丘山·高坦(溟州)·樂豊(羽溪)·同德(連谷)·餘粮(旌善)·平陵·史直·橋柯·龍化·沃原(三陟)·壽山·德新·興府·祖召(蔚珍)·祥雲·翼令·降仙(襄州)·驎駒(洞山)

廣州道(15) : 德豊·慶安·長嘉·安業·南山(廣州)·良梓(果川)·金領(龍仁)·佐贊·分行(竹州)·五行·安利(利川)·無極(陰竹)·遙安(陰城)·丹月·安富(槐州)

조선시대의 교통로도 고려시대와 큰 차는 없었으나 북방보다 남쪽에 치중한 것으로 보인다. 다만, 驛丞역승을 察訪찰방이라 개칭하고 전국에 538개의 역을 두고 이 驛路역로는 대중소의 3등으로 구분하였다. 《경국대전》에 의하면 남한강 유역에는 楊州양주의 平丘道察訪평구도찰방, 廣州광주의 慶安道察訪경안도찰방, 충주의 連原道察訪연원도찰방, 춘천의 保安道察訪보안도찰방에 속하는 참역이 있었으니, 다음과 같다.

平丘道察訪(양주, 中)·綠楊(양주, 大)·安寄(포천, 大)·梁文(영평, 大)·奉安(양주, 中)·娛賓(양근, 中)·雙樹(양주, 小)·白冬(지평, 小)·田谷(지평, 小)·仇谷(양주, 小)·甘泉(가평, 小)·連洞(가평, 小)

慶安道察訪(광주, 小)·德豊(광주, 小)·楊花(여주, 小)·新津(여주, 小)·安平(여주, 小)·阿川(이천, 小)·留春(음즉, 小)

連原道察訪(충주, 中)·丹月(충주, 中)·仁山(괴산, 小)·坎原(음성, 小)·新豊(연풍, 小)·安富(연풍, 中)·可興(충주, 小)·用安(충주, 中)·黃江(청풍, 中)·水山(청풍, 中)·長林(단양, 中)·令泉(단양, 小)·吾賜(영춘, 小)·泉南(제천, 小)·安陰(청풍, 小)

保安道察訪(춘천, 小)……蒼峯(횡성, 小)·葛豊(횡성, 小)·烏原(횡성, 小)·安興(횡성, 小)·丹丘(원주, 小)·由原(원주, 小)·安昌(원주, 小)·神林(원주, 小)·新興(원주, 小)·楊淵(영월, 小)·延平(영월, 小)·藥水(평창, 小)·平安(평창, 小)·碧呑(정선, 小)·好善(정선, 小)·餘粮(정선, 小)…… 등이다.

이를 보면 강가를 중심으로 도로가 이어지고 있으니, 육로도 실은 강을 따라 발달하고 있었음을 알 수 있다.

郵驛우역이 통신과 運輸운수의 기능을 겸하고 있었음에 대하여 선조 30년(1597)부터는 통신 만을 위주로 하는 擺撥파발의 제도가 생겨서 공문서의 신속한 전달을 꾀하게 되었다. 파발에는 말을 이용하는 騎撥기발과 도보로 하는 보발이 있었으니 기발은 25리, 보발은 30리마다 각각 1참을 두고, 각 참에는 撥長발장 1인·軍丁군정 수인을 두고, 기발에는 말 5필을 두어 편의를 도모하였다.

공용 여행자의 숙식을 위해서는 빈객을 접대하는 각 주현의 館관, 또는 客舍객사 이외에 院원을 두었다. 원의 유지를 위하여 고려 공양왕 3년(1391)에도 院位田원위전을 지급하였으나, 세종 27년(1445)에는 이를 정비하여 부근에 사는 주민으로 院主원주를 삼고 이를 관리하게 하였다. 그러나 원은 사용자(주인)가 없는 경우가 있으므로 점차로 퇴폐된 곳이 많았으며, 공용 여행자는 각 관이나, 역 혹은 민간업자가 담당하는 일이 많았던 것 같다. 私

用사용 여행자는 私設사설의 店점, 즉 주막에서 房火錢방화전[6]을 내고 숙식하는 것이 보통이었다.

Ⅳ. 南漢江을 中心으로 한 漕運과 漕倉

큰 강을 따라 文物문물의 왕래가 있었음은 동서를 통하여 같았다고 보인다. 한강유역에는 선사시대로부터 각 시대에 걸치는 문화유적과 서울을 비롯하여 廣州광주·驪州여주·忠州충주·原州원주 등 대도회가 발달하고 있을 뿐 아니라, 수 많은 중소도시 및 작고 큰 마을들이 잇대어 있으니, 물길[水路]을 이용한 문물의 교류에 의한 것이다.

또한 지난날에는 곳곳에 倉廩창름이 있어 주변의 稅穀세곡을 모아 저장했다가 배편으로 하류의 首都수도로 운반했으며, 하류에서는 소금과 해산물 등을 상류유역으로 실어 올리는 등 빈번한 교류가 있었으니, 水運수운의 역할에 의한 것이다. 고려의 개경도 그러했으나 조선의 한양천도에 있어서도 우선 대상은 漕運조운의 便편에 있었으니 태조가 "한양은 왕도가 될 만하다. 더욱이 조운하는 배가 통하고 사방의 里리 수도 고르니, 백성들에게도 편리할 것이다"[7]고 하여 조운에 관심을 보이며 천도를 결심한 사실에서도 주목된다.

漕運조운이란 漕轉조전·海運해운·水運수운·站運참운·船運선운이라고도 하여 조세로 징수한 미곡과 포목 등을 선박으로 운송하는 제도이다. 이와 같은 제도는 삼국시대부터 있어 왔다고 보이니, 신라 진평왕 5년(583)에

6) 숙박료로 내는 돈.

7) 《太祖實錄》권6, 태조 3년 8월 庚辰(8일)조, 「今觀此地形勢 可爲王都 況漕運 道里均於人事 亦有所便乎」.

船府署선부서를 설치하고 舟楫주즙의 일을 맡아보게 하였으며[8], 문무왕 11년(671)의 答薛仁貴書답설인귀서에 「창고에 저축한 곡식도 漕運조운으로 다 없어졌다」[9]고 한 사실로 보아 짐작된다. 이러한 사실로 보아 신라, 백제, 고구려의 삼국 간에 이미 수로교통이 있었음을 알게 한다.

고려는 통일 이후 조운을 체계있게 운영하였다. 이는 고려의 개경이 서해안에 위치하고, 조선의 한양도 한강의 하류에 위치하고 있으니 해안선과 내륙의 하천 흐름이 서해로 연결되고 있기 때문에 원인한 것이다. 조세의 수송을 위해서는 군현에서 거두어들인 세곡을 그 인근에 설치한 창고에 모아두었다가 일정한 시기에 漕運船조운선으로, 중앙의 京倉경창으로 水路수로를 따라 운송하였다. 水運航路수운항로에는 출발, 기항, 도착지점이 있는데 출발지점에 있는 창고를 漕倉조창 또는 水站수참이라고 하였다.

한강의 수운은 고려시대에도 그러했으나 조선시대에는 더욱 활성화하였으니, 그 이유는 한강변에 서울이 위치하고 있기 때문에 차지하는 역할에 따른 것이라 하겠다. 이러한 수운의 이용은 육상교통이 원활하게 발달하게 된 최근까지 오랜 기간 지속되었으니, 남한강의 뗏목이 6·25 후까지도 운행되었으며 주요한 나루에는 1980년대까지 渡船場도선장이 구실을 하고 있었기 때문이다[10].

---

8) 《三國史記》 신라본기 권4, 진평왕 5년 正月조, 同書 권7, 문무왕 18년 정월조, 同書 권38 職官志 船府조.

9) 《三國史記》 신라본기 권7, 답설인귀서 중 「……牛馬死盡 田作失時 年穀不熟 所貯倉粮 漕運竝盡」.

10) 漕運에 관하여는 다음과 같은 論考가 있어 참고된다.
丸龜金作 : 「高麗의 十二漕倉에 대하여」(《青丘學叢》 21, 1935).
李大熙 : 「李朝時代의 漕運에 대하여」(《朝鮮學報》 23, 1978).
崔完基 : 「朝鮮前期 漕運試考」(《白山學報》 20).
崔權默 : 「朝鮮時代의 漕運에 관한 考察」(충남대 인문과학연구소 《論文集》 III-2. 1976)
孫洪烈 : 「高麗漕運考」(《史叢》 21-22合集, 1977)

1. 高麗時代의 漕運

수운을 이용한 漕運조운에 대한 기록은 고려 초기로 보인다. 고려에서는 초기에 남쪽 각 도의 연해 水郡수군(주현)에 12倉창을 설치하였다. 12漕倉조창을 보면 서남해안을 따라 10곳에 설치하였으며[11], 내륙인 남한강유역에는 충주의 德興倉덕흥창과 원주의 興元倉흥원창 두 곳이 있었다. 이 외에 서해도 長淵縣장연현에 安瀾倉안란창을 두었으니, 모두 13조창이 되는 셈이다[12].

남한강유역에 설치한 것은 내륙 오지의 세곡을 수납하기 위한 것이다. 충주의 덕흥창은 지금의 가금면 倉洞창동에 있었다. 이곳은 1914년까지는 金遷面금천면지역으로 일명 金遷倉금천창이라고도 하였으며, 이곳 포구를 금천포라 하다가 麗水浦여수포(大原郡에 있다)라고 하였다. 창동(또는 창골)이란 이름도 옛날에 창고가 있었다고 한 데서 유래한 것이며, 옛 倉址창지가 있었다. 조선 초기에는 덕흥창의 남쪽에 慶原(源)倉경원창을 새로 설치하여 운영한 것으로 보인다. 그러다가 세조 11년(1466)에 이보다 하류인 가흥으로 옮기어 可興倉가흥창이라 하였다[13]. 원주의 흥원창은 원주시 부론면 興湖里흥호리에 있다. 이곳의 포구는 蟾口浦섬구포라 하다가 銀蟾浦은섬포(平原郡에 있다)라 하였다.

각 창에는 水運判官수운판관을 두어 관리케 하였다. 여러 고을의 조세를 각각 부근의 창고에 운반했다가 이듬해 2월에 하류로 漕運조운하였는데, 가

11) 牙州의 河陽倉, 富城의 永豊倉, 保安의 安興倉, 臨陂의 鎭城倉, 羅州의 海陵倉, 靈光의 芙蓉倉, 靈岩의 長興倉, 昇州의 海龍倉, 泗川의 通陽倉, 合浦의 石頭倉(《高麗史》食貨志 漕運조).

12)《高麗史》권79, 食貨志 2, 漕運조.

13)《世祖實錄》권35, 세조 11년 1월 辛酉(13일)조, 「戶曹據五道敬差官金順命啓本啓忠州金遷新倉租稅收納處 請移於可興驛里 從之」新增東國輿地勝覽 권14, 충주목 倉庫조「可興倉 古稱德興倉 又稱慶原倉 在嘉興驛東二里 舊在金遷西崖 世祖朝移于此」.

까운 곳은 4월까지, 먼 곳은 5월을 기한으로 하여 京倉경창으로 운반하였다. 기한 내에 출발하였으나 風波풍파로 인하여 梢工초공이 3인 이상, 水手수수와 雜人잡인 5인 이상이 米穀미곡과 함께 침몰하였을 경우에는 조세를 다시 徵納징납치 않았다. 그러나 기한이 지나서 출발하여 초공과 잡인의 3분의 1이 빠져 죽은 경우에는 그 고을의 色典색전과 초공·수수 등에게 균등하게 징수케 하였다. 이러한 제도는 雨期우기를 피하여 운반하려는 것이었다고 하겠다.

성종 11년(992)에는 60여 포구에서 조운선으로 개경의 경창까지 운반하는 비용(운임)의 액수를 제정하였다. 이는 멀고 가까운 거리상의 문제와 운반상의 어려움 등을 고려한 듯하다. 5石석을 운반하는 운임이 1석인데, 21석을 운반하는 운임이 1석인 경우 등이 있음에서 짐작된다. 남한강유역에서의 운임은 충주의 덕흥창이 있는 麗水浦여수포와 원주의 興元倉흥원창이 있는 은섬포에서는 6석을 운반하는 비용이 1석이며, 崑岡浦공강포(전에 白岩浦라고 하였으며 陰竹縣에 있다. 지금의 경기도 용인 白岩)와 黃麗浦황려포(전에 黃利內地라 하였다. 지금의 驪州)에서는 8석에 운임은 1석이었다.

정종(1035~1046) 때에는 12창에 漕船조선의 수를 정하였다. 서해안의 모든 창에는 哨馬船초마선이 각각 6艘척이며, 한 척에 1,000석을 싣게 되어 있었다. 한강유역의 덕흥창에는 20척, 흥원창에는 21척이 있었으며 모두 平底船평저선으로 한 척에 200석을 싣게 되어 있었다. 해운과 수운에 편리한 배의 구조를 고려한 것이라 하겠다.

그러나 운반과정에 부정한 행위가 또한 있었던 것으로 보인다. 문종 33년(1079) 정월에 왕명으로 公私공사 간에 있어서 곡식을 운반하는데 梢工초공과 水手수수 등이 배가 파괴 또는 침몰되었다고 구실을 붙여 사사로이 나누어 먹는 자에게는 모두 이를 징수하도록 하였다는 데에서 알 수 있다.

이와 같이 운영되던 조창은 고려 말기 倭寇왜구의 창궐로 조운이 어렵게 되자 한때 모두 육상으로 운반하고자 하여 이에 수반한 院館원관을 정비하도록 조치하기도 하였으니 공민왕 5년(1356)부터라고 생각된다[14]. 이와 같은 사정은 왜구들의 약탈 대상이 식량 등 물자에 집중되었으므로 여러 곳의 조창이 그들의 공격목표가 되었기 때문이다. 각지의 조창과 조선이 焚掠분략당하자 끝내는 육운도 곤란하여 우왕 2년(1376)에는 조운을 폐지하고[15], 전라도와 양광도의 해변고을에 대하여는 요역을 차등있게 감면해 주기도 하였다. 그러나 공양왕 2년(1390)에 다시 기능을 회복하였으니, 鄭夢周정몽주의 水站수참 설치의 건의에 의하여 내륙의 수운을 위한 좌·우의 두 水站수참을 두었다. 左水站좌수참은 충주에 있어 南道남도(영남)의 세곡을, 右水站우수참은 白川배천에 있어 西道서도(해서)의 세곡을 수송하였다[16].

고려시대의 조운은 고려 말의 왜구의 노략으로 인하여 실질적으로 우왕 2년에 단절하였다가 공양왕 2년에 그 기능이 회복되기 시작하였으나, 이는 당시 실권을 장악하고 있었던 신흥세력에 의한 것으로 국가의 衰運쇠운을 촉진시킨 중요한 요인이 되기도 하였다.

2. 朝鮮時代의 漕運

조선시대는 대체로 고려의 漕運制度조운제도를 복구하면서 시작되었다고 보인다. 태조 2년(1393)에 고려 말 40년 동안 통하지 않던 漕運조운이 개통되어 국가의 용도가 裕足유족하게 되고, 육로운반[陸轉]에 필요한 고통이 이제야 능히 제거되어 백성이 소생되었다[17]고 하여 비로소 원활한 조운이

---

14) 《高麗史》 권39, 공민왕 5년 6월 乙亥(26일)조 「漕運不通 凡所轉輸 皆從陸路 宜令有司 量地遠近 營立院館 復其土田」.

15) 《高麗史》 권133, 열전, 우왕 2년 윤9월조 「因倭寇水路阻梗 罷漕運」.

16) 《高麗史》 권117, 열전 30, 鄭夢周전, 增補文獻備考 권157, 財用考 漕運, 恭讓王 2년조.

17) 《太祖實錄》 권4, 태조 2년 8월 癸未(10일)조, 「前朝四十載不通漕運之路 乃能開

시행되었다고 함과, 이듬해 한양 천도를 정함에도 조운의 편을 우선 고려한 사실 등은 조선왕조가 조운에 대한 적극적인 관심을 보이고 있음을 뜻하는 것이다. 더욱 새로운 천도지인 한양이 한강변에 위치하고 있기 때문에 수로의 한강변 조운의 발전은 물론이려니와 海路해로의 이용에도 편리한 점 등 조운의 발전책을 말하는 것이며, 아울러 국가의 재정을 충실케 하고자 함에 있었던 것이라 하겠다.

따라서 안전 航運항운을 위한 수로, 즉 漕運路조운로의 관리문제는 매우 중요한 일이었다. 이는 연례행사처럼 일어나는 조운선의 조난사고를 예방하기 위함이었다. 태조 4년 5월 경상도 조운선 16척, 8월 충청도와 전라도의 조운선 26척, 태종 3년 경상도 조운선 34척, 14년 전라도 조운선 66척, 세조 원년 경상도 조운선 54척의 침몰은 많은 사고 중 큰 것들이다[18]. 이와 같은 漕船조선의 사고는 국가재정에도 손실이 컸지만 조선 및 漕卒조졸의 확보문제와 아울러 민심에 까지도 영향이 컸다. 이러한 대책으로 태종 1년(1401) 500척, 2년에 251척의 조선을 만들기도 하고, 私船사선에 의한 賃船論임선론이 논의되기도 하고, 사고가 자주 일어나는 서해의 泰興郡태흥군 서쪽 安興梁안흥량에 운하를 조성하고자 하였으니, 고려 인종 12년(1134)의 開鑿개착 문제를 비롯하여 고려의 공양왕 3년, 조선 태조 4년·6년, 태종 12년·13년·16년, 세조원년·7년·10년 등 여러 차례에 걸쳐서 漕渠조거(운하)의 개착문제가 논의되었으나 실효를 기대하기는 어려웠다[19].

之以贍國用 三道四十年疲勞陸轉之苦 乃能除之 以蘇民生」.

18) 《太祖實錄》 권7, 태조 4년 5월 己酉조, 8월 戊辰조. 太宗實錄 권5. 태종 3년 5월 辛巳조. 권28, 태종 14년 8월 甲辰조. 世祖實錄 권1. 세조원년 윤6월 癸酉조

19) 《高麗史》 권16, 인종 12년 7월조, 同書 권116, 王康전, 《高麗史節要》 권35, 공양왕 3년 7월조, 《太祖實錄》 권7, 태조 4년 6월 戊辰(6일)조, 同書, 권12, 태조 6년 10월 乙未(17일)조, 《太宗實錄》 권24, 태종 12년 11월 己丑(8일)조, 丁酉(16일)조, 同書 권25, 태종 13년 정월 壬寅(22일)조, 同書 권31, 태종 16년 2월 丁卯(4일)조, 《世祖實錄》 권1, 원년 윤6월 癸酉(29일)조, 同書 권25, 세조 7년 7월 丁巳(19일)조, 同書 권32, 세조 10년 3월 丙寅(14일)조.

한편 한강 수운을 위하여 깊은 관심을 기울였으니, 태조 4년(1395) 1월에는 水路轉運所完護別監수로전운소완호별감(水站轉運別監이라고도 함)을 龍山江용산강(서울)에서 충주의 淵遷연천까지 7개 소에 두고 각각 30호씩 예속시켜 수운의 편을 도왔다. 7개 소는 水站수참이 있었던 충주·원주·川寧천영·陽根양근·광주·과천·衿川금천이 아닌가 한다[20]. 태종 18년(1418)에 이 지역은 조운이 많고, 倭客人왜객인의 왕래로 사무가 많고 무거우니 각 참의 水夫수부는 종전보다 10명을 더하여 正軍정군 30명으로 정하고 각각 奉足봉족 2명을 주어서 1領령을 15명씩 좌·우령으로 나누어 교대로 立番입번케 하였으며[21], 가뭄에는 물이 얕아 여울에는 배의 통행이 어려우므로 여울을 파서 배가 지나도록 하기도 하였으니[22], 모두 항운관리의 철저를 기하고자 하였던 것이다.

또한 이들 水站干수참간은 신분이 良人양인이었으나 대부분 강변에 살고 있기 때문에 수참간에 속하여 배를 끄는데, 자신들의 신분이 후세에 가서 良賤양천을 가리기 어렵게 되어 자손들의 벼슬길이 막힐 것을 염려하여 과천의 黑石흑석에서 충주의 金遷금천에 이르는 수참간 등이 告狀고장을 올려 뜻을 관찰시켜서 司宰監사재감에 속한 水軍수군과 구별하여 水夫수부라 하고, 良役양역에 이속되기도 하였다[23]. 한강유역 수부들의 신분 확정문제도 순조로운 조운을 위한 조치의 일환이라고 할 것이다.

조선왕조 초기의 충청도 지역의 조세는 收租수조가 편리한 8개 처에서 수납하였는데, 한강변의 貢稅串倉공세곶창은 5개 처였으니 다음과 같다.

淵遷연천은 충주의 서쪽 10리에 있으며, 충주 및 단양·청풍·괴산·연풍·제천·영춘·음성 등의 조세를 수납하여 배로 楊津양진을 따라 仰巖앙

---

20) 《太祖實錄》 권7, 태조 4년 正月 丙午(11일)條.
21) 《太宗實錄》 권35, 태종 18년 1월 甲子(13일)조.
22) 《世宗實錄》 권25, 세종 5년 4월 丙寅(16일)조.
23) 《太宗實錄》 권28, 태종 14년 11월 丙寅(17일)조.

암을 지나 서울에 이르니 水路수로가 260리이며,

앙암은 충주 서쪽 60리에 있으며, 충주·단양·청풍·괴산·연풍·제천·영춘 등의 조세를 수납하여 양진을 따라 驪興여흥을 지나 서울에 이르니 수로가 220리이며,

于音安浦우음안보는 경기 여흥 동쪽 10리에 있으며, 옥천·영동·황간·보은·청안 등의 조세를 수납하여 驪江여강을 따라 서울에 이르는데 수로는 210리이며,

推乎浦추호포는 여흥 서쪽 1리에 있으며, 청안·음죽의 조세를 수납하여 여강을 따라 梨浦이포를 지나 서울에 이르는데 수로가 194리이며,

이포는 경기 川寧縣천녕현 동쪽 5리에 있으며, 죽산·진천의 조세를 수납하는데 수로는 160리라고 하였다.

이 밖에 서해안에 慶陽浦경양포(직산현 서 1리)·貢稅串공세곶(아산현 서 8리)·犯近川범근천(면천 동 30리) 등 3개 처가 있으니, 이곳에서는 오늘의 충청남도 지역의 세곡을 수납하였다[24].

그러나 자주 발생하는 조난사고는 조운의 陸運化육운화로의 논의가 제기되기도 하였다. 태종 3년(1403)에 경상도 조운선 34척이 침몰하자 육운화의 논의 끝에 경상도 조운을 水運化수운화로의 전환이 이루어져 태종 11년에 충주의 금천에 200칸의 창고를 새로 지어 경상도의 세곡을 수납토록 하였다. 이것이 충청북도 지역의 세곡을 수납하던 德興倉덕흥창의 남쪽에 있는 慶原(源)倉경원창이라고 생각된다. 이후 덕흥창은 기록에 보이지 않으며, 경원창은 세조 11년(1465)에 보다 북쪽의 可興里가흥리로 옮겨 可興倉가흥창이라 하여 경상도의 여러 읍과 충주·음성·괴산·청안·보은·단양·영춘·제천·황간·영동·청풍·연풍·청산 등지의 세곡을 모두 이곳에 수납하여 京倉경창으로 운송하였다. 원주의 興原倉흥원창은 부론면 興湖里흥호

---

24) 《世宗實錄》 권149, 地理志 忠淸道조.

리 蟾江섬강의 북쪽 언덕에 있었다. 원주와 평창·영월·정선·횡성 등지의 전세와 세곡을 수납하여 서울로 조운하였다.

예종 1년(1469) 완성된 《經國大典》에 의하면, 경기 각 고을과 강원도 북부지역은 중앙의 京倉경창에 직접 납입하고, 기타지역에는 9漕倉조창을 두고 운영했다. 이 중 한강변에 세 곳이 있으니 남한강에 충주의 가흥창과 원주의 흥원창, 북한강에 춘천의 昭陽江倉소양강창이 있다. 나머지 여섯 곳은 서남해안에 위치하고 있다. 세곡은 11월 초하루부터 이듬해 정월까지 조창에 수납하고, 6월까지를 기한으로 京倉경창에 漕運조운토록 했다.

다음의 표는 각 漕倉조창과 수세지역을 정리한 것이다.

<table>
<tr><th colspan="2">區 分</th><th>漕倉名</th><th>收 稅 地 域</th><th>船泊數</th></tr>
<tr><td colspan="2">直 納</td><td>京倉(서울)</td><td>京畿道의 諸邑과 江原道의 准陽·金城·金化·平康·伊川·安峽·鐵原</td><td rowspan="4">51隻</td></tr>
<tr><td rowspan="5">站
運</td><td rowspan="3">左
水
站</td><td>可興倉(충주)</td><td>慶尙道의 諸邑과 忠淸道의 忠州·陰城·槐山·淸安·報恩·丹陽·永春·堤川·鎭川·黃澗·永同·淸風·延豊·靑山</td></tr>
<tr><td>興原倉(원주)</td><td>江原道의 原州·平昌·寧越·旌善·橫城</td></tr>
<tr><td>昭陽江倉(춘천)</td><td>江原道의 春川·洪川·麟蹄·楊口·狼川</td></tr>
<tr><td rowspan="2">右
水
站</td><td>金谷浦倉(배천)</td><td>黃海道의 海州·延安·豊川·信川·長淵·文化·康翎·翁津·松禾·長連·殷栗·白川</td><td rowspan="2">20隻</td></tr>
<tr><td>助邑浦倉(江陰)</td><td>黃海道의 江陰·黃州·瑞興·平山·鳳山·谷山·遂安·安岳·載寧·新溪·牛峰·兎山</td></tr>
<tr><td colspan="2" rowspan="2">海
運</td><td>貢稅串倉(아산)</td><td>忠淸道의 牙山·瑞山·韓山·連山·林川·定山·公州·洪州·新昌·結成·保寧·全義·靑陽·尼山·大興·石城·海美·泰安·天安·庇仁·恩津·木川·沔川·燕岐·德山·舒川·稷山·鴻山·扶餘·鹽浦·禮山·唐津·平澤·溫陽·淸州·文義·懷仁·懷德·鎭岑·沃川</td><td>60隻</td></tr>
<tr><td>德城倉(용안)</td><td>全羅道의 龍安·全州·任實·南原·臨陂·金堤·長水·金溝·雲峰·益山·萬頃·礪山·錦山·珍山·泰仁·沃溝·鎭安·高山·茂朱·咸悅</td><td>63隻</td></tr>
</table>

區分	漕倉名	收稅地域	船泊數
海運	法聖倉(영광)	全羅道의 靈光·興德·玉果·扶安·咸平·珍原·潭陽·茂長·長城·井邑·谷城·昌平·古阜·淳昌·高敞	39隻
	榮山倉(나주)	全羅道의 羅州·順天·康津·光山·珍島·樂安·光陽·和順·南平·同福·興陽·務安·綾城·靈巖·寶城·長興·海南	53隻

*《經國大典》과《新增東國輿地勝覽》에 의함.

이상은 15세기 경에 운영되었던 상황을 정리한 것이다. 각 조창에서 수납한 租稅穀조세곡은 모두 한양의 京倉경창으로 조운되었으니, 그 경로를 《세종실록》 지리지(京畿 山川조)에는 주요 津浦진포를 중심으로 다음과 같이 기록하고 있어 참고가 된다.

「남한강은 강원도 오대산으로부터 흘러나와 영월군의 서쪽에서 여러 내를 합하여 加斤同津가근동진이 되고, 충청도 충주의 淵遷(연천, 金遷)을 지나 서쪽으로 흘러 驪興여흥을 지나 驪江여강이 되고, 川寧천녕에서 梨浦이포가 되고, 陽根양근에서 大灘대탄이 되고, 또 蛇浦사포와 龍津용진이 되었다. 북한강은 麟蹄縣인제현의 伊布所이포소로부터 나와 춘천에 이르러 소양강이 되고, 남쪽으로 흘러 加平縣가평현 동쪽에서 按板灘안판탄이 되고, 陽根양근 북쪽에서 立石津입석진이 되며, 또 남쪽에서 龍津渡용진도가 되고, 蛇浦사포로 들어가 두 물이 합하여 광주 경계에서 渡迷津도미진이 되고, 廣津광진이 되었으며, 서울 남쪽에 이르러 漢江渡한강도가 되고, 서쪽에서 露渡津노도진이 되며, 서쪽에서 용산강이 되었는데 경상·충청·강원도 및 경기 상류에서 배로 실어온 곡식이 모두 이곳을 거쳐 서울에 다다른다.

강물이 도성 남쪽을 지나 衿川금천 북쪽에 이르러 楊花渡양화도가 되고 陽川양천 북쪽에서 孔岩津공암진이 되며, 交河교하 서쪽 烏島城오도성에 이르러 임진강과 합하고, 通津통진 북쪽에서 祖江조강이 되며, 浦口串포구곶에 이르러 갈라져 둘이 되었으니, 하나는 곧장 서쪽으로 흘러 江華府강화부 북쪽을 지나 河源渡하원도가 되고, 喬桐縣교동현 북쪽 寅石津인석진에 이르러 바다로 들어가니, 황해도에서 배로 실어온 곡식이 모두 이곳을 거쳐 서울에 다다른다.

하나는 남쪽으로 흘러 강화부 동쪽 甲串津갑곶진을 지나 바다로 들어가니, 전라·충청도에서 실어온 곡식은 모두 이곳을 거쳐 서울에 다다른다.」[25]고 하였다.

그러나 위의 표는 실제 운영하여 가면서 다소의 출입이 있었다. 충주의 가흥창에 수납되는 세곡의 예를 든다면, 경상도 일부지역의 조세가 倭館왜관의 倭客왜객에게 지급하는 倭料왜료와 倭寇왜구에 대비키 위한 軍需군수로 예비하기 위하여 가흥창에 수납하는 수가 줄어들기도 하였다. 또한 경기의 여주에 梨浦倉이포창과 宇萬倉우만창(禹萬浦)을 설치하여 충청도의 淸安청안과 진천 및 청산·보은·옥천·황간·영동·음성 등 8개 읍의 전세를 거두던 것을 창고의 수도 많고 수납하는 감독관인 行臺행대와 敬差官경차관의 왕래로 인한 역로의 폐단이 있으므로, 성종 1년(1470) 9월에 이포와 우만창을 폐하고, 다시 가흥창으로 수납케 했으며[26], 초기에는 청주·문의·진잠·회인·회덕·옥천지역이 牙山아산의 공세곶창으로 수납하던 것을 성종 6년(1475) 9월 모두 충주의 가흥창으로 수납케 하기도 했다[27].

예종 1년(1469) 강원도 관찰사가《경국대전》의 규정과 실제 조세의 수납과정을 조사하여 상소한 결과 원주의 흥원창에 강릉·삼척·울진·평해 등 동해안의 세곡을 수납토록 하기도 하였다[28].

그러나 임진왜란 이후의 후기에 오면서 사회경제적인 면에서 많은 변화

---

25)《世宗實錄》권148, 지리지, 京畿道 山川조.
26)《成宗實錄》권7, 성종 1년 9월 丙申(1일)조.
27)《成宗實錄》권59, 성종 6년 9월 辛未(25일)조.
28)《睿宗實錄》권3, 예종 1년 1월 癸酉(18일)조.

가 이루어져 영남지역에서는 田稅전세를 곡식 대신 作木작목(木棉布로 대납)하여 수납하기도 하였으며, 영조 25년(1749)에는 영남의 鳥嶺조령 밑의 7읍(안동·예천·비안·용궁·상주·문경·함안)과 31년(1755)에는 5읍(예안·봉화·풍기·영천·순흥)을 作錢작전(돈으로 대납)하여 납부하게 하였으니, 조령을 넘어 충주의 가흥창에 실어 나르는데 민폐가 심하였으므로 제도가 바뀌게 된 것이다[29].

또한 영조 41년(1765) 後漕倉후조창을 설치하여, 馬山倉마산창에 8읍, 駕山倉가산창에 8읍과 三浪倉삼랑창에 6읍을 宣惠廳선혜청에서 관리하였으니, 이는 대부분 大同米대동미로 육운하여 京師경사로 직송하였다.

그러므로 가흥창의 收租수조지역이 축소되어 충주·음성·진천·연풍·청안·괴산의 6읍 만이 수납하게 되었다. 정조 3년(1779)에는 종전의 水運判官수운판관을 없애고 충주목사로 都差使員도차사원을 삼고, 나머지 5읍의 수령을 윤번으로 漕運差使員조운차사원으로 하여 관장케 하였다[30]. 원주의 흥원창도 원주 만을 收租수조케 되었다.

그리고 정조 7년(1783)의 기록에 의하면 가흥창을 비롯하여 濟民倉제민창과 貢津倉공진창에 저축해 놓은 세곡은 모두 서울로 조운되는 것이 아니라 흉년이 들면 賑恤진휼할 때 쓰고자 하였기 때문에 손실 여부를 자세히 살피도록 하기도 하였다.

고종 2년(1865)에 작성된 《大典會通대전회통》에 의하면 가흥창에는 站船참선이 15척에 각 船선에 사공 1인, 격군 3인, 奉足봉족 수부가 2인이며 각 身役租신역조는 3석으로 站船數참선수가 줄어들고 있음을 알 수 있다.

---

29) 《萬機要覽》, 재용편, 山君田稅作木布錢條.

30) 《湖西邑誌》, 충주목 外倉조에 의하면 이와 관련된 부분에서 「3월 안에 가흥창으로 수납하고, 站船 15척으로 조운하여 상납하였다」고 하였다.

3. 倉廩의 설치

이상에서 조세와 세곡의 조운제도를 남한강을 중심으로 살펴보았다. 각 조창에는 세곡을 集積집적하는 창고가 있어야 했으나, 사실은 그러하지를 않았던 것 같다. 고려시대의 倉廩창름은 「露積노적을 하였는데 담장을 두르고 문 하나 만을 내어놓았으나 빗장도 걸지 않았다. 바닥은 흙으로 두어 자 높이로 터를 다지고 풀을 엮어 멱서리를 만들어 미곡을 한 섬씩 담아 쌓아 올렸는데 그 높이가 두어 길[丈]이나 되어 담장 밖으로 솟아올랐으므로 그 위를 다시 풀로 덮어 비바람을 막았다. 쌀은 바람이 소통되지 않으면 썩는데 두어 해가 되어도 멱서리로 쌓았기 때문에 바람이 통하여 쌀이 새롭다」고 하였다.[31)]

조선시대에도 같았던 것으로 보인다. 그러나 태종 11년(1411) 8월에 충주의 金遷금천에 창고를 지어야 한다는 논의가 있었으며, 9월 15일에 창름이 협소하여 3백 간의 창고를 짓게 하였다. 그러나 27일에 날씨가 추워 어려움이 있다고 하여 중지시켰다가 2백 간으로 축소하여 11월 8일에 창고를 완성하였다[32)]. 이 창고가 이듬해 2월에 10여 간이 불탔다[33)]. 이곳에 창고를 짓게 된 것은 앞에서도 논했듯이 경상도의 세곡을 수납하기 위함이었다. 그러나 세조 때에 보다 하류인 가흥으로 옮겨 可興倉가흥창이라 한 것이다.

그러나 가흥창은 창고를 지어서 옮긴 것이 아니라 야적하고 있었다. 그렇기 때문에 인근의 백성들에게 지키게 하였으므로 농번기가 되면 농사에 지장을 주게 되니, 적지않은 부담으로 작용하였던 것으로 보인다[34)]. 따라서 성종

31) 《高麗圖經》, 倉廩조.

32) 《太宗實錄》 권22, 태종 11년 8월 辛卯(2일)조, 동 11년 9월 癸酉(15일)조, 동 11년 9월 乙酉(27일)조, 동 11년 11월 乙丑(8일)조.

33) 《太宗實錄》 권23, 태종 12년 2월 甲申(29일)조.

34) 《成宗實錄》 권52, 성종 6년 2월 癸卯(24일)조.

때 여러 차례 창고를 세우도록 건의도 하였으나, 力役역역의 동원이 어려우며 漕運조운하기까지 두어 달의 기간이기 때문에 창고를 짓는 폐단도 클 것이며, 건축자재의 공급도 어렵다고 하여 이루어지지 못하였다[35]. 그러다가 양곡을 저장하는 간살[間架]도 없이 강변 언덕에 노적하여 깔고 덮는 비용에 백성의 힘이 커 곤핍하고, 또한 도둑맞기가 쉬워 주야로 감시하여 지켜도 막지를 못할 뿐 아니라, 이웃에 사는 사람들이 해마다 노적하는 도구로 후한 이익을 보아 백방으로 저지하여도 행하지 못하였다는 이유를 들어 충청감사 李世應이세응이 경상감사 金安國김안국과 함께 啓聞계문하여 윤허를 받아 중종 15년(1520) 윤 8월 25일에 충주와 인근의 절을 헐어 기와와 목재를 옮겨다 70간을 지었다. 윤허를 얻어 짓는 데도 일이 늦거나 혹 중지하라는 일이 있을까 염려하여 군읍을 독려하여 기한을 정하고 꾸며 만들었다고, 김안국이 지은 이세응의 비문에 적혀 있어 가흥창이 이루어진 바를 알게 한다[36].

이와 같이 조창의 설비가 이루어지기까지는 지역민들과의 관련이며 관리하는 어려움 등 우여곡절이 많았음을 알 수 있었으니 다른 지역에서도 유사한 일이 있었으리라 본다. 貢津倉공진창의 창고가 마련된 것도 중종 18년(1523)이었다. 이와 같이 이루어진 가흥창에는 조세를 수납하는 田結數전결수가 317,506결이며, 이곳에서 내는 조세액은 84,670石석으로 추정되니 9조창 중 가장 많은 조세수납을 담당하고 있었던 창고였음을 알게 하며, 흥원창은 13,839결에 3,690석으로 가장 적은 수세를 하고 있었다는 연구결과가 있다[37].

각 조창의 실무에 종사하는 관원은 判官판관을 수행하여 書記서기 1인, 使

35) 《成宗實錄》 권240, 성종 21년 5월 병자(25일)조. 沈澮가 가흥창을 짓는 것에 대한 폐단을 주장하고, 《成宗實錄》 권250, 성종 22년 2월 辛未(25일)조. 侍講官 金諶이 가흥창을 짓는데 어려움을 주장한데 의한 것이다.

36) 《中宗實錄》 권40, 중종 15년 윤8월 戊申(23일)조. 《增補文獻備考》 권157, 漕運조.

37) 崔完基:「朝鮮前期漕運試考」(《白山學報》 20호, 1976, p. 418).

슈사령 2인, 吸唱흡창 1인, 廚子주자 1인, 通人통인 1인 등의 임시요원이 창고의 행정을 맡고, 평시에는 이와 별도로 庫直고직 2인이 배치되어 세곡을 간수하였다. 이들의 급료(庫直 제외)는 창을 열고 세미를 받는 날로부터 배에 나눠 싣는 날에 이르기까지 한 사람 앞에 하루 두 되[升] 씩 주었으며, 고직 2인은 한 달에 쌀 6斗두로 하였다. 각 조창에서 公事공사로 쓰는 용지와 鋪陳포진(바닥에 까는 방석)의 값을 정하는데 번다한 곳은 10섬, 간략한 곳은 7~8섬으로 하여 本處본처의 경비로 회계하여 지출하였다[38].

V. 交通路로의 나루[津渡]

산악과 하천은 교통의 큰 장애물이었다. 최근에는 터널을 뚫거나 교량을 가설하여 자유로이 왕래를 하고 있으나, 지난날에는 이런 자연을 방어의 수단으로 이용도 하였으나 하천을 따라 인류가 살아왔으니, 이를 극복하기 위한 지혜를 동원하여 고갯길을 뚫거나 강폭이 좁은 곳은 나무를 걸쳐서 다리를 놓거나 큰 돌을 이용하여 징검다리나 石橋석교(돌다리)를 놓는 등 일찍부터 교통로를 개척하여 왔다. 그러나 강이 깊고 폭이 넓은 곳에는 배를 만들어 이용도 하고 舟橋주교(배다리)를 놓기도 하였다. 강을 건너는 양쪽에는 나루[津渡]가 이루어졌다.

이러한 나루에는 강폭의 넓고 좁음에 따라 이름이 각기 달랐으니, 큰 강은 渡河도하, 작은 강은 津江진강, 강의 지류인 하천은 濟川제천, 작은 도랑은 涉水섭수라 하여 渡도·津진·濟제·涉섭 등의 용어로 사용하여 왔다. 이 중에서 일반적으로 渡도와 津진이 많이 사용되고 있다. 우리나라에서의 진도의 설치는 고려시대부터 제도적으로 이루어지고 있었다. 예성강의 碧瀾渡벽란

38) 《磻溪隨錄》 권3, 漕轉조.

도, 임진강의 河源渡하원도, 한강의 沙平渡사평도와 楊花渡양화도, 그리고 露梁津노량진, 廣津광진, 대동강의 觀仙津관선진과 鳳凰津봉황진 등이 그것이다[39].

조선 초기에는 고려의 체제를 답습하여 오다가 나라의 제도가 정비되면서 국가 뿐만 아니라 백성들의 교통시설로서 진도가 확장 설치되어 갔다. 그러다가 태종이 즉위하면서 중앙집권체제를 강화하면서 號牌法호패법을 실시하여 인구의 동태를 파악하고, 아울러 그 이동을 살피기 위하여 진도에 別監별감을 파견하여 국가적 관리체제로 전환시켰다. 이는 국초의 반역자나 범죄자 등의 움직임을 단속하는데 외길인 나루는 중요한 구실을 하였기 때문에 정부가 관장하여 關防관방의 요지로 삼은 것이다.

진도는 人馬인마의 교통로로, 물자의 운송로로, 그리고 범죄자의 譏察기찰을 위한 초소로서 더욱 기능을 발휘하였으므로 세종 때에 이르러는 大路대로·中路중로·小路소로의 3등급으로 나누고 渡도의 관리 책임자로 渡丞도승(초기에는 別監)을 임명하고, 그들에게 복무의 대가로 廩給位田늠급위전이, 각 진도의 관리비용을 위해 津尺位田진척위전이 등급에 따라 지급되었다[40].

또한 津夫진부의 수도 역시 등급에 따라 10명·15명·20명이 배속되고, 각 渡도에는 소정의 官船관선이 배정되고 있다. 그러나 大路대로는 주로 서울을 중심한 津渡진도였으며, 中路중로 이하에는 관리책임자가 파견되지 않아서 譏察기찰도 심하지 않아 서민들의 왕래가 보다 수월했다. 더욱 서민들은 관선보다 私船사선을 많이 이용하였다.

남한강 유역에는 수 많은 津渡진도가 개설되어 인마와 물자의 운송에 편의를 제공하였다. 《세종실록》 지리지를 비롯하여 각종 지리지에 나타난 津浦진포 및 倉庫창고를 다음의 표로 정리하여 본다.

---

39) 《高麗史》 권56, 지리지 楊廣道조.

40) 《世宗實錄》 권109, 세종 27년 7월 乙酉條.

南漢江流域의 津·浦·倉

地名	世宗, 地理志	東國輿地勝覽	輿地圖書	大東地志
旌善		廣灘津	廣灘津·餘粮津	餘粮津·廣灘津·桐江津 東倉·南倉
寧越	加斤同津	後津·密積浦	淸令浦	淸冷浦·北浦·西江津·錦江津 東倉·西倉·社倉
平昌	淵火津·龍淵津	淵火津·龍淵津·南津·厤池津	淵火津·龍淵津·南津·厤池津·北津·所洞津	周津·龍淵津·南津·厤池津·淵村津 東倉
永春		南津	南津·北津 東倉·西倉	北津 邑倉·外倉
丹陽	上津 加隱巖山軍倉	上津(馬津)·下津	馬津 賑倉·軍資倉·常平倉·北倉·官廳·郡司庫·氷庫	北津·下津 邑倉·買浦倉
堤川			周浦·邑倉·儲峙庫·周浦倉·院西倉·田大同捧上庫	邑倉·周浦倉·遠西倉
淸風	北津	北津	黃江津 邑倉·南倉·北倉·西倉	北江津·黃江津 邑倉·西倉·北倉·漕倉·古軍倉
忠州	楊津·德川津 史庫·慶原倉·德興倉	北津·金遷·琴休浦·辰浦 金遷站·可興站 可興倉(德興倉)·社倉	浦灘津·辰浦·早遷津·北津·金遷津·玉江津·荷潭津·山溪津·靑龍津·德恩津·仰巖津·㺚川津·沙伊浦 楊津倉·司倉·官廳·氷庫·州司庫·可興倉·社倉·東倉·南倉·北倉·龍安倉·軍器庫·火藥庫·雇馬廳	浦灘津·達川津·新塘津·木溪津·靑龍津·北江津·荷淵津·可興津 邑倉·楊津倉·可興倉(德興倉·慶原倉)·東倉·南倉·西倉·北倉·內倉
槐山		槐津 柳倉(世伊倉)	槐津(槐灘) 東庫·西庫·南庫	槐灘津 邑倉·柳倉(世伊倉)
延豊			邑倉·水回倉	邑倉·水回倉
原州	興原倉	興原倉	酒泉津·安昌津·沙川津·梨湖津·猫淵津·公龍津 司倉·別倉·北倉·西倉·東倉	安昌津·興原津·酒泉津·沙川津 興原倉·酒泉倉·別倉·浦倉
驪州		禹萬浦·梨浦津·鎭江渡	牛灣浦·龜尾浦·欣巖津·丹巖津·官津·漁楊津·楊花津·梨浦津·龜尾浦津·仰德津 司倉	州內津·楊花津·龜尾浦津·丹岩津·仰岩津·梨浦津·新津
陽平	蛇浦津·龍津渡	龍津渡	龍津渡 前倉·北倉	龍津渡·葛山津·洗司津·上心里津·水青灘津·水餘里津·沙站津·(梨浦津) 邑倉·迷原倉

이상은 남한강에 연한 지역 만을 표로 작성한 것이다. 점차 시대가 내려오면서 진·포가 늘어나고 창고의 수도 많아지고 있으니, 이는 수상교통이 활발하여지고 있음과 상대적으로 인구의 증가와 아울러 산업활동이 크게 향상되고 있음도 알게 하는 것이다.

그러나 실제로는 위의 표 이외에 더욱 많은 나루가 있음을 안다. 단양의 영춘 사지원에 軍看군간나루, 가곡면에 佳大가대나루·德泉덕천나루가 있으며, 제천지역에는 城谷津성곡진·槐谷津괴곡진·內梅津내매진·池谷津지곡진·綾江津능강진·桃花津도화진·平堂津평당진·淸風後津청풍후진·北倉津북창진·黃石津황석진·陶谷津도곡진·細倉津세창진·梧江津오강진·黃江津황강진·寒泉津황천진 등이 있음에서이다[41].

충주에도 위 표 외에 龍灘津용탄진(또는 용대나루)·盤灘津반탄진(반 여울)·荷川津하천진(또는 浮蒼津, 하천에 있다)·滄川津창천진(창내나루)·福灘津복탄진(복여울 나루)·合水津합수진·樽岩津준암진(조돈진 하류에 있다) 등이 있다[42].

이들의 나루는 사실상 1980년도 초까지는 일부 구실을 하고 있었으나, 1985년 충주댐이 완성되고 물이 차면서 대부분 구실을 상실하고 그 흔적을 알 수 없게 되었으며, 댐의 최상류와 하류에서만 흔적을 일부 알 수 있을 뿐이다. 더욱 나루터에 교량의 가설이 최근에 늘어나면서 자연 소멸되는 나루가 많아지고 있다.

또한 중앙에 수납하는 조창 외에 각 군읍에는 여러 개의 창고를 설치하고 있으니, 이들은 대개 內倉내창과 外倉외창으로 구분되고 있다. 내창은 관내에 있으며 그 고을의 조세를 수납하여 軍資군자로, 관내 경비와 賑恤진휼 등에 사용하였으며, 외창은 대부분 나루[津]가에 위치하여 조창으로 운송할 조세를 수납하였다가 지역관내 만을 운행하는 地土船지토선으로 조창에 운

41) 《丹陽郡誌》(1977), 《堤川郡誌》(1969).
42) 《蘂城春秋》(1959).

송 수납하였다.

VI. 나루[津]와 다리[橋]

위에 기록한 교통수단으로서의 나루[津]는 실제 더욱 많다. 강가의 마을에 사는 사람들은 필요에 의해 도선행위가 불가피하였기 때문이다. 그러나 1985년 충주댐의 조성으로 많은 나루가 수몰되어 없어지기도 하였으며, 상대적으로 교통의 편의를 위한 橋梁교량의 가설이 1990년대 이후 급격히 늘어나면서 자연 사라지고 있다. 더욱 고속도로가 지나는 곳에는 하늘에 매단 다리같이 높은 교각들의 위용도 새롭다 하겠다.

그동안 교통량이 많았던 큰 나루에는 대형 차량 등도 渡船도선으로 강을 건너는 차도선이 1990년대까지 있었던 사실임을 말해둔다.

다음에 충청북도 지역에 속하는 단양·제천·충주지역의 남한강 유역에 있었던 교통수단으로서의 나루[津]와, 남한강을 가로 지르는 橋梁교량 만을 살펴보기로 한다. 충주댐의 조성으로 인하여 수몰되기 이전의 기록, 즉 각종 地理誌類지리지류를 비롯하여 丹陽郡誌단양군지(1977), 堤川郡誌제천군지(1969), 蘂城春秋예성춘추(1959) 등을 참고하고, 아울러 댐이 조성되기 이전의 5만분의 1지도상에 명시된 나루를 종합하였으며, 일부지역은 실제 답사를 하여 조사한 바도 있으나 빠진 것이 많을 것이므로 앞으로 보완이 필요하다고 본다.

다음에 물의 흐름을 따라 상류에서 하류로 순차로 살펴보기로 한다. 다만 군읍지의 기록된 교량은 지류에 설치된 것도 옮겼음을 부기한다. 이의 정리에는 단양의 池性龍지성룡, 제천의 張錫健장석건 선생의 도움이 있었다.

丹陽지역

吾賜오사나루 : 영춘면 오사리에 있으며, 오사리도선장이 있다. 龍津용진 또는 진대나루라고도 한다. 오사의 건너편이 용진리이기 때문에 두 이름이 함께 사용되고 있는 것이다. 이곳까지 소금배가 올라왔으며, 강원도 영월·정선지역과 경상도의 부석·순흥까지도 소금을 공급하였다고 한다. 강원도 영월군과의 경계를 이루는 지역이다.

北津북진 : 영춘의 북쪽 2리에 있다. 강원도 영월과 영춘 느티로 이어지는 나루이다. 上里상리나루라고도 하며, 상리도선장이 있어 대형 차량도 실어 나른 차도선이 있었다. 1991년에 북벽교가 가설되어 기능이 없어졌다.

北壁橋북벽교 : 1991년 북진나루터에 새로 가설한 다리이다. 길이가 245m 이며, 교폭 8.5m, 유효폭이 6.7m이다. 바로 상류에 경치를 자랑하는 北壁북벽이 있어 이름을 따온 것이다.

南津남진 : 영춘의 남쪽 2리에 있으며, 단양에서 들어오는 영춘의 관문이라고도 할 나루이다. 下里하리나루라고도 한다. 1990년도에 永春橋영춘교가 가설되기 전까지는 대형 차량들도 도선에 의해 운반되었다. 桃源洞門도원동문이라는 이름이 있으니 주변경관이 또한 아름답다.

永春橋영춘교 : 1990년 남진나루터에 새로 가설한 다리이다. 길이가 234.7m이며 교폭 8.5m, 유효폭 7m이다.

軍看군간나루 : 영춘 斜只院里사지원리에 있으며 단양에서 영춘 또는 별방으로 통행하는 나루이다. 1991년에 교량이 설치되기 전까지는 대형 차량들도 도선에 의해 운반되었다. 부근에 '단물내기'라는 곳이 있으니 물맛이 달다고 하는 뜻이다. 쏘가리 낚시터로도 이름이 있어 많은 사람들이 찾는다.

軍看橋군간교 : 군간나루터에 1991년에 새로 준공한 다리이다. 길이가 220m 이며 교폭과 유효폭이 7m이다.

香山津향산진 : 가곡면 향산리에 있다. 향산리 절터가 가까이 있으며, 향산리 石塔석탑(보물 제405호)이 있다.

佳野가야나루 : 가곡면 가대 백암리에 있다. 백암진 또는 佳大가대나루라고도 한다. 옛 佳野面가야면 지역이었으므로 이름하였다.

佳大大橋가대대교 : 가야 나루터의 약간 하류에 1992년에 새로 준공한 다리이다. 길이가 250m이며 교폭 8.5m, 유효폭이 7m이다.

沙坪사평나루 : 가곡면 사평리에 있던 나루이다.

德泉덕천나루 : 가곡면 덕천리에 있다. 하괴와 어의곡간을 통행하는 나루다.

德泉橋덕천교 : 덕천나루터의 약간 상류에 1992년에 준공한 다리이다. 길이가 250m이며 교폭 8.5m, 유효폭이 7m이다.

三峰삼봉나루 : 매포읍 경승으로 이름있는 도담삼봉 앞에 있는 나루이다. 일제시대에 도담역에서 연결한 철교가 있었다.

別谷별곡나루 : 단양읍 별곡에 있다. 古藪里고수리로 건너던 나루이다.

古藪大橋고수대교 : 1985년 별곡나루에 가설한 다리이다. 길이 380m이며 교폭 11m, 유효폭 7.5m이다. 신단양의 중심으로 야간 조명으로 자랑한다.

上津상진 : 단양읍 상진리에 있다. 馬津마진 혹은 마낙이라고도 한다. 단양 및 영남에서 죽령을 넘어와 한양으로 왕래하던 큰 나루였다. 상진대교가 가설되면서 폐쇄되었다.

上津大橋상진대교 : 雙轎쌍교이며 상진나루의 서쪽에 있다. 다리가 처음 가설되었던 시기를 확인할 수 없으나 일제치하에서 가설되었다고 보인다. 1972년 대홍수로 끊어진 후 1985년에 가설하였다. 길이 397m에 교폭 12.1m, 유효폭이 8.5m이다. 내륙지역의 남북으로 통하는 대로상에 있으므로 교통량이 늘어나면서 2000년도에 추가로 서쪽으로 하나 더 가설하여 하행선으로만 이용하게 되었다. 새로 가설된 다리는 상행선 전용으로 길이 403m이며, 교폭과 유효폭은 같다.

南漢江鐵橋남한강철교 : 상진대교 서쪽에 있다. 중앙선 철로이다. 본래는 하류쪽인 玄川里현천리와 애곡리 사이에 있었으나 충주댐으로 인하여 선로가 변경되어 현재의 곳으로 옮긴 것이다. 濯纓탁영 金馹孫김일손이 이름을 지은 棲鶻巖서골암이 옆에 있다.

艾谷애곡나루 : 적성면 애곡리 수양개에 있다. 일명 수양개포라고도 한다. 뗏목이 많이 다닐 때에 이곳에 주막이 있고 술시중을 드는 여인들이 있던 '꽃거리'라는 이름이 지금도 전한다. 靄潭애담이라고도 하여 옛 詩시에 자주 나오는 곳이기도 하다. 수양개 선사박물관을 위한 측면 우회도로(옛 철로)의 확포장으로 구실이 사라졌다.

丹陽大橋단양대교 : 적성면 현곡의 고속도로 55호선(중앙고속도로) 상에 있는 다리이다. 2001년에 길이 440m에 교폭 12.6m, 유효폭 11.7m로 준공되었다. 부산·춘천 방향의 雙轎쌍교이다.

羽化橋우화교 : 단성면 중방리의 남한강 지류인 단양천에 가설되었던 石橋석교였다. 《湖西邑誌호서읍지》에 의하면 1753년(영조 29, 癸酉)에 군수 李箕重이기중이 竹嶺죽령을 왕래하는 大路대로이므로 석교를 가설하였으나, 그 후 퇴폐되어 없어지고 羽化橋우화교 記事碑기사비(우화교의 비석)만이 남아 지금 '수몰이주기념관'에 옮겨져 있다. 다만 그 자리에 토목으로 여러 차례 개축하여 오다가 근래에 콘크리트 다리로 가설하였으나, 충주댐으로 인해 수몰되자 1985년 길이 231.2m에 교폭과 유효폭 8.5m의 콘크리트 교량을 다시 가설하여 통행하고 있다.

北坪橋북평교 : 구 단양읍 동쪽 5리에 있었다(호서읍지). 현재 단성면 북하리에 있던 다리로 생각된다.

基川橋기천교 : 구 단양읍의 북쪽 10리인 北川북천 하류에 있었다(호서읍지).

下津하진 : 적성면 하진리에 있다. 구 단양에서 적성면으로 통행하던 큰 나루였다. 2009년 약간 상류에 赤城大橋적성대교를 가설하였다.

赤城大橋적성대교 : 하진나루를 대신하여 2009년에 새로 가설한 다리이다. 길이는 418.3m이며 교폭은 11.8m이다. 고속도로인 단양대교와 가까이에 있다.

長淮장회나루 : 장회에서 성곡리로 통행하던 나루이다. 龜潭峰구담봉과 옥순봉 등 경승지에 가까이 있어 많은 詩人시인 墨客묵객들의 이용이 많았던 나루이다. 長淮院장회원이 있었다.

堤川지역

城谷津성곡진 : 수산면 성골에 있다. 구담봉과 옥순봉 사이 수산면 성리 마을로 왕래하는 나루다.

槐谷津괴곡진 : 수산면 괴곡리에 있다. 괴곡나루 또는 괴곡배터라고도 한다. 괴곡리·원대리·계란리 주민이 주로 이용하는 나루다. 인근에 옥순봉이 자리하고 있다. 괴곡리에서 상천리와 하천리로 가는 나루였다.

玉筍大橋옥순대교 : 괴곡진의 나루터에 2001년에 새로 가설 준공한 다리이다. 전장 450m에 교폭 10.5m, 유효폭이 8m이다.

內梅津내매진 : 수산면 내매리에 있다. 내매나루라고도 한다. 多佛里다불리로 왕래하던 나루이다.

池谷津지곡진 : 수산면 지곡리에 있다. 강남으로는 지곡리이고, 능강 상류 방향으로 가는 나루였다.

綾江津능강진 : 수산면 능강리에 있다. 차도선이 다닐 수 있는 나루터였다. 지곡리와 능강리 방향으로 가는 나루이기도 하다.

桃花津도하진 : 청풍면 도화리에 있다. 진도나루라고도 하였다. 청풍면 도리(도툰과 진도 두 자연부락)에서 도화리로 왕래하는 나루다. 옛부터 수로를 이용하여 농산물을 실어 나르던 곳으로 서울에서 소금과 생활용품이 올라오고, 농산물이 실려 내려가므로 한때는 장사꾼들이 몰리던 곳이다.

정수억씨가 골수염으로 배를 젓지 못하자 군대 간 오빠가 제대할 때까지 노를 저은 鄭采京정채경양은 처녀 뱃사공이었다.

淸風橋청풍교: 도화진의 나루터에 1980년에 처음으로 가설한 후 20여 년이 지나면서 균열 등 위험이 노출되어 새로 斜張橋사장교로 2003년에 착공하여 2010년 준공을 앞두고 있다. 총 길이가 472m이며 교폭이 14.5m이다. 새로운 명물로 등장할 예정이다.

平堂津평당진: 청풍면 읍상리 평동 또는 平等평등으로 불리는 나루로 학현리 방향으로 가는 길목이면서 도화리로 연결되는 나루다. 일명 샛강 나루라고 불렀다.

邑津읍진: 읍리나루라고도 한다. 읍리에서 교리로 왕래하던 나루이다.

北津북진나루: 북창진나루라고도 한다. 屛風山병풍산 아래에 있다. 읍리에서 북진리로 하여 제천 방면으로 통행하는 큰 나루이다. 북창에 稅穀세곡, 소금을 저장했으며 장이 섰던 복잡한 거리였다. 소금배가 서울에서 올라와 상인들이 묵어가던 곳이다.

黃石津황석진: 황강진이라고도 한다. 청풍면 황석리와 광의리를 왕래하는 나루로 교통량이 많아 버스를 실어 나르던 동력선의 큰 배가 있었다. 광의리에는 솔무정이 있다. 6·25남침의 겨울에 피난 갈 때 나무로 임시 다리를 놓고 통행을 하면서 솔무정 소나무 밑에서 화톳불을 피워 밤을 지내던 피난민의 피신처였다.

淸風後津청풍후진: 방흥나루 양평뒷들나루라고 하였다. 청풍면 방흥리는 水下面수하면 소재지로 소금배 하역을 하던 곳으로 사람 왕래가 많았다. 한때 서울서 올라온 소금배가 강원도 영월까지 올라가며 머물던 곳이 방흥리다.

陶谷津도곡진: 양평뒷들나루라고도 한다. 청풍후진이라고도 한 듯하다. 황석초등학교와 연결이 되고 있었으며 才九尾재구미라고도 하였다.

西倉津서창진 : 한수면 서창리에 있다. 細倉津세창진이라고도 한다. 월악산 공비들이 건너 다니던 여울목이다.

梧江津오강진 : 상명오나루라고도 한다. 서창과 명오리 사이에 이용하는 나루이다.

黃江津황강진 : 한수면 황강리에 있다. 서운리로 통하는 나루이다. 많은 商船상선이 이곳으로 와서 배를 대고 머물렀다. 원주로도 통한다. 마음씨 좋은 사공은 시간이 바쁘다면 한 사람을 태우고도 강을 건네줘 인심 좋기로 정평이 난 나루이다.

寒泉津한천진 : 함암나루라고도 한다. 한수면 한천리에서 함암으로 통행하는 큰 나루이다.

忠州지역

新塘津신당진 : 乷味面살미면 신당리에서 한수면 황강으로 통행하던 나루이다.

浦灘津포탄진 : 충주의 동쪽 20리에 있으며 淸風청풍과의 경계다. 강원도 오대산에서 발원하여 영춘·단양·청풍을 거쳐 흘러온다. 충주에서 제천군의 寒水面한수면으로 통행하는 나루이다.

辰浦津진포진 : 花岩화암나루라고 한다. 충주의 동북쪽 5리인 포탄진의 하류, 북진의 상류에 있으며 맑고 깊어 바닥은 알 수 없다. 세속에 전하기를 "龍淵(용연 ; 용못)이라고 하며, 가물 때에 호랑이의 머리를 던져 넣으면 징험이 있다"고 한다. 澶洞江단동강이라고도 한다. 충주의 목벌에서 東良面동량면 화암리로 통행하는 나루이다.

忠州충주댐 : 충주시의 종민동과 동양면 조동리 사이를 가로막아 이룬 다목적댐이다. 1978년에 착공하여 8년여의 공사 끝에 1985년 12월에 준공되었다. 댐의 규모는 높이 97.5m, 길이 480.7m이다. 이 댐이 조성되면서 남한강은 흐르는 강이 아니라 忠州湖충주호라는 새로운 이름을 갖게 되었다.

忠原橋충원교: 충주시 종민동에 있다. 댐의 바로 하류의 댐으로, 또는 동양면으로 통하는 다리로 1984년에 준공하였다. 길이가 180m에 교폭 10m, 유효폭 8.5m이다.

早遯津조돈진: 早洞조동나루라고도 한다. 충주의 북쪽 15리에 있으며, 진포의 하류이다. 용탄동에서 동량면 소재지인 조동리와 山尺面산척면으로 통행하는 나루이다.

南漢江橋남한강교: 조돈진의 하류 충북선상에 있는 철교이다. 1959년 충북선이 충주에서 제천 봉양까지 연장되면서 가설되었다.

龍臺용대나루: 동양면 용대마을에서 충주의 목행동으로 통행하던 나루이다.

樽巖津준암진: 충주의 북쪽 10리에 있으며 조돈진의 하류이다. 가운데에 돌이 쌓여 있는 모양이 술통과 같다고 하여 이름이 붙여졌다.

충주와 원주·제천 등지로 통행하는 북쪽관문으로 도선장이 있어 큰 차량도 배에 실어 날랐다. 1961년에 牧杏大橋목행대교의 가설로 인하여 폐지되었다.

牧杏大橋목행대교: 교통량 증가에 따라 일찍이 교량이 가설되었으나 6·25 남침 때 폭파된 후 1960년 3월에 다시 준공되었으니, 길이가 438m에 교폭 7.8m, 유효폭 7m이다. 그러나 오래 되고 교통량도 더욱 많아져 1996년 약간 상류쪽에 새로 길이 700m에 교폭 20.5m, 유효폭 16m의 新신 목행대교를 가설하였으므로 구 대교는 소형차량과 인마만 통행토록 하고 있다.

北津북진: 盤松반송나루·遊松유송나루·北江津북강진이라고도 한다. 주의 북쪽 10리에 있으며 준암의 하류이다. 나루와 배[津船]가 있으며, 사공은 부역을 면제하였다. 충주 목행리와 金加面금가면과 목계 등지로 통행하는 나루이다.

탄금대 繫船場계선장 : 1930년대에는 탄금대의 강가에 繫船場계선장이 있었다. 이곳에서 서울 용산까지 배로의 운송수단[舟楫]이 있었다. 1928년까지는 교통량이 水運수운이 6할, 陸運육운이 4할이었다(忠州觀察誌, 1932)고 하였으니, 수운의 역할이 고비를 맞게 된 시점으로 보인다. 이 해에 충북선이 충주까지 개통되었기 때문이다.

합수나루 : 合水津합수진이라고도 한다. 탄금대 서쪽 합수머리에서 가금면 갈마로, 또는 북쪽 금가면으로 통하는 나루이다. 이는 彈琴橋탄금교의 개통에 따라 없어졌다.

彈琴橋탄금교 : 합수나루에 설치한 다리이다. 1977년 10월에 준공되었다. 길이가 343m에 교폭이 8.5m이다. 시내에서 가금 방면으로 통행하고 있다.

金遷津금천진 : 충주의 서쪽 10리에 있으며 북진의 하류이다. 金加面금가면과 가금면으로 통하는 나루이다.

탑들나루 : 可金面가금면 탑평리 7층석탑과 금가면 원포리로 통하는 나루이다.

玉江津옥강진 : 안반내나루·盤灘津반탄진이라고도 한다. 충주의 서쪽 20리에있다. 가금면 半川반천(盤川)에서 금가면 월상으로 통하는 나루이다.

調整池조정지댐 : 옥강진 하류인 가금면 장천리와 금가면 월상리를 잇는 480.7m에 수문 20개인 일명 보조댐이다. 본댐과 같이 1985년에 준공되었다. 상판은 동행하는 교량의 역할을 하고 있다. 조정지댐의 조성으로 강물은 흐름을 멈춘 彈琴湖탄금호란 이름을 갖게 되었다.

荷潭津하담진 : 荷淵津하연진 또는 荷沼하소나루라고도 한다. 충주의 서쪽 21리에 있으며, 옥강진의 하류이다. 가금면 장천리와 금가면 하담으로 통하는 나루이다.

牧溪大橋목계대교 : 엄정면 목계리의 국도 38호선 상에 있다. 2002년에 준공한 다리이다. 길이가 1,302.1m에 교폭과 유효폭이 18.5m이다.

山溪津산계진 : 牧溪목계나루라고도 한다. 주의 북쪽 25리에 있으며, 하담진의 하류이다. 나루와 배가 있는데 사공은 부역을 면제하였다. 엄정면에서 가금면으로 통행하는 나루로 교통량이 많아 대형차량 등을 실어 나르던 渡船도선이 있었다.

목계나루에는 나루를 이용한 場市장시가 일찍부터 열렸으니 1909년도의 경우 충주의 8개 시장 중 거래액이 가장 컸던 곳이었다[43]. 또한 牧溪別神祭목계별신제란 특별한 전통문화행사가 이어져 오고 있으며, 이 행사와 연관된 줄다리기는 중부지방 최대의 행사이기도 하였다고 전한다. 최근에 이 행사들은 해마다 재현되고 있다.

牧溪橋목계교 : 엄정면의 산계나루(목계나루)에 대신하여 가설한 다리이다. 1973년 6월에 준공되었다. 길이가 290m이며 교폭이 8.5m이다.

靑龍津청룡진 : 충주의 북쪽 40리에 있으며 목계나루의 하류이다. 가금면에서 소태면 靑龍里청룡리로 통하는 나루이다.

福灘복탄나루 : 복여울나루라고도 한다. 소태면 복탄리에서 앙성면 조터골로 통하는 나루이다.

仁多인다나루 : 복탄나루의 하류이다. 소태면 복탄 2구 인다리 물갓말과 앙성면 조천리로 통하는 나루이다.

德恩津덕은진(隱津) : 덕은나루라고도 한다. 충주의 북쪽 50리에 있으며, 청룡진의 하류이다. 소태면 덕은리와 앙성면 영죽리로 통하는 나루이다.

샘깨나루 : 江泉나루라고도 한다. 앙성면 강청리에서 강원도 부론으로 통행하는 나루이다.

仰巖津앙암진 : 옷 바위[衣巖]나루라고도 한다. 충주의 서쪽 70리의 앙성면 衣巖里의암리와 원주 부론으로 통행하는 나루이다.

南漢江大橋남한강대교 : 앙암진에 가설한 다리이다. 1995년 10월에 준공되

43) 김현길, 「牧溪의 沿革」(《蘂城文化》 27, pp.179~182, 2007).

었다. 길이가 480m이며 교폭이 10m이다.

達川유역

撻川津달천진 : 德川津덕천진이라고도 하였다. 달천은 德川덕천·獺川달천이라고도 한다. 충주의 서쪽 8리에 있다. 보은군 俗離山속리산에서 발원하여 세 갈래로 나뉜 한 갈래가 괴산을 지나 金遷江금천강과 합류한다. 나루와 배가 있고, 사공은 부역을 면제하였으며 겨울이면 다리를 놓았다.

獨甲橋독갑교 : 《輿地圖書여지도서》(1759)에 충주의 서쪽 10리에 獨甲橋독갑교가 있다고 하였다. 독갑다리, 도개비다리라고도 하였다. 곤편과 달신 사이에 있었다.

達川橋달천교 : 달천진의 나루터에 가설한 쌍교이다. 오래 전부터 다리를 놓고 통행하였으나 교통량이 늘어나면서 몇 차례 교량을 개량하다가 1990년에 현재의 상행선 전용다리를 가설하였으니 길이가 276m에 교폭 10.5m, 유효폭 8m이다. 그후 교통량이 늘어나자 남쪽에 1999년 하행선 전용의 다리를 새로 가설하였으니, 길이 276.2m에 교폭 10.5m, 유효폭 8.5m이다. 그리하여 상하행선 별도로 두 다리를 갖게 되었다.

달천철교 : 충북선 상의 철교이다. 충북선이 충주까지 연장 개통된 해가 1928년 12월 25일이다. 철교도 이 해에 준공된 것이다.

松林송림나루 : 단월 송림에서 용관동으로 통행하는 나루이다.

서호정나루 : 단월과 용관동으로 통행하는 나루이다.

丹月橋단월교 : 단월동에 있다. 시내에서 가주·풍동으로 통행하는 다리로 1990년에 새로 가설하였다. 길이가 270m에 교폭 14m, 유효폭 8m이다.

有酒幕유주막나루 : 유주막과 풍동으로 통행하는 나루이다.

有酒幕橋유주막교 : 유주막 나루터의 상류이다. 1997년 새로 준공한 다리이다. 이는 일반국도 3호선의 이설확장 과정에서 이루어진 것으로 길이가

500.3m에 교폭 19.5m, 유효폭 18.5m이다.

능곡나루 : 풍동 능골 앞에 있다.

노루목교 : 일반국도 3호선의 이설과정에서 1997년에 새로 가설한 다리이다. 길이 300.2m에 교폭 18.5m, 유효폭 14.9m이다.

하동막나루 : 풍동 동막리와 살미 향산리로 통행하는 나루이다.

細浦세포(셋개)나루 : 살미면 향산리 셋개(싯개)에서 팔봉으로 통행하는 나루이다.

셋개교 : 셋개나루터에 2002년에 새로 가설한 다리이다. 길이 280m에 교폭 11.6m, 유효폭 11m이다.

八峯橋팔봉교 : 이류면 문주리 팔봉리에 있다. 1988년에 새로 가설한 다리이다. 길이 144m에 교폭 7m, 유효폭 5.5m이다.

南達川橋남달천교 : 이류면 문주리의 고속도로 45호선 상에 있다. 2004년에 새로 가설된 마산·양평 방면의 雙橋쌍교이다. 전장 450m에 교폭 12.6m, 유효폭이 11.7m이다.

鳥谷橋조곡교 : 괴산군 장연면 조곡리에 있다. 1994년에 새로 가설된 다리이다. 길이 150m에 교폭 9m, 유효폭 6.5m이다.

河文橋하문교 : 괴산군 불정면 하문리에 있다. 2002년에 새로 가설된 다리이다. 길이 240m에 교폭 10m, 유효폭 9m이다.

牧渡목도나루 : 괴산군 불정면 목도에 있다. 도선으로 대형 차량까지 건너던 나루이다.

牧渡橋목도교 : 목도나루터에 1996년 새로 준공한 다리이다. 길이가 200m에 교폭 10m, 유효폭이 8.5m이다.

梨灘津이탄진 : 배나무여울나루라고도 한다. 도선으로 대형 차량까지 건너던 나루이다.

梨灘橋이탄교 : 괴산읍 이탄, 배나무여울나루에 1998년에 새로 준공한 다리이다. 길이가 225m에 교폭 9.5m, 유효폭 8m이다.

槐灘津괴탄진 : 괴산 동쪽의 달천을 괴강이라 하고 나루가 있으니 연풍으로 통한다. 느티울이라고도 한다. 대형차량까지 渡船도선하던 곳이다.

槐江橋괴강교 : 괴탄진에 1955년 길이 155m로 처음 가설한 다리이다. 오래되고 또한 교통량이 늘어나게 되자, 1993년 구교에서 약간 북쪽으로 새로 교각을 높이어 가설하였으니 길이가 300m에 교폭 10m, 유효폭 7.5m이다.

Ⅶ. 江運의 실상

이상에서 남한강의 水運수운에 대하여 기록을 통하여 살펴보았다. 조선시대는 주로 세곡을 서울로 운송하기 위한 漕運조운제도에 따른 변화가 주였음을 알 수 있었다. 그러나 이면에는 하류지역의 魚鹽어염과 상류지역의 농산물과 땔감[薪炭]의 교류도 있어 왔으나, 실제적인 뚜렷한 기록이 없어 일부 부분적인 기록과 구전에 의해 알 수 있는 정도이다. 단편적이나마 18세기 초의 충주지역 江岸강안의 모습을 다음에 옮겨 참고토록 한다.

「金遷금천은 두 강이 마을 앞에서 합하여 돌아 촌락의 북쪽으로 흘러나가므로 동남쪽으로 영남의 화물을 받고, 서북쪽으로는 생선과 소금을 가지고 한양과 통교하므로 민가가 빗살처럼 촘촘하여 한양의 여러 마을과 유사하다. 배의 뒤와 뱃머리가 연달아서 하나의 큰 도회를 이룬다」고 하였으며,

「嘉興가흥은 금천의 서쪽 10여 리 지점에 위치한다. 강은 동남쪽에서 서북 방면으로 흘러가고 마을은 남쪽 언덕에 있다. …… 주민들은 客主業객주업으로서 쌀을 출납할 때에 이익을 노려 가끔 치부하는 수도 있다」[44]라고

44) 《擇里志》 八道總論 忠淸道조. 金遷은 충주 서쪽 가금면 倉洞을 말하며, 嘉興은 可興을 의미한다.

하여 조선 후기 남한강의 한 모습을 짐작케 한다.

이에 대해 1915년대 충주에 있어서 水運수운의 실상을 알게 하는 기록이 있으니 다음과 같다.

「남한강의 中流部중류부라고 할 영월부터 충주에 이르는 사이에는 매년 3월부터 11월까지 조선 배가 운항하는데 그 사이에 얕은 여울이 49개 소나 된다.

충주로부터 하류까지는 結氷期결빙기를 빼고는 장마철의 큰물이 아니면 매일 운항한다. 충주의 彈琴臺탄금대에서 龍山용산까지의 항행거리는 약 350리로서 여름철 물이 풍부할 때 내려가는데[下航] 12시간 내지는 15시간 걸리고, 올라오는 데는[上航] 5일 내지는 7일간이 걸린다. 보통은 하항이 3일, 상항은 10일 내지는 3주간이 걸린다고 한다. 그러므로 航行항행의 시기는 3월 하순부터 11월 하순까지이고, 그 중 가장 빈번한 시기는 4월 상순부터 6월 하순까지이다.

上航상항할 때에는 積載量적재량을 제한하고, 또한 여러 척의 배가 서로 도와가며 운항하는 불편이 있으니, 이는 북한강과 다를 바가 없다. 旅客여객만을 영업하는 선박은 거의 없으며, 약간 정기적으로 발착하는 것은 內國通運會社내국통운회사 충주출장소가 갖고 있는 배로서 그 배가 내려갈 때는 旅客여객들이 이를 이용하는 사람들이 많다.

沿岸연안 화물은 운임관계 및 도로의 改修개수가 이루어지지 않았으므로 결빙기를 제하고는 거의 전부가 남한강의 뱃길[航運]을 이용한다. 따라서 나가는 수출품은 들어오는 수입품보다 훨씬 많다. 수출품은 주로 담배·곡물·장작과 신탄(숯) 등이며, 들어오는 물품은 소금·명태·석유 및 잡화 등이다.

충주로부터 북한강과 합류하는 곳까지 사이의 寄港地기항지는 충주의 彈琴臺탄금대·牧溪목계·泉浦천포·興湖흥호·驪州여주·梨浦이포·陽根양근 등이다.

선박의 종류는 일본과 조선의 帆船범선으로 적재량은 40石석을 싣는 것이 가장 많으며 30석, 50석, 25석을 싣는 것이 그 다음이다. 요컨대 충주 부근은 물산이 풍부하며, 수출품은 수입품에 비하여 훨씬 많으며, 강의 나루로 통하는 후방지역의 교통로로써 도로의 개수 및 농사의 개량 등으로 인하여 앞으로는 점점 수출품이 늘어날 것이 확실시되어 산업의 興隆흥륭은 한강의 수운에 기대되는 바가 매우 크다.

만약 항행하는 배의 장애를 제거하고 충주 용산 간에 石油發動機석유발동기의 정기항로를 개통한다면 교통운수상의 편리함이 더욱 커지고, 충주의 산업 발전을 촉진시킴은 필연의 일이라 하겠다」[45]고 하여 水運수운에 의한 수출입 물류의 왕성한 소통과 사람들의 왕래도 수월하게 이루어지는 현상이었으니 그 역할에 기대되는 바가 매우 컸음을 알 수 있다.

그러나 이는 수운의 쇠퇴기 직전의 모습을 말하는 것으로 보인다. 왜냐하면 수운이 陸運육운으로의 전환기라고 할 충북선이 불과 10여 년 후인 1928년에 충주까지 개통되었기 때문이다. 이 시기의 수운과 陸運육운의 비율은 6:4로 수운에 대한 의존도가 컸었으나, 충북선의 개통과 자동차 수송이 늘어나면서 역전되는 계기가 된 것이다. 그렇다고 하루아침에 변화가 온 것은 아니다. 1950년대까지도 남한강에는 상류의 뗏목이 물길을 따라 하류로 흘러갔으며, 얼마간의 물류가 물길을 이용하고 있었기 때문이다.

Ⅷ. 남한강의 여울[灘]

강물이 흐르는 곳에는 많은 여울이 있게 마련이다. 여울은 河床하상에 경

45) 《最近之忠州》, 1915.

사가 져 물살이 세게 흐르는 곳을 말한다. 따라서 이런 곳은 하상이 얕아 들어 나기도 하여 사람이나 짐승들은 이런 여울목을 이용하여 건너다녔다. 따라서 水量수량이 적은 상류쪽에 많이 있게 마련이다. 그러므로 상류지역에서는 주요한 교통로로 최근까지 많이 이용하고 있었다. 그러나 漕運조운에는 큰 장애의 요인이 되기 때문에 수운교통을 많이 이용하던 전날에는 이를 중요시하여 각종 지리지에는 주위를 환기시키려는 뜻으로 중요한 여울의 이름을 기록하여 놓고 있다. 《동국여지승람》을 비롯하여 《여지도서》·《대동지지》 등에는 다음과 같은 여울을 기록하고 있으니 옮겨본다.

旌善정선에는 廣灘광탄이 북쪽 13리에 있으며, 서쪽 15리의 동강 하류에 碧灘벽탄이 있으며, 永春영춘에는 북벽에 訥魚灘눌어탄이 있다.

단양에는 楡灘유탄·車灘차탄·島岩石項도암석항·花灘화탄·三智灘삼지탄·所要項灘소요항탄·長淮灘장회탄이 차례로 있다.

제천지역에는 청풍에 惶恐灘황공탄이 서쪽 20리인 西倉서창의 상하(위아래)의 두 곳에 있다. 돌이 옆으로 문지방과 같이 눕혀져 있어 물살이 怒濤노도와 같아서 위험하다. 下灘하탄도 물길이 깊고 물밑의 반석이 여러 곳에 솥과 같이 구멍이 뚫려 그 깊이를 알 수 없다. 가뭄이 들면 이곳에서 祈雨祭기우제를 지낸다고 하였다.

이 외에 《제천군지》에는 다음과 같이 여러 여울이 있음을 더하고 있으니, 花灘화탄은 '고지여울'이라 하며 옥순봉 아래에 있으며, 三之灘삼지탄은 수산면 능강리에, 北倉灘북창탄은 청풍 북진리, 虎灘호탄(범여울)은 황석리, 箭灘전탄(살여울)은 방흥리에 있다. 더욱 항로의 험한 여울[灘]이라 하여 "成里성리의 長淮灘장회탄·石池灘석지탄·始沼시소·猪灘저탄(괴곡리)·隱舟岩은주암·花灘화탄(串灘)·浦柵포책·宮浦궁포·花遷화천, 下川里하천리의 松湖송호·釣浦조포·楡灘유탄·谷務渡공무도" 등을 들고 있다[46].

46) 《堤川郡誌》(1969) 地勢조.

충주에는 浦灘포탄(가여울)이 동쪽 20리에 있으며 樽巖준암이 북쪽 10리에 있으니, 바위가 술동이 같다하여 이름하고, 역시 북쪽 10리에 龍灘용탄이 있다. 서쪽 15리에 月落灘월락탄이 金遷금천 하류에, 盤灘반탄이 목계 상류에, 莫喜樂灘막희락탄(막흐르기 여울)이 서쪽 30리의 양촌리 남쪽에 있으니, 바위가 많고 물살이 세어 위험하므로 희희낙락하지 말라고 이름하였다고 한다. 福灘복탄(복 여울)은 복탄리에 있으며, 德恩里덕은리 하류에 固有愁灘고유수탄이 있다. 이 하류에 禹至潭灘우지담탄이 있으니 북쪽 50리이다.

달천의 상류인 괴산에 槐灘괴탄이 있으며, 원주 섬강의 서북 20리에 月瀨灘월뢰탄이, 주촌현 남쪽 10리에 公龍灘공룡탄이 있으니 나루도 있다. 여주에는 馬岩마암 앞에 馬灘마탄이 있다. 양평에는 군 서쪽 20리에 大灘대탄이 있으니, 옆으로 바위가 있어 물살이 세차게 파도를 이룬다. 이 아래로 西心灘서심탄이 있고, 그 아래에 波乃灘파내탄이 있고, 그 아래에 幷灘병탄이 있다. 이상은 이름있는 여울로서 항해에 위험이 따르기 때문에 조심하여 航運항운을 하던 곳들이다.

1981년 5월 30일부터 중원문화권의 기초조사 과정에서 남한강과 주변 유적을 조사하기 위해 남한강 상류인 강원도 영월의 하류인 하동면 大野里대야리의 맛밭나루에서 8~9인승 철선을 띄워 여주의 앙암리까지 10여 일에 걸쳐서 나루터와 倉址창터 및 驛院址역원지 등 강변유적을 조사한 일이 있었다. 이때 필자도 동승할 기회를 얻어 조사사업에 참여를 하였다. 이것이 남한강 상류에서 하류로 떠난 마지막 운항이라고 하겠다. 이때 배는 淸風청풍에서 나룻배를 운행하던 禹東鳳우동봉(당시 75세)씨가 도사공으로, 韓相喆한상철(당시 62세)씨가 보조하면서 운행하였다. 이분들은 10여 세부터 영월에서 서울 마포까지 30여 년간 수 없이 왕복한 경험이 있는 노련한 사공으로 그들도 최후의 뱃길이라는 감회를 갖고, 강가의 옛 초가집터까지도 기억을 되살리며 우리에게 정보를 자세히 제공해 주었다.

맛밭은 1950년 전후까지만 해도 소금과 새우젓 등을 실은 배가 올라와서 묵으며 소금 등을 팔러 다니는 상인들이 말을 이용하였기 때문에 말을 매어두는 곳이라 하여 馬田마전이라 하였다고도 하며, 이 지역에서 麻마를 많이 재배하였다고 하여 麻田마전에서 유래되었다고도 한다. 소금배[鹽船]는 3~4월의 물이 줄어든 渴水期갈수기를 이용하여 올라오고, 장마가 들어 물이 풍부할 때 내려간다고 한다. 물이 없을 때 올라오면 여울에서는 배가 하상에 닿아 움직이지 않게 마련이다. 우리 일행이 내려갈 때는 갈수기로 물이 얕아 여울에서는 배에서 내려 밀고 내려가야만 하였다. 지난날에는 하류에서 소금을 싣고 올라오는 배는 여울가에 사는 사람들이 운항의 편의를 위해 통로를 깊이 파서 골(운하)을 만들어 놓았다가 배가 오면 나와서 밧줄로 배를 상류로 끌어 올려주었다고 한다. 그러면 그 수고의 대가로 '골세'를 지급하였다고 하니 골을 파서 운행의 편을 도와주었다는 뜻이라 한다.

소금배가 올라오면 '바꾸미'(바꾸는 사람)들이 다른 곡식으로 바꾸어 올 때까지 기다렸다가 곡식이 배에 차고, 비가 와서 물이 풍부할 때 하류로 떠났다고 한다. 또한 맛밭은 상류에서 소규모의 뗏목이 내려와 이곳에 모여 다시 여러 뗏목을 묶어서 10여 척씩 큰 뗏목(일명 뗏배)으로 만들어 큰 비가 오기를 기다렸다가 하류로 내려갔다고 한다. 이 동안의 맛밭은 뱃사람들 만이 모이는 곳이 아니라 등짐장사나 일용잡화를 팔러 다니는 방물장수들인 '바꾸미'(물물교환)들로 들끓었으니, 일대는 항구로서 흥청거렸다고 한다.

일행이 배를 띄워 하류로 내려가니, 강 위에서 보는 주변의 세상은 참으로 새롭고 놀라웠다. 우선 우리의 눈길을 끈 것은 물길을 따라 반드시 육로가 있다는 것이다. 강변 산 밑에는 어느 곳이든 길이 뚫려 있고, 벼루[遷]가 바르고 물살이 부드러운 강가에 이르면 어김없이 나루[津浦]가 있다는 것이다. 나루는 강을 끼고 양편에 있게 마련이며, 이곳을 중심으로 사람들이 모여 살았으며 場市장시가 있었다. 지난날 이곳에는 반드시 나룻배 뿐만이 아니라, 하류에서 올라온 크고 적은 商船상선이 몇 척씩 있어 물물교환을 한 뒤 물이 불어나기를 기다렸다가 내려갔으니, 수 없이 많았던 津浦진포를 상상할 때 한강 水運수운의 실상을 알게 한다.

그러나 시대가 흐르면서 新作路신작로가 생기고 달구지에서 자동차로 바뀌고 육상교통의 발달로 인하여 津진·浦포에는 교량이 생기면서 옛 정취가 사라지게 되었으니, 불과 30~40년 전까지의 일이다. 남한강의 상류만 하더라도 큰 나루에는 나룻배가 아니라 渡船場도선장이라는 이름으로 車輛차량을 배에 실어 운행하던 일이 불과 20년 전까지 있었다. 더욱 댐이 조성되면서는 교량도 그 폭과 길이가 훨씬 연장되어 장관을 이루고 있음을 보게 된다.

Ⅸ. 結 言

이상에서 남한강, 특히 충북지역을 중심으로 한 교통로로서 陸路육로의 역할을 하였던 驛站역참의 실상과 租稅조세의 운송통로로서의 水運수운, 즉 漕運조운을 중심으로 한 漕倉조창과 津渡진도(나루) 및 주요 橋梁교량의 시설 등을 개관하여 보았다. 남한강은 실로 선사시대부터 우리 민족의 역사와 함께 하고, 중원문화를 꽃피운 중심에 있었으니 그 역할은 매우 컸음을 알 수 있다[47].

그러나 일류문명의 급속한 변화를 가져오기 시작한 20세기의 중반부터 교통의 중심이 牛馬우마와 水運수운에서 차량과 철도 및 항공기로 바뀌면서, 교통수단으로의 수운의 역할을 크게 하여왔던 大河대하의 운명은 사라지게 되었다. 그러나 새로운 역할을 맡게 되었으니 洪水홍수와 가뭄을 조절하고,

47) 김현길:「南漢江과 中原文化圈」(《南漢江의 어제와 오늘》 pp. 31~33, 1992, 南漢江).

생활용수[上水]와 농업 및 공업용수의 안정적인 공급을 위해, 또한 水力發電수력발전을 통해 전력을 생산하며, 나아가서는 관광자원화를 위하는 등 곳곳에 대규모의 다목적 댐을 조성하는 등 변화를 가져오게 되었음은 격세의 감이 아닐 수 없다.

남한강 유역에도 예외일 수는 없다. 1957년에 남한강의 최대지류인 달천의 상류에 수력발전을 위한 괴산댐을 준공하였으니 이는 국내 기술로 설계 시공한 최초의 것으로 의미를 갖고 있다. 1974년에는 하류지역에 수력발전을 위한 팔당댐을 건설하였다. 그리고 충주의 종민동과 동량면을 잇는 충주다목적댐을 1978에 착공하여 8여 년의 공사 끝에 1985년에 준공되었다. 1999년에는 지류인 강원도 섬강에 횡성다목적댐을 준공하였다. 국가동력을 위한 새로운 역할을 담당하게 되었다고 할 것이다.

충주댐은 유역면적이 6,648km^{2}의 광활한 면적에 담수된 댐이다. 이 본댐의 하류인 금가면 월상리와 가금면 장천리를 잇는 조정지댐(일명 보조댐)이 있으니 길이가 480m이다. 이곳에는 강을 가로지르는 교량역할을 담당하도록 설치되고 있기도 하다.

충주댐의 건설로 수몰된 지역은 1市시 3郡군, 13개 面면, 114개 동리이니, 충주시;1洞동 132세대, 749명, 중원군;3개 면 13동리, 1,104세대, 6,454명, 제원군;5개 면 61동리, 3,301세대, 18,693명, 단양군;5개 면 19동리, 2,565세대, 12,748명이 옛 고장을 등지고, 총 1천 9백 40만 8천 평의 토지가 물속에 잠기게 되었다. 그러니 이 지역에서 생활하여 오던 사람들은 일시에 그 역사의 흐름을 단절시키게 되었으니, 옛 수운에 의한 교통로도 완전히 뒤바뀌게 되어 새로운 면모로 나타나게 된 것이다.

수몰로 인하여 70만 년 전의 생활유적인 도담 금굴의 구석기유적을 비롯한 수 많은 선사유적과 역사시대의 유적들도 수몰되었으며, 강을 따라 이어졌던 마을을 비롯하여 왕래하였던 나루도 사라지고 이제는 충주에서 단양까지 관광을 위한 여객선이 운항되고 있을 뿐이다.

이에 수몰지역의 역사와 문화유적을 정리하고자 의견을 모아 예성문화연구회(충주)·내제문화연구회(제천)·단양향토사연구회의 회원들이 중심이 되어 〈충주댐 수몰 마을사 편찬위원회〉를 2001년도 초에 구성하고 연말에 《忠州댐 水沒마을史》를 각 시·군 단위로 3책을 간행한 바 있다. 그야말로 남한강의 단절된 흐름의 역사를 이어주는 한 장이라고 할 것이다.

남한강유역은 중원문화의 중심적 역할을 하였던 역사의 고장이다. 이제 오랜 흐름의 역사는 충주댐으로 단절되었으나, 새로운 중원문화의 토대를 위한 출발로 보다 알찬 앞으로의 연구가 지속적으로 이루어져야 할 것이라고 본다.

(《충북의 역원과 봉수》, 2009)

追補

江을 따라 形成된 文化要素

남한강유역에는 강을 따라 형성되었다고 보여지는 여러 가지 특수한 문화가 있다. 필자는 폭넓은 지식을 갖고 있지는 못하지만, 우선 마을의 형성과 발전 변화되어온 모습을 생각해 본다. 이는 바닷가의 문화와 다르며, 내륙의 평야나 산악과도 다른 생활상을 생각할 수 있다고 보여진다. 더욱 최근에 댐을 조성하면서 생활근거를 달리하고 있는 모습도 생각된다. 충주·제천·단양의 향토사 연구회원들이 중심이 되어 수몰지역의 마을사를 조사 연구하고자 하는 바는 시의에 맞는 바람직한 사업이라고 생각된다.

또한 이들 마을의 형성과 생활의 근간이 되어 왔으리라고 보여지는 마을신앙을 생각할 수 있다. 강물과 인연한 특이한 면이 있었을 것임이 분명하다. 그 한 예로 충주의 양진명소 오룡굿과 목계 별신제를 들 수 있다. 이 외에 전설과 민담·민요도 있다. 모두 우리 선인들 생활상의 한 단면을 살필 수 있는 요소들이다.

더욱 중원지역이 갖는 특수한 요소로서 관방시설이다. 한강유역에는 역사지리적인 중요성에서 오는 수 많은 성곽들이 있다. 특히 중원지역으로의 남한강유역의 관방시설에 대한 의미는 우리의 역사와 맥을 함께 하고 있음에 관심의 대상이 되고 있으며, 중원고구려비와 신라적성비는 이들 관방유적과 함께 이 지역의 역사를 재조명하는 계기를 만들기도 하였다.

또한 강안 유적으로 불교유적과 유물이 많다. 이들 유적은 漕運조운과도 관련이 있는 것은 아닐지. 안전한 運航운항을 祈願기원하기 위한 대상으로 생각되기 때문이다. 강가에 임한 석불로서는 청풍 읍리의 청풍석조여래입상(보물 제546호, 청풍문화재단지로 이전)과, 충주의 金遷倉금천창이 있었던 강변에 있는 창동마애불(충북 유형문화재 제76호)과, 창동사지 및 창동약사여래입상 및 창동5층석탑(충북 유형 제8호), 중앙탑(중원탑평리7층석탑 국보 제6호), 가금면 봉황리마애불상군(충북 유형 제131호)과 지금은 없어졌지만 막희락탄 여울의 북쪽 길가 굴 속에 석불좌상이 있었으며, 앙성면 강가의 중전리 석불입상과 법천리 강가의 석불입상 등을 비롯하여 여주의 신륵사도 관심이 간다.

모두가 우리 관심의 대상으로 앞으로 정밀한 조사와 연구가 이루어져야 할 과제라고 하겠다.

忠北人의 氣質과 意識

〈목 차〉

Ⅰ. 머리말

1980년대 초에 충청북도에서는 中原文化圈중원문화권의 설정을 위한 문화유적의 기초조사를 하고 그 필요성을 제기하여 5대 문화권의 하나로 확정되었다. 이는 忠北충북이라는 지역적 의미보다는 포괄적인 지역의 文化意識문화의식을 中原文化중원문화라는 이름으로 정립하고자 하는 시동이었다고 본다. 이에 따라 중원문화를 정립하기 위한 학문적 연구가 여러 측면

1) 道차원의 학술회의로는
1981년:「中原文化圈遺跡精密調査」를 하여 報告書를 펴내어 타당성 자료로 제시하였다.
1983년:「中原文化學術會議」를 개최하여 중원문화의 성격과 범위를 정립하고자 하였다.
1995년:「中原文化學術會議」를 '중원문화권의 위상정립과 발전방향'을 주제로 개최하였다.
1996년:「中原文化國際學術會議」를 개최하여 위상정립을 국제적으로 부각시키고자 하였다.
이 외에 충주에서는 예성문화연구회에서 1989년부터「中原文化學術會議」를 현재까지 매년 지속하여 오고 있다.

에서 활발하게 이루어져 오면서 여러 차례에 걸친 학술회의도 있어 왔다[1].

그동안 중원문화권의 설정을 위한 작업으로는 文化遺蹟문화유적의 조사사업이 주를 이루어 왔다. 문화유적의 조사를 담당하는 기관으로는 각 대학의 박물관에서 주로 하여 왔었으나, 2000년도에 들어서면서 전문조사기관으로 재단법인 '중원문화재연구원'을 비롯하여 '충청북도문화재연구원' 및 '한국선사문화연구원'이 잇따라 설립되었으며, 2007년 12월에는 '국립중원문화재연구소'가 설립되어 문화유적의 조사사업과 아울러 중원문화의 체계화를 위한 작업도 하고 있어 기대되는 바 크다.

이와 같이 문화유적에 대한 조사활동이 활발하게 이루어지는 가운데에 정신문화면에 대하여도 1990년대에 접어들면서 있어 왔으니, 충청북도 교육청에서 집대성한 《忠北精神文化의 기둥》을 그 효시로 들 수 있지 않을까 한다. 이 지역의 정신문화에 대한 정립을 위한 시도로 보아 관심이 간다. 이후 대학의 연구소 등에서도 관심을 보이면서 이에 대한 체계화를 위한 연구가 점차 활기를 띄기 시작하였다고 보인다[2].

이에 충청북도에서는 1999년도에 '충북의 정신과 정체성 확립'을 위한 목적으로 忠北學硏究所충북학연구소를 설립하여 충북의 정신문화를 확립하기 위한 연구를 시작하여 여러 방면에서 많은 업적을 축적하여 왔다. 그러던 중 2007년부터는 이 고장에 살다간 역사문화인물을 체계적으로 발굴선양하여 충북의 정체성을 확립하고 정신문화를 정립하고자 '충북을 빛낸

---

2) 충청북도 교육청에서는 '충북인의 삶의 터전과 여기서 이루어 놓은 문화는 어떠했는가를 살피고 미래에의 지표로 삼고자'하는 뜻에서《忠北精神文化의 기둥》을 1993년에 계획하여 편찬하였으니, 그 큰 줄기는 1. 우리의 삶의 터전/ 2. 청풍명월과 충북의 기질/ 3. 학문과 교육의 고장/ 4. 우리의 문화유산/ 5. 살아있는 전통문화/ 6. 21세기를 살아갈 충북인상. 이다.

1997년에는 충북대학교 사회과학연구소에서 『이것이 忠北精神이다』의 주제로 匠人精神·宗教精神·孝行精神·선비정신·文學精神 등 5개의 주제로 학술회의를 개최한 바 있으니 모두 충북의 정신문화를 체계화하려는 시도라고 하겠다.

올해의 역사·문화인물'을 매년 선정하여 선양사업을 하고 있으니 이는 정신문화의 실을 거두려는 의미로 보아 기대되는 바 크다.

인류문명의 발전 변화를 연구하기 위한 문화유적의 발굴조사 사업과, 이에 상대적인 정신문화의 체계적인 정립을 위한 연구는 동일한 개념의 문화사업이기는 하지만 전자는 물질문명을 뜻함이니 서로 다른 면이 있음을 본다. 그렇다고 이를 별개로 떼어서 다룬다고 하면 올바른 역사와 문화를 이룰 수 없을 것이니 어려운 문제이기는 하지만 이를 치우침없이 조화롭게 병립시켜 나아갈 때 오늘을 사는 우리의 올바른 인간상이 정립되리라고 보는 것이다. 그러나 그동안 문화유적에 대한 관심은 일반적으로 많이 보이고 있어 왔으나, 정신문화면에 대하여는 희박한 것 같아 아쉬움이 있던 차 충북학연구소의 역할에 기대되는 바 크다.

Ⅱ. 忠北人이란

주어진 주제가 「역사 속 충북인의 기질과 의식」이다. 이는 충북인의 정신문화를 말하는 것이니 이를 위해서는 우선 오늘의 忠北人충북인은 어떠한 역사적 환경에서 형성되었는가를 고려하여야 할 것으로 본다.

충청북도는 역사적으로 볼 때 초기에는 馬韓마한의 지역이었다. 삼국 초기에는 마한지역에서 일어난 百濟백제가 영유하는 바 되었다가, 5세기 후반에 高句麗고구려가 남진통일정책을 추진하면서 서해안의 아산만에서 직산·진천·도안·괴산·연풍·조령·죽령을 넘어 동해안의 영덕·평해에까지 이르면서 백제와 신라를 위협하였다. 이에 백제와 신라는 적극 저항하여 위의 선에서 고구려의 통일정책을 좌절시켰다. 이에 충북지역은 중북부지역을 고구려가 장악하게 되고, 백제는 청주·문의·회인의 서쪽을, 신라는 그 동쪽을 경계로 하게 되었으니 완전히 3등분되고 각기 영유권(통일)을 위해 공방이 치열했던 중심에 있게 되었다.

고구려는 일차 통일정책이 좌절되자 충주를 國原城국원성이라 이름하고, 中原高句麗碑중원고구려비를 세우면서 또다시 통일의 기회를 준비하였으며, 신라는 470년 보은지역에 三年山城삼년산성을 축조하는 등 북진의 기틀을 다졌으니 중원고구려비와 삼년산성은 이 시기의 정세를 알게 하는 유물과 유적이다.

6세기 중엽인 551년에 백제와 신라는 공동전선을 펴서 전 한강유역에서 고구려 세력을 북으로 물리쳤으니, 백제는 정월에 한강하류지역을 되찾았다. 신라의 진흥왕은 3월에 娘城낭성(충주)에 순수하고 于勒우륵의 가야금을 들은 후 상류지역을 확보하고 단양에 新羅赤城碑신라적성비를 세웠으니 충북의 북부지역은 신라의 영유로 변하게 되었다.

그리고 이내 백제가 확보한 한강하류유역을 석권하고 백제를 한강 이남으로 물리치고 전 한강유역을 장악하여 대륙과의 직접통로를 개척하게 되니 신라가 삼국의 주도권을 확보하는 계기가 된다.

이 과정에서 북한산비를 세우고, 충주에 小京소경(국원소경)을 설치하는 등 中原중원지역(이 시기는 國原이라야 하나 이해를 돕기 위하여 中原으로 일관하고자 함)의 관리를 중시하였다. 백제의 聖王성왕은 모처럼 확보한 옛 강토인 한강유역에서 신라에게 배신당하고 밀려나자 관산성(옥천)을 공격하다가 전사하였다. 그러니 백제는 신라를 寇讐구수의 적으로 삼아 끊임없는 공세를 펴게 되었다.

한편 고구려는 중원지역을 중심으로 한강유역을 되찾기 위해 유명한 溫達온달장군을 출정시켰으나 단양의 영춘 阿旦城아단성(온달산성) 아래에서 전사를 하게 되니 이 모두는 이 지역이 갖는 중요성을 알게 하는 사건들이며, 치열한 싸움터의 복판에 있었음을 말하는 것이다.

백제의 공세에 시달리던 신라는 고구려에 구원을 청했으나 계립령과 죽령(곧 중원의 중심부)을 되돌려 준다면 돕겠다고 하자, 이를 거절하고 唐당나라의 힘을 빌려 삼국을 통일하게 되었으니 사실상 신라의 삼국통일의 원인을 찾는다면 이 중원(충북)지역을 확보하기 위한 노력의 결과라고도 하겠다. 삼국시대에 이 지역이 갖는 역사적 지리적 의미는 매우 큰 것이었다.

삼국을 통일한 신라는 전국을 9주 5소경으로 나누어 통치 관리하였으니 오늘의 충북지역(중원)은 9주 중 漢州한주에 충주(중원경)·진천(흑양군)·음성·도안(도서)·괴산(괴양)이 속하고, 熊州웅주에 청주(서원경)·문의(연산군)·회인(매곡)이, 朔州삭주에 제천(내제군)·청풍·단양(적산현)·영춘(자춘현)이, 尙州상주에 보은(삼년군)·청산(기산현)·옥천(관성군)·영동이 속해 있었다. 북부지역은 한주와 삭주, 중부는 웅주, 남부는 상주에 속하였으니 4등분되어 지역성의 결합이 어려웠다고 하겠다. 그러나 이 지역의 청주를 西原京서원경, 충주를 中原京중원경이라 하고, 원주에 北原京북원경을 두어 3소경으로 문화를 집약코자 하였으며, 그 중심에 왕도의 위상을 가진 중원경을 두어 지역성을 통합하여 중심 체제를 유지하려고 하였으니, 오늘의 중원문화의 바탕이 된 근간이었음에 의미가 있다.

이러한 일련의 지리적인 환경에서 오는 역사성을 고려한 위에 이 지역민의 의식에 대한 이해가 필요하다고 본다. 우선 싸움터의 중심에 있었던 이 지역인들은 자기를 보전하기 위하여 수시로 바뀌는 세력에 슬기롭게 대처하기 위하여 경우에 따라서는 타협과 배타적인 양면성이 이루어지기도 하였을 것이다. 여기에 고구려는 國原국원, 신라는 中原중원이라 하여 각기 나라의 중심적인 의미를 이 지역민에게 부과하여 의식을 전환시키고자 하였다고도 보이니 자연 '나라의 중심지'라는 中原중원 意識의식도 은연 중 싹트게 되어 오늘에 중원문화권이 형성되고, 분쟁 속에서 형성된 삼국문화가 조화를 이루기도 하였다고 보여 融合文化융합문화 운운하게 되었다고 생각된다.

우리 역사상 최대 분열기라고 할 후삼국시대의 충북지역은 궁예와 왕건이 高麗고려에 의해 북부지역이, 청주 이남은 後百濟후백제의 세력권에 있었으니 그 경계상에 있던 豪族호족들은 스스로의 안녕을 보존하려고 배후(고려와 백제) 세력의 강약에 따라 향배를 좌우하게 되었으니 이는 삼국시대와 다를 바 없다. 이 지역민에 비교적 배타적 의식이 있음은 이러한 환경에서 형성된 것은 아닐지?

고려는 통일을 하고 국내적으로 통치를 위한 제도의 변화 만이 있었을 뿐 외세에 의하지 아니하고는 별다를 혼란없이 조선시대로 이어져 오늘에 까지 천여 년에 이르고 있다. 외세라 하면 우리 역사상 최대의 외침에 의한 시련기로 고려시대 몽고와의 30여 년의 항쟁과, 조선시대 7년 간의 임진왜란을 말한다.

몽고의 침입(1231~1258)시 충북지역에는 9차례나 침입하여 왔으나 번번이 지역민들의 적극적인 항전으로 물리쳤으며, 인진왜란 때에는 의병들에 의해 청주를 탈환하고, 곳곳에서 왜군의 진로를 차단하는 등 적극 항전을 하였으니 지역적인 배타적 의식이 외세에는 온힘을 다해 대처하는 단결된 애국충절로 나타났음에 이 또한 이 지역 의식의 일면이라고 하겠다.

고려시대의 지역적 제도변화는 우선 태조 23년(940)에 전국의 지명을 청주·충주 등으로 개정하였으니 오늘에까지 대부분 이어지고 있다. 성종 14년(995)에 전국을 10道도로 나눌 때 충북지역을 中原道중원도라 하였으며, 현종 9년(1018)에 5도로 할 때는 楊廣道양광도의 충주목과 청주목에 대부분이 속했으며, 남쪽의 보은·영동·청산·옥천은 경상도의 상주목에 속하게 되었다.

예종 원년(1106)에 關內道관내도에 합하여 楊廣忠淸州道양광충청주도라 하였다가 명종 원년(1171)에 나누어 忠淸道충청도와 양광도라 하였으며, 충숙왕 원년(1314)에 다시 양광도라 하였다가 공민왕 5년(1356)에 다시 충청도라 하였다.

조선시대에 들어와서는 태조 4년(1395)에 양주·광주의 군현을 경기에 속하게 하고, 충주·청주·공주·홍주의 군현을 忠淸道충청도라 하였다. 그후 정종 원년(1399)에 영월군을 떼어 강원도에, 영춘현을 충청도에 속하게 하고, 태종 13년(1413)에 여흥·안성·음죽·양성·양지를 떼어 경기에 붙이고, 경상도의 옥천·영동·황간·청산·보은을 떼어 충청도에 속하게 하였다.

이 해에 전국을 8도로 나누어 확정지었으니 경기·충청·전라·경상·강원·황해·평안·함경도로 이 제도는 조선 말까지 변화없이 내려왔으니 충청도란 이름을 5백여 년간 지속적으로 사용하여 온 셈이다. 이를 또한 자연환경, 즉 地勢지세를 경계로 구분하여 호칭하여 오기도 하였으니 京畿경기 외에 嶺南영남(경상도)·湖南호남(전라도)·關西관서(평안도)·海西해서(황해도)·關東관동(강원도)·關北관북(함경도) 그리고 충청도를 湖西호서지방이라고 한 예이다.

조선 말엽 국제정세의 혼미 속에서 고종 31년(1894)에 주권국가를 선포하면서 일대 개혁을 단행하였으니 갑오개혁이다. 이에 따라 이듬해인 고종 32년(1895)에 전국의 8도를 23府부로 바꾸었으니 충청도는 忠州府충주부·洪州府홍주부·公州府공주부의 3부로 나뉘게 되었다. 이때 오늘의 충청북도 북부지역은 충주부에 속하게 되고, 청주와 그 남쪽지역은 공주부에 속하게 되었다. 그러나 이듬해인 고종 33년(1896) 8월 4일 칙령 제35호로 23부를 폐하고 13도로 바꾸었다. 이때 충청도는 충청남도와 忠淸北道충청북도로 나누어 오늘에까지 이르고 있다. 그러나 이는 8도제를 시행하면서 충청左道좌도와 右道우도로 나누어 호칭하던 것을 南北道남북도로 한 것이라고 하겠다.

충청북도로 바뀌어 온지 110여 년이 지나고 있다. 1997년에는 定道정도 100주년 기념행사도 크게 하여 충청북도의 의식을 다지는 사업도 하였다. 그러나 500여 년간 사용하여 오던 충청도의 의식은 아직까지 우리의 뇌리에서 지워지지를 않은 느낌이 있는 듯하다. 아마도 우리나라 사람들의 대부분은 아직까지 13도 의식보다는 8도 의식이 잔존하고 있다고 느낄 때가 많다. 그러므로 충청북도를 말한다면 현금의 行政的행정적인 면에서는 몰라도 精神文化정신문화에 대하여는 '충청도'(호서) 의식을 우선 대상으로 생각하게 한다.

Ⅲ. 忠北人의 氣質과 意識

氣質기질이란 '인간의 성격을 특정지울 수 있는 감정 경향'이라고 하겠으며, 意識의식은 '역사적·사회적으로 규정되는 사상·감정·이론·견해 등을 일컫는 말'이라고 하겠다[3]. 사실상 용어는 서로 다르나 내면적으로는 유사성을 지니고 있다고 보이니 '충북인의 기질과 의식'이라고 하면, 충북지역에 살고 있는 사람들의 사상과 감정, 즉 性品성품을 말하는 것이라고 할 것이다.

그러나 이를 찾아낸다고 함은 쉬운 일이 아니다. 왜냐하면 수 많은 사람들의 성격을 확인한 후에 이를 종합하여 특정지울 수 있는 대표성을 통계적으로나마 정리하여 표출하여야 하기 때문이다. 그러나 역사를 전제로 할 때 충청북도를 한정하고 말하기에는 현대적인 의식을 전제로 할 것이나, 앞에서도 언급했듯이 아직도 우리는 '충청도' 의식이 뇌리에 남아 있으며, 이에 대한 성격을 규정지은 선인들의 평가가 비교적 있으니 우선 이에 대해 생각해 보고자 한다.

사람들은 태어난 지리적인 환경과 그가 성장하여 가는 시대와 주변의 인문적 영향에 따라 하나의 인격을 형성하는데 크게 역할을 하여온 것이 사실

3) 《국어대사전》(이희승 편, 민중서관, 1961).

이다. 바로 이와 같은 여건이 國家국가를 단위로 하여서는 民族性민족성 또는 國民性국민성으로 나타나며, 지역에 따라서는 특성있는 性格성격, 즉 기질과 의식으로 형성되어 왔다고 하겠다.

그 동안 충청도 하면 의례 兩班양반의 고장이라는 말을 자주 들어 왔다. 이것은 곧 충청도 사람들의 성품, 즉 기질을 말하는 것이라고 하겠으니 양반의 품격이 충청도 사람들을 대표할 수 있는 것으로 볼 수 있지 않을까 생각된다.

그렇다면 양반이란 어떠한 성격을 갖는 사람들일까? 역사적으로 양반이란 말은 고려와 조선시대의 文문·武무 양반에서 유래되었다고 할 것이다. 이는 儒教유교를 바탕으로 한 官僚制관료제 사회에서의 특수지식 신분계층을 의미하는 것으로 일명 士大夫사대부[4]와도 통한다고 하겠다. 그러나 이들의 행위 습성에 대하여 많은 일반 기층민들은 그들에 대한 지나친 고고함과 관료의식에 사로잡혀 백성을 괴롭힌데 대한 불만의 결과로 부정적인 일화를 많이 남기고 있었음은 사실이다[5]. 또한 양반이라면 다소 보수적이고 소극적이며 온건한 기질을 뜻하고 있기도 하여 진취성을 저해하거나 배타적 성격의 측면에서 변화를 외면하는 요인이 있음도 알게 한다.

그러나 오늘의 우리를 지배하고 있는 바탕 의식, 즉 한국인이라는 근본적인 의식의 뿌리는 오랜 전통적인 유교사상에서 찾아야 하지 않을까 한다. 우리는 근년에 와서 선비[士]정신 운운하고 이를 되살리자는 소리를 자주 들어 왔다. 이는 부정과 부패, 도의가 타락한 현실사회를 바로 세우기 위해

---

4) 士大夫는 조선시대 문관관료의 총칭으로 4品 이상을 大夫라 하고, 5品 이하의 벼슬아치를 士라 하였다. 따라서 선비[士]는 행정의 서무를 맡은 하급관료로서 지배계층은 아니었다. 따라서 士는 봉사기능을 맡은 계층으로 생산기능을 맡은 庶人과 권력계층인 諸侯·大夫의 중간계층이다. 그러나 후대에 오면서 문무관료의 총칭으로 불리게 되어 왔다.

5) 정종진, 「충북의 새로운 양반상과 양반문화」(《충북학연구의 방향정립》 충북개발원, 1998)에서 '양반'이라는 용어가 최근에 일반화되어 무분별하게 사용되고 있음과, 이에 대한 부정적인 시각에서 보아왔던 종래의 여러 자료를 인용하면서 양반에 대한 인식을 바로 해야 할 것이라고 하였다.

불의에 굽히지 않고 청렴하고 올곧게 살아왔던 선비를 본받자는 하나의 의식전환을 기하자는 운동이라고 할 것이다.

士사(선비)는 大夫대부로 진출하는 예비단계에 있는 士大夫사대부의 측면이 있기는 하나, 士庶人사서인으로 일컬어지고도 있음을 보아 대중들과 함께 피지배층을 이룬다고도 하겠다. 이들은 부패한 귀족이나 권력계층이 아니라 유교적 인격과 교양을 담당하는 지식계층으로 부각되었던 것이다.

따라서 선비란 유교 이념을 구현하는 인격체 또는 신분계층으로 지식인이라고 하겠다. 그러나 단순한 지식인이 아니라 학문적으로 지성을 갖추고 도덕적으로 인품을 갖춘 사람이다. 선비[士]는 어원적으로 하나를 들으면 열을 안다는 총명성을 말하니, '어질고 지식 있는 사람'을 뜻한다고 할 것이다.

이를 현대적인 의미로 보아 선비는 「'어질고 순한 사람', 즉 完全人완전인 또는 이상적 인간상의 표시」이며, 이는 「단순히 '어질고 순하다'라고 하기보다는 '學德학덕을 겸비한 판단능력의 소유자로 외유내강의 강인한 忠節충절의 정신을 소유함을 의미」[6]한다고도 할 것이다. 이와 같은 인격적·지성적 인품을 갖춘 역사적인 인물 중에서 선비로서의 규범을 지킨 분들의 행적을 살펴보면, 충절과 信義신의의 義理의리를 실현한 사람들로 선비정신의 표준으로 보아 온 것임을 알 수 있다. 지난날 우리 충청도에는 이와 같은 선비들이 많이 배출된 고장임에 틀림이 없다.

正祖정조가 규장각 학사인 尹行恁윤행임과 함께 朝鮮八道조선팔도의 인물

---

6) 沈義輔, 「선비정신」(《이것이 忠北精神이다》 1997, 발표요지)에서 선비의 개념을 현대적인 의미로 규정하고 있다.

琴章泰 : 「義理精神과 선비精神」(《月刊朝鮮》 1981, 6월호)에서 우리나라 선비정신을 구현한 역사적 인물을 중심으로 개관하면서 선비정신의 바탕을 義理에서 찾으려고 하였으며, 선비정신의 계승을 위해 『의리를 실현하고 지키려는 의지를 발휘하며 또 한편으로 不義에 대하여 비판하고 항거하는 투지를 발휘하였던 강인한 힘에서 우리에게 건전한 사회기강을 수립하기 위한 정신적 원동력으로 살려내야 할 가치를 발견해야 한다』고 하였다.

을 특성있는 성품, 또는 기질을 비유하여 四字短句사자단구로 평한 바, 함경도인을 泥田鬪牛이전투우, 평안도인을 猛虎出林맹호출림, 황해도인을 石田耕牛석전경우, 경기도인을 鏡中美人경중미인, 강원도인을 岩下老佛암하노불, 경상도인을 泰山喬嶽태산교악, 전라도인을 風前細柳풍전세류로 비유하였으며, 충청도인을 일러서 淸風明月청풍명월이라 하였다. 이와 같은 비유의 표현은 지리적인 환경과 역사적인 배경에 따른 것이라고 보여진다.

여기서 충청도인을 청풍명월이라고 함은 청풍과 같이 온화하고 명월과 같이 밝고 온순하다는 의미로 보아 자연법칙에 순응하고 민심이 좋은 마음씨를 갖는 순박하고, 성실하고, 근면하여 믿을 수 있는 충직한 사람들이라고 좋게 평가한 것으로 보인다. 그러나 이를 나쁘게 표현한다면 자기 몫을 찾지 못한다는 의미도 있으며, "일에 정진할 생각도 없고 무슨 志概지개도 없이 구태여 남의 앞에 서려고도 아니하고, 그렇다고 뒤지려고도 아니하여 세상이 되어가는 대로 내버려 두는 것이 마치 청풍명월이 대자연이 돌아가는 대로 따라가는 것과 같다는 것이다"[7]라고 평하기도 하였다.

조선후기의 실학자인 李重煥이중환이 지은 《擇里志택리지》의 人心條인심조에서 8도의 인심을 다음과 같이 말하고 있다. 「평안도는 인심이 순박하고 후하여 으뜸이며, 다음에 경상도는 풍속이 질박하고 순실하며, 함경도는 땅이 오랑캐와 접하고 있어 백성의 인심이 모두 굳고 사나우며, 황해도는 산수가 험한 까닭에 백성들이 사납고 모질다. 강원도는 산골 백성들인 만큼 어리석고, 전라도는 간사하고 음흉하여 그른 일에 쉽게 움직인다. 경기도의 도성 바깥 들판 마을은 백성의 재물이 빈약하고, 忠淸道충청도는 세도와 이익에만 전념하니(專趨勢利전추세리) 이것이 8도 인심의 대략이다. 그러나 이것은 庶民서민을 논한 것으로 사대부의 풍속은 그러하지 않다」[8]라고 하였다.

---

7) 金和鎭, 《韓國의 風土와 人物》(p. 21, 을유문화사, 1973).

8) 《擇里志》 卜居總論 人心조에서 「我國八道中 平安道 人心醇厚爲上. 次則慶尙道 風

이와 비슷한 표현을 李圭景이규경도 하고 있으니《五洲衍文長箋散稿오주연문장전산고》에서「경기는 게으르며 박정하고, 영남은 인색하고 더러우며, 호남은 교활하게 남을 속이며, 해서는 영악 우둔하며, 관서는 희떠우며, 관북은 굳고 거칠며, 湖西호서는 勢利瘴瘧세리장학(이익과 권세를 노리고), 관동은 어리석고 쓸쓸하다」[9]고 하였다.

《택리지》에서, 충청도는「산과 강이 평탄하고 아름다우며 서울의 남쪽 가까이 있어서 사대부가 모여 사는 곳이 되었다」고 지리적인 여건을 말하면서「서울의 世家세가들이 이 도에다 전답과 집을 두고 이곳을 생활의 근거지로 삼지 않은 사람이 없다. 또한 그 풍습이 서울과 가까워서 별로 큰 차이가 없으므로 살 곳을 택하기에 가장 적당하다」고 하여 인문적 여건을 덧붙이고 있다.

이와 같은 평을 액면 그대로 받아들일 수 있는 지의 문제가 있기는 하지만, 지역에 따른 사람들의 人性인성(성품)을 표현한 오랜 전통에서 많은 분들이 어느 정도 공감하여온 것임에는 틀림이 없다고 본다. 최근에 지역감정을 조장한다는 등의 표현을 자주 듣고 있는 시점에서 비교적 부정적인 의미의 비유를 하고 있는 내용을 들추면서 이를 논하고자 하는 것은 아니나, 이러한 지난날의 표현은 아마도 지역 사람들의 나쁜 습성을 바로 잡으려고 하는 경고성의 의미도 있다고 보아 우리는 우리의 자세를 되돌아볼 필요가 있다고 생각한다.

이상에서 보아 충청도를 평한 내용은 나쁘든 좋든 清風明月청풍명월이라고 하여 음미가 당기는 표현으로 평하기도 하였으나, '專趨勢利전추세리'

俗質實. 咸鏡道地接胡境 民皆勁悍. 黃海道則山水險阻 故民多獰暴. 江原道則峽氓多蠢. 全羅道則專尙狡險 易動以非. 京畿 都城外野邑 則民物凋幣. 忠淸道則專趨勢利. 此乃八道人心之大略也. 然此從庶民而論 至於士大夫風俗 則又不然…」이라 하였다.

9)《五洲衍文長箋散稿》卷四十九 擇里辨證說에서「京圻呰窳野薄 嶺南纖嗇獺癘 湖南狡詐瘡疥 海西獰頑盲腫 關西浮誇瘡蠱 關北勁猂遐荒 湖西勢利瘴瘧 關東愚蠢蕭條」라 하였다.

니 '勢利㢓瘧세리장학'의 양자가 모두 권세와 財利재리에만 급급하다고 하여 매우 부정적인 기질을 갖고 있다고 지적하고 있음에 관심이 간다. 이것을 우리는 어떻게 받아들여야 할 것인가.

옛부터 충청도를 學鄕학향이니 양반의 고장이라는 말로 불리어 왔음은 누구나가 인정하는 바다. 양반이란 좋은 의미로는 선비를 말하는 것이니, 선비들이 많았음을 뜻하는 지난 시대의 유적으로 곳곳에 서원이나 祠宇사우가 많음을 볼 수 있다. 오늘날에도 교육문화의 고장이라고 말을 하고 있으니 이 지역의 전통이라고나 할까. 다시 말해서 학문을 익힌 사람들이 즐겨 찾아와 살던 곳으로 옛부터 교육 풍토가 가꾸어진 곳이라는 말이라고 할 것이다.

學問학문을 익힌 사람은 官界관계로 나가는 것을 보람으로 생각하였던 지난날의 속성에서 볼 때 「專趨勢利전추세리」요, 「勢利㢓瘧세리장학」이라는 평을 받은 것이 아닌가 생각된다. 그러함에서인지 우리 고장 출신으로 역대 왕조를 통하여 관계로 나가 국가와 사회에 이바지한 인물들이 수다하다. 이들의 성품을 살펴볼 때 牽强附會견강부회일지는 모르나, 지나친 勢利세리에 쫓아다닌 사람들은 별로 많지 않은 것 같으니 이 지역에서 벼슬아치가 많이 나온 데 대한 부정적인 평이라고나 할까.

어쨌든 충청도 사람들은 청풍명월 속에서 학문을 익히고 닦아 선비로서의 고매한 인격을 갖추고 德行덕행과 孝心효심이 지극하고 三綱五倫삼강오륜을 실천하는 양반들의 고장이었음을 알게 한다[10]. 이는 오랜 이 고장 출신들에게서 얻어지는 風度풍도라고 할 것이다. 물론 개중에는 국가 사회에 반하는 행위를 한 자들이 없는 것은 아니나 다른 지역에 비해 극히 적은 수에 이른다고 본다.

이상에서 논한 것은 忠淸道충청도라는 포괄적인 범주에서 평한 내용이라

10) 金顯吉, 「孝行精神」(《이것이 忠北精神이다》 1997, 발표요지)에서 《三綱行實圖》에 보이는 충북지역의 인물을 들면서 孝의 고장임을 말하고 있다.

고 하겠으나, 사실상 자세히 내용을 살펴본다면 오늘의 충청북도를 중심으로 한 평가라고 생각된다. 왜냐하면 「서울의 남쪽 가까이 있어서 사대부가 모여 사는 곳」, 또는 「서울의 세가들이 이 도에다 전답과 집을 두고, 생활의 근거지로 삼지 않은 사람이 없다. 또한 풍습이 서울과 가까워서 별로 큰 차이가 없으므로 살 곳을 택하기에 가장 적당하다」고 하는 등 《택리지》는 자연과 인문적 여건을 말하고 있으니, 이는 바로 충청북도 지역을 일러 하는 말과 같다고 보기 때문이다.

Ⅳ. 맺는말

지난날을 돌이켜 볼 때 오늘의 충청북도 지역에서는 참으로 국가의 번영과 사회의 발전을 위해 공헌한 숱한 인물이 많이 배출되었다. 삼국시대만 하더라도 악성 于勒우륵·서성 金生김생을 비롯하여, 삼국통일의 주역으로 무장인 金庾信김유신과 외교문서로 통일을 뒷받침한 대문장 强首강수 등은 너무나 두드러진 인물이다.

外侵외침에서는 고려시대 契丹글안의 침입 때 姜邯贊강감찬, 몽고의 침입 때 지역민의 奮戰분전과 金允侯김윤후 같은 智將지장이 있어서 능히 적을 막아냈고, 임진왜란 때 趙憲조헌·靈圭영규·金時敏김시민·朴春茂박춘무·趙熊조웅·趙德恭조덕공·張智賢장지현·李時發이시발 등 왜군에 항거하기 위해 의병을 일으켜 적의 진로를 차단하고, 후방을 교란하는 등 그들의 야욕을 분쇄한 선비들이 하나 둘이 아니었다. 병자호란 이후 대의명분을 위해 일신을 돌보지 않았던 林慶業임경업, 한말에 日帝일제의 침략을 물리치고자 自強自立자강자립의 대의를 내걸고 의병을 모아 분연히 일어섰던 柳麟錫유인석·李康秊이강년·文錫鳳문석봉·白南奎백남규·洪思九홍사구·韓鳳洙한봉수·羅時雲나시운 등 헤아릴 수 없는 숫한 의병장들이 있었다. 또한 國權국권의 회복을 위해 申采浩신채호·李相卨이상설·申圭植신규식·申八均신팔균·孫秉熙손병희·權秉悳권병덕·延秉昊연병호 등 많은 지도자들이 망명, 또는 국내에서 항일독립을 위해 선봉이 되어 활약한 순국선열들이 속출하였음도 기억한다.

또한 불의에 굽히지 않고 대의를 위해 순절한 朴彭年박팽년·柳誠源유성원·金文起김문기 등은 그 표본적 인물이라 할 것이다.

국난과 불의에 처하여 발현된 애국 충절의 정신이야말로 충북인의 기상이라고 하겠다. 선비정신이란 의리를 삶의 철학으로 삼아 자기의 처신을 예의 바르고, 청렴하고, 고매한 품성으로 살아가는 紳士신사의 道도라 하겠다. 또한 선비정신에는 내면에 강한 의지와 무서운 집념이 있다고 본다. 앞에 열거한 역사적 인물들의 면면을 볼 때 모두가 고결한 인격과 대의를 결연하게 지킨 선비정신으로 생을 다한 분들이다.

이러한 기질을 인정받아온 것이 충청북도의 사람들이 아닌가 한다. 여기에서 얻어지는 결론은 충북인은 양반에 선비의 타고난 기질이 잠재하고 있는 것이 아닌가 한다. 따라서 우리는 나쁜 의미의 무기력하고 게으르고 貪汚탐오한 양반기질을 버리고, 좋은 의미로의 생산적이고 청렴하고 근면하며 진취적인 양반 기질, 선비정신을 선인들에게서 예를 찾아 연구하고 그들의 정신을 계승하여 지역문화를 형성하여 보자는 바람이다.

사실상 충청북도에서는 이를 위한 실천적 사업을 하고 있으니 '충북을 빛낸 올해의 역사·문화인물'의 선정과 이의 선양사업은 매우 바람직한 의미있는 사업으로 적극 홍보하여 도민의 관심을 집중시킬 필요가 있다고 본다.

선비는 이제 신분적 존재가 아니라 자기 과오를 반성할 줄 알고 성찰하며, 현실적·감각적 욕구에 매몰되지 않고 시대 사회의 양심으로 보다 높은 가치를 향해 신념을 실천하는데 꺾이지 않는 용기를 가져야 한다고 생각한다.

부(附) : 미래지향적 충북인상은

2002년 3월 충청북도에서는 장차 중원문화권(충청북도)의 위상을 정립하고, 발전계획을 수립하고자 전문연구기관에 의뢰하여 조사 연구한 결과 보고서로 《통일시대 대비 중원문화권 위상정립 및 발전계획》을 펴낸 바 있다. 여기에서 역사적 정체성에 대한 위상을 정립하기 위해 크게 네 부분으로 집약하였으니, 과거로부터 이어오던 전통적 지역인의 사고, 즉 기질과 의식을 재확인하고자 한 뜻으로 보여 다음에 참고삼아 요약 정리하고자 한다.

1. '兩班文化양반문화'의 본 고장 : 중원문화의 정서를 한마디로 요약하면 '청풍명월의 고장으로, 그리고 문화의 내용을 양반문화로 규정할 수 있다. 다시 말해서 멋과 풍류를 즐기는 양반적인 기질이 곧 중원문화의 본질 내지는 정체성으로 파악된다.

2. 中心意識중심의식, 調和조화와 融合융합 : 중원문화는 역사적으로 삼국의 항쟁 속에서 백제·고구려·신라·가야·동예 등 여러 이질문화를 받아들여 조화와 포용의 문화를 형성시킨 점이 특색이고, 그 특질을 시대적 감각에 따라 당시에 맞게 변화시켜 오늘에 이르기까지 변화를 거쳐 보편화된 것이다. 이것을 '중원의식'으로도 집약시킬 수 있다.

3. 學問학문과 藝術예술의 中心중심 : 중원지역은 지방의 別都별도임에도 학문·종교·예술 등 문화적 전통이 강했던 곳이다. 통일시대 지방문화의 중심지인 중원소경·서원소경·북원소경의 3소경이 배치된 곳으로 불교·유교·예술의 중심지였다.

충주의 우륵과 강수 및 김생, 영동의 박연 등의 고장으로 이들의 업적을 계승 발전시키기 위한 차원에서 충주에서는 '우륵 문화제', 영동에서는 '난계 국악제'가 해마다 개최되고 있으며, 특히 충주의 중앙탑(중원탑평리 7층석탑)은 통일신라가 반 신라적인 민심을 무마하여 범국민적 화합을 다지는 중심적 상징물로 뜻이 깊다. 이런 것들이 바로 중원의 의식이 오늘에도 이어지고 있음인 것이다.

4. 護國호국과 義烈의열의 중심 : 중원지역은 國亂국란시에는 이를 극복하기 위한 충렬과 호국의 중심지 역할을 하여 왔던 곳이다. 이는 교통의 중심으로 군사적 요충이기 때문에 빈번한 침해를 받아왔던 곳으로, 이럴 때마다 스스로의 힘으로 이를 극복하기 위한 저항정신이 있었다.

몽고와의 항쟁, 임진왜란, 한말의 의병전쟁과 동학농민전쟁, 그리고 항일운동 등에 있어서의 주도적 활동을 하였던 것은 바로 중원의식이 역사적으로 형성된 것으로 자긍심과 조화 융합의 정신에서 비롯된 것이라 할 것이다. 이러한 면에서 중원문화권의 역사적 정체성을 찾을 수 있다.

사실상 총합적으로 중원문화의 정체성과 특징을 정리하고자 하였다. 과거의 중원문화는 충주를 중심으로 한 통일신라시대의 중원을 생각케 하고 있으나, 오늘의 중원은 충청북도를 중심으로 한 대한민국의 중원을 의미하는 문화권임을 인식하여야 할 것이다. (《충북학》 11호, 2009)

忠州沿革의 諸問題

〈목 차〉

Ⅰ. 序 言

충주지역은 역사지리적으로 매우 중요한 위치에 있기 때문에 일찍부터 관심을 갖고 있었던 분들이 많았다. 따라서 이 지역에 대한 연혁과 발전상을 기록하여 남기고자 한 사례가 다른 지역보다 비교적 많았던 것 같다. 日帝治下일제치하에서도 단행본으로 엮어서 이 지역을 알리고자한 4종의 책을 대할 수 있었기에 더욱 관심이 간다. 이들 책에는 한결같이 머리부분에 연혁을 실어서 이 지역의 역사성을 일깨우고자 하였다.

필자가 천박하고 우둔한 탓인지는 몰라도 그 沿革條연혁조에는 우리의 原典원전에서는 찾을 수 없는, 이해를 할 수 없는 사실이 있어서 의아심을 자아내게 한다. 더욱 놀라운 일은 일인들이 잘못 기록한 연혁을 광복 이후 이 지역에서는 아무런 거리낌도 없이 그대로 옮겨 실어서 지역의 地誌지지를 꾸며 왔기에 안타깝다. 이는 잘못을 사실화하는 결과라고 하겠다. 따라서 이를 바로잡고자 原典원전을 바탕으로 하여 필자는 1984년에 《中原의 歷史와

文化遺蹟》을 펴낸 바 있으며, 이 밖에 몇 편의 글을 발표한 바도 있다[1].

그러나 표현력이 부족하였는지 쉽게 이해가 되지 않았던 모양이다. 왜냐하면 얼마간 몇몇 기관에서는 잘못된 일본인들의 연혁에 의존하여 충주를 알리고 있었기 때문이다. 그러던 중 지난 해(1992)에 충주문화방송국에서는 1915년 일본인에 의해 꾸며진《最近之忠州최근지충주》를 발굴하여 이것을 그대로 번역까지 하고 원문을 影印영인 出版출판하여 무료로 배포한 바 있다. 바로 이 책은 일제하에서 처음으로 이 지역을 알리고자 한 자료로 뜻이 있다. 그런데 이로부터 잘못 기록된 내용이 계속 전하여져 왔다는 데서 또한 문제가 된다고 하겠다. 번역을 함에 있어서도 일부 잘못된 부분을 바로 잡으려고 한 흔적은 있으나 크게 손을 대지 못하고 있기에 또한 안타깝다.

문제는 이 책이 영인 번역되어 나오므로 더욱 충주의 연혁은 일본인들의 오류를 시인하게 되는 느낌이 든다. 이에 대하여 하나하나 잘못된 부분을 이해를 돕기 위해 교정을 겸한 해제를 하고자 하였다. 올바른 교정이 될런지 원전을 중심으로 살펴보고자 한다.

Ⅱ. 忠州關聯 地誌類

우리나라에 있어서 한 지역의 연혁을 살피려면 우선 해야할 고전이《삼국사기》의 지리지라고 하겠다. 가장 오래된 기록으로서 이를 바탕으로 하여 각 지역의 연혁에 대한 첫 머리부분을 이루고 있다. 그 다음으로《고려사》지리지를 들 수 있다.《고려사》지리지를 보면《삼국사기》지리지를 그대로 머리부분에 기록하고, 다음으로 고려시대의 변천을 이어 붙이고

1)《忠州·中原誌》歷史編,「中原變遷考」,《湖西文化硏究》4,「忠州地域의 歷史地理的 背景」,《國史館論叢》16.

있음을 쉽게 알 수 있다.

다음으로는 《세종실록》 지리지와 《동국여지승람》·《여지도서》·《대동지지》 등이 있으며, 조선후기에 오면서 각 지역에서는 군읍지류를 편찬하여 왔다. 그러나 이들은 모두가 위의 순서대로 기록을 하고 있음을 볼 수 있으며 내용은 모두가 한결같다.

충주지역에 관련된 내용을 위의 지리지를 바탕으로 옮겨보면 다음과 같다.

《삼국사기》 지리지 중원경조(1145년작, 고려 인종 23)

「本高句麗國原城, 新羅平之, 眞興王置小京, 文武王時築城, 周二千五百七十二步, 景德王改爲中原京, 今忠州」

《고려사》 지리지, 충주목조(1451년, 조선 문종 1)

「本高句麗國原省(一云 未乙省 一云 薍長城), 新羅取之, 眞興王置小京, 景德王改爲中原京, 太祖二十三年又改爲忠州, 成宗二年初置十二牧州其一也, 十四年置十二州節度使, 號昌化軍稱中原道, 顯宗三年廢爲安撫使, 九年定爲牧爲八牧之一, 高宗 四十一年陞爲國原京, 有楊津溟所楊津衍所, 別號大原(成廟所定) 又號蘂城(高宗四十二年以多仁鐵所人禦蒙兵有功陞所爲翼安縣) 屬郡一縣五領知事郡一」

《세종실록》 지리지 충주목조(1454, 단종 2)

「……本高句麗國原城, 新羅取之, 眞興王置小京, 景德王改爲中原京, 高麗太祖二十三年庚子改爲忠州, 成宗二年癸未初置十二牧卽其一也, 十四年 乙未置十二州節度使, 號忠州昌化軍, 顯宗三年壬子廢節度使改爲安撫使, 九年戊午定爲忠州牧爲八牧之一, 本朝因之, 別號大原(淳化所定) 又號蘂城 屬縣一翼安(本多仁鐵所高麗高宗四十二年甲寅以土人禦蒙古兵有功陞爲縣…) 略…」

《신증동국여지승람》 충주목 건치연혁조(1481(성종 12)~1530(중종 25))

「本高句麗國原城(一云 未乙省 一云 薍長城), 新羅取之 眞興王置小京 徙貴戚子弟及六部豪民以實之, 景德王改中原京, 高麗太祖二十三年改今名, 成宗二年置牧, 十四年置節度使 號昌化軍隷中原道, 顯宗三年廢爲安撫使 九年定爲八牧之一, 高宗四十一年陞爲國原京, 後還爲牧本朝因之, 世宗朝三十一年以觀察使兼判牧使, 尋罷之, 世祖朝置鎭」

《여지도서》 충원현 건치연혁조(1757(영조 33)~1765(영조 41))

머리부분은《동국여지승람》충주목조와 같다. 계속되는 부분 만을 옮긴다.

「……明宗朝五年己酉李洪男搆其弟洪胤之亂 降惟新縣 二十三年丁卯獄誣得辨遂復忠州牧, 光海癸丑五月以逆賊柳仁發伏誅降爲忠原縣 仁廟朝元年癸亥復號爲州 六年二月以逆賊安執中等伏誅降爲縣 十五年復爲牧 二十二年四月以逆賊蔡門亨伏誅降爲縣 孝宗朝五年復爲牧, 肅宗朝六年四月以弑父罪人私奴俊益正刑降爲縣 十五年復爲牧, 今上六年十月以逆賊李朝謙伏誅降爲縣十五年復爲牧 十六年以弑夫罪人長德正刑降爲縣 二十四年復爲牧 三十二年五月以逆賊柳壽垣伏誅降爲縣」

이상의 기본적인 史料사료에 의한 기록의 순서를 살펴보면 쉽게 짐작이 가리라고 본다. 충주지역에는 이상의 기본 자료를 바탕으로 하여 몇몇 지지가 나온 바 있으니, 1780년(정조 4)에 작성된《충주읍지》(제1책)의 충주목조와 1870년(고종 7)에 당시 충주목사 趙秉老조병로가 撰찬한《충주읍지》가 있어서 최근까지 여러모로 활용되고 있다. 이후에 나온 것으로 1898년(광무 2)에 작성된《충주군읍지》가 있다. 이들은 크게 연혁조에는 다를 바가 없으나 그 시기의 인구 동태 등 몇몇 특징이 있을 뿐이다.

일제치하에 접어들면서는 일인들에 의한 그들의 홍보자료로 지역의 발전상을 기록한 몇몇 저술이 있다. 이들 책에는 한결같이 충주의 연혁조가 그 머리부분에 기록되어 이 지역의 역사적 변천과정을 설명하고 있음이 특징이다. 바로 이 시대에 작성된 연혁에 여러 가지 의문점이 있는 것이다. 이들을 간행순에 따라 적어본다.

①《最近之忠州》, 村上友次郎 著(1951年刊)
②《忠州發展誌》, 金谷雅城 著(1916年刊)
③《忠州觀察誌》, 奧土居天外 著(1931年刊)
④《忠州發展史》, 李英 著(1932年刊)

이상 4책의 저서가 있다. 이 밖에 안내용 또는 광고용으로 된 이 지역의 소개물이 있었던 것 같다. 李在鵬이재붕 소유의 안내용 ⑤《忠州郡管內圖충주군관내도》라 하여 4절지에 지도를 일부에 인쇄하고 그 옆에 「忠州郡의 沿革」이 기록되어 있어 관심이 간다. 이 연혁의 내용은 전기한 책자의 연혁조와 다를 바 없이 자세하다. 아마 1932년도에 작성된 것 같다. 따라서 일어로 된 일본인에 의해서 이 지역의 연혁을 기록한 기록물을 우선 5종을 수집할 수 있었다. 이들의 내용은 한결같이 誤字오자라고 할 것을 제외하고는 동일하다. 이 밖에 1934년도에 印刊인간된 《조선환여승람》 충주군편이 있다. 李秉延이병연의 著作저작으로 종래의 지지와 같이 한문으로 이루어졌으며 연혁조는 앞서 기록한 지지류와 큰 차가 없다.

광복 이후에 제작된 지지로서 최근까지 크게 활용되고 있는 것으로는

⑥《蘂城春秋》, 金相顯 著(1959年刊)
⑦《地域社會의 槪觀》(忠州市·中原郡), 權純武 著(1963年刊)
⑧《中原鄕土記》(上), 張基德 著(1977年刊)

등 저술이 있다. 이 저서에는 연혁을 기록하고 있는데 대부분이 일인들의 것을 그대로 옮기고 있다는 인상을 주고 있다. 즉 근거를 알 수 없는 부분이 있어 의아하다.

Ⅲ. 잘못된 부분과 校正

어느 지역이나 마찬가지이지만 충주지역의 연혁을 즉 역사적인 변천을 살피려면 전술한 기본이 되는 사료 즉《삼국사기》·《고려사》·《세종실록》의 지리지와《동국여지승람》·《여지도서》등을 중심으로 하고, 이와 관련이 있는 다른 기록을 이에 보완하면서 정리를 하여야 하는 것이 바탕인 것이다. 그런데 충주지역에 대하여 이상의 여러 기본사료에 보면 한결같이《삼국사기》지리지를 비롯하여 모든 지지가 충주는「本高句麗國原城」이라고 하였다. 이 기록은 우리의 상식으로도 이해되지 않는 내용임을 알 수 있다. 왜냐하면 충주지역은 본래 고구려지역이 아니었음을 알고 있기 때문이다. 그렇다면 이를 어떻게 해결할 것인가가 문제된다. 이와같은 문제점을 그동안 필자는 여러 면에서 밝히려고 한 바 있다.

그러나 앞에서도 언급했듯이 최근에 일인들의 잘못된 기록을 영인 번역하여 출간하는 등 연혁에 관하여 혼란을 가져올까 하여 여기에 이를 밝히려고 한 것이다. 물론 연혁조 이외의 諸제 기록은 당시의 우리 지역사정을 알려주는 중요한 기록임에는 틀림이 없다. 이와 같은 기록이 없었다면 일제하에서의 이 지역의 변천상을 알 수 없기 때문이다.

우선 잘못된 기록을 그 시대의 순에 따라 정리하면서 살펴보기로 한다.

1. 三國時代 關聯 記錄

1) ⑥《蘂城春秋》沿革條의 첫머리에

「忠淸北道 中原郡은 往古에 高句麗 國原城으로 一云 未乙省 或은 薍長城이라고 稱하여 왔는데, 高句麗가 滅亡하고 新羅, 高麗, 百濟 三國時代(檀紀

2277年 以後)에 들어가서는 檀紀 2381年까지 高麗의 所屬……」

이라고 하였다. 이 내용을 살펴보면 중원군은 본래 고구려의 國原城국원성이었으나, 고구려가 멸망한 뒤에 일어난 신라·고려·백제의 삼국시대인 단기 2277년에서 단기 2381년까지 고려에 소속되어 있었다는 뜻이 된다. 이는 國史국사에 대한 상식이 있는 사람이면 무슨 말을 하고 있는지 이해가 가지 않을 것이다. 삼국 이전에 고구려시대가 있었다는 뜻이며, 삼국 중에는 고구려가 아닌 고려가 끼어들고 있으니 말이다. 삼국시대라고 하여 단기 2277년을 기록하고 있는데 이는 BC 57년으로 《삼국사기》에 의하면 신라가 건국한 해로 기록되고 있다. 또한 단기 2381년은 AD 48년으로 고구려의 閔中王민중왕이 죽고 慕本王모본왕이 즉위한 해이며, 백제는 多婁王다루왕 21년, 신라는 儒理王유리왕 25년에 해당하는 해로 무엇을 의미하는지 알 수가 없다. 다만 《삼국사기》 등 원전에 「本高句麗國原城」이라 한 부분을 억지로 꿰어 맞추려한 것이 아닌가 생각되어 어이가 없다.

2) ⑦《地域社會의 槪觀》 p.15, 沿革條에는

「삼국시대 이전에는 馬韓의 일부였으나, 강대하여진 百濟의 판도 확정으로 한때 백제의 영역에 속하다가 북방의 고구려의 남침으로(BC 56~AD 48) 정복당하고 그후 한때 任那伽倻가 흥성해서 가야에 예속되었으나…」

⑧《中原鄕土記》(上) p.30, 沿革條에는

「忠州地方은 三國時代 以前에는 馬韓의 一部였으나 强大하여진 百濟의 판도 확정으로 한때(근초고왕 때) 百濟의 領域에 속하다가 北方의 高句麗의 南侵으로 長壽王 62年(475)에 征服당하고,……」

라고 하였다. 이는 본고구려 이전에 마한지역이었음을 밝히고 있어 타당성 있는 기록임을 알게 한다. 이 지역이 처음에 마한지역이라 함은 《신증동국여지승람》·《여지도서》·《대동지지》등 諸제 지리지의 충청도조에 한결같이 「本古馬韓之域」이라고 한 데서 알 수 있다. 그 뒤에 백제의 소속으로 되었음도 일반의 이해에 통하는 바다. 그러나 ⑧「近肖古王 때」라고 한 것은 이해가 안간다. 일반적으로 근초고왕 때 마한의 나머지 땅을 백제가 완전히 차지했다는 데서 나온 것인지는 알 수 없으나 충주지역은 이보다 앞선 시기에 백제의 진출이 있었을 것으로 보기 때문이다.

백제에 다음하여 고구려의 남침도 이해가 간다. 그러나 ⑦에서 이 시기를 알리는 듯한 BC 56~AD 48년은 어디에 근거한 것인지 알 수 없다. 1)에서의 단기 2277년(BC 57)과 단기 2381년(AD 48)과 관련이 있는 듯하다. 전후가 맞지 않는 기록임을 알 수 있다. 다만 ⑧에서의 장수왕 62년(474)은 장수왕 63년(475)의 오자로 본다면 이해가 간다. 장수왕은 이 해 9월에 3만의 대병으로 백제의 서울 한산을 포위 공격하여 蓋鹵王개로왕을 죽였으며, 백제는 文周문주가 왕위를 계승하고 熊津웅진으로 도읍을 옮기고 있기 때문이다[2].

다음으로 ⑦의 고구려 남침 후 한때 任那伽倻임나가야가 흥성해서 가야에 예속되었다는 기록도 근거를 찾기 어렵다.

3) ①《最近之忠州》沿革條의 첫머리에

「忠州는 往古 檀君 2381年까지(雄略天皇代)는 託萇城이라 稱하고 高句麗朝에 屬」

②《忠州發展誌》에서는

「忠州는 옛 託萇城이라 稱하고」

2)《三國史記》卷25, 百濟本紀 第3 蓋鹵王 21年條.

③《忠州觀察誌》의 沿革條 첫머리에

「忠淸北道 忠州의 땅은 往古 檀君 2381年까지는(日本 雄略天皇代) 范長城이라 稱하고 高麗朝에 屬」

④《忠州發展史》에서는

「檀君 2381년까지 范長城이라 불리우고 혹은 國原城 또는 小京府, 四川省이라고 불리었음은 어떠한 史蹟을 살펴보아도 모두 異論이 없다.」

⑤《忠州郡管內圖》의 沿革條에는

「忠州는 往古 檀君 2381년까지(雄略天皇代) 范長城이라 稱하고 高麗朝에 屬」

등의 기록이 있다. 모두가 동일한 내용임을 알 수 있다. 여기에서 단기 2381년(AD 48)은 1)에서 언급한 바다. 그런데 이곳에서는 한결같이 ( )안에 일본의 21대 雄略天皇代웅략천황대라고 기록하고 있음에 주목된다. 雄略웅략은 AD 456~479까지 재위하고 있으니 이 시기를 단군기원으로는 단기 2789~2812년에 해당된다. 앞뒤가 맞지 않는 기록임을 쉽게 알 수 있다. 다만 단기 2381년(AD 48)이 어디에서 근거한 것인지는 알 수 없으나 이것을 최초로 기록한 ①의《最近之忠州》(1915년 村上友次郎) 이후 고증, 비판없이 옮겨 베끼고 있다는 사실이 분명하다.

또한 託長城기장성과 范長城범장성을 기록하고 있다. 이는 무엇인가 교정상의 잘못인 듯하다.《삼국사기》문무왕 13년 9월조에는 국원성을 옛 薍長城완장성이라고 하였다. 이후 여러 地誌지지에는「國原城 一云 未乙省 一云 託長城 一云 薍長城」이라고 한데서 온 오자로 보아야 할 것이다. 이것도 ①에서 범한 잘못을 계속 답습하다가 ③에서부터는 范長城범장성이라고 또다시 誤오를 범하고 있음을 알 수 있으니 출판에 있어서 교정의 중요성을 다시

한 번 느끼게 할 따름이다.

다음으로 「高句麗朝의 屬」했다는 내용을 ③⑤에서는 「高麗朝」라고 하는 잘못을 범하고 있다. 이에 대하여는 일본인들이 고구려를 고려라고 표기하기도 하니 이해가 가기도 한다.

4) ①《最近之忠州》는 계속하여

「新羅 慈悲王廿八年에 이를 征略하여 新羅朝의 領土에 轉屬시켰다. 당시 忠州의 位置는 百濟의 河南城(지금의 京城府)을 略取하려면 漢江의 水運을 利用하는 便利함이 있으므로 忠州의 名稱을 國原城이라고 改稱…」

③《忠州觀察誌》에서는

「新羅 金慈王의 18年에 이르러서 新羅에 誘略되어 그 領土에 轉屬되었다. 新羅朝는 武威가 宇內에 떨치고, 文學의 道가 크게 發展하고, 佛敎의 隆昌이 날로 일어나 널리 通하여 新羅朝는 旭日昇天의 勢를 보이고 百濟의 河南城(現今의 京城)을 略取하려고 함에 있어서 忠州의 땅은 漢江의 本流水運의 便이 있는 位置에 있어서 戰略上 重要地임을 보고 地名을 國原城이라 改稱하고……」

⑤《忠州郡管內圖》에서는

「新羅 金慈王의 18年(雄略天皇 19年 紀元 1135)에 新羅 이를 誘略하고 新羅朝의 領土에 轉屬시킬 당시 新羅로서 百濟 河南城(今京城府)을 略取하려고 함에 忠州의 땅은 漢江의 水運을 利用함에 있어서 가장 便利한 位置에 있으므로 忠州의 名稱을 國原城으로 고치었다.」

⑥《蘂城春秋》에서는 ③을 그대로 옮기고 있으니,

「新羅 金慈王의 18年에 新羅에 略取되어 其所領으로 轉屬되었다. 新羅朝時代는 武威가 宇內에 旺盛하고 文學이 發達되고 佛敎가 隆昌하여 旭日昇天之勢로 百濟 河南城(只今 서울)까지도 略取하려는 氣勢에서 漢江本流의 水

運의 便으로나 戰略的 見地에서나 重要地인 까닭에 地名을 國原城이라고 改稱하였다.」

⑦《地域社會의 槪觀》에서는

「신라의 북진정책으로 金慈王 18年 신라에 전속되어 당시의 지명 苑長城을 전략상의 요지이며 수운이 편리하다 하여 國原城이라 改稱……」

⑧《中原鄕土記》(上)에서는

「新羅의 北進策으로 眞興王 14年(553)에 轉屬되었고 當時의 地名을 薍長城 또는 乙未省이라고도 했다. 그후 이 地方은 戰略上의 要衝地이며 水運도 便利하고 이 나라의 中心 벌판이라는 뜻으로 國原城이라 改稱하였다.」

이상에서 우선 문제가 되는 것은 ①에서 慈悲王廿八年자비왕입팔년이 ③⑤⑥⑦에서는 金慈王금자왕 18년으로 바뀌고 있으며, ⑧에서는 진흥왕 14년(553)으로 고쳐졌다는 일이다. 신라 자비왕은 21년까지 재위하였으니 28년은 있을 수 없는 誤謬오류임을 알 수 있다. 다음으로 금자왕이다. 신라에는 금자왕이란 왕의 칭호가 없다. 어디에 근거한 것인지 알 수가 없다. 이에 착안하였음인지 ⑧에서는 진흥왕 14년으로 하였다. 이 해는 신라가 皇龍寺황룡사를 세우고, 백제의 동북지방 즉 한강하류 지방을 취하여 新州신주를 설치하였다는《삼국사기》의 기록이 있을 뿐이다. 신라의 한강유역을 확보하는 해로 이해된다고 하겠다.

그런데 ⑤에서 金慈王금자왕 18년이라 하고 ( )안에다 日本皇記年일본황기년인 雄略天皇웅략천황 19년 紀元기원 1135년이라 하였다. 이는 서기 475년으로 신라 慈悲王자비왕 18년에 해당한다. ①의 慈悲王자비왕 28년은 18년의 오자임을 알 수 있다. 이에 근거한다면, 慈悲王자비왕을 ③에서 잘못하여 金慈王금자왕이라고 誤謬오류한 것을 그 이후 ⑤⑥⑦은 맹목적으로 옮겨놓은 것임을 알 수 있다. 교정의 잘못이 가져온 또 하나의 웃지 못할 일이라 하겠다.

그렇다고 하더라도 이 慈悲王자비왕 18년(475)은 《삼국사기》에는 왕이 明活城명활성에 移居이거했다는 기록 밖에 없다. 그러나 이 해에 고구려의 장수왕(63년)은 3만의 군사를 이끌고 백제의 서울 한성(지금의 廣州지방)을 함락하고 백제의 蓋鹵王개로왕을 죽인다. 백제에서는 왕자 文周문주가 왕위를 계승하고 熊津웅진으로 천도를 하고 있으니, 이 부분의 내용은 신라가 주체가 아니라 고구려가 주체로 되어 한강유역으로 진출하고 있음에서 이해되어야 할 것이다. 고구려는 이후 계속 남진하여 서쪽으로 지금의 牙山灣아산만에서 鳥嶺조령·竹嶺죽령을 넘어 盈德영덕·平海평해에 이르는 선까지 확보하였으니 충주지역은 자연 고구려의 소속으로 되었다. 고구려는 충주에다 처음으로 國原城국원성이라고 이름하니 이 때의 일로 생각된다.

그러나 위의 諸書제서에서는 신라에 의해서 국원성이라고 이름하였다니 이 또한 잘못인 것이다. ⑦에서의 苑長城원장성은 薍長城완장성의 오자인 듯하며, ⑧에서의 乙未省을미성은 未乙省미을성의 誤오임이 분명하다. 또한 큰 잘못을 범한 곳은 ⑥이다. 《蘂城春秋》에서는 첫머리에 「往古에 高句麗國原城」 운운하다가 신라 金慈王금자왕 18년에 지명을 「國原城이라고 改稱」하였다고 하였으니 말이다. 국원성이 두 번 사용되고 있다는 뜻이다. 전후가 맞지않는 것임을 쉽게 알 것이다.

5) ①《最近之忠州》에서

「爾來新羅 眞興王 元年(欽明天皇代)에 이르러 다시 이를 小京府 및 四川省이라 改稱하고, 貴戚子弟 및 六部 豪族 등을 옮겨 크게 土地의 繁盛을 기도했다.」

②《忠州發展誌》에는

「新羅 眞興王 元年(欽明天皇代) 小京府 또는 四川省이라 改稱하고 貴戚子

弟 및 六部 豪族을 이곳에 옮기고 歌舞歡樂의 곳으로 만들었다.」

③《忠州觀察誌》에서는

「新羅 眞興王 元年(欽明天皇 元年 紀元 1200年)에 이르러 다시 小京府 또는 四川省이라 改稱하고 貴戚子弟 및 六部 豪族 등을 忠州로 옮겨 크게 土地의 繁榮을 促進하고, 歌舞音曲의 道를 上下가 즐기며 三演六樂을 이루었다.」

⑤《忠州郡管內圖》에는

「新羅 眞興王 元年(欽明天皇 元年 紀元 1200年)에 이르러 이를 小京府 또는 四川省이라 改稱하고 貴戚子弟 및 六部 豪族 등을 옮겨서 크게 土地의 繁榮을 일으키고 歌舞歡樂의 곳이 되었다.」

⑥《蘂城春秋》에서는

「檀紀 2873年 新羅 眞興王이 小京을 두고(四川省이라고 改稱) 貴戚子弟와 六部 豪民을 옮겨 살게하니 土地의 繁榮은 促進되고 歌舞音曲이 上下를 莫論하고 普及되어 三演六樂을 이루었다.」

⑦《地域社會의 概觀》에서는

「新羅 眞興王 34年(AD 655)에는 小京府 또는 四川省이라 稱하고 대번영을 이루었고」

⑧《中原鄕土記》(1)에서는

「新羅 眞興王 34年(AD 573)에는 小京府 또는 四川省이라 稱하고 貴戚子弟와 六部 豪民을 옮겨 살게 하니 大繁榮을 이루는 時代였다.」

이상의 부분에서는 충주에다 小京府소경부를 설치하고 四川省사천성이라 이름을 바꾸었다는 것이며 貴戚子弟귀척자제와 六部육부 豪族호족을 옮겨와 살게 하였다는 것이 주된 내용이다. 그런데 이 시기에 대하여 ①②③⑤⑥

은 신라 진흥왕 원년(AD 540, 단기 2873)이라 기록하고 있다. 《삼국사기》에 보면 이 해에 신라에서는 法興王법흥왕이 죽고 眞興王진흥왕이 位위에 올라 大赦대사한 일과, 백제에서는(聖王 18) 장군 燕會연회로 하여금 고구려(安原王 10)의 牛山城우산성을 포위 공격하였으나 고구려는 이를 격퇴하였다는 사실 밖에 없다. 알 수 없는 일이다.

이에 대하여 ⑦과 ⑧에서는 진흥왕 34년(AD 573)이라고 하였다. ⑦에서는 AD 기년을 655년이라 하였으나 이는 오자인 듯하다. 그러나 이 해도 어디에 근거한 것인지 《삼국사기》에는 아무런 기록이 없다. 이 또한 알 수 없는 일이다.

그런데 ①에서 토지의 번성을 기도했다는 사실이 ②에서는 歌舞歡樂가무환락의 곳으로 만들었다고 하였으며, ③에서는 「土地의 繁榮을 促進하고 歌舞音曲의 道를 上下가 즐기며 三演六樂을 이루었다」고 덧붙이고 있다. ⑥은 ③을 그대로 옮겨 놓고 있다. 너무나 추리를 가한 내용임을 알게 한다. 이에 대한 내용도 《삼국사기》에는 없다. 그야말로 알 수 없다.

《삼국사기》에는 진흥왕 18년(557)에 「國原을 小京으로 승격시켰다」고 하였으며, 이듬해인 진흥왕 19년(558)에는 「國原에다 貴戚子弟와 六部豪民을 이사시켜 살게 하였다」는 기록이 있을 뿐이다. 四川省사천성 云云운운은 《삼국사기》에서는 찾아볼 수 없는 地名지명이다.

위의 제반 기록물 외에 또한 놀라운 내용을 기록하고 있는 것이 있으니 ④의 《忠州發展史충주발전사》이다. 이곳에서는 상당한 양으로 설명을 가하고 있으니 다음과 같다.

> 「……奧土居天外君 등의 주장대로 檀紀 2381年(AD 48)까지 范長城이라 불리우고, 혹은 國原城 또는 小京府, 四川省이라고 불리었음은 어느 史蹟을 살펴보아도 모두 異論이 없으며, 記者(筆者 ?)는 다만 當時의 忠州를 생각하면서 오늘의 2萬余 市民과 더불어 높이 하늘을 뚫고 솟아있는 南山城을 생

각하면 소리없이 흐르는 눈물을 참을 수가 없다.

왜냐하면 옛 충주를 范長城이라 칭하고 新羅의 眞興王이 우리 忠州를 小京府 또는 四川省이라 개칭할 때에는 이미 忠州는 朝鮮데카당(퇴폐)主義의 巢窟로서 千載(年)의 肝黨이 跋扈하고 거기에다 王子王孫을 비롯하여 六部豪族들이 이 南山城 밑에 移住하면서 모든 暴動을 제멋대로 하기 때문에 千古萬古에 결친 절개의 향기를 전하는 이 南山城이 지금에는 湟濠(해자)가 모두 메워지고 殿堂梅門, 輪奐의 極致美도 지금은 전혀 그 흔적이 없어져 다만 옛날의 壯觀을 그리게 하는 모습만 상상할 뿐이기 때문이다.

만약에 당시의 貴族子弟 및 六部豪族들의 子弟가 조금이라도 本來한 漢學思想을 갖고 國原京時代까지의 180年間 史蹟保存思想과 鄕土愛 등의 精神으로 이 땅을 잘 經綸하여 주었더라면 지금의 忠州는 史實에 있어서나 文化에 있어서나 오늘의 平壤이나 慶州보다도 훨씬 有名한 곳이 되었을 것이다.

당시의 忠州가 한때 꽃피어 자랑하는 花園과 같음을 空間的으로 고찰한다면 美는 美, 善은 善일 수 밖에 없지만 되돌려 이를 時間的으로 생각한다면 不美는 不美, 不善은 不善임에 틀림없다.」

고 하였다. 단기 2381년(AD 48)의 문제와 范長城범장성, 小京소경, 四川省사천성 등의 문제도 문제이지만 데카당주의의 巢窟소굴 등 황당한 이야기 등 어처구니 없는 사실의 나열에 당황할 수 밖에 없다.

다만 四川省사천성에 대하여는 그 위치가 전하여 오는 이야기가 있으니 ⑧《중원향토기》(상) 鄕土巡禮향토순례편에 「四川개」條조가 있다. 다음에 옮겨 참고토록 한다.

「錦鳳山(南山)에서 發源하고 虎岩洞을 거쳐 武學堂 뒤에서 校峴川과 合流하는 냇물을 虎岩川이라고 부르는데 이 虎岩川에서 虎岩池로 들어가는 水門이 있는 附近을 「사천개」라고 부르고 있다. 이 사천개라는 名稱에 대해서 구구한 傳說이 있는데 그 한 가지는 옛날 이곳에 史氏와 千氏가 살았었다고 하며 아주 富者로 有名했기 때문에 史家와 千家가 사는 곳이라는 뜻으로 史千家란 이름이 붙었다는 사람도 있으며, 또 한 가지는 現在 水門이 있는 곳에서 물이 네 갈래로 分流했기 때문이라는 말도 있다. 事實上 虎岩池로 들어가는 물과 솔정이들(現 忠州中學校 附近)로 들어가는 물과 옛날 氷峴에 살던 富

者가 流觴曲水用으로 끌어간 물과 現在의 개울을 따지면 네 개의 分水地點이 되는 셈이니 그럴 것도 같다. 또 한 가지는 옛날에 이 附近에 四千戶의 집이 있었기 때문에 「四千家」라는 말에서 由來된 것이라는 사람이 많다. 그래서인지 지금도 옛날의 기왓장이 많이 나온다고 하며 文獻에서도 보면 新羅 眞興王 때 忠州를 四川省 또는 小京府라고 稱한 때가 있었다. 그때 이 附近에 貴族子弟와 六部豪民들이 大繁榮을 이루고 산 일이 있었으니 四千省의 개울이란 뜻으로 쓰여진 것이 옳은 解釋인 것 같다. 虎岩川에는 沿邊을 따라 많은 傳說을 가지고 있다. 例를 들면 자라바위, 범바위, 四川개, 솔정이들, 挽索場, 피촌거리, 숲거리, 무학당, 曲水流觴 等이 그것이다.」[3)]

6) ①《最近之忠州》에서

「其後 新羅 景德王 元年(聖武天皇御宇)에 이르러 다시 中原城이라 改稱하고, 朝鮮의 中央에 위치하고 있음을 표시하기 위해 金遷面에 13層의 石塔을 세웠다……」

②《忠州發展誌》에서는

「그후 新羅 景福王 元年(聖武天皇御宇)에 中原京이라 改稱했다. 中原京은 實은 忠州의 黃金時代로서 伽倻國의 樂師 于勒이 琴을 안고 彈琴臺에서 여생을 보냈다고 한다. 浪漫的인 이야기도 간직하고 있다. 金泥, 銀塗, 丹靑의 彩, 蒼然히 古色을 띠고 있는 中原館은 樓門은 썩고 檐端은 무너져서 다만 비참한 모습을 보이며 春風秋雨 몇 번을 거쳐서 지금에는 改修하여 公立簡易農學校가 되었다.」

③《忠州觀察誌》에서는

「新羅 景德王 元年(聖武天皇 天平 14年 紀元 1402年)에 이르러 中原城이라 改稱하고 朝鮮全土의 中央地임을 表傍하였다.」

---

3)《내고장 전통가꾸기》충주시 편의 「내려오는 전설」 중 「옛날의 번화가 사천(四川)개」條.

④《忠州發展史》에서는

「그 후에 新羅의 景福王 元年에 四川省을 中原京이라 개칭하고 忠州史上의 黃金時代를 자랑할 때는 忠州 士人은 모두 忠州를 바로 歌舞宴樂의 곳으로 보아 遊蕩生活에만 빠져 있었다고 함도 결코 무리가 아니라고 생각된다.
그 중에도 저 有名한 伽倻國의 樂師 于勒이 國政의 잘못을 보고 분개하여 琴을 안고 山紫水明한 忠州에 와서 彈琴臺에서 그 여생을 보냈다고 하는 에피소드도 당시의 충주가 얼마나 浪漫的이었는가를 알게 한다.」

⑤《忠州郡管內圖》에서는 ③의 내용을 거의 옮겨 놓은 상태이다.

⑥《蘂城春秋》에서는

「檀紀 3075年에 景德王이 中原郡이라 改稱하여 全國의 中央地임을 標榜하였다.」

⑦《地域社會의 槪觀》에서는

「신라 景德王 元年(AD 742)에 中原京 또는 太原이라 칭하여 신라의 중앙임을 표방하였으며」

⑧《中原鄕土記》에서는

「新羅 景德王 元年(AD 742)에는 中原京 또는 太原이라 稱하고 全國의 中央地임을 標榜하였다.」

이상에서 ①②④의 景福王경복왕 원년(聖武天皇御宇)의 문제가 우선한다. 신라에는 경복왕의 칭호가 없다. 다행히 ③⑤⑥에서는 경덕왕 원년이라고 하였으며 일본의 聖武성무 天平천평 14년을 기록하여 일치됨을 알 수 있다. 이는 서기 742년에 해당된다. ①에서의 福字복자가 德字덕자의 誤字오자임을 알게 하며, ②④는 이를 그대로 옮겨 놓았음을 알 수 있다. 그러나 경덕왕 원년(742)에 중원성(①③⑤), 중원경(②④), 중원군(⑥) 등이라고 개칭하였다고 함도 알 수 없는 일이다. 더욱 ④에서는 四川省사천성을 중원경이라 개칭하였다고 하고는 충주사상 황금시대 운운하고 충주가 歌舞宴樂가무연악의 곳이며 遊蕩生活유탕생활에 빠져 있었다고 하였으니 이 자료가 어디에 근거한 것인지 어이없는 기록으로 알 수가 없다. 또한 ②④에서 于勒우륵이 이 무렵에 충주와 관련이 있는 듯 덧붙이고 있으니 말이다. 우륵은 신라 진흥왕 12년(551) 이후에 충주와 관련이 있었다[4].

《삼국사기》에 의하면 경덕왕 16년 8월조에 漢山州한산주(廣州)를 漢州한주라 하고, 그 밑에 1소경 27군 46현을 두었다고 하였으며, 同書동서 지리지 중원경조에 보면 경덕왕 때 국원소경을 중원경이라고 고쳤다고 한 데서 경덕왕 16년(757)에 개칭된 것으로 짐작된다. 이 때에 漢州한주에 속한 1소경이 바로 중원경인 것이다.

또한 이상의 諸記錄제기록은 中原京중원경이라 하고 조선의 중앙에 위치하고 있음을 표시하기 위한 金遷面금천면에 13層塔층탑을 세웠다고 하고 ①, 中央地중앙지임을 그냥 표시하였다고 하는 등 하고 있으니, 이는 지금의 가금면 탑평리의 중앙탑을 지칭하는 것으로 생각된다. 中央塔중앙탑은 中原塔坪里七層石塔중원탑평리7층석탑이라고도 하며 전설에 의하면 元聖王원성왕 12년(796)에 세웠다고 하는데 그 구조상 이보다 앞선 통일기에 세웠다는 설도 있다. 이는 中央地중앙지임을 표시하기 위한 목적에서 통일신라가 세웠다는 설이 유력하게 결부되고 있어 주목된다[5].

---

4) 《三國史記》 권4, 신라본기, 진흥왕 12년조.
5) 金顯吉, 「中央塔의 建塔緣由에 대한 考察」(《中原京과 中央塔》, 1992).

2. 高麗時代의 史實

1) ①《最近之忠州》에서

「高麗의 太祖 3年에 이르러 또한 앞서의 忠州로 회복시켰다. 그 당시에 新羅의 逆臣 甄萱의 勢力이 强大하여졌으므로 四方의 郡縣을 모조리 무릎 밑에 屈從시킴에 이르렀으나, 오직 忠州는 다른 지역에 앞서 高麗에 歸順하여 忠州를 維持할 수가 있었다.」

②《忠州發展誌》에서는

「이후 高麗 太祖 3年, 忠州의 이름을 얻었으나, 그 때에 新羅의 逆臣 甄萱이 反逆을 꾀하고 雲霞의 大軍, 魚鱗의 貔貅山을 덮고 들을 메우니 四方의 郡縣이 그 旗下에 멸망하였으나, 忠州는 高麗朝에 歸順하여 겨우 (견훤의) 劒戟을 면하여 民庶가 生을 즐기게 되었다.」

③《忠州觀察誌》에는

「그후 約 二百年을 지나 高麗 太祖王 23年(朱雀天皇의 天慶 5年, 紀元 1600) 당시에 新羅의 逆臣 甄萱이란 者가 勢力强大하여 四方의 郡縣이 모조리 甄萱의 猛威에 두려워 모두가 그 旗下에 屈服하였다. 그러나 홀로 忠州만은 新羅의 末後를 예견하고 他에 앞서서 高麗에 歸順하여 겨우 甄萱의 劒戟을 면하고 庶民은 災厄을 피하고 生을 즐기게 되었다.」

④《忠州發展史》에는

「그리하여 高麗朝에 들어와서는 太祖王이 지금의 忠州인 邑號를 붙이고 ……」

⑤《忠州郡管內圖》에서는 ③과 같은 文章으로 이어 붙이고 있다.

⑥《蘂城春秋》에서는

「檀紀 3253年에 高麗에 轉屬케 되었는데 景德王 爾後 約 二百年을 經過

하고 高麗 太祖 23年에 新羅의 逆臣 甄萱의 勢力이 擴大되어 各處의 郡縣이 其旗下에 屈服하였으나 中原京은 新羅 滅亡을 豫見하고 高麗에 歸順하여 甄萱의 劒戟을 免하고 庶民의 災厄도 避하게 되었다.
檀紀 3257年에 高麗 太祖는 中原京을 忠州로 改稱하였다.」

⑦《地域社會의 槪觀》에는

「高麗 太祖 王建은 中原京을 忠州로 改稱(AD 924年)하며……」

⑧《中原鄕土記》(上)에서는

「新羅末期에는 高麗에 轉屬되었는데 高麗 太祖 23年에 新羅의 逆臣 甄萱의 勢力이 擴大되어 各處의 郡縣이 그 旗下에 屈服하였으나 中原京 만은 王建의 勝利를 豫見하고 高麗에 歸順하여 甄萱의 劒戟을 免하고 庶民의 災厄을 避하게 되었다.
924年에 高麗 太祖 王建은 中原京을 忠州로 改稱하였다.」

이상의 내용에서도 ①을 順次순차로 옮겨 베끼고 있음을 알 수 있다. ②에서는 ①에다 약간 수식을 더하고 있으며 ③은 다시 정리를 한 듯하니 이후는 ③을 옮겨 놓았다는 인상을 주고 있다.

여기에서도 紀年기년의 根據근거가 어디에서 연유하고 있는지 전혀 알 수 없으니 고려 태조 3년(단기 3253, 서기 920)에 중원경을 충주라 하였다고 하기도 하고(①②), ⑥에서는 이 해에 충주가 고려에 전속되었다고 하였다. AD 924년(태조 7, 단기 3257)에 충주라 개칭하였다고 한 곳도 있으니(⑥⑦⑧) 모두가 알 수 없는 일이다.

또한 신라 逆臣역신 甄萱견훤 云云운운하며 이 시기를 ③⑤⑥⑧에서는 고려 태조 23년이라고 하였다. 甄萱견훤과의 사건은 알 수 없는 일이며, 이 紀年기년은 바로 고려가 전국의 州府郡縣名주부군현명을 개칭한 시기로 실제 중원경이 충주로 불리게 된 해라고《고려사》는 기록하고 있다.

실제를《고려사》에 의해 정리한다면

918年(檀紀 3251, 太祖 1) 高麗 王建이 建國하였으며,
935年(檀紀 3268, 太祖 18) 新羅가 高麗에 請降하고,
936年(檀紀 3269, 太祖 19) 後百濟가 亡하여 高麗가 後三國을 統一함.
940年(檀紀 3273, 太祖 23) 諸州府郡縣名을 改稱하니 中原京이 처음으로 忠州라고 하였다.

이 외의 紀年기년은 그 근거를 알 수 없음을 다시 밝혀둔다.

2) ①《最近之忠州》에는

「其後 成宗 2年에 이르러 忠州에 道를 設置하고(지금의 仰城面 龍堂里), 節度使 및 昌化軍을 配置하고 別抄軍(守備兵) 3백인을 常設하였다.」

②《忠州發展誌》에서는

「그후 成宗 2年, 忠州에 道를 配置하고 지금의 仰城面 龍堂里에 節度使 및 昌化軍, 別抄軍 3백인을 두어 邊域에 대비하였다.」

③《忠州觀察誌》에서는

「其後 高麗의 成宗 文懿 32年(華山天皇의 元年, 紀元 1644) 忠州의 地에 道를 設置하고 現今 仰城面 龍垈里에 節度使 및 昌化軍을 配置하고 別抄軍(守備兵) 3백인을 常備케 하였다.」

④《忠州發展史》에서는

「成王의 代에 이르러 忠州에 道를 配置하고 지금의 仰城面 龍堂里에 節度使 및 昌化軍 別抄軍 3백인을 두고 邊域에 대비하였다. 이때는 이미 浪漫氣分은 점점 사라져 갔다. 그 기분이 根絶된 것은 高麗朝 文宗王 35年頃일 것이다. 그것은 文宗이 특히 忠州를 都督府라 改稱하고 牧使를 두었으며, 軍務行政의 任에 當하게 하였던 것으로 보아 분명하다.」

⑤《忠州郡管內圖》에서는 ③을 그대로 옮겨놓고 있다.

⑥《蘂城春秋》에는

「檀紀 3325年에 高麗 成宗이 中原道를 設置하고 節度使를 두어 現 仰城面 龍垈里에 節度使 및 昌化軍을 配置하고 別抄軍 3百名을 常置하게 하였다.」

⑦《地域社會의 槪觀》에서는

「高麗 成宗 10年(AD 995)에는 中原道를 설치하고 節度使 및 昌化軍 300명을 배치(현 앙성면 용대리)하였으며……」

⑧《中原鄕土記》에는

「995年(成宗 14)에는 中原道를 설치하고 節度使 및 昌化軍 300名을 配置(現 仰城面 龍垈里)하였다.」

이상에서도 紀年기년의 애매한 곳을 발견할 수 있다. 우선 ①②에서는 성종 2년에 도를 설치 운운하고 있다. 이에 반해 같은 내용을 ③⑤⑥에서는 성종 11년(文懿 32, 檀紀 3325, 西紀 992)이라 하였다. 여기에서 또한 웃지 못할 일은 ③⑤의 文懿문의 32년이다. 文懿문의는 성종의 謚號시호이다. 시호를 기년으로 사용하는 예는 찾아볼 수 없기 때문이다. 여기의 32년은 성종의 32세 시절이라는 뜻으로 성종 11년에 해당되고 있다. 또한 괄호 안의 일본기년과 차이가 있어 의아하다. 華山天皇화산천황 원년은 日紀일기 1644년이기는 하지만 이에 따르면 성종 11년이 아니라 3년(檀紀 3317, 西紀 984)에 해당되고 있어 앞뒤가 맞지 않고 있기 때문이다.

이에 대해 ⑦에서는 성종 10년이라 하였으며 ⑧에서는 성종 14년(西紀 995)이라고 하여 동일사건을 성종 2년, 3년, 11년, 14년 등으로 기록하고 있음을 본다. 어처구니 없는 사실이다. 더구나 ④에서는 成王성왕이라 하고 이 시기에 낭만적인 기분이 사라지기 시작하여 文宗문종 35년(檀紀 3414, 西紀 1081)에 근절되었다고 하고 이때 충주를 都督府도독부라 하고 牧使목사를 두었다는 등 근거없는 황당한 내용을 기록하고 있어 어지럽다.

이상의 내용을 《고려사》지리지에 의해서 보면,

「成宗 2年에 처음으로 12牧을 두었는데 忠州는 그 중의 하나이다. 成宗 14年에는 12州에 節度使를 두었으며, 昌化軍이라 號하고 中原道라고 칭하였다.」

라고 하였을 뿐이다. 이에서 보면 성종 2년과 14년에 있었던 기사를 아울러서 묶어 처리한 듯하나 紀年기년 등 전혀 맞지 않고 있다. 또 앙성면 용당(대)리에 節度使절도사와 昌化軍창화군을 배치하였다고 하여 절도사와 창화군을 별개로 보고 있으나, 절도사를 창화군이라 하였다는 뜻으로 昌化軍節度使창화군절도사로 이해하여야 할 것으로 본다. 龍垈里용대리의 위치문제도 검토되어야 할 일이며, 別抄軍별초군 300명을 常置상치 云云운운도 그 원인을 알 수 없다.

3) ①《最近之忠州》에서

「高麗朝의 顯宗 3年에 이르러 節度使를 廢하고 按撫使를 配置하였다. 同 9年에 이르러 다시 牧使로 改稱하였다.」

③《忠州觀察誌》에는

「高麗朝의 顯宗 元文王의 元年(三條天皇 長和 元年, 紀元 1672)에 이르러 節度使를 廢하고 按撫使를 配置하고 同 9年에 다시 牧使로 바꾸었다.」

⑤《忠州郡管內圖》에서의 ③의 기록을 그대로 옮기고 있다.

⑥《蘂城春秋》에는

「檀紀 3345年에 節度使를 廢止하고 按撫使를 配置하였다.
檀紀 3351年에 高麗 顯宗이 中原道 按撫使를 廢하고 忠州郡에 牧使를 配置하였다.」

⑧《中原鄕土記》(上)에는

「1018年(顯宗)에는 中原道 按撫使를 廢하고 忠州郡에 牧使를 配置하였다.」

《고려사》 지리지에는 「顯宗 3年(檀紀 3345, 서기 1012, 日紀 1672)에 廢(節度使)하여 安撫使라 하였으며, 同 9年(檀紀 3351, 西紀 1018)에 다시 牧使로 하였는데 8牧 중의 하나이다」라고 하였다. 이 기록에 준하여 기록하고 있음을 쉽게 알 수 있어 다행이다. 그러나 ②④⑦에는 이 내용의 기록이 빠지고 있으며 ⑧에서는 현종 3년의 기록만 빠뜨리고 있다.

그런데 ③⑤에서는 현종 元文王원문왕의 원년이라고 하였다. 원문이 현종의 시호이므로 원년이 출생년(991)인지 즉위년(1009)인지 알 수 없다. 앞서 2) ③에서 성종의 시호인 文懿문의 32년을 출생년으로 기산하고 있었던 예에 따르려고 하여도 이해할 수 없는 기년표기이다. 그런데 괄호 안의 「日皇 三條 長和 元年, 日紀 1672年」은 모두가 현종 3년에 해당되고 있으므로 元文王원문왕 元年원년은 더욱 알 수 없는 紀年기년이다.

충주군에 목사를 배치하였다는 군의 칭호 등도 알 수 없다. 어쨌든 내용은《고려사》 지리지를 바탕으로 이해가 되도록 해석되어야 할 것이다.

4) ①《最近之忠州》에는

「其後 高麗朝의 文宗 10年(後冷天皇代)에 이르러 忠州郡을 나누어 翼安縣(今 利柳面)을 設置하였으며, 同 35年(後三條天皇代)에 이르러 또한 이를 합병하여 忠州都護府로 改稱하고 牧使를 配置하기에 이르렀다.」

②《忠州發展誌》에는

「高麗 文宗 35年(後三條天皇代) 忠州都督府로 改稱하고 牧使를 두어 軍務, 行政의 임무를 맞게 하였다.」

③《忠州觀察誌》에는

「其後 高麗朝의 文宗 仁孝王의 10年(後冷泉天皇 天善 4, 紀元 1716)에는 忠州郡을 分割하여 翼安縣을 두고(現今 利柳面), 同 35年(白河天皇 天保 元年, 紀元 1741)에 이르러 또 다시 합병하여 忠州都護府라 改稱하고 牧使의 배치를 보게 되었다.」

④《忠州發展史》에는 2) ④에서 文宗 35年의 사실 만을 기록하고 있다.

⑤《忠州郡管內圖》에는 ③과 같은 내용을 기록하고 있다.

⑥《藥城春秋》에는

「檀紀 3389年에 高麗 文宗이 忠州郡을 分割하여 翼安縣을 配置하였다 (現 利柳面). 檀紀 3414年에 高麗 文宗이 翼安縣을 合併하여 忠州都護府라 改稱하고 牧使를 配置하였다.」

⑧《中原鄕土記》(上)에는

「1056年(文宗)에는 忠州郡을 分割하여 翼安縣(現 利柳面 附近)을 配置했다. 1081年(文宗)에는 翼安縣을 合併하여 忠州都護府라 改稱하고 牧使를 配置하였다.」

이상의 사건 사실은 전혀《고려사》에서는 찾아볼 수 없는 내용이다. 出典출전을 알 수 없다. 翼安縣익안현은《고려사》 지리지에 의하면「高宗 42年(檀紀 3588, 西紀 1255)에 多仁鐵所의 사람들이 蒙古兵을 막아내는데 功이 있었으므로 所를 승격시켜서 翼安縣으로 하였다」는 기록이 있을 뿐이다. 그렇다면《고려사》보다 99년이나 앞서서 충주군을 나누어 익안현으로 하였다고 하였으니 알 수 없는 일이다. 또한 문종 35년에 합병하여 忠州都護(督)府충주도호부라 하였다고도 하였으나 충주에는 都護府도호부가 설치되었던 사실이 없었다.

5) ①《最近之忠州》에는

「高麗朝의 高宗 41年에 다시 國原京이라 改稱하였다. 이때에 元나라는 大兵을 동원하여 東進하여 鴨綠江 동쪽의 郡縣民은 모두가 屠戮의 災厄을 입었으나, 오직 忠州 만은 倉正 崔守가 勇士를 모집하여 敵兵을 金堂峴(지금의 東良面)에서 격파하였으며, 防禦都監 金允侯는 朴達面(지금의 山尺面)에 伏兵을 두고 敵兵을 요격하여 남김없이 이들을 모두 죽이었으므로 元軍은 南進하지를 못하였으니 慶尙道 이남의 郡縣民이 戰亂을 면하게 되었으니 이는 전혀 두 사람의 功에 인한 것이다. 이 싸움 때문에 忠州는 名聲을 發揚하기에 이르렀다.」

②《忠州發展誌》에서는

「때는 高麗朝 高宗 41年, 國原京이라 개칭하고 文恬武凞 세상은 泰平을 노래할 때, 元의 大軍이 怒濤澎湃하게 東進하여 鴨綠江 이남의 郡縣은 모두 屠戮되고 餓飢者 길에 가득차고 하루에도 數萬의 무덤이 만들어졌다. 그러나 홀로 忠州는 倉正 崔守가 勇士를 모집하고 敵을 金堂峴(지금의 東良面)에서 격파하고, 防禦都監 金允侯는 朴達面(지금의 三尺面)에 伏兵을 두고 敵을 요격하여 그 梟帥를 베고 旗를 뽑아 달아나는 적을 쫓아 그들을 모두 죽이니 慶尙 이남은 戰亂의 厄을 면하게 되었다.」

③《忠州觀察誌》에는

「다시 高麗朝의 高宗 41年(後深草天皇의 建長 6年, 紀元 1914)에 國原府라 改稱하였다. 이때에 元의 國王은 大兵을 일으켜 東進하니, 鴨綠江 동쪽의 郡縣

民은 모두 屠戮의 難을 당하였다. 元軍은 破竹의 勢로 忠州로 쳐들어 오려고 할 때 倉正 崔守는 용감한 병사를 모집하여 이를 金堂峴(現今 東良面)에 伏兵을 두고 적병을 맞아 싸워 모두 죽이고 元軍의 進路를 막아 南鮮地方의 郡縣이 모두 難을 면하였다. 倉正 崔守의 勳功은 이 大戰役에 있어서 忠州의 名聲과 함께 全土에 울려 퍼졌다.」

④《忠州發展史》에서는

「이와같이 점점 明月의 빛이 머물려고 하는 忠州는 때마침 高麗朝 高宗 41年頃으로 文恬武熈, 세상은 마치 참된 意味의 泰平을 謳歌하려는 때에, 저 元의 大軍은 怒濤와 같이 澎湃하게 東進하여 와서 鴨綠江 이남의 郡縣은 모두 屠戮되고, 饑餓者가 길에 넘치고 하루에도 눈물겹게 數萬의 墓標가 세워질 때에, 忠州는 倉正 崔守가 勇士를 모집하여 敵을 金堂峴 즉 지금의 東良面에서 맞이하여 이를 격파하고, 防禦都監 金允侯(孝는 오자임)는 朴達面 즉 지금의 山尺面에 伏兵을 두고 敵을 닥치는대로 싸워 물리치고 그 梟帥를 베고 旗를 걸고 소위 北쪽 무리들을 쫓아 이를 모두 죽이었으니 慶尙道 이남의 백성으로 하여금 戰亂의 厄을 면하게 하였다.」

⑤《忠州郡管內圖》에서는 ③을 옮기고는 있으나 약간 부분을 생략하고 있다.

⑥《蘂城春秋》에는

「檀紀 3587年에 高麗朝 高宗이 忠州都護府를 國原府라 改稱하였다.
이 때에 元의 國王이 大兵을 일으켜 東進하니 鴨綠江以東의 郡縣民은 全部 屠戮의 難을 입어 元軍은 破竹之勢로 國原府에 侵入하려 하는데 當時의 倉正 崔守는 勇悍한 兵隊를 募集하여 金堂峴(現今 東良面)에 埋伏케 하고 敵兵을 迎擊鏖殺하고 元軍進路를 防備하니 南韓地方의 郡縣이 全部 難을 免케 되어 倉正 崔守의 勳功은 이 큰 戰役으로 因하여 國原府의 名聲을 날리게 하였다.」

⑧《中原鄕土記》上에서는

「1254年(高宗)에는 忠州都護府를 國原府라고 改稱하였다. 當時 元의 國

王이 大兵을 일으켜 東進하니 이를 막을 길이 없었다. 그러나 元의 大軍이 破竹之勢로 國原府까지 侵入을 할 때 當時의 倉正 崔守가 募兵을 하고 義擧에 나섰다. 金堂峴(現 東良面)에서 이를 擊退함으로써 이로부터 南쪽의 全郡縣에 難을 免하게 되므로써 崔守의 勳功과 함께 國原府의 名聲이 全國에 떨친 일이 있었다.」

이상의 主주된 내용을 정리하면 고종 41년(檀紀 3587, 西紀 1254)에 충주를 국원경(①②) 또는 국원부(③⑤⑥⑧)라 개칭하였다고 하였다. 또한 충주를 도호부(⑥⑧) 운운하고도 있다. 도호부는 전항에서 충주에는 없었다고 한 바 있다. 또한 倉正창정 崔守최수가 金堂峴금당현에서의 활약을 크게 부각시키고 있다. 이에 잇대어 金允侯김윤후의 朴達面박달면에서의 공도 ①②에서는 취급하고 있는데 ③ 이후부터는 빠지고 있다.

전체적인 내용을 보면 충주를 국원경으로 개칭하고 文恬武凞문염무희 泰平盛時태평성시가 올 무렵 元軍원군의 침입을 받았다는 것으로 이해된다. 즉 元원이 처음으로 침입하여 온 시기임을 알게 하는 것 같다. 그러나 실제 사실은 이보다 앞서서 元원 즉 몽고의 첫 침입이 있었으니 고종 18년(檀紀 3564, 西紀 1231)의 일이다. 이 때에 충주는 몽고군의 침입을 받았으나 충주의 奴軍雜類別抄노군잡류별초에 의해 격퇴된 일이 있다. 또한 倉正창정 崔守최수가 싸운 해는 고종 41년이 아니라 1년 앞선 고종 40년 9월의 일이며, 金堂峴금당현이 아니라 金堂峽금당협이다. 그 위치가 오늘의 동량면이라고 하고 있음에 주목된다. 앞으로 확실한 고증이 요구되는 바는 금당협을 최근에 彌勒里미륵리 일대의 계곡으로 보려는 견해가 있기 때문이다.

위 사실을《고려사》에 의해 정리하여 보면 다음과 같다.

고종 40년(檀紀 3586, 西紀 1253) 9월 을유(10일)에 충주의 창정 최수가 금당협에 복병하였다가 몽고군이 오는 것을 급히 쳐서 15급을 베고 그 兵仗병

6)《高麗史》卷24,《高麗史節要卷》17, 高宗 40年 9月條.

장과 포로되었던 남녀 2백여 명을 빼앗았다. 이 공으로 최수는 隊正대정을 제수받았다[6].

같은 해 10월에 也古야고(窟이라고도 함)가 이끄는 몽고군이 충주성을 70여 일이나 포위 공격하였다. 이 때에 忠州山城防護別監충주산성방호별감으로 와 있던 金允侯김윤후는 병사들을 격려하며 "만일 능히 있는 힘을 다해 싸워 이긴다면 귀천을 가리지 않고 모두 官爵관작을 줄 것이니 나의 말을 믿어라"하고는 官奴관노의 簿籍부적을 그들이 보는 앞에서 불살라 버리고, 노획한 우마를 나누어 주어 싸우게 하였다. 그리하니 士卒間사졸간에 모두 죽음을 다하여 싸우니 몽고군은 포위를 풀고 12월 8일에 더 이상 남하하지 못하고 북으로 돌아갔다[7]. 이 엄청난 守城수성의 공으로 이듬해 2월에 김윤후는 監門衛上將軍감문위상장군이 되었으며, 관노는 물론 백성에 이르기까지 차등있게 벼슬을 주었으며, 4월에는 충주도 국원경으로 승격되었다[8].

이와같이 《고려사》와 《고려사절요》의 기록에 의하여 정리한다면 충주성을 지킨 공로로 충주가 국원경으로 고종 41년 4월에 승격된 것임을 알 수 있다. 따라서 고종 41년에 국원경으로 개칭은 되었으나 그 이후에 금당협에서의 최수의 싸움과 김윤후의 싸움이 있었다고 한 것은 前年전년의 일로 잘못된 것이다. 또한 ①②에서 김윤후가 박달면에서 싸웠다고 한 것도 잘못된 기록임을 밝혀둔다. 몽고군의 침입은 이후에도 계속되었다.

4)의 ①③④⑤⑥⑧에서 기록하고 있는 翼安縣익안현 云云운운의 사실은 고종 42년의 일임을 다시 언급해 둔다. 고종 43년 4월에도 충주성과 충주산성의 공격이 있었으며, 고종 45년 10월에 忠州別抄충주별초가 朴達峴박달현에 設伏설복했다가 몽고군을 저격하여 잡혀갔던 포로와 牛馬兵仗우마병장을 빼앗은 사실이 있다. 몽고의 침입은 고종 46년(1259) 4월 太子倎태자전

---

7) 《高麗史》 卷103, 金允侯 傳, 《高麗史節要》 卷17, 高宗 40年 10·11·12月條.
8) 《高麗史節要》 卷17, 高宗 41年 2·4月條, 《高麗史》 卷56, 地理一, 忠州牧條.

이 몽고에 들어가 元世祖원세조 忽必烈홀필열을 만나 화의가 이루어질 때까지 28년 간 계속되었다.

6) ①《最近之忠州》에서

「其後 忠烈王 3年에 이르러 忠州城을 改築함에 있어서 城石에 蓮花를 조각하였기 때문에 一名 忠州를 蘂木城이라 稱하였다.」

②《忠州觀察誌》에서는

「뒤에 高麗의 忠烈王 3年(後宇多天皇의 建治 3年, 紀元 1957)에 이르러 忠州城을 改築하여 要害堅固하고 善을 다해 美를 極한 城壁에 名工의 妙技를 표현한 蓮花를 조각하였으므로 忠州의 別名을 蘂城의 都라고 부르게 되었다.」

④《忠州發展史》에서는

「其後 忠烈王 3年에는 忠州城을 改築하여 礎石에 蓮花를 조각했기 때문에 忠州를 一名 蘂城이라 稱하였다.」

⑤《忠州郡管內圖》에는

「其後 즉 高麗의 忠烈王 3年(後宇多天皇의 建治 3년, 紀元 1957)에 이르러 忠州城을 改築함에 있어서 城壁에 蓮花를 조각하였으므로 一名 忠州를 蘂城이라 稱하였다.」

⑥《蘂城春秋》에서는

「檀紀 3610年에 高麗 忠烈王이 國原城을 改築하는데 要害堅固하고 城壁에는 盡善極美한 名工의 妙技를 表現한 蓮花를 彫刻케 하니 이로부터 蘂城都라고 呼稱케 되었다.」

⑦《地域社會의 槪觀》에서는

「고려 忠烈王 3年(AD 1281) 忠州城을 개축할 때 성벽에 蓮花를 조각하였으므로 蘂城이라 부르게 되었다.」

⑧《中原鄕土記》上에서는

「1281年(忠烈王)에 國原城(忠州城)을 改築하였는데 그때 城壁에다 美麗한 蓮花를 彫刻하였으므로 이로부터 蘂城都라고 呼稱하게 되었다 한다.」

이상 내용의 大意대의는 충렬왕 3년(檀紀 3610, 西紀 1277)에 충주성을 개축하는데 있어서 성돌(城石)(①) 또는 초석(②④) 또는 성벽(③⑤⑥⑦⑧)에다 아름다운 蓮花연화를 조각했으므로 인하여 충주를 蘂木城예목성 또는 蘂城예성, 蘂城都예성도라고 칭하였다는 내용이다.

충주를 별호로 고려시대에 예성이라고 하였다고 함은《고려사》지리지 충주목조에서 알 수 있다. 그러나 그 시기에 대하여는 아무런 기록도 찾을 수 없다. 충렬왕 3년이라는 기년이 어디에서 연유하였는지 필자로서는 아직까지 확인하지를 못하였다. 그런데 이와같은 내용에서인지 충주지역에서는 충렬왕 3년에 예성이라고 별호(③④⑤)가 아닌 개칭 운운(①②⑥⑦⑧)하고 있으니 알 수 없다. 더욱 ⑥에서는 「忠烈王이 國原城을 改築하는……」등으로 국가에서 이룩한 役事역사로 기록도 하고 있어 의아케 하고 있다.

紀年기년에 있어서도 誤字오자가 ③⑤에서의 日紀일기인 「紀元 1957」은 1937년이 맞는 것이며, ⑦에서 충렬왕 3년은 AD 1281이 아니라 AD 1277년이다. ⑧에서도 마찬가지다. 1281년은 충렬왕 7년에 해당되니 잘못된 오자로 ⑦에서 옮긴 것이 아닌가 생각된다.

(「忠州沿革의 잘못을 바로 잡고자 함」(《蘂城文化》 14, 1993)을 改題한 것이다.)

追記:
이상 고려시대까지의 잘못된 부분을 살펴보았다. 이후 조선시대의 沿革에도 《輿地圖書》의 일부 紀年에 오류가 있는 등하여 재차 정리하고자 하였으나, 「忠州의 地名 變遷考」라 하여 일괄하여 종합 처리하였으므로 참고하기 바람.

(附) 忠州 中原의 年表

일러두기

1. 직접 또는 간접적인 사건을 모두 수록하려고 하였다.
2. 직접적인 사건은 紀年數를 고딕으로 표시하였다.
3. 왕의 소속국을 신라는 羅, 고구려는 麗, 백제는 濟로 표기하였다.

舊石器時代

◇ 제원군 송학면 포전리 점말동굴(1973년 발굴) 유적
◇ 단양군 매포면 상시리 상시동굴(1981년 발굴) 유적
◇ 단양군 매포면 도담리 도담금굴(1983년 발굴) 유적
◇ 제원군 한수면 명오리·사기리 창내(1982, 83년 발굴) 유적
◇ 단양군 적성면 수양개지구(1983년 발굴) 유적

新石器·青銅器時代

◇ 제천군 청풍면 황석리 지석묘(1962년 발굴) 유적
1982년에서 83년까지 발굴조사된 곳으로
◇ 제원군 청풍면 양편리·진목리·계산리·광의리·방흥리 유적
◇ 중원군 동량면 지동리·하천리 유적
◇ 제원군 청풍면 황석리 유적 등지에서 빗살무늬 토기, 무문토기 및 고인돌(支石墓), 선돌(立石) 등이 다수 발굴 조사됨.

馬韓時代

◇ 忠淸道地域은 본래 馬韓地域이었음.

百濟시대

◇《大東地志》에는 충주를 백제시대에 娘子谷城이라 하였고, 또한 未乙省·

娘子城이라 하였다.

63년 癸亥(濟·多婁王 36:羅·脫解王 7) 백제가 10월에 娘子谷城(忠州)을 개척하고, 신라에 사신을 보냄. 신라 응하지 않음.

156년 丙申(羅·阿達王 3) 신라 鷄立嶺路를 개통.

158년 戊戌(羅·阿達王 5) 신라 竹嶺路를 개통.

371년 辛未(濟·近肖古 26:麗·故國王 41) 백제 고구려의 平壤城을 공격하고 故國原王 전사함. 小獸林王 즉위.

396년 丙申(麗·廣開土王 6:濟·阿莘王 5) 고구려 광개토왕 수군을 거느리고 백제의 한강변을 쳐서 58성과 700마을을 공취. 백제 항복하고 왕의 동생 등 볼모로 데려감. 58개 성 중에 古牟婁城·阿旦城(永春)이 있음.

414년 甲寅(麗·長壽王 2) 고구려 광개토왕碑 세움.

427년 丁卯(麗·長壽王 15) 고구려 國內城에서 平壤으로 도읍을 옮김.

433년 癸酉(濟·毗有王 7:羅·訥祇王 17) 백제, 신라에 사신을 보내어 화친함(羅濟同盟).

472년 壬子(濟·蓋鹵王 18) 백제, 後魏에 사신을 보내어 고구려의 남침을 호소하고 乞師함.

475년 乙卯(麗·長壽王 63:濟·蓋鹵王 21) 고구려 장수왕, 백제의 왕도 漢城을 함락, 개로왕 죽임.

475~491년(麗·長壽王 63~79) 충주를 國原城이라고 함. 또한 未乙省·託長城·薍長城이라고도 함.

485년 乙丑(濟·東城王 7:羅·炤知王 7) 백제·신라에 사신을 보내어 수교함.

492~518년(麗·文咨王 1:27) 고구려 국원성에 中原高句麗碑를 세움.

493년 癸酉(濟·東城王 15:羅·眞興王 8:聖王 26) 백제왕, 신라에 請婚함. 이벌찬 比智의 딸을 보냄.

548년 戊辰(麗·陽原王 4:羅·眞興王 9:濟·聖王 26) 고구려, 濊와 함께 백제의 獨山城(忠州?)을 침. 신라, 백제를 구원함. 이후 551년 사이에 신라, 충주지방을 공취함.

551년 辛未(羅·眞興王 12:濟·聖王 29) 백제 南平壤(今 서울)을 격파하고, 한강 하류역을 회복. 3월 신라 진흥왕 娘城(忠州) 河臨宮에서 于勒의 음악을 들음. 신라, 죽령 이북의 고구려 10군을 공취. 단양에 新羅赤城碑 세움.

552년 壬申(羅·眞興王 13) 진흥왕, 階固·法知·萬德에게 우륵의 음악을 배우게 함.

553년 癸酉(羅·眞興王 14 : 濟·聖王 31) 신라, 백제의 동북부(한강 하류?)를 쳐서 新州를 설치.

554년 甲戌(濟·聖王 32) 백제, 신라의 管山城(今 沃川)을 공격하다 성왕 패사.

555년(羅·眞興王 16) 10월에 王이 北漢山巡幸하고 拓定封疆(北漢山 巡狩碑 세움).

557년 丁丑(羅·眞興王 18) 신라, 國原을 小京으로 승격시킴(國原小京)·新州를 廢하고 北漢山州를 둠.

558년 戊寅(羅·眞興王 19) 신라, 귀척자제와 6부의 豪民을 國原에 옮겨 살게 함.

565년 乙酉(羅·眞興王 26) 신라, 아찬 春賦에게 국원을 다스리게 함.

636년 丙申(濟·武王 37 : 羅·善德王 5) 백제, 신라의 獨山城(忠州?)을 치다 실패함.

642년 壬寅(羅·善德王 : 麗·寶藏王 1) 신라 金春秋 고구려를 방문하고 백제의 공격에 협조를 구함. 고구려왕 麻木(今 鷄立嶺)과 죽령의 서북쪽 반환을 요구하자 김춘추 거절.

659년 己未(濟·義慈王 19 : 羅·武烈王 6) 백제, 신라의 독산성·洞岑성을 공격.

660년 庚申(羅·武烈王 7 : 濟·義慈王 20) 신라, 당군과 연합하여 백제를 공격, 백제 항복함. 당, 백제의 옛땅에 5도독부를 설치.

668년 戊辰(羅·文武王 8 : 麗·寶藏王 27) 9월 羅·唐연합군 평양성을 함락(고구려 멸망). 10월 25일 국원경 사신 龍長이 문무왕에게 私設宴을 베품. 이때 15세의 能晏이 伽倻舞를 추어 왕의 칭찬을 받음. 12월 당, 고구려의 옛땅을 9도독부 42주로 구분하고 평양에 安東都護府를 설치. 신라, 당군을 몰아내기 위한 통일전쟁 수행.

673년 癸酉(文武王 13) 8월에 沙熱山城(今 淸風)을 증축. 9월 國原에 축성하니 둘레가 2,592보임.

677년 乙丑(文武王 17) 2월 唐, 평양의 안동도호부를 新城으로 옮김. 신라의 삼국통일 완수.

685년 乙酉(神文王 5) 지방을 9주로 정비하고 5소경을 마무리 함.

757년 丁酉(景德王 16) 전국에 9주를 두고 郡縣의 명칭을 고침. 국원을 中原小

京이라고 고침.

796년(元聖王 12) 전설에 의하면 塔坪里에 中央地임을 표시키 위해 中央塔을 세웠다고 함.

822년 壬寅(善德王 14) 3월, 態川州 도독 金憲昌이 반란을 일으킴. 국원경·서원경 등이 반란군에 항복, 반격을 받아 김헌창이 자살.

823년 癸卯(興德王 3) 金陽이 中原大尹으로 옴.

892년 壬子(眞聖女王 6) 甄萱이 完山州(今 全州)에서 자립하여 後百濟를 건국. 北原(今 原州)에서 梁吉이 반란을 일으키고 국원 등 30여 성을 확보.

899년(孝恭王 3) 7월 梁吉이 國原 등 10余 城主와 함께 弓裔를 치다가 敗함.

900년 庚申(孝恭王 4) 국원·清州·槐孃 등 弓裔에 투항.

901년 辛酉(孝恭王 5) 궁예 왕을 자칭함.

918년 戊寅(景明王 2) 王建이 布政殿에서 건국 즉위. 高麗라 국호하고 天授라고 개원.

928년戊子(羅·敬順 2: 麗·太祖 11) 8월에 왕건 태조 中原에 行幸. 유금필이 「中原府」로 가서 태조를 알현.

935년 乙未(羅·敬順 18: 麗·太祖 18) 10월에 신라 敬順王 고려 왕건에 투항. 신라 멸망.

936년 丙申(太祖 19) 9월에 利川에서 후백제 神劍의 군대를 대파하고 항복 받음. 후백제 멸망.

940년 庚子(太祖 23) 3월 중원경 忠州로 바꿈. 여러 州·郡·縣의 이름을 고침.

943년(太祖 26) 法鏡大師 慈燈塔碑 건립(寶物 第17號) 碑文에 「中原府」, 「中州」라는 稱號가 보임.

954년(光宗 5) 봄에 王은 先妣(太祖妃 神明順成太后)의 명복을 빌기 위해 崇善寺(中原郡 薪尼面 文崇里 崇善부락)를 창건함.

983년(成宗 2) 2月 全國에 12牧 設置, 忠州牧이 됨.

995년(成宗 14) 9月 처음으로 10道를 定하고 12州에 節度使를 두고 昌化軍이라 부름. 忠州·清州 등 州縣은 中原道에 속하였음.

1001년(穆宗 4) 11月에 王이 中原府에 幸行함.

1012년(顯宗 3) 正月에 12州 節度使를 廢하고 5都護 75道 安撫使를 둠. 忠州도 安撫使를 둠.

1018년(顯宗 9) 2月에 諸道 安撫使를 罷하고 4都護 8牧을 둠. 忠州도 8牧의 하

나로 됨.

1022년(顯宗 13) 獅子頻迅寺址 石塔 건립. 忠州를 中州라고 표기.

1058년(文宗 12) 9月에 忠州牧에서 「黃帝八十一難經」등 醫書를 新雕板木을 올림.

1106년(睿宗元) 楊廣忠淸州道를 두고 忠州는 이에 예속.

1129년(仁宗 7) 6月 忠州人 劉挺 殺父로 降州하여 郡으로 하자는 의견이 있었으나 不聽

1170년(毅宗 24) 老人星을 竹杖寺에서 제사지냄.

1171년(明宗元) 分道하여 楊廣道와 忠淸州道라 함.

1216년(高宗 3) 8月 契丹遺種(大遼牧國) 蒙古에서 쫓기어 鴨綠江을 건너 西北界에 侵入함.

1217년(高宗 4) 7月 金就礪 등 原州와 忠州 사이에서 契丹族을 공격하고 堤川 朴達峴에서 大破함. 契丹兵 女眞땅으로 돌아감. 10月에 忠州·淸州 등 10道에 사신을 보내 土貢을 독려함.

1225년(高宗 12) 正月 蒙使 著古與 歸途 鴨綠江外에서 被殺됨. 蒙古 高麗를 의심하여 絶交함.

1230년(高宗 17) 正月 隕石이 中原府에 떨어졌다.

1231년(高宗 18) 8月 蒙古元師 撒禮塔 高麗에 來侵. 12月 蒙古의 別動部隊 廣州, 忠州, 淸州 등 諸城공격. 忠州에서 奴軍雜流別抄抗戰하여 蒙兵을 물리침.

1232년(高宗 19) 正月 忠州 官奴 作亂. 6月 정부 江華로 遷都함. 8月 牛本 등 再亂, 9月 李子晟이 忠州亂을 平定. 12月 撒禮塔이 處仁城에서 僧金允侯에게 射殺됨.

1253년(高宗 40) 9月 忠州倉正 崔守 金堂峽에 복병하여 蒙軍을 공격하여 兵仗과 포로된 男女 2百을 빼앗음. 反亂者 李峴이 楊根·天龍(中原仰城·老隱 경계의 寶蓮山城임) 두 城을 위협하고 항복받은 백성을 거느리고 忠州山城을 공격, 10月에 也古(窟) 忠州를 70餘日 包圍 공격함. 忠州山城 防護別監 金允侯와 官奴의 분전으로 敵을 물리침(12월).

1254년(高宗 41) 2月 金允侯 監門衛上將軍이 됨. 4月 忠州 國原京으로 승격됨. 뒤에 還元. 7月 蒙將 車羅大 來侵함. 8月 槐州(槐山) 城下에서 蒙軍 격퇴. 9月 車羅大 忠州山城 포위 공격하다 실패하고 尙州山城을 쳤

으나 不克. 이 해에 蒙軍에게 被擄된 男女는 無慮 二十萬六千八百餘人.

1255년(高宗 42) 8月 蒙兵 昇天府에 이름. 9月 車羅大再侵. 10月 蒙軍 大院嶺에서 忠州精銳에 의해 大破됨. 忠州 多仁鐵所人이 蒙兵을 방어한 공으로 翼安縣으로 승격됨.

1256년(高宗 43) 4月 蒙軍 忠州山城 공격. 官史 老弱者 月嶽神祠로 피난 갔으나 雲霧 風雨雷雹에 의해 蒙軍 물러감.

1258년(高宗 45) 10月 忠州別抄 朴達峴에서 蒙軍을 저격하고 포로된 사람과 牛馬, 兵仗을 빼앗음.

1275년(忠烈王元) 道의 安察使를 고쳐서 安廉使라 함.

1277년(忠烈王 3) 4月 忠州에서 元의 요구로 環刀一千을 鐵造함. 忠州城을 쌓는데 성돌에 꽃을 조각했다하여 忠州를 蘂城이라고 하였다고 하나 확실한 근거가 없음.

1287년(忠烈王 13) 6月 元에 乃顔이 叛함. 그 餘黨이 哈丹임.

1290년(忠烈王 16) 哈丹 豆滿江을 건너 東北界를 침범. 12月 王 江華로 피난함.

1291년(忠烈王 17) 正月 哈丹 鐵嶺을 넘어 原州에 來屯함. 4月 哈丹이 忠州山城 공격할 때 忠州山城別監이 적을 격파, 적은 南下하여 燕岐에서 크게 敗함.

1292년(忠烈王 18) 正月 忠淸, 西海 兩道에 勸農使를 보내어 穀種을 무역하여 균등하게 공급함.

1295년(忠烈王 21) 4月 世子 請婚費로 忠淸, 全羅道에서 집집마다 麻布를 거두어 원망과 비난이 컸다.

1309년(忠宣王元) 忠淸道에 按察副使를 두다.

1314년(忠肅王元) 忠淸道를 楊廣道라 함.

1356년(恭愍王 5) 忠淸道라 하고 1京 3牧 2府 27郡 78縣을 예속시킴.

1359년(恭愍王 8) 12月 紅巾賊 西京을 함락함.

1361년(恭愍王 10) 10月 紅巾賊 10萬이 渡江入寇함. 11月 王·公主 등 南幸 길에 忠州에 들림. 12月 王 福州(安東)에 이름.

1362년(恭愍王 11) 2月 王 福州(安東)를 출발, 尙州에 머물다가 8月 20日 淸州에 머물음.

1363년(恭愍王 12) 2月 王 淸州를 출발하여 鎭州·竹州를 거쳐서 閏3月에 還都함.

1369년(恭愍王 18) 7月 王은 平壤·金剛山을 돌아서 忠州에 駐駕의 뜻을 비쳤으나 陣永緒의 靜吉動凶論에 中止키로 함.

1377년(禑王 3) 5月 尹桓은 鐵原으로, 李仁任은 忠州로 避倭寇키 위한 遷都건의, 崔瑩의 反對로 이루지 못함.

1381년(禑王 7) 7月 開天寺(一名 浮土寺址)로 史庫를 옮김.

1383년(禑王 9) 6月 忠州 開天寺 史籍을 竹州(竹山) 七長寺로 옮김.

1384년(禑王 10) 海賊이 忠州界에 깊이 들어옴(普覺國師碑文에서).

1385년(禑王 11) 10月 忠州兵馬使 崔雲海 倭寇를 斬하고 兵仗노획 이후 崔雲海 忠州牧使가 됨.

1387년(禑王 13) 12月 王이 忠州界에 飼馬 3百匹 하사.

1388년(禑王 14) 5月 李成桂 威化島에서 回軍하고 親元 세력을 물리치고 實權을 장악함. 8月 道長官을 道觀察使 黜陟使로 고침.

1390년(恭讓王 2) 12月 忠州로 國史(史庫)를 竹州七長寺에서 옮김.

1392년(恭讓王 4) 道에 觀察使를 廢하고 安擦使로 복구함.

忠州의 地名 變遷考

〈목 차〉

충주에 대한 이름(지명)은 여러 시대를 거쳐 오면서 몇 차례 바뀌어 왔다. 오늘에는 흔히 충주라고 부르고 있으나 중원이라는 이름으로도 사용되고 있다. 이는 근년에 충주시의 외곽지역을 중원군이라고 하여 30여 년간 사용하여 왔던 때문이라고 생각된다. 그러나 충주 시내를 거닐다 보면 충주·중원은 물론 충주의 옛 이름이었던 國原국원·大原대원·蘂城예성·忠原충원 등의 이름을 딴 학교명이나 상호를 많이 보게 된다. 모두가 이 지역을 아끼고 사랑하는 마음에서 애착을 갖고 고장의 옛 지명을 사용하려는 뜻으로 보아 반가운 일이라고 생각된다.

그러나 충주의 옛 이름은 이 외에도 未乙省미을성·薍長城완장성·託長城탁장성 등 여럿이 있었으며, 또한 충주로 비정되고 있는 지명으로 娘子谷城낭자곡성·娘子城낭자성·娘城낭성·獨山城독산성 등의 이름도 거론되고 있다. 그렇다면 이들의 이름은 어느 시기에 사용하였던 것이냐를 생각하게 된다. 하지만 대부분의 사람들은 그 사용 시기를 정확하게 이해하지를 못하고 있다. 사실상 정확한 시대를 알 수 있는 지명은 이 중 몇 안되고 있어 애매하다. 다음에 이해가 가능한 기록부터 살펴보면 대략의 시기는 짐작할 수 있을 것 같아 검토하여 보고자 한다.

충주의 지명으로 처음 보이는 기록은 《삼국사기》 지리지(2)이다. 이에 의하면,

「中原京 本高句麗國原城 新羅平之 眞興王置小京 文武王時築城 周 二千五百九十二步 景德王改爲中原京 今忠州」

라 하였다.

즉, 중원경(충주의 통일신라시대의 이름)은 본래 고구려의 국원성이었으나 신라가 평정하였다고 하였다. 그러나 이는 우리의 상식으로도 잘못임을 알 수 있다. 왜냐하면 충주가 본래부터 고구려지역이 아니었기 때문이다. 이러한 잘못을 몇몇 지리지에서는 부분적이나마 바로잡아 기록하고 있으니 이를 살펴보면 다음과 같음을 알 수 있다[1].

Ⅰ. 國原城 이전의 地名

우선 삼국시대 이전에 우리나라의 중부와 남쪽지역은 삼한지역이었다고

1) 忠州의 沿革을 알리는 자료로서는 《三國史記》 地理志·《高麗史》 지리지·《세종실록》 지리지와, 《新增東國輿地勝覽》·《輿地圖書》·《忠淸道邑誌》·《湖西邑誌》 등 地誌類와 일제하에서 작성된 《最近之忠州》·《忠州發展誌》·《忠州觀察誌》·《忠州發展史》와 광복 후 1970년대까지 작성된《藥城春秋》·《中原鄕土記》 등이 있다. 그러나 이 중 《輿地圖書》의 조선시대의 연혁에는 紀年의 오류가 약간 있음을 본다. 이후의 지지류는 이를 그대로 옮겨 같은 오류를 범하고 있으며, 일제하에서 작성된 연혁에는 삼국시대부터 오류를 범하고 있으며, 광복 후에 된 자료는 이를 그대로 옮기고 있다. 필자는 이를 바로잡고자 「忠州沿革의 잘못을 바로잡고자 함(上)」(예성문화 14, 1993)을 고려시대까지 다룬 바 있다. 이 논고는 그 후속조치로 종합정리하면서 《輿地圖書》 등 地誌類의 조선시대의 잘못된 부분을 교정코자 한 것이다.

함은 역사에 기초적인 상식이 있는 분이면 짐작하리라고 본다. 다행하게도 이에 대하여 《신증동국여지승람》권14의 충청도조에 충청도는 옛 마한의 지역이었다고 다음과 같이 기록하고 있다.

「忠淸道 古馬韓之域 高句麗百濟分據」

라 하여 충청도는 옛 마한의 지역이었으나, 고구려와 백제가 나누어 차지하였다고 하였음에서 알 수 있다. 그러나 《세종실록》 지리지에는 본래 백제의 지역이라고 하였으니 다음과 같다.

「忠淸道 本百濟之地」

라고 한 데서 알 수 있다. 이는 마한의 지역에서 백제가 일어났으니 마한 이후의 사실을 기록한 것으로 보아야 할 것이다.

그렇다면 고구려 이전, 즉 마한·백제시대에는 충주를 무엇이라고 불렀는가하는 문제에 이르게 된다. 그러나 이에 대하여는 명쾌하게 대답을 할만한 기록이 없다. 다만 《삼국사기》의 문무왕 13년(673) 9월조에 보면,

「築國原城(古薍長城)」

이라고 한 기록에 관심이 간다. 신라는 문무왕 13년 9월에 국원성을 쌓았다고 하면서 註주를 달아 국원성은 옛 '薍長城완장성'이었다고 하였다. 이때에 쌓은 성의 길이가 2,592보였다고 할 것이다.

고구려는 장수왕 15년(427) 국내성에서 평양으로 도읍을 옮기면서 남진정책을 추진하였다. 이에 대응하기 위해 백제는 433년(濟, 毘有王 7·羅, 訥祇王 17)에 신라와 동맹관계를 맺기도 하였으니 羅濟同盟나제동맹이다. 그러나 장수왕은 63년(475) 이후 남진통일정책을 추진하면서 충청남도 서해안의 아산만으로부터 직산·진천·도안·괴산·연풍·조령(실은 계립령)·죽령을

넘어 경상도의 동해안 영덕·평해에 이르는 선까지 확보하면서 백제와 신라를 위협하였다. 이에 백제와 신라는 위의 선에서 적극 저항하여 고구려의 남진통일정책을 좌절시켰다고 본다.

고구려는 이와 같이 영역을 확대하고는 새로 편입된 모든 지역에 고구려식 지명을 부여하였으니 《삼국사기》 지리지의 '本高句麗본고구려'라 한 표기이다. 이 또한 고구려의 통일정책의 일환이었다고도 할 수 있다. 이 때에 고구려에 의해서 붙여진 충주의 이름이 국원성인 것이다[2].

이와 같이 본다면 고구려 이전에는 薍長城완장성이라고 불리었을 것이라는 짐작이 간다. 또한 《삼국사기》지리지(四)의 고구려조에 보면,

「國原城(一云 未乙省, 一云 託長城)」

이라고 하여 국원성은 '미을성' 또는 '탁장성'이라고도 한다고 하였다. 이 또한 국원성 이전의 이름이었음을 짐작케 한다. 그렇다면 국원성 이전의 이름으로 세 가지가 등장하고 있으니, 薍長城완장성·未乙省미을성·託長城탁장성이다. 그러나 《고려사》 지리지 등 대부분의 지지 연혁조를 보면,

「本高句麗國原城(一云 未乙省, 一云 薍長城)」

이라고 기록하고 있어 託長城탁장성이 빠지고 있음을 본다. 필자의 견해로는《삼국사기》를 기록할 때 薍완자를 옮겨 쓰면서 일부에서는 略化약화하다가 託탁자로 잘못 쓴 것이 아니었나 싶다. 글자의 모양새로 본 견해일 뿐이다. 이러한 예는 몇몇 있다(주6 참조).

다만 관심이 가는 것은 비교적 고증을 하여 기록하였다고 보이는《대동

2) 永樂 6년(396) 광개토왕의 한강변 공략 이후에 명명된 것으로 보려는 견해도 있으나 이 시기에는 보복적인 일시적 사업이었으며, 장수왕 63년(475) 이후는 통일을 위한 계획된 사업으로 고구려의 점령지역에 일괄 지명을 부여하였던 시기로 봄이 옳을 것이다.

지지》이다. 《대동지지》는 김정호가 《대동여지도》를 작성한 후 고종 1년(1864)에 편찬한 지리지이다. 이의 충청도조에는,

「忠淸道 號湖西: 本馬韓之域 西漢之末百濟新羅分而有之(沃川·報恩·永同·黃澗·靑山·懷仁·文義本新羅所拓 ○忠州·淸風·丹陽·槐山·堤川·永春·延豊·淸州·淸安·鎭川·百濟南遷後 爲高句麗所至 陽原王七年入于新羅)」

라 하여 충청도는 본래 마한의 지역이었으나 前漢末전한말(25) 백제와 신라가 나누어 소유하였다고 하고, 그 지역을 註주로 표시하고 있다. 이 중 백제지역이었던 북부지역은 백제의 남천 즉, 웅진으로 도읍을 옮긴 문주왕 1년(475) 이후 고구려의 지역으로 되었다가, 양원왕 7년(551, 진흥왕 12)에 신라로 들게 되었다고 하였다. 매우 근사한 기록이다. 또한 같은 책 충주의 연혁조에 보면,

「本任那國 後爲百濟所有稱娘子谷城(一云娘子城, 一云未乙省) 新羅眞興王十二年取之十八年置國原小京」

이라고 하여 충주는 본래 任那國임나국이었으나 뒤에 백제가 소유하면서 娘子谷城낭자곡성이라고 불렀으며, 혹은 낭자성·미을성이라 하였다고 하여 백제 시대의 이름을 기록하고 있어 관심이 간다.

여기에서 任那國임나국이라고 하는 문제가 제기된다. 이에 대하여 《동사강목》 부록 지리지에서는 신라 통일기에 활약한 중원경(충주) 沙梁사량 사람 强首강수가 스스로 任那加良人임나가량인이라고 한 데서 충주가 곧 임나지역이었다고 한 것을 옮긴 것으로 본다. 강수전의 기록의 내용으로 보아 강수는 그 선대가 임나(대가야)지역에서 충주로 옮겨와 살게 된 것으로 보려는 입장도 있으나, 충주가 임나지역이었다고 보는 견해도 있다[3].

---

3) 申采浩, 《朝鮮上古史》, p. 229에서 「'任那加良'은 곧 '임나가라'니 임나가라가 충주에 遷都」한 것으로 보고 있으며, 김민수: 「三韓의 성립과 변천에 관한 試論」

다만 여기에서 주목되는 것은 충주지역은 본래(마한시대) 娘子城낭자성·未乙省미을성이라고 불리던 것이 백제가 지배 관리하면서 娘子谷城낭자곡성이라고 하였던 것으로 생각된다. 종래에는 많은 분들이 娘子谷城낭자곡성을 청주지역으로 보려는 견해가 있기도 하였다[4].

娘子谷城낭자곡성에서 파생되었거나, 娘子城낭자성에서 유래하였거나 알 수는 없으나, 娘子谷城낭자곡성·娘子城낭자성·娘城낭성은 유사성으로 보아 줄인 말이거나 약칭하여 혼용되었던 것이 아닌가도 생각된다. 《삼국사기》 진흥왕 12년(551) 3월조에 娘城낭성의 河臨宮하림궁에서 진흥왕이 우륵의 가야금을 듣는다는 기록이 있으니, 지금의 탄금대로 보고 있다[5]. 탄금대지역은 신석기시대부터 청동기시대를 거쳐 사람들이 생활하였던 유적지임이 현지의 조사과정에서 확인되었다. 특히 전 지역이 무문토기편의 산포지이기도 하며, 북쪽의 한강변에 연해서는 이 시기로 추정되는 탄금대토성이 있다. 따라서 당시대의 탄금대는 충주지역의 중심을 이루던 곳이 아니었나 생각되기도 한다.

이상에서 논한 바와 같이 지역의 이름이 다양하게 여러 가지로 불리게 된 것은 분명한 기록이 없어 알 수는 없으나, 지리적인 여건에 의해 주인이 자

(《京畿鄉土史學》 10, 文化院京畿道支會, 2005)에서는 충주가 임나지역이라고 주장하고 있다.

4) 娘子谷城에 대하여는 종래에 청주로 보려는 견해가 많았다. 이는 《三國史記》 지리지 백제조에 「西原(一云臂城, 一云子谷)」을 (娘)臂城·(娘)子谷으로 보면서 娘子谷城이 청주라고 보려는 의도였다. 그러나 《大東地志》 淸州 沿革조에서 「本百濟上黨(三國史百濟地志云 西原縣, 一云娘子谷城, 一云娘臂城者皆誤也 娘子谷城今忠州 娘臂城無所考」라고 하여 낭자곡성이 청주가 아니라 忠州라고 분명하게 지적하고 있다. 최근에 와서는 충주로 보려는 견해가 많아지고 있으니, 김현길: 《中原의 歷史와 文化遺蹟》(1984, pp. 28·36), 金侖禹, 「娘臂城과 娘子谷城」(史學志 21, 1987)에서 충주로 보고 있다.

5) 娘城도 청주로 보려는 견해가 있었으나, 申采浩, 《朝鮮上古史》 p. 241에서 「娘城(今忠州彈琴臺附近)」이라고 하였으며, 김현길, 「忠州地域의 歷史地理的 背景」(《國史館論叢》 16, pp. 114~117, 국사편찬위원회, 1990)에서도 충주지역으로 보고 있다.

주 바뀌는 과정에서 이루어진 것이 아니었나 생각도 된다. 여하간 이를 시대순에 따라 추정한다면 마한시대와 백제시대 초기에는 낭자성·미을성이라 불리다가, 백제가 지배하면서 낭자곡성이라고 칭하게 되었다고 본다. 또한 이를 약칭한 것으로 보이는 낭성은 탄금대지역으로 한정되어 전해온 것이 아닌가 생각된다. 그러다가 언젠가부터 薍長城완장성(託長城)으로 불리게 되다가 고구려의 남진 이후 국원성으로 개칭되었다고 보는 것이 순서가 아닌가 하고 생각해 본다.

Ⅱ. 國原城과 國原小京

고구려가 국원성이라고 한 의미는 그 이름으로 보아 나라의 중심이라는 뜻과 서울인 國內城국내성에 다음가는 副都부도라는 뜻으로도 보이니 충주를 매우 중요시하였음을 알 수 있다. 이에 대해 백제와 신라의 적극적인 대응 조치에 고구려는 충주지역을 확실히 다지기 위하여 중원고구려비(국보 제205호)를 세우는 등 이곳을 중심으로 하여 또다시 기회를 보아 남진통일을 완수하고자 前進基地전진기지로 삼으려고 하였던 것으로 본다.

이와 같은 상황에서 백제는 신라와의 동맹관계를 더욱 발전시켜 나갔으니 493년(濟·東城王 15, 羅·炤知王 15)에는 婚姻同盟혼인동맹(신라에 청혼)을 하면서 공동작전을 수행하는 등 실지회복을 위한 부단한 노력을 하였다. 이러는 과정에서 고구려는 양원왕 4년(548) 정월에 백제의 獨山城독산성을 공격하였다. 백제는 전세가 불리하자 신라에 원병을 요청하였다. 신라에서는 朱玲주령(또는 朱珍)에게 강병 3천을 주어 돕게 하니 주령 장군은 밤낮으로 달려가 독산성 아래에 이르러 고구려병을 물리친 일이 있다. 여기에서 독산성을 충주로 비정하려는 견해가 있으니[6]. 이는 백제의 성왕이 한때 충주지역을 탈환하여 독산성이라 이름하였거나, 아니면 충주지역의 어느 한 城성을 의미하는 듯하다. 여하간 이는 3년 뒤에 올 한강유역에서 신라와 백제가 공동으로 고구려 세력을 완전히 북으로 밀어 올리는 대작전의 전초전이라고 할 것이다.

551년(濟, 聖王 29·羅, 眞興王 12) 초기에 백제는 신라와 가야의 힘을 빌려 한강의 하류지역을, 신라는 개국이라 개원하고 3월에 죽령이북 한강의 상류지역을 장악하고 고구려의 세력을 전 한강유역에서 완전히 북으로 물리쳐 올려 보내는데 성공하였다.

신라는 이에 그치지 않고 553년에 백제가 회복한 한강하류유역을 석권하여 전 한강유역을 장악하고 백제의 옛 서울인 한성에 新州신주를 설치하여 한강하류유역을 관리하였다. 그러자 신라의 배신에 분격한 백제의 성왕은 554년에 管山城관산성(지금의 沃川)을 공격하다가 전사하였다. 555년에 진흥왕은 북한산을 巡幸순행하고 拓定封疆척정봉강하고 北漢山巡狩碑북한산 순수비(국보 제3호)를 세우는 등 한강하류유역을 다지면서, 557년에는 국원을 소경으로 승격시켰으며, 또한 新州신주를 폐하고 北漢山州북한산주를 두었다. 이는 한강 이남의 백제보다 강북의 고구려를 의식한 대응조치라고 할 것이다. 이듬해인 558년에는 경주의 貴戚子弟귀척자제와 6부의 豪民호민을 국원으로 이사시켜 살게 하였으니, 이 또한 실질적인 소경(副都)으로의 역할을 담당하도록 조치를 한 것으로 의미가 큰 것이다.

이와 같은 일련의 지속적인 한강유역에 대한 진흥왕의 배려는 신라로서

---

6) 《朝鮮歷史地理》上, p. 62(1913)에서 충주로 보고 있다. 이를 원용한 듯. 이병도: 《國譯三國史記》(1977) pp. 57·299에서 충주로 보고 있다. 이병도:《韓國史》(고대편, 을유문화사, 1959) p. 502에서는 槐山으로 보고 있기도 하여 애매하다. 《忠淸北道誌》(1975) pp. 50~52에서도 충주로 보고 있다.

※ 亂長城의 亂자를 託자로 잘못 썼다고 한 예와, 朱玲(신라기)의 玲과 珍(고구려·백제기)도 어느 한 곳은 잘못 옮긴 것으로 보이니 비슷한 예이기 때문에 추측이 간다.

의 꿈을 실현코자한 결과로 보아야 할 것이다. 이러한 조치는 사전에 짜여진 계획에 의한 실천으로 보아야 할 것이니, 551년 초기에 백제가 한강하류유역을 확보한 후 3월에 진흥왕은 娘城낭성에 들려 우륵의 가야금을 들으면서 장차 전 한강유역의 확보를 위한 굳은 마음을 다진 것으로 본다[7].

더욱 국원에 소경을 설치한 것은 고구려가 이 지역을 중심으로 남진통일의 전진기지화 하였음에 반하여 신라도 이곳을 대륙으로 통하는 외교와 선진문물의 교역중심으로 함과 동시에 고구려를 제압하여 통일을 이루려는 전진기지로 삼고자 한 것이라고 볼 수 있으니, 충주지역이 갖는 역사지리적인 중요성을 입증하는 것이라고 보아야 한다.

따라서 이 지역에서의 삼국 간의 분쟁은 끊이지 않았으며, 이러한 과정에서 신라는 충주지역을 중심으로 전 한강유역을 굳게 확보하려는 노력의 결과로 삼국의 통일을 이룩한 것이라고 보아야 할 것이다. 신라 삼국통일 원인의 하나인 것이다.

Ⅲ. 小京의 設置와 變遷

신라는 한강유역을 확보하고는 대륙과의 직접적인 외교관계를 수립하고 대륙의 선진문물을 받아들이면서 비약적으로 발전하여 갔으니 신라 중대의 문화를 창출하게 된 것이다. 바로 그 중심적인 역할을 담당한 곳이 국원소경이니 이곳은 대륙으로 통하는 문호로서 신라의 서울인 경주에 앞선 文物受容문물수용의 선진지였다. 삼국통일의 주훈인 강수와 같은 인물이 이곳에서 배출되었다고 함은 우연한 일이 아닌 것이다.

---

7) 김현길 : 「娘城의 봄」(《忠州文學》 17호, 1999). 동 : 「신라 眞興王과 于勒의 新歌」(《忠州 彈琴臺》 2002). 동 : 「신라 진흥왕과 우륵의 신가가 갖는 의의」(《蘂城文化》 28, 2008).

한강하류유역에서 밀려난 백제의 원한에 찬 끈질긴 공세와 고구려가 이 지역을 다시 확보하려는 의지를 물리치고 이를 극복하기 위하여 신라는 부득이 唐당의 힘을 빌려서 백제와 고구려를 멸망시켰다. 그러나 당은 백제와 고구려지역을 그들의 관리하에 두고 신라마저 흡수하려는 야심을 보이자 신라는 대당제국을 상대로 7년 간의 자주적인 통일전쟁을 수행하여 677년(문무왕 17)에 당의 세력을 대동강 이북으로 물리치고 그 이남의 지역에 대한 통할권을 확보하면서 비로소 삼국통일을 완수한 것이니, 신라 삼국통일의 역사적인 의의가 바로 여기에 있는 것이다.

삼국을 통일한 신라는 새로이 편입된 넓은 영토와 많은 인구를 효율적으로 관리운영하기 위하여 지방의 제도를 크게 바꾸었으니 9주 5소경제도이다. 이 제도의 개편은 정치적인 통일을 한 뒤에 오는 부작용을 없애기 위한 실질적인 통일정책에 의한 조치라고 본다. 《삼국사기》 지리지의 머리 부분에 「本國境界內본국경계내에 3州(尙州·良州·康州)를 두고, 百濟國境內백제국경내에 3주(熊州·全州·武州), 옛 고구려의 남쪽지경에 3주(漢州·朔州·溟州)」를 두었다고 하였으며, 5소경도 고구려지역에 2, 백제지역에 2, 그리고 가야지역에 하나를 두고 있음에서 보아 새로 편입된 지역민들의 심리적 동요를 무마하기 위한 조치로 균등한 배분을 의미한다고 보기 때문이다.

이와 같은 제도가 완비된 것은 경덕왕 16년(757)이라고 하였으나, 신라의 소경제도는 일찍이 지증왕 15년(514)에 阿尸村아시촌에 처음으로 小京소경을 설치하였으며, 주·군·현 제도는 선덕왕 때 시작하여 삼국을 통일한 뒤에 주·소경을 늘려서 신문왕 5년(685)경에 대체로 통치의 기본방침이 정하여져 9주와 5소경 및 군현의 제도가 확정된 것이라고 본다. 경덕왕 때에는 모든 정치·행정·군사제도가 재검토되어 주·군·현의 이름이 2자로 고쳐지게 된 것이라고 생각된다.

신라의 소경제도는 매우 특수한 제도라고 하겠다. 왜냐하면 주의 밑에 있으면서 소경의 장관은 주의 장관과 대등하기 때문이다. 《삼국사기》 직관지 外官외관조에 의하면 주의 장관을 都督도독이라 하고 官位관위는 9등급인 級湌급찬으로부터 2등급인 伊湌이찬까지라고 하였으며, 소경의 장관은 仕大等사대등(仕臣)이라 하고 그 관위는 급찬으로부터 4등급인 波珍湌파진찬까지라 하였기 때문이다. 소경의 장관은 주장관의 다음가는 사람이라 하여도 6부의 귀족이 임명되고 있으며, 소경은 주내에 있으면서도 중요한 존재인 독립된 행정구로서 속현을 갖고 있지 않는 것이 특징이다.

그동안 주와 소경에 대한 성격을 일반적으로 주는 군사적인 면을 중심한 지역에, 소경은 정치적·문화적인 중심을 이루는 입장에서 설치 운영되었다고 보려고 하였고, 또한 소경이 갖는 의미에서 王京왕경이 동남단에 치우쳐 있기 때문에 소경을 설치 운영하므로 보완하고자 한 의미로 이해되어 왔다. 그러나 이 외의 몇 가지 설치목적과 운영에 대한 문제가 있음을 본다. 우선 소경의 설치순에 따라 기록을 옮기면서 살피기로 한다.

① 아시촌소경 : 지증왕 15년(514) 1월에 설치. 7월에 6부 및 남쪽의 人戶인호를 이사시켜 충실케 하였다(안강 또는 함안으로 비정).

② 국원소경(충주) : 진흥왕 18년(557)에 설치. 진흥왕 19년 2월에 貴戚子弟귀척자제와 6부의 豪民호민을 이사시켜 충실케 하였다. 경덕왕 16년(757)에 중원경으로 개칭하였다.

③ 북소경(명주) : 선덕왕 8년(639) 2월에 何瑟羅州하슬나주에 설치하고 沙湌사찬 眞珠진주로 鎭守진수케 함. 태종 무열왕 5년(658) 3월에 말갈과 連接연접하여 인민이 불편하므로 소경을 파하여 주로 삼고 도독을 두어 진수케 하였다. 지금의 강릉.

이상은 삼국통일 이전에 설치한 지역이다. 신라는 삼국을 통일한 직후에 소경을 더 설치하였으니 다음과 같다.

④ 북원소경(원주) : 문무왕 18년(678) 북원에 설치하고, 대아찬 吳起로 오기로 지키게 하였다.

⑤ 금관소경(김해) : 문무왕 20년(680) 5월에 가야군에 설치하였다.

⑥ 서원소경(청주) : 신문왕 5년(685) 3월에 설치하여 아찬 元泰원태로 仕臣사신을 삼고, 여러 주·군의 민호를 옮겨 나누어 살게 하였다.

⑦ 남원소경(남원) : 신문왕 5년(685) 3월에 설치하고 여러 주·군의 민호를 옮겨 나누어 살게 하였다.

위의 소경 중 ③의 북소경은 무열왕 5년에 파한 기록이 있으나, 신문왕 5년으로 5소경제가 확정된 것으로 볼 때 ①의 아시촌소경이 빠지게 된다. 이는 언제 파하였는지 알 수 없으나 적어도 신문왕 5년 이전으로 볼 수 있다. 따라서 5소경은 국원소경을 비롯하여 북원·금관·서원·남원소경이다. 앞에서도 언급했지만 국원소경은 경덕왕 16년 제도의 정비과정에서 중원소경으로 개칭된 듯하나, 중원이란 호칭은 이보다 앞서 사용된 것으로 보이니 통일기에 활약한 강수의 열전에 이미 중원경 沙梁人사량인이라 하였기 때문이다. 그렇다면 문무왕 18년에 방위적 의미로서 북원소경을 설치하고, 신문왕 5년에 서원과 남원소경이 설치된 것으로 보아 문무왕 때부터 신문왕 5년 이전에 국원소경은 중원소경으로 개칭되었던 것으로 보아야 하지 않을까 한다.

Ⅳ. 國原小京과 徙民政策

소경설치의 목적에 대하여는 기록이 없어 자세히 알 수 없다. 그동안의 연구에 따라 몇 가지 고려할 수 있으니 국원소경을 통하여 살펴보고자 한다.

우선 왕경에 대한 소경과의 관계이다. 이에 대하여도 자료는 없다. 다만 9

주 5소경제가 확립된 결과를 통하여 볼 때 왕경인 경주는 통일 이후 너무나 동남쪽에 치우쳐 있으므로 본격적인 소경설치를 한 것 같다. 국원소경을 제외하고는 모두가 통일 이후에 설치되고 있기 때문이다.

이에서 본다면 통일 이전에도 특수한 편입지역에 소경을 설치하였으나, 통일 이후에는 이를 다시 정비하려고 하였던 것이 아닌가 한다. 9주의 설치와 5소경의 배치가 모두 새로이 편입된 지역을 감안하고 이루어졌다고 보기 때문이다. 그러나 이와 같이 5소경이 설치된 뒤인 신문왕 9년(689)에 왕경을 達句伐달구벌(대구)로 옮기려고 하였으나 뜻을 이루지 못하였다. 이는 소경제가 완비되었으나 그래도 정치상의 어려움이 있어 천도를 하려고 하였던 것으로 본다. 이에 대하여 신문왕이 專制主義的전제주의적 정책을 시도하기 위해 眞骨貴族진골귀족의 본거지인 경주를 벗어나려고 한 것이라는 견해도 있으나, 어쨌든 통치력에 관계가 있었음은 분명하다.

다음으로 徙民政策사민정책이다. 진흥왕은 557년에 국원소경을 설치하고 그 이듬해에 경주지역의 왕실귀족 자제와 6부의 호민을 이사시켜 실질적인 소경으로서의 의미를 강화하려고 하였다. 이러한 사민정책을 뒷받침하는 것은 ①의 아시촌소경의 경우와 ⑥·⑦의 서원과 남원소경의 예에서도 알 수 있다. 신라는 새로 편입된 외지에 경주의 진골귀족들을 보내어 편입된 지역민을 관리하기 위한 목적과, 아울러 실질적인 소경으로서의 의미를 다하게 하기 위한, 즉 지역문화의 중심지로서의 역할을 크게 하려고 하였던 것으로 본다.

특히 국원에는 신라의 귀족 뿐만이 아니라 소경설치 이전이기는 하나 가야의 악성 우륵이 그의 제자 尼文니문과 함께 와서 살았으니 진흥왕의 배려에서 이루어진 것이다. 또한 강수도 임나가야 출신이다. 가야가 신라에 병합되자 강수의 선대는 국원으로 이주하였던 것으로 본다. 이러한 사실을 들고 소경에는 정책적으로 피정복민을 남쪽에서는 북쪽의 소경으로, 북쪽에서는 남쪽의 소경으로 이주시켜 토착세력의 분산을 시도하였다고 보려는 견해도 있으나 한 가지 사실을 모든 곳에 일률적으로 적용하고자 함에는 무리가 있는 것이 아닌가 한다.

신라의 書聖서성이라 일컫는 김생도 충주에 살았다. 그의 출계는 분명치 않으나 김생도 가야계로서 이곳에 이주하여 왔다고 보는 견해도 있으나, 지나친 해석을 한다는 것은 고려해야 할 일이라고 본다.

신라는 소경제도를 실시하면서 또한 왕경의 6부제도를 적용하려고 하였던 것으로 본다. 왕경을 모방한 소경이라고 할 것이다. 강수가 중원경의 沙梁人사량인이라고 한 사량은 경주 6부의 沙梁사량과 통하며, 서원경이었던 청주의 상당산성 남문 밖에서 수습된 기와편에 '喙部탁부'·'喙部屬탁부속'이라는 명문이 나오고 있어 추측이 간다.

이상에서 보아 신라의 소경은 阿尸村小京아시촌소경이 처음 설치되었으나, 본격적인 소경설치는 국원소경에서 비롯된다고 하겠다. 왜냐하면 5소경의 설치는 삼국통일 이후에 설치되고 있기 때문이다. 이와 같이 본다면 통일 전에 국원을 크게 중시하고 왕경에 버금가는 정치·군사·문화의 중심으로 삼으려 한 입지를 살려서 이 소경의 제도를 통일 이후에는 새로이 편입된 지역민을 의식하고 확대하여 5소경의 제도를 이룩한 것이라고도 생각된다.

V. 中原京시대의 忠州

통일신라의 지방제도가 완비된 것은 경덕왕 16년(757)이다. 이 때에 국원소경이 중원소경으로 개칭된 것으로 《삼국사기》는 기록하고 있다. 그러나 앞에서도 언급한 바와 같이 중원의 호칭은 이보다 훨씬 앞선 통일시기

이전부터 있었던 것으로 본다.

소경의 명칭을 볼 때 동(원)경 만이 없을 뿐 서·남·북원경에 중심이라고 할 중원경이 설치된 것이다. 금관소경을 동원경으로 보려는 견해도 있으나, 본래 신라에서는 이미 서울인 경주를 스스로 동경으로 호칭하고 있었음을 볼 때 고려의 여지가 없다고 본다. 여하간 중원경은 소경 중에서도 중심적 위치에 있음이 분명하다.

충주에는 이 고장 중원을 상징하는 통일신라시대의 대표적인 중앙탑이 있다. 중앙탑은 중원 탑평리 7층석탑이라고 하여 국보 제6호로 지정된 巨塔거탑이다. 통일신라가 나라의 중앙인 이곳에 세웠다고 하여 중앙탑이라는 이름의 유래로 추정하여 이 탑은 신라 삼국통일의 기념탑인 동시에 통일의 기원탑이라고 할 것이다[8]. 중앙탑은 중원과 의미가 서로 통한다. 또한 이곳에 대한 정밀조사 결과 사찰이 없었음을 확인하였다[9]. 따라서 이 탑은 일반적으로 절에 세웠던 탑이 아니라 어떠한 목적, 즉 통일을 기념하기 위해 세운 탑으로 보고자 함이 분명하다고 하겠다.

그러나 중원경으로 개칭된 이후에도 《삼국사기》의 기록은 종종 국원이라고 기록하여 혼돈을 일으키고 있음을 본다. 다음에 관련기록을 시대 순으로 옮겨본다.

헌덕왕 14년(822) 3월 웅천주도독 金憲昌김헌창의 난에 서원과 함께 국원지역도 흡수되었다. 그러나 이 난은 정부군에 의해 곧 평정되었다.

---

8) 김현길, 「中央塔의 建塔緣由에 대한 考察」(《中原京과 中央塔》, 1992, 중원군).
9) 《中原塔坪里寺址 發掘調査報告書》(한국교원대학교 박물관, 1993)에서 절터의 유구를 확인할 수 없었으므로 이를 확인하기 위한 2차발굴까지 하였으니, 《'93 中原塔坪里遺蹟發掘調査報告書》(한국교원대학교 박물관, 1994)이다. 그러나 결론은 p.114에서, '탑이 거대한 규모이므로 절터도 광대하였을 것으로 짐작되었으나 그 흔적도 남아있지 않았음'이라는 결과로 이 탑은 탑을 세울 목적으로 세운 탑이라는 데 의미가 크다고 본다. 1차 보고서는 寺址의 조사라 하였으나, 2차에서는 이를 뺀 것에도 의미가 있다.

흥덕왕 3년(828)에 정무에 능한 金陽김양을 中原大尹중원대윤으로 보내왔다가 얼마 후에 武州무주 도독으로 전출되었다.

효공왕 1년(897)에 梁吉양길이 국원 등 30여 성을 공취하였다.

효공왕 3년(899) 7월에 양길의 부하장인 궁예가 딴 마음을 먹고 있다고 하여 국원 등 10여 성주와 함께 궁예를 치다가 패하였다. 이듬해인 900년에 國原국원·菁州청주·槐壤괴양의 적수 淸吉청길·莘萱신훤 등이 궁예에 투항하였다.

이상의 제 기록은 당연히 중원으로 기록하여야 할 일이나 단 한 곳만이 중원이라 하고 모두 국원으로 기록하고 있어 혼란스럽다. 이는 오랜 기간 국원으로 사용해 오던 타성에서 오는 현상일 수도 있겠으나, 국원경이 통일 후 소경이 다섯으로 늘어나므로서 제2의 왕도에서 5소경의 하나로 격하되었으나, 국원소경은 5소경 중에서도 중원의 稱칭을 가짐으로 역시 首位수위의 위치를 계속하게 되었다. 그러나 신라 말까지 계속 국원으로 표기하고 있음은, 중원경은 5소경의 하나로 격하된 명칭인데 반하여 국원경은 제2의 왕도의 의미를 지닌 전통적 칭호인 까닭에 다른 지역과 구별하기 위한 특수 지역임을 의미한 것이라고 볼 수 있지 않을까 한다.

VI. 忠州로의 改稱

고려시대에 들어와서 태조 23년(940)에 전국의 지명을 고칠 때 중원은 충주라는 이름으로 처음 바뀌어 오늘에 이르기까지 사용되어 오고 있다. 그러나 고려시대에도 간간히 중원이라고 기록하고 있음을 본다. 중원이라는 칭호는 이후 공식화한 일이 없으나 조선시대에도 자주 사용하고 있으니, 나라의 중심(중앙)에 있다는 의식에서 오는 것이었다고 본다.

충주도 사실상 破字파자하면 중심되는 고을이라는 의미를 갖고 있으나, 그래도 중원이 갖는 의미보다는 약하다고 보았던 것이 아닌가 한다. 이와 같은 의식은 中原府중원부니 中州중주 등으로 이해하려한 사실에서도 알 수 있다. 충주로 개칭하기 전인 태조 11년(928)에 유금필이 청주지역을 평정하고 中原府중원부에 나아가 태조를 뵙고 전황을 보고하였다는 사실과 충주로 개칭한 직후인 943년(태조 26)에 세운 동량면 하천리의 淨土寺 法鏡大師 慈燈塔碑정토사 법경대사자등탑비(보물 제17호)와 현종 8년(1017)에 세운 淨土寺 弘法國師實相塔碑정토사홍법국사실상탑비(보물 제359호)에는 중원부라 하고, 현종 13년(1022)에 세운 제천 송계리의 獅子頻迅寺址石塔記사자빈신사지석탑기에는 중주라 새기고 있어 관심이 간다.

여기서 중원부는 공식적인 官府관부가 아니라 나말여초에 이 지역의 호족세력들에 의해 독자적으로 운용되었던 기구로 보이니, 법경대사등탑비의 음기에 보이는 俗官속관으로 이해된다. 충주지역에는 이 무렵에 道官도관과 속관이 있었던 특수지역이었음을 말해주는 것이라고 하겠다.

고려시대의 변천을 보면,

성종 2년(983)에 牧목을 두었으니 충주목이다. 성종 14년(995)에 절도사를 두고 昌化軍창화군이라 이름하여 中原道중원도라 하였으니 전국을 10도로 정하였을 때이다. 이때 중원도는 지금의 충주와 청주를 비롯하여 剛州강주(진천)·歡州환주(천안) 등 13주 42현을 관장하였다.

또한 성종 때 大原대원이라고도 하였으며, 뒤에 蘂城예성이라고도 불리었다. 대원에 대하여는 金遷浦금천보, 즉 지금의 창동 일대를 대원군이라 하였다. 예성에 대하여는, 전하는 바에 의하면 충렬왕 3년(1277)에 성을 개축할 때 연화를 조각하여 축조하였다고 하여 붙여진 이름이라 하나 출전을 알 수 없다. 다만 당시에 만들었다고 추정되는 '연화문 성돌(심방석)'이 1978년 9월에 발견되어 충주박물관에 보존되고 있다.

현종 3년(1012)에 절도사를 없애고 安撫使안무사를 두었다가 9년(1018)에 다시 牧목으로 하였으니 충주목이다.

고종 41년(1254)에 國原京국원경으로 승격되었다. 이는 전년인 고종 40년(1253)에 충주산성에서 김윤후 장군의 지휘로 몽고군을 물리친 공으로 이루어진 것이다. 지역민들의 의기를 보여준 쾌거라 할 수 있다. 그러나 얼마 후에 다시 牧목으로 된 듯하다.

이후 충주는 고려 말까지 충주목으로 지속되어 왔다. 충주목에는 소속된 군 1, 현 5에 知事郡지사군 하나가 있었으니 槐州郡괴주군(지금의 괴산)과, 長延縣장연현(지금의 연풍)·長豊縣장풍현(지금의 장연)·陰竹縣음죽현(지금의 음성, 장호원)·陰城縣음성현(지금의 음성)·淸風縣청풍현(지금의 청풍)과 지사군으로는 原州원주이다.

Ⅶ. 朝鮮時代의 變化

조선시대의 지방제도는 전국을 8道(京畿·忠淸·慶尙·全羅·黃海·江原·永安(咸鏡)·平安)로 나누고 그 밑에 府·牧·郡·縣을 두었으며, 그 밑에는 행정기구의 최말단 기관으로 面을 두었다. 조선의 건국 초기의 충주는 忠淸道의 首府로 관찰사가 있어서 忠州牧을 비롯하여 청주·공주·홍주목 등 4목과 11군, 40현을 관할하였다.

충주목은 초기에 38개 면을 관내에 두었으니 《여지도서》(1759년, 영조 35, 己卯에 편찬)의 충원현[10]조에 처음으로 기록되고 있음에서 알 수 있다[11].

10) 忠原縣, 忠原鎭이라 한 데서 忠州牧이 유수원의 복주로 강등된 시기이다. 《輿地圖書》 忠原縣誌는 1759년에 편찬되었다.

11) 面里제도는 《經國大典》에 규정되어 있는 것으로 보아 조선 초기부터 있었던 것으로 보이나, 실제에 있어서는 영조 때에 편찬된 《輿地圖書》의 坊里조에 처음으로

이에 의하면 德山面·沙乙未面·甘勿內旀面·栗枝洞面·佛頂面·蘇坡面·沙伊浦面·周柳等面·新石面·申尼谷面·德面·金目洞面·孟洞面·所呑面·大鳥谷面·沙多山面·川岐音面·枝內面·法王面·豆衣谷面·省洞面·甘味谷面·居谷面·福城洞面·老隱峴面·可興面·仰巖面·省台陽面·嚴政面·山尺面·金生面·加次山面·東良洞面·柳等谷面·利安面·金遷面·南邊面·北邊面 등이다. 이들의 지역은 매우 넓어 오늘의 괴산군의 북부와 음성군 북서부의 대부분 지역과 제천시의 서남부까지 포함되고 있다.

이러한 넓은 지역을 관할하여 오다가 1906년(광무 10)에 대대적인 개편을 단행하였으니 충주목이 충주군으로 되었으며, 종래의 38개 면이 25개 면으로 되었으니 다음과 같다.

南邊面·北邊面·周柳面·栗枝面·甘勿面·德面·金遷面·柳等面·乷味面·薪石面·可興面·山尺面·利安面·沙伊面·加次面·金生面·仰巖面·蘇坡面·老隱面·德山面·申尼面·嚴政面·蘇台面·東良面·福城面 등이다[12]. 종전의 佛頂面은 괴산군으로, 기타 맹동면·소탄면·대조면·사다면·천지면·지내면·법왕면·두의면·생동면·감미면·거곡면·금목면은 모두 음성군으로 편입되었다.

이와 같은 넓은 지역이기에 여러 가지 사건이 많이 일어나게 마련이었던 것 같다. 이 지역에서 특히 국가에 반역하거나, 인륜에 어긋나는 綱常罪강상죄를 지은 자가 발생하면 지역을 격하시켜 충주목을 예성부니 충원현 등으로 강등시키고, 忠淸道충청도도 머리자인 忠충자를 빼고 淸洪道청홍도 등으로 바뀌게 되었다. 이와 같은 사례는 惡악을 징계하는 뜻으로 타에 시범을

보이고 있어 참고된다.

12) 《韓國戶口表》(1907, 政府財政顧問本部)에 의함. 이는 광무 10년(1907) 9월 24일 칙령 49호, 地方區域整理件의 頒布에 의한 내용이며, 당시의 면 단위의 戶口수를 조사 기록하고 있어 참고가 된다.

보여 교훈으로 삼고자 한 일로 여러 차례 있었다[13]. 이러한 변이 있어 강등되면 대체로 10년을 기준으로 복호되었다. 그러나 같은 기간에 다른 界首官계수관에서 동일 유형의 사건이 일어나면 道名도명은 다시 바뀌게 되었다. 충주목에서의 변을 중심으로 한 사건을 다음에 기술하여 본다.

중종 34년(1539) 충주사람 劉石유석이 그 아비를 죽이려 한 일을 원주에서 조사하여(본래는 원주에 살았음) 이듬해(1540)에 조정에 올렸기 때문에 7월에 충주목을 강등하여 芮城府예성부로 하고 충청도는 界首官계수관의 머리자를 빼고 淸公道청공도라 하였다. 이 사건은 유석이 충주인이 아니라 원주인이라는 이유 등으로 조치가 부당하다는 여론에 의해 중종 37년(1542) 9월에 복구되었다.

명종 4년(1549)[14] 5월에 李洪南이홍남이 그 동생 李洪胤이홍윤이 역모한다고 고변하여 충주지역에 무고한 사람들이 많이 희생되었으며, 충주목은 강등되어 維新縣유신현으로, 충청도는 淸洪道청홍도라 하였다. 이 사건은 무고로 드러나 18년 뒤인 선조 즉위년(1567)[15]에 복구되고, 이듬해에는 이 사건으로 죄를 입은 충주인이 모두 방면되었다.

광해군 5년(1613) 5월 충주에 살던 柳仁發유인발 등의 역모사건으로

---

13) 《중종실록》 권93, 중종 35년 9월 6일조. 「大抵降號 所以示懲惡之甚 非法典所載」라 하여, 법전에는 없으나 읍호를 강등시키는 것은 악을 엄히 징계하는 뜻을 보이는 것이라 하고, 동:37년 9월 4일조에는 「追降所居原州邑號 且破潴其家 以示亂賊極惡之人 雖時有久近 不可不正其刑」이라 하여 읍호를 강등하고, 집도 헐고 못을 파서 극악한 난적은 시일에 관계없이 형벌을 다룬다는 것을 보여주어야 한다고 하였다. 《숙종실록》 권27, 숙종 20년 9월 15일조, 南九萬의 上箚조.

14) 《명종실록》 권9, 명종 4년 5월 21일(경인)조, 조선시대 忠州의 沿革을 잘 정리하여 놓은 《輿地圖書》에는 '명종 5년'으로 기록되고 있어 잘못되었으므로 바로잡았다. 《이후에도 紀年의 오류가 약간 있어 모두 바로잡고자 한다. 이후의 여러 지리지와 《蘂城春秋》에는 모두 이 《輿地圖書》를 그대로 옮겨 놓았기 때문에 오류가 있게 마련이니 참고를 바란다.

15) 《輿地圖書》 등에는 명종 23년으로 되어 있으나, '선조 즉위년'이므로 바로잡았다. 《선조실록》 권1, 선조 즉위년 10월 12일(계사).

유인발이 복주되고, 충주목은 충원현으로 강등되고 충청도는 공홍도라 하였다가 인조 원년(1623)에 복호되었다. 그러나 이는 李爾瞻이이첨이 도적의 괴수인 서얼 朴應犀박응서 등의 단순한 강도사건을 역모로 꾸며 인목왕후(선조의 비)의 아버지 金悌男김제남을 죽이고, 영창대군(선조의 아들)을 蒸殺증살하였으니 유인발의 사건은 誣獄무옥이다.

인조 6년(1628) 1월에 柳孝立유효립의 역모사건이 일어났다. 그의 무리 일당은 모두 正刑정형에 처했으며, 그 무리 중 安執中안집중이란 자가 충주에 살았다고 하여 충주는 충원현으로 강등되고, 충청도는 공청도라 하였다가 인조 15년(1637)에 복구되었다.

인조 22년(1644)에 沈器遠심기원의 逆獄역옥사건이 일어났다. 이들 무리는 모두 정형되었다. 이에 가담한 무리 중 蔡門亨채문형이 충주에 살았기 때문에 충주목을 강등하여 충원현으로 하고, 충청도를 공청도라 하였다. 그러나 2년 뒤인 인조 24년에 공주에서 모반사건이 일어나자 공주는 공산현으로, 도명은 홍청도라 하였다. 10년 뒤인 효종 4년(1653)[16] 4월 10일에 복구되었다.

숙종 6년(1680) 4월에 충주의 私奴사노 俊益준익이 그 아비를 죽인 일이 있어 준익은 정형되고, 충주목은 충원현으로 강등되고, 도명은 공청도라 하였다. 그러나 이듬해인 숙종 7년에 청주에서 謀逆祭文모역제문사건이 있자 청주는 서원현으로, 도명은 공홍도라 하였다. 10년이 지난 숙종 15년(1689) 1월에 충주목으로 복구되고, 도명은 충홍도라고 하였으며, 8월에 충청도로 복구하였다.

영조 4년(1728) 청주에서 李麟佐이인좌의 난이 일어났다. 그의 여당인 李祖謙이조겸이 충주사람이라 하여 충원현으로 강등되고 도명을 공청도라

---

16) 《輿地圖書》 및 地誌와 《蘂城春秋》에는 '효종 5년'이라 하였다. 《효종실록》 권 10, 효종 4년 4월 10일(을사).

하였다. 영조 14년(1738)[17]에 복구되었다.

영조 14년(1738)[18] 12월에 충주에 살던 長德장덕이 제 남편을 죽인 죄로 정형을 받고, 충주목은 충원현으로 강등되었으며 도명은 공홍도라 하였다. 영조 23년(1747)[19] 1월에 모두 복호되었다.

영조 31년(1755) 6월[20]에 沈鼎衍심정연의 옥사가 일어났다. 이 옥사에 連累연루된 충주태생 柳壽垣류수원이 정형되고 충주목이 충원현으로 강등되었다. 영조 41년(1765)에 다시 목으로 복구되었다.

순조 17년(1817) 4월에 蔡壽永채수영이 행상을 빙자하며 역적의 무리와 交結교결하여 모역한 사건으로 죄인이 충주에 살았다하여 4월 28일에 충주목이 충원현으로 강등되고 충청도는 공청도라 하였다. 10년이 지난 순조 26년(1826) 정월에 복구되었다.

이상은 충주와 관련 사실 만을 기술한 것이다. 이 외에 도명은 계수관인 청주·공주·홍주 등지에서 같은 유형의 사건이 발생할 때마다 바뀌었으니 그 수는 보다 많았음을 말해둔다.

Ⅷ. 23府와 13道의 설치와 忠州

고종 31년(1894, 甲午) 동학운동이 일어나자, 이를 계기로 청일전쟁이 일어나는 등 어수선한 틈에 일본은 대원군을 내세워 민씨 일파를 몰아내고

---

17) 《輿地圖書》 등 地誌와 《藥城春秋》에는 '영조 15년'이라 하였다. 《영조실록》 권 47, 영조 14년 1월 11일(갑자).

18) 《輿地圖書》 등 地誌와 《藥城春秋》에는 '영조 16년'이라 하였다. 《영조실록》 권 47, 영조 14년 12월 3일(신사).

19) 《輿地圖書》 등 地誌와 《藥城春秋》에는 '영조 23년'이라 하였다. 《영조실록》 권 65, 영조 23년 1월 12일(임인).

20) 《輿地圖書》 등 地誌와 《藥城春秋》에는 '영조 32년'이라 하였다. 《영조실록》 권 84, 영조 31년 6월 1일(계묘).

김홍집의 혁신 내각을 조직하여 開國紀年개국기년(503)을 사용하는 등 강력한 내정개혁을 단행하였으니 甲午改革갑오개혁이다. 이듬해인 고종 32년(1895)에는 지방제도도 일대 개혁을 하였으니, 종래의 8도제를 폐지하고 전국을 23부로 나누어 336개 군으로 하는 소지역주의를 채택하였다. 부의 장관은 관찰사라 하고, 군의 수령을 군수라 하였다.

이때 충청도는 충주부·공주부·홍주부의 3부로 나뉘어졌으며, 충주의 觀察府관찰부는 20개 군을 관장하였으니 충주군·음성군·연풍군·제천군·청풍군·영춘군·단양군·진천군·괴산군·청안군·여주군·용인군·죽산군·이천군·양지군·원주군·정선군·평창군·영월군·음죽군 등으로 지금의 강원도 남부와 경기도 동남부와 충청북도의 북부지역의 광대한 지역이었음을 알 수 있다. 충주에는 조선 초기에 충청도의 수부로서 관찰사가 있었으나, 임진왜란 후 공주로 옮겨갔다가 이때 다시 관찰사로 趙漢國조한국이 부임하게 되었다.

그러나 이 제도는 1년여 시행하다가 이듬해인 고종 33년(1896) 8월 14일에 칙령 36호로 23부를 13도로 바뀌었다. 이 때에 종래의 충청도지역은 충청북도와 충청남도로 나누어지게 되었다. 그리고 충청북도의 수부는 충주에 그대로 머무르게 되었다. 당시의 충청북도는 17개 군을 관할하게 되었는데 군도 그 면적의 結數결수에 따라 4등급으로 구분하였으니 다음과 같다.

1등군(1만결 이상): 충주군·청주군
2등군(7천결 이상):
3등군(4천결 이상): 옥천군·진천군
4등군(2천결 이상): 청풍군·괴산군·보은군·단양군·제천군·회인군·청안군·영춘군·영동군·황간군·청산군·연풍군·음성군

충주는 충청북도의 수부로서 새롭게 지방청으로 각광을 받게 되는 듯하더니 융희 2년(1908) 5월 25일 칙령 제30호로 충청북도 관찰부가 충주에서

청주로 개정법령을 공포하고, 6월 5일 도청을 충주에서 청주로 옮겨갔다. 이후 청주는 오늘에 이르기까지 충청북도의 수부로서 크게 번영을 하게 되었으나, 충주는 일개 군으로 전락하여 빛을 잃게 되면서 오늘에 이르고 있다.

당시 충주에서 청주로 관찰부가 옮기게 된 사유는 일개 일본인 서기관인 神谷卓男신곡탁남이란 자가, 충주는 각 군의 물자를 집산하는 곳으로서 지리적 가치가 없으며, 도의 동북에 편재되어 있어 18개 군을 통제 제어할 만한 위치가 못된다고 하면서 청주는 경부선이 가깝고 정치·경제의 중심지로 가장 적당한 곳이라는 의견서에 의하여 결정된 것이라고 한다[21].

Ⅸ. 邑內面에서 忠州邑으로

1910년 8월 29일 일제에 의한 병탄 이후 그들의 통치기구인 조선총독부의 산하에 들게 되었다. 동년 10월 1일 총독부령에 의해 도·부·군의 명칭과 관할구역이 공포되었으나 종전과 큰 차이가 없었다.

그리고 같은 날 총독부령 제8호로 「面면에 관한 규정」이 공포되었다. 원래 면은 조선 중엽부터 하나의 행정단위로 발전하여 왔던 것이다. 그러나 한말에 이르기까지 면에는 지방관이 배치되지 않았으며, 그 명칭 또한 面면·社사·坊長방장 등으로 불리었으며, 그 長장도 風憲풍헌·約定약정·執綱집강·面任면임·坊首방수·社長사장·檢督검독·都平도평·里正長이정장·管領관령 등 여러 가지로 불리었다.

그러나 면은 한말부터 하나의 지방행정구역으로 기능을 발휘하였고 광무 10년(1906)의 지방행정 구역정리와 함께 총 4,338면으로 정비된 것이

21) 大熊彌三郎, 《淸州沿革誌》, p. 39, 1923. 神谷卓男의 '意見書'; 이 부분을 번역한 자료로 張基德, 「忠州觀察道의 移轉」(《蘂城文化》 7집, 1985)이 있다.

1910년에 와서야 법적 근거를 갖게 된 것이다. 따라서 1910년 공포된 「조선총독부 지방관제」에 의하여 각 府부·郡군에 面면을 두고, 면에는 면장을 두되 부윤 또는 군수의 지휘감독을 받아 면내의 행정사무를 보조 집행하게 하였다.

그러다가 1913년 12월 29일 공포되고, 다음해인 1914년 3월 1일자로 시행하게 된 조선총독부령 제111호에 의해 「道도의 位置管轄區域及府郡위치관할구역급부군의 名稱位置管轄區域명칭위치관할구역」이 다시 조정되었다. 이를 계기로 도의 영과 고시[令·告示]에 의하여 면과 리·동의 대대적인 개편이 추진되었으니 통폐합되는 것이었다.

이 때의 충주군은 종래의 감물면·율지면·덕산면·소파면·사이면을 제외한 일원으로 되었다. 감물면과 율지면은 괴산군으로, 덕산면은 체천군으로, 소파면과 사이면은 음성군으로 편입된 것이다.

그리하여 충주군은 종전의 읍면을 통폐합하여 13개 면으로 되었다. 충주읍은 남변면과 북변면을 합하여 邑內面읍내면이라 하고, 나머지는 이류면(이안면·유등면)·신니면(신니면·신석면)·가금면(가흥면·금천면)·앙성면(앙암면·복성면)·금가면(김생면·가차면)·주덕면(덕면·주류면)·동량면·노은면·산척면·엄정면·소태면·살미면 등이다.

일제에 의한 지방제도는 여러 차례 조정되었으니. 1917년에 충주는 읍내면이 충주면으로 개칭되었다. 그리고 1930년 12월에 邑制읍제가 제정되고, 1931년 4월 1일에 시행됨에 따라 충청북도에서는 청주와 함께 충주가 읍으로 되었으니, 충주면이 충주읍으로 승격된 것이다.

일제에 의해 지방관제도 개정되어 시행되었으니, 종전에 관찰사인 도의 수령을 1910년 9월 30일에 道長官도장관이라 하다가, 1919년 8월 19일에 다시 개정하여 도지사로 하여 오늘에까지 사용하고 있다.

X. 忠州邑에서 忠州市로

1948년 8월 15일 정부수립 이후 우리는 근대적 지방 자치이념에 바탕을 둔 서구식 지방자치제도의 새 장이 열리게 되었다. 1949년 처음으로 지방 자치법이 공포되고, 그 해 8월 15일에 시행되었다.

1956년 7월 8일, 법률 제389호에 의하여 충주읍이 충주시로 승격되었으며, 충주군은 중원군으로 개칭되었으니, 살미면·이류면·주덕면·신니면·노은면·앙성면·가금면·금가면·동량면·산척면·엄정면·소태면 등 12개 면을 관할하게 되었다.

충주시는 14개 동을 관할하게 되었으니, 성내동·충인동·교현동·용산동·지현동·역전동·호암동·단월동·달천동·본방동·칠금동·연수동·목행동·안림동 등이다.

1963년 1월 1일 법률 제1176호(1962. 11. 21 공포)에 의하여 괴산군의 상모면이 중원군에 편입되어 13개 면으로 늘어나게 되었다.

이후 충주시와 중원군은 상호간에 독자적인 발전책을 모색하면서 성장을 거듭하여 갔으나, 1995년 1월 1일에 충주시와 중원군은 도시와 농촌의 복합형태의 시 설치 등에 관한 법률(제4774호, '94. 8. 3)의 시행에 따라 통합하여 새로운 충주시로 거듭 태어나게 되어 발전을 해가고 있다.

(《蘂城文化》 26, 2006)

택견의 變遷考

〈목 차〉

Ⅰ. 序 言

우리나라의 전통적인 맨손 武藝무예로서 오늘에 전하는 것으로는 '택견'과 '跆拳道태권도'가 있다. 이들의 技藝기예는 사실상 1945년 광복과 더불어 인멸 직전에 있었던 것을 뜻있는 분들에 의해 전통을 살리고자 노력한 결과로 오늘에 그 빛을 보게 되었음은 누구나 알고 있는 바이다.

이 중 태권도는 비교적 일찍 관심을 갖고 연구하여 보급에 힘써 온 결과 1962년 제43회 전국체육대회의 경기종목이 된 것을 시발로 경기화가 가속되어 1973년에는 서울에서 제1회 세계선수권대회가 열렸다. 1980년에는 세계태권도연맹이 I.O.C.의 정식 승인단체가 되었으며, 1986년 제10회 아시안 게임의 정식종목이 되고, 1988년 서울 올림픽의 시범종목을 거쳐서 오늘에는 국제공인 스포츠로서 올림픽의 경기종목에까지 오르게 되었으니 우리의 자랑이 아닐 수 없다. 따라서 태권도는 그 동안 많은 연구가 있어 왔으며 지금에도 꾸준한 연구개발을 위해 노력하고 있음을 알고 있다.

이에 반하여 택견은 크게 인정을 받지 못한 과정에서 몇몇 분들에 의해 겨우 명맥을 유지하여 오던 중 기예를 체계화하기 위한 송덕기·신한승 두 분의 연구와 노력의 결과로 1983년 6월 1일 문화재관리국에서 '중요무형문화재 제76호'로 두 분이 함께 지정을 받게 되면서 일반에게 보급이 되기 시작하였다. 따라서 그 유래나 기능을 위한 연구에 있어서도 태권도에 비할 바가 아니다.

그러나 이 두 무예의 기원과 역사성은 한결같이 동일한 '고구려의 고분벽화'에 두고 있음에 관심이 간다. 하지만 오늘날 우리에게 보여주는 이 두 무예는 그 기본적인 기법이 전혀 다르다. 그러므로 전래되는 과정에서의 변화된 갈래가 분명히 있었던 것임을 짐작케 하나 아직 이에 대한 연구는 없는 것 같아 문제를 제기하고자 한다.

택견과 태권도의 차이점을 단적으로 표현한다면 태권도는 동작이 딱딱하며 그 기본을 직선에 두고 맺고 끊는 것이 자르듯 명확하지만, 택견은 동작이 섬세하고 부드러우며 동작의 기본을 굼실굼실 버들가지와 같이 곡선에 두고 있다. 또한 중국의 권법처럼 동작이 길게 흐르지 않고 순간에 우쭐거리며 튀기는 탄력을 중요시한다. 중국의 권법에서 많이 쓰는 주먹은 없고 칼잡이라는 손바닥이나 손아귀로 미는 것이 있고, 주로 발을 많이 사용하므로 발로 하는 꽃이라 해서 유래된 脚戲각희 또는 飛脚術비각술이라고도 했다.

발길질 하나만 보더라도 다른 무술과 달리 직선적이고 굳은 동작이 아니라, 곡선의 발질과 늦은 발질을 하므로 우리 고유의 몸짓인 굼실대며 능청거리는 곡선의 몸짓을 그대로 잘 표현하고 있는 특징이 있다.

이와 같이 그 기본적인 기예가 상반된 택견과 태권도가 동일한 기원에서 출발하여 같은 역사를 갖고 있다는 데에서 오는 혼란이 있음을 본다. 그 동안 태권도에 관하여는 유래와 기능에 관하여 상당한 연구가 있어 왔으며, 그에 따른 성과도 많이 축적되고 있으나 택견은 매우 빈약한 상황에 있다. 사실상 그 동안 연구라고 하면 태권도 일변도였다고 할 것이다. 그런데 이들의 연구는 한결같이 택견에 근원을 두고 있으며, 고려시대 이후 기록에 보이는 手搏수박과도 같다고 하여 「택견=태권도=수박」 등으로 표현하고 있으면서도 경우에 따라서는 용어상에서 택견인지 태권도인지를 분별할 수 없는 혼란을 주고 있기 때문에 이에 대한 정리가 필요하다고 생각된다.

여기에 택견의 변천을 정리하고자 함은 앞으로 체계화된 택견과 태권도의 역사가 이루어지기를 바라는 마음에서이다. 제한된 자료와 천박한 지식으로 인한 견해의 차가 있을 것으로 보이나 앞으로 보완할 기회가 있기를 바라면서 제언의 질정을 바랄 뿐이다.

Ⅱ. 跆拳道의 名稱과 택견의 文化財 指定

우선 태권도의 명칭을 정하게 된 사실에 대하여 살펴보고자 한다. 이에 대하여《태권도 튼튼한 몸》에서 태권도에 관한 유래를 택견에다 두면서 다음과 같이 기술하고 있다.

택견은 호신을 위한 방법으로 신라에서 발만 쓰는 원시적인 운동으로 발생하여 화랑들에 의해 발달하여 왔다고 하면서,

「……태껸[1]의 위력이 어느 정도이냐는 史籍사적을 보면 "높은 담을 뛰

1) 「택견」의 용어에 대하여도 여러 가지로 사용되어 왔다. 한글학회에서는 『한글맞춤법통일안』에 따라 「태껸」이라 하여 표준말로 삼았으니 모든《국어사전》에는 「태껸」으로 기록하고 있다. 그러나 전래의 발음과 택견인들의 주장에 따라 중요무형문화재 제76호로 지정된 명칭은 「택견」이라 하여 사용되고 있다. 지난날에는 택견이·덕견이(申采浩,《朝鮮上古史》), 탁견·托肩(탁견)이라고 한자로 쓰여 오기도 하였다.

어넘어서 저쪽에 있는 상대방을 공격하고 또 실내에 앉았다가 천정을 올려찼다"는 기록으로 보아 당시 얼마나 태껸이 발달하였나를 알 수 있을 것입니다. 그런데 일제시대에 와서 중국의 권법과 일본의 공수에서 사용하는 手技수기를 가미하여 기술적으로 발전한 것은 사실이나 일본 명칭인 '空手공수(가라데)' 그대로 불러왔으므로 1945년 正稱정칭을 찾으려는 운동이 일어나 1955년 斯界사계에 조예있는 인사와 사학자로 구성된 명칭 제정회의를 개최하여 최용희 장군이 제안한 「跆拳태권」이 만장일치로 채택되었습니다.

이 명칭이 채택된 이유는

① 고대로부터 내려오는 '태껸'이란 어음을 연결시킬 수 있고,

② 손보다 발을 더 많이 쓰는 이 무도의 성격을 나타내는데 적합한 글자이기 때문이었다고 합니다.

그런데 우리나라의 태권도를 각국마다 자기나라의 특징에 맞는 이름을 붙이고 있으니 중국에서는 〈군따오〉 혹은 〈천파〉, 일본에서는 〈가라데〉 혹은 〈겜뽀〉, 말레이에서는 〈실라〉라고 각각 부르고 있습니다. 혹자는 이 무도의 발상지가 중국 또는 일본이라고 말하고 있으나 기술면에서 뿐만 아니라 연대에 있어서도 다른 것입니다.」[2)]

라고 하였다.

이상에서 보아 태권도는 그 이름을 택견에서 따온 것이며, 그 실제 기법은 전통적인 택견에다 일제하에서 중국의 권법과 일본의 空手공수(가라데)에서 사용하는 수기를 가하여 기술적으로 발전시켜서 일본 명칭인 가라데 空手(또는 唐手라고 쓰고 모두 '가라데'라 읽는다)라고 불러오던 것을 광복과 더불어 바른 이름을 찾으려는 과정에서 최홍희의 제안에 따라 태권도라는 새로

2) 《태권도, 튼튼한 몸》 p. 10. 《학생체육전집》 3권, 학생체육연구회 편, 풍년사, 1966.

운 이름을 만들었다는 뜻으로 이해된다. 다시 말하면 태권도는 택견에서 생각해낸 新造語신조어라고 할 것이다.

사실상, 광복 이후 우리나라에는 일제하에서 유행하고 있었던 일본의 명칭인 소위 '가라데' 즉, 唐手당수와 空手공수 및 拳法권법(일본 명칭으로 겜뽀)을 그대로 한동안 사용하면서 각급 도장이 난무하였던 것으로 보인다. 그러다가 일부의 뜻있는 분들에 의해 택견의 전통기법을 가하여 우리의 고유한 무도로 단일화하기 위한 노력을 하였으니, 이 결과 1955년에 각 계파들이 통합하여 '명칭제정위원회'를 구성하여 태권도로 통일을 하게 되었던 것임을 알 수 있다.

다만 앞의 인용문에서와 같이 "택견에다 중국의 권법과 일본의 가라데(공수 또는 당수)에서 사용하는 수기를 가미하여 기술적으로 발전한 것"이 사실이라면, 일본의 고대문화가 모두 우리에게서 건너간 것이 사실일진대 가라데(공수)도 본래의 기법이 우리에게서 건너간 것이라고 볼 수 있다. 그렇다면 태권도의 올바른 유래를 찾기 위해서는 가라데가 일본에 전승된 시기에 대한 연구가 필요할 것이다. 왜냐하면 오늘의 태권도가 사실상 일본의 공수도에서 비롯되었다고 하기 때문이다.

그러나 '태권도의 창시자'라고 자처하는 최홍희는 '명칭제정위원회'를 소집한 자리에서, "지금 국내 도처에서 같은 무도를 놓고 당수·공수·권법 등 제각기 마음대로의 명칭으로 걷잡을 수 없는 혼란과 파벌을 형성하고 있는 실정이니 이 잡다한 이름들을 하나로 묶을 수 있는 새로운 이름을 제정하기 위해 이처럼 모였습니다."라고 취지를 설명하고는, "跆태자는 발로 뛴다, 찬다, 또는 밟는다를 의미하며 拳권자는 여러분들이 아시다시피 주먹입니다. 그러나 내가 말하는 주먹은 단순히 이렇게 손을 폈다 쥐었다하는 주먹이 아니라, 이와 같이 여러 가지 형태의 주먹으로 찌르고, 뚫고 혹은 때리는 무도행위를 뜻하는 주먹"이라고 하며 시범을 보이면서, "태권이 택견하고 비슷한 발음이므로 역사적 연결을 지을 수 있는 가능성도 있습니다.” 라고 설명하여 만장일치로 ‘태권도’라는 이름으로 정해졌다고 한다[3].

이와 같은 내용으로 볼 때 태권도는 광복 이후 공수·당수·권법 등 잡다한 명칭을 통합하기 위해서 우리의 전통무예인 택견의 이름과 연관 지으려고 비슷한 이름으로 새로 만들어낸 용어[造語조어]일 뿐, 실제로는 택견과 무관한 것이라고 생각된다[4]. 그러나 오늘에 있어서 태권도가 國技국기라고 하며 ‘전통무예’라고 함은 그 뿌리를 ‘택견’에 두고 이를 합리화하려고 노력하여 온 데에 있다고 할 것이다.

앞에서도 언급한 바와 같이 태권도의 유래를 설명하는 모든 연구서는 한결같이 고구려의 古墳壁畵고분벽화인 ‘안악 3호분’과 무용총의 ‘택견圖도’[5]를 그 바탕에 두고 있다. 그러나 이 두 벽화를 보면 분명히 오늘의 택견

---

3) 최홍희,《태권도와 나》, 다음, 1998, 1권, pp. 343~348. ‘태권도를 창시하다’에서 인용. 2권, pp. 57~64. ‘국기 태권도’에서 다양한 종류의 단체를 통합하기 위한 혼란상을 엿볼 수 있다.
최홍희,《跆拳道敎本》 p. 29, 誠和文化社, 1959.
金光成·金耕知,《韓國跆拳道史》, 경운출판사, 1988, pp. 367~371에서도 광복으로부터 1965년까지는 당수도·공수도·권법·화수도·수박도 등 다양한 명칭이 혼용되고 있었음을 말하고 있다.

4) 이희승,《국어사전》, 1961에는 ‘태껸’은 있으나, ‘태권도’는 보이지 않고, 1982년도 증보판에서 ‘태권도’라는 용어가 오르고 있다. 이는 1955년에 생긴 ‘태권도’라는 용어가 그후 보편화되면서 1970년대 이후에야 사전에 오르게 되었음을 알게 한다.
이용복,《택견의 구성원리》에서도「태권은 1970년대에 들어서면서 자전에 실리기 시작한 新造語로서 ‘唐手’로 풀이되던 낱말」이라고 하였다.
http://www.net-in.co.kr/lovelove/nain/gmain.html,《택견과 태권도와 공수도》에서는 태권도에 대한 國技 시비론을 들면서,「실제로는 태권도가 형성되는 과정에서 택견과 직접 연관된 사실이 없다. 우선 태권도를 만든 주역들이 모두 공수도나 혹은 중국권법을 습득한 사람들이지 택견의 기능을 갖춘 사람이 아닌 것이다」라고 하였다.

5) 무용총과 안악 3호분에 있는 벽화를 그 동안 ‘手搏圖’ 또는 ‘相搏圖’라고 하여왔으나, 이는 분명히 ‘택견’에서의 활개짓과 같아 택견의 자세임에 틀림이 없다. 따라서 필자는 이를 ‘택견도’라고 주장하는 바다.

의 자세임에 틀림이 없다. 그 출발이 같다면 오늘의 태권도와 택견의 기본기가 서로 다른 데서 오는 변화를 생각할 때 언제부터 택견의 기본형에서 오늘의 태권도의 원형이 갈라지게 되었는가에 대한 연구가 또한 있어야 할 것이라고 본다. 이것이 國伎국기로서 태권도의 진정한 역사가 될 것이라고 생각되기 때문이다.

결론적으로 말해서 오늘의 택견은 고구려를 비롯하여 삼국시대에 널리 활용되었던 것이 고려시대부터는 手搏수박이란 이름으로 기록되어 왔다. 그러다가 조선 중기 이후 무예가 천시되면서 차츰 술자리의 여흥으로, 아이들의 놀이로 변하여 오다가 일제하에서는 일인들에 의한 우리민족 문화말살정책의 일환으로 우리의 기개가 살아 숨쉬는 택견을 엄하게 금하였기 때문에 인멸 직전에 있었다.

그러나 다행하게도 1900년 초에 서울에서 宋德基송덕기(1893~1987)가 윗대 패 택견인 林虎임호에게서 전수받고, 아랫대 패인 왕십리에서 辛在榮신재영·李敬天이경천, 구리개 패의 金弘植김홍식 등이 택견의 명맥을 유지하여 오고 있었으며, 辛漢承신한승(1928~1987)은 어려서부터 증조부인 신재영에게 배우고, 구리개의 김홍식과 왕십리 살곶이 패의 이경청으로부터 기술을 익히는 등 택견의 전통을 연구하면서 1970년에는 송덕기 옹과 서로 익힌 택견을 체계화하기 위한 연구를 하면서 1973년 10월 충주에 택견 전수관을 개설하고 鄭景和정경화·朴萬燁박만엽·梁萬河양만하 등 후계자를 양성·배출하기에 이르렀다.

문화재관리국에서는 송덕기와 신한승에 의해서 정리·체계화된 전통적 택견의 예능을 길이 전승하고자 1983년 6월 1일 두 분을 함께 택견의 기능보유자로 지정하였으니 '중요무형문화재 제76호'이다. 두 분의 각고한 노력에 머리 숙여진다. 여기에서 신한승은 택견의 체계화를 위해 연령적으로 35년이나 선배인 송덕기에게 자주 찾아가 서로간에 익힌 바를 상의하면서 실제 대련하는 등 부단히 체계화를 위한 연구를 하였다. 그 때마다 신한승은 송덕기에게 선배로서 또는 스승으로서의 깍듯한 예의를 표하였으니 이는 신한승의 겸양지덕으로 보아야 한다. 이를 송덕기에게 師事사사한 것으로 보고, '택견계보'에 「林虎임호(택견 1대)→송덕기(택견 2대)→신한승(택견 3대)」으로 표하고 있으니 이는 잘못된 표현으로 본다. 실제 오늘의 택견으로 체계있게 정립한 것은 송덕기보다 젊고 패기가 있었던 신한승에 의해 이루어졌기 때문이다. 후일담이지만 문화재관리국에서 기능보유자로 신한승을 단독으로 지정하려 하였으나, 신한승이 송덕기와 함께 지정하지 않으면 받지 않겠다고 강력하게 주장하여 함께 받게 되었다고 하는 이야기도 전하고 있다. 따라서 송덕기와 신한승을 택견 2대로 동일시하여야 옳은 표현이라고 본다[6).

그러나 보다 많은 후생을 양성하여 일반화하지를 못하고 두 분은 우연하게도 1987년에 모두 타계하였다. 다행하게도 1987년 11월 11일에 문화재관리국에서는 택견의 맥을 이어가도록 결의하고, 1990년 10월 10일에 신한승의 제자인 정경화를 기능보유자로 지정하고, 1995년 6월 1일에 정경화를 중요무형문화재 제76호 예능보유자로, 박만엽을 조교로 지정하여 오늘에 이르게 되었다. 1997년 6월 1일에는 국비보조에 의한 '택견 전국총 전수관'이 충주시 호암동 586번지에 웅장한 모습으로 개관하여 명실공히 한국 전통택견의 발상지로 새롭게 발돋움하게 되었다.

---

6) 정경화,《택견원론》화보 p.13, 보경문화사, 2002. 또한 이 '계보도'는 택견전수관 벽에도 걸어놓고 홍보하는 인상이다.
송덕기·박종관,《전통무예 택견》, p.22, 서림문화사, 1983의 '택견의 역사'에서 「송덕기 선생이 택견을 배울 당시에는 택견이 일정한 체계가 없는 낱 기술로 되어 있어서 배우기가 어려웠고, 체계적으로 정리할 수 없었다.」고 한 것으로 보아 송덕기에게 신한승이 사사하였다고 함은 잘못이다. 실제는 두 분이 각각 익힌 기예, 즉 윗대 패(송덕기)와 아랫대 패(신한승)의 차이점을 겨루며 연구하여 체계화를 위해 노력하였던 것으로 봄이 옳을 것이다. 왜냐하면 두 분이 1983년에 함께 '중요무형문화재 제76호'로 '택견'을 지정받게 되었다는 데에서 생각할 수 있다.

이와 같은 결과가 오게 된 데에는 충주지역의 뜻있는 인사들이 택견의 예능보유자인 신한승의 작고로 맥이 끊어질 위기에서 어떻게 하든 택견을 이 고장에서 계승시키고자 하는 노력에 의해 1987년 12월 20일 충주시청 회의실에서 "우리의 전통무예인 택견을 범국민 운동화하여 전통 택견인을 양성하고 보존, 계승시킴으로서 민족문화 발전에 기여함은 물론 선비정신을 바탕으로 한 '참'(택견정신)을 배우고 익혀 택견의 원형 보존 및 전통문화 발전에 이바지하는 것을 그 목적"으로 하여 〈한국전통택견회〉를 발족시키고 꾸준하게 목적 실현을 위한 노력을 하여온 결과라고 하겠다[7].

Ⅲ. 택견의 歷史性

앞에서도 언급한 바와 같이 태권도는 광복과 더불어 깊은 관심을 보여 왔기 때문에 크게 발전하여 전국적으로 곳곳에 많은 수련도장이 생기고 이들의 모임체인 협회도 설립되어 체계적인 연구도 이루어지고 있다. 더욱 국제적으로도 크게 인정을 받게 되어 세계 도처에 보급이 되고 있으며, 올림픽의 경기종목으로 채택되면서 활기찬 발전을 하여 왔으며, 그 동안 여러 종류의 敎本교본을 비롯하여 硏究書연구서도 나오고 있으며, 근년에는 대학원

7) 1987년 12월 20일 '한국전통택견회' 발족. 초대회장에 하태성이 선출됨. 1988년 1월 23일 창립총회에서 사표를 내어 김종윤을 2대회장으로 선출. 1989년 6월에 2차 총회에서 이규학을 3대회장으로 선임하고 10여 년 운영하여 오면서 1997년에 택견 전수관의 건립과 전국택견대회의 개최 등 다대한 업적을 남기고, 1998년 봄에 이봉상에게 회장직을 위임하였으나 본회의 운영상의 문제로 7월에 발전적인 해체를 하였다. 그리고 새로운 체제로 동년 11월 24일 같은 이름인 「한국전통택견회」로 창립하여 새로운 출발을 하여 회장에 곽원영을 추대하였다. 1999년 6월에 회장의 유고로 이재관이 새로 선출되었으며, 1999년 7월 28일자로 문화재청으로부터 社團法人 設立許可를 얻어 등기를 마치면서 명실 공히 한국전통 택견의 발전을 위한 새로운 면모를 갖추게 되었다.

의 학위 논문으로서도 여러 편이 나오는 등 전문적인 연구서도 많은 상황이다[8].

이에 반하여 택견에 관한 연구는 아직 초보적인 단계에 있다고 하겠다. 역사적인 변천과정에 대한 연구도 미진한 상태에 있으며, 운동으로서의 기예에 대한 연구는 전무한 상태이다. 그러나 그 동안 널리 택견의 모습을 알리기 위한 목적에서 여러 행사가 있을 때마다 공개적인 試演시연에 비교적 주력하여 왔다고 본다. 다만 중요무형문화재로 지정하기 위한 조사보고서를 비롯하여 최근에 점차 관심의 대상이 되면서 기본기를 익히는 교본을 비롯하여 약간의 연구서가 나오고 있다[9].

택견의 유래에 관한 문헌적인 자료는 사실상 없다. 다만 우리에게 시사하

---

8) 대한태권도협회에서는 1971년부터 정기적으로 회지 『태권도』를 간행하면서 다양한 연구된 결과를 게재하고 있다. 그동안 발표된 대표적인 연구서는 다음과 같다.
최홍희, 《태권도 교본》, 성화문화사, 1970.
최홍희, 《태권도 창시자 최홍희 회고록, 태권도와 나》, 다움, 2000.
趙晥默, 「태권도사」, 《태권도》 1-2호, 대한태권도협회, 1971.
鄭燦謨, 「韓國古代 跆拳의 發展過程에 관한 考察」, 《체육》, 138호, 1979.
金光成·金耕知, 《韓國跆拳道史》, 경운출판사, 1988.
이규석, 「우리나라 태권도 역사에 관한 고찰」, 《유도대학논문집》, 1979.
류호평, 『한국 태권도 발전의 사적 고찰』, 전남대 석사학위논문, 1981.
백원준, 「고려시대부터 근대까지의 태권도 발달사」, 《체육통론》, 176호, 1982.
이진화, 「한국태권도 발달과정에 관한 사적고찰」, 《인문과학》 7집, 영남대 인문과학연구소. 1985.
한광령, 「문명화 과정으로서 태권도의 역사 사회적 분석」, 한국체대 박사논문, 2001.
양진방, 「해방이후 태권도의 발전과정과 그 역사적 고찰」, 서울대 석사논문, 1986.
이 외에도 국회도서관의 검색결과 735건이 넘는 연구물이 있음을 본다.

9) 芮庸海, 《重要無形文化財 제76호, 택견》, 문화재관리국, 1973.
任東權, 《無形文化財 調查報告書 제146호, 택견》, 문화재관리국, 1982.
吳章換, 「택견의 歷史」, 《논문집》 17, 한국외국어대학교, 1984.
김현길, 「택견의 유래」, 《忠州中原誌》, 1985.
송덕기·박종관, 《전통무술 택견》, 서림문화사, 1988.
오장환, 《택견 전수교본》, 영언문화사, 1991.
都基鉉, 《우리 무예 택견의 이해》, 택견계승회, 1995.
鄭景和, 《택견원론》, 보경문화사, 2002.

는 바는 고구려의 고분벽화를 비롯한 몇몇 미술자료에 의하여 그 유래를 詳考상고할 뿐이니 그 동안의 연구도 그러하였다. 그러나 미술자료는 보는 이로 하여금 이해의 각도가 다를 수 있기 때문에 같은 표현을 보고 택견의 始原시원으로 보고 있기도 하며, 또한 택권도의 원형이라고 주장하는 등 혼선을 빚고 있는 실정이다.

고구려의 고분벽화는 4세기 경부터 발생하여 크게 유행하였으니 주로 초기 수도였던 만주의 集安집안(通溝)지방과 平壤평양 근교에 많이 산재하고 있으며, 광복 후에 황해도 安岳안악지역에서도 발굴 조사되었다. 최근까지 알려진 고구려의 벽화고분은 50여 기에 이르고 있다. 그 내용은 묘 주인의 초상화를 비롯하여 수렵도·무용도·씨름도·행렬도·불교행사 등 私的사적·公的공적인 행사장면을 담은 인물 풍속화, 무덤을 수호하는 四神圖사신도와 祥瑞상서로운 공상의 동물화들과, 천장에 그려진 해와 달과 별자리 등 우주의 표현과 상상적인 天界천계의 설화적인 그림 등 다양하다.

따라서 묘의 이름도 주된 그림을 대표하여 각기 표현하고 있으니 舞踊塚무용총·角抵塚각저총·四神塚사신총 등이다. 이들 고분 중에서 오늘의 운동 경기에 해당된다고 보이는 柔術유술, 즉 무기를 사용하지 않은 그림이 그려진 무덤으로는 안악 3호분과 무용총·각저총 및 三室塚삼실총이 있다. 그 동안 택견과 태권도의 유래라고 관심을 갖게 된 고분벽화로 안악 3호분은 비교적 소외시되어 왔으니, 광복 이후 북한에서 발견된 것으로 그 조성시기가 永和 13년(357, 고국원왕 27)이라는 절대연대가 墨書묵서된 명문이 있어 주목된다[10].

---

10) 안악 3호분은 1949년에 발견된 것으로 황해도 안악군 용수면 유순리에 있다. 이 묘의 전실 서측실 왼쪽 벽에 墨書한 銘文이 있다. 그 머리에 「永和十三年(357) 十月戊子朔二十六日」이라 하고 이 아래에 冬壽가 69세에 벼슬하다 죽었다고 기록하여 冬壽墓로도 알려지고 있다. 그러나 동수는 前燕 모용광의 부하로 있다가 고구려로 망명하여온 사람이다. 벽화의 내용 등으로 보아 망명자의 무덤이 아니라 왕릉으로 보아야 한다고 하여 美川王陵으로 추정하고도 있다. 金貞培 ; 安岳 3號墳 被葬者 논쟁에 대하여(韓國古代史論의 新潮流, pp.46~66, 고려대학교 출판부, 1980)

이 고분의 벽화는 전실 동쪽벽 상단에 그려져 있다. 탄력있게 살이 찐 두 용감한 장사가 높은 상투머리를 뒤로 제치고, 몸을 자유롭게 움직이면서 서로 맞겨루고 있으며, 한 손을 치켜들고 상대편을 방금 치려는 자세를 하고 있는 그림이다. 화가는 두 역사의 손에 강점을 둔 것 같다.

서로 상대를 향해 활짝 편 손들이 전체의 화면을 압도하고 있음을 본다. 택견에서 중요시하는 것이 바로 이 손이라는 것을 강조하는 듯하다. 분명한 택견의 활개짓 자세라고 보아지는 '택견도'이며, 4세기 중엽의 것으로 가장 오래된 자료이다.

다음으로 그 동안 택견과 태권도의 시원적 자료라고 보아온 무용총벽화가 있다[11]. 무용총은 5세기 후반의 고분으로 옛 통구지방인 길림성 集安市집안시 如山여산의 남쪽 기슭에 각저총과 인접해 있다. 무용총의 현실 천장에도 안악 3호분과 유사한 '택견도'가 있다.

두 사람의 용감한 장사가 서로 맞겨루고 있는데 딱딱한 굳은 동작이 아닌 유연한 몸매로 주먹을 쥐지 않고 손가락을 편 자세로, 왼쪽의 장사는 두 손을 벌리고 있는 활개짓과 발을 벌리고 있는 품밟기한 자세로 막 달려들려고 하는 상대를 받아치려는 모습이다. 피둥피둥한 가슴팍의 근육과 건장한 다리, 힘 있고 생동감이 넘치는 뛰어난 필치의 그림이다.

이상의 두 벽화를 手搏圖수박도라고 하여 왔으나, 분명히 택견의 자세이므로 '택견도'라 해야 할 것이다. 이들의 택견도에 의하여 삼국시대 초기

벽화내용은 舞樂隊와 葬送隊에 둘러싸인 주실 앞에 주인 내외의 초상도를 모신 魂殿과 하인들이 있는 부엌·牛舍·馬具庫 등과 맨 앞은 위병이 지키는 그림이다.

11) 무용총의 벽화 내용은 人物風俗畵인데, 이 중 현실 벽화는 이 고분을 대표하며 고구려 회화에서도 손꼽히는 '狩獵圖'가 있으니 고구려인의 기질을 생동감 넘치게 잘 표현한 것으로 알려지고 있다. 또한 고분의 이름을 정하게 된 '舞踊圖'와 주방과 묘 주인의 실내 생활모습, 수목도가 그려져 있다. 전실벽화는 상태가 양호하지 못하나 가옥·인물상들이 남아 있으며, 천장에는 '天體圖'와 '四神圖'의 일부인 청룡과 백호를 비롯하여 상서로운 상상의 동물들과 飛天·奏樂天人·仙人들의 모습과 '택견도'가 있다.

부터 고구려에는 택견이 널리 일반적으로 행하여지고 있었음을 알게 한다.

또한 위의 안악 3호분과 무용총의 '택견도'가 18세기에 편찬된 《武藝圖譜通志(무예도보통지)》[12]의 권법(수박=택견)을 설명한 그림과 서로 비슷하다는 데에 주목된다. 이는 고구려시대의 택견이 조선 후기까지 그 형식과 방법이 서로 유사하게 전승되어 왔음을 알게 하고 있다[13].

角抵塚각저총은 무용총과 인접하고 있으며 같은 시대의 것으로 추정하고 있다. 벽화의 성격도 비슷하다[14]. 이 고분은 그 이름을 짓게 한 '씨름도'가 현실의 동쪽 벽면에 그려져 있어 널리 알려지고 있다. 그동안 相搏圖상박도라고 호칭되어 왔으나 '씨름圖도'라고 해야 할 것이다. 씨름도의 장면은 샅바를 두른 모습이나 자세가 오늘의 씨름과 흡사하며, 씨름하는 두 장사와 심판격인 노인과 나무 위에 새 등을 그린 풍속도이다. 이 노인은 아마도 묘주인이 살아 있을 때의 모습은 아닐지. 오늘의 씨름 유래는 이에서 비롯된 것이라고 할 것이다.

三室塚삼실총은 5세기 경의 고분으로 역시 如山여산의 남쪽 기슭에 있다. 묘실의 구조가 'ㄱ'자형으로 3개의 방을 갖추고 있어 삼실총이라 이름하였다[15]. 이 고분의 제3실의 동벽에 한 장사의 그림이 있으니 이 모습은 역

12) 《武藝圖譜通志》는 1790년(정조 14)에 왕명에 의해 李德懋·朴齊家 등이 편찬한 24技의 무예를 圖解 설명한 종합무예서이다. 戰鬪技術 또는 兵技를 중심으로 한 實戰訓練書로서 당시의 무예와 병기에 관하여 종합적인 조감을 할 수 있는 중요한 가치를 지니고 있다. 특히 武技를 설명하는 과정에서는 각 技마다 중국식과 우리식을 뚜렷이 하고 있으니, 우리나라의 전통무예에다 중국의 무예서인 《紀效新書》 등을 참고하여 정리한 것이다.

13) 《고구려 문화사》 pp.314~316, 사회과학출판사, 논장, 1988.

14) 角抵塚의 벽화는 인물화 중심의 풍속도적인 내용이다. '씨름도'에 의해 각저총이라 부르게 된 것이다. 벽화의 내용은 전실에 나무와 동물화, 현실의 북벽에는 묘 주인의 실내생활 모습, 동쪽벽에는 '씨름도'와 주방, 서벽에는 나무와 수레, 남벽에는 나무 그림이 그려져 있다. 현실 천장에는 당초문 형태의 怪雲文을 가득 채우고 '천문도'를 그리고 있다.

15) 三室塚의 벽화 내용은 '수렵도'와 행렬도 등 인물·풍속장면과 천장에는 '사신

동적인 힘찬 움직임이 무예의 한 동작으로 마치 불교의 仁王像인왕상과 같다. 왼팔을 앞쪽 머리높이로 손바닥을 쳐들고 오른팔은 수평에서 약간 처지게 뒤로 돌린 채 왼발을 앞으로 하고 오른발을 뒤로 벌리고 있는 모습은 택견의 활개짓, 치들기의 모습과 흡사하여 관심이 간다.

이들 벽화의 그림을 태권도의 유래에 결부시 「무용총 현실벽화에는 오늘날의 태권도(수박)와 같이 체계화된 방식의 자유 대련의 장면」이라고 하고, 또한 각저총의 '씨름도'를 "오늘날 씨름과 흡사한 그림"이라고 설명하면서 「이것들은 바로 고구려 시대에 이미 태권도가 널리 보급되었음은 물론이요 태권도가 발휘하는 놀라운 힘과 묘기가 일반 국민들에게 크나큰 선망의 대상이 되었던 것을 입증하는 사실이 될 것」이라고 주장하면서, 이들이 「본래부터 고구려에 전통적으로 발달되어온 우리 고유의 태권도임이 입증되는 셈」이라고 하는 연구도 있다[16]. 여기에서 고구려 고분벽화의 '택견도'와 '씨름도'를 모두 태권도(수박)라 하였음을 알 수 있다.

이와 같이 본다면 택견과 태권도는 같다는 결론에 이른다고 하겠다. 이에 한 걸음 앞서서 「우리의 전통무술이 바로 택견(태권도의 옛 이름, 手搏)이다」라고 주장하는 설도 있어 주목된다[17]. 태권도는 본래 택견에서 유래된 것이며, 곧 수박이라고도 한다는 이야기가 된다. 따라서 태권도와 택견이 같다는 뜻으로 해석할 수 있지 않을까?

이를 증명이라도 하듯 「……, 특히 고구려에서 힘찬 태동을 본 태껸(이하 태권으로 고침·필자 주)……」[18]이라고 하며, 남의 문장에 주를 달아 '택견'

도'가 그려져 있다. 제1실에는 남녀의 행렬도·수렵도·전투도 등이 있으며, 2·3실에는 묘실의 수호신 격으로 보이는 험상궂은 얼굴을 하고 갑옷과 큰칼로 무장한 武士像과 장사상이 있으며, 천장을 받들고 있는 力士像이 있다. 천장에는 별자리와 사신도 및 상서로운 상상의 동물상, 神仙의 그림과 연화문 雲文으로 장식하고 있다.

16) 金光成·金耕知, 앞의 책, pp. 72~77.

17) 《민족문화대백과사전》 23권의 p. 14, 「태권도」 항의 '역사'.

18) 金光成·金耕知, 앞의 책, p. 101.

의 용어를 임의로 '태권도'라고 바꾸겠다고 하면서 고쳐 기록하여 동일한 용어임을 강조하고 있는 사례도 있어 독자를 매우 혼란스럽게 하고 있다[19]. 사실에 있어서 태권도의 유래를 기록한 모든 연구서에서 '태권도'를 '택견'으로 바꾸면 곧 택견의 유래가 된다고 할 정도이다.

안악 3호분과 무용총 및 삼실총의 벽화는 주먹이 아닌 손바닥을 편 자세로 누가 보아도 태권도의 기본자세인 주먹이 아님을 알 수 있다. 따라서 태권도의 유래를 억지로 이들 벽화에 끌어다가 연결시키고자 하는 표현은 무리가 아닌가 한다. 다만 태권도가 그 본래는 택견에서 출발하였다고 한다면, 택견의 기법에서 어느 시기에 어떻게 변형되어 오늘의 태권도가 파생되게 되었느냐에 대한 입증이 요구된다고 하겠다.

다음으로 관심이 가는 자료로서는 신라시대의 조각미술품이다. 신라시대에는 불교미술이 극치를 이루고 있었는데 이들 중에서 佛불·寺刹사찰의 수호신인 仁王像인왕상에 관심이 간다.

우선 善德女王선덕여왕 3년(634)에 조성한 경주의 芬皇寺분황사 模塼石塔모전석탑(국보 제30호)이다. 탑의 옥신 4면에 각각 龕室감실을 만들고 두 짝의 돌문[石扉]을 달아 여닫도록 하고는, 그 입구 좌우에 인왕상을 화강석에 조각하여 끼웠으니 모두 8상이다. 이 인왕상은 모두 특유한 권법의 자세를 하고 있으니 택견의 자세와 흡사하다.

또한 통일신라시대인 8세기 중엽에 조성된 石窟庵석굴암의 주실 입구 좌우에는 金剛力士像금강역사상(인왕상임)이 있다. 이 모습도 주실의 主尊如來坐像주존여래좌상을 수호하기 위한 특수한 권법의 자세를 하고 있으니 택견

---

19) 趙琓默, 「태권도사」, 《태권도》 1-2호, 대한태권도협회, 1971.
鄭燦模, 「韓國 古代跆拳의 發展過程에 關하여」, 《체육》 136, 1979.
李進和, 「韓國 跆拳道 發達過程에 關한 史的 考察」, 《人文科學》 7집, 영남대 인문과학연구소, 1985. 등의 태권도의 역사를 논한 모든 논고에는 《민족문화대백과사전》과 같이 「택견=태권도=수박」이라고 하여 혼란스럽다.

에서의 막기와 겨루기의 자세를 취하고 있음을 알 수 있다.

다음으로 1986년도에 발굴 조사된 경주의 龍江洞古墳용강동고분에서 출토된 인물 土俑토용이다. 8세기 전기의 조성으로 추정되는 고분으로 인물상의 토용이 출토된 첫 예로 알려지고 있다. 토용은 크기가 12~21cm 정도로 매우 사실적으로 표현된 28점이다. 이들 토용 중에 두 사람이 마주보고 대련하는 무인이 택견 자세를 하고 있는 모습이 있다. 발굴조사보고서에도 '택견상'으로 보고하고 있다[20].

이와 같은 신라의 조각미술품에 보이는 모습을 통하여 신라시대에도 통일 이전부터 택견이 널리 보급되고 있었으며, 특히 불교계에서는 승려들 사이에서 일반화하여 심신 단련의 법으로 활용되었음을 짐작케 하고 있다. 이들의 모습에서는 손바닥을 펴고 있는 모습과 혹은 주먹을 사용하고 있는 등의 자세도 있다. 이로 보아 신라에서는 고구려의 벽화에서 보여주고 있는 택견의 자세에다 새로운 기법이 가미되고 있음도 알 수 있어 관심이 새롭다. 4세기 경부터 신라는 사실상 고구려의 영향권 속에 있었으므로 고구려에서 전래되면서 신라인들에 의한 변형이 있었을 것으로 생각된다.

Ⅳ. 記錄에 의한 택견

기록에 나타나는 고대의 柔術유술 경기로서는 夫餘王부여왕이 136년(고구려 태조왕 84)에 後漢후한을 친히 방문하였을 때, 후한의 順帝순제는 黃門鼓황문고를 울리고 피리를 불면서 角抵戱각저희를 관람케 하였다[21]는 기록이 있을 뿐이다.

20) 「慶州龍江洞古墳發掘調査報告書」,《文化財》19, 文化財硏究所, 1986.

21) 《後漢書》, 東夷傳 夫餘國조「順帝永和元年 其王來朝京師 帝作黃門鼓吹 角抵戱以遣之」.

角抵각저는 角觝각저라고도 표기하며, 角力각력·相撲상박이라고도 하니 오늘날 널리 일반에 행해지고 있는 우리의 씨름으로 통한다. 角力戱각력희와 角觝戱각저희의 용어는《고려사》에도 나타나고 있으며, 조선시대에는 널리 일반화되었음을《東國歲時記동국세시기》에 의해서도 알 수 있다.

기록에 의하면, 六國육국(전국시대)시대에 만들었으며, 秦진의 2세가 이를 즐겼으며 한무제도 좋아했다[22]고 하였음에서 중국의 전국시대(B.C 403~221)에 각저가 생겼으며, 황제들이 이를 즐겨했음을 알 수 있다.

각저를 하는 방법에 대하여는 아이들이 두 손을 땅에 대고 머리로 서로 부딪치는 것으로 소싸움과 같다고 하였으며, 黃帝황제시대에 蚩尤치우에 뿔이 있으므로 뒷날 사람들이 角觝戱각저희를 만들었다고 하였다. 宋송나라 때 冀州기주에 蚩尤戱치우희가 있는데 사람들이 머리에 소뿔을 붙이고 서로 부딪쳤다[23]고 하였으니 중국에서의 각저는 소싸움과 같은 모습이었음을 알 수 있다.

부여왕은 이와 같은 각저를 관람하고 아마도 수입하여 부여에서도 시행하였을 것으로 생각된다. 황제가 즐기는 선진문화를 수입하려 했음은 쉽게 이해되리라 보기 때문이다. 이 영향을 고구려에서도 받아들였다고 보인다. 그러나 고구려에서는 이를 발전시켜서 오늘의 씨름으로 변화시켰다고 생각되니 고구려 角抵塚각저총의 '씨름도'에서 알 수 있다. 우리에게는 다만 문자가 없었으므로 우리의 씨름과 유사한 한자어인 角抵각저로 표기한 것

---

22)《事物紀原》, 博奕嬉戱部 角觝조「今相撲也 漢武帝故事曰 角觝 昔六國時所造 史記秦二世在甘泉宮 作樂角觝………漢武帝好之………」

23)《事物原始》, 角觝조에「今小兒兩手據地 以頭相觸 作牛鬪狀 卽漢武帝角觝之戱也 或曰戰國時之戱………或曰 黃帝時蚩尤有角 以角觝人 而後人作角觝之戱 而宋時冀州有蚩尤之戱 其民兩兩戴牛角相觝……」
蚩尤는 전설상의 인물로 神農氏 때 난리를 일으켜 黃帝와 涿鹿의 들에서 싸우다가 패전하여 포살되었다. 후대에는 齊에서 軍神으로 兵主의 신이라 불리어 8대 신의 하나로 숭배되었다.

이라고 본다.

그 동안의 여러 연구에서는 이 '씨름도'도 택견 또는 태권도의 모습이라고 하여 이해하려고 한 경향이었으나 엄연히 구별되어야 할 것이다.《고려사》와《조선왕조실록》에도 각저희(씨름)는 수박희와 구별하고 있음을 보아 혼동하여서는 안될 것으로 본다.

이 외에 삼국시대의 유술에 대하여 고전의 기록은 아니나, 고전처럼 많은 분들에 의해 이용되고 있는 자료로서 申采浩신채호의《朝鮮上古史조선상고사》[24]가 있다. 여기에서는 고구려가 강성한 이유를 '선배제도'의 창설에서 비롯되었다고 하고, 그 시원을 고구려의 6대 태조왕과 7대 차대왕대에 처음 나오는 皂衣조의에 두고 있다.

이 조의가 '선배'의 스승이라는 점을 들고, 「선배는 吏讀字이두자로 '先人선인'·'仙人선인'이라 쓴 바 '先선'과 '仙선'은 '선배'의 선의 音음을 취한 것이며, '人인'은 '선배'의 '배'의 義의를 취한 것이니 '선배'는 원래 '신수두' 敎徒교도의 보통명사」[25]라고 하였다. '조의'가 '선배'와의

---

24)《朝鮮上古史》는 1931년부터 〈조선일보〉에 연재. 1948년에 鐘路書院에서 46판 353면으로 간행. 申采浩(1880~1936)는 중국에 망명생활을 하며 독립운동과 국사연구에 힘을 기울이다 1928년 왜경에 체포되어 여순감옥에서 옥사하였다. 이 글은 망명생활과 옥중에서 집필하여 발표한 내용임.

25)《三國史記》高句麗本紀 권3, 太祖大王 80년(132)조 「沸流那皂衣 陽神」과, 次大王 20년(165)조 「椽那部皂衣 明臨荅夫」에서 皂衣라는 벼슬 이름이 나온다.
申采浩,《朝鮮上古史》pp.147~149. 종로서원, 1948에서 皂衣를 '선배'의 스승으로 보고 皂帛으로 옷을 지어 입었다고 하였다. 이 글에서 '신수두'는 최고최상위의 者로 大檀君이라고 하였으니. 同書 p. 54에 '수두'는 神壇이라 하고 「…… 强敵이 침입하면 각 수두 소속의 부락들이 연합하여 이를 방어하고 가장 공이 많은 부락의 수두를 第一位로 尊奉하여 '신수두'라 이름하니 '신'은 최고최상을 의미한 것이며, 기타의 각 수두는 그 아래 부속하였나니 三韓史에 보이는 '蘇塗'는 수두의 音譯이며, '臣蘇塗'는 신수두의 음역이요, …… '震壇'의 '震'은 '신'의 음역이며 壇은 수두의 意譯이요, 檀君은 곧 '수두하느님'의 意譯이니라. 수두는 小壇이요 신수두는 大壇이니 수두에 檀君이 있었은즉 수두의 檀君은 小檀君이요 신수두의 檀君은 大檀君이니라」하여 신수두는 최고의 두령을 의미한다고

관련에 대하여는 알 수 없으나, 고구려의 관직에 皂衣조의와 先人선인이 있으니 이는 별개의 것으로도 이해되나, 皂衣先人조의선인으로 동일한 官階관계로 볼 수 있으니[26)] 《조선상고사》에서 皂衣조의와 先人선인이 관계가 있음은 짐작이 간다. 이 시기에 皂衣조의 明臨荅夫명림답부(167~179)는 무도포악한 차대왕(146~164)을 죽이고 왕의 아우를 올려 신대왕(165~178)을 옹립하고는 강력한 국가건설에 힘을 기울였으니, 173년에 한의 현도군 태수가 대병을 이끌고 쳐들어오자 이를 맞아 坐原좌원에서 전멸시키는 등 고구려의 강성을 가져오게 한 것이다.

그러나 근년에 나온 자료로서 《桓檀古記환단고기》에 의하면, 고구려의 乙巴素을파소가 國相국상으로 있으면서 俊傑준걸들을 뽑아 仙人道郎선인도랑이라 하고, 무예를 관장하는 자를 皂衣조의라 하였다고 하였으며, 皂衣仙人조의선인은 모두가 특별히 뽑힌 사람으로 나라사람들이 그 선출됨을 긍지로 여겼다[27)]고 한 데서 조의선인의 직책을 짐작하게 하며, 신채호의 의도를 알 수 있다.

《조선상고사》에서는 「每歲매세 三月3월, 十月10월 '신수두' 大祭대제에 모든 군중을 모아 혹 칼춤도 추며, 혹 활도 쏘며, 혹 깨금질도 하며, 혹 택견이도 하며, 혹 江氷강빙을 깨고 물속에 들어가 물싸움도 하며, 혹 가무를 演

하였다.

26) 《三國志》 魏志東夷傳 高句麗조에 관직명으로 9等位로 皂衣, 10등위로 先人이 보인다. 그러나 『翰苑』 高麗記에서는 「次皂衣頭大兄 比從三品 一名中裏皂衣頭大兄 東夷相傳 所謂 皂衣先人者也」라고 한 기록과, 『新唐書』 高麗傳에 「皂衣頭大兄 所謂皂衣者 先人也」라 한 데서 皂衣와 先人을 동일 실체로 파악하고 있음을 알게 한다. 그러나 翰苑에서의 官階는 皂衣頭大兄은 5官等으로 國家의 機密과 改正·徵發·官爵授與 등을 관장하였으며, 先人은 比正九品이라 하여 최하위인 14위에 두고 있다.

27) 《桓檀古記》 太白逸史 高句麗本紀 第六 「乙巴素爲國相 選年少英俊爲仙人徒郎 掌敎化者曰叅佺 衆選守戒爲神顧託 掌武藝者曰皂衣 兼操成律 爲公挺身也」라 하고, 《朝代記》를 인용하는 가운데에 「皂衣仙人 皆其選也 國人所矜式者也 不然何以加榮 與之爲等於王使者乎」라 한 데서 알 수 있다.

연하여 그 美惡미악을 보며, 혹 大狩獵대수렵을 행하여 그 射獲사획의 多寡다과도 보아 여러 가지의 내기에 승리하는 자를 '선배'라 칭하고 '선배'된 이상에는 국가에서 녹을 주었다」고 하였으며, 또한 「松都송도의 手拍수박은 곧 '선배' 경기의 일부이니 수박이 支那지나에 들어가 拳法권법이 되며, 일본에 건너가 柔道유도가 되고 조선시대에서는 武風무풍을 천시한 이래로 그 자취가 거의 전멸하였다」[28]고 하였다.

또한 신라의 國仙국선 花郞화랑은 眞興王진흥왕이 고구려의 '선배'제도를 본받은 것이라 하고, 「'선배'를 '신수두' 壇前단전의 경기회에서 뽑아 학문을 힘쓰며 手搏수박·擊劍격검·射藝사예·騎馬기마·덕견이·깨금질·씨름 등 각종 기예를 하며, 원근 산수에 탐험하며 詩歌시가와 音樂음악을 익히며 공동으로 한 곳에 숙식하며 평시에는 患亂救濟환란구제, 城郭성곽·道路도로 수축 등을 自任자임하고 亂時난시에는 전장에 나아가 죽음을 광영으로 알아 공익을 위하여 일신을 희생하는 것이 '선배'와 같으니 國仙국선이라 함은 고구려의 仙人선인과 구별하기 위하여 위에 '國'자를 더 넣어 지은 명사며, 화랑이라 함은 고구려의 '선배'가 皂帛조백을 입어 皂衣조의라 칭하듯이 신라의 '선배'는 花粧화장을 시키므로 花郞화랑이라 칭」하였다[29]고 하여 고구려의 '선배'가 신라로 들어와 '화랑'이 된 것이라 하였다.

이상에서 보아 고구려의 태조왕 때에 생긴 皂衣조의와 先(仙)人선인의 직함을 무사적 집단으로 보고, 이들의 수련과정에 택견(택견이·덕견이 등으로 표현) 등을 하였으며, 이 제도를 신라의 진흥왕이 받아들여 화랑을 만들고 택견 등으로 수련을 하였음을 알게 한다.

그러나 이러한 내용은 근본 사료에는 보이는 것이 아니며 어디까지나 추측에 한할 뿐이다. 다만 무사들의 수련과정에서 있을 수 있는 일임에는 틀

---

28) 申采浩, 앞의 책, pp. 147~149.
29) 申采浩, 앞의 책, pp. 224~225.

림없다고 하겠으니 수긍이 갈 뿐이다. 그렇다고 종전의 여러 인용 자료에서 신채호의 《조선상고사》를 古典고전처럼 활용함은 무리가 있다고 하겠으나, 기록이 없는 당시대의 상황을 추리할 때 신채호의 견해는 卓見탁견이라고 할 것이다.

무사들의 수련을 위하여 일반화되었다고 생각되는 택견은 일반에서도 널리 신체의 단련을 위하여 시행하여 왔으리라고 보인다. 이와 같은 경기는 대체로 국가의 경사스러운 날, 즉 고대의 迎鼓영고·東盟동맹·舞天무천과 같은 큰 명절과 종교의식 등의 행사시에 있었던 것으로 상상할 수 있다. 이는 농경생활을 주로 하여 왔던 우리나라에서는 두레와 같은 온 마을의 협동이 요구되었기 때문에 공동체적인 문화행사가 있을 때에는 더욱 성행되었으니, 5월의 풍년을 기원하는 단오절이나 7월의 백중날과 10월의 추수감사제가 열렸던 때일 것이다. 이 때에는 온 나라 사람들이 모여 연일 술과 노래와 춤으로 즐겼다는 고대의 기록에서 알 수 있으나, 최근에도 단오절이나 백중일 등 명절에 행하여지고 있는 씨름이나 그네, 택견 등을 하던 풍속도로 전해오고 있었음에서도 짐작할 수 있다.

택견은 이러한 행사를 통하여 우리 조상들은 養生術양생술, 즉 보건을 위한 운동으로, 또는 무예로 신체를 단련하는 유희를 발달시켜 오게 되면서 점차 공격과 방어를 하는 자세를 체계화하여 왔던 것이다.

V. 手搏에 대하여

手搏수박이라는 용어는 《고려사》에 처음으로 등장되며 《조선왕조실록》에도 무예를 시험하는 경기로서 나타난다. 正史정사의 기록에 뚜렷하게 나타나니 그 동안 이에 대하여는 여러 편의 논문으로 연구 발표된 바도 있으나, 대부분 석사학위 논문으로 이 방면에 대한 연구의 시도라고 보인다[30]. 그러나 이에 대한 그 동안의 연구들은 한결같이 고구려 벽화의 '택견도'를 '수박도'라 하고, 태권도의 시원으로 보고 있으며, 고려시대 이후 기록에 보이는 수박으로 이어져 온 것이라 하여 체계화하려고 하였다.

그렇다면 수박은 어떠한 경기였을 것인가에 관심이 간다. 수박에 대하여 《正字通정자통》에서는 두 사람이 서로 쳐서 승부를 가리는 것이라 하였으며, 宋송나라에서는 武科무과시험으로 親試친시를 하는데, 王嗣宗왕사종이 수박으로 장원하였다[31]고 하는 기록이 있다. 즉 송나라에서는 무인을 기용하는 데에 수박을 시험과목으로 채용하고 있었음을 알 수 있다. 여기에서 중국의 수박과 우리나라의 수박에는 차이가 있을 것이라고 본다. 「송도의 수박이 支那지나(중국)에 들어가 권법이 되며, 일본에 건너가서 유도가 되었다.」고 한 신채호의 주장에 공감이 가기 때문이다.

그러나 다음의 기록에 주의가 간다. 조선 정조 22년(1798)에 편찬된 《才物譜재물보》에 의하면 「手搏수박을 卞변이라 하고 角力각력을 武무라 하니 지금의 '탁견'이라 한다」[32]고 하여 한글로 '탁견'이라고 표기하였다.

---

30) 黃 奇, 《手搏道 敎本》, 계당문화사, 1970.
윤종만, 《高麗鬪技(각저·수박)考》, 단국대학교 석사학위논문, 1979.
이상봉, 《우리나라 수박에 대한 사적 고찰》, 부산대학교 석사학위논문, 1984.
李鐘煥, 《韓國 手搏의 發達過程》, 경희대학교 석사학위논문, 1984.
鄭在成, 《高麗時代의 "手搏"에 關한 考察》, 청주대학교 석사학위논문, 1988.
이 외에도 우리나라의 각종 體育史와 전통 무예를 다룬 논고에서는 수박에 관하여 모두 취급하고 있다.

31) 《正字通》, 「搏 兩人交擊 角勝負也. 五代史 唐莊宗與存賢手搏」.
《宋史》, 選擧志, 「咸平三年(1000) 親試陳堯咨等 至四十人 旣下第 願試武藝 王嗣宗手搏得壯元」.
《宋史》, 王嗣宗傳, 「初嗣宗就試講武殿 搏趙昌言帽 擢首科 故放及之」.

32) 《才物譜》(一名, 萬物譜), 권6, 물보1의 技戲조에 「卞:手搏爲卞 角力爲武 若今之탁견」, 「厮撲;捽挍之類 亦탁견」, 「手搏:仝〇 今之 수벽 雖與此不同而 當用此字」라 하여 手搏을 택견이라고 하였다.
《才物譜》(8권 4책), 李晩永이 정조 22(1798)에 지음. 天譜·地譜·人譜·物

이는 2백여 년 전에 이미 수박이라고 표기되면서 호칭되어 오던 우리의 무예가 일상 우리가 순수하게 불러왔던 '택견'이라는 기예였음을 처음으로 밝히고 있어 주목된다. 卞변·弁변을 수박이라 함은 이미 漢한나라 때부터 있었으니[33] 그 유래 또한 오래임을 알 수 있다. 이는 맨손무예인 전통적인 택견을 문자를 갖지 못했던 당시에 우리의 기예와 유사한 중국의 '手搏수박'이라는 용어를 빌려다 사용해 왔던 것으로 본다.

수박이 택견이라고 함은《朝鮮武士英雄傳조선무사영웅전》에서도 밝히고 있으니「근래에도 청년들이 씨름보다 약간 다른[小異] 搏戲박희를 행함이 있던 바 소위 '택견'이라 하는 것이 그 종류」[34]라고 하였다.

이상에서 보아 수박이 우리나라에 전통적으로 전해 내려오는 택견임을 알 수 있다. 그러나 신채호는《조선상고사》에서 수박과 덕견이(택견)를 별개인 것처럼 기록하고 있으나, 이는「주로 기술적 측면을 중심으로 하는 것은 수박, 발 기술을 중심으로 하는 것은 택견으로 분리」한 것으로 본래는 동일한 것으로 보거나[35] 또는 신채호가 중국 망명생활 중 우리의 역사와 문화를 접하면서 중국에 전해오는 수박과 우리의 택견(수박)에 차이가 있음을 직접 보고 이를 구별하기 위해 기록한 것은 아닐지.

譜 등 3才와 만물의 옛 이름 및 별칭·한자명·속명 등을 일일이 각주를 달고 때로는 한글로 풀이하여 기록한 책으로, 春夏秋冬의 4집으로 나누어 수록한 책.

33) 《漢書》, 哀帝紀贊에「時覽 卞射武戲 (註)蘇林曰 手搏爲卞」및 同書; 甘延壽전「試弁爲期門(註)孟康曰 弁 手搏也」이라 하고 同書; 藝文志에는「手搏」六篇이 있다고 하여 수박에 관한 저술이 있었음을 알 수 있다.

34) 安自山,《朝鮮武士英雄傳》p.63, 明星出版社, 1940, 柔術조.
여기에서 搏戲는 手搏戲를 약칭한 것이다. 고려시대의 수박희를 柔術로 설명하고 있다. 그러나 씨름과 수박을 다르다고 하였으며, 수박을 택견이라 하였다. 手搏은 手拍·手擗으로도 표기되고 있으며, 그 놀이를 手搏戲·手拍戲·搏戲·拍戲 등으로도 쓰이고 있다. 이와 같이 여러 가지로 쓰이게 된 바는 택견의 고유한 말을 漢字로 표기하는 과정에서 달리하게 된 것이라고 보인다.

35) 李進和, 앞의 논문.

그렇다면 택견은 어떠한 모습으로 전해왔을 것인가. 이에 대하여 조선 말기부터 일제 초기에까지 행하고 있었던 모습을 기록한 자료가 있어 참고가 된다. 즉《海東竹枝해동죽지》에서는 漢字한자로 '托肩戲탁견희'라 하였으며, 다음과 같이 기록하고 있다.

「옛 풍속에 脚術각술이 있다. 상대하여 서로 마주 서서 차서 넘어뜨리는데 세 가지 법이 있다. 못하는 자는 다리를 차고, 잘하는 자는 어깨를 차고, 나르며 차는 기술[飛脚術]이 있는 자는 상투에 떨어진다. 이로서 혹은 원수도 갚고 혹은 내기를 하여 愛姬애희도 빼앗는다. 법으로 관에서 금하기 때문에 지금은 없다. 이 놀이를 托肩탁견이라고 한다.」고 하였으며, '百技神通飛脚術백기신통비각술'이라 하여 백 가지의 신통한 나르며 차는 기술이 있다[36]고 하였다. 택견에서 흔히 볼 수 있는 동작의 표현이다.

수박에 대한 기법을 崔南善최남선은 「대개 手指수지의 屈伸굴신과 拳握권악의 進退진퇴로서 일정한 제약에 의한 승부를 결하는 것인데, 그 酒席주석에서 할 때는 따로 守勢佘수세령 혹은 豁拳활권이라 하여 그 방식이 時世시세와 함께 복잡해지고 武藝무예의 뜻으로 사용할 때는 그저 '拳권' 혹은 '拳勇권용'」[37]이라고 하였다. 손을 폈다 접었다 하며 손의 진퇴를 표현한 모습은 택견의 손놀림을 잘 표현하고 있다.

---

36) 崔永年,《海東竹枝》, 중편, 俗樂遊戲, 托肩조「百技神通飛脚術 輕輕掠過髻簪高 鬪花自是風流性 一奪貂蟬意氣豪」라는 신통한 택견의 詩를 싣고 다음과 같은 설명을 하고 있다.

「舊俗有脚術 相對而立互相 蹴倒有三法 最下者蹴其腿 善者托其肩 有飛脚術者落其髻 以此或報仇或賭奪愛姬 自法官禁止今無 是戲名之曰托肩」.

崔永年(1856~1935)의 자는 聖一, 호는 梅下山人, 본관은 경주이다. 漢詩人으로 이 책은 1921년에 지은 詩集이다. 이를 제자인 宋淳夔가 편집하고, 金炳采가 校註하여 1925년에 출판하였다. 우리 역사 속의 奇聞을 上篇, 俗樂·유희·명절·풍속·음식·名産을 中篇(111수), 樓臺·亭閣·殿廟·祀墓·壇所·祀亨을 下篇(128수)으로 엮었다.

37) 崔南善,《朝鮮常識》, 風俗篇, 手搏조, p. 99, 東明社, 1948. 원문의 뜻을 살려 필자의 번역임.

수박에 대한 중국의 기법은《정자통》에서는 단순히「서로 쳐서 승부를 가린다.」고 하였을 뿐이다. 이들의 기술이 우리의 택견과 같이 비각술이 있었으며, 수지의 굴신과 권악의 진퇴하는 기법이 있었다면 분명히 기술하였을 것이라 본다. 그러나 다만 서로 손으로 치고받는 권법에 한한 모습이었기 때문에 단순하게 표현한 것이 아닌가 생각된다.

따라서 우리나라에서는 수박이 곧 택견이라고 하여 왔음을 알게 하나, 중국의 수박과는 차이가 있었다고 보아 구별되어야 한다고 하겠다. 따라서 삼국시대의 벽화를 설명할 때 막연하게 '手搏圖수박도' 운운하는 표현은 합당한 것이 못된다. '택견도'라고 해야 할 것임을 재삼 주장하는 바가 여기에 있다. 순수한 우리의 택견이 고대로부터 전해오다가 고려시대에 성행되면서 중국의 유사한 기예인 手搏수박을 빌려다가 기록만 하였던 것이라고 보기 때문이다.

여기에 고려시대의 수박을 태권도와 결부시켜서 이해하려고 한 대부분의 연구에 대해 부정하면서 태권도가 아닌 택견과의 관련이라고 주장하는 연구가 있어 관심이 간다. 鄭在成정재성의 석사학위논문으로「고려시대의 '手搏수박'에 관한 고찰」이다. 이 논고에서는「고려시대에 흥행했던 手搏(태견)에 대한 고찰」을 하고자 하였다고 서문에 기록하고, 연구의 목적으로「이 분야의 기존 대부분의 연구와 논문들은 수박을 오늘의 태권도와 결부하여 정의하거나 택견과 태권도를 혼동하여 정리」하고 있음을 지적하고「수박이 택견일 가능성이 가장 높음을」밝히려고 하였다[38].

또한 그 동안 '택견'에 대한 표기에 있어서도 다양하였음을 알고 있다. 《재물보》(1798)에서는 '탁견',《朝鮮語辭典조선어사전》(조선총독부, 1920)에는 '택견',《해동죽지》(1921)에는 '托肩탁견' 또는 '托肩戲탁견

38) 鄭在成,《高麗時代의 "手搏"에 關한 考察》pp.1~3. 청주대학교 석사학위논문, 1998.

희', 《조선상고사》(1931)에서는 '택견이' · '덕견이' 등으로 표기하고 있다. 조선어학회(한글학회의 전신)에서는 1933년에 '태껸'이라 하여 표준어로 정하여 지금까지 각종 '국어사전'에 표기하고, 《조선무사영웅전》(1940)에는 '택견'이라 하는 등 다양하다. 이를 정리한다면 본래는 '택견'으로 오랫동안 불리어 왔으나 시대에 따라, 표기하는 사람에 따라, 또는 한자로 표기하기 위한 방법에서 차이가 있었던 것이라고 본다. '택견'으로 확정한 것은 1983년 중요무형문화재로 지정할 당시 문화재관리국(지금의 문화재청)에서 기능보유자의 의견과 국어학자들과의 사이에서 확정한 것이라 한다[39].

Ⅵ. 高麗時代의 手搏

고려시대에 무예를 겨루는 경기로서는 手搏수박을 비롯하여 角觝각저(또는 角力)·擊毬격구·石戰석전·弓射궁사·狩獵수렵·蹴鞠축국·放鷹방응 등이 때때로 시행되고 있었다. 그러나 이들 중에서도 수박(희)은 그 주류를 차지하고 있음을 알 수 있다. 또한 手搏수박에 대한 기록도 다양하다. 手拍(수박·手擗수벽으로도 표기되고 있으며, 그 놀이를 手搏戱수박희·搏戱박희[40]·手拍戱수박희·拍戱박희 등으로도 쓰이고 있다. 이들은 모두 같은 의미이나 한자로 표기하는 사람에 따라 변화가 있었던 것으로 본다.

《고려사》의 수박에 관한 기록을 보면 무인들의 기본 기예로서 널리 행하여지고 있었음을 알 수 있으며, 왕이 무인들의 사기를 돋우기 위해 수박희

39) 정경화, 앞의 책, pp. 14~19, '택견의 명칭' 참조.

40) 搏戱를 '博戱'와 혼동하여 다루고 있는 연구의 예가 있어 바로잡고자 한다. '博戱'는 《高麗史》 권85, 刑法志 2의 禁令조에 나오는 것으로 이는 手搏이 아니라, '賭博'을 의미하는 내용이다.

를 시켜 포상하기도 하고, 수박을 잘하는 자를 승진시키기도 하였으며, 왕이 친히 수박희를 관람하기도 하였다. 또한 무인사회 뿐만 아니라 일반에게까지도 널리 성행되고 있었음을 알 수 있다. 다음에 수박에 관한 기록을 시대적인 상황을 짐작하기 위하여 순차에 따라 옮겨본다.

① 의종 24년(1170) 8월, 「왕이 普賢院보현원으로 행차하려고 五門오문 앞에 이르러서 侍臣시신들을 불러 술자리를 마련하여 술이 한창일 때 좌우를 돌아보며, "장하다. 이곳이 가히 군사를 훈련할 곳이다"라 하고, 五兵手搏戲(오병 수박희)를 시켰다. 이는 왕이 무신들의 불만을 알고 이로 하여금 후하게 상을 주어 위로하고자 함이었다. …… 이때, 대장군 李紹應이소응은 무인이지만 얼굴이 수척하고 힘도 약하여 한 사람과 박희를 하여 이기지 못하고 달아나니, 韓賴한뢰(文臣)가 갑자기 앞으로 나서며 이소응의 빰을 쳐서 섬돌 아래로 떨어뜨리자 왕이 군신과 더불어 손뼉을 치면서 크게 웃으니 林宗植임종식과 李復基이복기도 이소응을 욕했다.」[41]

② 의종(1147~1170) 때, 「李義旼이의민이 수박을 잘하여 의종이 그를 사랑하고 隊正대정으로부터 別將별장으로 천거하였다.」[42]

③ 명종(1171~1197) 때, 杜景升(두경승)은 「처음에 控鶴軍공학군이 되었을 때 수박하는 자가 경승을 불러 대오를 삼으니, 그의 장인 상장군 文儒寶문유보가 이 말을 듣고 "수박은 賤技천기이니 장사의 할 바가 아니라"고

---

41) 《高麗史》 권128, 열전41, 鄭仲夫조 「王將幸普賢院 至五門前 召侍臣行酒酣顧左右曰 壯哉此地 可以肄兵 命武臣爲五兵手搏戲 …… 大將軍李紹應 雖武人貌瘦力羸與一人搏不勝而走」 이 사실은 《高麗史節要》 권11, 의종 24년 8월 丙子조에 의해 29일의 일임을 알 수 있다. 이때 무신 李紹膺이 이기지 못하자, 문신 韓賴가 이소응을 욕보이게 된 사건이 정중부 등 무신들에 의한 쿠데타로 발전하여 왕을 폐하고 무신정권이 서게 된다.

42) 《高麗史》 권128, 列傳 권41, 李義旼조.

하자, 경승은 드디어 가지를 않았다. 뒤에 대정으로서 후덕전 牽龍견룡에 충원되었다.」[43)]

④ 신종 5년(1202)에 최충헌이 「손님을 모아 잔치를 베풀고 重房중방의 힘이 있는 자에게 수박을 시켜 이긴 자에게는 즉석에서 校尉교위와 隊正대정의 벼슬을 상으로 주었다.」[44)]

⑤ 희종 5년(1209) 9월, 「최충헌이 賓客빈객을 모아 重陽節중양절에 잔치를 베풀었는데 都房도방의 힘센 사람에게 수박을 시켜 이긴 자에게 즉석에서 교위와 대정의 벼슬을 상으로 주었다.」[45)]

⑥ 충혜왕(재위 1331, 1340~1344) 때에는 여러 차례 수박희를 관람하고 있는 기록이 있으니 다음과 같다.

3년(1342) 5월 23일(癸巳), 「賞春亭상춘정에 행차하여 수박희를 관람하였다.」

4년(1343) 2월 13일(己酉), 「왕이 동교에서 매鷹사냥을 하고, 和妃宮화비궁에 돌아와 수박희를 관람하였다.」

동년 6월 2일(丙申), 「왕이 馬巖마암에 가서 수박희를 관람하였다.」[46)]

---

43) 《高麗史》 권100 列傳 권13, 杜景升조.

44) 《高麗史》 권129 列傳 권42, 崔忠獻조.

45) 《高麗史節要》 권14, 熙宗 5년(1209) 秋九月조.
앞주의 내용과 같은 것으로 보아 동일한 사건에 대한 기록이 시간의 차를 두고 잘못 기록된 것이 아닐까 생각된다. 다만 최충헌이 임의로 규정을 어기며 벼슬을 주는데 대하여 위 인용문 다음에, 충렬왕 때의 史臣 任翊은 최충헌이 권세를 오로지 하여 뇌물을 바쳐 마음에 맞는 자에게 즉석에서 벼슬을 주는 등 政事를 반포하는 것이 일정치 않고 제 마음대로 법을 희롱함이 이보다 심한 적이 없었다고 평하고 있어 관심이 간다.

46) 《高麗史》 권36, 충혜왕 3년 5월 계사조, 동 4년 2월 기유조, 동 4년 6월 병신조. 이상의 기록은 《高麗史節要》에도 보인다.

⑦ 공민왕(1352~1374) 때, 「어느 날 宰樞재추들이 교외에 모여 연회를 할 때 邊安烈변안열은 林堅味임견미·廉興邦염흥방 등과 더불어 拍戱박희로 승부를 다투어 판밀직사사의 벼슬을 받았다.」[47]

이상은 주로 고려 중기의 무신집권기에 있었던 일로 무신들의 기본 演武연무의 수단으로서 수박이 일반화되었던 기예임을 알게 하는 사실로 보여진다. 특히 ①은 그 첫 기록으로 이 사실의 내용을 보면 두 가지로 요약할 수 있으니 첫째, 무신들을 천시한 신분적 등차를 알 수 있다.

왕도 평소에 무신들의 신분상 불만을 짐작했던 것으로 이번 기회에 수박희로 우열을 가려 후한 상을 주어 무마하려고 하였던 것으로 보인다. 그러나 문무 간의 신분적 차가 분명함을 보여주는 일로 번졌으니, 만인 앞에서 문신이 대장군을 욕보인 사실이다. 이 사건은 평소에 불만을 갖고 있었던 무신들의 쿠데타로 이어져 무신정권이 세워지는 계기가 되었다.

둘째는, 이미 이 무렵에는 수박이 무신들의 기본 훈련을 위한 기예로서 널리 일반화 되었음을 알 수 있다. 더욱 왕이 자청하여 수박희를 관람하려고 하였으니 의종은 수박희를 좋아했던 것으로 보인다. 오병수박희가 다섯 명씩 편을 만들어 서로 겨루는 방식의 경기라고 본다면, 수박은 상당한 수준으로 체계화된 경기방식을 갖춘 기본 기예였음을 알게 한다.

②에서 이의민은 수박을 잘하여 왕(의종)의 사랑을 받았으며, 隊正대정에서 別將별장으로 천거되어 진급되었으니, 무인들의 진급기준을 수박에 두었던 것은 아닐지? 수박으로 인하여 진급된 사례는 ④, ⑤, ⑦에서도 볼 수 있기 때문이다.

특히 이의민은 그의 위인이 장하여(수박을 잘 하였던 때문인 듯) 안렴사 김자양이 京軍경군에 뽑아 넣었다고 하였다. 이 또한 특별히 채용된 것이라고 할

47) 《高麗史》 권126, 列傳 권39, 邊安烈조.

것이다. 경군이란 중앙군으로 고려초기에는 왕건의 직속군이었으며, 뒤에 二軍이군·六衛육위로 편제가 바뀌었으나, 이는 왕의 친위군·시위군으로의 성격으로 보아 신분상의 보장도 있어야 하는 자리이기 때문이다. 이의민은 시골[鄕曲]에서 그의 두 형과 더불어 제멋대로 불량행동을 하여 사람들의 우환거리가 되었던 인물이었으나, 수박을 잘하여 경군으로 뽑혔다는 데에 생각이 미친다.

이의민과 두경승은 당대 수박의 명인이었다고 본다. 이들은 수박, 즉 힘내기라도 하듯 서로 과시하는 글이 있어 주목된다. 두 사람은 정사를 보는 중서성에 같이 앉아서 이의민이 "어떤 사람이 힘 자랑을 하기에 내가 이렇게 때려 눕혔다"고 하며, 주먹으로 기둥을 치니 기둥이 흔들렸다. 그러자 두경승은 "어느 때인가 내가 빈주먹으로 후려치니 뭇사람이 모두 도망쳤다"고 하면서 벽을 치니 주먹이 벽을 뚫었다.

이와 같이 두 사람은 정사를 보면서도 의견의 충돌로 주먹을 들어 기둥을 치면서 서로의 지위가 힘에 의한 결과인 듯 상대를 비방하자, 당시 사람들이 이 두 사람에 대하여 시를 지어 조소하였다[48]고 할 정도였다. 이는 수박 등 무용담으로 일관한 무인 집권기의 무인들에 대한 행위의 한 단면을 보여주는 일이라고 하겠다.

③에서 두경승은 수박의 대오에 들려고 할 때 그의 장인 상장군 문유보가 "수박은 천기"라 하여 참여하지 않았다는 내용이다.

두경승도 이의민과 같이 무인적 용맹한 힘(수박)이 있어 控鶴軍공학군(宿衛의 임을 맡은 군인)에 뽑혔다. 그러므로 수박하는 자가 두경승을 그들의 대오(오병 수박인 듯)에 끌어들이려 하였다고 본다. 이 사실로 보아 당시에는 수박

48) 《高麗史》 128권 열전 41, 李義旼전. 조소한 시구는 「吾畏李與杜 屹然眞宰輔 黃閣三四年 拳風一萬古」(나는 李와 杜가 두렵도다. 위풍이 당당하여 참 재상 같구나, 황각(재상이 廳事하는 곳)에 34년 있는 동안 주먹바람이 만고에 으뜸이로다).

이 무인들의 기본 기예일 뿐만이 아니라 널리 민중 사이에까지 일반화되었던 것으로 보인다. 따라서 상장군인 그의 장인이 신분상의 권위를 생각하여 만류하였던 것으로 짐작이 간다.

④, ⑤의 내용은 동일 사건에 대한 기록의 시대적 착오로 보인다. 최충헌이 중양절(9월 9일) 등 명절에 손님을 모아 잔치를 하며 중방이나 도방의 힘센 사람에게 수박을 시켜 관람도 하고 승자에게는 벼슬을 상으로 주었다는 사실이다. 무단정권의 전횡으로 볼 수 있다.

⑥은 고려 후기 충혜왕이 수박희를 매우 즐겼던 것으로 이름있는 경승지 등에 행차하여 수박희를 관람한 내용이다. 이는 무인들의 기본 기예를 수련하는 방편으로 수박희를 택하고 이를 격려하기 위한 입지에서 왕은 시신들을 거느리고 관람을 하였던 것으로 보인다.

이상의 사례들을 다시 정리한다면, 고려 중기인 무신집권기에 수박은 절정기에 이른 것으로 볼 수 있다. 기록은 없지만 삼국시대에도 수박(택견)이 무인들의 기예로서 또는 일반에도 널리 행하여지고 있었으나, 고려 무인 집권기에 특히 무인들의 기본 체력의 수련을 위해 성행되었던 것으로 짐작해 본다.

따라서 수박은 삼국시대부터 계승되어 오면서 체계화되어 고려 무신집권기에는 이미 무인들의 기본적 수련의 기예로서 '오병수박희'를 할 정도로 발전되었다고 본다. 더욱 수박은 볼만한 기예이기도 하여 왕을 비롯하여 집권층에서는 연회를 베풀 때나, 명절에 무사들에게 수박희를 하게하고 관람하였으며, 또한 경승지를 찾아 수박을 관람하였다고 하였으니 이런 곳에서도 연회가 있었을 것으로 짐작된다.

그리고 수박에서 서로 겨루어 이긴 자에게는 승진시켜 주기도 하는 등 수박희를 통하여 무신들의 사기를 진작시키는 계기도 마련하였던 것이라고 하겠다.

따라서 무인들은 승진을 하기 위하여 다투어 수박을 익히면서 그 기술을 연마하고, 또한 이를 체계화하기 위한 연구도 있었을 것이며, 아울러 일반에게도 널리 보급이 되었을 것이라고 생각된다. 이와 같이 수박은 고려시대에 크게 발전을 하여 조선시대로 계승된 것이라고 하겠다.

Ⅶ. 朝鮮初期의 手搏

조선시대에는 고려시대의 제도를 답습한 위에 이를 더욱 발전시켜서 選軍선군함에 있어서도 수박으로 시험하기도 하였다. 특히 태조는 수박을 매우 좋아했던 것으로 본다. 태종과 세종은 태조의 탄신일에는 의례적인 듯 태조를 모시고 수박희를 관람하였다는 기록이 자주 보여 관심이 간다. 왕이 수박을 하게하고 관람하거나, 수박을 잘하는 자를 승진시키는 등의 사례는 고려시대와 다를 바가 없었으나, 이에 더하여 수박을 잘하는 자를 선발하여 甲士갑사로 삼았다고 하였으니 이 사실은 체계화된 수박을 제도화하였던 것이라고 보여진다.

《六典육전》에는 步甲士보갑사를 取才취재하는 법에 「갑옷을 입고 창을 잡고 능히 3백 보를 달리는 자는 상등으로, 2백 보는 중등으로 하였다. 또한 수박의 기능으로 네 사람을 이긴 자는 상등으로, 세 사람을 이긴 자는 중등

49) 《世宗實錄》 권102, 世宗 25년(1443) 11월 2일(癸丑)조.
《六典》은 조선의 건국과 더불어 趙浚·河崙 등이 편찬한 《經濟六典》으로 보인다. 이 법전은 李成桂(太祖)가 威化島回軍으로 실권을 잡은 1388년(禑王 14)으로부터 太祖 6년(1397)까지 10년 간에 국왕의 지시와 당시 실시하고 있던 規例 등을 모아 분류한 최초의 官撰의 법전으로 지금에는 전하여 지고 있지 않다. 성종 16년에 완성한 《經國大典》의 전신적인 역할을 한 것이다. 이 법전에는 選軍 방법으로 手搏戲를 하였음을 알 수 있으나 《經國大典》에는 手搏이 없다.

으로 하였다.」[49]고 한 데서 알 수 있다. 이 법전은 고려 말부터 조선 초기에 실시되었던 제도를 엮은 것이다.

조선시대의 수박을 이해하기 위하여 우선 자료를 정리하는 의미와, 시대의 흐름을 짐작할 겸 《조선왕조실록》의 기록을 시대순으로 옮겨본다.

① 태종 10년(1410) 1월 무자(21일), 「兵曹병조와 義興府의흥부에서 手拍戱수박희로 세 사람을 이긴 자로 防牌軍방패군을 보충하였다.」[50]

② 태종 11년(1411) 6월 기해(10일), 「甲士갑사를 선발하였다. 봄부터 여름에 이르기까지 의흥부와 병조에서 武士무사를 흥인문 안에 모아 騎射기사·步射보사를 시험하여 갑사에 충당하였다. 이 때에 응하지 못한 자를 三軍府삼군부에 모아놓고, 走步주보와 수박희를 시험하여 3명을 이긴 자를 모두 취하고, 능하지 못한 자는 모두 도태시켰다.」[51]

③ 태종 16년(1416) 7월 경인(1일), 「왕이 상왕을 慶會樓경회루에 맞이하여 獻壽헌수하고 노래하고 화답하여 지극히 즐겼으니, 상왕의 誕辰탄신인 때문이다. 세자와 여러 종친이 모두 侍宴시연(배석하는 일)하였다. 이어 입직한 대소신료에게 술을 주고 갑사와 방패군에게 명하여 막대[梃]로 서로 싸우게 하고 또 角鬪각투 또 수박희를 하게하고 관람하였다.」[52]

④ 태종 16년(1416) 7월 정미(18일), 「왕이 경복궁에 거둥하여 상왕을 맞이하여 경회루에서 술자리를 마련하였는데 세자와 종친이 시연하였다. 갑사와 방패로 하여금 막대[梃]로 서로 싸우게 하였으나 방패가 이기지 못하였다. 또한 혹은 수박, 혹은 爭走쟁주(경주), 혹은 말 타고 쏘기[騎射]를 명

50) 《太宗實錄》 권19, 太宗 10년(1410) 1월 21일(戊子)조.
51) 《太宗實錄》 권21, 太宗 11년(1411) 6월 10일(己亥)조.
52) 《太宗實錄》 권32, 太宗 16년(1416) 7월 庚寅(1일)조.

하여 잘하고 못하는 것을 보아 正布정포·綿布면포·楮貨저화로 차등있게 상을 주었다. 이어서 宰輔재보 여러 신하에게 잔치를 하니, 다투어 聯句연구를 바치어 심히 즐기었다.」[53)]

⑤ 태종 16년(1416) 8월 임술(3일),「왕이 경복궁에 거둥하여 상왕을 맞이하여 경회루에서 술자리를 마련하였는데 세자와 종친이 시연하였다. 갑사와 방패군 중에 힘있는 자를 모집하여 수박희를 하게하고 사직 尹仁富윤인부에게 쌀·콩을 각 5석씩 주었으니 수박을 잘한 때문이다.」[54)]

⑥ 태종 16년(1416) 8월 병자(17일),「정전에 나아가 문무과의 방을 내걸었다. 문과는 ……… 무과 重試중시 1등에 부사직 周孟仁주맹인을 護軍호군으로, 2등에 사복소윤 李澄石이징석을, 3등에 호군 吳益生오익생을 모두 大護軍대호군으로 삼고, 親試친시 1등에 부사직 李澄玉이징옥을 사복소윤으로, 2등에 학생 許壽康허수강을 부사정으로, 3등에 부사정 裵陽德배양덕을 사정으로 삼았다. 또 尹仁富윤인부를 호군으로 삼았으니 수박을 잘하므로 상을 준 것이다.」[55)]

⑦ 태종 17년(1417) 7월 갑인(1일),「왕이 경복궁에 가서 상왕을 맞이하여 경회루에서 헌수하였다. 세자와 여러 종친이 시연하였다. 어가를 따른 대소신료에게 술을 주었다. 장사를 뽑아 수박회를 구경하고 지극히 즐기다가 파하였다. 상왕의 탄신인 때문이다.」[56)]

⑧ 세종 1년(1419) 6월 계사(20일),「老上王노상왕이 慕華樓모화루에서

---

53)《太宗實錄》 권32, 太宗 16년(1416) 7월 丁未(18일)조.
54)《太宗實錄》 권32, 太宗 16년 8월 壬戌(3일)조.
55)《太宗實錄》 권32, 太宗 16년 8월 丙子(17일)조.
56)《太宗實錄》 권34, 太宗 17년 7월 甲寅(1일)조.

避暑피서하니 상왕과 왕이 나아가 문안하였다. 미리 장사를 뽑아 다락 아래서 수박희를 하게하고 관람하였다. 이때 海衍해연이라는 중이 힘이 세어 여러 사람에 뛰어나니 머리를 길러 환속하라 하고, 목면 1필을 하사하였다. 鎭撫진무 金允壽김윤수가 8명을 이기니 또한 상을 주고 이에 잔치하니, 상왕이 말하기를 "형제가 이와 같으니 주상은 다른 염려에 수고하지 말라"하고, 각각 차례로 술잔을 드려 극진히 즐겨하고 날이 저문 뒤에 환궁하였다.」[57]

⑨ 세종 1년 7월 갑진(1일), 「노상왕의 탄신일이므로 상왕이 왕과 노상왕에게 청하여 경복궁에 행차하였다가 경회루에 나아가니 미리 수박을 잘하는 자 50여 명을 뽑아 다락 아래에서 승부를 겨루는 것을 관람하였다. 갑사 崔仲寄최중기가 6명을 이겼으므로 正布정포 3필을 하사하고, 韓宥한유는 4명을 이겨서 정포 2필을 하사하였다. 끝난 뒤에 헌수하니, 종친 및 병조의 당상·대언 등이 시연하여 각각 차례로 술잔을 돌리고, 여러 신하에게 聯句연구를 짓도록 명하였다. 또한 명하여 번갈아 춤추게 하니 두 상왕도 일어나 춤추었다. 날이 저물어서 파하였다.」[58]

⑩ 세종 3년(1421) 5월 기묘(18일), 「왕이 상왕을 모시고 樂天亭낙천정에 가서 五衛陳오위진을 열병하였다. 이에 앞서 상왕이 참찬 卞季良변계량에 명하여 옛 제도에 의거하여 陳法진법을 이룩하게 하고, 왕이 안에서 또 그린 본진법의 한 축을 주니 변계량이 참고 연구하여 五陳法오진법을 만들어 올리니, 훈련관에 이 법에 의거 교습하게 하였다. 이 때에 와서 三軍삼군이 변하여 五陳오진이 되었으나 차례를 잃은 자가 없었다. 열병을 하고 나서 이내 手拍戲수박희를 관람하고, 술자리를 마련하여 주악을 연주하며 삼군의 장수를 위로하였다. 종친·부마·의정부 당상 李和英이화영·延嗣宗연사종·趙末生조말생·

57) 《世宗實錄》 권4, 世宗 元年 6월 癸巳(20일)조.
58) 《世宗實錄》 권4, 世宗 元年 7월 甲辰(1일)조.

金益精김익정 등이 잔치에 시연하였다.」[59]

⑪ 세종 13년(1431) 3월 임진(28일), 「경회루 북쪽에 나아가 종친들의 활 쏘는 것과 力士역사의 手拍수박을 관람하였다.」[60]

⑫ 세종 25년(1443) 11월 계축(2일), 「의정부에서 병조의 첩정에 의거하여 아뢰기를, "대소의 行幸행행 때에 시위하는 步甲士보갑사를 항상 미리 가려 뽑지 않고 매양 임시로 채워 정하기 때문에 체모와 장단이 한결같지 않고 …… 近侍근시의 軍容군용이 고르지 않으므로 …… 삼가 六典육전에 이르기를 '갑옷을 입고 창을 잡고 능히 3백 보를 달리는 자가 상등이고, 2백 보를 달리는 자가 중등이며, 또 수박의 기능이 능히 4명을 이긴 자는 상등, 3명을 이긴 자는 중등이 된다'고 하였으나 …… 청컨대 육전의 보갑사 取才취재의 법에 따라 뽑도록" 청하여 윤허되었다.」[61]

⑬ 단종 3년(1455) 6월 계사(19일), 「…… 喜雨亭희우정에 이르러 水戰수전을 연습하는 것을 보고, 또 시위 군사로 하여금 수박희를 하게하고 상을 차등있게 주었다.」[62]

⑭ 세조 3년(1457) 9월 정축(16일), 「의금부에서 아뢰기를 "중 惠命혜명이 중 義田의전을 고발하기를 …… 또 潭陽담양 향리와 관노 등은 '나라에서 수박으로 試才시재한다는 말을 듣고 다투어 모여서 수박을 하면서 몰래 용사들을 뽑았다'고 단종을 복위하려는 모반이 있다고 거짓 고변한 내용이다. 무고이므로 중 혜명은 참형을 당했다.」[63]

---

59) 《世宗實錄》 권12, 世宗 3年 5월 己卯(18일)조.
60) 《世宗實錄》 권51, 世宗 13年 壬辰(28일)조.
61) 《世宗實錄》 권102, 世宗 25年 11월 癸丑(2일)조.
62) 《端宗實錄》 권14, 端宗 3年 6월 癸巳(19일)조.
63) 《世祖實錄》 권9, 世祖 3年 9월 丁丑(정축)(16일)조.

⑮ 세조 5년(1459) 9월 무신(29일), 「慕華館모화관에 행차하니 왕세자 및 종친·재추가 어가를 수행하였다. 왕이 종친·재추·겸사복·내금위로 하여금 射侯사후(과녁으로 사용하는 베)하도록 했는데 신종정 李孝伯이효백과 崔適최적이 활을 잘 쏘았으므로 각기 1계급씩 승진시켰다. 甲乙槍갑을창·放砲방포·射毛毬사모구·수박희를 관람하였다.」[64]

⑯ 세조 10년(1464) 5월 신미(19일), 「충청도 진천현 掘庵寺굴암사의 중 省冏성경 등이 관에 고하기를 "중 處義처의·了如요여가 尙惠상혜와 서로 수박희를 하다가, 이로 인하여 도끼와 낫으로 상혜를 죽였는데 현감 南倜남척이 그 정적을 깊이 살피지 않고 처의와 요여의 供辭공사에 의거 살인으로 단정하였다"는 사실로 왕이 성균 주부에게 재심을 하라.」고 하였다[65].

⑰ 세조 13년(1467) 7월 경축(14일), 「여러 도의 관찰사에게 치계하기를, "여러 고을에 사는 사람 중에 혹 달리기를 잘하거나, 혹 힘이 있거나, 혹 수박을 잘하는 등 한 가지 재주라도 있어 취할 만한 자가 있으면 良賤양천을 가리지 말고 관에서 양식을 주고, 사람을 시켜 지체하지 말고 압송하라."」고 하였다.[66]

이상에서 보아 조선시대의 수박에 관한 기록은 초기인 태종 때부터 세조 때까지 집중적으로 보이며, 그 이후에는 나타나지 않음을 알 수 있다. 이는 조선왕조의 집권기인 초기에 있어서 맨손으로의 특수한 수박기예는 신흥 귀족들의 신변 보호를 위해 용력있는 무인들의 필요와 이들에 대한 기본기예의 수련이 돋보여 관람의 대상이 된 것이라고 생각되어 지기도 한다.

그러나 국가 체제가 갖추어지고 文治문치가 중시되면서 兵仗병장을 중심

64) 《世祖實錄》 권17, 世祖 5年 9월 戊申(29일)조.
65) 《世祖實錄》 권33, 世祖 10年 5월 辛未(19일)조.
66) 《世祖實錄》 권43, 世祖 13年 7월 丁丑(14일)조.

으로 한 무인들에 있어서 수박은 관심에서 사라졌기 때문에 기록의 대상에서 제외된 것은 아닐지? 고려시대에는 무신집권기에 기록이 집중되고 있음과 비교된다고 할 것이다.

우선 기록의 내용을 정리하여 보면, 첫째 選軍선군한 예로 ①, ②에서 알 수 있다. 이를 보면 방패군과 갑사를 선발하는데 수박희로 겨루어 세 사람을 이긴 자로 뽑았다. ⑫의 경우는 왕의 행차 시에 侍衛시위하는 步甲士보갑사의 선발에 있어서는 체모와 장단 등 신체가 고르게 갖추어져야 한다고 하였으니, 요즘의 儀仗隊의장대가 고른 체격의 소유자들로 갖춘 것과 같은 의미로 보여진다.

또한 이는 『六典육전』의 조례에 있는 기준 즉, 수박의 기능이 4명을 이긴 자는 상등, 3명을 이긴 자는 중등이라 하였으니 선발기준이 제도화되었음도 알 수 있다. ⑰에서의 예는 목적을 알 수 없으나, 승정원에서 왕명을 받들어 각 도의 관찰사에게 이르기를 수박의 재주가 있는 자를 良賤양천을 가리지 말고 양식을 주고 사람을 시켜서 잡아 올리데 지체하지 말라고 서두른 일이 있다. 선군의 목적은 아니었는지?

둘째로는 나라에 경사스러운 날 수박희를 하며 이를 관람하고 잔치를 베풀었던 것으로 보인다. ③, ⑦, ⑨의 예를 보면 7월 1일이 태조의 탄신일로, 해마다 이 날에는 왕이 상왕인 태조를 경회루에 모시고, 세자와 종친 및 대소 신료들이 侍宴시연한 자리에서 獻壽헌수하고 미리 수박을 잘하는 자를 뽑아 다락[樓] 아래에서 승부를 겨루게 하며 관람하는 것을 상례로 하였음을 알 수 있으며, 잘한 자에게는 正布정포 등을 하사하는 등 상을 주기도 하였다.

태조는 수박을 매우 즐겼던 것으로 보인다. 이는 그의 탄신일에 수박희를 한 사례와 ④, ⑤, ⑧, ⑩의 예에서와 같이 왕이 경회루·모화루·낙천정 등에서 잔치를 베풀 때면 의례 태조를 모시고 미리 준비한 수박희를 관람하는 사례를 볼 수 있기 때문이다. 물론 이러한 때에는 수박을 잘한 자는 상을 주었으며, 세자와 종친은 물론 대소 신료들이 시연하였다.

셋째로는 무과시에 적용하였기 때문에 일반에게도 수박이 널리 행하여지고 있었음을 알 수 있다. ⑥에서는 무과에 합격한 자 중 수박을 잘하여 승진된 사례이다. ⑭에서는 나라에서 수박으로 試才시재한다는 말을 듣고 향리와 관노들이 다투어 수박을 하였다는 사례이다. 이는 단종을 복위하려는 음모로 수박을 잘하는 용사를 뽑았다는 무고였으나, 수박이 널리 일반화되었음을 알게 하는 사례이기도 하다. ⑯에서도 같은 의미로 볼 것이니 중들이 서로 수박희를 하다가 사람을 죽였다는 일이다. 수박희는 일반 백성이나 절의 중들에게서도 많이 행하여지고 있었던 기예임을 알 수 있다.

이와 같은 사실을 종합하여 정리를 한다면, 특수 임무를 띤 중앙군인 갑사나 방패군은 수박을 잘하는 자로 하여금 선발하였으니, 이는 왕실을 중심으로 한 수도 경비를 위한 임무의 중요성에서 그 의미를 더하게 한다. 또한 나라의 경사스러운 왕의 탄신일이나, 기타 특별한 날에는 국왕을 비롯한 종친과 대소신료 등 귀족들이 연회를 베풀면서 수박희를 관람하였던 것이 통례였던 것 같으며, 여기에서 우수한 능력을 발휘한 자는 상을 주고 승진의 기회도 주어졌다. 이는 수박희의 기예가 다양하고 관람하기에 흥미를 돋우며 승패를 가리는 데도 명확하고, 무인들의 사기도 진작시키고, 체력을 수련함에 있어서 필수의 무예였음을 알 수 있다.

더욱 경기(겨루기)를 하기에 상당한 수준으로 체계화되어 무인들의 사회뿐만이 아니라, 일반 민간에도 널리 확산되어 일상생활과 풍속에 실용화되었다고 보인다. 즉 마을의 장정들에게는 힘 겨루는 경기로 또는 중앙군에 발탁되기 위한 수단 등으로 수련을 거듭하였을 것이라고 보아 자연스럽게 발전을 하여 체계화된 것으로 짐작된다.

Ⅷ. 手搏의 實際的 活用

이상에서 본 바와 같이 조선시대에 들어오면서 수박희는 일반에게도 널리 보급되어 민속경기로까지 발전되었다고 생각된다. 우리의 조상들은 고래로부터 5월의 단오나 7월의 백중 같은 명절에는 각 마을에서는 남녀노유를 불문하고 각종 놀이의 경기를 하는 풍습이 있었다. 이 때에 청년들은 전통적인 힘겨루기인 씨름을 하였으며 부녀자들은 그네를 뛰는 등 하였는데 수박희도 함께 하였던 것으로 보인다.

수박이 일반에게 널리 보급되었다고 보는 예로 다음의 이야기가 있어 관심이 간다. 조선 초기에 魚咸從어함종이라는 사람이 있었는데, 「젊었을 때 힘이 뛰어나게 세었다. 그는 그의 동생 아성牙城에게 무리를 모아 동네를 횡행하게 하도록 시켰으며, 날마다 수박으로 닭 잡는 일을 하였다. 그러므로 이름난 선비인 광천·광원·청릉·현보 등은 그 위세를 두려워하여 감히 저지하지를 못하였다.」고 하였으며, 그의 횡포가 이만저만이 아니었다[67].

앞의 예시 ⑭에서도 보았듯이 나라에서 수박으로 시재한다는 소문에 지방의 향리나 관노까지도 서로 모여서 수박희를 하였다는 사실에서도 수박이 얼마나 널리 일반화되었는가를 짐작케 하는 예라 하겠다.

또한 전라도 礪山郡여산군의 鵲旨작지라는 마을은 「군의 북쪽 12리에 있으며, 충청도의 恩津縣은진현과 경계를 이루고 있는데, 해마다 7월 15일(백중일)에는 가까운 두 도(전라도와 충청도)의 백성들이 모여 수박으로 승부를 겨루었다.」[68]라고 하는 등의 예를 볼 수 있다. 이로 보아 수박은 조선 초기

---

67) 《慵齋叢話》 권6, 魚咸從조. 「魚咸從少時膂力絶人 與其弟牙城 聚徒橫行里閭 日以攘雞手搏爲事 與廣川廣原淸陵賢甫等皆名儒 畏威莫敢支吾 ……」.

68) 《新增東國輿地勝覽》 권34, 礪山郡 山川조와 《增補文獻備考》 권22, 輿地考 10, 山川조, 礪山壺山에서는 '鵲原'의 밑에 '俗稱 鵲旨 在北十里 恩津界'라 하고 같

부터 민간에서의 힘겨루기나 힘의 과시 등으로 폐해를 끼치는 일도 있었으나, 중앙군을 수박으로 시재하였기 때문에 더욱 널리 일반화되어 갔다고 생각된다.

이와 같이 널리 일반화된 수박은 임진왜란을 당하자, 무기가 없는 열혈의 의병들에게 있어서 수박은 유일한 기예였다고 본다. 왜병은 조총이라는 신병기로 무장하고 전국을 유린하는 위기에 처하게 되었을 때 곳곳에서 의병이 일어났다. 맨손(수박)으로 적과 싸우기도 하였으니, 趙憲조헌의 금산 전투에서의 예가 주목된다.

조헌과 靈圭영규의 錦山금산에서 최후의 결전 장면의 한 기록에,「…… 이때에 영규는 군영을 대강 마치었으며, 조헌의 군대는 훤히 보이는 들에 나와 섰었다. 드디어 적이 달려드니 장군은 큰 소리로 고함치며, 짧은 병기로 서로 싸우니 살상이 상당하였다. 적병이 점점 많이 오자, 조헌의 군대는 적을 보고 잠시 후퇴하여 영규의 진영으로 옮겨왔다. 적이 뒤를 밟아 들어오니 군사가 크게 어지러워졌다. 그런 중에도 맨손으로 치며 싸우는 수박전[赤手搏戰]을 하는데 조금도 기가 꺾이지 않았다. 미구에 조헌은 亂兵난병 속에서 죽었다.

어떤 사람이 영규에게 "조의병장은 죽었다. 적은 더욱 많이 오니 이곳을 버리는 것만 같지 못하다"고 하자, 영규는 크게 호통치며, "죽었으면 죽었지 어찌 혼자만 살 수 있겠는가?"하고 종일 싸우다가 영규도 죽으니, 여러 군사도 모두 죽어 감히 후퇴하여 살려는 자가 없었다.」[69)]

또한 수박희가 일반화된 사실을 알게 하는 그림이 있으니, 劉淑유숙(1827

은 내용을 기록하고 있다.

69) 《寄齋史草》 下, 壬辰日錄 三.에서 '赤手搏戰'이라고 하였다. 이는 '手搏'의 의미로 보기보다는 '맨손[赤手]으로 搏戰(박전), 즉 치고 싸우다'라고 하여야 할 것으로 본다. 그러나 이 당시 수박이 일반화하였던 것으로 보아 맨손으로 싸웠다고 한다면 手搏戰으로 봄도 가할 것이라고 생각된다.

~1873)의 『大快圖대쾌도』이다. 이 그림은 높이가 105cm나 되는 비교적 큰 풍속화이다. 낮은 언덕에 자연으로 이루어진 무대에 펼쳐진 놀이 장면들이 조감에 가까운 높은 위치에서 그리고 있다. 언덕의 경사를 따라 둘러앉은 구경꾼들은 위쪽의 열띤 씨름경기와 좀 떨어져서 도포자락을 허리에 동여맨 두 젊은이가 양손을 벌리고 택견의 자세를 취하고 있는 장면을 둘러싸고 눈길을 집중시키고 있음을 본다. 그림의 왼쪽 위에 '大快圖대쾌도'라는 畵題화제가 적혀 있으며, 그 옆에 「병오년 갖가지 꽃피는 계절에 擊壤世人격양세인이 태평한 세월에 그렸다.」라는 款識관지가 있다[70].

이 그림은 조선 후기의 5월 단오절에 행하였던 놀이의 풍속도로 택견이 씨름과 함께 대중화되어 일반에게 널리 보편화된 경기였음을 알게 하는 것이기는 하나, 조선시대 전반에 걸친 풍속의 한 단면이라고 보아 무리는 아니라고 본다.

조선 후기에는 수박을 우리의 전통적인 용어인 택견으로 사용하면서 여러 가지 기능의 변화를 보이고 있는 기록을 보게 된다. 우선 앞에서도 언급한 바 『재물보』에서 수박은 곧 택견(탁견)이라는 사실을 확인한 바 있다.

또한 앞에서도 언급했지만 託肩戱탁견희조의 신통한 飛脚術비각술에 관심이 가니 이에 대한 詩句시귀를 옮겨본다.

百技神通飛脚術　백가지 기예와 신이 통한 비각술
輕輕掠過髻簪高　가볍게 상투와 비녀를 스쳐 지나간다

---

70) 劉淑(1827~1873)의 그림으로 종이에 채색한 105×54cm의 크기이다(서울대학교 박물관 소장). 5월 단오의 풍속도인 듯하다. 畵題에 「丙午萬化方暢時節 擊壤世人寫於康衢煙月」이라 하여 丙午(1846)에 그렸다고 하였으니 유숙이 20세에 해당된다. 따라서 그의 眞作이라는 데에 의문을 제기하는 분도 있다. 유숙의 자는 善永·野君이며 호는 惠山이며, 본관은 漢陽이다. 畵員으로 벼슬은 司果를 지냈다. 산수·꽃·새 등을 정묘하고 아담하게 잘 그렸다. 秋山蕭林圖·神仙圖·豪鷹狙伺圖 등이 있다.

鬪花自是風流性　꽃 때문에 싸우는 것도 풍류의 성격
一奪貂蟬意氣豪　한번 貂禪초선을 빼앗으면 의기가 양양하다[71].

이는 택견에 대한 한 기능인 비각술을 돋보이게 설명하고 있으며, 법으로 금하고 있는 경기라고 하였으니, 日帝일제에 의해 금지시킨 것으로 보인다.

『조선무사영웅전』의 柔術유술조에서「유술은 인체근육의 혈맥을 搏動박동하여 죽기도 하고, 어지러뜨리기도 하며, 또는 벙어리가 되기도 하는 3법」이 있어 학술적으로 되어진 것이니『무예도보통지』에,「穴혈에는 반듯이 暈穴훈혈·啞穴아혈·死穴사혈이 있는데 그 혈을 보아 가볍게, 또는 중하게 치면 혹은 죽고, 혹은 혼수상태에 빠지고, 혹은 벙어리가 되게 하는데 털끝만큼의 차이도 없다.」라 한 것이 그 이치다.

또한,「근래에도 청년들이 씨름보다 약간 다른 博戲박희를 행함이 있던 바 소위 '택견'이라 하는 것이 그 종류」(《조선무사영웅전》)라고 하여《무예도보통지》의 拳法권법을 씨름과는 약간 다른 수박희 즉 택견이라고 하였다. 근대 택견의 실상을 찾아 전날의 수박이라는 사실을 밝히고 있으며, 이 권법의 기예는 곧 우리의 전통무예인 택견으로 보고 있음이다.

《무예도보통지》는 18세기까지 전해오던 우리의 무예기능을 알게 하는 특징이 있는 자료이다. 24技기 중의 하나로 拳法권법이 있으니, 이 또한 조선 중기 이후의 맨손무예의 기예를 정리 체계화한 것으로, 두 사람이 마주서서 겨루는 38개의 동작을 그림과 함께 설명하고 있다.

이 그림을 보면 고구려의 고분벽화에 보이는 '택견도'와 유사한 부분이 있으니,《조선무사영웅전》의 견해를 증명하는 예라 하겠다. 택견도의 역사를 살피려는 많은 분들의 견해는《무예도보통지》의 권법은 오늘의 태권도와 차이가 있다고 지적을 하고 있으나[72], 택견과는 통하는 곳이 많음을

71) 崔永年,《海東竹枝》, 前註 참조,
72) 李進和, 앞의 논문, p. 451.

알 수 있다.

이 권법은 중국의 《紀效新書기효신서》·《武備志무비지》·《寧波府志영파부지》·《內家拳法내가권법》을 많이 인용하였다고 하였으며, 《무예도보통지》 '권법' 부분에는 《기효신서》의 내용과 같은 부분이 일부 있다. 이는 우리의 전통적인 택견에 중국의 권법을 참고하여 정리한 것이 아닌가 생각해 본다. 더욱 신채호의 「송도의 수박은 곧 '선배' 경기의 일부이니 수박이 지나(중국)에 들어가 권법이 되며, 일본에 건너가 유도가 되고 조선시대에는 무풍을 천시한 이래로 그 자취가 거의 전멸되었다.」고 한 글이 연상된다. 이것이 사실이라면 견강부회일지 몰라도 우리의 택견은 중국에 들어가서 권법으로 체계화되어 《기효신서》로 정착된 것을, 조선시대에 우리가 되수입하여 당시까지 우리나라에 전해온 택견에다 중국의 권법을 가미하여 《무예도보통지》에 정리한 것이라고 추정이 가능하다고 하겠다.

Ⅸ. 結 語

이상에서 우리의 맨손 전통무예인 택견에 대한 역사적인 흐름을 살펴보았다. 이를 다시 정리하면 다음과 같이 시대구분을 할 수 있지 않을까 한다. 즉 고대 택견의 시대, 수박의 시대, 그리고 택견 수난의 시대, 현대 택견의 정립시대로 크게 나누어 살필 수 있다고 하겠다.

첫째, 고대 택견의 시대는 고구려의 고분벽화를 비롯한 신라의 인왕상 등 미술자료에 의한 삼국시대의 택견을 말한다고 하겠다. 우리의 택견은 훨씬

김광성·김경지, 앞의 책, p. 312 등 많은 연구서가 직접적인 관련이 없음을 논하고 있다. 이는 실제의 태권도는 잡다한 권법을 광복 후에 단순하게 태권도의 이름 아래 통합하여 체계화한 것임을 알 때 《무예도보통지》의 권법과 같을 리가 없을 것이라 하겠다.

오랜 역사를 갖고 있을 것이나 자료가 없어 확인할 수 없다. 다만 오늘에 전하는 자료로 4세기 이후에 조성된 고구려의 고분벽화에서 몇 점의 '택견도'를 확인하게 되면서 삼국 초기부터 널리 일반화된 무예였음을 알게 하며, 신라에서는 불교가 수용되면서 수호신인 인왕을 조상한 모습이 택견의 자세와 닮았으므로 그 유래를 여기에 두고자 하는 것이다.

신채호는 삼국의 풍습을 설명하면서 나라의 경사스런 날(신수두 대제 등)에는 택견을 하면서 즐기고 여기에서 승리하는 자는 녹을 주었다고 하였다.

그러나 광복 이후 난립된 가라데·권법 등 각종 외국의 맨손격투기를 통합하여 호칭을 '태권도'로 단일화하면서 그 유래를 택견에 결부시키려 하였다. 이들은 바로 고구려의 '택견도'를 태권도의 시원으로 보고, 사실상 택견을 그들은 모두 '태권도'라는 이름으로 단일화하려고 하였으나, 때때로 어색하게 택견을 운운하는 혼란을 보이면서 체계화하려고 노력하여 태권도를 오늘의 國伎국기라고 함에 의심함이 없게 하였다.

하지만 '태권도'는 1955년에 만들어진 新造語신조어이다. 따라서 앞으로 올바른 태권도의 역사를 서술함에 있어서는 그 유래를 택견에다 둔다고 하였으니, 택견의 역사를 체계화한 연후에 1955년 이후부터 태권도의 눈부신 변화의 모습을 정리하여 갖추는 것이 바람직하다고 하겠다.

고구려 고분벽화는 오늘의 택견과 일치되는 주먹이 아닌 손바닥을 편 자세로 '택견도'임을 누구나 쉽게 알 수 있다. 이 택견은 삼국시대를 거쳐 고려시대로 오면서, 우리의 택견과 유사한 중국의 手搏수박을 빌려다가 기록하기 시작하였다. 우리의 수박이 곧 택견이라 함은 18세기 말엽에 편찬된 『재물보』에 분명하게 한글로 '탁견'이라고 표기하고 있기 때문에 알 수 있다. 그러니 우리의 수박(택견)은 중국의 수박과는 구별되어야 할 것이다.

둘째로, 수박의 시대이다. 이는 고려와 조선시대로 《고려사》와 《조선왕조실록》 등에 手搏수박이라 기록되는 시기이다. 고려시대에는 무신집권 시기에 두드러지게 나타나고, 조선시대에는 건국 초기에 기록이 집중되어 있다. 이는 무인들의 기본 演武연무의 수단과 각종 기예로 힘겨루기를 하였던 데에 원인한다고 하겠으나, 무인들의 극성을 부리던 시대이므로 기록의 대상이 되었다고 짐작해 본다.

수박은 무인들의 잦은 경기를 통하여 체계화되어 고려시대에는 오병수박희 등이 있었으며, 이 외에도 다양한 승부를 겨루는 경기가 있었을 것으로 생각된다. 왜냐하면 왕을 비롯하여 집권귀족층 등이 무인들에게 수박을 시키고 관람을 하였다고 한 데서 짐작이 간다. 경사스러운 날(왕의 탄신일 등), 명절이나 경승지 등에서 연회를 베풀 때면 무사들에게 수박희를 하게 하고 관람한 사례가 많음에서 알 수 있다. 또한 우수한 실력을 보인 자는 상을 주기도 하고 승진되는 기회도 주어져 수박을 통하여 무신들의 사기를 진작시키는 계기도 마련되었던 것이다.

여기에다 조선시대에는 더욱 발전시켜 選軍선군하는데 수박으로 시험하였으니, 《육전》의 조례에 따른 것으로 제도화되기도 하였다. 특히 왕을 시위하는 보갑사를 선발하는 데에는 수박도 잘해야 하지만, 체모와 장단 등 신체도 고르게 갖추어져야 했음을 본다. 무과시에 수박을 적용하였기 때문에 일반에게도 널리 행하여지는 계기가 되었다고 보인다.

이러한 수박이 널리 행하여지자, 이를 악용하는 불량자도 생기고, 임진왜란과 같은 민족적 위기에 처해서는 의병들이 수박으로 적에 대응하는 등 용맹을 보이기도 하였다.

그러나 무기가 다양하게 개발되어 실용화되면서 맨손 겨루기의 기예는 자연 무인들의 사회에서 사라지고 마을의 젊은이들이 시합을 하는 등 친선을 도모하는 민속경기로 발전되어 갔으니, 5월 단오나 7월 백중일 등 명절에 씨름·그네 등과 함께 수박을 하면서 겨우 명맥을 유지해 왔다고 하겠다.

셋째로, 택견 수난의 시대이다. 위와 같이 이어져 온 수박은 일제하에서 우리문화 말살정책으로 인하여 엄하게 금하는 가운데 인멸 직전에 있었다. 자연 택견의 애호가들은 들로 산야로 피하여 가면서 겨우 명맥을 유지하는 형편이었다.

끝으로, 광복을 맞이하게 되자 몇몇 분에 의해 명맥을 유지해 오던 택견이 송덕기·신한승의 노력으로 오늘의 택견이 정립 체계화가 이루어지게 된 것이다.

최근까지 택견의 유래에 대하여는 태권도를 연구하는 분들에 의해 오히려 많은 연구가 이루어져 왔다. 실제 그들의 '태권도' 운운하는 부분을 '택견'으로 바꾸면 곧 무리없는 택견의 유래가 될 것이라고도 생각된다. 다만 누차 언급한 바와 같이 애매하게 얼버무리려는 부분이 있기에 지적하고자 한 것이다. 앞으로 많은 연구가들에 의한 관심있는 연구가 이루어지길 바랄 뿐이다.

(《한국의 전통택견》, 2003)

三國時代

忠州地域의 歷史地理的 背景

〈목 차〉

Ⅰ. 序 言

충주지역은 일찍부터 역사기록에 등장할 정도로 지리적인 위치에서 중요한 역할을 하여왔다. 여기에다 1979년 초에 충주고구려비가 이 지역에서 발견됨에 따라 더욱 國史上국사상에 의미를 크게 부각시켰으며,

학계의 관심을 불러 일으켜 새롭게 조명되기 시작하였다. 학계 뿐만 아니라 이 지역에서도 충주지역을 중심으로 한 역사지리적인 제반 여건을 중시하고 中原文化圈중원문화권의 설정을 위한 작업을 서둘렀으니, 1981년도에 충청북도와 중원군에서 시행한 종합적인 문화유적에 대한 조사였다. 이 조사는 忠北大學校충북대학교 博物館박물관에서 주관하여 유적의 분포도와 그 색인(《中原文化圈基礎調査 中原文化圈遺蹟分布圖索引》)을 제작, 학계에 제출하여 오늘의 중원문화권의 문제가 제기되게 한 시작이었다.

이 지역이 역사지리적으로 중요한 의미를 갖는 바는 한반도의 중앙부에

위치하고 있으며 특히 한강유역의 중심부를 차지하고 남한강유역 관리의 축으로써 역할을 담당하고 있기 때문이라 하겠다. 오늘의 충주댐의 역할도 우연한 일이 아닌 것이다. 여기에다 또한 남북간에 오고가는 교통로의 중심을 이루고 있기 때문에 더욱 의미를 크게 하고 있기도 하다. 따라서 일찍부터 이 지역을 중심한 계립령로와 죽령로가 열렸으며, 이 교통로는 오늘에까지 남북을 연결하는 중요한 통로로 이용되고 있다. 계립령과 죽령은 충주와 함께 삼각지대를 이루는 중요한 지리적인 위치에 있기 때문에 삼국시대에는 삼국이 각각 이 지역을 확보하기 위한 활발한 분쟁의 곳이기도 하였다.

통일된 체제를 갖춘 시기에도 충주지역은 남북을 잇는 교통의 요충이기 때문에 외세의 침입이 있을 때마다 이곳은 주목되었으니 고려시대 몽고의 침략기에도 그러했으며, 조선시대 임진왜란 때도 이 지역은 크게 중시되었다. 평화의 시기가 오면 한강을 이용한 水運수운의 편이 크게 부각되어 內陸經濟내륙경제의 중심으로 역할을 담당하였으며, 고려시대와 조선시대에 걸쳐서 내륙지방의 稅穀세곡을 이곳에 모았다가 서울로 운반하였던 漕倉조창이 이곳에 있었다. 따라서 충주지역이 갖는 지리적인 환경의 특수성 때문에 先學선학들도 여러 가지로 그 중요성을 강조하였던 것이다.

朝鮮조선 초기의 학자 鄭麟趾정인지는 충주를 "南方의 咽喉를 질러 막은 곳에 자리잡았다. 지역이 넓고 戶口가 많으며 이 때문에 公文書가 구름처럼 쌓이고 賓客이 모여들어서 참으로 밝고 지혜로움이 남보다 뛰어난 인재가 아니면 그 번잡한 것을 다스려 낼 수가 없다. (中略)… 이 고을의 세워진 것이 가장 오래 되어 三韓삼한의 다투는 땅이 되었다"라고 하였으며, 洪貴達홍귀달은 "中原은 南北의 요충으로 서울로부터 남쪽으로 가는 사람이 물에 뜨고 육지를 달리어 中原에 모여서 길이 갈라져서 두 고개(鳥嶺과 竹嶺)를 넘어 목적지에 도달하고, 남쪽으로부터 올라오는 자도 또한 각각 두 고개를 경유하여 中原에 모여서 다시 물과 육지로 하여 서울에 도달한다"[1]고 하였다.

또한 實學者실학자인 李重煥이중환도 그의《擇里志택리지》에서 충주를「慶尙左道에서 竹嶺을 지나 忠州와 통하고, 慶尙右道에서는 鳥嶺을 지나 이곳과 통한다. 이 嶺路가 모두 이 邑(忠州)에서 모여 뱃길로 혹은 陸路로 漢陽과 통한다. 이 邑만이 京畿道와 嶺南을 왕래하는 요충지에 해당하므로 유사시에는 반드시 戰場이 될 것이다」[2]라고 하였다. 柳成龍유성룡은 남쪽의 왜병 침입을 크게 의식하고 서울의 방어에 있어서 충주가 차지하는 의미를 강조하였으니, "忠州는 漢江의 上流에 위치하여 나라의 門戶가 되어 있으니 忠州를 지키지 못하면 江의 연변 수 백리의 땅이 적의 침해를 입는다. 忠州를 보장하려면 鳥嶺을 넘는 길을 지키어 끊어야 할 것이다"[3]라고 하였다.

이상의 諸論제론에서도 알 수 있듯이 충주는 계립령(鳥嶺)과 죽령의 두 고갯길과 함께 한결같이 남북으로 통하는 요충임을 알 수 있다. 충주지역 즉 중원지역은 한강과 소백산맥의 중심부에 위치하고 있기 때문에 지리적으로 더욱 중요시되어 역사의 변천에 있어서도 큰 의미를 갖는다고 하겠다.

이와 같은 환경에서 오는 역사의 변천은 先史人類선사인류로부터 한강을 따라 생활하여 왔으며 역사시대로 접어들면서는 남북을 잇는 중요한 통로로서의 위치에서 분쟁이 그치지 아니하였던 곳이었다. 특히 삼국시대에는 이 고장을 각기 확보하기 위하여 삼국이 어우러졌으니 우리 민족사 뿐 아니라 이 지역의 변천사에서도 가장 활기 넘치는 활동무대로 등장하였던 곳이다. 따라서 이 시기에 있어서 서로 간에 攻防공방을 위한 중요한 關防施設관방시설이 곳곳에 많이 있음에 또한 주목된다.

충주지역이 차지하는 역사지리적 위치는 이러한 면에서 새롭게 고찰되어야 할 것이다. 여기서는 삼국시대를 중심으로 하여 이 지역이 갖는 역사적 변

1)《新增東國輿地勝覽》권14, 忠州牧 樓亭조 鄭麟趾記와 洪貴達記. 여기에서 두 고개는 鳥嶺 즉 雞立嶺이 이동된 곳과 竹嶺을 뜻한다.

2) 李重煥,《擇里志》권9, 忠淸道편.

3)《萬機要覽》軍政編 四, 關防 忠淸道조 柳成龍所論.

천과 지리적인 의미를 살피고자 한다.

Ⅱ. 自然과 人文的 環境

충주지역을 중심으로한 자연환경적인 지세를 보면 동쪽으로는 한반도의 척추라고 할 수 있는 태백산맥의 주봉인 태백산에서 갈라져 나온 소백산맥이 남서쪽으로 뻗어나와 경상북도와 자연의 경계를 이루고 있다. 북쪽은 역시 태백산맥의 오대산에서 갈라져 나온 차령산맥이 남서쪽으로 뻗어나와 북서쪽으로 강원도와 경기도의 경계를 이루고 있다. 충청북도는 이 두 줄기의 산맥 중앙부에 독립된 地理區지리구를 형성하고 있으며 충주지역은 그 북반부를 점하고 있다.

그러나 동남쪽의 소백산맥은 높고 험하여 충청도와 경상도와도 많은 차이점을 보이고 있으며, 역사적으로도 삼국시대에는 남쪽의 신라와 북쪽의 백제·고구려의 판도가 이 산맥을 자연의 경계로 하여 이루어졌던 것이다. 이에 반하여 서북쪽은 낮은 산세의 지형을 이루며 경기도 남부와 전라도 북부와의 경계를 하고 있으니 이곳은 많은 공통점을 지니고 있다. 역사적으로도 백제의 영역으로 오랫동안 있었음이 이를 증명한다고 할 것이다.

河川하천도 충청북도의 북부를 관류하는 남한강과 남쪽을 흐르는 금강이 다같이 서쪽으로 흘러서 서해로 들어가고 있다. 충주지역의 중심부를 이루는 곳은 바로 북부의 강원도 오대산에서 발원한 남한강유역에 해당된다. 남한강은 발원지에서 계속 남쪽으로 흘러서 충청북도내에 들어오게 되는데 이곳으로부터는 서남쪽으로 流路유로를 바꾸어 영춘계곡을 지나 단양에 이른다. 단양까지는 험준한 山谷間산곡간을 굽이쳐 흐르면서 매포천·단양천을 합류하면서 곳곳의 河川邊하천변에 경작지를 형성하고, 도중의 도담리를 중심으로 심한 曲流곡류와 함께 단양 8경인 도담삼봉·옥순봉·구담봉 등을 이루고 있다.

이 강의 물길은 다시 단양에서 서쪽으로 S자형을 이루면서 제원군의 수산·청풍·한수 및 중원군의 동양면 등을 지나는 동안 뚜렷한 분지는 찾아 볼 수 없으나 곳곳에 河岸段丘하안단구의 谷底平野곡저평야를 발달시키다가 도중에서 제천천과 광천을 합하여 충주에 이르게 된다. 제천천은 강원도의 원주군에서 남쪽으로 흐르면서 제천분지를 이루고 제천천의 지류인 원서천은 백운분지를 이루고 남쪽으로 흐르다가 산척 부근에서 본류와 합류하여 한수면 사기리 창내에서 남한강에 흘러든다.

한편 문수봉에서 발원한 광천은 월악산 동쪽의 험준한 산곡을 급류로 흘러서 복평에서는 계립령과 미륵리에서 흘러온 달천[月川·達川]과 합류하여 북쪽으로 흘러서 남한강에 합류하는데 이 지점에 약간의 경작지를 이루고 있다. 이 달천의 상류는 계립천이라고도 한다. 지금에는 충주댐으로 인한 호반으로서 충주호 중에서는 가장 넓은 수면을 이루고 있는 지점이다.

남한강의 지류인 달천은 속리산 천황봉에서 발원하여 북서쪽으로 흘러 미원에서 미원천을 합류하고 流路유로를 북동으로 바꾸어 심한 곡류를 이루면서 청천 화양동에 이르니 이 지류가 삼국시대에 이름있는 薩水살수인 곳이다. 이곳에서는 상주에서 서쪽으로 흐르는 용대천과 청원군 동부지방에서 흘러오는 구룡천과 괴곡천 및 동쪽에서 흘러오는 연풍천을 합하여 괴산분지를 형성하고 다시 계속 북동쪽으로 흘러서 음성천을 합하여 佛頂盆地불정분지를 형성한 후 곡류하면서 충주에 이르러서는 음성의 수리산에서 발원한 堯渡川요도천이 동쪽으로 흘러 주덕·이류면을 가로질러서 남한강에 합류한다. 이 일대는 철의 산지로서 고려시대의 多仁鐵所다인철소로서 이름이 있다.

남한강의 본류와 달천, 그리고 충주의 서쪽에서 흘러오는 요도천과의 합류지점에는 우륵의 전설이 전하는 유명한 탄금대가 있으니 충주시민의 휴식처일 뿐 아니라, 최근에는 이 지역에 오는 外來客외래객이 우선하여 찾는 관광지로 이름이 알려진 곳이다. 이곳을 중심으로 하여 충주분지를 형성하고 남한강은 충청북도의 동부일대의 물을 한 곳으로 모아 유유히 북쪽으로 물길을 돌려 흐르면서 차령산맥을 끊고 경기도로 들어가 서울을 끼고 돌아 서해로 흘러든다. 바로 이 남한강유역에 중원(충주)의 문화가 일찍이 형성하게 된 것은 한강하류의 서울과 연관하여 서해로 통하는 수운이 利리가 또한 크게 작용하고 있기 때문이라고 하겠다.

이 지역의 산세는 소백산맥의 줄기에 죽령·월악산·계립령·조령·이화령 등의 험준한 산들이 충주의 남쪽을 가로막고 그 남쪽으로는 경상북도와 자연의 경계를 이루고 있으며 그 殘丘잔구인 대림산·금봉산(一名 南山)·계명산이 병풍처럼 남동쪽을 두르고 있다. 북서쪽으로는 차령산맥의 殘丘잔구인 음성쪽의 부용산·가섭산과 노은의 보련산이 가로막고 있는 北高南低북고남저의 지형을 이루고 있는 중앙부의 충주분지가 바로 충청북도에서 둘째로 지칭되는 방대한 충주평야인 것이다. 이 충주를 둘러싼 원근의 산에는 산성이 축조되어 있어 이 지역이 요새임을 또한 증명하고 있기도 하다.

이 지역의 대부분 지질은 화강암과 편마암으로 이루어지고 있으나 단양 및 제천지역을 중심으로 강원도와 경상북도 일대까지 연결된 지역은 조선계 석회암지대로서 Karst지형이 발달되어 있으므로 이 지역에는 시멘트와 카아바이트 공장 등이 세워지고 있다. 또한 이 지역에 석회동굴이 많이 분포되어 있는 이유도 여기에 있다. 이러한 석회동굴은 천연의 신비스럽고 화려한 종유석 등이 형성되어 관광지로서도 크게 개발되고 있으며 선사인류의 주거지로서도 이용되어 왔으니 선사유적으로 발굴조사되고 있기도 하다.

관광지로서 개발되고 있는 동굴로는 영월의 고씨동굴, 단양의 고수동굴을 비롯하여 같은 단양지역내의 온달동굴·천동동굴·노동동굴 등이 있으며 수 많은 관광객들이 전국에서 모여드는 곳으로 이름이 알려지고 있다. 이들은 모두가 남한강변에 위치하고 있으니 더욱 주목된다. 또한 先史人類선사인류의 주거지로서 이용되어 온 동굴유적도 모두가 강변에 위치하고 있으니 지질형태와 강변이 갖는 인문적 조건에 기인한 것이라고 하겠다.

현재까지 발굴조사된 先史遺蹟선사유적으로는 우선 구석기시대의 것으로 제원군 송학면 포전리의 점말용굴이 있다. 이는 1973~1980년까지 8차에 걸쳐서 발굴조사되었으며[4] 단양군 매포면 상시리에 있는 상시굴은 1981년에 발굴조사되었다. 이곳에서는 네안데르탈(Neanderthalensis)인과 흡사한 사람의 뼈가 출토되어 발굴조사자는 이를 上詩人상시인이라 명명하고 있어 관심을 모으고 있다[5]. 또한 1982년부터 충주댐의 조성으로 인한 수몰지역 안에 있는 문화유적의 종합적인 발굴조사 과정에서도 다음과 같은 선사유적을 확인하게 되었다.

단양군 매포면 도담리의 남한강 岸壁안벽에 위치한 도담금굴이 1983~1985년까지 발굴 조사되었다. 이곳에서는 약 70만년 전의 전기구석기시대부터 청동기시대까지의 각 시대 유물이 층위별로 출토되어 우리나라 선사문화의 표적유적으로 등장되고 있다[6]고 조사보고서는 기록하고 있어 주목을 끌고 있다. 단양군 가곡면 여천리에 있는 구낭굴은 1986~1988년까지 발굴조사된 것으로 현재 자료정리 중에 있는 구석기시대의 유적이다[7]. 이상은 모두가 석회암의 자연동굴유적으로서 조사된 것들이다.

이 지역에는 이러한 동굴유적 외에 강변을 따라 한데(野外)유적이 또한 조

---

4) 孫寶基, 「제천 점말동굴발굴 중간보고」(《韓國史硏究》 11, 1974).
孫寶基, 「한국구석기 문화의 연구-제천점말동굴 발굴조사 연구-」(《韓國史硏究》 19, 1978).

5) 孫寶基, 《한국고대사의 조명》(1981. 11월에 충북대학교 문화재연구회에서 上詩유적의 발굴 보고회에서 발표).

6) 孫寶基, 「丹陽嶋潭地區 遺蹟發掘調査報告」(《忠州댐 水沒地區 文化遺蹟發掘調査綜合報告書-考古·古墳分野 I-》, 忠北大學校 博物館, 1984).
孫寶基, 「丹陽 嶋潭里 금굴遺蹟發掘調査報告」(《忠州댐 水沒地區 文化遺蹟延長發掘報告書》, 忠北大學校 博物館, 1985).

사되고 있으니 다음과 같다.

제원군 한수면 사기리의 창내유적이다. 이곳은 1982~1983년에 두 차례 발굴조사되었다. 이 유적에서는 후기 구석기시대의 집자리[住居址]가 조사되어 복원을 시도한 바도 있다[8]. 또한 이곳과 이웃하고 있는 寒水面한수면 鳴梧里명오리유적이 있다. 1983년에 발굴조사된 구석기시대의 유적이다[9]. 이와 같은 유적 중에서 우리의 관심을 끄는 곳으로 단양군 적성면 애곡리의 수양개유적이다. 이 유적도 강변에 위치한 한데유적으로 1983~1985년까지 5차에 걸쳐서 발굴조사 되었다.

이 유적의 특징은 49개 이상의 석기 제작소를 확인하였으며 2만년 전에 살았던 구석기인들의 석기 제작수법과 행위를 확인할 수 있게 한 곳으로 행위 고고학의 좋은 자료를 얻게 되었다[10]고 조사보고에 기록하고 있다. 남한강변에는 위와 같이 동굴유적과 한데유적을 비롯한 수 많은 구석기시대의 문화유적이 있어 실로 구석기문화유적의 보고라고 할 만하다.

이 외에 남한강변을 따라 신석기시대를 비롯하여 청동기시대의 유적지도 수 많이 산재해 있으니 제원군의 청풍면을 중심으로 하여 양평리·진목리·계산리·황석리·광의리·방흥리 등 일대와 중원군 동양면의 지동리·하천리 등지에서도 빗살무늬 토기편과 무문토기편을 비롯하여 많은 석기류 및 주거지 등이 발굴 조사되었으며 支石墓지석묘 역시 많이 조사되었다[11].

---

7) 忠北大學校의 이융조 교수팀에 의해 발굴 조사되었으며 1989년 11월 18일 蘂城同好會 주최《中原文化學術發表會》(資料)에서 발표한 바 있다.

8) 朴喜顯,「堤原 沙器里後期舊石器 遺蹟發掘調査報告」(《忠州댐 水沒地區 文化遺蹟發掘調査綜合報告書-考古·古墳分野 I-》, 忠北大學校 博物館, 1984).

9) 崔茂藏,「堤原 鳴梧里B地區 遺蹟發掘調査報告」(《忠州댐 水沒地區 文化遺蹟發掘調査綜合報告書-考古·古墳分野 II-》, 忠北大學校 博物館, 1984).

10) 이융조,「丹陽 수양개 舊石器遺蹟發掘調査報告」(《忠州댐 水沒地區 文化遺蹟發掘調査綜合報告書-考古·古墳分野 I-》, 忠北大學校 博物館, 1985).

11)《忠州댐 水沒地區 文化遺蹟發掘綜合報告書》(全 5冊)에 調査된 바를 報告하고 있다.

이들 선사유적은 모두가 남한강유역의 지리적인 특징에서 이루어진 것으로 중원지역이 선사문화지대를 형성하고 있음을 알게 한다. 앞으로 보다 정밀한 조사 연구가 뒤따라야 하겠지만 이러한 문화유적은 서울의 암사동 신석기시대유적과 경기도 여주 흔암리의 청동기시대유적과의 깊은 관련성이 있을 것으로 주목된다. 이러한 수 많은 선사유적은 한강유역이 갖는 자연환경이 일찍부터 인류문화를 성장·발전시키는 모태로써 원시인류부터 생활하기에 알맞은 인문조건을 충분히 갖춘 지역을 입증하는 것이라 하겠다. 이러한 바탕 위에 역사시대로 접어들면서 또한 이 지역은 일찍부터 기록에 나타나면서 활발한 선인들의 활동무대로 등장하게 된다.

Ⅲ. 三國時代의 忠州地域

1. 三韓時代의 忠州

충주지역에 대한 고대의 기록은 거의 없는 형편이다. 다만 현존하는《신증동국여지승람》등 諸제지리지에 의하면 馬韓마한의 영역이었다는 기록이 있을 뿐이다[12]. 마한 50여 국의 어느 곳이었는지도 고증되고 있지 않기 때문에 확인할 수는 없다. 그러나 조선조 말기의 김정호가 지은《대동지지》의 충주 연혁조에서「本任那國後爲百濟所有」라고 하였는 바 매우 주목되는 기록이다.

任那임나의 문제는 그동안 많은 논란이 있어 왔다. 앞으로도 계속적인 연구과제가 아닌가 한다. 그러나 대체로 임나는 가야를 의미한다는 데에 뜻을

12)《新增東國輿地勝覽》·《輿地圖書》·《大東地志》등 諸地理志의 忠淸道조에 보면 한결같이「本古馬韓之域」이라고 하였다. 더욱《大東地志》는 다음과 같이 밝히고 있다.「本馬韓之域西漢之末百濟新羅分而有之……忠州·靑風·丹陽……百濟南遷後爲高句麗所取至陽原王七年入于新羅」.

같이 하고 있다. 이 지역이 임나라고 하는 문제는 중원에 살았던 강수가 태종 무열왕이 즉위함에 있어서 唐당의 사자가 와서 전한 詔書조서 가운데에 알기 어려운 곳이 있자 왕이 강수를 불러 물으니 막히는 곳 없이 해석하였다고 한다. 그러자 왕이 그의 이름을 물으니 "臣은 본래 任那加良 사람으로 字頭"라고 대답하였다[13]. 강수의 이 말을 인용하여 安鼎福안정복은《동사강목》에서 충주가 임나국이라고 단정하고 있다[14].《대동지지》는 아마도 이것을 옮겨 놓은 것이 아닌가 한다.

임나가야는 대가야를 뜻하고 있으니 지금의 고령지방을 말한다[15].《삼국사기》에 의하면 강수는 이곳에 살다가 진흥왕 23년(562) 신라에 정복되자 그의 선대가 중원(忠州)지역으로 옮겨 살게 된 것으로 풀이하는 것이 타당하다. 신라에서는 가야지역을 지배한 이후에 그 지역의 지배층을 많이 충주지역으로 옮겨 살게 한 사실과 관련이 있다고 하겠다[16]. 이와같이 본다면 중원을 임나국이라고 단정한《동사강목》과 이것을 인용한 듯한《대동지지》의 기록은 좀더 연구되어야 할 문제라고 하겠다.

末松保和말송보화는 "韓의 原義는 분명하지는 않지만 78國(三韓諸國의 合)이 각각 某某韓이라고 불리었던 데서 추측한다면 그 韓은 가라(加羅)의 음역이라고 생각해도 좋을 것이다"라고 전제하고 "任那成立期의 加羅諸國은 上記 78國에서 百濟·新羅의 統一國內에 들어간 나라들을 뺀 나머지 諸國이다. 남아있는 諸國이라고 하지만 그것은 慶尙北道의 西部, 慶尙南

---

13)《三國史記》권46, 强首조.

14)《東史綱目》附錄 권下, 地理考의 加羅任那慕韓休忍州湖考에서「任那指伽倻 字相似而誤分也 更按三國史强首傳曰 臣本任那加良人 史又以强首爲中原京沙良人 中原京今忠州 然則任那國卽忠州歟」라고 하였음에서 알 수 있다.

15) 金延鶴,「加耶史의 硏究」(《史學硏究》37, 1983) pp.4~5.

16) 國原(忠州) 小京에는 于勒·强首 거기에 아마도 金生까지를 포함하여 伽倻系 人物과 文化가 成長하여 新羅領土內의 한 異色地帶를 이룬 곳이라고 林炳泰 교수는「新羅小京考」(《歷史學報》35·36, 1967)에서 논하고 있다.

道·全羅南北道에서 忠淸南北道에 이르는 광대한 지역을 점한다"[17]고 하였다. 이에 의하면 忠淸北道圈충청북도권도 加羅諸國가라제국에 포함된다는 것을 뜻한다고 하겠다.

이에 접근할 수 있는 설이 있으니 주목된다. 즉 우륵은 省熱縣성열현 사람이라 하였다[18]. 성열현은《삼국사기》지리지에 보이는 沙熱伊縣사열이현과 그 음이 근사하다고 하여 이에 비정하는 분이 있다. 沙熱伊縣사열이현은 지금의 충청북도 제원군 청풍의 고구려시대의 이름이다[19]. 이에서 연유함인지 지금의 청풍지역에는 그 고장에서 于勒우륵이 출생하였다고 전하는 사람들이 있음에 주의가 간다.

또한 영조 후반기에 이루어진《여지도서》를 비롯하여《충청도읍지》및《충주읍지》(조병로, 1870) 등 제 지리지의 충주목 제언조에 보면 상가라제·하가라제·가라곡제·상가라곡제·하가라곡제 등 加羅가라의 지명이 있음에 관심이 간다. 이 지역에는 가라와 음이 유사한 자연촌명이 여럿 있으니 가래들·웃가래들·아래가래들 또는 가래실 등이 있어 주목되고 있다[20]. 보다

---

17) 末松保和,《任那興亡史》(1949) pp. 216~217.

18)《三國史記》권22, 樂志 伽倻琴조.

19)《三國史記》권35, 地理志 2 朔州 奈堤郡조, 丁若鏞,《大韓疆域考》권2에「鏞案 省熱者 沙熱也 沙熱者 今淸風也 于勒遊於淸風·忠州之間 故忠州有彈琴臺(在忠州南五里) 四休亭(在忠州西二十里荷潭之上) 皆于勒之所嘗遊也」라고 하였으며, 申采浩,《朝鮮上古史》pp. 229·241에서 省熱縣은 淸風이라고 하였다.

20)《輿地圖書》忠原縣조.《忠淸道邑誌》忠州牧조.《忠州邑誌》忠州牧조에 있는 堤堰조에 보면「上加羅堤(在州西 80里 金目洞面 周 663尺 水深 3尺), 下加羅堤(在州西 80里 金目洞面 周 1,069尺 水深 3尺), 加羅谷堤(在州西 105里 枝內面 周 384尺 水深 3尺), 上加羅谷堤(在州西 105里 豆衣谷面 周 750尺 水深 3尺), 下加羅谷堤(在州西 105里 豆衣谷面 周 358尺 水深 3尺)」이라고 기록하고 있다. 金目洞面은 지금의 陰城郡 金旺邑 일대이며, 枝內面과 豆衣谷面은 陰城郡 三成面 일대이다. 金目洞面 지역인 지금의 金旺邑 柳村里를 '가래들'이라고 하며 가래들 아래쪽에 있는 마을을 '아래가래들'[下柳村], 윗쪽에 있는 마을을 '웃가래들'[上柳村]이라고 하며 웃가래들 남쪽에 上村小溜池가 있다. 또한 枝內面 지역인 三成面 德井里에는 枝內面터가 있으며,「가래실이 있는 옛 忠州郡 枝內面의 터로 朝鮮時代

확실한 고증을 거쳐야 할 문제이지만 이상과 같은 상황으로 볼 때 충주·중원지역까지 가야권역에 속해 있었던 것이 아닌가 생각해 본다.

2. 百濟時代

1) 娘子谷城

마한에서 백제가 일어나 성장 발전하면서 충주지역은 백제에 흡수되게 되었다. 《대동지지》에 의하면 앞에서도 논했지만 충주의 연혁조에서 「본래 任那國이었다. 뒤에 백제가 소유하고 娘子谷城(一云 娘子城, 一云 末乙省)이라 칭하였다」고 하였다[21]. 이에 따르면 충주가 백제시대의 낭자곡성(또는 娘子城·末乙省)임을 알 수 있다. 그러나 일부에서는 娘子谷城낭자곡성을 청주로 비정하고 있기 때문에 이에 대하여 언급하고자 한다. 왜냐하면 낭자곡성·낭자곡·낭성 및 낭비성의 위치 문제는 역사지리적인 면에서 볼 때 삼국시대에 있어서 백제·고구려·신라가 각기 영토를 확장하기 위해 치열한 분쟁을 일으킨 지역으로 고대사의 실마리를 풀어주는 역할을 한다고 보기 때문이며, 아울러 최근에 와서 지역사 연구에 크게 관심을 갖고 있는 시점에서 이는 더욱 분명하게 밝혀져야 할 문제라고 생각되기 때문이다.

낭자곡성을 청주로 비정하려는 것은 《삼국사기》의 백제지리지에 「西原 一云臂城·一云子谷」[22]이라고 한데서 비롯된다. 여기에서 臂城비성과 子谷자곡 앞에 娘낭자가 탈락된 것으로 보아 《동국여지승람》 청주목조에 보

가래실의 이름을 따서 枝內面이라 하였다」고 하였다. 그리고 自然村으로 가래실[枝內]에는 골가래실과 방죽가래실이 있다. 이상은 《地名誌》(忠淸北道, 1987)의 陰城郡편에서 정리한 내용이다. 여기에서 가래실이라고 하였으나 加羅谷이 후대에 와서 바뀌어진 것이 아닌가 생각된다. 그러나 현지 주민들에게서는 加羅라는 뜻의 아무런 단서를 찾지 못하였지만 加羅라는 地名이 있었을 것으로 주목된다.

21) 《大東地志》 권6, 忠州沿革조.

22) 《三國史記》 권37, 百濟地理志 西原조.

면 「本百濟上黨縣, 一云娘臂城, 一云娘子谷, 新羅文武王五年 初置西原小京」이라고 기록하고 있다. 이후에 간행된 《증보문헌비고》·《여지도서》 등 여러 지리지에는 한결같이 이를 답습하고 있다. 이러한 내용을 토대로 하여 津田左右吉진전좌우길과 李丙燾이병도 박사는 낭자곡성을 청주로 비정하고 있다[23]. 또한 이원근 교수는 낭자곡성과 낭비성을 동일하게 보고 지금의 청원군 북이면 토성리와 광암리 및 부연리 경계에 있는 산정에 축조된 석축산성으로 보고 있으며[24], 《충청북도지》와 《청주시지》에서도 낭자곡성과 낭비성을 청주로 비정하고 이와 관련된 기록을 옮겨 싣고 있다[25]. 이와 같은 견해는 《삼국사기》와 《동국여지승람》에 큰 영향을 받고 있는 것으로 생각된다.

그러나 이에 대하여 주목되는 것은 김정호의 견해이다. 그는 《大東地志》의 충주조에서 언급했듯이 충주를 백제시대의 낭자곡성·낭자성으로 분명히 밝히고 있으며, 청주로 비정하는 사례가 있음을 보고 청주조에서 《삼국사기》의 기록이 잘못된 것이라고 지적하면서 다음과 같이 강조하고 있다. 즉 「淸州는 본래 百濟의 上黨이다. 《三國史》(《三國史記》를 뜻함) 百濟地志에는 西原縣(淸州)을 娘子谷城·娘臂城이라고 하였으나 모두 잘못된 것이다. 娘子谷城은 지금의 충주이며 娘臂城 어느 곳인지 알 수 없다」고 하여 낭자곡성은 청주가 아니라 충주라고 청주조에서 밝히고 있다[26]. 이에 대한 근거가 어디에서 유래한 것인지는 알 수 없으나 매우 관심이 가는 견해라고 하

23) 津田左右吉, 「羅濟境界考」(《朝鮮歷史地理》上, 1910) p. 209.
李丙燾, 《國譯 三國史記》(1977) p. 12, p. 361.

24) 李元根, 《三國時代城廓硏究》 및 《文化財誌－娘臂城조－》(忠淸北道, 1982) pp. 328～332.

25) 《忠淸北道誌》(1975) p.44와 《淸州市誌》(1976), pp.36～38, pp.66～68, p.197. 여기에서는 娘子谷城·娘臂城·娘城을 모두 淸州로 비정하고 있다.

26) 《大東地志》 권6, 淸州沿革조에서 「本百濟上黨(三國史地志云西原縣 一云娘子谷城 一云娘臂城者 皆誤也 娘子谷城今忠州 娘臂城無小考)」라고 하였다.

겠다. 여기에서 낭자곡성이 약칭되어 낭자성이라고 하였을 것이며 나아가 낭성이라고도 하였을 것이 아닌가 한다. 낭성의 문제는 후술하겠지만 신라 진흥왕이 그 12년(551)에 낭성에 들려서 우륵을 만나는 사건 기록에서 비롯된다. 여기에 이 娘城낭성을 청주로 보는 견해도 있으나 충주로 비정하는 입장도 이미 있어 왔다[27].

이에 대하여 필자는 충주로 비정하는 입장을 밝힌 바 있으니 진흥왕의 낭성 순수의 의미는 우륵보다도 551년의 대작전에 대한 督戰次독전차 戰線전선(忠州地域) 視察시찰이라는 목적에 있었음을 뜻한다고 보았다[28]. 또한 근년에 낭자곡성의 역사지리적인 위치문제에 관심을 기울이고 적극적인 시도를 한 김윤우의 논고가 있어 주목된다[29]. 김윤우씨는 낭자곡성을 충주로 비정하는 이유로 백제의 도읍(河南慰禮城)에서 영토확장을 위해서는 남한강유역의 충주에 먼저 이르렀을 것임을 밝히고 당시에는 청주까지 百濟勢백제세가 미치지 못했을 것이라 하였다. 또한 진흥왕 12년의 기사를 볼 때 청주지역에는 우륵에 대한 일화가 없으며 河臨宮하림궁의 이름과 통할만한 것은 충주의 한강이라야 옳을 것이라고 전제하고 있다. 더욱 낭자곡성·낭자성·낭성을 동일시하고 후대의 지칭인 국원성과도 같은 위치로 보았으며 그 치소를 지금

---

27) 李丙燾, 《國譯三國史記》(1977) p. 58에서 娘城을 淸州라고 하였다. 같은 책 p.361에서 娘子谷城도 淸州로 비정하였다. 이에 반하여 李基白, 《韓國史新論》(1981) p.79에서는 娘城(忠州)라고 하였으며 李基白·李基東, 《韓國史講座》 古代編(1982), p.265에서도 娘城(忠州)라고 하였다. 또한 이에 앞서 申采浩, 《朝鮮上古史》 p. 241에서는 娘城을 忠州의 彈琴臺 부근이라고 하고 眞興王이 「巡幸次 于勒을 불러 彈琴을 들은 것이 今에 忠州 彈琴臺가 그 遺址」라고도 하였다. 忠州에는 于勒과의 인연을 갖는 地名으로 琴谷理(지금의 漆琴 洞)·琴腦里(지금의 琴陵里)·聽琴里(지금의 聽琴亭의 별칭) 등이 있다. 林炳泰, 〈新羅小京考〉(《歷史學報》 35·36, 1967)에서는 河臨宮을 加耶王族의 移置를 위해(國原[忠州]에다가) 지었을 것으로 보고 있어 娘城을 忠州에 비정하고 있다.

28) 掘稿, 「中原의 變遷考」 上(《湖西文化硏究》 4, 忠北大學校 湖西文化硏究所, 1984) pp.16~18; 掘著 《中原의 歷史와 文化遺蹟》(1984), pp.28~36.

29) 金侖禹, 「娘臂城과 娘子谷城考」(《史學志》 21, 1987).

의 충주산성(일명 南山城)에 결부시키고 있다. 그리고 娘臂城낭비성은 별개의 지역으로 추정하면서 지금의 경기도 파주군 적성면 구읍리에 있는 중성산성 곧 칠중성으로 비정하고 있다. 낭자곡성·낭성을 곧 국원성으로 보고 충주산성에 비정한 문제는 좀더 고려되어야 할 것으로 생각되지만 충주지역으로 보고 있는 바는 매우 타당한 견해라고 하겠다.

낭자곡성을 충주지역으로 확정하고 기록을 살펴나가면 백제는 AD 63년(濟·多婁王 36; 羅·脫解 7)에 마한지역이었던 이곳을 개척하고 소유한 뒤에 이곳에서 신라에 사자를 보내어 회견하기를 청하고 있음을 알 수 있다. 그러나 신라에서는 이를 거절하고 있다[30]. 이 사건은 백제가 新羅地境신라지경까지 영토를 확장하고 신라와의 교류를 희망했던 최초의 기록으로 주목된다. 삼국 중에서 서로 교류를 하고자 한 첫 시도로서 이 사건이 등장하고 있기도 하기 때문이다. 이러한 의미에서 볼 때 백제로서는 신라와의 국제관계를 우호적으로 유도하고자 한 것으로 풀이된다. 그러나 신라에서는 변경까지 진출해 온 백제를 크게 경계하는 뜻으로 불만의 노출이 아니었던 것인가 한다. 왜냐하면 이 사건이 있는 이듬해인 64년에 백제(多婁王 37)는 신라(脫解王 8)의 변경인 와산성과 구양성(忠北의 報恩方面)을 공격하고 있으며, 이후 신라와 백제 사이에는 빈번한 변경에 대한 침범이 있기 때문이다[31]. 이는 신라의 불

---

30) 《三國史記》 新羅本紀 제1, 脫解王 7년 10월조, 同書 百濟本紀 제1, 多婁王 36년조에 同一事件記事가 보인다. 그런데 《大東地志》 권6, 忠州의 典故조에서도 이 事件을 기록하고 있는데 그 出典이 무엇에 의한 것인지 年代도 틀리면 《三國史記》와 다르기 때문에 原文을 옮겨 본다.

「[典故] 新羅脫解王五年 百濟拓地至娘子谷城(溫祚 19) 七年百濟王侵新羅娘子谷城(溫祚 21년) 二十二年 百濟王至娘子谷城仍遺使新羅請會不從(溫祚 36년, 一云多婁 36年者非)」라고 하여 앞뒤가 맞지 않는 내용임을 알 수 있다. 脫解 5년이면 溫祚 19년이 아니라 多婁 34년에 해당되기 때문이다.

31) 百濟의 多婁王 年間에 新羅와의 關係를 보면 AD 64년 8월에 百濟는 新羅의 蛙山城을, 10월에 狗壤城을 공격하고(《三國史記》 권1, 脫解王 8년·권23 多婁王 37년조), 66년 10월에 百濟가 蛙山城 攻取, 70년에 百濟가 신라를 侵犯, 74년에 百濟가 新羅의 邊境을 侵犯, 75년에 百濟가 蛙山城을 拔之, 76년에 新羅가 蛙山城을 復取

만에 대한 백제의 보복적 수단이 아닌가 생각해 본다.

이와 같이 볼 때 낭자곡성의 문제는 삼국관계사의 첫 기록인 동시에 이 문제로 백제는 신라와의 불화를 초래하고 있음을 알 수 있다. 즉 백제는 신라의 北邊북변인 충주지역을 확보하고 또한 西邊서변인 보은방면으로 진출하려고 시도한 사실을 알 수 있다.

여기에서 또한 충주지역과 신라와의 교통로를 생각하게 한다. 신라는 AD 156년과 158년에 충주지역으로 통하는 계립령과 죽령의 길을 열어서 천연의 경계를 이루고 있던 소백산맥을 뚫고 있다[32]. 매우 의미있는 일이라고 하겠다. 비록 전기한 낭자곡성의 개척과 이 교통로가 열린 것에 대한 시대적인 차는 있다고 하더라도 충주와 그 남쪽으로 통하는 계립령과 죽령의 개척은 매우 연관이 있는 역사적인 사건이라고 할 것이다.

2) 鷄立嶺(麻木峴)과 鳥嶺

계립령의 문제는 죽령과 함께 일찍이 《삼국사기》의 기록에 등장되고 있음은 앞에서 논한 바다. 이 두 嶺路영로는 온달의 출정의지를 나타낸 영양왕 嬰陽王 즉위년인 590년의 기사[33]와 642년에 신라의 김춘추가 고구려에 들어가 청병할 때 보장왕이 말하고 있는 마목현과도 관련이 있음을 알 수 있으니 삼국의 국경문제 뿐만 아니라 이로 인한 외교문제로까지 발전하고 있는 매우 중요한 지리적인 위치를 점하고 있는 지역이다[34].

하였다는 《三國史記》의 기록을 살필 수 있다. 여기에서 蛙山城은 忠北 報恩地域으로 《大東地志》 권6, 報恩山水조에 「蛙山은 縣西」에 있다고 하였다. 成周鐸 교수는 〈新羅三年山城硏究〉(《百濟硏究》 7, 1976) p.136에서 蛙山城을 三年山城의 前身으로 보려고 하였으나 《大東地志》에 보면 三年山城이 있는 烏項山은 縣의 東五里에 있다고 하여 별개로 기록하고 있어 주목된다.

32) 《三國史記》 新羅本紀 제2, 阿達羅王 3년[AD 156]에 「開鷄立嶺路」라 하였으며, 同王 5년에 「開竹嶺」이라 하였다.

33) 《三國史記》 권45, 列傳5, 溫達조.

34) 《三國史記》 권41, 列傳1, 金庾信上조.

따라서 계립령의 위치문제에 대하여는 선학들의 많은 관심이 있어 왔으니, 대개 계립령과 마목현을 동일시하여 온 견해와 계립령과 오늘에 널리 알려지고 있는 조령을 일치하게 보는 입장이다. 또한 계립령과 마목현을 별개 지역으로, 또한 조령과도 다르게 보는 견해 등 다양하다.

계립령에 대하여는 본고를 발표한 이후 《한국민족문화대백과사전》(2권, p. 257)에 '계립령'을 「충청북도 괴산군 연풍면 주진리에서 경상북도 문경군 가은읍 원북리로 넘어가는 고개」라고 잘못된 바를 보고 바로잡기 위하여 《雞立嶺考계립령고》(《竹堂李炫熙敎授華甲記念韓國學論總, 1997)를 발표를 한 바 있어 이곳에서는 중복을 피하기 위해 생략하였다.

다만 결론적으로 계립령과 조령은 별개의 위치에 있으며, 계립령은 충청북도 수안보면 미륵리에서 문경군 관음리로 넘어가는 오늘날의 하늘재 임을 말해둔다. 조령은 계립령이 폐쇄된 후인 고려시대에 들어와서 조령·초재·초령 등으로 기록되고 '새재'라고 불리게 되었음에 관심이 간다. 곧 새재라고 함은 옛 고개 즉 '계립령'에 대한 '새로 개설된 고개'라는 의미이며, 한자표기는 意譯의역된 내용임을 말해둔다.

3) 百濟의 盛衰

백제와 신라는 이웃의 소국들을 병합하면서 소백산맥이라는 천연의 장벽을 사이에 두고 직접 대결이 이루어지자 산맥 중 가장 標高표고가 낮은 계립령로를 개척하여 남북 간의 통로로, 또는 이곳을 중심으로 하여 군사적으로도 크게 작용하게 되었으니 이 嶺령을 중심으로 하여 羅濟間나제간의 공방은 매우 치열하게 전개되어 갔다. 대체로 이 시기에 백제는 소백산맥을 경계로 하여 충주(娘子谷城)를 중심으로 한 북부지역을 확보하고 있었으며, 신라는 산맥의 남쪽과 보은지역(蛙山城)에 그 세력권이 있었기 때문에 대부분의 분쟁은 충주지역과 보은지역 사이에서 일어나고 있었음을 알 수 있으니 다음

기록에 의해서 짐작된다.

157년(羅·阿達羅 4)에 신라는 甘勿감물·마산의 두 현을 처음으로 두었다[35]고 하였다. 여기에서 감물을 지금의 괴산군 감물면으로 비정하고 있음을 본다[36]. 또한 167년(羅·阿達羅 14;濟·肖古 2) 8월에 신라는 백제의 동쪽 여러 성을 치고 羅王나왕도 친히 精騎정기 8천을 거느리고 한수까지 엄습하니 백제는 화의를 청하였다[37]. 위의 두 사건은 계립령을 넘어서 신라는 오늘의 괴산지역과 충주지역을 중심한 남한강변까지 이르렀던 것으로 추정된다. 신라는 여기에서 머무르지 않고 오늘의 진천방면까지 세력을 확장하였던 것으로 짐작되니 188년(羅·伐休 5;濟·肖古 23)에는 이미 신라가 확보한 모산성(鎭川)을 백제가 공격하다가 신라장군 仇道구도에게 실패한 기록이 있기 때문이다[38]. 이병도는 "이때 이곳이 新羅版圖內에 있었으리라고는 도저히 믿기 어려우므로 이 기사는 후일 發展時代의 사실을 史官이 잘못 추기한 것인 듯하다"[39]고 하였으나 앞의 일련의 사건으로 미루어 보아야 할 것이다. 이듬해인 189년에 모산성을 막았던 구도는 구양에서 백제군과 싸워 이기고[40], 190년에는 백제가 신라의 서쪽 지경인 원산향을 엄습하고 또다시 진격하여 부곡성을 포위하자 구도는 이를 공격하다 와산(報恩)에서 패하게 되었다[41]. 여기에서 구양을 옥천지방으로 비정하고 있으며, 원산과 부곡을 충주와 보은 방면으로 추정하고 있으니 동일인물인 구도가 2~3년 사이에 싸우고 있

---

35) 《三國史記》 권2, 阿達羅王 4년 春 2월조.

36) 《朝鮮歷史地理》 上, p. 234, 《甘勿面誌》(甘勿面誌編纂委員會, 1986) p. 3. 《鎭川郡誌》(同編纂委員會, 1974) p. 104.

37) 《三國史記》 권2, 阿達羅王 14년 8월조와 同書 권23, 肖古王 2년 8월조.

38) 《三國史記》 권2, 伐休王 5년 春 2월조와 同書 권23, 肖古王 23년 春 2월조.
母山城을 鎭川의 大母山城으로 비정하는 例는 李丙燾, 《國譯 三國史記》(1977) p. 25와 《鎭川郡誌》(1974) p. 104이다. 閔德植, 「鎭川大母山城의 分析的 研究」(《韓國史研究》 29, 1986)는 매우 시사적이다.

39) 이병도, 《國譯 三國史記》(1977) p.25의 주5.

40) 《三國史記》 권2, 伐休王 6년 7월조와 同書 권23, 肖古王 24년 7월조.

는 지역과 관련하여 생각된다[42].

204년(羅·奈解王 9; 濟·肖古王 39)에 백제는 신라의 서쪽 腰車城요차성을 쳐서 성주 薛夫설부를 죽이었다. 이에 新羅王신라왕이 노하여 利音이음을 장수로 삼아 백제의 沙峴城사현성을 깨뜨렸다[43]. 여기에서 腰車城요차성을 충주·보은 방면에서 찾으려고 하는 說설과 沙峴사현을 오늘의 괴산군 사리면의 모래재로 비정하고 있어 주목된다[44]. 240년(羅·助賁王 11; 濟·古爾王 7)에 백제는 신라의 서쪽을 침입하고[45], 255년(羅·沾解王 9; 濟·古爾王 22) 9월에 백제는 신라를 침공하여 槐谷괴곡의 서쪽에서 신라군을 파하고, 10월에는 신라의 봉산성을 쳤으나 이기지 못하였다[46]. 또한 266년(羅·味鄒王 5; 濟·古爾王 33)에도 백제는 신라의 봉산성을 공격하였으나 신라의 성주 直宣직선이 이를 격퇴시켰다. 278년(羅·味鄒王 17; 濟·古爾王 45)에는 백제가 신라의 괴곡성을 포위 공격하였으나 신라에서는 이를 막아냈다[47]. 또한 283년(羅·味鄒王 22; 濟·古爾王 50) 9월에 백제는 신라의 변경을 침범했으며, 10월에는 괴

41) 《三國史記》 권2, 伐休王 7년 8월조와 同書 권23, 肖古王 25년 8월조.

42) 李丙燾, 《國譯 三國史記》(1977) p.24 및 千寬宇, 「三韓의 國家形成」 上(《韓國學報》 2, 1976) p.46에서는 狗壤을 沃川으로 비정하고 있으며, 《朝鮮歷史地理》 上 p. 221에서는 圓山·缶谷을 忠州·報恩方面으로 비정하고 있다. 鄭寅普, 《朝鮮史研究》 下 p. 87에서는 圓山을 延豊 周峴으로 缶谷을 懷德·文義間에 있는 質峙로 비정하고 있다.

43) 《三國史記》 권23, 百濟本紀 제1, 肖古王 39년(204)조에 보인다. 同書 新羅조에는 이 사건을 10년 뒤인 奈解王 19년(214)조에 기록하고 있다. 필자가 百濟紀를 따른 것은 이 事件의 主體가 百濟이기 때문이다.

44) 《朝鮮歷史地理》 上 pp.213·235에서는 忠州·報恩方面에서 찾으려고 하고 또한 腰車城을 忠州平原方面으로(p.235) 沙峴城을 文義의 沙峴里(p.213)로 추정하고도 있다. 《槐山郡誌》 p.38에서는 沙峴을 槐山郡 沙梨面의 모래재로 추정하고 있다. 腰車城을 尙州의 舊要濟院 일대로 보는 說(《國譯 三國史記》 p.27의 주6)이 있으나 忠州·報恩方面이 타당성이 크다고 생각된다.

45) 《三國史記》 권2, 新羅本紀 2, 助賁王 11년조, 同書 권24, 百濟本紀 2, 古爾王 7년조.

46) 《三國史記》 권2, 新羅本紀 2, 沾解王 9년조, 同書 권24, 百濟本紀 2, 古爾王 22년조.

47) 《三國史記》 권2, 新羅本紀 2, 味鄒王 17년조, 同書 권24, 百濟本紀 2, 古爾王 45년조.

곡성을 포위하였으나 이를 막아냈다[48].

이상에서 보는 괴곡과 봉산성에 대한 백제 고이왕의 끈질긴 공략과 신라의 이에 대한 철저한 방어전은 매우 관심이 가는 사건이라고 하겠다. 槐谷괴곡을 오늘의 괴산으로, 봉산을 영주지역으로 보려는 입장이 있으나[49] 고이왕의 정력적인 정복사업을 고려한다면 이 당시에 괴산지역은 이미 백제가 영유하는 바라고 보아야 할 것이다. 또한 기록에서 보아 괴곡과 봉산은 같은 지역권으로 보아야 옳을 것이라고 생각된다. 오늘의 단양과 청풍지방에 괴곡이라는 지명이 있어 주목되고 이 지역으로 추정하기도 하니 정인보 선생은 「槐谷은 淸風·延豊間 地名이니 이는 雞立嶺 以北防戍의 요지로 正히 丹陽 所伊山(烽山城으로 비정)의 竹嶺 道遮護와 相似한데 이 뒤부터는 蛙山(報恩方面)에서 爭險하던 것이 이 두 곳으로 옮기게 된 것이다」[50]라고 하였다.

지명의 위치문제는 보다 분명한 고증이 요구되겠지만 이상의 여러 기록은 계립령과 죽령이 개통된 이후 두 嶺령을 중심으로한 羅나·濟제간의 공방을 의미하는 것으로 이해된다고 하겠다.

백제는 점차 국력을 기르고 성장하여 대외투쟁을 강화하고 내부 체제를 정비하여 정복국가적인 성격을 띠는 近肖古王근초고왕(346~375) 때에 이르게 된다. 왕은 24년(369) 9월에 고구려의 침략을 雉壤치양(黃海道 白川)에서 격파하고 26년(371)에는 친히 태자와 함께 精兵정병 3만을 이끌고 고구려의 평양성까지 쳐들어가서 고국원왕을 전사케 하였다. 고구려는 이에 대

48) 《三國史記》 권2, 新羅本紀 2, 味鄒王 22년조, 同書 권24, 百濟本紀 2, 古爾王 50년조.

49) 李丙燾, 《國譯 三國史記》, pp. 368~370.

50) 《朝鮮歷史地理》 上, p.214에서 「槐谷을 烽山과 同一地方」이라고 전제하고 「丹陽縣 및 淸風縣에 槐谷里가 있다」라고 하였다. 지금 丹陽郡 梅浦邑에는 上槐谷·下槐谷이 있으며, 옛 淸風縣이었던 水山面 남서쪽에 槐谷里가 있음에 주목된다. 鄭寅普, 《朝鮮史硏究》 下, p.89에서는 槐谷을 淸風·延豊間으로 보고, 烽山은 丹陽 玉筍烽 부근의 高山인 所伊山烽燧라고 하였다.

한 보복을 위해서 착실히 국내 체제를 정비하면서 국력을 기르더니(小獸林王 때) 광개토왕(391~412) 때에 이르러서는 일대 정복사업을 펴기 시작했다. 광개토왕릉비에 의하면 왕은 그 6년(396; 濟·阿莘王 5)에 수군을 이끌고 백제의 서해안에 상륙하여 파죽지세로 한강변의 관미성·미추성·고모루성·아단성 등 56성과 700개의 마을(村)을 공취하였다. 이는 백제에 대한 보복인 것이다. 이에 백제의 阿莘王아신왕은 항복을 하였으며, 고구려는 그 배상으로 王弟왕제·大臣대신 등 10인을 볼모로, 남녀 포로 천 명과 細布세포 천필을 받아가면서 강화와 여러 빼앗은 성진을 돌려주었다. 이 때에 고구려의 세력은 중원지역인 남한강 상류역까지 미쳤던 것임을 알 수 있다. 왜냐하면 광개토왕릉비에 보이는 공취하였던 성 중에 고모루성은 1979년에 발견된 중원고구려비에도 보이고 있으며, 아단성과 함께 남한강 상류역으로 비정하고 있기 때문이다. 중원고구려비에는 또는 충주지역으로 비정하는 于伐城우벌성이란 이름도 나타나고 있어 관심이 간다[51].

광개토왕을 계승한 장수왕(413~491)은 부왕의 사업을 계승하여 고구려의 극성기를 이룩한다. 그는 즉위한지 15년 만인 427년에 平壤평양으로

---

51) 中原高句麗碑는 1979년 2월에 忠州의 藥城同好會 회원들에 의해 中原郡 可金面 龍田里 立石마을 입구에서 발견되고 檀國大學校 學術調査團에 의해 4월에 확인되어 學界에 알려지게 되었다. 碑에 대한 綜合的인 研究는 《史學志》 13 〈中原高句麗碑特輯號〉(檀國大學校 史學會, 1979)가 있다. 古牟婁城의 位置問題에 대하여는 同書 學術座談會錄에서 討論中(p.133) 邊太燮 교수는 「漢江의 上流인 春川이나 原州」 지역으로 말하고 있어 高句麗 세력이 忠州地域과 內陸으로 진출하려는 거점으로 이해하고자 하였다. 또한 于伐城에 대하여 邊 교수는 同書 p. 43에서 中原高句麗碑가 있는 中原地方이라고 단정하였다. 阿旦城은 그동안 서울의 廣壯津에 있는 아차성으로 비정하여 왔으나 최근에 丹陽郡 永春面에 전하여 오는 溫達城과 관련하여 이곳으로 보려는 견해가 두드러지게 나타나고 있다. 永春이 高句麗 때의 乙阿旦縣이었음에 주목된다. 이에 대하여는 金顯吉, 「中原의 變遷考」 上(1984) p. 19에서 이미 발표한 바 있으며, 李道學, 「永樂 6년 廣開土王의 南征과 國原城」 (《孫寶基停年紀念 韓國史學論叢》, 1988) pp.92~101에서도 깊이 있게 다루고 있다. 이와 아울러 《溫達山城 地表調查報告書》(忠北大學校 湖西文化研究所, 1989) 도 참조된다.

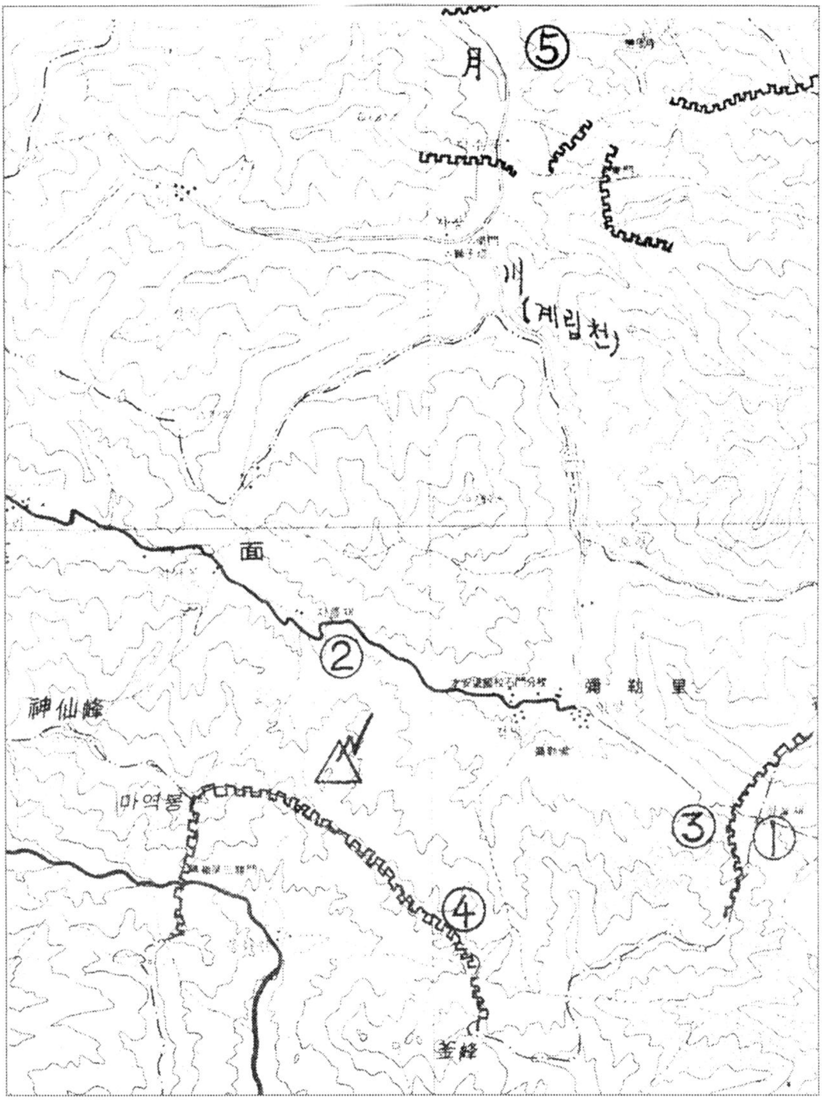

〈雞立嶺 周邊의 關防施設〉

①하늘재 ②지릅재 ③하늘재 遮斷城(馬骨岾山城) ④野門城(御留山城 雞立城)
⑤德周山城 주변의 關防 南·北·東門을 통하는 四重城

도읍을 옮겼다. 장수왕의 평양천도는 지리적·경제적·문화적인 利리가 있기도 하였지만 한반도의 통일을 위한 남진정책을 추진하는데 가장 적당한 곳이었다는 것을 빠뜨릴 수 없다. 고구려의 남진정책에 대하여 백제는 매우 불안함을 느끼고 南朝남조의 지원을 얻으려고 통교를 확대하면서 이웃 신라에게도 433년(濟·毗有 7;羅·訥祇 17)에 사신을 보내어 동맹관계를 맺게 되었다. 신라로서도 눌지왕(417~457) 때에 이르면 고구려의 압력에서 벗어나려고 노력하고 있었던 만큼 백제의 동맹 제의를 쉽게 받아들이게 된 것이니 이른 바 羅濟同盟나제동맹이다.

백제의 개로왕(455~475)은 고구려의 압력이 급박해지자 이를 저지하기 위하여 그 18년(472) 後魏후위에 구원병을 청하는 國書국서를 보냈으나 거절되고, 오히려 고구려의 비위를 거슬리는 요인이 되어 침략의 도화선이 되었다. 장수왕은 63년(475) 9월에 3만의 대병으로 백제의 서울 한산을 포위 공격하였다. 개로왕은 일이 위급하여지자 아들 문주에게 신라에 가서 구원을 청하였던 바 만 명의 군사를 얻어가지고 돌아왔으나 이미 성은 함락되고 왕은 고구려병에게 사로잡혀 살해당한 뒤였다. 타격을 받은 문주는 왕위를 계승하고 도읍을 지금의 공주인 웅진으로 옮기고 난후를 수습하기에 이르렀다.

충주에는 이 당시의 사정을 알려주는 듯한 다음과 같은 전설이 전해오고 있다. 지금의 계명산(鷄鳴山)과 남산[錦鳳山]을 사이에 한 서쪽 기슭에 안림동이 있다. 이 마을을 일명 御林어림이라고 하며 이곳에 이궁지가 있다. 전하는 바는 개로왕이 이 한강변의 위기를 짐작하고 이곳으로 도읍을 옮기려고 궁궐을 창건하였다는 것이다. 그러나 미처 천도를 하지 못하고 왕이 죽자 아들 문주가 웅진으로 도읍을 옮겼다는 것이다. 일설에는 문주가 잠시 와서 있다가 사태가 불리하자 웅진으로 갔다고도 한다. 그래서 離宮이궁터만 전해오고 있으며, 어림이라고 이름하였다고 하니 지금도 당시의 주초석이 흩어져 있다[52]고 한다. 그러나 지금 이 주변에 있는 주초석과 연화문대석 및 와편 등으로 미루어 보아 절터였음을 알 수 있다. 또한 이곳에서 연화문의 와당도 출토된 바 있다. 이 와당을 삼국시대와 통일신라시대의 것으로 추정하고 있다[53]. 이곳과 연결된 寺域사역으로 추정되는 대원고등학교 정문 근처에서 1989년 초에 義林寺銘의림사명 禁口금구(1190;高麗 明宗 20)가 출토되어 관심이 새롭다[54].

3. 高句麗時代

고구려는 백제의 남천으로 인하여 보다 적극적인 남진책을 도모하였으니 한강의 전 유역을 포함하여 그 이남으로 크게 영역을 확대하게 되었다. 그리하여 지금의 아산만에서 동쪽으로는 직산으로 하여 충청북도의 진천·도안·괴산·연풍의 이북지역을 모두 장악하고, 조령·죽령을 넘어가서 경상북도의 내륙쪽으로는 봉화·순흥·영주·예안·임하·진보·청송·안덕 지역을, 동해안으로는 울진·평해·영해·영덕·청하에 이르는 영역을 확보하고 고구려식 지명을 부여하였으니 통일정책의 일환이라고 생각된다[55]. 이는 장수왕 63년(475) 이후의 남하정책에 인한 것으로 보아야 할 것이다. 이에 따라 충주·중원지역도 자연 고구려의 장악하에 들게 되었다.

중원지역은 바로 남북 간의 문물이 오고가는 통로의 요충이며 군사적으로도 중요한 위치를 점하고 있음은 이미 언급한 바이다. 그러므로 남북 간의 통로로서 계립령과 죽령과 남한강과 더불어 오늘날 우리가 중원문화권을

52) 金相顯,《藥城春秋》古都조 p.41.

53) 忠州市·中原郡,「忠州安林洞離宮趾」(《中原文化圈遺蹟精密調査報告書》, 檀國大學校 博物館, 1982) p.7.

54) 金顯吉,《中原 金石文集》古代·中世篇(忠州工業專門大學博物館, 1989) p.45.

55)《三國史記》·《高麗史》의 地理志와《新增東國輿地勝覽》에 의하면 이들 地域은「本高句麗」또는「뒤에 高句麗」에 예속되었다고 기록하고 있다.

설정하는데 있어서 매우 중요한 역할을 담당하고 있으므로 알 수 있다. 이 두 嶺령과 한강의 중심부가 충주(中原)이고 보면 고구려도 이 지역을 장악하고 그 중요성을 생각하였을 것이다. 따라서 나라의 중심이라는 뜻으로 국원성이라고 이름하게 되었다. 《삼국사기》 지리지에 「本高句麗國原城」[56]이라고 한 데서 알 수 있다. 더욱 이와 같은 사실을 뒷받침하는 것은 중원고구려비를 이곳에 세웠다는 사실이다. 고구려는 충주지역을 장악하고 그 지리적인 요충임을 알고 이곳을 중심으로 하여 보다 적극적인 남방경략의 발판으로 삼고 장차 백제와 신라를 통일하기 위한 전진기지화를 시도하고자 한 것으로 생각된다. 뚜렷한 기록이 없어 알 수는 없지만 장수왕의 남하전략은 곧 삼국을 통일하고자 하였던 의지로 보아야 할 것이다. 그러나 백제와 신라의 완강한 저항으로 인하여 위의 선에서 머물렀던 것으로 생각된다. 따라서 고구려는 재차 통일을 위한 기지화를 도모하였을 것이니 국원성과 중원고구려비가 갖는 의미는 이런 면에서 찾아야 하지 않을까 한다.

중원고구려비는 1979년 2월에 충주의 북서방 10km 지점인 중원군 가금면 용전리에서 예성동호회원들에 의해서 발견되고 4월에 단국대학교 학술조사단(團長 鄭永鎬)에 의해 확인 발표되었다. 단국대학에서는 수 차에 걸친 조사 끝에 동년 6월 중원고구려비학술회의를 개최하였으며, 그 연구된 내용을 《史學志사학지》 13집에 〈中原高句麗碑중원고구려비 特輯號특집호〉로서

56) 《三國史記》 권35, 雜志 4 地理 3 中原京조. 高句麗가 忠州를 國原城으로 命名한 시기는 長壽王 63년(475) 南進政策을 수행한 이후라고 생각된다. 이에 대하여 李道學, 「永樂 6년 廣開土王의 南征과 國原城」(《孫寶基停年紀念 韓國史學論叢》)에서는 永樂 6년(396)으로 보고 있다. 이는 고구려가 공취한 58城 중 古牟婁城과 阿旦城을 南漢江流域으로 보고 忠州地域도 이 때에 공취하였으며 이들의 지역을 百濟에 돌려주지 아니하고 계속 관리하고 忠州를 國原城이라 이름하고 이곳을 高句麗는 別都로 정하고 永樂 10년의 新羅 원병을 위한 진출 통로로까지 이용하였다고 주장하고 있으나, 보다 연구되어야 할 문제라고 생각된다. 왜냐하면 고구려는 이후 이와같은 중요한 위치에 대하여 하등의 관계기록이 없기 때문이기도 한다.

동년 11월에 발표하였다. 중원고구려비에 대한 종합적인 연구로서 관심이 간다[57].

碑身비신은 總高총고가 203cm, 비면 高고 144cm, 비면 廣광 55cm, 厚후 38cm로 그 모습은 광개토왕릉비와 흡사하여 그 축소형이라고까지 한다. 종합적인 견해로는 四面碑사면비라고는 하나 현재 판독이 가능한 면은 전면과 좌측면 뿐이며 마멸이 심하여 전문을 이해하기 어렵다. 보다 정밀한 판독 작업이 요구되지만 사실상 불가능한 상태이다. 다만 전반적인 내용으로는 고구려의 신라·백제에 대한 남진과정을 설명하는 것으로 拓境碑척경비일 가능성이 크다고 본다.

비문의 자구를 통해서 볼 때 고구려는 삼국을 領護령호하는 위치에서 신라를 격하시키면서 다루고 있는데 주목된다. 즉 신라를 東夷동이라 호칭하고, 신라왕을 寐錦매금이라 표시하고 있으며 고구려대왕은 우벌성에서 新羅寐錦신라매금에게 新羅土內신라토내의 衆人중인을 賜給사급하고 상하군신에게 의복을 策受책수하려고 跪營궤영에 還來환래케 명하는 등 고구려가 군사적으로나 문화적으로 우위에 있으며 신라를 예속된 위치로 내용이 기록되고 있음에서 알 수 있다. 더욱 '新羅土內'니 '大王國土'니 하는 土토와 國국을 구별한 것은 사실상 신라를 정상적인 왕국으로 인정하지 않은 필법[58]으로 이해되기도 하기 때문이다. 이와같은 내용에서도 장차 반도 통일을 위한 고구려의 입장을 알게 하는 바라고 하겠다.

고구려는 이미 광개토왕 10년(400)에 신라의 요청으로 신라에 침입하여

---

57) 《史學志》 13(檀國大學校 史學會, 1979) 內容은 鄭永鎬, 「中原高句麗碑의 發見調查와 硏究展望」·李丙燾, 「中原高句麗碑에 대하여」·李基白, 「中原高句麗碑의 몇가지 問題」·邊太燮, 「中原高句麗碑의 內容과 年代에 대한 檢討」·任昌淳, 「中原高句麗碑小考」·申瀅植, 「中原高句麗碑에 대한 考察」·金貞培, 「中原高句麗碑의 몇가지 問題點」·李昊榮, 「中原高句麗碑 題額의 新讀」, 《學術座談會錄》이다. 이외에 綜合的인 論文으로 木下禮仁, 「中原高句麗碑」(《村上四男博士和歌山大學退官紀念 朝鮮史論文集》, 同 編纂委員會, 1981)이 있다.

온 왜적을 물리치기 위하여 步騎보기 5만으로 구원한 사실이 있다. 이때 고구려군은 신라영내에서 왜적의 배후를 추격하여 낙동강 중류·하류까지 진출하여 백제와 任那加羅임나가라·安羅안라 등 연합세력을 격파하였다. 이 결과로 고구려는 정치적으로 보다 강하게 신라를 예속시켰을 뿐 아니라 지배적 위치에 있었던 것이다. 중원고구려비의 내용은 이 때로부터 신라와의 관계를 알게 하는 것으로 이해되기도 한다.

중원고구려비의 성격을 보다 분명하게 규명하기 위해서는 건립연대를 확인하는데 있다고 하겠다. 왜냐하면 고구려·백제·신라의 삼국관계와 비문내용과를 부합시키는 시기를 찾아야 하겠기 때문이다. 그러나 碑文비문에 결자가 많아 이를 추정하기에는 매우 어려운 문제이다. 현재까지는 장수왕의 손자인 文咨明王문자명왕(492~518) 때로 추정하고자 하는 설과[59] 비문에 보면 '十二月廿□日甲寅'과 '辛酉年'과를 결부시켜서 이해하려는 설이다. 이에 대하여는 十二月廿三日甲寅으로 보는 견해와 十二月廿五日甲寅으로 보는 견해가 있어 엇갈리고 있다. 이에 대하여 十二月廿三日甲寅으로 보고 장수왕 69년(481) 辛酉로 보려는 견해가 있다[60]. 이에 반하여 十二月廿五日甲寅으로 보고 광개토왕 12년(402)과 辛酉年인 421년(長壽王 9)을 크게 넘어서지 않는 시기로 보려는 설이 있다[61]. 그러나 비교적 장수왕 69년설이 긍정적일 뿐이다.

중원고구려비에는 앞에서도 논했지만 우벌성과 고모루성의 이름이 보인다. 우벌성에 대하여는 중원고구려비가 있는 곳으로 보려는 견해가 있어 눈

---

58) 任昌淳, 「中原高句麗碑小考」(《史學志》13) p. 57.

59) 李丙燾, 「中原高句麗碑에 대하여」(《史學志》13) pp. 24~25.

60) 邊太燮, 「中原高句麗碑의 內容과 年代에 대한 檢討」(《史學志》 13) p.50. 이 설에 대하여는 申瀅植 교수도 지지하고 있다(《史學志》 13) p.77.

61) 木下禮仁, 「中原高句麗碑－その建立年代を中心として－」(《村上四男博士和歌山大學退官紀念 朝鮮史論文集》, 1981) p.110.

에 띈다[62]. 중원고구려비가 위치한 곳으로부터 북쪽으로 이어지는 남한강변에는 삼국시대의 축성으로 추정되는 장미산성이 있어 주목된다. 고모루성은 이미 광개토왕릉비에도 나타나는 城名성명으로 고모루성은 「江原道쪽을 통하여 이 于伐城에 오는 前進的인 곳, 그러니까 漢江上流의 春川이나 原州 부분까지 비정해 볼 수 있지 않을까」하고 추정하고 있다[63]. 즉 충주지역과 내륙으로 연결되고 있던 고구려 南進經營남진경영의 거점으로 남한강 상류지역으로 비정할 수 있지 않을까 한다. 缺字결자가 많아 확인하기 어려움에 아쉽기만 하다.

《삼국사기》에는 「국원성을 一云 未乙省, 一云 託長城이라 하고 또한 古薍長城이라」고도 기록하고 있다[64]. 《대동지지》에는 백제시대의 지명으로 미을성[65]이 기록되고 있다. 이것으로 볼 때 이들의 이름은 국원성이기 이전에 불리웠던 것으로 봄이 옳을 것이다. 국원성의 치지문제도 최근에 와서 논의되고 있으니 이 지역의 역사지리적인 중요성에서 오는 관심사라 하겠다. 중원고구려비가 위치한 북쪽 산을 둘러싸고 있는 장미산성을 앞에서의 우벌성으로 보려 하고, 동시에 국원성으로 추정하는 분도 있으나[66], 장준

---

62) 邊太燮, 앞의 논문 p. 43에서는 「于伐城은 바로 이곳 中原地方이 될 것이다」라고 강조하고 이에 대하여 金貞培, 「中原高句麗碑의 몇 가지 問題點」(《史學志》 13) p.88에서는 「中原碑가 있는 于伐城」이라 했으며, 金哲俊, (《史學志》 13) p.117에서는 「여기 장미산성이 于伐城이라고 한다면」하고 中原高句麗碑에서 이어지는 북쪽의 장미산성을 비정하려고 하였다.

63) 《史學志》 13, p. 133, 邊太燮의 對談내용.

64) 《三國史記》 권37, 地理 4 漢山州조, 同書 권7, 新羅本紀 7 文武王 13년 9월조에는 「築國原城(古薍長城)」이라 하였다.

65) 주21) 참조.

66) 閔德植, 「鎭川大母山城의 分析的 硏究」(《韓國史硏究》 29) p.2의 주6)에서 薔薇山城이 「中原高句麗碑와 인접하여 國原城으로 추정」된다고 하고 있다.
李道學, 「高句麗의 洛東江流域進出과 新羅·伽倻經營」(《國學硏究》 2) pp. 100~103에서도 國原城의 治址로 長尾(薔薇)山城으로 비정하고 있다. 長尾는 未乙省과 통한다고 전제하고 未乙은 龍 또는 長(긴 것)을 가리키는 관계 《訓蒙字會》로 표기될 수 있다.

식 교수는 중원고구려비를 중심으로한 주변의 여러 삼국시대의 유적들을 살피고 그 중심부라고 보이는 중원 탑평리 7층석탑(일명 中央塔)이 있는 주변으로 비정하고자 하였다[67]. 비교적 이 두 설에 대하여는 긍정적으로 평가하고 있으나 통일신라 때 중원경의 치지문제도 아울러 검토되어야 할 문제가 아닌가 한다. 장준식 교수는 앞의 논문에서 중원경의 치지도 탑평리 주변으로 보려고 하였으나 이에 대하여는 현재 충주시권역에서 살피려는 입장도 있어 앞으로의 연구과제라고 하겠다.

백제는 웅진으로 천도한 뒤 10년이 되는 485년(濟·東城 7; 羅·炤知 7)에 신라에 사신을 보내어 우호관계를 다짐하고 493년(濟·東城 15; 羅·炤知 15)에는 백제의 청혼으로 신라와 혼인동맹을 맺는 등 협력관계를 다지고 고구려의 남진에 대비하여 실지를 회복하기 위한 꾸준한 노력을 하였으니 성왕(523~554)은 한때 중원지역을 탈환하여 독산성이라 이름하였던 것 같다.

고구려의 양원왕(545~558)은 4년(548) 정월에 동예병 6천 명을 이끌고 백제의 獨山城독산성을 공격하였다. 이에 백제의 성왕(26년)은 사자를 신라에 보내어 구원을 청하였다. 신라의 진흥왕(9년)은 장군 주령(朱玲 또는 朱珍)에게 강병 3천을 주어 돕게 하니 주령 장군은 밤낮을 달려가 독산성 아래에 이르러 고구려병과 한 번 싸워서 크게 이겼다고 한 데서 추측해 본다. 왜냐하면 독산성을 충주로 비정하고 있기 때문이다[68].

李丙燾, 「中原高句麗碑에 대하여」(《史學志》13) p.21에서는 說을 강조하면서 國原城의 범위를 長尾山城 주변으로 보려고 하였다.

67) 張俊植, 《國原城 治址에 관한 硏究》(檀國大學碩士學位論文, 1982) p.93.

68) 《三國史記》 권4, 新羅本紀 4 眞興王 9년 春 2월조, 同書 권19, 高句麗本紀 7 陽原王 4년 春 정월조, 同書 권26, 百濟本紀 권4, 聖王 26년 春 정월조에 同一事件 기록이 있다. 獨山城을 忠州로 비정한 예는 《朝鮮歷史地理》 上(1913) p.62가 있다. 이후 諸書는 이를 인용하고 있는 듯하니 李丙燾, 《國譯 三國史記》(1977) p.57(眞興王 9년) p.299(陽原王 4년)에서는 獨山城(忠州)이라 하였고 p.406(聖王 26)에서는 同一事件인 데도 禮山으로 비정하였다.

이 事件을 다룬 듯한 《日本書紀》 권19, 欽明天皇 9년(548) 4월 甲子조에 百濟

이 독산성(忠州·中原地域)에서의 백제와 신라의 공동전략은 3년 뒤에 올 한강유역 공략의 전초전이라고 하겠으니 백제와 신라는 551년(濟·聖王 29; 羅·眞興 12)에 전 한강유역에서 고구려 세력을 물리치기 위한 대작전을 수행하기 때문이다. 백제군은 먼저 평양(南平壤·지금의 서울부근)을 공파하여 6군을 장악하였으니 한강하류역의 옛 땅을 회복한 것이다. 蓋鹵王개로왕의 전사로 남천한 지 76년 만의 일이다. 신라군은 거칠부·구진 등 8장군에게 명하여 한강상류역으로 나아가 죽령 이북 高峴고현 이내의 10군의 땅을 취하였다. 신라는 이 작전 중에 단양지역을 확보하고 그 지역민을 회유하는 기념비를 세웠으니 단양의 신라 적성비다[69].

그동안 고구려의 남진정책에 의한 압력을 받아오던 백제와 신라는 상호 힘을 합하여 전 한강유역에서 완전히 고구려의 세력을 물리치는데 성공을 하였다. 실로 이 551년의 작전은 큰 의미를 지닌다고 할 것이다. 이 작전으로 인하여 충청북도의 북부지역은 새로운 신라의 영유로 변하게 되었다.

4. 新羅時代

신라는 한강상류역의 확보를 위한 작전에 앞서서 충주지역을 이미 확보하

가 日本에 사신을 보내어 請兵하는 가운데에 「所乞救兵 應時遣送 祗承恩詔 嘉度無限 然馬津之役(正月辛丑高麗率衆 圍馬津城) 虜謂之曰…」 云云, 여기의 馬津城을 獨山城과 同一視한 데서 鮎貝氏《雜考》7輯 下 pp.15~17에서는 馬津城=獨山城=禮山이라고 하였다.

《三國史記》에는 이 밖에도 獨山城이 636년(羅·善德 5; 濟·武王 37)에도 나타나는데 李丙燾,《韓國史(古代篇)》(乙酉文化史, 1959) p.502에서는 槐山으로 비정하였으며, 金鍾權 譯,《三國史記》(先進文化社 1960), p.84에서는 忠州라 하였다.《三國史記》百濟本紀 義慈王 19년(659)조에도 보이는데 韓沽劤·金哲埈,《國史概論》(明學社, 1954) p.81에서는 忠州로 보고 있다.《忠淸北道誌》(忠淸北道, 1975) pp.50~52에서는 일괄하여 獨山城을 忠州라 하였다.

69) 丹陽赤城碑는 1978년 1월에 丹陽邑下坊里 赤城山城에서 檀國大學校 學術調査團에 의해 발견하였다. 이 碑文의 綜合的인 硏究로서《史學志》12(檀國大史學會, 1978)가 있다. 國寶 第198號로 지정되고 있다.

였으니 진흥왕 12년(551) 이전의 일이다. 왜냐하면 이 해에 국원(忠州)에는 가야의 악성 우륵이 신라에 망명하여 국원에 와서 살고 있었기 때문이다. 진흥왕은 이 해 3월에 낭성(忠州)의 하림궁에 들려서 우륵의 음악을 듣고 있으므로 알 수 있다[70]. 낭성을 청주로 비정하는 설도 있으나 충주로 봄이 옳다고 생각된다[71]. 진흥왕의 낭성 순수는 이미 확보된 충주지역이 갖는 중요성에 대하여 직접 살피고 신라가 장차 나아가야 할 일대전략을 구상하기 위한 것으로 풀이된다. 진흥왕은 충주(娘城)[72]의 하림궁(한강변)에 앉아서 우륵의 음악을 듣는 여유있는 마음 속에 장차 반도의 심장부인 전 한강유역이 갖는 신라로서의 利리를 여러모로 생각하고 백제의 작전지역인 하류역을 확보한다면 대륙과 직접 교류할 수 있는 실리가 있음을 느꼈을 것이다. 이는 현지의 실상을 살피지 아니하고는 그와 같은 대전략을 수립할 수 없기 때문이다.

왕은 우륵의 음악을 듣고 난 후에 앞에서 기술한 한강상류역에 대한 공략을 거칠부 등에게 명하는 결심을 하게 되었으니 죽령 이북 10군을 장악하게 된 것이다. 이어서 2년 뒤에는 백제와의 그 동안 동맹관계를 깨고 백제가 76년 만에 회복한 한강하류역을 석권하고 新州신주를 설치하여 관리케 하고 있는 데서 짐작이 간다. 더욱 한강하류역과 충주에 대한 지속적인 관리를 위한 보강조치를 하고 있음에서도 분명하다.

眞興王 12(551)	開國이라 年號 改元, 3월 娘城(忠州) 巡守, 뒤에 竹嶺 이북 10郡 공취(丹陽에 新羅赤城碑를 세움).
眞興王 14(553)	7월 百濟의 漢江下流域 공취와 新州 설치하고 金武力으로 군주를 삼음(漢江 全 流域 確保).
眞興王 15(554)	7월에 百濟의 聖王은 新羅의 배신에 대한 보복으로 管山城(현 沃川)을 공격하다가 전사.

70) 《三國史記》 권4, 新羅本紀 眞興王 12년 3월조.

71) 주26)·27)·28)·29) 참조.

72) 주27) 申采浩, 《朝鮮上古史》 p.241에서 娘城은 「忠州彈琴臺가 그 遺址」라고도 하였다.

眞興王 16(555)	10월에 왕이 北漢山 巡幸하고 拓定封疆(北漢山 巡狩碑를 세움)
眞興王 18(557)	國原(忠州)을 小京으로 승격, 新州를 廢하고 北漢山州를 둠.
眞興王 19(558)	國原에다 貴戚子弟와 六部豪民을 이사시켜 충실하게 함.

등의 내용에서도 뚜렷하다.

신라가 국원(충주, 중원) 지역을 중심으로 한반도의 중심부인 한강의 전 유역을 확보한 것은 그 역사적인 의의가 매우 큰 것이다. 한강유역의 기름진 영토를 얻었다는 경제적인 이익도 크다고 하겠으나 고구려와 백제의 중간 부분을 끊고 강력한 군단(州)을 배치하여 중국대륙과 직접 교통할 수 있는 문호를 얻게 되었다는 점에서 더욱 주목해야 할 것이다. 이는 신라가 바라던 가장 큰 숙원이었으니 내물마립간 22년(377)과 5년 뒤인 27년(382)에 대륙의 문물과 접촉하기 위하여 고구려 사신의 안내를 받아가면서 前秦전진 符堅부견을 만날 수 밖에 없었던 입장이었으니 말이다. 사실상 신라는 고구려의 간섭을 받아왔던 것으로 이에서 벗어나 독자적인 발전을 위하여 자주화에의 끈질긴 노력 끝에 얻어진 대륙으로의 문호라고 생각할 때 그 의의는 막대한 것이라 아니할 수 없다. 이는 바로 정치·군사·외교상에서 장차 半島반도의 주인공이 될 지정학적인 이점을 확보한 것이며 그 중심부를 이루는 곳이 국원(중원)지역이라는 것을 생각할 때 충주에 대한 관심을 크게 하였음은 당연한 일이라고 하겠다.

전 한강유역을 장악하게 된 신라의 진흥왕은 이상과 같은 이점을 충분히 느끼고 있었기 때문에 한강유역의 관리를 위하여 깊은 배려를 하지 않을 수 없었다. 진흥왕은 낭성(忠州)에 순수하고 큰 뜻을 정하고 전 한강유역을 장악한 뒤에, 그 하류역의 관리를 위하여 4년 뒤에(555) 북한산을 직접 순행하고 전반적인 구상을 새롭게 하였을 것이다. 곧 신주를 강북의 북한산주로 옮기고, 국원에다 소경을 설치하고 실질적인 王京왕경 다음가는 副都부도로서의 면모를 갖추기 위하여 중앙의 귀족자제와 육부의 호민들을 옮겨 살게 하여 국원소경을 정치·군사·문화적인 면에서 크게 개척하기에 이르렀던 것으로 짐작된다.

이와같은 진흥왕의 배려와 조치는 앞에서 논한 바 대륙으로의 문호로서 그 역할이 컸기 때문이라고 할 것이다. 즉 신라의 수도 경주를 출발하여 선산·상주·함창을 거쳐서 문경을 지나 계립령을 넘으면 바로 국원소경에 이르게 되니 이는 그 제일 코스이며, 또 하나의 길은 경주에서 군위·의성·안동·영주를 거쳐 죽령을 넘어서 단양을 지나 청풍·한수로 하여 충주 즉 국원경에 이르게 된다. 이 길은 북방문화가 신라로 남하하는 루트이기도 하다. 국원에서는 육로로도 가능하지만 유유히 흐르는 한강의 수운을 통해서 하류까지 무난히 나갈 수 있으니 바로 국원은 반도의 중심일 뿐 아니라 대륙으로 통하는 교통의 중심이며 실질적인 문호라고 할 수 있는 곳이다[73].

또한 충주지역은 고구려가 이 지역을 장악하고 국원이라 명하고 이곳에 중원고구려비를 세우는 등 중시하고 남진정책의 전진기지로 삼았던 것과 같이, 신라도 이곳을 중요시하고 앞에서와 같은 소경을 설치하는 등 일련의 조치를 한 것은 북진통일정책을 위한 전진기지로 삼으려고 하였던 것이 아닌가 한다.

진흥왕은 26년(565)에 阿飡아찬 春賦춘부로 하여금 국원을 다스리고 지키게 하는 등 특별한 관리를 위한 배려를 하고 있다. 이와같이 요새화되어 가는 한강변을 빼앗긴 고구려는 이 지역을 다시 탈환하기 위하여 평원왕의 사위로 일찍 무용의 威名위명을 날리던 유명한 장군 온달이 영양왕(590~618) 초에 자청하여 군사를 이끌고 맹서를 하되 "雞立嶺과 竹嶺 以西의 땅을 우리에게 귀속시키지 않으면 돌아오지 않겠다."는 비장한 각오를 하면서 출전

73) 《三國史記》 권4, 新羅本紀 4, 眞興王 12년, 14년, 15년, 16년, 18년, 19년조.

하였으나 뜻을 이루지 못하고 아단성의 싸움에서 신라군의 화살에 맞아 전사하였다[74]. 여기에서 계립령과 죽령 이서의 땅은 충주 즉 국원을 중심으로 옛 고구려가 확보하였던 지역을 가리킨다고 하겠으니, 이 지역이 전 한강유역의 중심을 이루며 그 관리를 위한 최적의 요충이기 때문이다[75]. 따라서 온달은 고구려의 남진기지였던 지난날의 국원성의 탈환을 위해 출정하였던 것으로 보아야 옳을 것이다. 특히 아단성의 위치문제에 대하여는 그동안 서울 광장진의 아차산성으로 보아왔으나 최근에 죽령의 바로 북쪽인 단양군 영춘면(高句麗 때의 乙阿旦縣)에 전설로 내려오는 온달성과의 관련으로 비정하려는 경향이 뚜렷함에서도 생각된다[76].

한강변에 대한 중요성은 삼국이 한결같이 인식하고 있었던 바다. 그 중에서도 충주지역에 대한 고구려의 욕망은 매우 끈질긴 것이었음을 다음에 의해서 다시 확인할 수 있다. 백제가 신라의 배신에 대한 보복적인 공격은 大耶城대야성의 공략에서 더욱 가열해지자 신라는 이를 고구려와의 협력관계로 물리치려고 선덕왕 11년(642)에 김춘추는 고구려에 들어가 원병을 요청하게 되었다. 그러나 김춘추의 교섭에 고구려는 냉담한 반응을 보였을 뿐만 아니라 고구려의 보장왕은 오히려 일찍이 신라가 점령한 "麻木峴과 竹嶺은 본시 우리 땅이니 너희들이 만약 그 西北地域을 돌려준다면 같이 군사를 내어 돕겠다."며 위협하였다. 이에 김춘추는 "나라의 땅은 신하의 몸으로 오로지 할 수 없으므로 감히 명령을 받을 수 없다"고 거절하였다. 그러자 고구려는 두 달 동안 김춘추를 억류하였다. '거북이와 토끼의 간'의 설화에 의한 계교 등으로 김춘추가 겨우 고구려를 탈출하였다는 것은 유명한 이야기이다[77].

---

74) 《三國史記》 권45, 溫達조.
75) 주1)·2) 참조.
76) 阿旦城을 丹陽郡 永春面의 溫達城과의 관련으로 보고 있다. 《文化財誌》(忠淸北道, 1982) pp.382~283.
77) 《三國史記》 권5, 新羅本紀 5, 善德王 11년조 記事와 同書 권41, 金庾信 上.

마목현는 곧 계립령이니 고구려가 요구하고 나선 마목현과 죽령의 서북지역이란 곧 한강유역이며 그 중심부인 충주를 의식한 것이다. 이는 온달장군의 출정목적과 다를 바가 없다고 하겠다. 충주 즉 국원지역을 중심으로한 한강변의 절실한 필요성에서 나온 사실인 것이다. 김춘추의 거절은 너무나 당연한 일이었다. 신라로서도 이 지역에 대한 진흥왕의 특별한 배려가 말하듯 基地化기지화하였던 데서 알 수 있는 바다. 김춘추의 억류소식을 들은 김유신은 決死隊결사대 1만으로 한강을 지나 고구려의 남경을 치니 고구려는 김춘추를 돌려보냈다고 한다. 이로써 고구려와의 동맹을 통하여 백제를 견제해보려던 계획은 수포로 돌아갔던 것이다.

신라는 對唐대당 외교로 이 문제를 해결하려고 하였다. 선덕왕은 이듬해인 12년(643) 당에 사신을 보내어 고구려·백제의 공격을 호소하고 구원하니 신라의 對唐外交대당외교는 생존권을 위한 자구책에 의한 것이라 하겠다. 신라의 청에 당은 고구려와 백제에 압력을 가하게 되나(644) 듣지 아니하자, 645년(麗·寶藏王 4)에 당 태종은 고구려에 침략을 개시하였다. 그러나 안시성의 싸움에서 이기지 못하고 되돌아가게 되었다.

신라는 김춘추로 하여금 대당외교의 주역으로 보내어 백제 타도를 위해 적극적인 외교를 취하였으니 진덕왕 2년(648)의 일이다. 이 신라의 요구를 받아들여 당은 신라와 연합하여 먼저 백제를 정복한 후 고구려를 남북에서 협공하는 전략을 세우기로 하고 660년(濟·義慈王 20)에 백제를 멸망시키고, 661년(麗·寶藏王 20)에 고구려 공격을 시도하다가 실패하자, 고구려의 지배계층에 내분이 격심하게 된 틈을 이용하여 667년(麗·寶藏王 26)에 또다시 당군은 신라군의 호응을 받으며 공격하였다. 고구려는 1년 동안 항쟁을 계속하다가 668년에 멸망하였다.

당은 신라와 더불어 백제와 고구려를 멸망시킨 뒤 백제와 고구려는 물론 신라의 독립성을 무시하고 雞林都督府계림도독부라 격하시키고 신라왕을 雞

林都督계림도독에 임명하는 등 삼국을 그들의 직할 영토화하려고 하였다. 당의 이와 같은 야심을 눈치챈 신라는 고구려 정벌이 끝난 때부터 은밀히 대당전쟁을 준비하고 항쟁을 시작하였으니 670년이다. 신라는 고구려의 劍牟岑검모잠의 부흥군을 지원하며 백제의 80여 성을 공취하였고 671년부터는 더욱 적극화하여 백제지역에 웅진 등 가림성(林川)·석성 등을 공격하니 당은 백제를 구하고자 내원까지 한다고 할 정도였다.

신라는 대당전쟁 즉 통일 전쟁을 수행하게 되었다. 당의 공세는 매우 치열하였으며 당의 摠管총관 薛仁貴설인귀는 文武王문무왕에게 항의문을 보내고 항전을 중지하라고까지 할 정도였다(文武王 11, 671년 7월 26일). 이에 신라는 당당한 입장을 설명하는 유명한 答薛仁貴書답설인귀서를 보내면서 항쟁을 지속하였다.

이처럼 치열한 당에 대한 신라의 통일전쟁 중인 문무왕 12년(672) 8월에는 한산주(廣州)에 주장성(南漢山城 前身)을 쌓았으며, 13년(673) 2월에 서형산성(경주), 8월에는 사열산성(淸風)을 증축하였고, 9월에는 완장성이었던 국원성(忠州)을 비롯하여 북형산성(慶州 江東面), 소문성(義城)·이산성(高靈)·수약주(春川)의 주양성(春川 鳳山古城)·달함군(?)의 주잠성·거열주(居昌)의 만흥산성·삽양주(梁山)의 골쟁현성을 쌓고 있다[78]. 이들의 위치를 보면 춘천지역, 지금의 서울 한강하류지역과 충주지역, 그리고 경주를 중심으로한 외곽지역인 북쪽의 의성과 서쪽의 거창·고령과 남쪽의 양산지역으로 당군의 침공을 막아내기 위한 신라의 최후 보루라고 할만한 곳으로 의미가 있다고 하겠다. 즉 최악의 경우에는 본래의 신라지역과 한강유역 만을 사수하겠다는 목적이 아니었나 생각해 본다.

신라의 통일전쟁은 7년 만인 문무왕 17년(677)에, 당이 옛 삼국을 총괄

78) 《三國史記》 권7, 新羅本紀 7, 文武王 下 12·13년조. 城名의 現在 地名은 李丙燾, 《國譯 三國史記》, pp.118, 120, 121에 의함.

하여 지배하려고 설치하였던 평양의 安東都護府안동도호부를 만주 방면의 신성으로 철수하면서 일단락 매듭짓게 되었다. 이로 인하여 비로소 신라는 대동강과 元山灣원산만을 잇는 선 이남의 지역을 통치하는데 성공하였으니 바로 삼국통일을 완수한 것이다. 신라는 大唐帝國대당제국을 자주적인 힘으로 몰아내고 민족의 통일을 이룩하게 된 것인 바 삼국통일이 갖는 역사적 의의가 또한 여기에 있는 것이다.

이상에서 신라가 삼국을 통일하기 위한 본래의 원인을 생각할 때 계립령과 죽령의 이서인 충주지역을 중심으로한 한강유역의 확보를 위한 노력의 발전에서 이루어진 것이라고 하겠다. 이 지역을 확보 관리하기 위하여 한강하류역의 확보가 필요하였으며 이곳에서 물러난 백제의 끈질긴 공세를 물리치기 위한 노력이 끝내는 당의 힘을 빌리게 된 것이 아닌가 한다. 고구려도 이 지역에서 물러난 이후 멸망하는 시기까지 이 지역에 대한 아쉬움이 가시지 않았다고 함은 온달의 출정과 보장왕의 주장에서 분명하다. 이를 통해 충주·중원지역이 갖는 역사지리적인 의의를 새롭게 한다고 하겠다.

삼국을 통일한 신라는 갑자기 늘어난 인민과 영토를 통치관리하기 위하여 지방을 9주 5소경으로 나누웠다. 이 제도는 신문왕 5년(685)에 이르러서 거의 완성을 보게 된다. 그리고 경덕왕 16년(757)에 가서는 각 지방 군현의 명칭을 크게 고쳤다. 이때 한산주를 한주(廣州)라 하고 그 밑에 1소경 27군 46현을 두었는데 국원소경을 중원소경이라 하였다[79]. 중원경이라는 호칭은 5소경 중에서 중심을 이룬다는 뜻을 갖고 있다. 즉 동경(지금의 慶州)을 비롯하여 서원경(지금의 淸州)·남원경(지금의 南原)·북원경(지금의 原州)이라고 한 동·서·남·북의 중심이라는 의미라고 하겠다.

---

79) 《三國史記》 권7, 新羅本紀 7, 景德王 16년 8월조 및 同書 권36, 地理志 2 中原京조.

5. 羅末麗初의 變遷

新羅下代신라하대에 접어들면서는 신라 사회의 혼란성이 또한 이 지역에도 영향을 미치게 되었다. 이 또한 지역이 갖는 위치에서 불가피한 것이 아니었나 한다.

헌덕왕 14년(822) 3월에 웅천주도독 金憲昌김헌창은 그의 부친 周元주원이 왕위에 오를 기회를 잃게 된 원한을 계기로 신라를 배반하고 국호를 長安장안, 연호를 慶雲경운이라 하여 난을 일으켰다. 이때 많은 주군이 한때 그의 수중에 들게 되었는데 서원(淸州)과 함께 국원(忠州)지역도 흡수되었다[80]. 그러나 이 난은 곧 정부군에 의해 평정되었다.

흥덕왕 3년(828) 정무에 능한 金陽김양이 中原大尹중원대윤으로 전임되어 왔다가 얼마 후에 무주(光州)도독으로 전출되어 갔다[81].

진성여왕(887~897) 6년(892)에 상주지방 농민의 아들로 태어난 甄萱견훤이 무리를 이끌고 완산주(全州)를 근거로 후백제를 건국하였다. 또한 북원(原州)에서 叛賊반적 梁吉양길이 일어나 그 세력을 확장해 갔다. 효공왕 1년(897)에 양길이 국원 등 30여 성을 공취하였으니 중원지역은 양길의 장악하에 들게 되었다[82].

효공왕 3년(899) 7월에 양길은 그의 부하장인 弓裔궁예가 딴 마음을 품고 있다고 하여 국원 등 10여 성주와 함께 궁예를 치다가 패하였다[83]. 이듬해인

---

80) 《三國史記》 권10, 新羅本紀 10, 憲德王 14년 3월조, 여기에서 國原은 中原이라야 할 것이다(918)에 《三國史記》는 中原京이라 改稱한 이후에도 종종 國原이라고 기록하고 있다. 國原과 중원을 混記하고 있음은 中原京이 五小京의 하나로 格下된 데 대한 의미적 표현이 아닌가 한다.

81) 《三國史記》 권44, 金陽傳.

82) 《三國史記》 권50, 弓裔傳.

83) 《三國史記》 권12, 孝恭王 3년 7월조.

900년에 국원·청주(靑川 또는 淸州)·괴양(지금 槐山)의 적수 청길·신훤 등이 성을 들어서 궁예에 투항하였다. 이들의 궁예에 대한 투항은 실제에 있어서 궁예의 부하장인 왕건의 이 지역에 대한 공벌로 인한 것이다[84]. 따라서 이 때부터 충주지역은 왕건의 세력하에 들게 된 것으로 보여진다.

궁예는 이 무렵에 왕건과 같은 지략있는 명장을 얻어 크게 세력이 늘어나고 주위의 강적이 차례로 쓰러지고 來投래투하여 오자 효공왕 5년(901)에 왕을 칭하고 '後高麗후고려'라 나라 이름을 칭하여 자립하였다. 견훤의 후백제와 더불어 후삼국시대가 열리게 된 것이다. 궁예는 이후 나라 이름을 摩震마진·泰封태봉 등으로 바꾸면서 전제적인 권위를 과시하다가 경명왕 2년(918) 신하들에게 쫓겨났다. 궁예의 뒤를 이어 왕건이 추대되니 고려왕조의 태조이다. 따라서 충주지역은 고려에 예속되게 되었다.

고려가 건국할 때의 영역은 상주와 괴산·공주를 연결하는 이북의 땅이었다. 전라도 지역을 장악하고 있었던 후백제의 견훤은 한강유역으로 진출하기 위한 교통상의 요충지인 이 지역에서 고려와 맞서게 되었으니 그 전선은 충북지역인 보은·문의·괴산·청주·충주로 연결하는 곳이었으며 이곳에서 두 나라 사이의 충돌은 필연적으로 있게 되었다. 이 지역은 옛 고구려가 南進남진하였던 시기와 매우 유사한 지역적인 관계를 갖고 있음에 또한 주목되기도 한다. 따라서 이 지역의 세력기반인 호족들은 그들의 상황에서 고려와 후백제의 강세에 따라 자신들의 향배를 좌우하게 되었으니 두 나라는 이들에 대한 지배권의 확장에도 크게 힘을 기울이게 되었던 것이다.

왕건은 건국 직후(태조 2~3년경)에 충주지역에서 강력한 세력기반을 갖고 있는 충주 유씨와 정략적인 혼인관계를 맺었다. 즉 劉兢達유긍달(太史內史令: 贈職)의 딸을 제3비로 맞이하였으니 神明順成太后劉氏신명순성태후유씨이다. 이

84) 《三國史記》 권12, 孝恭王 4년 10월조, 同書 권50, 弓裔傳, 《高麗史》 권1에서는 弓裔가 王建을 시켜서 平定하였다고 하였다.

사이에서 왕자 泰태와 제3대 왕인 正宗정종(太祖 6年生) 및 제4대인 光宗광종·文元大王문원대왕·貞證通國師정증통국사의 5왕자와 樂浪낙랑(安貞淑儀)·興芳흥방의 두 공주가 태어났다. 유씨 소생으로 두 왕자가 계속 왕위에 계승되었으며 낙랑공주를 신라왕 김부(敬順王)의 비로 보냈다고 하는 것도 태조가 충주지역의 호족세를 크게 인식하였음을 알 수 있다. 이와같은 충주 劉氏유씨의 힘을 설명하는 예로 현종 때의 문하시중까지 올랐던 劉瑨유진의 열전에,

> 后妃의 姓인 劉氏인 자는 모두 그 宗으로부터 나왔으므로 대대로 戚里가 되었다.

고 한 것은 여러모로 깊은 의미를 지니고 있다 하겠다[85]. 이와 같은 태조의 정략혼인은 지방 호족세력을 효과적으로 통제하고 긴밀한 협력체제를 구축함과 아울러 정권유지를 위한 것이었다. 그러나 무엇보다도 충주지역은 지리적으로 弓裔궁예 때부터 남북세력이 대치하던 중요성을 가지고 있었기 때문에 이 지역의 효과적인 관리를 위한 데에 큰 의미가 있었다고 하겠다.

청주(지금의 槐山郡 靑川)[86] 지역은 고려의 남쪽 경계로 후백제와의 접경을 이루는 곳으로 이 지역에 있어서 호족의 향배가 모호하였다. 이에 태조는 2년 8월에 친히 청주에 나아가 慰撫위무하고 성을 쌓도록 명하였다. 이는 청주의 남쪽에 후백제의 삼년산성(報恩)을 크게 의식한 때문이라고 하겠다. 태조는 11년(928) 7월에 직접 군사를 이끌고 삼년산성을 공격하였다. 그러나 이기지 못하고 청주로 물러났으나 후백제군은 청주까지 침입하여 왔다. 이

85) 《高麗史》 권94, 劉瑨傳, 忠州劉氏의 高麗初期에 있어서의 역할에 대하여는 金顯吉, 「崇善寺址와 忠州劉氏」(《金宅圭博士華甲紀念文化人類學論叢》, 1989) pp. 541~560 참조.

86) 《高麗史》 권1, 世家 太祖 1년 8월조 및 太祖 11년 7월조와 同書 권91, 庾黔弼傳에는 「西原……淸州」라고 하였으나 《三國史記》 권50, 甄萱傳에는 靑川이라 하였다. 한편 同書 권50, 弓裔傳에는 「菁州(一云 靑川)」라고 하였다. 庾黔弼傳은 西原方面의 淸州(靑川)로 봄이 옳을 것이다. 報恩에서는 靑川을 통하여 바로 忠州로 나갈 수 있기 때문에 생각된다.

에 태조는 8월에 다시 충주까지 후퇴하게 되었다. 마침 이때 庾黔弼유검필이 溫井郡온정군에서 이 소식을 듣고 청주를 공격한 후 중원부(忠州)로 나아가 태조에게 전황을 보고하니 태조는 비로소 안심하였다[87]고 하였으니 청천방면의 방비를 공고하게 다지고자한 조치인 것이라 하겠다. 왜냐하면 보은·청천·충주를 잇는 요지인 청천을 확고히 확보하였다는 뜻이기 때문이다. 이는 2년 뒤인 태조 13년(930) 9월에 태조가 청주를 방문하고 羅城나성을 쌓았음에서 분명하다[88]. 즉 남방경계인 이 방면의 방비를 공고히 다지기 위한 조치인 것이라 하겠다.

이와 같이 볼 때 충주지역은 고려의 후방이며 동시에 전진기지로서 태조 왕건이 충주세인 유씨와 공고히 결합된 지역으로 앞에서의 忠州幸行충주행행 사실은 보은방면 작전에서 勢세가 불리하자 안정된 충주까지 후퇴한 것이며 이곳에서 다시 전비를 가다듬은 연후에 전진하여 나아간 것이라고 하겠다. 후삼국시대에 있어서도 충주지역이 갖는 역사지리적인 의미를 다시금 생각케 한다고 하겠다.

태조는 건국한지 18년(935)되던 해에 신라의 마지막 경순왕에게서 국권을 물려받게 되었으며, 이듬해에는 후백제의 神劍신검을 쳐서 항복을 받게 되었으니 분열되었던 후삼국은 다시 고려에 의하여 통일하게 되었다. 태조는 통일된 후 전국의 지명을 그 23년(940)에 대대적으로 개칭하였으니 중원경도 이 때에 비로소 충주라 하였다[89]. 충주를 중주라고도 표기하였는 바 이는 중심주라는 뜻으로 이해된다. 이러한 점은 제원군 송계리의 師子頻迅寺石塔사자빈신사석탑(寶物 第94號)의 緣記文연기문에 「高麗國中州」라고 하였음에서 알 수 있다. 이는 국원·중원·충주가 갖는 본래의 뜻이 모두 중심을 뜻

87) 《高麗史》 권92, 庾黔弼傳.
88) 《高麗史》 권1, 世家 1 太祖 13년 8월조, 同書 권82, 兵志 城堡조.
89) 《高麗史》 권2, 世家 2 太祖 23년 3월조, 同書 권56, 兵志 忠州牧조.

하는 것으로 한결같다는 데에서도 지역적 성격을 새롭게 한다고 하겠다.

Ⅳ. 結 言

이상에서 논한 바를 개관하면서 결론을 삼고자 한다. 충주·중원지역은 한반도의 중심부를 흐르는 한강과 그 중·상류역인 남한강을 비롯하여 소백산맥을 중심으로한 지리적 환경에서 이해되어야 한다. 즉 선사시대부터 한강을 따라 문화가 발달하여 왔으며 많은 유적을 남기고 있음이 이를 증명하고 있는 것이다.

역사시대로 접어들면서는 천연의 장벽을 이루고 있는 소백산맥을 통하여 신라는 문화수용을 위하여 일찍이 두 고개를 개척하였으니 계립령과 죽령의 길이다. 이곳을 통하여 한강상류로부터 하류에 이르는 문물과 크게 접하게 되었는 바 그 중심부가 충주지역이다. 따라서 선인들도 계립령·죽령과 충주를 하나의 권역으로 이해하려고 하였으니 洪貴達홍귀달의 이야기나 이중환의 《택리지》의 설명은 매우 적절한 표현이라 하겠다.

삼국시대에 있어서 이 지역은 백제가 한강을 거슬러 올라와 낭자곡성(忠州)을 선점하였으며 신라가 계립령과 죽령을 통하여 북으로 진출하게 되었으니 자연 이 지역은 싸움터로 변하게 되었다. 여기에 고구려의 세력이 남진하면서 이 지역을 확보하고 남진통일정책의 기지화를 도모하게 되었다. 고구려로서도 이 지역이 갖는 중요성을 크게 인식하였던 것으로 국원성이라 명명하고 이곳에다 중원고구려비를 세우게 된 것은 이를 잘 설명해 주는 것이다.

이 지역의 이름이 여러 가지로 호칭된 것도 분명한 기록이 없어 알 수는 없지만, 이렇듯 변화하는(主人이 바뀌는) 모습을 말하는 것이 아니었나 생각해 본다. 낭자곡성·낭자성·미을성·탁장성·완장성·낭성 등의 다양한 명칭은 이를 단적으로 증명하는 것이다. 이들의 이름은 국원성이라고 명명한 이후에도 간간히 기록으로 나타나니 애칭으로 불리운 것이 아닐까 생각된다.

계립령도 너무도 중요한 防戍處방술처로 역사 속에 등장하고 있기 때문에 그 위치가 시대와 보는 관점에 따라 약간의 변동이 있었던 것이 아닌가 한다. 본래 신라가 156년에 개통한 곳은 분명히 소백산맥의 준령을 넘기 위한 것이었으며 그런 의미에서 기록에 오른 것이 분명하다. 따라서 오늘의 하늘재(寒喧嶺·大院嶺으로도 기록됨)가 당시의 계립령이라야 한다. 오늘에 불리우는 지릅재 즉 계립령은 시대가 흐르면서 본래 계립령이 하늘재 또는 대원령으로 불리면서 약간 북쪽으로 이동된 것이라고 하겠으니 미륵리를 중심으로 한 일대가 모두 계립산·마골재·마골산 등으로 불리울 정도로 중시되었던 것이라고 하겠다. 이와 같은 사실은 주변에 하늘재 遮斷城차단성을 痲骨岾山城마골재산성 등으로 이야기하고 野門城야문성이 계립성 또는 어류성으로 그때그때 호칭의 변화가 있었음에서도 짐작이 간다. 고구려측에서는 痲木峴마목현(사실상 雞立嶺이지만)의 확보를 위한 입장에서 약간 이동된 心項峴심항현 嶺阨영애쪽으로 비정될 수 있다고 하는 점도 이러한 관점에서 이해된다.

모두가 한강을 비롯하여 그 중심 유역에 있는 계립령·죽령과 그리고 충주를 중심으로 한 지역이 반도의 패권을 장악할 수 있는 중핵지대로 부상되고 있기 때문에 이 지역에서 물러난 백제와 신라는 공동의 목적으로 551년의 일대 작전을 수행하여 백제는 한강하류역을, 신라는 중상류역을 확보하게 된 것이다. 더욱 신라의 입장에서는 그동안 고구려세에 시달리다 자주적인 독립을 위해 대륙으로의 진출이 절실하게 요구되었던 시기였다.

따라서 진흥왕은 551년에 이미 확보된 낭성(忠州)에 순수하여 우륵의 음악을 듣는 여유 속에 장차 신라가 성장 발전할 수 있는 길을 구상하였던 것이라 생각된다. 이러한 구상이 확립되자 진흥왕은 지체없이 한강상류역 확보를 위한 작전명령을 내리고 성취한 뒤에는 백제가 확보한 한강하류역을 석권하고 간단없이 한강하류역(漢州·北漢山州 등)과 아울러 충주지역(小京승격)의 요새화를 도모하게 된 듯하다. 이것은 신라의 숙원이었던 대륙으로 진출할 수 있는 문호를 확보한데 있으며 그 문호의 관리를 위한 비상한 조치에서 기인된 것이다. 따라서 관리의 중심지역인 충주는 신라의 통일정책을 이루는 실질적인 기지화였다고 하겠다.

이 지역에서 물러난 고구려도 이 지역에 대한 미련을 버리지 못하고 있었으니 바로 남진통일기지로 생각하였던 고구려의 입장에서는 당연한 것이었다. 이러한 사실은 영양왕 초 온달장군이 계립령·죽령 이서 즉 국원성을 확보하기 위해 비장한 결의를 하고 출정하였다가 실패한 사실과 보장왕의 마목현·죽령의 서북지방 곧 국원성을 김춘추에게 요구하였던 것에서도 알 수 있다.

신라에 의한 삼국통일은 사실 충주지역을 확보하기 위한 끈질긴 노력에서 비롯된 것으로 이는 충주지역이 갖는 역사지리적인 의의가 여기에 있다고 하겠다. 이렇게 삼국 간에 오고 가는 분쟁지역이었으므로 자연 공방을 위한 관방시설도 크게 갖추어졌고 이로 인해 충주지역에는 지난날 위용을 자랑하던 성지가 많이 있다. 국원성지로 비정되는 장미산성이 있는데 이는 중원고구려비에 보이는 于伐城우벌성으로도 생각되며, 역시 국원성으로 비정하려는 충주산성이 있다. 이와 아울러 大林山城대림산성·龍觀洞山城용관동산성·天龍山城천룡산성(一名 鳳凰城·寶蓮山城) 등은 충주시를 사면에서 병풍처럼 감시하며 에워싸고 있어 주목된다.

또한 충주지역에는 예로부터 鐵産地철산지로도 이름이 있었다. 앞으로 보다 정밀한 조사와 연구가 이루어져야 하겠지만 삼국시대에 이 지역이 분쟁의 초점이 되었던 것도 바로 이 철산지의 확보에도 있었던 것이 아닌가 한다.

통일기에 접어들면서는 한강의 수운이 크게 부각된다. 고려시대의 덕흥창과 조선시대의 가흥창은 유일한 內陸倉내륙창으로 지역경제문화의 중심을 이루고 있었기 때문이다. 또한 외침이 있을 때마다 남북을 잇는 교통의 중심이었기 때문에 큰 전화도 가시지 않았으니 고려시대 몽고의 침략기에도 그러했고, 조선시대의 임진왜란 때도 예외는 아니었다. 이러한 사실들은 모두 충주지역이 갖는 지리적인 환경에서 오는 여건임을 인식해야 한다. 앞으로 보다 구체적인 조사연구로 충주지역에 대한 역사성을 살펴야 할 것이다. 이는 향토사적 입장에서가 아니라 일반사의 입장에서도 큰 비중을 갖는 문제라고 생각하기 때문이다. (《國史館論叢》, 16, 1990)

雞立嶺考

〈목 차〉

Ⅰ. 序 言

신라는 백제와 더불어 551년(羅:眞興 12, 濟:聖王 29)에 전 한강유역에 대한 공세를 펴서 백제는 하류역, 신라는 상류역에서 고구려의 세력을 완전히 북으로 밀어 올렸다. 그리고 2년 뒤에 신라는 백제와의 동맹관계를 깨고 백제가 확보한 한강 하류역을 석권하여 이곳에 新州신주를 설치하고 金武力김무력 장군을 군주로 삼아 관리케 하였다. 이로써 신라는 전 한강유역을 영유케 된 것이다. 사실상 신라는 반도의 동남쪽에 치우쳐 있어서 大陸대륙으로의 진출이 막혀 있었다. 따라서 높은 수준의 文物문물 공급을 백제나 고구려에 의존할 정도였으니 초기에 신라가 당해야 했던 고구려의 간섭은 당연했던 것이다. 이러한 지리적인 불리한 환경을 극복하기 위한 꾸준한 노력으로 끝내는 백제와의 동맹관계를 깨면서 전 한강유역을 확보한 것은 신라가 운명을 걸고 수행한 自救策자구책이었다고 하겠다.

따라서 신라의 한강유역 확보는 인적·물적인 자원의 획득은 물론 고구려와 백제의 중간 부분을 끊고 강력한 軍團군단을 배치하여 대륙과 직접 통할 수 있는 門戶문호를 얻게 되었다는 점에서 주목해야 할 것이다. 그러므로 신라는 이 지역에 대한 관리에 크게 관심을 기울이고 진흥왕은 555년에 북한산을 순행하면서 장차 한강유역에 대한 관리문제를 구상하였을 것이다. 그 결과는 2년 뒤인 557년에는 新州신주를 폐하고 北漢山州북한산주를 두게 된다. 이는 백제에 대한 관심보다 강북의 고구려를 의식한 대응책이라고 생각된다. 그리고 國原국원(忠州)을 小京소경으로 승격시키고 이듬해에는 國原小京국원소경에 貴戚子弟귀척자제와 六部豪民6부호민을 이사케 하여 충주지역을 실질적으로 王京왕경(慶州) 다음가는 副都부도(小京)로서 면모를 갖추었으니 이 또한 의의가 큰 것이라 하겠다. 왜냐하면 國原국원지역은 반도의 중심일 뿐 아니라 신라로서는 이곳에서 한강을 따라 대륙으로 통해야 했던 교통의 중심으로 실질적인 대륙으로 나아가는 문호라고 할 수 있기 때문이다. 그러므로 신라는 고구려가 이 지역을 장악하고 국원이라 명하고 이곳에 中原高句麗碑중원고구려비를 세우는 등 중요시하고, 南進統一政策남진통일정책의 前進基地전진기지로 삼았던 것과 같이[1], 신라도 이곳을 중시하고 소경을 설치하는 등 북진통일정책을 위한 전진기지로 삼으려고 하였던 것이라 하겠다.

이와 같이 요새화되어 가는 한강변을 빼앗긴 고구려는 이 지역을 다시 탈환하기 위하여 평원왕의 사위로 일찍 武勇무용의 威名위명을 날리던 유명한 장군 溫達온달이 출정하였다. 온달 장군은 영양왕(590~618) 초에 자청하여 군사를 이끌고 맹서를 하되 "雞立嶺과 竹嶺 以西의 땅을 우리에게 귀속시키지 않으면 돌아가지 않겠다"는 비장한 각오를 하면서 싸움에 임하였으나 뜻을 이루지 못하고 阿旦城아단성 아래에서 신라군의 화살에 맞아 전사하였다[2]. 한강에 대한 중요성은 삼국이 한결같이 인식하고 있었던 바다. 백제가 한강 하류

---

1) 金顯吉, 「忠州地域의 歷史地理的 背景」, 《國史館論叢》 16, p.128(1990).
2) 《三國史記》 권45, 溫達조.

역에서 신라에게 배신을 당하고는 이에 대한 보복적인 공격은 성왕이 554년에 管山城관산성에서의 전사로 더욱 가열되어 갔다. 백제는 고구려와 유대를 다지면서 신라에 대한 일방적인 공격을 가하여 大耶城대아성(陜川)을 비롯하여 40여 성을 함락시키니 신라는 낙동강까지 후퇴할 수 밖에 없는 처지에 이르렀다. 이에 신라는 고구려와의 협력관계로 이를 물리치려고 642년(善德王 11) 김춘추는 고구려에 들어가 원병을 요청하게 되었다. 그러나 고구려의 보장왕은 오히려 일찍이 신라가 점령한 "痲木縣(雞立嶺의 별칭)과 竹嶺은 본시 우리 땅이니 너희들이 만약 그 西北지역을 돌려준다면 같이 군사를 내어 돕겠다"며 위협하였다. 김춘추는 이를 거절하자, 한때 억류당하는 몸이 되었다. 「거북이와 토끼의 간」의 설화에 의한 계교 등으로 김춘추가 고구려를 탈출하였다는 것은 유명한 이야기이다[3].

여기에서 온달이 맹서하면서 찾겠다고한 계립령과 죽령, 그리고 보장왕이 요구하고 있는 痲木縣마목현과 竹嶺죽령은 모두가 같은 지역이다. 도대체 어떠한 곳이길래 고구려는 이 지역에 대한 집념을 버리지 않고 있는 것일까? 이와 같이 중요한 지역이기 때문에 일찍부터 그 위치의 비정에 많은 분들이 관심을 기울여 왔다. 그러나 정확한 위치에 대하여는 최근까지 주장하는 바가 엇갈리고 있어 다시 한 번 문제를 정리하여 보고자 한다.

Ⅱ. 雞立嶺의 位置 問題

계립령의 문제는 죽령과 함께 삼국의 국경문제 뿐만 아니라 외교문제로까지 발전하고 있었던 매우 중요한 지리적인 위치를 점하고 있는 지역이다. 《삼국사기》도 그 의미를 일깨우기 위해서인지 유일하게도 이 두 고갯길에

3) 《三國史記》 권5, 新羅本紀 5, 善德王 11년조 기사와 同書 권41 金庾信 上.

대한 개통문제를 기록하고 있어 주목된다. 즉 신라는 AD 156년(阿達羅 3)에 계립령을 2년 뒤인 158년에는 죽령의 길을 열었다고 하였다[4]. 이 기록은 삼국의 초기에 신라로서는 천연의 경계를 이루고 있던 소백산맥을 뚫고 그 북쪽과의 제반 문물의 교역, 또는 군사적인 방어시설로 이용키 위한 것이라고 생각된다. 《삼국사기》에 길을 개착하였다는 유일한 기록으로 또한 그 의미를 더한다고 본다.

이 嶺路영로를 중심으로 하여 소백산맥 주변에는 수 많은 성지·봉수·창고 등이 있어 중요한 關防관방으로서의 역할을 하고 있음을 사실상 실감케 하고 있다. 이러한 중요한 의미를 일깨우듯 《삼국사기》 이후의 많은 문헌에서도 길을 열었다는 사실을 기록하고 있음을 본다[5]. 그렇기 때문에 이 위치 문제에 대하여 일찍부터 先學선학들의 많은 관심이 있어 왔다. 이 중 죽령은 오늘의 단양 죽령과 다를 바 없이 전해오고 있기 때문에 별 문제가 없으나 계립령에 있어서는 구구하였다. 따라서 이 문제를 직접 제기한 논문도 있어 왔다[6]. 그러나 이들의 주장과는 전혀 다른 지역으로 비정하는 내용이 최근에도 나타나고 있어 의문을 제기하게 되었다. 따라서 그동안 논의되었던 바를 다시 정리하면서 문제를 풀어가려고 한다.

---

4) 《三國史記》 권2, 新羅本紀 2, 阿達羅王 3년(AD 156)조에 「開雞立嶺路」라 하였으며, 同王 5년조에 「開竹嶺」이라 하였다.

5) 《燃藜室記述》 別集 19卷, 歷代典故 新羅 阿達羅王조.
《東史綱目》 권1下, 丙申年조, 《東寰錄》권4.
《海東雜錄》 3, 周世鵬 : 豊基古蹟誌條, 《海東繹史》 續卷7, 新羅조.
《眉叟記言》·《東國地理志》 新羅形勝 關防조, 《大東地志》 延豊·嶺路조,聞慶 嶺路조.
《聞慶邑誌》 山川條, 《聞慶縣邑誌》 山川條 등에서 한결같이 嶺路를 연 사실을 기록하고 있다.

6) 崔壹聖, 「歷史地理的으로 본 雞立嶺」(《湖西史學》 14, 1986).
車勇杰, 「鳥嶺關防施設에 대한 硏究 II-雞立嶺路 問題의 整理-」(《崔永禧先生華甲記念 韓國史學論叢》, 1987).
金顯吉, 「雞立嶺과 竹嶺」(金顯吉 《中原文化散策》, 靑芝社, 1991.

우선 최근에 발표된 내용으로는《한국민족문화대백과사전》이다. 이곳에서는 그동안 논의되어 오던 지역과는 전혀 다른 지역으로 위치를 비정하고 있어 새로운 관심을 끌고 있으니 그 내용은 다음과 같다.

> ①「충청북도 괴산군 연풍면 주진리에서 경상북도 문경군 가은읍 원북리로 넘어가는 고개의 신라 때 이름. 麻骨站이라 부르기도 하였다고 전한다. 문헌상으로는 우리나라 도로사에 있어서 156년(아달라왕 3)에 처음으로 고갯길을 개척한 곳이다. 고구려의 溫達이 "雞立嶺·竹嶺의 서쪽이 우리에게로 돌아오지 않으면 나도 돌아오지 않겠다"고 말한 것으로 보아 당시의 전략적 중요성을 알 수 있다. 지금도 이 고개를 지릅재·지름재·기름재·油峙·經峙 등으로 부르고 있으며, '유티'는 기름재의, '경치'는 지름재의 意譯이다. 계립령 역시 지릅재의 한자표기 형태이며, 이 부근에 있는 雞嚴의 전설은 그 뒤에 생성된 이야기이다.」

라고 하였다. 이 사전은 이 고갯길의 중요성을 강조하기 위한 듯 「충북괴산군과 경북 문경군 사이의 고개」라는 설명을 단 사진을 13×12cm의 크기로 전 지면을 압도하게끔 실려있어 눈길을 끌게 하고 있다[7].

그러면 이보다 앞서 나온 사전에는 어떻게 실려 있는가에 관심이 간다.《국사대사전》에는 다음과 같이 기록하고 있다.

> ②「충청북도 延豊의 동북부 16km 지점에 있는 재, 麻骨站이라고도 한다. 신라 阿達羅王 때 이 재를 통해 忠州에 이르는 도로를 만들었다. 고구려는 온달의「계립령·죽령 以西가 우리에게 돌아오지 않으면……」운운의 계립령은 이 고개를 가리킨 것이다.」[8]

라고 하였다.《국어대사전》에서는

> 「충청북도 延豊의 동북부 16km 지점에 있는 재, 신라 阿達羅王 때 이 재를

7)《한국민족문화대백과사전》2권, p. 257(1991).
8) 李弘稙 편,《國事大事典》1권, p.98(知文閣, 1962).

통해 도로를 만들어 忠州에 이르게 하였음. 麻骨站」[9]

이라고 하여 雞立嶺계립령과 麻骨站마골참과 같다고 하였으며, 대체로 《국사대사전》과 같은 내용임을 알 수 있다.

③ 계립령을 지금 널리 알려지고 있는 조령(새재)과 일치한다고 보는 견해이다. 《東史綱目동사강목》에는 「雞立嶺今鳥嶺계립령금조령」[10]이라고 하여 계립령은 지금의 조령이라고 하였다. 이와 같은 견해는 申采浩신채호 선생도 답습하고 있으니,

> 「雞立嶺은 今鳥嶺이니 今聞慶邑의 北山을 雞立嶺이라 하니 古代에는 鳥嶺의 稱號가 저름 새니 저름은 삼의 古語니 저름을 吏讀字로 音으로 雞立이라 쓰고 義로 痲木이라 쓰는 것이나 그러므로 鳥嶺이 곧 雞立이다.」[11]

라고 하여 雞立嶺=痲木峴=鳥嶺이라고 하였음을 알 수 있다. 李丙燾이병도 선생도,

> 「雞立嶺(聞慶)은 痲木峴이라고도 하고 혹은 麻骨山이라고도 하는데 雞立이 麻骨의 方言인 '겨릅'의 對音임을 이미 先進이 말한 바다. 지금의 鳥嶺이다.」

라고 하여 《東寰錄동환록》과 《海東繹史해동역사》를 인용하면서 밝히고 있음을 본다[12].

④ 계립령을 독립된 고개로 보는 견해이다. 즉 鳥嶺조령과 伊火峴이화현(梨花嶺)과 함께 별개의 곳으로 보는 입장이니 《增補文獻備考증보문헌비고》의 關防관방 延豊연풍 嶺路영로조에

9) 이희승 편, 《국어대사전》, p. 182(民衆書館, 1961).
10) 《東史綱目》 권1 下의 丙申 夏四月조.
11) 申采浩, 《朝鮮上古史》, p. 126(鐘路書院, 1948).
12) 李丙燾, 《譯註 三國史記》, p. 23의 주)1(乙酉文化社, 1980).

「雞立嶺은 東北路이며 伊火峴·鳥嶺은 아울러 東路이다. ○ 이 3嶺은 聞慶嶺路에도 보인다.」

라 하고, 同書동서, 聞慶문경 嶺路영로조에서는

「鳥嶺·伊火峴은 西路이며, 雞立嶺은 北路이다. ○ 이 3嶺은 延豊嶺路에도 보인다.」

라 하여 雞立嶺계립령과 鳥嶺조령·伊火峴이화현이 각각 따로 있음을 기록하고 있다. 더욱 《新增東國輿地勝覽신증동국여지승람》 延豊縣연풍현 山川條산천조에서

「雞立嶺은 시속으로 麻骨岾이라 한다. 현의 북쪽 43里에 있다. 高句麗의 溫達이 "雞立嶺·竹嶺 서쪽이 우리에게 돌아오지 않으면 돌아가지 않겠다" 고 한 것이 바로 이 땅이다.」

라고 하였으며 同동조에,

「鳥嶺은 草岾라고도 한다. 현의 동북쪽 15里 慶尙道 聞慶縣 경계에 있는 險阻한 要害地이다.」

라고 하여 위치상 거리를 명시하여 별개처임을 분명히 알 수 있다.

「伊火峴은 현의 동쪽 7里에 있다.」

고 하였다[13]. 同書동서 聞慶縣문경현 山川條산천조에서도

「雞立嶺은 俗으로 麻骨山이라 하고 현의 북쪽 28里에 있으며 新羅때의 舊路이다.」

---

13) 《新增東國輿地勝覽》 권14, 延豊縣 山川條, 여기에서 雞立嶺과 鳥嶺·伊火峴이 종전에는 延豊縣에 소속되었으나 1963년에 雞立嶺이 표시된 地域인 上芼面이 中原郡(지금 忠州市)으로 편입되었다. 따라서 地誌에서 延豊 云云하지만 雞立嶺에 限해서는 오늘의 忠州市 上芼面으로 이해되어야 한다.

「鳥嶺은 현의 서쪽 27里에 있으며 延豊縣界로 속칭 草岾라고 한다.」
「伊火峴은 현의 서쪽 18里에 있으며, 忠淸道 延豊縣界이다.」[14]

라고 하여 각기 다른 위치에 있음을 밝히고 있다 이와같은 입장은 조선 후기의 여러 지리지에서도 그대로 이어받아 기록을 하고 있으나 里數이수에는 약간의 차이를 보이고 있다[15]. 里數이수의 차이는 用尺용척과 기준삼은 위치에서 말미암은 것이 아닐까 생각된다. 여기에서 볼 때 ②에서 보이는 延豊연풍의 동북쪽 16km 지점에 계립령이 있다고 한《국사대사전》은 이해가 가는 뜻이라고 하겠다.《동국여지승람》에서는 연풍의 북쪽 43리라 하였으니 16km와 근사한 거리표시이기 때문이다.

별개로 보려는 입장에서는 고지도 등이 또한 있다.《신증동국여지승람》에 있는 충청도지도와《대동여지도》에도 세 고개를 각기 표시하고 있음을 본다(별도 참조).

⑤ 이 외에 현지인들이 '지릅재'라고도 하고, '계립령' 또는 麻骨站마골참이라고 부르고 있는 고개가 있다. 충주시 상모면 대사리에서 미륵리로 넘어가는 고개이다. 현행 5만분지 1의 지도에도 '지릅재'라고 표시되어 있는 지점이 있다[16].

지릅에 대하여 申采浩신채호 선생은 「저름은 삼의 古語니 저름을 吏讀字

14) 上同書 권29, 聞慶縣 山川조.

15)《輿地圖書》, 延豊縣 關隘조에는 鳥嶺은 東 25里, 雞立嶺은 東北 40里라 하였으며,《大東地志》권6, 延豊 山水조에는 雞立嶺은 東北 30里, 鳥嶺 東北 20里라 하였으며, 同書 권9, 聞慶 山水조에는 雞立嶺은 北 28里, 鳥嶺은 西北 28里라고 하였다.《延豊縣邑誌》에는 雞立嶺은 縣東北 30里, 鳥嶺은 縣東 25里라 하였으며,《聞慶縣邑誌》에서는 雞立嶺 縣北 28里, 鳥嶺은 縣西 27里라 하였다.

16)《彌勒里寺址發掘調査報告書》, p. 10(淸州大學博物館, 1978)·《中原郡彌勒里石窟實測調査報告書》, p. 129(中原郡, 1979)·《中原文化圈精密調査報告書》忠州市·中原郡편, p.87(檀國大學校博物館, 1982)에서는 한결같이 지릅재=雞立嶺=麻骨站이라 하고, 이 지역을 지칭하고 있다.

17) 申采浩,《朝鮮上古史》, p. 126.

로 音을 雞立이라 쓰고 義를 麻木이라 쓴다」고 하였다[17]. 또한 저름은 겨릅의 방언으로 「껍질을 벗겨낸 삼대·麻骨」[18]을 말한다. 이와같이 본다면 계립은 겨릅의 漢字音化表記한자음화표기임을 짐작케 하고, 麻木마목은 한자로 번역된 표현임을 알 수 있다. 麻骨站마골참·麻骨山마골산 등이라 함도 이에서 비롯된 것으로 추정된다. 따라서 계립령은 곧 마목현과 같다는 것을 알 수 있다. 이에 대하여는 《대동지지》와 《동국여지승람》 등 지지류에서도 뜻을 같이하고 있음을 본다[19]. 따라서 김춘추에게 고구려 보장왕이 말하고 있는 마목현은 곧 계립령이라는 것을 분명히 알 수 있다.

이상에서 계립령의 위치 문제에 대하여 그 동안의 주장이 대체로 다섯 가지로 나타나고 있음을 보았다.

Ⅲ. 雞立嶺의 位置

그동안 계립령의 역사적·지리적인 중요성에서는 그 위치문제가 중요하게 논의되어 왔음을 보았다. 그러나 실제 계립령은 어느 곳일까? 앞에서 논한 다섯 가지 주장을 정리하여 보면 우선 ③의 계립령과 조령을 같은 위치로 보려고 한 것이다. 같다고 한다면 실제 위치에는 어려움 없이 오늘의 조령으로 규정지을 수 있다. 그러나 ④에서 볼 때 문헌기록이나 고지도 등에서 분명히 계립령과 조령의 위치는 별개로 표기하고 있음에서 보아 ③의 주장은 잘못된 것임을 알 수 있다.

《삼국사기》가 이 고갯길을 개착하였다고 기록한 뜻은 분명히 천연의 장벽으로 경계를 이루고 있는 소백산맥을 뚫고 남북 간의 통로로서 이용하려는

---

18) 신기철·신용철, 《새 우리말 큰 사전》, p. 167(1944).

19) 《大東地志》, 延豊縣 山川條에서 「雞立嶺 一云 麻骨岾」이라 하였으며, 《新增東國輿地勝覽》 권29, 聞慶縣 山川조. 권14 延豊縣 山川조에서도 같은 기록을 하고 있다.

큰 목적이 있었다고 보아야 할 것이다. 따라서 계립령은 소백산맥의 줄기에 있어야 한다고 본다. 《대동여지도》에 보면 분명하게도 산맥의 줄기에 조령을 중심으로 북동쪽에 계립령을, 그리고 남서쪽에 伊火峴이화현을 표시하고 있어 조령과 계립령이 별개지점에 있음을 밝혀주고 있다.

이 지도상에 표시된 위치를 살펴보면 충주시(종전의 延豊縣) 상모면 미륵리 절터에서 동쪽으로 경북 문경군 문경읍 관음리로 넘어가는 道界上도계상의 고개임을 알 수 있다. 이 고개를 현지에서는 '하늘재'라고 부르고 있으며 기록에 보이는 대원령·한훤령이다. 모두가 하늘재에서 유래된 한자 표기라고 짐작된다. 대원령은 《고려사》에 나타나니 고종 42년(1255) 10월에 蒙兵몽병이 대원령을 넘어오는 것을 충주에서 정예를 출격시켜 천여 인을 격살하였다는 기록이 있다[20]. 이에 대하여 《삼국유사》 王曆왕력편 阿達羅尼師今아달라니사금조에 「嶺 立峴今彌勒大院東嶺是也」라고 기록하고 있음을 본다. 즉 「嶺은 (雞)立峴으로 지금의 彌勒大院(寺)의 동쪽 고개」라고 한 것에서 볼 때 지금의 하늘재를 지칭하고 있음이 분명하다. 이는 立峴입현의 앞에 雞字계자가 탈락된 것으로 보인다. 《삼국사기》 阿達羅尼師今아달라니사금 3년조의 「開雞立嶺路개계립령로」를 뜻하는 것이라고 보여지기 때문이다.

또한 《삼국유사》의 彌勒大院미륵대원은 지금의 彌勒里寺域內미륵리사역내에 있다. 이 절터에 대하여는 1977년부터 5차에 걸쳐서 발굴조사를 한 바 있다. 이 조사 과정에서 「大院寺대원사」 銘명의 瓦片와편이 다수 출토된 바 있어 이 절터를 「大院寺址대원사지」로 확정하고, 또한 절터의 북동쪽에서 院원터를 확인하였으니 이를 「彌勒大院址미륵대원지」라고 확정하였다. 그렇다면 고려 고종 19년 忠州奴軍충주노군의 난 때 중 牛本우본에게 崔怡최이가 명한

20) 《高麗史》 권24, 世家 권24, 高宗 42年 冬 10月 乙丑조.

21) 《高麗史》 권129, 列傳 42, 崔怡조.
彌勒里寺址에 대한 발굴조사는 1977년부터 5차에 걸쳐 조사되었다. 발굴조사보고서에 「彌勒里寺址」라고 4차조사시까지는 제목을 붙였으나, 마지막 종합보고서에

대원사 주지는 바로 이 절이라고 보인다[21].

이와 같이 이해를 한다면 대원령은 대원사의 동쪽에 있는 고개라는 뜻으로 불리어지게 된 것이 아닐까 생각해 본다. 대원령이 하늘재를 가리키는 자료로는 《경상도지리지》가 있으니 同書동서 聞慶縣문경현조에

「…서쪽으로는 충청도 延豐縣 경계인 伊火伊峴에 이르기 13里 19步이며, 草岾에 이르기 19里 213步이며, 북으로 延豐縣 경계인 大院峴에 이르기 29里이다.」[22]

라고 한 데서 알 수 있다. 이와 같은 내용은 《세종실록》 지리지 문경현조에도 보이니

「서쪽으로 延豐縣에 이르기 13里, …북쪽으로 연풍현 大院峴에 이르기 29里이다.」[23]

라고 하였다. 이와같은 大院峴대원현의 위치와 거리는 《大東地志대동지지》나 《聞慶邑誌문경읍지》에 보이는 계립령의 위치와 거리가 같기 때문이다[24].

寒喧嶺한훤령에 대하여는 1882년에 된 〈寒喧關防方略한훤관방방략〉에서 「忠州의 동쪽에 德山面이 있으며 面內에는 月岳山이 있다. 山의 남쪽에는 德周寺가 있으며 寺의 남쪽에 寒喧嶺이 있다.」[25]고 하였다. 이 위치도 오늘의 하늘재를 지칭하는 것이 분명하다. 이에 대하여 직접적으로 寒喧嶺한훤령

서는 그동안에 밝혀진 내용을 중시하여 「大院寺址·彌勒大院址」라고 하였다. 또한 高麗 초기의 창건 寺院으로 추정하고 있다.

22) 《慶尙道地理志》 聞慶縣 四方界域조.

23) 《世宗實錄地理志》 慶尙道 聞慶縣 四境조.

24) 주) 15 참조.

25) 鄭混, 《進齋集》 권3, 《月岳山地表調査報告書》, pp. 32~33(忠北大學校博物館, 1983).

26) 《中原文化圈遺蹟精密調査報告書》 忠州·中原郡편, p. 91, 寒喧嶺조(檀國大學校博物館, 1982).

은 「하늘에 닿을세라 높은 재라하여 '하늘재'로 전한다고 한다」고 하고, 「雞立嶺路가 바로 이곳으로 추측된다」[26]고 한 견해가 있기도 하다.

이와 같이 살펴볼 때 오늘의 하늘재가 삼국시대의 계립령임이 분명하다고 보여진다. 또한 이를 뒷받침하는 기록으로《신증동국여지승람》문경현의 산천조 所耶川소야천에 대한 다음의 기록에 관심이 간다.

> 「所耶川은 현의 남쪽 6里에 있다. 그 근원이 둘인데 하나는 雞立嶺에서 나오고 하나는 草岾(鳥嶺을 뜻함)에서 나와 華封院 앞에서 합류하여 남쪽으로 흘러 串岬에 이르러 加恩川과 합친다.」

고 하였다. 하늘재에서 발원하는 지금의 身北川신북천은 觀音里관음리 앞을 흘러서 聞慶문경의 남쪽 전면에서, 鳥嶺조령에서 흘러오는 지금의 鳥嶺川조령천과 합류하여 남쪽으로 흘러가니 이 내가 所耶川소야천인 것이다. 이곳에서도 雞立嶺계립령은 곧 하늘재를 말하는 것으로 보인다. 최근에 간행된《내고장 전통가꾸기》(문경군편) 에서도

> 「雞立嶺 : 聞慶 觀音里에서 布岩山과 釜峯 사이의 하늘재 [寒喧嶺]를 넘으면 彌勒里寺址가 나오고, …竹嶺과 鳥嶺 사이의 가장 낮은 곳에 雞立嶺(속칭 지릅재)은 新羅의 大路이고, …雞立嶺은 聞慶縣에서 28里의 거리였으며, 鳥嶺關에서 동쪽으로 직선거리 4km 정도이다.」[27]

라고 하여 하늘재=寒喧嶺한훤령=雞立嶺=지릅재라고 하였다. 이상에서 보면 계립령은 미륵리를 중심으로 하여 동쪽에 있는 오늘의 하늘재와 그 서쪽에 있는 ⑤에서 말하고 있는 지릅재의 두 곳이 되는 셈이다. 이를 또한 증명이라도 한 듯한 기록이 있으니 계립천이다.《增補文獻備考증보문헌비고》輿地考여지고 延豊연풍조에 보면,

> 「雞立川은 縣의 북쪽 30里에 있다. 月川의 上流이다.」[28]

---

27)《내고장 전통가꾸기》(聞慶郡편), p. 111, 1982.

라고 하여 월천의 상류가 계립천이라고 하였다. 동서 산천의 총설 한강조에 보면

「月川은 聞慶 雞立嶺과 忠州 月嶽에서 발원하여 新塘津에서 浦灘으로 들어간다.」[29)]

고 하였다. 월천은 지금의 월악산 서록의 송계계곡을 흐르는 내로 일명 달천이라고도 한다. 현지인은 달천 또는 월천이라 부르고 있다. 달(月)에서 나온 뜻이라고 생각되니 동명별칭인 것이다. 월천은 지금의 미륵리 동쪽에 있는 하늘재에서 발원하여 송계리를 지나 태평리에서는 월악산 동록에서 흐르는 광천을 합류하고 신당리를 지나 포탄쪽 남한강으로 유입된다[30)].

이에 반하여 동서 산천 총설 달천강조에서는,

「雞立川은 延豊 雞立嶺에서 발원하여 서쪽으로 흘러 安保를 지나 水回村 북서로 흘러서 達水로 들어간다.」

고 하였다. 이 기록은《연풍현지》에도 보이는데 이곳에서는「雞立川은 雞立山에서 발원」한다고 하였다[31)]. 여기에서의 달수는 지금의 달천을 말하는 것으로 이는 속리산에서 발원하여 충주의 남서쪽으로 흘러서 탄금대의 서쪽으로 하여 남한강과 합류한다. 이 계립천은 앞에서 말한 미륵리 동쪽 하늘재에서 발원한 계립천, 즉 월천의 상류가 아니라 미륵리의 서쪽에 있는 지릅재에서 발원하여 서쪽으로 흐르는 물을 뜻하는 석문천으로 수회리를 지나 토계로 흘러서 팔봉에서 달천과 합류한다. 이렇게 보면 계립천이 또한 둘이 되는

---

28)《增補文獻備考》권21, 輿地考 9, 山川 ; 忠淸道 延豊조.

29) 上同 권20, 輿地考 8, 山川 2, 總說, 漢江조.

30) 지금에는 忠州댐의 조성으로 인하여 月川과 廣川이 伏平里에서 합류하는 것으로 끝난다. 水位가 이곳까지 이르고 있기 때문이다.

31) 주)19 참조,《延豊縣誌》山川조에「雞立川 出雞立山 北流合于忠州牧八峯水入于忠州牧金川江」이라고 있다. 金川은 達川하류의 별칭이다.

셈이다.

여기에서 계립천의 발원지인 계립산이 주목된다. 諸地理誌제지리지에 보면 계립령을 속칭 麻骨岾마골재라고도 하고, 마골산을 속호로 계립령이라고도 하였다[32]. 모두가 계립산과 통하는 칭호라 하겠다. 따라서 계립산은 계립령, 즉 오늘의 하늘재와 연한 산봉을 의미한다고 할 때 지금의 布岩山포암산으로 추정해 본다. 《聞慶縣邑誌문경현읍지》에서는 黛眉山대미산에서 계립령이 연해 왔다고 하였으나[33] 큰 줄기는 그곳으로부터 나왔으나 직접 연한 산은 포암산이기 때문이다.

포암산의 三部稜線3부능선에는 麻骨岾山城마골재산성이 있어 주목된다. 일명 達馬山城달마산성이라고도 하며 동은 문경의 탄항산과, 서로는 상모면 사문리, 북은 미륵리에 접하는 산성으로 정상에는 약 60cm 높이로 정사각형을 이룬 築石축석부분이 있는데 봉수대로 추정된다[34]. 또한 하늘재에는 遮斷城차단성이 있으니 寒喧嶺山城한훤령산성이라고도 한다. 하늘재 정상에서 미륵리로 넘어서면서 통로를 자연할석으로 쌓아 가로지른 석축 성지를 볼 수 있다. 마골재 산성의 연장으로 이해된다. 이는 峽谷협곡을 차단한 嶺阨영액으로 이해되는데 이 시작되는 지점인 布巖山포암산의 중턱인 평지에서 신라계의 토기편과 고려시대의 와편이 출토되어 주목된다[35]. 이는 남북을 가로막는 중요

---

32) 《新增東國輿地勝覽》 권14, 延豊縣 山川조 「雞立嶺俗云麻骨岾」, 同書 권29, 聞慶縣 山川조「雞立嶺 俗稱 麻骨山…」, 《增補文獻備考》 권21, 輿地考 9, 山川 延豊조 「雞立嶺 俗名 麻骨岾」 同書 권22, 輿地考 10, 山川 聞慶조「麻骨山 俗號雞立嶺」, 《大東地志》 권6, 延豊 山水조「雞立嶺 一云 麻骨岾…」 同書 권9, 聞慶 山水조「雞立嶺俗云麻骨岾…」 등이다.

33) 《聞慶縣邑誌》 山川조에 「雞立嶺 俗號 麻骨山 以方言相似也 在縣北二十八里 乃新羅時舊路 自黛眉山來」라 하였으며 《聞慶邑誌》에도 유사한 기록을 하고 있다.

34) 《中原文化圈遺蹟分布圖索引》, p.15(忠淸北道, 1981).
《文化遺蹟總攬》 p.577(文公部文化財管理局, 1978).

35) 張俊植, 「遺蹟을 통해서 본 雞立嶺」(《藥城文化》7, 1985).
《文化財誌》 p.393(忠淸北道, 1982).

한 防戍處방술처로 미륵리, 즉 북쪽에서 하늘재를 넘으려는 것을 방어하기 위한 것으로 생각된다.

그렇다면 ⑤에서 말한 지금의 지릅재는 어떠한 관계일까. 분명한 기록은 없어 알 수 없지만 필자의 우견으로는 고려시대에 실제 계립령(지금의 하늘재)이 대원령으로 호칭되면서 영북으로 이동하여 이름이 옮겨진 것이 아닌가 한다. 지명의 이동이라고 할 것이다. 이후에 이 일대는 계립산·계립령·마골재 등으로 泛稱범칭하게 되었을 것으로 생각되니 《연풍현지》나 《문경현지》에서 각각 계립령(마골재)을 다루고 있는 데서도 짐작이 간다.

지릅재 주변에도 防戍處방술처임을 확인할 수 있는 遺址유지가 많다. 지릅재의 서쪽 석문리에는 성벽·성문이 있었다고 古老고노들은 전한다. 지금에 兵倉址병창지가 있기도 하다. 지릅재를 넘어서서 동쪽에는 釜峰부봉에서 흘러내리는 구릉을 따라 한 段단을 이른 지형에도 축성의 흔적이 보인다[36]. 또한 지릅재에서 남쪽으로 능성을 따라 올라가다 600고지 지점에 마골점 봉수지가 있으며 이곳에서 더욱 남쪽으로 오르면 부봉에서 서쪽으로 이어지는 능선을 따라 마역봉(또는 馬閉峯)과 조령삼관문을 지나 깃대봉으로 길게 연결된 약 3.5km의 장성형태의 석축성이 있다. 부봉 가까이에는 화강암으로 쌓아 만든 폭 2m쯤의 暗門암문처럼 생긴 문지의 遺構유구가 있다. 이 성을 野門城야문성이라고 하며 雞立城계립성이라고도 한다. 이 성이 곧 《白江集백강집》에 보이는 御留城어류성으로 추정되는데 그 입지적 여건이나 삼국기 신라계의 토기편 등이 수습되는 것으로 보아 삼국시대의 축성으로 보인다. 이것이 고려 공민왕이 紅賊홍적의 난을 피해 복주(安東)로 몽진할 때 새로이 보축되어 어류성으로 이름하게 된 것이 아닌가 한다[37].

---

36) 《中原郡 彌勒里石窟實測調査報告書』 pp. 133~134(中原郡, 1979).
37) 車勇杰:「鳥嶺關防施設에 대한 硏究Ⅱ」(《崔永禧先生華甲紀念 韓國史論叢》 pp. 272, 1987).
《文化財誌》, pp. 382~386(忠淸北道, 1982).

이 野門城야문성(御留城으로 비정)은 현재 鳥嶺三關門조령3관문에서 지릅재와 하늘재와는 모두 직선거리로 3km 미만에 연계된다. 모두가 계립령을 중심으로한 險阻험조한 防戍處방술처임을 알게 하는 遺址유지라고 하겠다.

이상에서 보아 본래 신라가 개착한 계립령은 문경읍 관음리와 충주시 상모면 미륵리의 경계를 이루는 고갯길인 하늘재임이 분명함을 알았다. 그렇다면 ①에서 설명하고 있는 《한국민족문화대백과사전》의 내용은 잘못된 것임을 알 수 있다. ①에서 말하고 있는 위치는 연풍에서 남쪽에 위치하고 있다. 흔히 이용되고 있는 《신증동국여지승람》 연풍현조만 살펴보았다면 하는 생각이다. 이곳에는 현북 43리에 계립령이 있다고 분명히 했는데 전혀 반대인 현남쪽에서 찾으려한 것은 이해하기 어렵다. 이곳으로 비정한 해설자는 계립령이 '지릅재'임을 확인하고 이와 유사한 이름인 '지름'에 관심을 갖고 연풍의 주진리에서 문경 원북리로 넘어가는 고개인 '지름티재'로 보려고 한 것이 아닌가 한다. 따라서 지름=기름=油峙, 또한 지름=經峙로 보려고 하였으니 '지릅'이 껍질을 베낀 삼대인 '겨릅(麻木)'과 거리가 먼 해석을 내리게끔 된 것이라고 생각된다. 선학들의 주장에 대한 엄청난 해석상의 차이까지도 보이고 있다. 어디에 근거한 것인지 해명이 있어야 하지 않을까도 생각된다.

辭典사전·事典사전이 갖는 의미는 엄격하게 객관성을 띄어야 한다고 본다. 많은 사람들이 쉽게 이용하고 있는 사전의 편찬에는 그만큼 책임이 따르는 것이다. 더욱이 《한국민족문화대백과사전》은 그 이름이 갖는 만큼 믿음도 크다 하겠다. 그런데 이와같은 오류를 범하고 있으니 아찔할 정도이다. 더군다나 의미를 강조하기 위해 책면의 3분의 1정도나 되는 엉뚱한 큰 사진까지 싣고 있으니 말이다.

신라가 개착한 계립령이 오늘의 하늘재(大院嶺 또는 寒喧嶺)임이 분명하나, 고구려측에서 말하고 있는 마목현(역시 雞立嶺이지만)을 위치상으로 보아 다른 지역으로 보고자 하는 견해가 있다. 충주시의 동쪽에 있는 마즈막재[心項峴]로 비정하고자 하는 입장이다. 한자표기의 心項峴심항현을 우리말로 풀이하면 '마음[心]+목[項]+재·고개[峴]의 관계'를 전제하고, 「마음목재 혹은 맘+목+재일 경우 그 원어가 '마목재'라고 볼 수 있지 않을까」라고 하는 설이다. 충주에서 이 마즈막재를 넘어서면 남한강으로 어어지며 청풍 방면으로 통한다. 그 중간인 신당리에서 월천을 통한 송계계곡을 따라 미륵리의 계립령과도 이어지니 매우 중요한 지리적 위치를 점하고 있는 고개이다. 이 嶺영에도 차단을 위한 석축성(嶺阨)이 있으며 바로 남쪽 능선을 따라 올라가면 삼국시대의 충주산성으로 이어진다. 「麻木峴과 雞立峴은 반드시 동일 장소에 대한 다른 이름일 필요는 없으나 그 두 곳은 적어도 꽤 인접지역이었을 가능성도 있다. 신라와 고구려 사이에는 세력의 성쇠에 따라 국경 관방에 약간씩 이동이 있었다」고 하고 '고구려로서는 남방의 한계선으로서 필연코 확보해야 될 요충'으로 보고 마즈막재를 마목현으로 이해하려는 견해이다[38]. 즉 동일한 지명(雞立嶺=麻木峴)이지만 신라측과 고구려측에서 보는 위치는 서로 다를 수 있다는 견해로 주목된다.

Ⅳ. 雞立嶺·竹嶺의 以西地域

전 한강유역에서 밀려 북쪽으로 물러간 고구려는 앞에서도 언급했듯이 이 지역의 핵인 계립령과 죽령의 땅을 되찾기 위한 노력이 컸었다. 우선 평원왕의 사위로 武勇무용의 威名위명을 날리던 온달이 영양왕(590~618) 초에 자청하여 왕에게 나아가서 아뢰기를,

"新羅는 우리 漢北의 땅을 빼앗아 郡縣으로 삼았으니 백성들은 원통함에 쌓

38) 車勇杰, 「마즈막재[心項峴]의 麻木峴의 가능성」(《蘂城文化》10, p.124, 1989).

여 아직 父母의 나라를 잊어버리지 않고 있사오니 원컨대 大王께선 愚臣을 不肖하다 하지 마시고 군사를 내어주신다면 한 번 나아가 싸워 우리의 땅을 회복하겠나이다."

하니 왕이 이를 허락하였다. 온달은 군사를 거느리고 떠날 때 맹세하기를,

"雞立峴과 竹嶺 以西(서쪽)의 땅을 우리 땅으로 돌리지 못하면 돌아오지 않겠다."

고 하는 비장한 각오로 출정하였으나 신라군과 아단성 아래에서 싸우다가 뜻을 이루지 못하고 전사하였다[39]. 이는 너무나 잘 알려진 이야기이다.

여기에서 온달이 말하고 있는 계립령과 죽령의 以西地域이서지역은 어디를 가리키는 곳일까. 이에 대하여도 이병도 선생은 이서는 이북의 잘못된 것이라는 뜻을 밝히고, 즉 「雞立峴·竹嶺 以西(北)의 땅을……」이라고 하여 서가 아니라 북이라는 뜻을 표하기도 하고[40], 「雞立峴(鳥嶺)과 竹嶺 以西(以北)의 땅을……」이라고 하여 이서는 이북이라고 표시하면서 이에 대한 의미를 강조하기 위한 註주를 달아 다음과 같이 기록하고도 있다.

「이때 鳥嶺·竹嶺 이북의 漢江 全流域은 新羅의 소유로 되어 있었으므로 이것을 탈환코자 하며 비장한 결심을 하고 出征한 溫達이 阿旦城下에서 新羅軍의 流矢에 맞아 戰死하였다는 것은 무엇을 의미하는가 하면, 溫達이 漢水의 渡江作戰에 있어 阿旦城에서 쏟아져 나온 羅軍의 妨害工作에 의해 失敗를 당하였던 것이라고 보아야 하겠다.」[41]

라고 하여 이서가 아니라 이북이라는 뜻을 분명하게 밝히고 있음을 본다.

그러나 필자의 우견으로 이북이 아니라 이서가 맞는 것으로 생각되어진다. 이병도 선생은 한강유역을 전제로 하여 이북을 주장하고 있으나, 이에 대해

---

39) 《三國史記》 권45, 列傳 권5 溫達조.

40) 李丙燾, 《韓國史》 古代篇, p. 458(乙酉文化社, 1959).

41) 李丙燾, 《譯註 三國史記》, p. 673 註2(乙酉文化社, 1980).

이미 온달은 「漢北의 땅」을 잃었다고 하였으므로 漢水한수의 북쪽임을 밝히고 있다. 그런데 출정시의 맹세를 할 때는 특정지역인 계립령과 죽령을 거론하고 그 이서의 땅을 말하고 있으니 여기에서의 주장은 막연한 한북이 아니라 어떤 뚜렷한 목적지가 있는 것으로 생각되어지기 때문이다.

그렇다면 그 목적지는 어디일까 하는 것이 문제로 제기된다. 우선 결론적으로 충주지역을 가리킨다고 생각해 본다. 충주는 계립령·죽령과 함께 삼각지대를 이루는 요충임은 일찍부터 학자들이 말하고 있는 바다[42].

고구려는 장수왕의 적극적인 남진책으로 한강의 전 유역을 포함하여 그 이남으로 크게 영역을 확대하게 되었다. 그리하여 고구려는 지금의 아산만에서 동쪽으로 직산으로 하여 충청북도의 진천·도안·괴산·연풍의 이북지역을 모두 장악하고, 계립령·죽령을 넘어가서 경상북도의 내륙쪽으로는 봉화·순흥·영주·예안·임하·진보·청송·안덕지역을, 동해안으로는 울진·평해·영해·영덕·청하에 이르는 지역을 확보하게 되었다[43]. 이들의 지역은 장수왕 63년(475) 이후의 남하정책에 인한 것으로 보아야 할 것이다. 이에 따라 中原중원(忠州)지역도 자연 고구려의 장악하에 들게 되었다.

중원지역은 바로 남북 간의 문물이 오고가는 통로의 요충이며 군사적으로도 중요한 위치를 점하고 있음은 이미 언급한 바이다. 그러므로 남북 간의 통로로서 계립령·죽령과 한강의 중심부가 충주(중원)이고 보면 고구려도 이 지역을 장악하고 그 중요성을 생각하였을 것이다. 따라서 충주를 나라의 중심이라는 뜻으로 국원성이라고 이름하게 되었다. 《삼국사기》 지리지에 「本高句麗國原城」[44]이라고 한 데서 알 수 있다. 더욱 이와 같은 사실을 뒷받침

---

42) 金顯吉, 「忠州地域의 歷史地理的 背景」, 《國史館論叢》 16, pp. 107~108에서 先學들의 관심을 정리하고 있다.

43) 《三國史記》·《高麗史》의 地理志와 《新增東國輿地勝覽》에 의하면 이들 지역은 「本高句麗」 또는 「뒤에 高句麗」에 예속되었다고 기록하고 있다.

44) 《三國史記》 권35, 雜志4 地理3 中原京조.

하는 것은 중원고구려비를 이곳에 세웠다는 사실이다[45].

고구려는 충주지역을 장악하고 그 지리적인 요충임을 알고 이곳을 중심으로 하여 보다 적극적인 南方經略남방경략의 발판으로 삼고, 장차 백제와 신라를 통일하기 위한 전진기지화를 시도하고자 한 것으로 생각된다. 뚜렷한 기록이 없어 알 수는 없지만 장수왕의 남하전략은 곧 삼국을 통일하고자 하였던 의지로 보아야 할 것이다. 그러나 백제와 신라의 완강한 저항으로 인하여 위의 선에서 머물렀던 것으로 생각된다. 따라서 고구려는 재차 통일을 위한 전진기지화를 도모하였을 것이니 국원성과 중원고구려비가 갖는 의미는 이런 면에서 찾아야 하지 않을까 한다.

이러한 중요한 지역인 충주는 바로 계립령과 죽령의 서쪽이 되는 지리적인 위치에 있다. 또한 이 지역은 全漢江流域전한강유역의 중심부를 이루고 있기도 하여 그 관리에 있어서도 큰 역할을 담당할 지역이라고도 보아진다. 더욱 계립령과 죽령을 통하여 남으로 진출할 수 있는 據點거점으로서 요충임은 말할 나위가 없다고 하겠다. 따라서 고구려는 이곳을 확실히 하기 위하여 중원고구려비까지 세워서 그 영토적 의미도 강하게 하였다고 여겨진다.

이와같은 고구려의 남진통일정책에 의한 압력을 받아오던 백제와 신라는 상호 힘을 합하여 551년에 전 한강유역에서 고구려의 세력을 북으로 밀어 물리치는데 성공하였다. 이 작전으로 인하여 중원지역은 신라의 영유로 바뀌게 되었다. 신라도 이러한 중요한 지역을 장악하게 되자 앞에서도 언급했지만 이 지역을 중심으로 통일의 전진기지로 삼고자 小京소경을 설치하는 등 큰 배려를 하였던 것이다. 이후 고구려에서는 이러한 전략적 요충을 다시 찾고자

45) 中原高句麗碑는 1979년 2월에 忠州의 北西方 10km 지점인 中原郡 可金面 龍田里에서 예성同好會員들에 의해서 발견되고 4월에 檀國大學校 學術調査團(團長 鄭永鎬)에 의해 확인 발표되었다. 檀國大學에서는 수차에 걸친 조사 끝에 동년 6월 中原高句麗碑學術會議를 개최하였으며, 그 硏究된 내용을 《史學志》 13집에 〈中原高句麗碑 特輯號〉로서 동년 11월에 發表하였다. 中原高句麗碑에 대한 종합적인 연구서이다.

온달이 파견되었으며, 김춘추의 간청을 이 계립령과 죽령의 땅으로 바꾸고자 하였던 보장왕의 말은 충분히 이해되는 일이라고 할 것이다.

사실상 지도상에서 계립령과 죽령의 서쪽지역을 살펴보면 고구려가 남쪽 경계를 이루고 있었던 아산만·직산·진천·도안·괴산·연풍의 선과 일치하여 緯度上위도상으로도 36.8도 선상에 거의 일치하고 있어 더욱 관심이 간다. 이와 같이 볼 때 계립령과 죽령 이서는 국원이라 명명하고 중원고구려비를 세우고 남진기지화하려고 하였던 충주가 그 중심적 역할을 하는 곳이긴 하지만, 사실상 이는 고구려가 일찍이 확보하였던 옛 영토의 회복으로도 연결된다고 하겠다. 물론 이 북쪽으로 한강이 있으니 漢水한수에 대한 관심도 자연 포함되는 것이라고 본다. 이 지역은 보장왕이 김춘추에게 요구한「竹嶺의 以西」지역과 관련되기도 한다.

Ⅴ. 雞立嶺路와 鳥嶺

계립령은 삼국 초기에는 羅나·濟제 간의 경계로서, 뒤에는 羅나·麗려 간의 국경지대로서 중요한 지역이었음을 이상에서 알 수 있었다. 하늘재(계립령)에서 남쪽으로 문경을 지나 4~5리에 聊城요성과 井谷城정곡성이 있다[46]. 이 두 성은 所耶川소야천의 합류지점인 요충에 좌우로 버티고 있는 고성으로 주목된다. 이곳에서 다시 남쪽으로 串岬遷곶갑천이 있다. 이는 兎遷토천이라고도 하여「古之防戍處」로 알려진 석성이 남아 있다[47]. 이 石城遺址석성유지가 《대동지지》의 犬灘견탄을 설명하는 가운데 보이는 姑母城고모성과 姑父城고부성을 말하는 것으로 신라 때에 방수하던 곳이다[48].

46)《大東地志》권9, 聞慶 城池조.
47)《新增東國輿地勝覽》권29, 聞慶山川 串岬遷·龍淵조.
48)《大東地志》권9, 聞慶山水 犬灘조와 城池조.

계립령로를 남쪽에서 살펴보면 상주에서 함창을 지나 문경의 유곡을 경유, 불정역을 거쳐 姑母城고모성의 동쪽 옛길(棧道)을 지나면 聊城요성에 이른다. 이곳에서 지금의 문경의 동북쪽 길을 따라 갈평리를 거쳐서 관음리를 지나면 계립령(지금의 하늘재) 정상에 이른다.

이 고갯길은 좀 돌아가는 먼 길이긴 하나 매우 완만하여 문경에서 계립령에 이르기까지 큰 고갯길이라는 것을 느끼지 못하고 오르게 된다. 계립령(현 하늘재)을 넘어서면서 계립천 계곡을 따라 곧 미륵리가 나온다. 이곳에서 계곡(月川)을 따라 북으로 향하면 月岳山월악산의 西麓서록으로 松界三區송계삼구에 이르며 덕주산성 남문을 지나게 된다. 이곳에서 덕주골에 이르면 월악산으로 오르는 계곡을 따라 상덕주사까지 사이에 삼중의 석축성을 살필 수가 있다. 덕주골에서 북으로 송계리(옛 東倉)를 지나면서 덕주산성 북문이 나온다. 덕주산성은 월악산 西麓서록인 월천계곡을 遮斷차단하는 북문과 남문의 위용과 월악산 정상부에 통하는 중성(東門) 등 3중의 防戍방술을 위한 중요성을 실감케 한다[49].

계곡(月川)을 따라 북으로 가면 신당리에 이르고 이곳에서 월천은 남한강에 합류한다. 남한강 서안을 따라서 4km 지점에 화암나루가 있으며 이곳에서 서쪽으로 원터를 지나 마즈막재(心項峴)를 넘어서면 충주에 이르게 된다. 계립령을 통하여 충주에 이르는 요로이다. 마즈막재의 麻木峴마목현일 가능성은 이에서 고려된다고 하겠다.

다음으로 조령과의 관련을 생각해 본다. 조령도 중요한 남북을 교통로로서, 또는 關防施設관방시설로서 그 의미를 크게 하고 있기 때문에 많은 관심사였다[50]. 關防關聯事관방관련사는 기왕의 연구에 미루기로 하고 이곳에서

49) 《德周寺磨崖佛과 德周山城 地表調査報告書》(忠州工專博物館, 1992).

50) 丸龜金作, 「鳥嶺小考」(《靑丘學叢》 25).
車勇杰, 「鳥嶺關防施設에 대한 硏究 I－交通路로서의 鳥嶺과 關防施設로서의 鳥嶺關에 대한 基礎的 整理－」(《史學硏究》 32, 1981).

는 계립령과의 관련 만을 살피고자 한다.

조령을 일반적으로 '새재'라고 호칭하고 있음에 관심이 간다. 조령을 草岾초재라고도 기록하고 있었으니 《고려사》를 비롯하여 조선 초기에 찬술된《경상도지리지》·《경상도속찬지리지》와 《세종실록지리지》 등이다[51]. 또한 草嶺초령으로 기록하고 있음도 볼 수 있다[52]. 이에 대하여 조령이라고 기록한 것은《신증동국여지승람》 문경의 산천조로, 「鳥嶺은 縣西 27里 延豊縣界에 있으며 草岾라고도 한다」라고 하여 조령은 초재와 동일한 뜻임을 밝히고 있어 관심이 간다. 이후의 諸地誌제지지에서는 조령을 기록하고 있다. 그런데 주목되는 것은 다음의 기록이다.

> 「雞立嶺은 俗字로 麻骨山이라고 한다. 이는 方言과 뜻이 같다. 縣北 28里에 있으며 新羅 時代의 옛길(舊路)이다.」[53]

라고 하여 신라시대의 옛길이라고 하였으니 옛길에 대한 새로운 길은 없을까? 이에 대하여 韓百謙한백겸이 편찬한《동국지리지》에 보면,

> 「雞立嶺은 阿達羅王 3年에 開通하여 지금 聞慶에 있다. 지금은 廢하고 鳥嶺을 개통하였다.」[54]

라고 하였다. 이 뜻은 분명히 계립령을 폐하고 조령(새재)으로 대신 하였다는

車勇杰, 「鳥嶺關防施設에 대한 硏究Ⅱ-雞立嶺路問題의 整理-」(《崔永禧先生華甲紀念 韓國史學論叢》, 1987).

51) 《高麗史》 권57, 地理2 聞慶郡조 「(縣北有主屹山) 險阻處三 草岾(在縣西)·伊火峴(在縣西) 串岬遷(在縣南)」.
《慶尙道地理志》 聞慶縣 四方界域조.
《慶尙道續撰地理志》 聞慶 有名嶺峴조.
《世宗實錄地理志》 권150, 聞慶縣조에는 《高麗史》 地理志를 引用하고 있다.

52) 《新增東國輿地勝覽》 권24, 醴泉郡 宮室客館조의 尹詳記에 「醴泉爲郡 東西介于竹·草二嶺 自竹而之商洛 由草西達花山者 必經由是也」에서 竹嶺과 草嶺을 알 수 있다.

53) 《新增東國輿地勝覽》 권29, 聞慶縣 山川조.

54) 《東國地理志》 新羅形勝 關防조.

뜻으로 풀이된다. 그렇다면 왜 옛 길을 폐하고 새로운 고갯길이 필요하였을 것인가에 관심이 간다.

이에 대하여는 별다른 기록이 없어서 알 수 없으나 시대가 흐르면서 사람들의 마음가짐이 조급해지고 있는 것을 느끼게 한다. 시간적인 관념이 생기게 된 것이라고나 할까. 오늘날에 교통수단이나 통신기기의 발달로 우리들 인류의 생활정보는 매우 신속성을 더해가고 있음을 본다. 따라서 옛날에는 크게 힘을 기울이지 않고 굽이굽이 돌고 돌아서 완만한 고갯길로 통행을 하였을 것이라 생각된다. 지금의 문경에서 하늘재(雞立嶺)로 이르는 길이 바로 이와 같다. 그러나 시간이 흐르면서 시간적인 관념이 생기고 조급하게 왕래를 하고자 하는 마음에서 좀 가파르고 험하지만 새로운 지름길을 택하게 된 것이니 새로운 고갯길(새재)이 개척되어진 것은 아닐까 생각해 본다.

따라서 오늘에 호칭되고 있는 '새재'의 의미는 묵은 옛[舊] 고개, 즉 계립령에 대하여 대신하게 된 새로운[新] 고개라는 순수한 우리말에서 유래된 것이라고 생각된다. 즉 '새재'라는 우리말을 한자로 표기함에 있어서 새[鳥]+고개[嶺], 또는 새[草]+고개[岾], 새[草]+고개[嶺] 등으로 각각 표기하였던 것이라 생각되기 때문이다. 그렇다면 새롭다는 '新신'자가 아닌 鳥조·草초를 사용한 이유는 아마도 詩人시인·墨客묵객들에 의한 雅化아화된 표현이 아니었을까?

또한 조령의 최초 기록은 944년(고려 혜종 1)에 이루어진 澄曉大師寶印塔碑징효대사보인탑비에 보인다. 비문에 의하면 澄曉大師징효대사가 891년(신라 진성 5)에 尙州상주의 남쪽으로 피난가다 조령에서 잠깐 머물렀다는 기록이다. 이로 미루어 볼 때 계립령은 삼국시대에는 크게 이용되다가 통일기에 접어들면서는 보다 남북 간에 이어지는 직통로가 요구되면서 새로운 고갯길인 '새재'가 개통되고 이를 조령으로 또는 草岾초재·草嶺초령 등으로 기록하게 되었던 것이라고 보여진다.

Ⅵ. 結　言

이상에서 그동안 논의되어 왔던 계립령의 중요성과 그 위치 문제를 정리하였다. 앞서 논한 바를 간략하게 다시 정리하면서 맺는 말로 대신할까 한다.

계립령은 역사·지리적으로 매우 중요한 역할을 하여 왔다. 일찍이 신라가 이 길을 개착하였다고 하는 것은 신라가 발전해 나가는 유일한 통로였다는 것을 생각해야 할 것이다. 사실상 신라는 이 길을 통하여 한강유역으로 진출하고 삼국을 통일하기까지 하였으니 그 지리적인 위치의 중요성은 새삼 말할 나위가 없다고 하겠다.

고구려에 있어서도 남진통일정책을 수행하기 위해서는 그 전진기지가 필요하였을 것이니 바로 이 고갯길과 연한 서쪽의 충주가 최적지라고 보았던 것이다. 따라서 이곳을 국원이라 이름하고 중원고구려비까지 세워서 확실한 영역으로의 자리를 만들려고 했던 것이라고 보여진다. 고구려가 이 지역을 551년에 상실한 후 바로 이 지역을 되찾기 위해서 온달 장군이 출정하게 된 것이다. 온달은 막연한 한강유역을 확보하려고 한 것이 아니라 분명히 「雞立嶺·竹嶺 以西」의 지역을 요구하였던 것이다. 이 이서가 충주, 즉 고구려의 남진통일의 전진기지였던 국원의 재탈환에 있었던 것으로 보아야 할 것이다.

이와 같이 중요한 지역이 시대가 흐르면서 새로운 지름길이 요구되었으며, 이러한 과정에서 주변의 사정에 따라 이름도 바꾸게 된 것 같다. 우선 계립은 '겨릅(삼을 베낀 속, 삼대)'의 漢音化한음화이며 이것을 漢音譯한음역한 '麻木마목'으로도 삼국시대에는 호칭하게 되었다. 그러나 고려시대에 접어들면서는 이 지역적인 여건을 감안하여 嶺영을 중심으로 남북 간에 大寺院대사원을 축조하여 嶺路영로를 관리하였던 것이라고 생각된다. 영의 북쪽에는 石窟寺

院석굴사원인 미륵 대원사를 세웠으며, 남쪽에는 관음사(관음리라는 부락명에서 추정해 본 것이다. 이곳에도 큰 절터가 있으며 석불상이 있다)를 세웠다고 보여진다. 여기에서 대원사의 동쪽에 있는 고개라는 뜻으로 대원령이라고 기록이 남게 된 것이 아닌가 한다. 또한 하늘에 닿을 세라 높은 재라 하여 '하늘재'라고 전해 오기도 하니 대원령과 함께 조선 후기의 기록에 보이는 寒喧嶺한훤령은 모두 '하늘재'와 통하는 한자표기인 듯하다.

신라시대의 계립령 즉, 겨릅→지릅재는 고려시대 이후 실제로 대원령 또는 하늘재로 불리게 되면서 슬그머니 그 영북으로 이동하여 오늘에 호칭되는 '지릅재'가 된 것이라 생각해 본다.

계립령이 곧 조령이라 주장하는 분도 있으나 이는 옛 문헌에도 밝히고 있는 바와 같이 잘못된 견해이다. 다만 계립령을 폐하고 새로운 지름길인 새재[鳥嶺]가 개착되게 되었으니 계립령과 조령이 갖는 역할은 같다고 할 것이다. 이와 같이 보아서 같다고 하더라도 그 실제 지리적인 위치는 분명히 별개의 것임을 알 수 있다.

끝으로 《한국민족문화대백과사전》의 기록이다. 다시 언급하지만 사전이 갖는 일반인들의 활용도를 생각하여서도 그 잘못된 점을 수정하여야 할 것이라고 생각한다. 옛 지명의 고증을 위해서는 현지의 실사도 중요하다는 것을 말하여 둘 뿐이다. 《竹堂李炫熙教授華甲記念韓國論叢》(1997. 3)

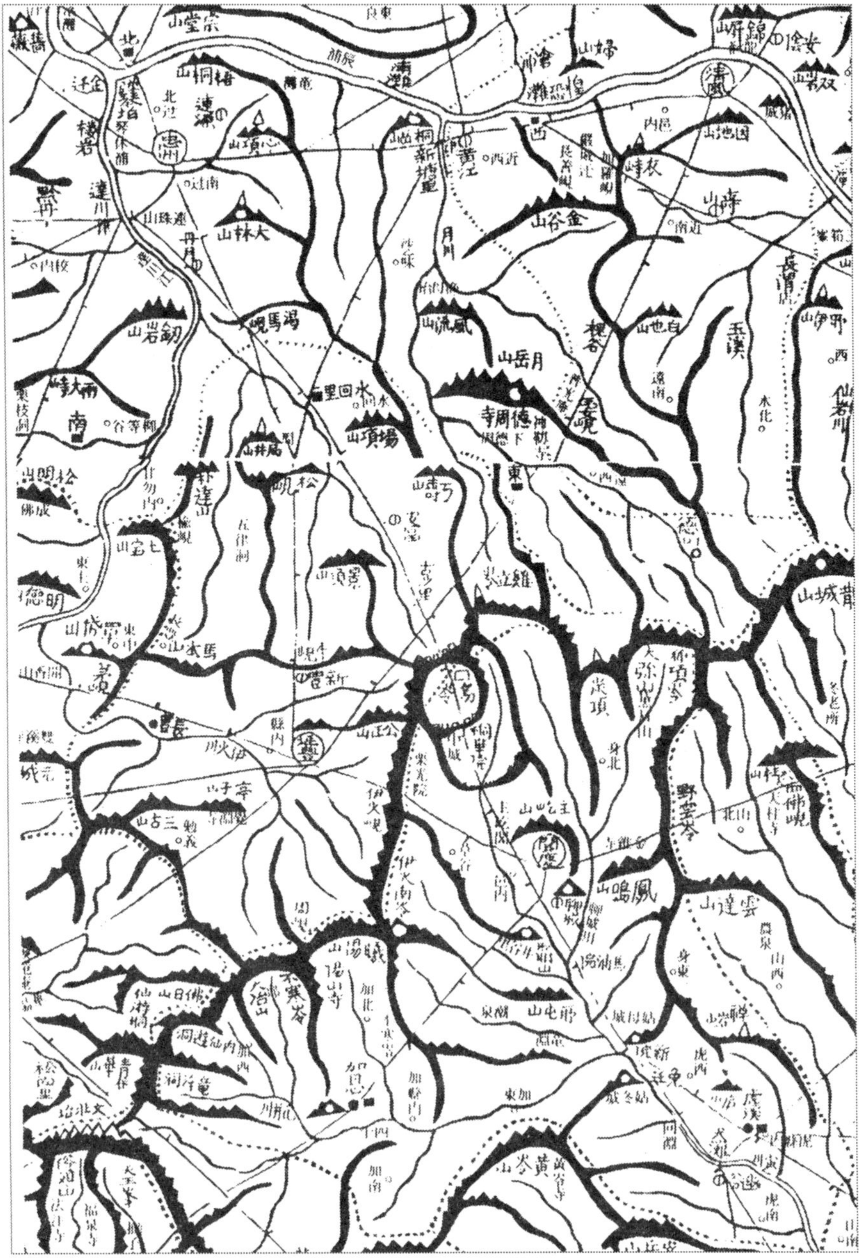

〈雞立嶺 중심《大東輿地圖》〉

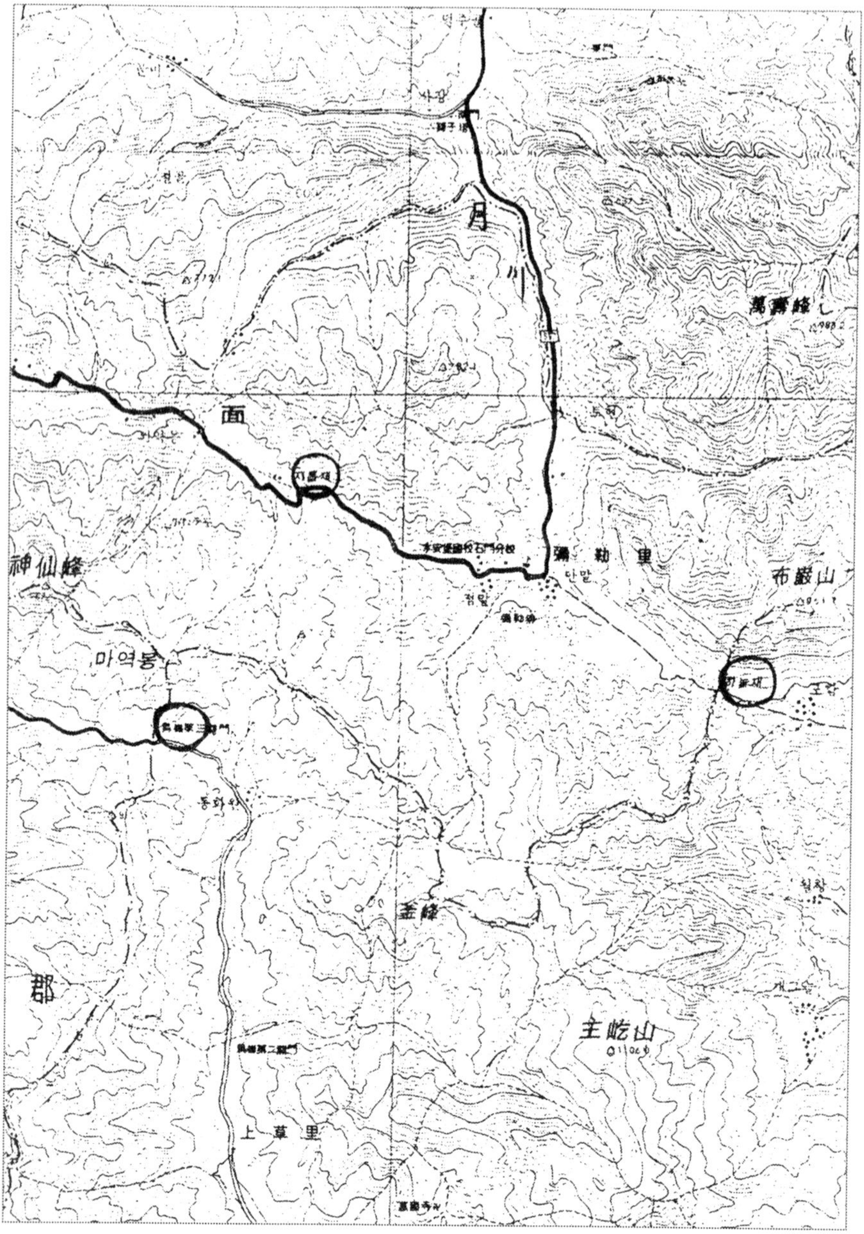

〈하늘재(雞立嶺) 중심 5만분의 1 地圖〉

新羅 眞興王과 于勒의 新歌

〈목 차〉

Ⅰ. 머리말

신라 제24대 진흥왕은 삼국 중 가장 후진성을 면치 못했던 신라의 지위를 크게 비약시킨 왕이다. 왕의 큰 업적을 보면 우선 전 한강유역을 장악하고 서해로 진출하는 문호를 확보하여 대륙과의 직접통로를 마련하는 등 삼국의 세력판도를 바꾸어 놓았으며, 둘째로는 가야제국을 완전히 신라에 예속시켜 낙동강의 전 유역을 통합하고, 멀리 동해안을 거슬러 올라가 함경도 방면까지 영역을 넓히는 등 삼국통일의 기틀을 다져나갔다. 실로 신라의 中興중흥을 이룩한 영주라고 할 것이다.

이와 같은 진흥왕의 착실한 나라의 경영은 왕 12년(551)에 왕태후의 섭정에서 벗어나 나라를 새롭게 개척하겠다는 자주적인 의지로 開國개국이라 연호를 고치면서 親政친정체제를 갖춘 이후부터 비롯된 것이다. 이 해 3월에 왕은 娘城낭성(지금의 충주 탄금대)에 巡守순수하여 于勒우륵과 그 제자 尼文

니문을 河臨宮하림궁으로 불러 음악을 연주케 하였다. 이때 두 사람은 각각 새로운 노래[新歌]를 만들어 연주하였다.

진흥왕이 개국하겠다는 의지와 이를 실천하여 신라의 중흥을 이룩한 일대 사업은 바로 낭성에서 우륵의 新歌신가를 들은 이후부터 시작된 것이다. 따라서 진흥왕과 우륵의 만남을 《삼국사기》에는 단순한 사건으로 기록하고 있으나, 이후 진흥왕의 국가경영의 순차를 볼 때 이는 단순한 사건이 아니라 두 사람의 만남에 어떠한 수수께끼가 있음이 분명하다고 생각된다. 불충분한 기록 속에 담겨있는 수수께끼를 충주지역에 전하는 이야기를 바탕으로 하여 다음에 풀어보고자 한다. 사실상 일부는 꾸미는 이야기라고 할 수 있으나, 타당성이 있는 추리라고 할 것이다.

우륵에 관하여는 인물을 중심으로 한 연구와[1] 한국음악사에 관한 저서 등에서도 다루어지고 있으며, 필자도 지역적인 관련에서 비교적 여러 편 쓴 바가 있다[2]. 그러고 보니 자연 같은 내용을 되풀이하지 않을 수 없었다. 자기 글이지만 되풀이 한다는 일은 어쩐지 마음에 들지 않아 약간의 손질은

---

1) 安自山, 「于勒」, 《朝鮮名人傳》 조선일보출판부, 1939.
金東旭, 「于勒」, 《인물한국사》 1권, 박우사, 1965.
李惠求, 「우륵」, 《韓國의 人間像》 5권, 신구문화사, 1965.
李相憲·李鐘春, 「于勒·蘭溪에 關한 硏究」, 충청북도, 1981.
金道允, 《樂聖于勒과 伽倻琴》, 대일기획출판사, 1983.
張師勛, 「우륵」, 《민족문화를 빛낸 선현》, 문화공보부, 1984.
金顯吉, 「于勒에 대한 硏究」, 《예성문화》 7, 1985.
신형식, 「충주와 우륵」, 《예성문화》 15, 1994.
김예식, 「우륵인물고」, 《예성문화》 15, 1994.
이상기, 「악성 우륵」, 《충주의 인물》 2, 충주시·예성문화연구회, 2003.

2) 1985, 《蘂城文化》 7호, 「于勒에 對한 硏究」.
1991, 《彈琴臺地表調査報告書》: 于勒에 관한 硏究(위 글을 일부보완).
1999, 《忠州文學》 17호, 「娘城의 봄」(우륵의 新歌를 중심으로).
2002, 《忠州彈琴臺》, 「신라 眞興王과 于勒의 新歌」(낭성의 봄을 보완한 내용이다).
2004, 《忠北鄕土文化》 16집, 「眞興王과 于勒의 新歌」(위 글을 일부 수정한 것이다).

하여 보지만 달라지는 것은 아니다. 이번 글도 이미 발표를 한 내용이나 일부 보완의 필요를 느껴 손질을 한 것임을 말해둔다.

Ⅱ. 于勒에 관한 基本史料

우륵에 관한 기본적인 사료는 《삼국사기》뿐이다. 우륵의 인물과 역할로 보아 열전에 수록되어야 할 것이나, 樂志악지의 가야금조와 진흥왕의 本紀본기에 사건기록으로 일부 실려 있으나 너무나 단편적이다. 악지와 본기를 보면 내용에 큰 차이가 없으나, 악지에 우륵과의 관련에 우선하는 부분이 있어서 앞에 하고, 본기를 뒤에 실었다.

다음으로 우륵과 관련된 지역인 경상북도 고령과 충청북도의 충주에 전하여 오는 기록이 《신증동국여지승람》에 일부 수록되어 있어 이를 옮기어 참고토록 한다.

《삼국사기》권32, 雜志잡지 1, 樂志악지조

『가야금은 ……… 新羅古記신라고기에 말하기를 「가야국의 嘉實王가실왕이 唐당의 악기를 보고 만들었다. 왕은 "여러 나라의 方言방언이 각각 聲音성음이 다르거늘 어찌 한결같게 할 수 있겠느냐"고 하고, 省熱縣성열현사람인 악사 于勒우륵에게 12곡을 만들게 하였다. 그후 우륵은 나라가 장차 어지러워질 것을 알고, 악기를 가지고 신라의 진흥왕에게 투입하니 왕이 받아들여 國原국원에서 편히 살라 하고, 곧 대나마 注知주지와 階古계고, 대사 萬德만덕을 보내어 그 업을 전수받게 하였다. 이들 세 사람은 11곡을 전수받고는 서로 말하기를 "이는 번거롭고 또 음란하여 고상하고 바르다[雅正]고 할 수 없다"고 하고는 드디어 요약하여 5곡을 만들었다. 우륵은 처음 듣고는 노하였으나, 다섯 가지 음곡을 듣고는 눈물을 흘리며 감탄하기를 "즐거우면서도 방탕하지 않고 애통하면서도 슬프지 아니하니 가히 바르다[正樂정악]고 하겠다. 너희는 왕의 앞에 나가 연주하라"고 하였다. 왕은 듣고는 크게 기뻐하였다. 이에 諫臣간신이 아뢰기를 "망한 가야 나라의 음악이니 취할 바가 못 됩니다"라고 하였으나, 왕은 이르기를 "가야왕이 음란하여 스스로 멸망한 것이지 음악이 어찌 죄가 될 것이냐. 대개 성인이 악을 만들고, 인정에 따라 撙節준절(조절한)한 것이니 나라의 흥망이 음악의 곡조에 연유한 것이 아니다"라 하고, 드디어 시행케 하여 大樂대악이 되었다. 가야금에는 2調조가 있으니 하나는 河臨調하림조이며, 둘째는 嫩竹調눈죽조로 모두 185곡이다.

우륵이 만든 12곡은 1은 下加羅都하가라도, 2는 上加羅都상가라도, 3은 寶伎보기, 4는 達己달기, 5는 思勿사물, 6은 勿慧물혜, 7은 下奇物하기물, 8은 獅子伎사자기, 9는 居烈거열, 10은 沙八兮사팔혜, 11은 爾赦이사, 12는 上奇物상기물이다. 니문이 만든 3곡의 1은 烏오, 2는 鼠서, 3은 鶉순이다(赦자는 알 수 없다).

「加耶琴 ……… 羅古記云 加耶國嘉實王見唐之樂器而造之 王以謂諸國方言各異聲音 豈可一哉 乃命樂師省熱縣人于勒 造十二曲 後于勒以其國將亂 携樂器投新羅眞興王 王受之 安置國原 乃遣大奈麻注知·階古·大舍萬德傳其業 三人旣傳十一曲 相謂曰 此繁且淫 不可以爲雅正 遂約爲五曲 于勒始聞焉而怒 及聽其五種之音 流淚嘆曰 樂而不流 哀而不悲 可謂正也 爾其奏之王前 王聞之大悅 諫臣獻議 加耶亡國之音 不足取也 王曰 加耶王淫亂自滅 樂何罪乎 蓋聖人制樂 緣人情以爲撙節 國之理亂不由音調 遂行之 以爲大樂 加耶琴有二調 一河臨調 二嫩竹調 共一百八十五曲

于勒所製十二曲 一曰下加羅都 二曰上加羅都 三曰寶伎 四曰達己 五曰思勿 六曰勿慧 七曰下奇物 八曰獅子伎 九曰居烈 十曰沙八兮 十一曰爾赦 十二曰上奇物 尼文所製三曲 一曰烏 二曰鼠 三曰鶉(赦字未詳)」

《삼국사기》권4, 新羅本紀신라본기 4. 眞興王진흥왕조

「12년(551) 봄 정월, 연호를 고쳐 개국이라 하였다. 3월, 왕이 순행차 낭

성에 이르러 우륵과 그 제자 尼文니문이 음악에 능하다는 말을 듣고 특별히 왕이 머물고 있는 하림궁으로 불러서 그 음악을 연주케 하였다. 두 사람은 각각 新歌신가(새로운 가곡)를 지어 연주하였다. 이에 앞서 가야국의 嘉悉(實)王가실왕은 12弦琴현금을 12개월의 律呂율려를 본 따서 만들어 우륵에게 그 곡조를 짓게 하였다. 급기야 그 나라가 어지러워지자 악기를 가지고 우리(신라)에게 왔다. 그 악기의 이름이 加耶琴가야금이다. 왕은 거칠부 등에게 명하여 고구려를 쳐 크게 이겨 10군을 빼앗았다.」

「12年 春正月 改元開國 三月 王巡守次娘城 聞于勒及其弟子尼文知音樂 特喚之 王駐河臨宮 令奏其樂 二人各製新歌奏之 先是 加耶國嘉悉王 製十二弦琴 以象十二月之律 乃命于勒製其曲 及其國亂 操樂器投我 其樂名加耶琴 王命居柒夫等 侵高句麗 乘勝取十郡」

「13년(552), 왕은 階古계고·法知법지·萬德만덕 세 사람을 우륵에게 음악을 배우게 하였다. 우륵은 그들의 재능에 따라 계고에게는 가야금을, 법지에게는 노래를, 만덕에게는 춤을 가르쳐 수업을 이루자, 왕은 그들에게 연주케 하고 말하기를 "전에 낭성에서 듣던 소리(음악)와 다름이 없다"고 하며, 후한 상을 주었다.」

「13年 王命階古·法知·萬德三人 學樂於于勒 于勒量其人之所能 敎階古以琴 敎法知以歌 敎萬德以舞 業成 王命奏之 曰與前娘城之音無異 厚賞焉」

《신증동국여지승람》 권14, 충주목 고적조

「탄금대 : 견문산에 있다. 푸른 절벽이 낭떠러지로 높이가 20여 길이오, 그 위에 소나무·참나무가 울창하며, 양진명소가 굽어보인다. 우륵이 가야금을 타던 곳이라 하여 뒷날 사람들이 그곳을 탄금대라 하였다.」

「彈琴臺 : 在犬門山 蒼壁斗絶高二十餘丈 其上松櫟蓊鬱 俯臨楊津溟所 乃于勒彈琴之處 後人因名其地曰彈琴臺」

《신증동국여지승람》 권29, 고령현 고적조

「금곡[3]:가야국 가실왕의 악사 우륵이 중국의 秦진나라 箏쟁을 본따 琴금을 만들어 가야금이라 하였다. 현북 3리에 금곡이라는 지명이 있다. 세상에 전하기를 "우륵이 工人공인을 거느리고 가야금을 익힌 곳이다"라고 한다. 혹은 말하기를 "이 가야금은 김해의 가야국에서 나왔다"고도 하나, 김해 가야의 역대에 가실왕이라 칭하는 왕이 없으므로 아마 여기서 나왔다는 것이 옳을 것이다.」

「琴谷: 伽倻國嘉悉王樂師于勒 象中國秦箏而製琴 号伽倻琴 縣北三里 有地名琴谷 世傳勒率工人 肆琴之地 或云 此琴出於金海之伽倻國 但金海伽倻世代無稱嘉悉王者 恐出於此爲是」

이상이 기본사료의 전부라고 하겠다.

Ⅲ. 眞興王, 娘城 河臨宮에서 于勒의 新歌를 듣다

신라 제23대 법흥왕의 뒤를 이은 진흥왕은 7세의 어린 나이에 즉위하였으므로 왕 태후 김씨(법흥왕비)에 의한 섭정으로 시작되었다. 그러나 왕은 19세 되던 12년(551) 정월에 나라를 새롭게 열겠다는 큰 뜻을 품고 開國개국이라고 연호를 바꾸며 자주적인 입지를 확립하고 섭정 체제에서 벗어나 친정을 시작하였다. 왕은 이로부터 소신에 의한 정책을 입안하고 이를 실현하기 위한 왕성하고도 눈부신 활동을 하기 시작하였으니 이후에 전개되는 治績치적에서 살필 수 있다.

---

3) 琴谷은 지금의 고령읍 乃谷洞이며, 우륵이 처음 가야금을 정정정 울렸다고 하여 '정정골'이라고도 한다. 고령군에서는 이곳에 2006년 于勒博物館을 세워 기념하고 있다.

개국 원년(551)의 봄, 3월의 햇살은 만물을 생동시키기기에 충분하였다. 가야금의 가락에 망국의 한을 달래며 긴 겨울을 보내던 우륵은 제자 니문과 따스한 봄볕을 받으며 견문산(대문산이라고도 함, 탄금대, 낭성) 아래 한강변을 거닐면서 신라로 망명하여 오던 때의 정황을 이야기하고 있었다. 娘城[4]에 봄이 온 것이다.

우륵은 수년 전에 가야국에서 嘉實王가실왕과 함께 만든 가야금을 가지고 장차 가야국의 통치력이 문란하여 멸망할 것을 짐작하고 제자 니문과 함께 신라로 망명하여 왔다. 진흥왕은 이들을 받아들여서 國原국원(지금의 忠州)에 가서 편안하게 여생을 보내도록 배려하였다.

국원의 남한강변인 娘城낭성(지금의 대문산, 즉 탄금대)에서 한가로이 니문과 같이 망국의 한을 가야금의 가락에 실어서 강물에 띄워 보내려고 彈奏탄주를 하기도 하고, 마음이 울적하면 가야금을 잠시 멈추고 강가를 거닐며 쉬기도 하였다. 이 쉬던 곳을 琴休浦금휴포라고 한다. 이 날도 유난히 맑은 봄날의 햇살을 받으며 금휴포를 거닐고 있을 때 파발이 왔다. 진흥왕이 낭성에 순행하러 온다는 전갈이었으며, 왕이 오면 가야금을 연주하도록 준비를 하라는 것이었다.

우륵은 감격하여 신라의 서울 경주를 향하여 크게 읍하고 진흥왕의 각별한 관심과 배려에 대한 보답과, 왕의 낭성 순수의 큰 뜻을 생각하여 이에 맞는 새로운 노래[新歌]를 지어 연주하고자 마음먹고 준비를 하였다.

진흥왕의 낭성 순수는 신라의 운명을 좌우하는 큰 의미를 지닌 행차였다. 그 동안 신라는 삼국 중 가장 후진성을 면하지 못하고 있었으며, 초기에는 사실상 고구려의 예속하에 있었다. 신라가 이와 같은 입지에 있었던 것은

---

4) 娘城의 위치에 대하여 청주로 보려는 분이 있으나(이병도, 國譯《三國史記》p. 58, 한국정신문화연구원《三國史記》주석편 상, p. 114, 청원군의 낭성면으로 추정된다고 하였다), 충주의 彈琴臺로 봄이 옳을 것이다(《大東地志》권6, 청주조, 신채호, 朝鮮上古史).

지리적인 환경에 영향한 바였으니, 반도의 동남쪽에 치우쳐 있어 서쪽은 백제에, 북쪽은 고구려에 가리어 있었기 때문에 대륙의 높은 수준의 문물을 직접 접할 수 없었던 데에 원인하였던 것이다.

따라서 신라는 어떠한 경우에도 우선하여 고구려의 세력권에서 벗어나는 일이요, 두 번째는 대륙과 통하는 직접 통로의 개척에 있었다고 할 것이다. 이 두 목적은 신라인 모두의 숙원적인 소망이었으리라. 이러한 한결같은 소망은 신라인들의 단합된 의지로 해결책을 모색하여 갔으니, 신라는 백제와의 동맹관계를 유지하면서 이를 잘 선용하여 고구려의 간섭에서 우선 벗어나는데 성공을 한 뒤에는, 백제와 공동으로 한강의 전 유역에서 고구려의 세력을 북쪽으로 밀어 올리는데 힘을 합하였다.

서기 551년(신라 개국 원년)에 백제는 한강의 하류지역을, 신라는 상류지역을 각기 담당하여 공략하였으니, 바로 백제의 聖王성왕 29년이며 진흥왕 12년의 일이다. 이 해 초에 백제의 성왕은 몸소 백제군과 신라·가야의 지원군을 거느리고 한성을 공취하고, 또 나아가 남평양(지금의 서울지역)을 토벌하여 옛땅 6군을 회복하였다. 이는 475년에 蓋鹵王개로왕이 고구려 병사에게 사로잡혀 阿且城아차성(서울 광장동과 경기도 구리시의 경계)에서 살해당하고, 文周王문주왕이 熊津웅진(지금의 공주)으로 물러난 지 76년 만의 일이다. 백제로서는 옛 서울을 비롯한 옛 땅을 회복하게 된 것이니 얼마나 감격스러운 일이었을까.

이에 신라는 한강 상류지역을 확보하기에 앞서서 3월에 진흥왕이 낭성을 순수하게 된 것이다. 이는 장차 한강유역을 장악하기 위하여 사전에 현지시찰을 통한 전략을 구상하기 위함이었다고 생각된다. 진흥왕의 기대하는 바는 한강 상류지역의 확보에 그치지 않고, 백제가 확보한 하류지역도 아울러야 하겠다는 생각을 함께 하고 있었던 것이니, 결과적으로는 전 한강유역을 확보하고 이를 통하여 대륙과 직접 교섭할 수 있는 門戶문호를 얻고자 하는 신라의 꿈을 실현할 전략을 세우고자 하는 데 그 목적이 있었던 것이다.

진흥왕의 일행은 낭성의 한강변에 임시 行宮행궁을 설치하여 河臨宮하림궁이라 하고, 이곳으로 우륵과 그의 제자 니문을 불러서 연주케 하였다. 왕은 이미 가야에서 망명하여 온 악성 우륵을 국원으로 보내어 여생을 편안히 보내도록 한 바 있으므로 이 자리에서 그의 소문이 나있는 음악을 듣고자 하였던 것이다.

왕의 앞에 불려온 우륵과 니문은 "그 동안 베풀어 주신 은혜에 보답하고자 새로운 가곡을 지었나이다. 뜻에 어긋나지는 않을지 염려가 되지만 감히 연주하여 올리겠나이다."하고, 진흥왕의 巡守순수의 의미를 깨닫고 왕에게 자주적인 의지의 결단을 촉구하는 의미로 진취적인 기상이 담긴 가사에다 곡을 부여한 새로 지은 곡[新歌]으로 연주를 하였다(二人各製新歌奏之).

진흥왕은 우륵의 음악을 여유있는 마음으로 들으며 유유히 흐르는 한강의 푸른 물을 굽어보면서 신라로서 반도의 심장부인 전 한강유역이 갖는 利이를 생각하며, 깊은 상념에 잠겨 있었다. "대륙으로 가는 길이 눈앞에 있으나, 백제가 그 하류를, 상류는 고구려의 장악하에 있으니" 이를 어찌할 것인가.

우륵의 가야금 곡조는 잔잔하면서도 도도히 흐르는 강물이 거대한 장애물(백제와 고구려)을 밀어붙이며 흘러가듯 기상이 당당하며, 확고한 신념에 굳건한 의지가 넘치는 음조였으리라.

진흥왕의 낭성 순수는 우륵의 음악을 듣기 위함보다도 신라의 운명을 결정지을 중대한 결심을 다지기 위함에 있었으니 결단력을 요구하는 일이라고 할 수 있다. 사전에 치밀한 계획을 세우고 현지 상황을 보기 위해 왔다고 하더라도 운명을 건 사업을 쉽게 결심하기란 용이한 일이 아니다. 이와 같은 만감이 교차하는 가운데 왕은 우륵의 음악을 듣고는 깊이 감동되고 새로운 용기를 얻게 되었으리라. 우륵의 가야금 연주가 끝나자 왕은,

"참으로 나의 고뇌를 시원하게 풀어주는 아주 훌륭한 연주로구나, 어찌

그대들은 나의 마음을 그와 같이도 뚫어 보았느냐, 장하도다. 장한 곡조로다"하고 감탄하였다.

이 순간 진흥왕은 굳은 결심을 다지게 되었으니, 신라의 꿈을 실현키 위한 결단을 내리게 된 것이다. 그 일차적인 사업은 한강 상류지역에서 고구려 세력을 물리치기 위한 작전명령의 시달이었다.

우륵의 음악을 들은 뒤 왕은 居柒夫거칠부를 비롯하여 大角干대각간 仇珍구진, 角干각간 比台비태, 迊飡잡찬 耽知탐지·非西비서, 波珍飡파진찬 奴夫노부·西力夫서역부, 大阿대아·比次夫비차부, 阿飡아찬 未珍夫미진부 등 8장군에게 명하여 한강 상류지역인 죽령의 이북을 공격케 하여, 高峴고현(철령?) 이내의 10개 군을 취하였다. 신라는 이 작전과정에서 赤城적성(지금의 丹陽)을 확보한 뒤, 이 지역민을 선무하고 그를 기념하기 위해 단양 신라 적성비(국보 제198호)를 세웠으니 바로 551년(진흥왕 12)이다.

우륵의 새로운 가곡은 진흥왕의 포부를 한층 불태우는데 충분하였다고 하겠다. 진흥왕은 지속적으로 뜻한 바 의지를 주저없이 실천해 나갔다. 또한 이를 실현하기 위해서 숨 돌릴 사이도 없이 수년 내에 전 한강유역의 확보와, 이에 대한 관리를 위한 사업을 오차없이 수행하여 목적한 바를 성취한 데서 알 수 있다.

Ⅳ. 加耶琴 傳承을 위한 眞興王의 배려

진흥왕은 한강 상류지역을 확보한 후, 두 번째 사업으로는 우륵의 음악에 대한 배려를 하였다. 우륵이 낭성에서 연주한 새로운 가곡명은 전하여지고 있지 않으나 이 가곡과 왕의 의지는 서로 상합되어 신라의 운명을 결정짓게 한 것이니 우륵의 新歌신가는 매우 관심이 가며, 진흥왕도 이에 깊은 배려를 하지 않을 수 없었을 것이다.

왕은 우륵의 음악을 우륵에게서 끝일 수는 없다고 생각하여 이듬해인 왕 13년(552)에 大奈麻대내마 法知법지(또는 注知)와 階古계고, 그리고 大舍대사 萬德만덕 등 세 사람을 우륵에게 보내어 가야의 음악을 전수받아 영원히 전승토록 하였다. 우륵은 이들의 기능을 고려하여 계고에게는 가야금을, 법지에게는 노래를, 만덕에게는 춤을 가르쳐 주었다.

세 사람은 우륵에게서 11곡을 전해 받고 말하기를 "이것은 번다하고 음란하니 우아하고 바른 것이라고 할 수 없다"고 하고는 그것을 요약하여 5곡을 만들었다. 우륵이 이를 듣고 처음에는 노하다가 다섯 가지의 음조를 다 듣고 난 뒤 눈물을 흘리며 탄식하기를,

"즐겁고도 방탕하지 않으며, 애절하면서도 슬프지 않으니 바르다(正)고 할 만하다. 너희들이 왕의 앞에 나아가서 연주하라"고 하며 왕의 앞에서 연주하게 하였다. 이는 우륵이 멸망해 가는 조국의 현실을 내면적으로 받아들인 것으로 볼 수도 있으나, 자기의 가르침에 그치지 않고 제자들이 새로운 창의적인 발전을 한 것으로 보아 오히려 보람을 느꼈을 것으로 볼 수 있으며, 또한 음악의 다양한 이해를 위한 새로운 발전된 모습으로 보려는 聖人성인(스승)다운 새로운 면이라고도 할 것이다.

왕이 그들의 연주를 다 듣고 나더니, "전날에 낭성에서 듣던 소리(음악)와 다를 바가 없구나"하시며, 우륵의 음악을 완전히 전수받았음을 시인하고, 크게 즐거워하면서 칭찬하고 후한 상을 내리었다.

그런 연후에 가야금을 신라의 음악으로 정립하고자 하였다. 그러나 일부 諫臣간신들이 의논하여 왕에게 아뢰기를 "멸망한 가야국의 音律음률은 취할 바가 못 됩니다"고 반대의 의사를 표하였다. 그러나 이에 대하여 진흥왕은,

"가야왕이 음란하여 스스로 멸망한 것이지, 음악이 무슨 죄가 되겠느

냐? 대개 성인이 음악을 만들고 인정으로 연유하여 조절하게 한 것이니, 나라의 흥망(다스리고 어지러움)이 음악의 곡조로 말미암은 것이 아니다"라고 하며, 강한 의지를 갖고 신라악으로 시행케 하여 大樂대악으로 발전시켜 나갔다. 가야금이 오늘에 전하여지게 된 것도 진흥왕의 이와 같은 굳은 의지가 없었다면 불가능하였을 것이라 생각된다.

진흥왕의 영단으로 가야금은 신라의 大樂대악으로 크게 발전을 하였으니, 신라의 음악에서 차지하는 비중이 매우 컸다고 보인다[5]. 특히 국원(충주)지역에는 가야금의 보급을 위한 특별한 조치라도 취하여 사실상 가야금의 고장으로 만들어 전통이 면면히 이어져 가게 하였던 것으로 보인다. 왜냐하면 우륵과의 사건(552) 이후 116년이 지난 문무왕 8년(668) 10월 25일, 왕이 고구려 평정을 위한 싸움을 독려하기 위하여 평양으로 가던 중 고구려의 항복소식을 듣고 서울로 되돌아가는 중 褥突驛욕돌역에 머무르자, 國原국원의 仕臣임신(장관) 대아찬 龍長용장이 사사로이 왕과 시종하는 사람들을 맞이하여 잔치를 베풀었다. 이 자리에서 음악을 연주하며, 15세 된 奈麻내마 緊周긴주의 아들 能安능안이 가야의 춤을 추었다. 왕이 그의 용모가 단정하고 화려함을 보고 앞에 불러 등을 어루만지며 金盞금잔에 술을 권하고 폐백을 매우 후하게 주었다는 기록에서 알 수 있다. 110 수 년이 지난 뒤에도 국원지역에는 가야의 음악(가야금)과 춤이 전하여 오고 있음을 알게 하는 유일한 기록이기 때문이다.

가야금에는 두 音調음조가 있는데, 하나는 河臨調하림조요 다음은 嫩竹調눈죽조이다. 모두 180곡이었다고 《삼국사기》에는 전하고 있다. 여기에서 하림조는 우륵이 진흥왕의 부름으로 하림궁에 나아가서 새로운 가곡을 연

---

5) 신라의 악은 三絃·三竹·拍板·大鼓·歌·舞로 이루어졌는데, 그 중 삼현은 玄琴(거문고)·가야금·琵琶를 말한다(《三國史記》 樂志). 이 중에서 가야금이 大樂으로 발전한 것이다.

주한 사실과 연관하여 이해되어야 할 것이라고 생각된다.

그렇다면 우륵의 신가는 어떠한 것일까?《삼국사기》樂志악지에 보이는 가야에서 작곡한 12곡명이 모두 향악(향토음악)임을 생각할 때, 이는 우륵이 새로운 환경과 관련한 향토악일 것으로 생각되니 '낭성'과 관련한 가곡이 아닌가 한다. 이 새로운 음조가 진흥왕의 마음을 움직이고 나아가서는 신라악을 형성하게 된 바탕이 되었으니 하림궁에서 첫 연주를 한 의미로 이름하여 河臨調하림조라 하였다고 보인다.

따라서 하림조는 우륵이 국원에서의 생활 이후 새롭게 이 지역의 특성을 반영한 향악을 바탕으로 하고, 여기에다가 왕의 낭성 순수에 대비한 즉, 진취적인 기상을 불어넣어 진흥왕의 의지를 소신대로 실현케 한 新歌신가의 음조라고 할 것이다. 이 새로운 음조에 우륵에게서 전수받은 계고·법지·만덕 등 세 사람의 비판적(신라적)인 음조가 조화를 이룬 것이 하림조의 근간을 이루고 新羅樂신라악으로 발전하게 된 것이라 생각된다.

눈죽조는 어느 지방의 음조를 바탕으로 한 것인지는 알 수 없으나 이것이 혹 가야지방을 중심으로 한 초기의 음조가 아닐런지?

하림조는 신라악으로 계승되어 내려오다가 조선 초기《樂學軌範악학궤범》에 정착되어서 오늘에 그 일부 음조를 짐작케 하고 있어 다행하다 하겠다. 우륵의 음악 즉 신라악의 바탕인 하림조는 낭성에서 새롭게 우륵이 개발한 가곡으로 이 지역의 특성이 담겨 있는 향토음악임이 분명하다.

Ⅴ. 新羅의 漢江流域과 國原에 대한 經營

진흥왕은 우륵의 음악에 고무되어 그 세 번째 사업을 추진하였으니, 곧 백제가 회복한 한강 하류유역의 확보를 위한 대작전이었다. 다음에 한강 유역의 확보와 그 유역의 관리를 위한 사업이 수 년 내에 집중적으로 이루어졌으니 순차적으로 정리하고자 한다.

진흥왕 12년(551) : 연호를 고쳐 開國개국이라 하였다. 백제는 신라·가야의 지원을 받아 한성 등 고구려에 빼앗겼던 한강하류의 옛땅 6군을 회복하였다.

3월 娘城낭성에 순수하여 우륵을 河臨宮하림궁으로 불러 가야금을 연주케 하니, 우륵은 새로운 가곡[新歌신가]으로 연주하였다. 居柒夫거칠부 등에게 명하여 죽령 이북의 10개 군을 쳐서 빼앗고 단양에 신라 적성비(국보 제198호)를 세웠다.

이는 전 한강유역에서 고구려 세력을 완전히 북쪽으로 밀어 올리기 위한 작전으로 일차 목적을 성취한 것이라고 하겠다.

진흥왕 13년(552) : 왕이 階古계고·法知법지(또는 注知)·萬德만덕 등 세 사람을 우륵에게 보내어 그의 음악을 전수케 하였다. 학업을 마치고 왕의 앞에서 연주하니 "전날 낭성에서 듣던 음과 다를 바가 없다"고 칭찬하며 후히 상을 주고, 신하들의 반대를 물리치면서 新羅樂신라악으로 정립하여 大樂대악으로 발전시켜 나갔다.

진흥왕 14년(553) : 7월에 백제가 취한 한강 하류유역을 공취한 후 그곳에 新州신주를 설치하고 아찬 金武力김무력(김유신의 조부)을 군주로 삼아 관리케 하였다. 이로써 신라는 한강의 전 유역을 확보하게 되었다.

진흥왕 15년(554) : 7월에 백제의 聖王성왕은 신라의 배신에 대한 보복으로 管山城관산성(지금의 沃川)을 공격하다가 전사하였다.

진흥왕 16년(555) : 10월에 왕이 북한산을 순행하여 북한산 순수비를 세우고 拓定封疆척정봉강하였다. 이 사실은 백제에게서 확보한 한강 하류지역에 대한 관리를 위한 현지시찰이라고 할 것이다.

진흥왕 18년(557) : 國原국원(지금의 忠州)을 小京소경으로 승격시키고, 신주를 폐하고 北漢山州북한산주를 두었다. 이 사업은 북한산 순행의 결과에 대한 조처로 백제를 의식하였던 한강 남쪽의 신주를 없애고, 한강 이북의 고구려를 의식하여 북한산주를 설치한 것이라 하겠다.

진흥왕 19년(558) : 國原국원에 실질적인 소경의 역할을 갖추기 위해 중앙의 貴戚귀척 자제와 6부의 豪民호민을 이사시켰다. 이 사실은 전 한강유역의 관리를 위하여 그 중심부에 있는 국원(충주)을 중요시 한 것이다. 충주는 신라의 서울 경주에서 실질적인 대륙으로 통하는 문호의 역할을 하고 있으며, 또한 이곳을 중심으로 하여 통일의 전진기지화를 도모하려는 의도가 있었다. 이러한 제반 조치는 왕이 낭성과 북한산 순수에서 얻은 새로운 결단적인 조치라고 할 것이다.

이상의 연차적이며 지속적으로 수행된 일련의 사건전개는 신라가 전 한강유역을 확보하고 이 지역에 대한 확고한 관리를 위한 조치로 사전에 계획된 일인 것이었다. 이러한 숨돌릴 사이없이 지속적인 치밀한 사건의 전개는 분명 낭성에서 우륵을 만나 신가를 들으면서 본래의 계획된 심중을 더욱 굳히고, 자신을 갖게 되면서 추진된 것임이 분명하다고 생각된다.

낭성의 봄은 가고 만물은 왕성한 성장기를 맞이하여 온 산야는 검푸르게 변하여 가고 있었다. 진흥왕도 자연의 변화에 힘입은 듯 신라의 운명을 새롭게 변화시키고자 왕성한 활동을 전개하게 되었으니, 대외적으로 자주의식을 뚜렷이 하고 한강유역을 완전히 장악하여 그 관리에도 만전을 기하고자, 진흥왕 26년(565) 8월에 아찬 春賦춘부를 국원의 仕臣임신(장관)으로 보내어 다스리게 하였다.

이는 나라를 새로이 열겠다는 각오로 왕 12년(551)에 개국이라 연호를 고친 데서 뚜렷하다. 한강유역을 확보하고 국가를 안정적으로 이룩한 뒤 왕 29년(568)에는 크게 번영을 전제로 한 大昌대창, 33년(572)에는 鴻濟홍제라고 연호를 바꾸어 가면서 자주의식을 더욱 굳게 일깨우고 있음에서 진흥왕의 자주 독립적인 사상을 또한 알게 한다.

사실상 신라는 한강유역의 넓은 지역을 확보함으로서 인적·물적자원의 利이도 컸으나, 대륙으로 통할 수 있는 문호를 얻어 신라의 숙원을 달성하였다는 데에 보다 큰 의미가 있다고 본다. 또한 백제와 고구려의 중간부분을 벌려놓게 함으로서 신라가 주도권을 쥐게 되었으니, 신라가 전 한강유역을 관리하게 된 것은 곧 삼국통일의 제반 입지를 확보하게 된 것으로 의의가 있다고 하겠다.

Ⅵ. 眞興王의 治積

실로 진흥왕과 우륵의 가야금과의 만남은 우리 역사상 매우 중요한 사건이 아닐 수 없다. 진흥왕은 신라의 영토 확장을 위한 영주로만 그 동안 알려져 왔으나, 가야금을 오늘에 전승시키는데 결정적인 역할을 한 이외에, 문화와 사상 등에도 우리 역사상 빼놓을 수 없는 업적을 남기고 있으니 다음의 사실에 주목된다.

우선하는 것은 자주의식의 상징적 표현이었던 年號연호를 開國개국·大昌대창·鴻濟홍제 등 세 차례나 고치면서 신라 중흥의 의지를 다져 나갔다는 사실이다. 삼국 중 가장 후진성을 면치 못했던 입지에서 왕 25년(564)부터는 매년 독자적으로 중국 남조의 陳진과 북조의 北齊북제 두 나라에 사신을 보내어 외교관계를 공고히 하여 국제적인 위상을 뚜렷이 하였으니, 이것이 신라의 자주적인 외교의 시작이기도 하다.

다음으로는 왕 6년(545)에 異斯夫이사부의 건의에 따라 居柒夫거칠부에 명하여《國史국사》를 편찬한 사실이다. 이는 오늘에 전하지 않고 있지만 고대국가에 있어서 나라의 역사를 기록한다는 사실은 국가의 위신을 내외에 과시하려는 의도로 중앙집권적 귀족국가 건설의 문화적 기념탑이라고 할 것이다.

그리고 직전의 법흥왕 때 공인된 불교를 적극적으로 육성 발전시킨 사실이다. 왕 5년(544)에 興輪寺흥륜사를 준공하고, 사람들이 출가하여 奉佛봉불하는 것을 허락하였다. 왕 14년(553)에는 月城월성 동쪽에 왕궁을 짓다가 黃龍황룡이 나타나자 이를 고쳐서 佛寺불사로 하고 皇龍寺황룡사라 이름하여 왕 27년(566)에 완공하였으니 신라 최대의 사찰이다. 이곳에 왕 35년(574) 신라 최대의 불상인 丈六像장육상을 주조하여 모셨다. 같은 해(566) 祇園寺기원사·實際寺실제사도 준공하였다. 이 외에 왕 10년(549)에 梁량에서 승려 覺德각덕이 불사리를 가져오자 흥륜사 앞에서 맞이하였으며, 왕 26년(565)에 승려 明觀명관이 불경 1,700권을 진나라에서, 왕 37년(576)에는 安弘法師안홍법사가 隋수에서 불경과 불사리를 가져와 교리적인 발전에도 배려를 하였다.

또한 왕 33년(572) 10월에는 영토 확장을 위한 전쟁에서 전사한 병졸들을 위하여 外寺외사에서 八關筵會팔관연회를 7일 동안 열었다. 신라 불교가 호국불교임을 입증하는 시원적 행사라고 하겠다.

진흥왕은 자신이 말년에 머리를 깍고 僧衣승의를 입고 法雲법운이라 법호하여 여생을 마쳤으며, 왕비도 이를 본받아 중이 되어 永興寺영흥사에 거처하다가 죽었다. 진흥왕의 불교에 대한 배려는 곧 신라불교의 시원을 이루는 업적인 동시에 호국불교로서 알려진 한국불교의 기틀을 다진 것으로 이해된다.

또한 빠뜨릴 수 없는 일로 花郞徒화랑도의 창설이다. 왕 37년(576)에 여성 중심의 源花원화를 폐지하고 남성 중심의 화랑도로 개편하였다고《삼국사기》는 기록하고 있으나, 이보다 앞서서 창설된 것으로 보인다.

왕 23년(562)에 대가야가 반하므로 이를 공략하여 복속시키는 등 하여 낙동강의 전 유역을 영유하게 되었다. 이 전투에서 크게 공을 세운 화랑 斯多含사다함의 사실로 보아 진흥왕 초기에 이미 화랑도는 조직되었으리라고 본다. 삼국통일의 주역을 담당하였던 화랑도는 오늘에까지 우리 민족의 기개를 북돋는 역할로 전승되어 오고 있음에서이다.

이러한 화랑도의 역할은 진흥왕으로 하여금 영역의 확보에도 기여하였다고 보인다. 이는 오늘에 전하는 眞興王巡狩碑진흥왕순수비가 말하여 주고 있으니, 앞에서 논한 단양의 신라 적성비(551)와 북한산 순수비(555)를 비롯하여, 왕 22년(561, 신사)에는 경남 창녕에 昌寧碑창령비를 세우고, 29년(568)에는 북쪽으로 함경남도에까지 진출하여 함흥에 黃草嶺碑황초령비와 利原이원에 磨雲嶺碑마운령비를 세웠음에서 짐작된다.

진흥왕은 화랑도를 일으켜 대외적으로는 한강유역을 확보하는 등 영토확장으로 통일의 꿈을 실현코자 국가의식을 고취하고, 대내적으로는 자주의식의 상징적 표현이었던 연호를 개국 등 세 차례나 고치면서 신라의 중흥을 다졌으며, 국사를 편찬하고 신라악을 형성하였으며, 호국의 의지를 국민과 함께 다지고자 불교의 흥륭을 꾀하는 등, 우리 역사상 문화를 이해하고 이를 보호 전승시켜 오늘의 민족문화를 형성하는 데 기여한 대표적인 성군이라 할 것이다.

진흥왕이 성군이 되게 된 바는 그의 탁월하고 치밀한 국가경영의 준비된 계획도 있었지만, 낭성에서 우륵의 음악을 접하면서 개국의 의지를 확고히 하고 정력적인 추진력으로 자주적인 국가를 이룩하려고 온 정열을 기울였기 때문이라고 할 것이다.

낭성의 봄이 지난 뒤 우륵이 하림궁에서 가야금을 탄주한 곳이라 하여 이곳을 탄금대라 부르게 되었다.

우륵은 탄금대 주변을 다니면서 가야금을 연주하였으리라고 본다. 오늘의 탄금대 주변에 우륵과 관련된 지명에서 알 수 있으니, 금대리 또는 금곡리(지금의 칠금동), 금뇌리(지금의 금능리), 청금리(지금 廳琴亭이 있는 마을) 등이 있으며, 충주의 명소로 사휴정이 있으니 가금면의 樓岩누암이 일휴정이요, 금가면의 玉江亭옥강정이 이휴정이요, 河沼하소가 삼휴정이며 엄정면의 목계에 사휴정이 있으니 이는 모두 산을 등지고 강에 임하고 있는 절경이다. 俗傳속전에 악사 우륵이 이곳에서 쉬어 머물던 곳이라고 하여 사휴정이라고 한다(《朝鮮寰輿勝覽》 충주군편).

이 외에 우륵의 가야금 곡에 上加羅都상가라도·下加羅都하가라도 등 지명과 관련된 곡명이 있는데 전날 충주목 관할에(지금의 음성군 지역이다) 上加羅堤상가라제·下加羅堤하가라제·加羅谷堤가라곡제·上加羅谷堤상가라곡제·下加羅谷堤하가라곡제 등 堤堰제언의 이름이 있다. 곡명이 말하는 지명과의 관련여부에 주목되기도 한다. 앞으로 정밀한 연구 검토가 필요하다고 생각된다.

Ⅶ. 淸風·堤川지역의 于勒과 關聯된 傳說

1. 淸風과의 관련

청풍지역에서는 우륵이 청풍에서 태어났다고 하는 사람들이 많다. 이에 대한 근거는 《삼국사기》에 우륵이 省熱縣성열현사람이라고 한 것에 대하여 다산 정약용(1762~1836)이 《我邦疆域考아방강역고》에서 다음과 같이 기록한 데에 원인한다고 보인다.

「정약용의 생각에, 省熱성열은 沙熱사열이다. 沙熱사열은 지금의 청풍이다. 우륵이 청풍과 충주 사이에서 유람하였으므로 충주의 탄금대(충주 남쪽 5리에 있다)와 사휴정(四休亭, 충주 서쪽 20리 하담위에 있다)은 모두 우륵이 일찍 유람하던 곳이다.」

丁若鏞:《我邦疆域考》권2 弁辰別考,「鏞案, 省熱者 沙熱也 沙熱者 今淸風也 于勒遊於淸風·忠州之間故 忠州有彈琴臺(在忠州南五里) 四休亭(在忠州西二十里荷潭之上) 皆于勒之所嘗遊地」

라고 한 데서 비롯되었다고 생각된다. 이는 청풍이《삼국사기》지리지 奈堤郡내제군(제천)의 沙熱伊縣사열이현이라 한 데서 단순히 音음이 서로 비슷하다고 하여 추론한 것으로 보이나 설득력이 없다. 또한 申采浩신채호도 이 설을 믿는 듯《朝鮮上古史조선상고사》에서 성열현은 지금의 청풍이라고 하였다. 모두 잘못된 견해라고 하겠다.

省熱縣성열현은《삼국사기》에 기록이 없어 어딘지는 알 수 없다. 다만 同書동서 金庾信김유신전에 「백제의 加兮城가혜성·省熱城성열성·同火城동화성 등 7성을 치게 하여 크게 이기고 이어 加兮津가혜진을 열었다」고 한 기록에서, 加兮城가혜성이 고령의 新復縣신복현, 同火縣동화현이 성산군의 壽同縣수동현(본 斯同火縣)이라고 한 데서 이와 이어지는 지명일 것으로 추정하여 본다면 위의 3城성을 고령·강양·성산에 이르는 연결된 지방일 것으로 보고, 江陽郡강양군의 유사한 지명으로 宜桑縣의상현이 본래 辛尒縣신이현으로 音음이 가장 근사하다고 보고, 또한 加兮津가혜진을 加尸兮津가시혜진으로 볼 수 있다고 하여 이병도는 고령의 伽倻川가야천으로 비정하여, 성열현을 지금의 高靈고령으로 보고 있다(이병도,《國譯三國史記》p. 88).

2. 堤川지역과의 관련

제천의 義林池의림지를 우륵이 축조하였다고 하는 설과, 우륵이 이곳에 살았던 于勒堂우륵당과 우물물을 마셨다는 于勒井우륵정 등이 있어 관심이 간다.

①《충청도읍지》(순조－헌종연간)의 제천현 고적조에 우륵당·연암항에

다음과 같이 기록하고 있다.

우륵당:「우륵당은 의림지 동쪽 石峰석봉의 남쪽에 있다. 세간에 전하기를 道人도인인 우륵이가 와서 살던 곳으로 초석과 기와 등 폐허가 된 터가 완연하다. 혹은 우륵이 의림지를 처음에 축조했다고 하여 뒷날 사람들이 우륵의 공에 보답하기 위하여 사당을 세웠다. 또한 于勒井은 우륵당의 동북쪽 벼랑 밑에 있으니 매우 맑고 차다.」

「于勒堂在義林池東石峰之南 諺傳道人于勒來居之所 石礎瓦礫廢址宛然 或云勒始築林池 故後人祠勒爲報功之所云 于勒井在堂之東北厓下甚洌」

鷰岩연암:연암(제비 바위)은 의림지 동북쪽 모퉁이에 있다. 세속에 전하기를 우륵이 가야금을 탄주하던 돌이다.

「鷰岩在義林池東北隅 俗傳于勒彈琴之石」

② 《제천군지》(1969)의 인물지(p. 549)의 첫머리에

「樂士于勒악사우륵」을 내세우고, '本省熱縣본성열현(卽 沙熱이니 今清風이다)人인이다'라고 시작하고 있어 《我邦疆域考아방강역고》를 인정하고 있음을 본다. 또한「文化遺産」(p.263)조에서는

「樂聖于勒악사우륵과 清風청풍 昇平禊승평계」라 하여 청풍에서 1893년(고종 30)에 우륵의 고장이라고 하며 우륵의 古典樂고전악을 보존 계승하기 위하여 유지 33명이 회합하여 승평계를 만들고, 추렴하여 악기 등을 구입하고 매월 16일 교련 강습하였다고 하였으며, 1918년에 계조직을 하고 운영하여 오다가 1950년 6·25남침에 의해 악기 등이 모두 소실되어 없어졌다고 하며, 계의 규약과 좌목(회원명단)을 수록하고 있다.

③ 제천 의림지 주변의 우륵과의 관련 사실은 어디에 근거한 것인지는 알

수 없으나, 숙종 때부터 몇 분들의 문집에 보이고 있으니 다음과 같다. 숙종 때 활동했던 朴守儉박수검(1629~1694)은 의림지 부근에 살면서 우륵당을 복원하자고 「于勒堂重建勸誘文우륵당중건권유문」을 지어 그의 문집 《林湖集임호집》 권5에 전하고 있으며, 같은 시기의 吳相濂오상겸도 그의 문집 《燕超齋文集연초제문집》 권5 雜著잡저에 于勒堂우륵당·燕子巖연자암·大堤대제에서 관련을 기록하고 있다.

또한 金履萬김이만(1683~1758)도 그의 문집 《鶴皐先生文集학고선생문집》 권2에 '우륵', 권9에 '義林池記文의림지기문'에서 관련된 사실을 기록하고 있으며, 崔錫鼎최석정(1646~1715)의 문집 《明曲集명곡집》 권9 '臨沼亭記임소정기'에서도 의림지에 우륵이 거처하였음을 기록하고 있다.

④ 《堤川堤原史제천제원사》(1988)의 인물편, 1장 역사적 인물(p. 1293)

첫머리에 「우륵」을 싣고 우륵에 관한 사실을 기록하면서 「제천읍지에 의하면 우륵은 의림지 동쪽 석봉에서 살았다 하며, 그 유적으로 우륵당의 옛터가 남아 있으며, 그 옆에 우륵이 식수로 이용한 우륵정이 현존하고 또 신라 진흥왕 때 우륵이 의림지를 시축하였다는 설이 기록되어 있으나 모두 상고할 길이 없다」고 하여 내용 사실을 부정하고 있다.

청풍과의 관련은 정약용의 잘못된 견해에서 출발한 것이 분명하나, 제천 지역의 관련 사실의 출처에 대하여는 《堤川堤原史제천제원사》(1988)에서도 알 수가 없다고 하였다. 다만 우륵이 의림지를 축조했다는 사실은 여러 정황으로 보아 믿기 어려우나, 국원에 살면서 풍광이 소문난 제천의 의림지 주변을 소요하였을 것으로 보아지기도 하니, 이런 것이 전하여져 기록으로 정착한 것이 아닌가 생각해 볼 따름이다.

(2008. 9. 20. 제38회 우륵문화재기념학술회에서 발표
《藥城文化》 28, 2008)

于勒에 관한 硏究*

〈목 차〉

Ⅰ. 序　言

충주에서 북서쪽으로 약 2km 지점에 이름난 명승지로 彈琴臺탄금대가 있다. 북으로는 南漢江남한강이 유유히 흐르고 서쪽으로는 俗離山속리산에서 발원한 달천이 흘러내려 서로 만나는 곳에 자리한 大門山대문산 또는 犬門山견문산이라고 불리우는 소나무 숲이 우거진 독립된 獨山독산을 가르켜 하는 말이다. 山勢산세는 평탄하면서도 南漢江邊남한강변으로는 岩石암석이 첩첩이 솟아 奇岩絶壁기암절벽을 이루고 경치가 좋아 관광객들이 모여드는 곳이다.

이곳을 彈琴臺탄금대라 이름하게 된 데에는 新羅時代신라시대의 樂聖악성 于勒우륵이 이곳에 와서 伽倻琴가야금을 彈奏탄주하던 곳이라고 해서 유래된 것이다. 이 탄금대 안의 중심부에서 북쪽의 강안을 끼고 土築토축한 성이 있다. 현재 民墓민묘를 중심으로 동쪽에서 남쪽을 거쳐서 서쪽으로 능선을 이

---

* 이 글은 《국원성》(忠州工業專門大學, 1982) 11輯과 《藥城文化》 7號(1985)에 發表한 同一題目에 대해 再整理한 것이다.

루고 이어져 있으며 길이는 약 150m정도이다. 彈琴臺土城탄금대토성이라고 불리우고 있다. 또한 이곳은 壬辰倭亂임진왜란 때에 都巡邊使도순변사 申砬將軍신립장군이 背水陣배수진을 치고 奮戰분전 敗死패사한 곳으로도 유명하니 유원지로서의 이름보다 조상의 얼이 깃든 곳으로서 찾고 가꾸어야 할 곳이라고 생각된다.

위와 같은 역사적인 현장에 충주문화원이 그 정상에 자리하고 있으며, 이곳을 중심으로 이 지방에서는 해마다 10월 문화의 달에는 우륵의 업적을 기리기 위한 문화행사로서 「于勒文化祭우륵문화제」를 베풀고 있다. 전통문화의 계승 발전을 위하여 매우 다행스러운 일이라고 할 것이다. 우륵이야말로 이 고장의 자랑 뿐만 아니라 우리나라 국악으로서의 가야금을 오늘에 전한 樂聖악성으로 또한 자랑할 인물이다.

그러나 우륵에 대한 학술적인 연구는 그가 남긴 업적에 비해서 너무나 소홀한 느낌이 들 정도이다. 더욱이 충주 지방인들에게도 그의 생애와 업적에 대하여 깊은 이해가 부족한 데에 생각한 바 있어 이에 대해 고찰하여 보고자 한 것이다. 사실상 고찰이라고는 하나 새로운 바는 아니다. 그동안 여러 先學선학들의 연구한 바에 이 지역적인 환경에 대하여 몇몇 곳을 부가하여 다시 정리하고자 하는 것이다. 그리하여 이 지방의 鄕土祭典향토제전인 于勒文化祭우륵문화제의 역사적 배경과 그에 대한 사상적 基底기저를 다시 한 번 되생각하여 鄕土文化향토문화의 창달과, 전통문화의 계승 발전에 일조가 될 것을 바라는 마음이다.

Ⅱ. 于勒의 生涯

우륵에 대한 사료적 기록은 《삼국사기》가 고작이다. 즉 同書동서 권4 新

羅本紀신라본기 眞興王條진흥왕조와 동서 권32 樂志악지 가야금조에 단편적으로 기록되고 있을 뿐 이름에 비하여 列傳열전이 없음이 아쉽다. 따라서 그에 대한 자세한 상황을 알 수는 없다. 그러나 그가 남긴 업적은 오늘날 우리 國樂界국악계에 너무나 크게 작용하고 있으므로 관심있는 先學선학들에 의해서 연구의 대상이 되어 왔으며 몇몇 결과를 남기고 있으나 그 대부분이 인물 중심의 傳記類전기류 정도이다[1].

《삼국사기》 樂志악지의 가야금조에서는 《新羅古記신라고기》를 인용하여 다음과 같이 기록하고 있다.

「伽倻國의 嘉實王이 唐나라 樂器를 보고 (伽倻琴을) 만들었는데 왕이 여러 나라의 方言이 다르니 聲音을 어찌 일정하게 할 것이냐 하며, 省熱縣 사람인 樂師 于勒에 명하여 12曲을 짓게 하였다. 그후 于勒이 그 나라가 어지럽게 되므로 樂器를 가지고 新羅 眞興王에게 歸化하니 王이 받아들여 國原에 편안히 살게 하고 大奈麻 法知[2]·階古와 大舍 萬德을 보내어 그 業을 傳受케 하였다. 三人이 이미 11曲을 전해 받고 서로 이르기를 "이것은 繁多하고 음란하니 우아하고 바른 것이라고 할 수 없다"하고 그것을 요약하여 5曲을 만들었다. 于勒이 듣고 처음에는 노하다가 그 다섯 가지의 音調를 듣고는 눈물을 흘리며 탄식하기를 "즐겁고도 방탕하지 않으며, 애절하면서 슬프지 않으니 바르다(正)고 할 만하다. 네가 王의 앞에서 연주하라"하였다. 王이 듣고 크게 즐거워 하였는데, 諫臣이 의논하여 아뢰기를 "망한 伽倻國의 音律은 취할 것이 못됩니다"라고 하였다. 王이 이르기를 "伽倻王이 음란하여 스스로 멸망하였는데 음악이 무슨 죄가 되겠느냐? 대개 聖人이 음악을 制定하는 것은 人情으로 緣由하여 調節하게 한 것이니 나라의 다스리고 어지러

1) 安自山, 「于勒」(《朝鮮名人傳》, 朝鮮日報社 出版部, 1939).
金東旭, 「于勒」(《人物韓國史》, 1卷, 博友社, 1965).
李惠求, 「于勒」(《韓國의 人間象》, 5卷, 新丘文化社, 1965).
李相惠·李鍾春, 「于勒·蘭溪에 關한 研究」(忠北道 1981) 등이 있으며 金道允, 《樂聖于勒과 伽倻琴》(大一企劃出版社, 1983)의 單行本도 있다. 이밖에 咸和鎭, 《朝鮮音樂通論》(乙酉文化社, 1948). 國樂을 論하는 책자 등에 단편적인 기록이 많이 있다.

2) 《三國史記》 樂志에는 注知라고 기록하고 있으나 新羅本紀 眞興王 13年條에는 法知라고 두 곳에나 보이고 있으므로 本紀의 기록을 따르기도 한다.

움은 음악 곡조로 말마암은 것이 아니다"하고 드디어 행하게 하여 大樂이 되었다. 伽倻琴에는 두 音調가 있는데 하나는 河臨調요 둘째는 嫩竹調이며 모두 180曲이었다.」[3]

고 하였다.

이에 의하면 우륵은 가야국의 省熱縣성열현사람임을 알 수 있다. 성열현이 어디인지 《삼국사기》 지리지에는 기록이 없어 알 수는 없으나 同書동서 金庾信傳김유신전에 보면 善德王선덕왕 13년(644) 9월에 왕이 김유신을 「上將軍으로 삼고 군사를 거느리고 나가 百濟의 加兮城·省熱城·同火城 등 7城을 치게 하여 크게 이기고 이어 加兮律을 열어 놓았다」[4]고 한 기록에서 省熱城성열성이 눈에 띈다. 여기에서 加兮城가혜성은 同書동서 地理志지리지의 高靈郡고령군 新復縣신복현이 본시 加尸兮縣가시혜현이었다고 하며, 同火縣동화현은 星山郡성산군의 壽同縣수동현이 본시 斯同火縣사동화현이었다고 한 데서 매우 근사한 지명임을 알게 한다. 따라서 이들 지명과 동일시한다면 위의 삼성을 高靈고령·江陽강양·星山성산에 이르는[5] 서로 연결되는 지방일 것이다. 그렇다면 省熱城성열성은 江陽郡강양군에서 유사한 지명을 찾아야 하는데 同郡동군 宜桑縣의상현이 본시 辛佘縣신이현이었는데 음이 가장 근사하게 접근된다고 하겠다. 그렇다면 加兮津가혜진을 加尸兮津가시혜진으로 볼 수 있으니 이병도 박사는 加尸兮津가시혜진을 高靈고령의 伽倻川가야천으로 비정하고 있어[6] 相應상응함을 알게 한다. 이와 같이 본다면 성열현은 高靈고령 즉 大伽倻대가야의 중심지라고 하는 데서 주목된다. 따라서 우륵은 大伽倻領대가야령의 일국인 성열현 출신임을 알 수 있다. 대가야는 신라 진흥왕 23년(562)에 신라에 의하여 병합된다.

---

3) 이 譯文은 李丙燾 譯註《國譯 三國史記》(乙酉文化社, 1977)에 많이 따랐다.
4) 《삼국사기》 卷第四十一金庾信 上.
5) 同上 卷第三十四 地理-康州條에 高靈郡-江陽郡-星山郡이 잇대어 기록되고 있다.
6) 李丙燾, 《國譯 三國史記》 p.88.

《신증동국여지승람》 고령현 고적조에 「琴谷 : 가야국 가실왕의 악사 우륵이 중국의 秦나라 箏을 본따 琴을 만들어 가야금이라 하였다. 현북 3리에 금곡이라는 지명이 있다. 세상에 전하기를 "우륵이 工人을 거느리고 가야금을 익힌 곳이다"고 한다. 혹은 말하기를 "이 가야금은 김해의 가야국에서 나왔다"고도 하나, 김해 가야의 역대에는 가실왕이라 칭하는 왕이 없으므로 아마 여기서 나왔다는 것이 옳을 것이다.」[7]라고 하여 우륵의 고장임을 기록하고 있다.

그런데 여기에서 또 하나 주목되어야 할 문제가 있다. 성열현과 가장 근사한 음을 갖고 있는 지명으로 《삼국사기》지리지의 朔州삭주 奈堤郡내제군의 沙熱伊縣사열이현이다. 沙熱伊縣사열이현은 지금의 충청북도 제원군 청풍의 고구려시대 이름이다[8]. 그래서 인지는 알 수 없으나 필자가 청풍 지방을 조사키 위해 답사하는 과정에서 여러분에게서 이 고장이 우륵의 출생지라고 전하는 것을 들었다. 그런데 丹齋단재 申采浩신채호 선생도 그의《조선상고사》에서 省熱縣성열현은 지금의 淸風청풍이라 밝히고 우륵과의 관계를 설명하고 있어 주목된다[9]. 위와 같이 청풍을 省熱縣성열현이었다고 하는 설은《我邦彊域考아방강역고》에서 나온 것이 아닌가 한다. 이에 의하면 「省熱은 沙熱이니 지금의 淸風이다. 于勒이 淸風과 忠州에서 놀았다」[10]고 하였다. 매우 주목할 만한 일이다. 또한 주목되는 바는 조선 영조 후반기에 이루어진《輿地圖書여지도서》·《忠淸道邑誌충청도읍지》 및《忠州邑誌충주읍지》(趙秉老, 1870) 등 여러 지리지의 忠州牧충주목 堤堰條제언조에 보면 上加

7) 《신증동국여지승람》 권29, 고령군, 고적조, 琴谷은 지금 고령군 乃谷洞이다. 우륵이 가야금을 정정 울렸다고 하여 정정골이라고도 한다.

8) 《三國史記》 卷第三十五, 地理-朔州 奈堤郡條.

9) 申采浩, 《朝鮮上古史》 pp. 229~241(鍾路書院, 1948).

10) 丁若鏞, 《我邦彊域考》 卷二에 「鏞案, 省熱者 沙熱也 沙熱者 今淸風也 于勒遊於淸風 忠州之間故 忠州有彈琴臺(在忠州南五里) 四休亭(在忠州西二十里荷潭之上) 皆于勒之所嘗遊也」.

羅堤상가라제·下加羅堤하가라제·加羅谷堤가라곡제·上加羅谷堤상가라곡제·下加羅谷堤하가라곡제 등 加羅가라의 지명이 보이고 있는 것이다. 이 지역에는 가라와 음이 유사한 自然村名자연촌명이 여럿 있으니 가래들·웃가래들·아래가래들 또는 가래실 등이 있다. 보다 확실한 고증을 거쳐야 할 문제이지만 이상과 같은 상황에서 볼 때 忠州충주·中原地域중원지역까지 加耶圈域가야권역에 속해 있었던 것이 아닌가 생각도 된다[11]. 이들의 지명과 우륵의 곡명과도 연관은 없는지 관심이 간다.

伽倻國가야국의 嘉實王가실왕[12]은 당나라 악기를 보고 12월의 律呂율려를 象상하여 12弦琴현금인 伽倻琴가야금을 만들었는데 왕은 여러 나라의 방언이 각기 다르니 聲音성음을 어찌 일정하게 할 것이냐 하며 省熱縣성열현사람인 악사 우륵에게 12곡을 짓게 하였다. 우륵은 이미 가야금을 자유자재로 활용할 수 있는 천재적인 소질과 기술을 익히고 있었던 것이라 생각된다.

---

11) 《輿地圖書》 忠原縣조. 《忠淸道邑誌》 忠州牧조. 《忠州邑誌》 忠州牧 등의 堤堰조에 보면 「上加羅堤(在州西 80里 金目洞面 周 663尺 水深 3尺), 下加羅堤(在州西 80里 金目洞面 周 663尺 水深 3尺), 加羅谷堤(在州西 105里 枝內面 周 384尺 水深 3尺), 上加羅谷堤(在州西 105里 豆依谷面 周 750尺 水深 3尺), 下加羅谷堤(在州西 105里 豆依谷面 周 358尺 水深 3尺)」이라고 있다. 金目洞面은 지금의 陰城郡 金旺邑 일대이며, 枝內面과 豆衣谷面은 陰城郡 三成面 일대이다. 金目洞面 지역인 지금의 金旺邑 柳村里를 '가래들'이라고 하며 가래들 아래쪽에 있는 마을을 '아래가래들(下柳村)', 위쪽에 있는 마을 '윗가래들(上柳村)'이라 하며 웃가래들 남쪽에 上村小溜池가 있다. 또한 枝內面 지역인 三成面 德井里에는 枝內面터가 있으며 "가래실이 있는 옛 忠州郡 枝內面의 터로 朝鮮代 가래실의 이름을 따서 枝內面이라 하였다"고 하였다. 그리고 自然村으로 가래실(枝內)에는 골가래실과 방죽가래실이 있다. 이상은 《地名誌》(忠淸北道, 1987)의 陰城郡편에서 정리한 내용이다. 여기에서 가래실이라고 하였음은 加羅谷이 후대에 와서 음이 변한 것이 아닌가 생각된다. 그러나 현지 주민들에게서 加羅라는 뜻의 아무런 단서를 찾지 못하였지만 加羅라는 地名이 있었을 것으로 주목된다.

12) 新羅本紀 眞興王 12年條에는 嘉悉王이라고 하였다. 이는 音이 같으므로 異寫일 것이다. 그의 在位年代는 于勒과의 關係로 보아 大伽倻의 末期임에 틀림없으나 《三國史記》 地理志 高靈郡條에 보면 大伽倻의 마지막 王은 道說智, 始祖 伊珍阿鼓로부터 16世 520年이 된다고 함을 보면 嘉實은 大伽倻의 王이 아니라 大伽倻國의 一國의 王이었다고 보는 것이 어떨까 한다.

왕명을 받고 우륵이 지은 12곡은 다음과 같다.

一. 下加羅都, 二. 上加羅都, 三. 寶伎, 四. 達巳, 五. 思勿, 六. 勿慧, 七. 下奇物 八. 師子伎, 九. 居烈, 十. 沙八兮, 十一. 爾款, 十二. 上奇物이다.

여기에 작곡한 곡명은 그 상당수가 지명을 가리키고 있음을 본다. 오늘의 지명과의 관계를 몇몇 분들이 고증하고 있으니 비교하여 보기로 한다.

	三國史記	梁柱東[13]	李丙燾[14]	鮎貝房之進[15]
1	下加羅都	咸安	高靈	
2	上加羅都	高靈	金海	
3	寶伎			
4	達巳	多仁縣 或云 多巳	醴泉	醴泉 또는 大邱
5	思勿	泗水	泗川	泗川
6	勿慧	利安		務安
7	下奇物	開寧		禦侮? 德豊? 巨寧? 開寧?
8	師子伎			
9	居烈	居昌 或云 居陁	晉州	居昌? 晉州
10	沙八兮	八谿		草谿
11	爾款			
12	上奇物	⑦下奇物과 같음		⑦下奇物과 같음

이상에서 보아 한두 곡을 제한 대부분이 경상도의 지명임을 짐작케 한다. 따라서 각 지방의 俗樂속악을 樂曲化악곡화하였음을 말해주는 것이라고 하겠다. 다시 말하면 가야제국의 대표적인 악곡을 총괄한 것으로 여기에는 바로 우륵의 향토적인 애향심이 깊이 작용하고 있는 것이며 또한 가야인의 性情성정에 맞는 음악이었음을 말하여 주는 것이라고 할 것이다.

8의 師子伎사자기는 아마 獅子舞사자무에 사용되는 악곡으로 崔致遠최치원의 유명한 鄕樂雜詠향악잡영 五音오음[16] 중의 狻猊산예(獅子)와 같은 것일 것

13) 梁柱東,《朝鮮古歌硏究》, pp.30~31.
14) 李丙燾,《國譯 三國史記》, p.507註.
15) 鮎貝房之進,《雜攷》7-下 pp.110, 164.

이며, 3의 寶伎보기는 그 金丸김환에 해당할 것 같고 11의 爾款이관은 어떤 것인지 알 길이 없다[17].

우륵에게는 제자 尼文니문이 있어서 재질이 풍부하였다. 그도 세 곡을 지었으니 바로 「鳥·鼠·鶉」으로 스승 못지 않는 天分천분이 있었다.

우륵은 대가야국이 장차 멸망할 것을 알고 가야금을 갖고 신라로 귀화해 왔다. 진흥왕은 그의 제자 尼文니문과 함께 국원에 편안히 살게 하였으니 지금의 충주이다. 《삼국사기》 신라본기 진흥왕 12년 3월조에 보면 「王이 國內를 巡守하다가 娘城에 이르러서 于勒과 그 弟子 尼文이 音樂을 잘 한다는 말을 듣고 특히 불렀다. 王이 河臨宮에 머물러 그들로 하여금 樂을 연주케 할 새 二人이 각각 新歌신가를 만들어 아뢰었다」[18]고 하였다. 이에 의하면 우륵은 진흥왕 12년 3월 이전에 이미 신라에 귀화하여 국원(忠州)에 와서 살고 있었음을 알 수 있다. 그런데 여기에서 진흥왕이 순수한 낭성과 하림궁이 어디냐 하는 것이 문제로 등장된다. 그동안 많은 분들은 지금의 청주로 보아 왔으며, 또한 충주로 비정하는 분도 있어 왔다[19]. 그러나 충주로 보는 것이 타당성이 있다고 본다. 이에 대하여는 金正浩김정호 선생이 지적하고 있는 娘子谷城낭자곡성은 청주가 아니라 충주라고 한 데서 우선 주목된다[20]. 그런데 신채호 선생은 娘城낭성은 지금의 충주 탄금대가 그 遺址유지라고 단정하고 있음을 본다[21].

16) 《三國史記》 卷第三十二樂志－「金丸·月顚·大面·束毒·狻猊」.

17) 張師勛, 「韓國音樂史」(《韓國文化史大系》 8, p.982).

18) 《三國史記》 卷第四 新羅本紀 四 眞興王 12年 3月條.

19) 李丙燾 博士는 그의 《譯註 三國史記》를 비롯하여 淸州로 보고 있다. 대부분이 이 說을 따르고 있다. 李基白 교수는 《韓國史新論》 p.79(一潮閣, 1981)에서 忠州로 보고 있다.

20) 《大東地志》 卷六 忠州沿革條 「本任那國後爲百濟所有稱娘子谷城(一云 娘子城 一云 未乙省)」이라고 했으며 同 淸州沿革條에는 「本百濟上黨(三國史百濟地志云 西原縣一云 娘子谷城 一云 娘臂城者皆誤也 娘子谷城 今 忠州 娘臂城無所考)」라고 註하고 있음에 주목된다.

하림궁은 진흥왕의 행궁임에 틀림이 없다. 그러나 그 이름에서 볼 때 물에 임한 행궁이라는 뜻으로 해석을 한다면 지금의 청주라고 보기보다는 충주가 옳을 것이다. 즉 南漢江水남한강수에 임한 행궁이라고 보는 것이 근사하기 때문이다. 이에 대하여 임병태 교수는 「河臨宮도 伽倻王族을 移置하기 위해 지었을 것이다. 河臨宮이 伽倻王宮이기에 河臨調 같은 伽倻琴曲을 지었을 것이라 생각하는 것이다.」[22]라고 하고 있어 국원에다가 가야왕족을 移置이치하기 위해 본래 가야왕궁이었던 하림궁을 지었을 것이라고 보았으니 바로 낭성의 하림궁은 곧 국원의 하림궁으로 보았음을 안다.

이상의 諸說제설도 그러려니와 바로 진흥왕 12년(551)은 신라와 백제가 고구려에 의해 장악되고 있던 全漢江流域전한강유역에 대한 일제 공격으로 下流域하류역은 백제가, 上流域상류역(竹嶺 以北 10郡)은 신라에 의해서 장악하게 된다. 왕의 娘城낭성 巡守순수는 바로 이 대작전의 督戰次독전차 前線視察전선시찰이라고 보아야 할 것이다. 또한 이보다 2년 뒤인 553년에 왕은 백제와의 동맹관계를 깨고 한강 하류역을 탈환한다. 백제를 배신하면서까지 한강하류역을 장악하려고 한 것은 한강의 利이를 충분히 파악했기 때문이다. 즉 국원에 들러 우륵의 여유있는 가야금을 들으면서 漢水한수를 바라보고 實利실리를 위한 전략을 생각한 것이라 보아진다[23]. 대전략은 현지상황을 직접 보고 느끼지 않으면 구상하기 힘든 것이기 때문이다.

진흥왕은 신라의 융성 발전을 위해 매우 크게 활약한 분이다. 군사적으로 영토를 확장하여 拓境碑척경비를 세워서 나라의 지경을 표시하였으며, 문화적으로도 居柒夫거칠부 등에게 명하여 《國史국사》를 꾸미게 하는 등 國運국

---

21) 申采浩, 《朝鮮上古史》 pp.229~241(鐘路書院, 1948).

22) 林炳泰, 「新羅小京考」(《歷史學報》, 35~36 合輯號, 1967). 이 論文에서 忠州는 新羅보다는 오히려 伽倻文化를 再生시켜 후세에 전하는 바탕이 되었다고 하였다.

23) 金顯吉, 「新羅 眞興王과 于勒의 新歌」(《忠州彈琴臺》, 忠州市, 忠北大 中原文化研究所, 2002).

운의 성장을 크게 꾀하였다. 그런 가운데 음악에도 깊은 관심과 이해를 갖고 우륵의 가야금 연주를 듣고는 감동되어 이듬해인 왕 13년(552)에 가야금을 익혀서 후세에 전해야 되겠다는 생각으로 大奈麻대내마인 階古계고와 法知법지 그리고 大舍대사 萬德만덕의 세 사람으로 하여금 우륵에게 음악을 배우게 하였다.

우륵은 그들의 기능을 헤아려서 階古계고에게는 가야금을 가르치고, 法知법지에게는 노래를 萬德만덕에게는 춤을 가르쳤다. 각기 재능에 맞도록 가르쳤기 때문에 그들은 얼마 안가서 뛰어난 재능을 발휘하여 배우기를 다하였다. 왕에 불리어 배운 바 기예를 어전에서 연주하게 되었다. 왕은 듣고 나더니 만족함을 금치 못하여 전날 낭성에서 우륵의 가야금 연주를 들었던 음악과 다를 바가 없다고 칭찬하면서 우륵에게 후히 상을 주고 노고를 치하하였다. 우륵도 이들에게 자기의 음악을 전수시키기에 온 힘을 기울였다. 세 사람의 제자들은 11곡을 전부 배우고 익힌 뒤에 「이것(11曲)은 繁多하고 음란하니 우아하고 바른 것이라 할 수 없다」고 평하고는 그것을 요약하여 5곡을 만들었다. 우륵은 이 편곡한 제자들의 이야기를 듣고 처음에는 몹시 불쾌하게 생각했었으나 그 다섯 가지의 音調음조를 다 듣고 나서는 눈물을 흘리면서 탄식하기를,

> 「즐겁고도 방탕하지 않으며, 애절하면서도 슬프지 않으니 바르다(正)고 할 만하다. 너희들이 이것을 王의 앞에서 연주하라.」

고 하였다. 이는 우륵이 자기의 가르침에 그치지 아니하고 제자들이 새로운 창의적인 발전을 하는 데에 오히려 보람을 느끼고 있는 뜻으로 풀이할 수 있으니 이는 그의 높은 聖人성인다운 초인격적임을 또한 알게 한다. 어쨌든 이에서 신라의 음악은 비약적인 발전을 하게 되었던 것이라 하겠다.

왕은 이 세 사람의 연주를 듣고는 크게 즐거워 하였다. 따라서 신라 궁중

에는 가야금의 연주가 자연히 성황을 이루게 되었던 것이다. 그러나 일부 간신들이 있어서 이런 풍조를 즐겨하지 아니 했으니 왕에게 「亡國인 伽倻國의 音律은 취할 것이 못됩니다」라고 가야국의 멸망을 들면서 망국의 악기라고 諫간하였다. 그러나 왕은,

> 「伽倻王이 음란하여 스스로 滅亡하였는데 무슨 罪가 되겠느냐? 대개 聖人이 音樂을 制定하는 것은 人情으로 緣由하여 조절하게 한 것이니 나라의 다스리고 어지러움은 음악 곡조로 말미암은 것이 아니다.」

고 하며, 음악이 나라의 흥하고 망하는 원인이 될 수 없는 것이라는 태도를 분명히 하였다. 따라서 가야금은 진흥왕의 적극적인 장려책에 따른 국가의 보호를 받으며 크게 발전을 하여 오늘에까지 잘 전수되게 된 것이라고 할 것이다.

가야금에는 두 음조가 있는데 그 첫째는 河臨調하림조[24]요, 둘째는 嫩竹調눈죽조이며 모두 180곡을 남기는 큰 융성을 신라는 보였다. 가야금은 가야국에서 만들어졌지만 진흥왕의 노력과 우륵의 정성으로 신라에 전해져 신라음악으로 발전하여 오다가 오늘에는 우리 국악으로 이어져 온 것이니, 다음의 기록은 그 일단을 말해 주는 것이라고 하겠다.

문무왕은 그 8년(668) 6월 27일 당군과 함께 고구려 공략에 참가하고 있는 장병들의 督戰독전을 위하여 서울(慶州)을 출발하였다. 7월 16일에 漢城州한성주(廣州)를 거쳐서 평양으로 가던 중 9월 21일에 고구려의 보장왕이 항복하고 평양성이 함락되었다는 소식을 듣고 다시 한성을 둘러서 還京환경하던 중 10월 25일에 褥突驛욕돌역에 이르게 되었다. 이때 국원경(忠州)의 仕臣사신인 大阿飡대아찬 龍長용장이 사사로이 宴席연석을 베풀고 왕과 여

24) 眞興王의 行宮인 河臨宮에서 연주한 于勒의 「新歌」가 곧 河臨調라고 봄이 옳을 것이다.

러 시종을 대접하였다. 이때 음악(伽倻琴)이 연주되고, 奈麻내마 繁周번주의 아들 能晏능안이 나이 15세로 가야의 춤을 추었다. 가야의 춤을 추었음은 가야금이 연주되었음을 말하는 것으로 이해된다. 왕이 그의 容儀용의가 아름다움을 보고 특히 앞에 불러 앉히고 등을 어루만지며 金盞금잔으로 술을 권하고 폐백을 후히 주었다[25]는 기록이 보인다. 이 사실은 분명히 충주지역 즉 국원지방이 음악의 전통적인 고장으로 발전하고 있었음을 말하여 주는 것이며, 진흥왕이 이곳에 뿌리내리게 한 우륵의 가야금과 가야의 춤이 110년이 지난 이 시기까지 잘 전수되고 있다는 사실을 의미하는 것이라고 하겠다.

지금 탄금대는 이와같은 역사적인 유서가 깃들고 있기에 더욱 그 빛을 발하고 오고가는 길손의 마음을 끌게 한다. 이곳 강변쪽으로 琴休浦금휴포가 있다. 이는 우륵이 이곳에 자주 내려와 가야금 켜기를 잠시 쉬었던 곳이라고 전해 온다. 아마도 망한 가야의 고향 즉 조국에 대한 鄕愁향수에 젖어 쉬었던 곳은 아닐런지, 이 밖에도 이 주변에는 琴谷里금곡리(지금의 漆琴洞), 琴腦里금뇌리(지금의 琴陵里), 聽琴里(지금의 聽琴亭의 별칭) 등이 있다. 이는 우륵과 가야금에 얽힌 인연이 있는 지명임을 알게 하는 것이다. 또한 충주에는 명소로서 4休亭휴정이 있는데 가금면의 누암이 일휴정이요, 금가면 옥강정이 이휴정이요, 河沼하소에 삼휴정이 있으며 엄정면 목계에 사휴정이 있으니 이는 모두 뒤에 산을 등지고 앞에는 강에 임하고 있는 경치가 모두 절경을 이루고 있다. 가히 올라가서 바라보기에 좋은 곳들이니 俗傳속전에 이르기를 옛적에 악사 우륵이 이곳에서 쉬어 머물렀던 곳이라 하여 四休亭사휴정이라고 전하고 있다[26].

가약제국의 인물과 문화가 신라에 참여 또는 기여한 것은 우륵과 같은 존

25) 《三國史記》 卷第六 新羅本紀 六 文武王 8年條.
26) 丁若鏞, 《我邦彊域考》 卷二, 《朝鮮寰輿勝覽》 忠州郡편 名所條 四休亭.

재로 더욱 알려지고 있으며[27], 가야문화가 신라문화에 근원적으로 융합되어 발전을 거듭하여 오늘의 민족문화의 뿌리를 형성하게 된 것임은 틀림이 없다 하겠다.

여기에 附記부기하는 바는 충주와 청풍 외에 제천시에도 우륵에 관한 전설이 전하고 있으니 다음과 같다. 제천의 義林池의림지는 우륵이 처음에 축조했다고 한다. 또한 의림지 동쪽의 돌봉재[石峰] 남쪽에 우륵당(祠堂)이 있다. 전설에 의하면 악사 우륵이 살았던 곳이라 하며 지금 그곳에서 石築瓦片석축와편이 흩어져 있으며 廢址폐지가 완연하다. 일설에 의하면 우륵이 진흥왕 때에 林池임지(後稱義林池)를 始築시축한 공적을 추모하여 후인이 建祠건사하고 春秋춘추로 享祠향사하던 사당으로 영조 때까지 유지되어 오다가 언제 없어졌는 지 알 수 없으며 그 유지만 남아 있다고 한다. 또한 우륵정이 있는데 우륵당의 동북 언덕 밑에 있다. 우륵의 식수라고 하며 味甘寒冽미감한열하다고 한다[28].

이상과 같은 諸說제설은 아마도 우륵이 충주지역에 와서 살았다는 데서 그가 이 주변을 왕래하면서 彈奏탄주하던 사실에서 연유된 것이 아닌가 생각해 본다. 또한 우륵의 탄생지라고 하는 고령지방에도 전설적인 지명이 있다. 嘉悉王가실왕은 고령읍 내곡동에서 우륵과 함께 가야금을 만들었다고 한다. 이곳에서 가야금을 만들고 처음으로 타니 「정정정정」하고 웅장하고도 신비로운 소리에 궁중의 신하들이나 온 마을 사람들이 모여 들었다고 한다. 이에서 연유하여 내곡동을 「정정골」이라고 부르게 되었다고 한다[29].

---

27) 伽倻人이 新羅에 作用한 人物로는 統一期에 크게 떨쳤던 金庾信을 비롯하여 國原에 와서 살았던 强首 先生을 빠뜨릴 수 없다.

28) 《堤川郡誌》(堤川郡誌編纂委員會刊 1969), pp.518~520에서 堤川舊邑誌를 引用하면서 기록하고 있다.

29) 金道允, 《樂聖于勒과 伽倻琴》, pp.33~39(大一企劃出版社, 1983).

Ⅲ. 伽倻琴의 源流

우륵에 의해서 오늘에 전해지고 있는 가야금은 유구한 전통을 지닌 우리나라의 고유한 민족의 악기이다. 《삼국사기》 악지에 보면 그 원류에 대하여 다음과 같이 기록하고 있다.

> 「伽倻琴은 본래 中國 樂器인 箏(가야금 같은 樂器)을 본따서 만들었다. 《風俗通》에 이르기를 箏은 秦나라 音樂이라고 하고, 《釋名》에는 箏은 줄을 높이 하여 그 소리가 箏箏然하고, 幷州·梁州의 箏은 비파와 같다고 하였다. 晉나라의 文人인 傅玄은 말하기를 "위가 둥근 것은 하늘을 상징하고, 아래가 평평함은 땅을 상징함이며, 가운데가 빈 것은 六合(宇宙)에 准하고, 기둥은 12月에 비겼으니 이것은 仁·知의 器具"라고 하였다. 魏나라의 文人 阮瑀는 말하기를 "箏은 길이가 6尺이니 音律數에 응한 것이고, 열 두 줄은 四時를 상징하고, 기둥의 높이 三寸은 三才(天·地·人)를 상징한 것이다"라고 하였다. 伽倻琴은 箏과 制度가 조금 다르기는 하지만 대개 비슷하다.」[30]

고 하였다. 이를 가야국의 嘉實王가실왕이 唐樂器당악기를 만들었다고 하였으나 〈魏志위지〉 韓傳한전 弁辰條변진조에 보면 「나라(弁辰) 풍속은 노래와 춤과 술마시기를 좋아한다. 瑟이 있는데 그 모양은 筑과 같다. 이것을 타면 역시 소리와 곡조가 나온다.」[31]고 하여 중국의 고악기인 筑축(琴과 같은 絃樂器)과 같은 瑟슬(25絃이 있는 樂器)이 있다고 하였다. 이것이 오히려 가야금의 전신임을 말하는 것으로 생각되므로 嘉實王가실왕이 만들었다고는 볼 수 없다. 다만 이를 다소 개량한 것이 아닌가 생각해 본다. 그러나 가실왕의 제작이든 개량이든 간에 이는 또한 당시의 악사인 우륵의 힘이 가해졌음을

---

30) 《三國史記》 卷第三十二樂志一伽倻琴條.

31) 《三國志》 總志 韓傳 弁辰條에 「俗喜歌舞飮食 有瑟 基形似筑 彈之亦有音曲」이라는 기록이 있다.

배제할 수는 없다고 하겠다.

이 가야금은 그후 일본에도 전해져서 그들은 신라시대의 악기라는 뜻에서 「시라기고도(新羅琴)」라고 부르고 있는 악기가 전해지고 있다. 일본의 奈良내량 正倉院정창원에는 8세기 초 신라시대의 제작이라고 전하는 新羅琴신라금이 보존되고 있다. 이는 가야금의 원형을 보여주는 귀중한 資料자료인 것이다.

오늘의 가야금은 바탕이 오동나무이며 세로가 1m 64cm, 가로 26cm, 두께가 23cm로 울림통(空鳴管) 위에 열 두 줄을 세로로 매고 기러기 다리를 버티어 세웠는데 이것을 무릎 위에 놓고 켜도록 만들었다. 咸和鎭함화진 선생은 가야금을 일러서 우리 민족성을 충분히 발휘할 수 있는 악기라고 다음과 같이 설명하고 있다.

> 「樂器는 어떠한 樂器를 勿論하고 다 각각 自體의 일정한 音樂이 있어서 자체의 음역 이외의 소리는 발할 수 없는 것이다. 그러나 가야금 만은 그 음역이 상당히 넓을 뿐 아니라 共鳴盤이 완전하여 발음이 명랑하고 樂想이 정확하여 彈奏에 있어서도 줄이 열 둘이요, 또 줄마다 棵가 각각 있어서 음역을 얼마든지 넓힐 수가 있고 絃이 자유자재로 될 수 있어서 사람의 聲帶로 발하는 소리면 母音이나 子音을 빌지 않아도 얼마든지 발할 수 있는 樂器로는 가야금 만한 것이 없을 것이다. 그러므로 朝鮮의 정서적인 樂器로 民族性을 충분히 발휘할 수 있는 악기이다.」[32)]

라 하였으며, 또한 安自山안자산 선생은 가야금이야말로 「朝鮮人의 藝術的表現方法에 가장 적합하도록 한 것」[33)]이라고 말하고 있다. 이상의 말을 빌지 않더라도 오늘날 가야금은 우리 민족의 음악으로 우리의 마음을 사로잡는 정감이 통하는 악기로 널리 보급되고 있음에서 민족적인 악기임이 분명하다.

---

32) 咸和鎭,《朝鮮音樂通論》(乙酉文化社, 1948) p.36.
33) 安自山,「于勒」(《朝鮮名人傳》上, 朝光社, 1948) p.15.

Ⅳ. 結 語

우륵이 가야금을 彈奏탄주하고 많은 제자를 길러내어 오늘에 그 업을 전하고 있는 탄금대에는 「樂聖于勒先生追慕碑악성우륵선생추모비」가 韓國藝術文化團體聯合會한국예술문화단체연합회 충주지부 회원일동의 이름으로 1977년에 세워졌다. 또한 앞서 기술한 바도 있지만 申砬신립 장군이 배수진을 치고 장렬히 전사를 한 데에 대한 기념비와 「忠壯公申砬將軍殉節碑충장공신립장군순절비」가 1981년에 세워져 이곳을 찾는 이들로 하여금 더욱 숙연케 하기도 한다.

탄금대는 이와 같은 지난날의 역사적인 유적지로서 오히려 많이 알려지고 있다. 따라서 이곳을 찾는 이들을 위하여 六堂육당 崔南善최남선이 撰찬한 「彈琴臺記탄금대기」碑비가 있어서 지난날의 역사적 사실을 보여주고 있기도 하다. 바로 충주의 탄금대는 이 고장 역사와 문화의 中樞중추로 가꾸어 나가야 할 줄로 안다.

지금에는 충주문화원이 정상부 입구에 있고 야외음악당이 있으며 충혼탑을 비롯하여 일제에 항거하던 민족시인 權泰應권태응의 「감자꽃」 노래비 등이 있어서 더욱 돋보인다. 유원지로서 보다도 이 고장 향토문화의 중심으로 육성되어지길 바랄 뿐이다. (《彈琴臺地表調査報告書》, 1996)

溫達과 阿旦城에 관한 研究

〈목 차〉

Ⅰ. 序 言

고구려의 名將명장으로 알려진 溫達온달에 대하여는 《삼국사기》 列傳열전에 실려 있는 것이 그 始原시원이다. 《삼국사기》 열전에 실려 있는 고구려인은 乙支文德을지문덕·乙巴素을파소·密友밀우·紐由유유·明臨荅夫명임답부·倉助利창조리·淵蓋蘇文연개소문(子 : 男生·男建·男産, 孫 : 獻誠)과 온달 뿐이다. 따라서 고구려의 역사에 있어서 온달이 차지하는 비중은 매우 큰 것으로 생각된다. 그러나 이 傳記전기의 내용이 매우 說話的설화적인 면을 많이 간직하고 있어서 그 동안에는 위대한 장군이기에 앞서 바보온달[愚溫達]로서, 또는 온달의 부인인 平原(岡)王평원왕의 딸 平岡公主평강공주의 이야기로 널리 알려져 왔으며, 더욱 온달의 역사적인 사실보다도 오히려 평강공주가 부귀와 영화를 버리고 바보스러운 온달을 찾아가 훌륭한 장군으로 만들게 된 사연으로 孝효와 忠충을 강조하기 위한 교훈적인 면에 의미를 더하여 전하여져 왔다[1].

따라서 온달에 대한 연구에 있어서도 설화적인 면에 대하여는 있어 왔지만[2] 그에 대한 역사적인 사실에 대하여는 극히 일부의 通史통사에서만 한강변을 잃은 고구려가 실지 회복을 위한 역할로 阿旦城아단성의 위치에 대해서만이 다루어져 온 것이 사실이다[3].

아단성의 문제에서 그 위치에 대하여는 그 동안 여러 설이 있어 왔으나 지금 서울의 성동구와 경기도의 구리시와의 경계를 이루는 峨嵯山아차산(또는 阿且山)에 있는 산성으로 비정하여 오면서 별로 문제제기가 없었다. 그러나 근년에 와서 충청북도 단양군 영춘면의 溫達山城온달산성이 부각되면서 그 위치문제가 몇 분들에 의해 永春영춘지방으로 새롭게 제기되고 있음에 관심이 간다.

단양 영춘지역에는 오래 전부터 온달장군에 의해 축성이 되었다고 전하여 오는 온달산성이 있으며, 이 산성을 중심으로 하여 주변지역에는 온달과 관련된 많은 전설이 전하여 오고 있기도 하다. 또한 이 지역 뿐만 아니라 충주시 상모면 미륵리의 鷄立嶺계립령 주변에도 온달과 관련된 전설이 있음에 관심이 간다.

---

1) 溫達에 대하여는 騎射에 뛰어난 忠誠스런 武人으로서 說話的인 인물로서 주로 다루어져 왔으며, 그 主題도 온달보다는 平岡公主를 부각하여 왔으니 다음과 같다.
文一平, 「平岡公主」(《朝鮮名人傳》上, 朝光社, 1948).
李熙德, 「溫達」(《韓國의 人物像》2, 新丘文化社, 1965).
金義貞, 「平岡公主」(《韓國人物史》 博友社, 1965).
金顯吉, 「사랑으로 수놓은 平岡公主」(《한국여성》 1979. 11, 한국여성사).

2) 溫達에 대한 傳記를 說話文學의 작품으로 또는 일종의 英雄敍事詩로 보려는 견해(《韓國史講座》1, 古代篇 p. 263, 一潮閣, 1982)가 있으며,
임재해, 「온달설화의 유형적 성격과 부녀의 갈등」(《女性問題硏究》 11, 1982)
金鉉龍, 「溫達說話考察」(《학산 조종업박사 회갑기념논총》, 동 간행위원회, 1990) 등이 있다.

3) 李弘稙 外, 《國史新講》 p. 56(一潮閣, 1958) 및 震檀學會편, 《韓國史》古代篇 p. 458(乙酉文化社, 1959)·李基白, 《韓國史新論》 p. 67(一潮閣, 1967)·韓沽劤, 《韓國通史》 p. 58(乙酉文化社,1970) 등에서 모두 阿旦城을 廣壯津의 阿且城(峨嵯城)으로 旣定 사실화하여 위치 만을 기록하고 있는 정도이다.

이와 같은 여러 요건으로 최근에 와서 온달산성이 있는 단양지역의 향토사연구회에서는 관심을 깊이 하여 온달과 관련된 전설 및 지명에 대한 조사와 함께 삼국시대의 석축산성으로 비교적 잘 보존되고 있는 웅장한 온달산성에 대하여도 많은 관심을 보여 오다가, 湖西文化硏究所호서문화연구소에 지표조사를 의뢰하여 종합적인 보고서가 나오기도 하였다[4]. 이 보고서에서도 「溫達傳承온달전승과 溫達關係說話온달관계설화」와 주변의 지명에 대하여 조사 수록하고 있어 종합적인 관련 사실을 밝히려고 하여 도움을 주고 있다.

이에 대하여 필자도 관심을 가지고 여러 차례 온달산성과 주변지역을 답사하면서 막연하나마 느껴 왔던 아단성을 단양의 영춘지역에다 비정하고자 한 바 있다[5]. 따라서 이에 대한 의미를 분명히 할 겸, 온달전에 대한 그 동안의 여러 견해를 아울러 피력하고자 하는 바이니 諸彦제언의 叱正질정을 받고자 하는 바이다.

Ⅱ.《三國史記》의 溫達傳

온달전에 대하여는《삼국사기》권45 열전 제5에 기록되고 있으니 다음에 편의상 내용을 세 단락으로 나누어 옮겨 본다.

A.「온달은 고구려 평강왕(평원왕) 때(559~590)의 사람이다. 그 용모가 두드러지게 우습게 생겼으나 마음씨는 착하였다. 집이 매우 가난하여 항상 乞食걸식하여 어머니를 봉양하였으며, 떨어진 옷과 헤어진 신발로 거

---

4)《溫達山城一地表調査報告書一》(忠北大學校湖西文化硏究所, 1989).

5) 金顯吉,「忠州地域의 歷史地理的 背景」(《國史館論叢》16, p. 133).
金顯吉,「溫達將軍과 平岡公主」(《中原文化散策》 p. 239, 청지사, 1991).

리를 왕래하였으므로 사람들이 그를 보고 바보 온달[愚溫達]이라고 하였다. 이때 평강왕의 어린 딸이 잘 울어서 왕이 "너는 항상 울기만 하여 나의 귀를 시끄럽게 하니 자라서는 반드시 사대부의 아내는 될 수 없으니 바보 온달에게나 시집을 보내야겠다"고 늘 말하였다.

딸의 나이 16세에 이르자 (왕은) 上部상부의 高氏고씨에게로 시집을 보내려고 하자 공주는 대답하기를, "대왕께서는 항상 말씀하시기를 '너는 반드시 온달의 아내가 된다'고 하셨는데 지금 어찌하여 전에 하신 말씀을 바꾸십니까? 匹夫필부도 오히려 食言식언을 하지 않으려 하는데 하물며 至尊지존으로써, 그러므로 王子왕자는 戱言희언이 없다고 합니다. 지금 대왕의 명은 잘못된 것이오니 소녀는 감히 받들지 못하겠습니다"라고 하였다. 왕이 노하여 말하기를, "네가 나의 가르침에 따르지 않는다면 나의 딸이라 할 수 없다. 어찌 함께 살 수 있겠느냐? 마땅히 너의 갈 곳으로 가라"고 하였다.

이에 공주는 보물, 팔찌 수십 개를 팔꿈치에 매고 궁궐을 나와 혼자서 가다가 길에서 한 사람을 만나 온달의 집을 물어 곧바로 그 집에 이르렀다. 눈먼 노모를 보고 앞으로 가까이 가서 절을 하고 그 아들이 있는 곳을 물었다. 노모는 대답하기를 "내 아들은 가난하고 또한 추하여 貴人귀인이 가까이 할 바가 못됩니다. 지금 그대의 냄새를 맡으니 향기가 이상하고, 손을 만지니 솜과 같이 부드러우니 반드시 天下천하의 귀인이구려. 누구의 속임수로 이곳에 오셨는지요. 내 자식은 굶주림을 참지 못하여 느릅나무 껍질을 벗기러 산으로 간 지 오래 되었고 아직 돌아오지 않았소"라고 하였다.

공주는 집을 나와 산밑에 이르러서 온달이 느릅나무 껍질을 지고 오는 것을 보고 공주가 속에 품은 뜻을 말하니, 온달이 성을 내며 "이는 어린 여자로서 마땅한 행실이 아니다. 필시 사람이 아니라 여우나 귀신이다. 내 가까이 오지 말라"하며 돌아보지 않고 갔다. 공주는 홀로 돌아와 사립문 밑에서 자고, 이튿날 아침에 다시 들어가서 모자에게 자세하게 말하였으나 의심하고 결정하지 못하니, 그 어미가 말하되 "내 자식은 못생겼으므로 귀인의 배필로 부족하고, 내 집은 지극히 가난하여 귀인이 거처하기에 마땅하지 않으오"하니, 공주가 대답하기를 "옛 사람의 말에 한 말의 곡식도 찧을 수 있으면 오히려 가하고, 한 자의 베도 꿰맬 수 있으면 가하다고 하였습니다. 오직 마음만 같다면 어찌 반드시 부귀한 연후에야 같이 살 수 있겠습니까" 하고, 이내 금팔찌를 팔아 田宅전택과 奴婢노비, 牛馬우마, 器物기물들을 사들여 쓸만한 用具용구를 다 갖추었다.

처음에 말(馬)을 살 때 공주는 온달에게 "시장 사람들의 말을 사지 말고, 반드시 국마를 택하여 병들고 파리해서 놓아 버리는 것을 사 오시오"하고 말하니, 온달이 그 말대로 하였다. 공주는 매우 부지런히 길렀으므로 말은 날마다 살찌고 또한 건장하였다.

B. 고구려에서는 항상 봄철 3월 3일이면 樂浪낙랑의 언덕에 모여 사냥을 하여 잡은 돼지와 사슴으로 하늘과 山川神산천신에 제사를 지낸다. 그 날이 되면 왕도 나가서 사냥하는데 여러 신하와 5부의 병사들도 모두 따라 나갔다. 이때 온달도 기른 말을 타고 수행하였는데, 그는 항상 앞에서 달렸으며 잡은 짐승 또한 많아 그를 따르는 자가 없었다. 왕이 불러 성명을 물어보고는 놀라며 또 이상히 여겼다.

이 때에 後周후주의 武帝무제가 군사를 일으켜 遼東요동을 치니, 왕은 군사를 거느리고 나가 拜山배산의 들에서 맞아 싸우는데 온달이 선봉이 되어 날래게 싸워 수십여 급을 참살하니 모든 군사들이 이긴 틈을 타 분발하여 적을 쳐서 크게 이겼다. 싸운 공을 의논할 때 온달을 첫째로 꼽지 않는 자가 없었다. 왕은 크게 감탄하며, "이 사람이 나의 사위이다"라고 말하며, 禮예를 갖추어 맞이하고 爵位작위를 주어 大兄대형을 삼았다. 이에 연유하여 寵愛총애와 榮華영화가 더욱 두텁고 威嚴위엄과 權勢권세가 날로 성하였다.

C. 양강왕(영양왕)이 즉위함에 이르러 온달이 아뢰기를, "신라가 우리 漢北한북의 땅을 빼앗아 군현으로 하였으니 백성들이 몹시 원통해 하며 일찍이 부모의 나라를 잊은 적이 없습니다. 원컨대 대왕께서는 어리석고 불초하다 마시고 군사를 주신다면 한 번 가서 반드시 우리땅을 되찾아 오겠습니다"하니, 왕이 허락하였다.

떠날 때 맹세하기를, "雞立峴계립현과 竹嶺죽령 서쪽(已西)의 땅을 우리에게 돌리지 않으면 돌아오지 않겠습니다"하고, 나아가 신라군과 더불어 아단성 아래에서 싸우다가 流矢유시에 맞아 노상에서 죽었다.

장사를 지내려 하자 靈柩영구가 움직이지 않으므로 공주가 와서 관을 어루만지며, "죽고 사는 것은 이미 결판이 났으니, 아아 돌아 가시오"하니, 드디어 장사를 지내게 되었다. 대왕이 듣고 비통해 하였다.」

이상이 온달전의 내용 전부이다[6].

Ⅲ. 溫達傳에 대한 諸 見解

《삼국사기》 온달전에서, 머리 부분인 A단락은 흥미있는 설화적인 색채를 강하게 띤 내용임을 알 수 있다. 그래서인지 알 수는 없으나 온달이 역사적인 인물임에도 불구하고 本紀본기에는 조금도 보이지 않는 獨步的독보적인 所傳소전으로 특이하다[7]. 이 단락에서 볼 때 사실상의 주인공은 평강

---

6) 飜譯에는 李丙燾,《國譯 三國史記》(乙酉文化社, 1977)를 많이 참고하였다.

7) 李弘稙,「三國史記 高句麗人傳의 檢討」(《史叢》 4집, p. 16, 1959)에서 溫達傳이 高句麗 本紀에 보이지 않는 점에 대하여, "大部分이 說話的 色彩가 濃厚하여서 그렇겠지만"이라 하고, 本紀에 없는 것을 전제로 하여, "이 溫達傳은 他에 對比할 수 없는 獨步的인 所傳으로 볼 수 밖에 없다"고 하였다. 또한 온달전을 列傳第 5에 배정한 것은 乙巴素·明臨荅夫같이 名宰相이거나 또는 密友·杻友와 같이 충신으로 殉國하였다는데 있을 것"이라고 하여 온달에 대한 입지를 규명하고 있다.

공주이기 때문에 그 동안 많은 분들은 온달보다도 평강공주에 중심을 실어 주제로 하여 왔음은 앞에서 말한 바와 같다[8].

특히 이 부분에서 온달의 미천한 신분과 공주와의 결합에 대해 당시의 엄격한 신분제 사회였던 고구려에 있어서 납득하기 어려운 점을 들어 온달이 "零落영락한 어느 名家명가의 後裔후예인지도 모르겠다"는 견해를 보이며 이를 합리적으로 해석하려고 하기도 하였으며[9], 이에 더하여 고구려 귀족사회의 신분질서가 온달을 통하여 본 通婚圈통혼권에 나타난 한 면을 사회적 변화의 증거로 이해하려는 李基白이기백 교수의 연구도 있었다[10].

특히 李이 교수는 이 연구에서 《삼국사기》 열전 중 인물 분류에서 국왕에 대한 충성심을 공통점으로 다루고 있는 권5에 온달을 포함시키고 있다는데 관심을 보이며 문제를 풀려고 하였다. 즉 웃음거리가 될 정도의 醜男추남으로 보여지고 바보라고 불리어지던 온달과 눈 먼 노모, 굶주림에 시달리던 가난한 가정환경 등에서 볼 때 온달의 신분은 「零落영락한 명문출신이 아니라 애당초 명문이 아니었을 것이라 하고, 이 전설은 공주와의 결혼할 수 없는 신분이지만 결혼을 설화적으로 꾸밈으로써 정당화하려고 했던데에 虛構허구가 介在개재해 있는 것이라 생각한다」고 하였다. 고구려의 귀족사회에서 지켜오던 왕족의 通婚圈통혼권 밖에 있었던 온달이 일반의 상식

---

8) 註1)에서 보는 바와 같이 溫達이 실제 주역임에도 平岡公主로 주제를 삼고 있어서 일반적으로 평강공주가 사실상 주인공으로 알고 있을 정도이다. 李熙德의 〈溫達〉도 그 내용에 있어서는 평강공주에 비중을 크게 하고 있다.

9) 文一平 선생은 그의 글, 「平岡公主」의 말미에 몇 가지 의문점을 '小評'이라 別題하여 기록하고 있다.

10) 李基白, 「溫達傳의 檢討」-高句麗 貴族社會의 身分秩序에 대한 瞥見-(《白山學報》 3호, 1967)에서 溫達의 傳記를 크게 兩分하여 전반부를 "說話的인 색채를 띤 虛構的인 部分"이라 하고, 후반부를 "대체로 歷史的인 事實로 믿어서 좋은 부분이라고 생각한다"고 하였으며, 溫達을 단순한 忠臣들 만을 묶은 列傳 第7에 넣지 않고, 乙巴素·金后稷·祿眞·密友·紐由·明臨荅夫·石于老·朴堤上·貴山 등과 함께 엮고 있는사실에 주목하고, 이들에게서 共通的인 면은 國王에 대한 忠誠心이었다는 점을 강조하면서 그와 평강공주가 혼인하게 된 身分的인 면을 풀려고 하였다.

을 벗어나서 공주와 혼인을 하게된 점을 사회적 변화의 증거라고 하였다.

B 단락에서는 A단락과는 달리 설화적인 요소에서 벗어나 역사적인 사실에 의한 내용임을 알 수 있다. 즉 고구려의 연례행사인 歲時俗세시속과, 또한 당시의 國際情勢국제정세와 결부되어 온달과의 관계가 전개되고 있기 때문이다.

고구려에서는 해마다 3월 3일에는 사냥을 하고, 이 날 잡은 짐승으로 하늘과 산천에 제사를 지내던 풍속이 있었음을 알 수 있고, 이 사냥에서 온달의 뛰어난 사냥 솜씨가 돋보이게 된다. 이로 인하여 왕이 그를 처음으로 引見인견하였다는 사실이다. 이후 온달의 역할이 크게 부각되었으니 그의 출세 길이 이로부터 시작되었다고 할 수 있다.

또한 武勇무용으로도 두드러지게 나타나고 있으니 後周후주가 고구려의 遼東요동을 침입하여 오자, 온달은 선봉장으로 나아가 적군을 물리치는 동기를 마련하여 승리로 이끌게 한 首功수공을 세웠다. 이에 왕이 감탄하며, "이 사람이 나의 사위이다"라고 한 사실이다. 약간의 修飾수식이 보이기는 하나 여기에서 비로소 온달을 사위로서 인정을 하여(追認) 그의 자리를 확고히 다지고 있는 점에 주목된다. 이 교수는 이 사실을 들어 '만일'을 전제하면서 이 싸움에서 위험에 부닥친 왕을 구출하지나 않았을까 하는 추측을 하면서 '온달이 국왕 생명의 은인과도 같은 존재였다고 상상'하면서 승리를 주도한 결과로 평원왕이 신분을 초월하여 사위로 삼을 것을 약속하기에 이른 것이라고 하면서 온달과 공주의 결혼이 성사하게 된 실제적인 원인으로 보고자 하였다.

C단락은 온달의 출정과 죽음에 대한 내용으로 출정 목적지와 전사한 장소가 분명하여 《삼국사기》 온달전이 갖는 본래의 뜻이 담긴 관심이 가는 부분이다. 여기에서 온달이 양강왕에게 고구려의 舊土구토를 회복하겠다는 결심을 요청한 것으로 되어 있으나, 이는 이미 영양왕의 잘못된 것이라고

지적되어 온 바이다[11]. 온달이 전사한 후 영구가 움직이지 않았다고 함은 목적을 이루지 못한 강한 의지의 표현이며, 공주가 와서야 움직였다고 함은 공주도 함께 출정한 것이 아닌가 생각된다. 이곳에서 주목되는 바는 온달의 출정 목표였던 雞立嶺계립령과 竹嶺已西죽령이서와, 그가 전사한 지역으로의 阿旦城아단성의 위치에 관한 문제이다.

Ⅳ. 溫達의 出征과 阿旦城

온달의 전기에 있어서 마지막 단락인 온달의 출정관련 기록은 역사 사실로서 그 동안 通史통사에서만 주로 다루어 오고 있었던 부분으로 고구려가 失地실지를 회복하고자 했던 지역과, 온달이 전투를 벌였던 지명이 분명하게 기록되고 있어 당시의 정세를 이해하는 중요한 열쇠가 된다고 하겠다. 그러므로 이에 대하여 관심있는 여러 견해가 있어 왔다.

온달은 출정에 앞서 맹서하기를 "계립현과 죽령 서쪽(已西)의 땅을 우리에게 돌리지 않으면 돌아오지 않겠다"고 하였다. 이는 고구려가 남쪽으로 영역을 확대하였던 시기의 지역으로 고구려에서는 본래 자기네 영역으로 항상 생각하여 왔던 곳이다. 이에 대하여는 다음의 기록에서도 알 수 있다.

---

11) 《東史綱目》3 上, 庚戌年조(590, 嬰陽王 원년)에서 溫達의 出征과 전사한 사실을 기록하고 있다.
李丙燾선생도, 震檀學會편《韓國史:古代篇》(p. 457. 乙酉文化社, 1959)과,《國譯三國史記》(p. 673)에서 「陽岡(陽原)王은 平岡(原)王의 父이므로 여기에는 年代로 보아 嬰陽王의 誤」라고 지적하고 있다. 陽原(陽岡)王 때에 新羅의 眞興王은 漢江流域을 석권한 시기(551~553)로 맞지 않는다. 平原(岡)王을 지나 嬰陽王 때에 이르면 隋와의 싸움이 있고, 고구려의 高勝이 北漢山城을 공격하다 실패하고(603, 영양왕 14), 王 19년(608)에는 신라의 北邊을 치고 牛鳴山城을 함락한 기록이 있음을 보아 온달이 신라에게 빼앗긴 땅을 되찾겠다고 출정한 시기는 嬰陽王 때로 봄이 타당할 것이라고 지적하고 있다.

신라의 김춘추가 백제의 치열한 공세를 고구려와의 협력관계로 물리치고자 642년(선덕왕 11)에 고구려에 들어가 원병을 요청할 때 보장왕은, "痲木峴마목현(雞立嶺)과 竹嶺죽령은 본시 우리 땅이니 네가 만일 죽령 서북의 땅을 돌려보낸다면 원병을 보내겠다"고 한 말과, 淵蓋蘇文연개소문이 "전날 隋人수인이 우리를 侵伐침벌하였을 때, 신라가 이 틈을 타서 우리의 城邑성읍 500리를 탈취하였다. 이로부터 원한과 間隙간극이 있은 지 이미 오래 되었으니, 만일 우리의 失地실지를 돌려보내지 않으면 싸움을 그칠 수 없다"고 한 말에서 짐작된다[12]. 이와 같은 사실에서 보아 이 지역의 역사지리적인 중요한 의미를 생각게 한다. 따라서 온달의 이와 같은 강한 의지의 표현은 온달 개인의 뜻이라기 보다 이 지역에 대한 고구려의 국가적인 절실한 욕구(執着心)의 반영으로 생각된다. 사실상 고구려는 계립령과 죽령을 넘어서 더 남쪽까지 진출하였으나, 이곳에 집착하였던 데에는 남북 간의 경계를 이루는 소백산맥에 위치한 이 두 고개가 장차(통일)를 생각할 때 절대 전략의 要衝요충이라고 생각되었기 때문일 것이다. 따라서 이 지역에는 일찍부터 중요한 關防施設관방시설이 있어서 중요한 의미를 알게도 한다.

계립령에 대하여서도 여러 설이 있어 왔으나, 충주시 상모면 미륵리와 경상북도 문경읍 관음리 사이에 있는 오늘의 하늘재로 봄이 타당하다[13]. 이곳

12) 溫達이 出征에 앞서 王에게 아뢰는 말 가운데 "新羅는 우리 漢北의 땅을 빼앗아 군현으로 삼았다"고 한 데서도 짐작이 가며, 또한 金春秋가 642년에 百濟의 大梁州 攻陷에 대한 설욕을 위해 高句麗를 방문하여 請兵할 때, 高句麗 寶藏王의 말(《三國史記》 권45, 金庾信전 上, 同書 권5, 善德王 11년조)과, 淵蓋蘇文의 말(上 同書 권49, 蓋蘇文전) 한 가운데에서 보아도 계립령과 죽령을 고구려에서는 자기네 영역으로 인식하고 이 지역에 대한 再確保를 위한 確固한 意志를 持續的으로 갖고 있었음을 알 수 있다.

13) 雞立嶺은 일명 痲木峴이라고도 하며, 이 위치에 대하여 '괴산군 연풍면 주진리에서 경상북도 문경군 가은읍 원북리로 넘어가는 고개'(《한국민족문화대백과사전》 2권, p. 257)로 보는 견해가 있으나, 대체로 鳥嶺으로 보고자 하는 견해로, 《東史綱目》과 申采浩(《朝鮮上古史》·李丙燾《譯註三國史記》등 제씨의 설이 있어 왔으며, '지릅재'로 불리우는 충주시 상모면 大寺里에서 彌勒里로 넘어가는 고

은 소백산맥이 남북으로 이어지는 사이의 가장 낮고 평탄한 고개이며, 또한 한강수계와 낙동강수계의 分岐분기를 이루는 곳이기도 하다. 죽령은 충청북도 단양군 대강면 용부원리에서 경상북도 영풍군 풍기읍으로 넘어가는 고개로 오늘에도 죽령이라고 부르고 있다.

계립령과 죽령은 삼국의 국경지역으로 분쟁이 많았던 매우 중요한 지리적인 위치를 점하고 있는 곳이다. 《삼국사기》도 그 의미를 일깨우듯 유일하게 이 두 고갯길에 대한 개통문제를 기록하고 있어 주목된다. 즉 신라에서는 삼국 초기인 AD. 156년(아달라 3)에 계립령을, 2년 뒤인 158년에 죽령의 길을 열었다고 하였다[14]. 군사적인 방어시설로, 또는 제반 문물의 교역로로 이용하고자 하였던 것으로 생각된다. 신라는 이 영로를 개척한 후 한때 북쪽으로 진출하여 당시 백제의 소유였던 한강변과 진천지역까지 장악했던 일도 있다[15]. 이후 이 지역에서 백제와 빈번한 접촉이 있었으나, 5세기 후반 고구려의 남진정책에 의해 이 두 고갯길은 고구려의 소유하는 바 되었던 것이다.

고구려는 이 지역의 중요성을 인식하고 충주를 나라의 중심이라는 뜻으

개로 보아 오기도 하였다. 그러나 최근에 현지를 실사한 결과 미륵리에서 문경의 관음리로 넘어가는 고개인 '하늘재'로 비정하는 입장이 있어 오면서 定說化되고 있으니 다음의 글이 있다.

崔壹聖, 「歷史地理的으로 본 雞立嶺」(《湖西史學》14, 1986)

車勇杰, 「鳥嶺關防施設에 대한 연구 Ⅱ-雞立嶺嶺路問題의 整理-」(《崔永禧先生華甲紀念, 韓國史學論叢》 1987)

金顯吉, 「雞立嶺考」(《竹堂李炫熙敎授華甲紀念史學論叢》 1987)

14) 《三國史記》 권2, 新羅本紀 2 阿達羅王 3년(A.D. 156)조에 「開雞立嶺路」, 同書 同王 5년조에 「開竹嶺」이라 하였다.

15) 上同書, 권2, 阿達羅王 14년 8월에, 「命一吉湌興宣 領兵二萬伐之 王又率騎八千 自漢水臨之 百濟大懼 還其所掠男女 乞和」란 기록과, 同書 同卷, 伐休王 5년 2월조에, 「百濟來攻母山城 命波珍湌九道 出兵拒之」라 한 데서 알 수 있다. 앞의 寒水는 계립령을 넘어와서 가장 가까운 忠州지역이 아닌가 한다. 母山城은 오늘의 鎭川 大母山城으로 비정하고 있다.

로, 또는 서울에 대한 별도로서의 의미를 갖는 국원성이라 이름하고[16], 더욱 영역의 확정을 다지는 의미에서 중원고구려비를 세우는 등 사실상 남진통일의 전진기지화를 구축하려고 한 것이라 생각된다. 신라에서는 6세기 중엽에 진흥왕의 한강유역 진출로 인하여 이 지역을 확보하였을 뿐 아니라 전 한강유역의 북쪽으로 고구려의 세력을 완전히 밀어 올리게 되었다. 이 작전 과정에서 단양지역을 확보하고 신라적성비를 세우고, 충주지역을 소경으로 승격시키는 등 크게 관심있는 관리를 강화하고 있으니 신라로서도 이 지역을 발판으로 하여 장차 삼국을 통일하기 위한 기지화를 도모하고자 하였던 것이다. 따라서 이 지역에서 물러간 고구려가 강한 집념을 버리지 못해 온달이 출정하게 된 것이니 그 의미를 짐작할 수 있다.

1) 雞立嶺·竹嶺已西의 지역

온달이 목표한 계립령과 죽령 이서의 땅은 어느 지역을 가리키는 곳일까 하는 문제는 바로 고구려가 바라는 유일한 목표이기도 한 곳으로 중요한 의미가 있다. 이에 대하여 일찍이 李丙燾이병수 선생은 계립령과 죽령의 서쪽이 아니라 북쪽의 잘못이라고 보았다[17]. 그러나 필자는 북쪽이 아니라 《삼국사기》의 원문대로 서쪽이 옳음을 밝힌 바 있다[18]. 여기에 요약하여 옮기

16) 國原의 의미에 대하여 邊太燮 교수는 '나라의 중심'이라는 뜻이라 하였으며(「中原文化의 歷史的 背景」, 《考古美術》 160, p. 43, 1983), 李道學 교수는 高句麗의 서울(首都)에 대한 別都의 뜻(「永樂 6年 廣開土王의 南征과 國原城」, 《孫寶基停年紀念韓國史學論叢》 p. 105)으로 보려고 하여, 각각 의미를 강조하고 있다.

17) 李丙燾, 《韓國史 : 古代篇》 p.458(乙酉文化社, 1959)에서는 「雞立嶺·竹嶺 以西(北)의 땅」이라 하였으며, 同;《譯註 三國史記》 p. 673(乙酉文化社, 1980)에서는, 「雞立嶺(鳥嶺)과 竹嶺 以西(以北)의 땅」이라 하고, 더욱 의미를 강조하기 위하여 「이때 鳥嶺·竹嶺 이북의 漢江 全流域은 新羅의 소유로 되어 있었으므로 이것을 탈환코자 하여 비장한 결심을 하고 出征」하였다고 註를 달아가면서 西를 北의 잘못임을 지적하고 있다.

18) 金顯吉, 「雞立嶺考」, 앞의 책 pp. 54~56. 《溫達山城-地表調査報告書》 pp. 50,

기로 한다.

우선 온달은 출정에 앞서 왕에게 나아가서 아뢰는 말 가운데 "신라는 우리 漢北한북의 땅을 빼앗아 군현으로 삼았다"고 한 데서 한강의 북쪽임을 밝히고 있음에 주목된다. 그런데 출정할 때는 특정한 지역인 계립령과 죽령을 거론하고 그 서쪽의 땅을 말하고 있으니 여기에서의 주장은 막연한 한북이 아니라 어떤 뚜렷한 목적지가 있는 것으로 보아야 하겠기 때문이다. 그렇다면 그 목적지는 어디에 해당하는 곳일까 하는 문제가 제기된다. 우선 결론적으로 충주지역을 가리킨다고 생각해 본다. 충주는 계립령·죽령과 함께 삼각지대를 이루는 관련이 깊은 요충임은 일찍부터 선학들이 말하고 있는 바이기 때문이다[19].

고구려는 장수왕의 적극적인 남진책으로 5세기 후반에 한강 이남으로 크게 진출하였으니 이는 고구려의 삼국통일을 위한 정책으로 생각된다. 이때 확보한 영역은 서쪽으로는 오늘의 아산만에서 동으로는 직산으로 하여 충청북도의 鎭川진천·道安도안·槐山괴산·延豊연풍의 선으로 하여, 雞立嶺계립령·竹嶺죽령을 넘어가서 경상북도의 내륙쪽으로는 奉化봉화·順興순흥·榮州영주·禮安예안·臨河임하·眞寶진보·靑松청송·安德안덕지역을, 동해안으로는 蔚珍울진·平海평해·寧海영해·盈德영덕·靑河청하에 이르는 선까지 진출하면서 신라의 서울 경주를 위협하던 과정에서 통일의 꿈은 일단 좌절된 것이다. 이에 따라 앞에서도 언급하였지만 계립령·죽령과 한강의 중심부인 충주지역에 대한 고구려의 관심이 컸던 것은 이곳을 중심으로 하여 보다 적극적인 남방경략, 즉 통일을 위한 전진기지화를 시도하고자 한 것으로 풀이된다. 이러한 중요한 지역인 충주는 바로 계립령과 죽령의 서쪽이 되는

51에서도 西쪽에 대한 의미를 밝히고 있다.

19) 金顯吉, 「忠州地域의 歷史地理的 背景」, 앞의 책, pp. 107, 108에서 鄭麟趾와 洪貴達의 주장과, 《擇里志》·《萬機要覽》 등에서 한결같이 竹嶺·鳥嶺과 忠州는 불가피한 관련이 있는 지역임을 밝히고 있어 이를 예시하였다.

지리적인 위치에 있다. 지도상으로 보더라도 고구려가 남쪽 경계를 이루었던 牙山灣아산만·稷山직산·鎭川진천·道安도안·槐山괴산·延豊연풍의 선과도 일치되며 위도상 36.8도 선상에 있어 관심이 간다.

이와 같이 볼 때 온달이 목표로 하였던 계립령과 죽령의 서쪽(已西) 땅은 사실상 고구려가 남진한 이후 국원이라 명명하고 중원고구려비를 세우는 등 남진통일을 위한 전진기지화하려고 하였던 충주를 전제로 한 것이며, 이곳을 발판으로 하여 한강의 전 유역을 포함한 전날 고구려가 확보하였던 영토의 회복을 위한 작전을 계획하였던 것이 아니었나 추측된다. 물론 죽령 이남의 경상북도 지역은 포함되지 않았으나 이 또한 이 지역만 확보한다면 용이하게 남쪽으로 진출할 수 있는 전략적인 거점이기 때문에 일차적인 목표가 여기에 있었다고 보아야 할 것이라 생각된다.

이상에서 보아 고구려는 온달의 출정 목적이 실패한 이후에도 보장왕이 김춘추에게 요구한 죽령의 서북지역과, 연개소문의 실지회복을 위한 의지 등이 모두 온달이 목표한 지역과 다를 바 없음을 볼 때, 계립령과 죽령을 신라에게 빼앗긴 이후 멸망할 때까지 이 지역에 대한 미련을 버리지 못하고 있었음을 알 수 있으니, 이 지역이 갖는 역사지리적 중요성을 다시 한 번 생각케 한다고 본다.

2) 阿旦城과 阿且城

아단성은 온달이 이 성 아래에서 싸우다가 신라군이 쏜 流矢유시에 맞아 전사한 곳이며, 나아가서 온달이 출정을 목표한 지역과도 관련이 깊은 곳으로 생각되어지는 중요한 지역이다. 그러므로 이 위치를 밝히기 위해서 아단성과 관련이 있는 사료를 다음에 살펴보기로 한다.

그 동안 아단성으로 비정하여 온 아단성과 阿且城아차성의 기록으로는 《삼국사기》와 광개토왕릉비문을 들 수 있다. 《삼국사기》지리지 4의 지명을 뺀 사건과 관련된 기록은 다음과 같다.

(1) 百濟의 責稽王 元年(286)조(권24, 百濟本紀 제2)

「고구려가 대방을 치니 대방이 우리에게 구원을 청하였다. 이에 앞서, 왕이 대방의 여왕 寶菓보과를 취하여 부인으로 삼았다. 그러므로 "대방은 우리 舅甥구생의 나라이니 그 청에 응하지 않을 수 없다."고 말하며, 드디어 군사를 내어 구원하니, 고구려가 원망하였다. 왕은 고구려의 侵寇침구를 두려워하여 阿且城아차성과 蛇城사성을 수리하여 대비하였다.」

(2) 百濟의 蓋鹵王 21년(475) 9월 조(권25, 百濟本紀 제3)

고구려의 장수왕이 친히 군사를 거느리고 백제의 한성을 공격하니, 「왕(개로왕)이 도망해 나갔는데, 고구려의 장수 桀婁걸루 등이 王을 보고 말에서 내려 절을 하고, 조금 있다가 왕의 얼굴에 세 번 침을 뱉고 그 죄를 세어 책망하면서 아차성 밑으로 묶어 보내어 살해하였다.」

(3) 그리고 온달전에 나오는 기록으로 온달이, 「신라군과 더불어 아단성 아래에서 싸우다가 유시에 맞아 노상에서 죽었다.」는 기록이다.

(4) 다음으로는 광개토왕릉비문 중 두 곳에 나타난다. 우선 永樂영락 6년(396)에 왕이 친히 수군을 이끌고 백제를 공격하여 58성과 700개의 마을을 공취한 가운데 빼앗은 58성 중에 아단성이 보이고 있으며, 또한 말미의 守墓人烟戶수묘인연호조의 新來韓穢신래한예의 31성 중에도 보인다

이상의 사건과 관련한 아단성의 위치에 대하여 서언에서도 언급하였지만 종래에도 여러 論證논증이 있었다. 즉 지금의 경기도 파주군 적성의 북방 임진강의 대안으로 비정하려는 견해와, 강원도 이천군의 安峽안협으로 보고자 하는 입장과, 지금의 서울 성동구 광장동과 경기도 구리시의 경계를

이루는 峨嵯山아차산(또는 阿且山)으로 비정하려는 견해 등이다.

파주군 積城적성으로 보는 견해는 《삼국사기》 문무왕 15년(675)조의, 「安北河안북하에 연하여 關城관성을 設설하고 또 鐵關城철관성을 쌓았다. 靺鞨말갈이 阿達城아달성에 쳐들어와 劫掠겁략하므로, 城主성주 素那소나가 나가 싸우다가 전사하였다. 唐兵당병이 契丹글안·靺鞨兵말갈병과 더불어 七重城칠중성을 포위하였다.」[20]라고 한 기록을 인용하면서, 여기에 나오는 阿達城아달성을 阿旦城아단성으로 보고(아마 音이 같다고 생각한 듯), 七重城칠중성이 아달성과의 관련이 있는 지역이라 생각하여 阿旦城아단성은 七重城칠중성(즉 積城)의 對岸대안지방에 있었다고 하는 견해이다[21]. 그러나 여기에서 아달성과 칠중성과의 관계는 침입군의 성격상 별개의 사건으로 보아야 옳을 것이라고 생각된다. 이에 대하여 安峽안협으로 비정하려는 견해도 阿達城아달성과 음이 같다고 하여 아달성을 阿珍含城아진함성(安峽)으로 간주하려는 견해이다[22]. 이와 같이 본다면 아단성은 아달성이며 동시에 阿珍含城아진함성이 된다는 논리이다. 이와 같은 논거는 광개토왕이 공취한 58성이 한성 이북에 소재하고 있다는 설에서 취하려고 한 억지스런 풀이로 보여진다.

다음에 廣壯津광장진의 峨嵯城아차성으로 보고자 하는 견해이다. 이에 대하여는 거의 定說정설이 되다시피 있어 왔다[23]. 이는 《삼국사기》에 阿旦

---

20) 《三國史記》권7, 新羅本紀 7, 文武王 15년(675) 9월조 중『緣安北河設關城 又築鐵關城, 靺鞨入阿達城劫掠 城主素那逆戰士之, 唐兵與契丹靺鞨兵 來圍七重城』.

21) 《朝鮮歷史地理》上, pp. 69. 108(亞細亞文化社, 1986)에서 阿達城을 阿旦城으로 보고 溫達전을 인용하면서 七重城과의 관련으로 이해하려고 하였다.

22) 이에 대하여는 李丙燾,《國譯 三國史記》 p.122에서 「阿達城(지금의 安峽?)」이라고 하여 같은 견해를 보이고 있으며, 佐伯有淸,《七支刀와 廣開土王碑》 pp. 69, 84, 1977. 및 井上秀雄,《古代朝鮮》 p.78(日本放送出版協會, 1978)에서도 견해를 같이 하고 있다.

23) 종래의 通史에서는 한결같이(前註 3의 諸書 등)지금의 서울 廣壯洞의 峨嵯山으로 비정하여 왔다. 이에 대한 대표적인 論者는 李丙燾 선생으로 《韓國史－古代

城아단성의 旦단자가 且차자로도 표기되었다고 하여 조선 태조의 後諱후휘가 旦단이므로 이를 피하기 위한 避諱피휘로 且차자로 고쳐서 阿且城아차성이라 하고, 따라서 그 소재한 산의 이름도 峨嵯山아차산으로 되었다[24]고 한 데서 비롯된 것이다. 이와 같이 생각한다면 阿旦城아단성이 阿且城아차성으로, 그리고 다시 峨嵯城아차성으로 표기가 변해온 것으로 보아진다. 그렇다면《삼국사기》의 기록에서 아단성은 모두 아차성으로 기록되었어야 옳을 것이다. 그러나 중종 任申刊本임신간본(일명 正德本)과, 그 후에 간행된 鑄字本주자본에는 분명히 1)과 2)의 例示예시에만 且字차자로 명시되어 있을 뿐이다. 따라서 필자는 避諱피휘도 아니며, 板刻판각상의 誤刻오각으로[25] 보려는 견해도 고려되어야 할 것으로 본다.

따라서 종래의 아단성과 아차성을 같다고 보아온 견해가 아니라, 처음부터 아단성과 아차성은 별개의 지역으로 보고자 하는 입장이다. 이를 위해 다음에 비교적 校勘교감이 잘 이루어졌다고 보여지는 《삼국사기》의 여러 刊本간본을 살펴보고자 한다.

(1) 임신(1512)년 간본(일명 正德本) : 목각본임. 원본으로 평가되고 있는 책이다.

1)의 責稽王책계왕 원년(286)조에는 좀 애매하나 旦단자(온달전의 阿旦

篇》 p. 458에서 '阿旦城은 지금 漢江 廣壯津 北岸의 峨嵯산성이 바로 그곳이다'라 하고, 《韓國古代史硏究》 p. 381(博英社, 1976)에서도 같은 표현을 하고 있다.

24) 李丙燾, 《韓國史-古代篇-》 p. 427, 註3의 본문에서 阿且(旦)이라 하고, 다음과 같이 註하고 있다. '본시 阿旦城이니 旦字는 李氏 朝鮮 太祖의 後諱(旦)와 抵觸되므로 後世에 且字로 改書하여 阿且城이라 하고, 따라 그 所在山名도 峨嵯山으로 되었다. 지금도 廣壯津 後山에 城址가 남아 있다.

25) 《아차산의 역사와 문화유산》 p. 40(구리시·구리문화원, 1994)에서 誤刻이라고 보았다. 이 책은 경기도 구리시(서울 광장진과의 경계)의 아차산에 대한 종합적인 조사 보고서로, 지리 및 역사·문화유적·민속으로 나누어 자세하게 수록하고 있다.

城, 지리지 4의 乙阿旦)와 비교하여 보면 且차자로 이해된다.

2)의 蓋鹵王개로왕 21년(475)조에는 且차자가 분명하다.

(2) 鑄字本주자본 : 學習院大學 東洋文化硏究所에서 1986년에 影印本을 펴냄). 顯宗實錄현종실록 鑄字本주자본이라고도 한다.

1)(p. 169)과 2)(p. 177)의 두 곳 모두 且차자가 분명하다.

(3) 朝鮮史學會本조선사학회본(1941) : 활자본으로 今西龍금서룡의 1차 교정, 末松保和말송보화가 2차 교정을 담당.

1)(p. 244)과 2)(p. 256)의 두 곳 모두 且차자로 되어 있다.

(4) 북한의 科學院本과학원본(1958) : 상·하 2권으로 번역문과 원문을 함께 처리하고 있다

1)(상권 p. 587)과 2)(상권 p. 617)의 두 곳에서 모두 且차자로 되어 있다.

(5) 李丙燾이병도 校勘本교감본 《원문 삼국사기》(을유문화사, 1977)

1)에서는 旦단자(p. 219)로, 2)에서는 본문에는 且차자로 하고 상란의 註주에서 旦단(p. 230)이 옳다고 하였다.

(6) 《譯註三國史記역주삼국사기(勘校감교 원문편)》(한국정신문화연구원, 1996)

이 책은 최근에 출간된 것으로 그 간의 여러 간본을 비교 대조하면서 교감에 신뢰성을 보여주는 것이라 하겠다.

1)의 내용이 있는 본문에 阿且城아차성(p. 236)이라 하고, 각주에서 《삼국사기》와 李丙燾이병도 校勘本교감본인 《원문 삼국사기》와 李載浩이재호의 《삼국사기》(광신출판사, 1989)에는 旦단이라 하였다고 하여 비교하고 있음에서 보아 旦단이 아니라 且차자임을 분명히 하고 있어 주목된다.

2)의 내용이 있는 본문에 阿且城아차성(p. 247)이라 하고, 역시 각주에

서는 李丙燾이병도의 《원문 삼국사기》에는 '且차(旦단)'라 하였다고 지적하고 있다.

이상에서 보아 이병도 선생의 校勘本교감본에서만 阿旦城아단성으로 보려고 하였음을 알 수 있다. 이는 그가 주장하는 본래는 旦단이나, 避諱피휘하기 위해 且차로 바꾼 것이라는 선입견에서 온 것이라고 생각된다. 한국정신문화연구원의 《역주 삼국사기(감교 원문편)》의 각주가 의미하는 뜻도 그렇게 보여진다. 따라서 1)과 2)의 내용은 아단성과 관련이 없는 본래부터 아차성으로 보아야 할 것이다.

V. 阿旦城과 阿且城의 位置問題

阿旦城아단성과 阿且城아차성이 별개의 지명임이 분명하다면 그 위치에 대한 문제는 쉽게 해결되리라고 본다. 우선 阿且城아차성의 위치에 대하여 살펴본다.

종래의 여러 견해 중에서 경기도 파주군 적성의 북방 임진강의 대안으로 비정하려는 의미는 阿且城아차성을 阿旦城아단성으로 보고, 이를 다시 阿達城아달성과 같다고 하는 데서 생각하려는 입장이므로 전혀 고려의 대상이 될 수 없다고 본다. 다음에 강원도의 伊川郡이천군 安峽안협으로 보고자 하는 견해도 위와 같이 阿且城아차성을 阿旦城아단성으로 보고, 阿旦城아단성이 阿達城아달성과 통한다 하고 이를 다시 阿珍含城아진함성과 같다고 보아 오늘의 安峽안협으로 비정하는 견해로 이 또한 고려의 대상이 아니라고 본다.

다음으로는 서울 성동구 광장동 경기도 구리시의 경계를 이루는 아차산으로 보는 견해이다. 李丙燾이병도 선생은 阿旦城아단성을 阿且城아차성으로 보고 오늘의 峨嵯山아차산에 있는 성으로 비정하고 있으나 여기에서는 阿旦

城아단성과는 관련없이 阿且城아차성으로 보아야 타당한 견해라고 하겠다.

1)의 내용, 즉 286년의 기록 중 「왕(責稽王)은 고구려의 침구를 두려워하여 阿且城아차성과 蛇城사성을 수리하여 대비하였다.」고 한 내용에서 보아, 阿且城아차성은 蛇城사성과의 관련으로 볼 수 있으므로 이해가 된다. 蛇城사성을 風納洞土城풍납동토성으로 비정하고 있으므로[26] 백제에서는 한강 남쪽에 있는 한성(서울)을 고구려의 침구로부터 방어하려면 한성의 외곽이며 한강변에 있는 蛇城사성(風納洞土城)과 蛇城사성과 마주하는 강북의 아차성을 중시하였음은 당연하다고 하겠기 때문이다. 2)의 내용인 475년의 기사 중, 고구려군이 백제의 서울 한성을 공격하여 함락시키고 왕(蓋鹵王)을 잡아 「阿且城아차성 밑으로 묶어 보내어 살해하였다.」고 한 내용도 같은 맥락에서 이해가 된다고 하겠다. 이때 고구려군은 지금의 서울까지 진격하여 아차성을 탈환하고 본영으로 삼았던 것으로 생각된다. 그리고 다시 渡江도강하여 백제의 서울 한성을 공격하여 蓋鹵王개로왕을 잡아 고구려의 본영인 아차성으로 보내어 살해한 것이라 생각되기 때문이다.

그렇다면 광개토왕릉비의 아단성과 온달전의 아단성은 어떤 관계일까가 문제로 남는다. 결론적으로 같은 지역이며 오늘의 충청북도 단양군 영춘으로 보고자 한다. 이에 대하여는 일찍이 安鼎福안정복도 주장한 바이며, 근년에 李道學이도학 교수의 연구도 있으나, 이들은 모두 阿旦城아단성=阿且城아차성으로 보면서 이해하려고 한 것이다[27].

---

26) 李丙燾,《國譯 三國史記》 p. 371.
車勇杰, 「慰禮城과 漢城에 대하여(Ⅰ)」(《鄕土서울》 39)

27) 安鼎福,《東史綱目》 第 2下. 乙卯(475)조에서 『阿旦城(未詳 或云 今 永春)』이라고 한 데서 알 수 있다. 물론 이 기사는 阿且城이라야 옳을 것이나, 阿旦城으로 혼동한 것으로 보인다. 그러나 阿旦城을 永春으로 보려고 하였으며, 또한 乙阿旦으로만 전해온 永春을 阿旦城으로 이해하려고 한 최초의 기록으로 주목된다.
李道學, 「永樂6年 廣開土王의 南征과 國原城」(《孫寶基博士紀念韓國史學論叢》 p. 100, 知識産業社, 1988)에서 영춘의 溫達城을 阿旦城으로 보고, 「永樂 6년에 충주를 비롯한 남한강 상류지역이 고구려에 점령되었다」고 하였다.

그 동안 永樂영락 6년(396)에 고구려가 백제로부터 빼앗은 58성을 한성의 북방에서 찾으려고 한 데서 온 입장은 중원고구려비의 발견으로 일부 수정이 불가피하게 되었으니 58성 중의 하나인 古牟婁城고모루성이 中原高句麗碑중원고구려비에도 보이기 때문이다. 古牟婁城고모루성의 위치를 강원도 방면에서 충주지역으로 연결되는 전진기지로 한강 상류로 보려는 견해가 있기 때문이다[28]. 이와 같이 본다면 광개토왕 6년에 고구려의 일부 군대는 古牟婁城고모루성을 거쳐서 阿旦城아단성에 이르렀다고 보여진다.

다음으로 온달전에서의 아단성은 온달의 출정 목표와 직접 관련이 있어야 한다고 생각한다. 온달은 「계립령과 죽령」을 목적하고 있다는 사실이다. 지금의 서울 광장동의 아차성 밑에서 전사하였다면 너무나 거리에 차이가 난다. 또한 당시에 있어서 지금의 서울지역은 신라가 생명처럼 중요시하였던 곳이다. 진흥왕 14년(553)에 백제의 한강 下流域하류역을 공취한 신라는 新州신주(百濟의 서울인 漢城, 즉 江南)를 설치하고 金武力김무력으로 군주를 삼았다. 진흥왕은 2년 뒤에 북한산을 순행하고 순수비를 세우고, 그 2년 후인 18년(557)에 신주를 폐하고 북한산주를 두었다. 진흥왕이 북한산을 순행하고 영역을 확정한 것은 한강 하류역에 대한 지리적인 중요성을 확인하기 위함이며, 이에 따라 강남의 신주를 폐하고 강북에 북한산주를 두었다는 데에 관심이 간다. 이는 백제보다 고구려를 더욱 의식하고 主力주력을 강북으로 옮긴 것으로 볼 수 있기 때문이다. 신라는 또한 漢山停한산정(新州停 또는 南川停)을 두고 이 지역에 대한 군사력을 강화하였던 것이다. 이와 같이 견고하게 고구려의 침입에 대비하였던 지역인 광장동의 아차성까지 온달이 진입하였다고 보기에는 쉽게 이해하기 어렵다고 생각된다. 이러한 의미에서도 阿旦城아단성이 곧 阿且城아차성이 될 수 없다고 생각된다.

---

28) 「中原高句麗碑學術座談會」(《史學志》13, p.133, 檀國大學校 史學會, 1979)에서 邊太燮 교수의 말.

관심이 가는 것은 永春영춘이 고구려가 장악하고 乙阿旦을아단이라 이름하였다는 사실이다. 乙을이 웃(上)으로 上상의 뜻이 있다고 보고, 阿아가 小소의 뜻이라고 한다면 乙阿旦을아단은 阿旦아단에 대해 높이는 美稱미칭으로도 이해할 수 있다고 생각된다. 그렇다면 본래는 즉, 백제시대에는 阿旦城아단성으로 호칭하다가 광개토왕의 점령 이후 고구려에서는 이 지역이 죽령의 남쪽으로 통하는 길목이라는 중요성을 고려하고, 또한 새로이 편입된 지역민을 의식하여 높여서 乙阿旦을아단으로 개명한 것으로 보는 것이 옳을 것이다[29].

그러나 이후에도 阿旦城아단성으로 표현을 하고 있었으니 온달전에서 보는 바와 같다. 이는 아마도 옛 이름에 대한 향수라고나 할까? 그러한 예는 한둘 있어 짐작된다[30]. 또한 경덕왕 때 이름을 子春縣자춘현이라 하였으나 이도 阿旦아단에서 유래한 것으로 보이니, '아단'이 변음하여 '아달'(子)로 표기된 것으로 보기 때문이다. 이와 같은 뜻에서 金正浩김정호는 阿達城아달성을 阿旦城아단성과 같다고 보고, 문무왕 15년(675)에 靺鞨말갈이 아

29) 梁柱東,《朝鮮古歌硏究》p. 426(博文書館, 1940)에서 「古借字의 語首에서는 웃(上)에 쓰여져 왔다고 하여 乙阿且은 '웃아차ㅅ골'이 된다고 한 데서 이해된다. 이 책에서는 廣開土王碑의 阿旦을 阿且城의 잘못이라고 하였다(p. 106). 또한 地名에서 '阿'는 '앛'으로 借用된다고 하고 모두 '小'의 뜻이라 한 데서 짐작된다.

高句麗는 南征 이후 전부터 있어 왔던 지명을 사실상 무시하고 새로이 命名하여 지역민의 의식을 새롭게 하려고 한 것이라 보여지니 《三國史記》 地理志에는 본래 百濟와 新羅地域이 분명한 데도 高句麗가 새로이 확보한 지명에 『本 高句麗』 云云한 데서도 생각이 미친다.

李道學은 앞의 논문(p. 98)에서 '阿'는 한강을 가리키는 阿利水의 阿利의 縮音이며, '旦'은 城谷의 뜻으로 보고, 乙阿旦은 '한강 상류의 城谷'이라 하고 이에 대응하여 한강 하류의 阿旦(阿且城)이 생긴 지명이라 하였으며, 이들을 구별하기 위해 상류의 阿旦城을 乙阿旦城으로 일컬었다고 보고 있다.

30) 國原을 新羅는 景德王 때(왕 16년, 757) 中原으로 개칭하였으나, 《三國史記》에는 이후에도 때때로 國原으로 표기하고 있음에서 알 수 있다. 憲德王 14년(822) 조와 孝恭王 3, 4년(899, 900)조 및 弓裔조 등에서 볼 수 있다.

31) 《大東地志》권6. 永春 沿革조에서 「本新羅乙阿旦(一云阿達城) 景德王十六年改

달성에 쳐들어와 劫掠겁략하자 성주 素那소나가 나가 싸우다가 전사한 사실을 영춘지역으로 보고 있다[31]. 靺鞨말갈족의 진출로로 이해가 간다.

그러면 《삼국사기》 지리지 4에 보이는 乙阿且縣을아차현은 어떻게 보아야 할 것인가가 문제로 된다고 하겠다. 이에 대하여 필자는 誤刻오각이 아니라 誤記오기로 보고자 한다. 지리지의 본문(地理志 2 奈城郡조)에서는 乙阿旦縣을아단현이라 하였으니 이는 지명의 沿革연혁을 기록할 때는 지명에 대한 의식을 하면서 작업[移記]을 하였을 것이며, 단순한 지명 만을 옮기는 경우에는 약간의 혼란이 있었을 것으로 보기 때문에 추측된다[32].

더욱 주목되는 것은 《여지도서》 등 몇몇 지리지에 보이는 '古老相傳고로상전'이라 하여 옛부터 전해오는 전설을 기록하고 있으니, 지금의 溫達山城온달산성에 대하여 고구려 온달과의 관련과 온달이 축성하였다고 한 사실이다[33]. 온달과 같은 명장이 계립령과 죽령을 목표하고 출정하였다면 최소한 계립령과 죽령 근처까지는 진출하였어야 하리라고 보아야 한다. 앞에서

子春訪(呼子爲阿達)…」이라 하였음에서 이해된다. 여기에서 本新羅는 百濟로 봄이 옳을 것이다. 또한 典故조의 阿達城에서 素那의 싸움을 기록하고 있다.

32) 《高麗史》 地理志와 《東國輿地勝覽》에도 乙阿旦縣이라고 하였다. 필자는 《三國史記》를 읽으면서 誤記된 부분이 있음을 느낀 바 있다. 여러 차례 옮기면서(移記) 있을 수 있는 일이라고 생각된다. 例示하면, 眞興王 9년(548)조에는 신라 將軍 '朱玲'이라 하였으나(권4), 같은 사건 기록인 百濟의 聖王 26년조에서는 '朱珍'(권26)이라 한 데서 짐작된다. 이 경우에는 어느 편이 옳은 지 알 수 없으나 이는 분명한 한쪽의 오기임에 틀림이 없다고 하겠다.

33) 《輿地圖書》 永春 古跡조, 「古城(石築周一千五百二十三尺內有一井今半頹圮 古老相傳 愚溫達爲高句麗女婿 請守乙阿朝築之云 在官門南距七里)」.

《增補文獻備考》권26 輿地考14, 永春古城조, 「在南七里 石築(周一千五百二十三尺高十一尺) 內有井一世傳 高句麗將愚溫達 請守乙阿朝築之」.

《忠淸道邑誌》永春縣 城池조, 「古城(石築周一千五百二十三尺 內有一井今廢 舊傳 愚溫達爲高句麗女婿 請守乙阿朝築之云 官門南距五里池則無)」 등의 기록에서 알 수 있다.

이들 책에서는 乙阿旦을 乙阿朝라 하였으니 이는 李成桂의 後諱가 旦임으로 避諱하여 同意字인 朝로 표기한 것이다.

도 언급하였지만 지금의 서울지역인 峨嵯城아차성이라면 너무나 거리상으로 보아 이해되지 않는다. 뿐만 아니라 아차성 주변에는 온달에 관한 전설이 전혀 없는데 비해, 계립령과 단양의 온달산성 주변에는 의외로 온달과 관련된 전설이 많다는 데에서도 이해가 간다[34].

이상에서 愚見우견이나마 阿旦城아단성과 阿且城아차성(峨嵯城)은 같은 이름의 다른 표기가 아니라 서로 다른 지명임을 살펴보았다. 阿且城아차성의 위치는 종래의 주장인 廣壯津광장진의 아차산으로 보아야 하며, 阿旦城아단성은 충청북도 단양군 영춘면 지역으로 보아야 할 것이다.

Ⅵ. 結 言

고구려는 백제에 의한 故國原王고국원왕의 전사에 대한 보복을 위해 永樂영락 6년(396)에 한강변으로 진출하여 한때 58성과 700개의 마을을 공취하였다. 이때 고구려의 세력은 지금의 서울지역까지 진출하였을 뿐 아니라 한강의 상류역인 충주지역과 단양의 영춘지역인 아단성까지 장악하였다고 보여진다. 그러나 당시의 정세상 한때 물러섰으나, 남진통일의 꿈을 안고 5

34) 雞立嶺 주변에는 溫達의 戰死之地가 있다고 하기도 하고(金正浩의 〈靑丘圖〉), 溫達將軍의 戰跡地로서 계립재의 말무덤 환훤터의 戰跡地(張基德,《中原鄕土記》 I, p. 226)가 있으며, 또한 雞立嶺이 있는 大院寺址(통칭 彌勒里 절터라 함) 안에는 溫達將軍이 갖고 놀았다는 공기돌이라 하여 큰 바위 위에 직경 1m는 실히 되는 둥근돌이 올려져 있으며 이에 대한 안내판이 있어 누구나가 쉽게 확인할 수 있다.
이에 비해 丹陽 永春지역에는 溫達山城을 비롯하여 수 많은 전설이 있으니, 《한국지명총람》충북편(한글학회, 1970)의 단양 영춘면조를 비롯하여, 林東喆,「忠北 北部地域의 說話考 1」-溫達傳說의 分布와 傳承을 中心으로-(《忠北大學校論文集》27, 1984)의 論文까지 있으며,《傳說誌》의 丹陽郡 永春面조(忠淸北道, 1982)와, 尹洙慶,「溫達山城과 周邊地名에 대하여」(《溫達山城-地表調査報告書-》pp. 68~79에서 '溫達山城을 주축으로 한 流行語'가 12, 溫達과의 관련된 '戰爭用語'가 47종이 있음을 밝히고 있다. 이 외에도 단편적인 기록은 많이 있다.

세기 후반인 장수왕 63년(475)부터 적극적인 남진정책을 펴서 서쪽으로는 牙山灣아산만으로부터 동으로 계립령과 죽령을 넘어서 경상북도의 내륙동해안으로 남하하여 盈德영덕·靑河청하까지 나아가 신라의 서울 경주까지 위협하기에 이르렀으나 뜻을 이루지 못하고 좌절되었다. 좌절된 의미를 挽回만회하고자(統一의 꿈) 국원(忠州)에다 중원고구려비를 세우는 등 전진기지화를 도모하였다. 이와 같은 사실은 고구려가 새로이 장악한 지역에 일제히 고구려식 지명을 명명하였으니 충주를 國原국원으로, 永春영춘을 乙阿旦을아단 등으로 하였다. 《삼국사기》 지리지에 「本 高句麗본고구려」 운운하고 있는 데서 알 수 있으니 이도 통일정책의 일환인 것이다.

그러나 신라와 백제는 동맹관계를 맺고 이에 대응하였다. 6세기 중엽에 이르러서 신라와 백제의 두 영주인 진흥왕과 성왕은 힘을 합하여 551년에 전 한강유역의 이북으로 고구려 세력을 물리치는데 성공하였다. 이후 신라는 오랜 숙원인 한강유역 진출의 꿈을 실현키 위해 553년에 백제가 장악했던 한강 하류유역을 석권하였다. 신라에게 배신을 당한 聖王성왕은 보복을 위해 管山城관산성을 공격하다가 전사한 사실은 유명한 사건으로 기억되고 있다.

한강의 전 유역을 장악한 신라는 그 관리를 철저히 하기 위해 백제의 서울이었던 한성에 新州신주를 설치하고 유명한 金武力김무력 장군을 군주로 임명하였다. 그리고 2년 뒤인 555년에 眞興王진흥왕은 더욱 한강 하류역에 관심을 갖고 북한산을 순행하고 拓定封疆척정봉강하였으니, 이는 北漢山巡狩碑북한산순수비를 세우는 등 확실한 영역의 확정을 의미하는 사실로 보인다. 또 2년 뒤인 557년에는 國原국원(忠州)을 小京소경으로 승격시키고, 新州신주를 폐하고 北漢山州북한산주를 두었으니 이 사실은 한강 남쪽의 주력이 고구려를 의식하여 강북으로 옮겼다는 의미로 해석된다. 또한 漢山停한산정(軍團)을 두는 등 要塞化요새화된 지역에 아무리 날랜 온달이라 하더라도 쉽게 이 지역을 뚫고 남하하여 다시 목표한 계립령과 죽령 방면으로 진출한다는 일은 매우 어려울 것이라고도 생각된다. 사실상 무모한 일이라고 보인다.

신라는 이듬해인 558년에는 國原국원에다 서울(慶州)의 貴戚子弟귀척자제와 六部豪民육부호민을 옮겨 살게 하였다. 이 또한 신라가 계립령·죽령과 더불어 한강의 중·상류역을 확고히 하고자 한 뜻이라고 보여진다. 이 지역은 바로 고구려가 남진통일을 위한 전진기지화하였던 곳이기도 하다. 삼국이 치열하게 정립하고 있었던 당시에 이 지역은 실제적인 중심부로 이 지역을 확보한 세력은 사면으로 진출할 수 있는 要衝요충이기에 통일을 위한 중추적 기능을 갖춘 지역이라 하겠다.

한강유역에서 밀려 올라간 고구려는 통일의 꿈을 만회하려고 계획하여 일차적으로 그들이 전진기지화를 시도하였던 國原城국원성과 雞立嶺계립령·竹嶺죽령지역을 되찾기 위해 嬰陽王영양왕 초에 저 유명한 온달장군이 "계립령과 죽령의 서쪽 땅을 우리에게 돌리지 않으면 돌아오지 않겠다"고 비장한 결의를 하면서 출정을 하게 된 것이다. 그러나 뜻을 이루지 못하고 阿旦城아단성 아래에서 불행하게도 크게 싸우지도 못하고 流矢유시에 맞아 전사를 하였다.

그 동안 아단성과 아차성을 같다고 보는 등 혼동하여 온달이 전사한 곳을 서울지역인 광장진에 있는 峨嵯山아차산으로 비정하여 왔다. 이는 史料사료를 소홀히 다룬 데에 원인한다고 보인다. 阿旦城아단성과 阿且城아차성은 분명히 구별되어야 한다. 阿且城아차성은 廣壯津광장진의 峨嵯城아차성으로 볼 것이나, 阿旦城아단성은 지금의 단양군 영춘지역으로 봄이 타당하다.

이 지역으로 진출한 고구려군의 역할은 대단하였다고 보여진다. 실제적인 전투 상황을 알리는 기록은 없으나 온달이 출정을 목표한 지역에 전하여 오는 많은 관련된 전설은 결코 우연이라고 볼 수 없기 때문이다. 계립령 주변인 충주시 상모면 미륵리 일대와, 단양군 영춘면 일대에는 온달과의 관련이 있는 수 많은 전설이 있음에 관심이 간다. 또한 溫達山城온달산성이 온달이 축성하였는 지의 문제는 且置차치하더라도 적어도 온달과의 관련은 있다고 보아야 할 것이라고 생각된다. 이와 같은 문제는 앞으로 더욱 정밀한 조사와 연구로 문제점을 해결하여야 할 일이라고 보여진다.

그 동안 阿旦城아단성의 문제가 阿且城아차성(峨嵯城)과 혼란을 일으킨 것은 지나친 선입견에서 벗어나지 못한 데에서 온 것이라고 보여진다. 史料사료의 빈약함과 기록의 모호함이 있다고 하더라도 기본 사료의 기록을 정확하게, 그리고 충실하게 보려는 입장도 중요하다. 說話的설화적인 성격이 짙다고 하여 그것을 허구로 돌리려는 입장도 올바른 역사를 보려는 시각은 아니라고 생각한다.

〈《中原文化論叢》 2·3合輯, 1996〉

興武大王 金庾信의 生涯

〈목 차〉

Ⅰ. 머리말

우리 역사 속의 인물 중 金庾信김유신을 모르는 사람은 아마도 없을 것이다. 고려시대의 金富軾김부식도 "김유신과 같은 이는 우리나라 사람들이 칭송하여 지금까지 끊어지지 않으니, 사대부가 알아줌은 당연하지만 꼴을 베고 나무하는 어린아이까지도 능히 알고 있으니 그 사람됨이 반드시 보통 사람과 차이가 있었기 때문이다"[1]라고 말할 정도였다.

오늘의 충청북도 鎭川진천에서 출생한 김유신은 우리 역사상 가장 뛰어난 인물이다. 이를 뒷받침하는 것은 《三國史記삼국사기》(전 50권)의 列傳열전 10권 중 3권이 김유신의 사기로 배정하고, 그 첫머리에 싣고 있음에서도

1) 《三國史記》 권43, 金庾信 下의 말미의 「論曰……若庾信則鄕人稱頌之 至今不亡士大夫知之可也 至於·童牧·亦能之 則其爲人也必有以異於人矣」.

알 수 있다. 삼국시대에 으뜸가는 대표적 인물임을 증명하는 것이다. 물론 三國삼국을 統一통일하는데 중심적 역할을 하였으므로 특별히 다룬 것으로 생각은 가지만, 우리 正史정사에 나타나는 수 많은 인물 중에서 이와 같이 많은 지면을 할애하여 취급한 분은 없기 때문이다. 이러한 위대한 인물이기에 그 동안 학문적인 연구도 많았으며, 많은 인물을 다루는 傳記集전기집 등류 속에서는 빠짐없이 삼국통일의 영웅으로서 소개되고 있기도 하다[2]. 또한 대부분의 영웅들에게 으레 전하고 있는 神異신이한 요소에 오히려 관심을 갖고 民俗學的민속학적인 방면에서도 연구되는 등[3] 다방면에 걸쳐서 연구의 대상이 되고 있음을 본다.

본래《삼국사기》열전의 김유신전은 김유신의 玄孫현손으로 신라의 執事郎집사랑인 長淸장청이《金庾信行錄김유신행록》10권을 지어 세상에 펴냈는데 이것을 김부식이 인용하면서 "만들어 넣은 말이 자못 많으므로 이를 줄이고 그 중에서 기록할 만한 것을 취하여 傳전을 삼는다"[4]라고 하여 10권의 분량을 3권으로 줄였음을 알 수 있다. 이 사실로 본다면 김유신의 行錄행록은 金長淸김장청이 자기의 玄祖현조를 미화하기 위해 문장상의 수식

---

2) 尹榮玉,「三國史記列傳 '金庾信'攷」,《東洋文化》14·15 합집, 1974.
申瀅植,「金庾信家門의 成立과 活動」,《梨花史學硏究》13·14合輯, 1983,《韓國古代史의 新硏究》1984.
丁仲煥,「金庾信(595～673)論－歷史와 人間의 對應－」,〈高柄翊先生回甲記念史學論叢〉, 1984.
金庠基,「金庾信」,《朝鮮名人傳》中, 朝光社, 1948.
李弘稙,「花郞精神의 精髓=金庾信」,《韓國의 人間像》2, 新丘文化社, 1965.
金龍德,「통일의 大望, 민족의 雄飛=金庾信」,《韓國人物史》1, 良友堂, 1983.
이 외에 작자미상의 고전소설《角干先生實記》(3권 3책, 한문본)가 전하고 있다.

3) 金鎭英,「三國史記所載 金庾信說話의 硏究」,《국어교육》21, 1973. 金烈圭,「巫俗的英雄考－金庾信傳을 중심으로－」,《震檀學報》43, 1977 등 민속학적인 연구는 여러 부분에서 다루고 있다.

4)《三國史記》권43, 열전 3(金庾信 下).
李基白,「金大問과 金長淸」,《韓國史市民講座》1, 一潮閣, 1987.

을 가하여 꾸민 것이라고 생각된다. 그러나 꾸민 것이라고 보기보다 김유신의 충성심과 용맹성이 당시대인들에게도 오히려 神異신이하게 미화되어 전해오는 것을 빠짐없이 기록한 것이 아닌가 생각된다. 또한 김부식이 간추렸다는 내용으로 보아 골자 만을 정리한 것이라고 보아진다. 그러나 '김유신전'에도 오늘날 우리의 일반적인 상식으로는 이해가 가지 않는 신비한 요소가 없는 것은 아니다. 이는 백제와 고구려의 시달림 속에서 헤어나려는 신라인의 자주적인 의식의 발로와 통일에의 염원을 김유신전을 통하여 충분하게 반영하고자 한 데에 있었을 것으로도 생각된다.

그러므로 김유신의 생애를 다루기에는 어려움이 많다. 따라서《삼국사기》열전을 중심으로 그 동안 발표된 여러 의견을 참고하면서 年譜연보식으로 정리하고자 할 뿐이다.

Ⅱ. 金庾信의 世系와 出生

김유신은 본래 신라인이 아니다. 그는 駕洛國가락국[5] 왕실의 후손이다. 가락국은 낙동강 하류유역에 있었던 6伽倻가야 중 중심세력을 이루던 金海김해지방의 金官伽倻금관가야로 始祖시조는 首露王수로왕이다. 신라가 고대국가로 성장하면서 이 지역으로 세력을 넓혀가자 가락국의 9대 仇亥王구해왕(또는 仇衡, 仇衝, 仇次休)이 법흥왕 19년(532) 왕비와 세 아들(奴宗·武德·武力)을 데리고 新羅신라에 항복하였다. 신라에서는 이들을 禮예로 맞이하여 上等상등의 자리[位]를 주고 그 본국을 食邑식읍으로 삼게 하였으며, 武力무

5) 駕洛國은 본래 金海地域에 있었던 나라이름으로 그 명칭이 그 동안 加耶·伽耶·伽倻·加羅·加良·駕洛·伽落·狗耶·南加羅·南加耶·金官伽倻·金官加耶 등으로 다양하게 표기되어 왔다. 金官國·金官伽倻는 가야연맹 중 하나인 本伽倻(김해)를 지칭하는 국호이다.

력은 신라에 머물게 하여 角干각간의 벼슬에까지 이르렀다[6].

仇亥王구해왕은 김유신의 증조부가 되며, 그의 祖父조부인 金武力김무력은 신라에서 장군으로 여러 전투에 참여하였으며, 진흥왕 14년(553) 한강유역으로 진출할 때도 크게 공을 세워 新州신주(廣州지역)의 軍主군주가 되고 뒤에 각간에까지 올라 家門가문을 일으키는데 역할이 컸다. 아버지인 金舒玄김서현은 蘇判소판(또는 迊飡)의 벼슬을 받았는데 이는 17관위 중 3위로 眞骨진골 만이 받을 수 있는 것으로 신라에서는 駕洛國가락국의 왕실에 진골의 신분으로 대우하였으며, 또한 신임도 두터웠으니 舒玄서현은 大梁州都督安撫大梁州諸軍事(대양주도독안무대양주제군사)가 되었다. 梁州양주는 지금의 梁山양산으로 그 관할은 옛 金官伽倻금관가야를 포함한 낙동강 하류일대로서 그의 출신지역의 軍政官군정관을 맡긴 것에서도 알 수 있다.

더욱 주목되는 것은 신라의 왕실과 血緣的혈연적으로도 결합을 하게 되었으니, 金舒玄김서현은 진흥왕의 아우인 肅訖宗숙흘종의 딸 萬明만명과 결혼하여 金庾信김유신을 출생케 한 일이다. 처음에 김서현은 노상에서 만명을 보고 마음에 두고 꾀어 서로 사랑하게 되어 중매도 없이 결합하게 되었다.

---

6) 《三國史記》 권4, 법흥왕 19년조. 《三國遺事》, 《駕洛國記》에는 3子를 世宗·茂刀·茂得의 순으로 기록하여 이름과 순위에 차가 있다. 史記의 첫째아들 奴宗은 世宗의 音借로 보아 같다고 하겠으나 둘째 武德은 遺事의 셋째 茂得과 音似하니 순위가 바뀌고 있으며, 셋째 武力은 遺事의 둘째인 茂刀의 刀와 力이 비슷하나 금석문 등에도 力이 나오고 있다. 茂는 武와 同音異字로 표기하고, 遺事의 金庾信조에서는 虎力이라 하였으니 고려 2대 惠宗의 諱가 武임으로 避諱한 것이다.

그러나 《駕洛國記》 중 신라의 文武王이 자신의 出系(실은 首露王廟의 司祭者의 순임)를 말하는 중에 伽倻의 仇衡王이 항복할 때 거느리고 온 아들로 「世宗之子率友公(또는 卒支公)之子 庶云匝干之女 文明皇后 寔生我者」라고 하여 혼란을 주고 있다. 率友公은 史記에는 나오지 않는다. 世宗이 武力의 兄이며, 庶云은 武力의 아들인 舒玄임을 감안할 때 「世宗之弟 武力公之子 舒玄匝干之女 文明皇后……」라고 봄이 옳을 것이다. 武力은 크게 활약하여 角干의 벼슬에 올랐으나, 기타 두 형제에 대하여는 기록이 없는 것으로 보아 武力이 駕洛國을 계승한 대표적 인물임을 알 수 있다. 村上四男, 〈金官國の世系と率支公〉, 《朝鮮學報》 21·22 합집, 1961에서는 世宗이 죽은 후 그 아우인 武力이 뒤를 이어 率友公이라 불려진 것이라고 하였다.

〈金庾信의 系譜〉

駕洛國始祖(首露王)－居登王－麻品王－居叱彌王－伊尸品王－坐知王－吹希王－銍知王

- 鉗知王
  - 仇衡王(仇亥)
    - 世宗(奴宗)
    - 武力－舒玄
      - **庾信**
        - 三光－允中－□□
          - 長淸－雄元
          - 巖
        - 元述－允文
        - 元貞
        - 長耳
        - 元望
        - 軍勝
      - 欽純－盤屈－令胤
      - 女, 寶姬
      - 女, 文姬(武烈王妃)
    - 武得(武德)
  - 脫知

그후 서현이 萬弩郡만노군(지금의 鎭川)의 太守태수가 되어 만명과 함께 떠나려고 하였으나, 숙흘종이 그제야 野合야합한 사실을 알고 노하여 딸을 별채에 가두고 사람을 시켜 지키게 하였다. 그러나 갑자기 벼락이 그 집 문을 때려 지키는 사람이 놀란 틈을 타서 창문으로 빠져나가 서현과 함께 임지로 가게 되었다. 그렇게 되므로 두 사람의 결혼이 성사된 것이다.

이 사실은 혈통의 순수성을 중요시하던 엄격한 신라사회에서 비록 정책상 금관가야의 왕실에 진골신분의 극진한 대우를 하였다고는 하더라도 신라왕실의 명예와 특권이 결혼까지는 허용될 수 없었던 매우 어려운 일이었기 때문으로 해석된다. 그러나 이것을 계기로 두 왕실은 더욱 깊은 관계를 맺게 되어 서현에게 높은 官位관위나 중요한 직책이 주어진 것으로 생각된다.

偉人위인의 출생에는 신이한 說話설화가 붙게 마련이다. 김서현이 庚辰경진날 밤에 熒惑星형혹성(火星)과 鎭星진성(土星)의 두 별이 자기에게로 내려오는 꿈을 꾸었다. 부인 만명은 辛丑신축날 밤에 한 童子동자가 황금갑옷을 입고 구름을 타고 집안으로 들어오는 꿈을 꾸고 임신하여 20개월 만에 아들을 낳았으니, 진평왕 17년(595)이다. 서현은 아기의 이름을 "경진날 밤에

吉夢길몽을 꾸어 아이를 얻었으니 庚辰경진으로 지어야 하겠으나, 《禮記예기》에 日月일월의 이름으로 짓지 않는다고 하였으므로 庚경자는 庾유자와 비슷하고, 辰진은 信신과 音음이 비슷하다. 더구나 옛 현인에 庾信유신[7]이라는 이름이 있다"고 부인에게 말하며 이름을 '庾信유신'이라 하였다.

김유신의 탄생에 관하여《三國遺事삼국유사》에는「七曜칠요의 정기를 타고 났으므로 七星칠성의 무늬가 있고 또 신이한 일이 많았다.」라 하고, 또한 고구려의 점쟁이 楸南추남의 化身화신이라고도 하고, 당나라에서는「三十三天삼십삼천의 한 사람이 내려와 '유신'이 되었다.[8]」고도 하였다.

김유신은 만노군에서 태어났으니 지금 충북의 鎭川郡진천군이다. 처음 유신의 胎태를 높은 산[高山]에 묻었으므로 胎靈山태령산이라 하였으니 지금의 吉祥山길상산[9]이다. 이는 태를 묻은 최초의 기록이고, 길상산 정상에는 胎室태실과 胎靈山城태령산성이 있으며, 이 산 아래 상계리 계양마을에는 김유신의 탄생지로 遺墟碑유허비가 세워져 있으며, 1999년에 사적 제414호로 지정하여 보호되고 있다. 이곳에는 신라 때 세운 金庾信祠김유신사가 있었으며 春秋춘추로 국가에서 香향과 祝축을 내려 제사지냈었다[10]. 이 외에 진천군

---

7) 中國 北周의 사람으로 성은 庾, 이름이 信이다. 그는 同時代의 徐陵과 함께 詩文으로 이름났다. 후에 驃騎大將軍 開府儀同三司 등의 중직을 지냈으므로 '庾開府'로 통칭되었다. 문집으로《庾子山集》을 남겼다.

8)《三國遺事》 권1, 紀異 1, 金庾信조. 神異한 일이 많았다 하여 紀異편에 기록한 것으로 보인다.

김유신의 탄생과 관련된 사실은 同조에 보이는 고구려의 첩자 白石의 이야기 속에서도 '고구려의 점쟁이 楸南의 化身'이라고 하였다. 또한 同 金春秋조의 말미에 唐 高宗이 신라의 太宗(武列王)의 칭호를 문제삼자, 신라왕이「新羅雖小國 得聖臣金庾信 一統三國 故封爲太宗 帝見表 乃思儲貳時 有天唱空云 三十三天之一人降於新羅爲庾信 紀在於書 出檢視之 驚懼不己 更遣使許無改太宗之號」란 기록에 의해 三十三天의 한 사람이 내려가 신라의 庾信이 되었음을 알게 하기도 한다. 同書 권2, 萬波息笛조에도 金庾信이 33천의 1인이 되어 下降했다고 하였다.

9)《新增東國輿地勝覽》 권16, 진천현 山川조에서는 胎를 이 산에 묻으므로 인하여 吉祥이라 이름했다고 하였다.

10)《高麗史》 지리지 鎭州조,《世宗實錄》 지리지 鎭川縣조,《新增東國輿地勝覽》 권

지역에는 김유신과 관련이 있는 지명과 전설이 많음에 관심이 간다[11].

Ⅲ. 花郎으로의 修鍊

김유신은 어렸을 때부터 어머니인 萬明夫人만명부인의 엄격한 敎化교화를 받고 자라났다. 그 예로 다음의 유명한 이야기가 전하여 오고 있다.

「그가 어렸을 때 어머니가 날마다 엄한 훈계를 하므로 함부로 남과 사귀어 놀지를 않았다. 그러다가 하루는 우연히 天官천관이라는 妓女기녀의 집에서 유숙하였다. 어머니가 이 사실을 알고 교훈하기를, "나는 이미 늙었다. 낮이나 밤마다 네가 성장하여 功名공명을 세우고 임금과 어버이를 영화롭게 하기를 바라고 있다. 이제 네가 천한 아이들과 더불어 음탕한 방과 술집에서 놀아난단 말이냐"하고, 울음을 그치지 않았다. 유신은 즉시 어머니의 앞에서, "다시는 그 집 문을 지나지 않겠다"고 맹세를 하였다.

그러나 하루는 술이 취해 집에 돌아오는데 말이 전날에 다니던 길을 따라 그릇 천관의 집에 이르렀다. 천관은 한편으로 반기고, 한편으로는 원망하며 울면서 나와 맞이하였다. 유신은 이미 깨닫고는 타고 온 말을 베고, 안장을 버린 채 돌아갔다.」[12]는 내용이다. 이로 미루어 보아 엄한 어머니의 교훈과 그에 상응한 그의 굳은 결심은 장차 위대한 인물로 성장하게 된 계기가

16, 진천현 祠廟조. 金庾信祠에는 고려시대까지 나라에서 제사를 지냈으나, 조선 太祖 8년(1399)에 정지시키고 본 고을(진천군) 관원으로 하여금 제사지내게 하였다고 하였다. 그러나 임진왜란 때 병화로 소실된 후 철종 2년(1851)에 백곡면에 竹溪祠를 중건하여 배향하다가 1884년 옛터에 桂陽廟를 세워 제사를 지냈으나 1922년 홍수로 무너지자 1926년에 吉祥祠를 현 위치에 세워 오늘에 이르고 있다.

11) 《鎭川金庾信將軍史蹟學術調査報告書》, 한국교원대학교 박물관·진천군, 1999.

12) 《新增東國輿地勝覽》 권21, 慶州府, 古跡, 天官寺조에 전한다. 《韓國民間傳說集》, 通文館, 1946.에서는 천관이 죽자 김유신이 그 집 자리에 天官寺를 지어 영혼을 위로하였다고 하며, 말의 목을 베어 죽인 자리를 '斬馬巷'이라 불렀다고도 한다.

된 것이라고 하겠다.

15세(진평왕 31, 609)가 되자 김유신은 花郞화랑이 되었다. 많은 사람들이 따랐으므로 그 무리를 龍華香徒용화향도라 하였다.

17세(진평왕 33, 611) 때에 고구려·백제·말갈이 국경을 자주 침범하자 이들을 물리쳐서 삼국을 통일하겠다는 장한 뜻을 품고 신라인들이 신성하게 여기는 中嶽중악의 石窟석굴[13]에 홀로 들어가 齋戒재계하고 하늘에 맹세하며 아뢰기를 비상한 術法술법을 빌려줄 것을 빌었다. 그러자 지성이면 감천이라고 나흘 만에 難勝난승이라는 노인[山神?]이 나타나 "이곳에는 毒蟲독충과 猛獸맹수가 많아 무서운 곳인데 귀한 소년이 여기에 와서 혼자 거처하니 어찌된 일인가?"하며, 시험하였다. 이에 유신은 그가 비상한 사람인 것을 알고, 두 번 절을 하고 눈물을 흘리며 자신의 의지를 고한 후 方術방술을 가르쳐 줄 것을 6~7차례나 간곡히 청하였다. 그러자 노인은 "그대는 어린 나이에 삼국을 병합하려는 마음을 가졌으니 장하다"고 칭찬하며 비법을 전하여 주고는, "이것을 함부로 써서는 안 된다"고 이르며 홀연히 사라졌다. 그가 사라진 산 위에는 오색이 찬란한 빛 만이 보였다고 한다.

18세(진평왕 34, 612) 때에는 백제가 심하게 공격하자 더욱 격분하여 홀로 寶劍보검을 가지고 咽薄山인박산(울산)에 들어가 향을 피우고 하늘에 고하며 중악에서와 같이 맹세하며 天官神천관신에게 빌었다. 그러자 3일째 되는 밤에 虛허·角각의 두 별빛이 내려와 비치니 보검이 약동하는 듯하여 靈感영감을 얻게 되었다[14]고 하였다. 이는 화랑으로서 入山입산 수련의 한 장

---

13) 鄭永鎬, 「金庾信의 百濟 攻略路 硏究」, 《史學誌》 6, 1872에서는 慶州 서쪽에 있는 斷石山(《新增東國輿地勝覽》 권21, 경주부 山川조)으로 비정하고 있다. 그러나 《鎭川金庾信將軍史蹟學術調査報告書》 p. 61에서 이월면 沙谷里 將帥窟에도 같은 내용의 전설이 있음을 밝히고 있다. 또한 同書 p. 23에서 「김서현은 30여 년 동안 만노군에 머물면서 민심을 安堵케 하고……」라 하여 김유신이 진천에서의 활동을 시인하고 있어 관심이 가나 고려하여야 할 것으로 본다.

14) 《三國遺事》 권1, 金庾信조에는 「18세에 검술을 닦아 國仙(화랑)이 되었다」고

면을 설명하는 것이기도 하며, 동시에 비상한 呪術的주술적인 면이 있음을 알게도 한다. 이러한 수련을 한 연후에 김유신은 靈界영계와 통할 정도로 정신수양과 더불어 육체적인 단련을 하여 그 뜻한 바 목적을 달성한 것이라고 생각된다.

또한 이 때에 김유신의 낭도 중에 白石백석이라는 어디서 왔는 지를 모르는 자가 있었다. 그는 김유신이 밤낮으로 고구려와 백제를 치려고 골몰하는 것을 보고, 자기와 같이 몰래 적국에 들어가 그 정세를 탐지한 후에 도모하는 것이 어떠하냐고 하니, 유신도 기뻐하며 백석을 데리고 밤중에 고구려로 떠났다. 그러나 길을 가는 도중에 세 娘子낭자가 나타나 같이 길을 가며 마음을 허락하고 정을 통하게 되었다. 세 낭자는 유신에게 비밀리에 "우리는 奈林내림·穴禮혈례·骨火골화 등 세 곳의 護國神호국신인데 지금 적국의 첩자가 꾀어가려고 하니 백석을 멀리 하라"고 말하고는 이내 사라졌다. 유신이 놀라며 깨닫고 백석에게 긴요한 문서를 잊고 왔으니 되돌아 가서 가져와야겠다고 하고 집으로 돌아와서 백석을 결박하고 문초하였다. 그러자 백석은,

"나는 본래 고구려 사람이다. 신라의 유신은 우리나라 점쟁이 楸南추남의 化身화신이라 한다. 국경에 逆流水역류수가 있어 강물이 엎치락 뒤치락하므로 추남에게 점을 치게 하자, 대왕의 부인이 음양의 도를 역행하므로 그 표징이 이와 같다고 하였다. 대왕은 놀라고 부인은 노하여 요망한 여우의 말이라고 하며, 다른 일로 시험하여 맞지 않으면 重刑중형에 처하겠다고 하고, 쥐 한 마리를 함 속에 넣고 이것이 무엇이냐고 물었다. 추남이 '그것은 쥐인데 여덟 마리'라고 하였다. 이에 말이 틀린다 하고 추남을 죽이려 하자, '내가 죽은 뒤 대장이 되어 반드시 고구려를 멸망케 하겠다'고 하였다. 추남을 곧 목베어 죽이고 쥐의 배를 가르니 새끼가 일곱 마리 있었으므로 그제야 맞은 것을 알았다. 그날 밤에 대왕의 꿈에 추남이 신라의 舒玄公서현

하였다.

공 부인의 품속으로 들어가는 것을 보고, 여러 신하에게 이야기하니 신하들이 추남의 말이 맞는다고 하며, 나를 보내어 이렇게 꾀하게 하였다"고 실토하였다.

김유신은 백석을 처형하고, 百味백미를 갖추어 三神삼신에게 제사를 지내니 모두 나타나 祭奠제전을 받았다고 한다. 삼신은 신라 三山삼산의 護國山靈호국산령이니 김유신의 굳은 의지와 정성스런 입산수련의 마음가짐이 이들까지 움직이게 하였다고 하겠다[15].

Ⅳ. 金春秋와 金庾信

신라는 24대 眞興王진흥왕의 시대부터 급격히 국력이 팽창하여 가다가 선덕여왕(27대) 때에 이르러 軍事군사에 김유신과 外交외교에 金春秋김춘추의 兩大양대 英傑영걸의 출현으로 三國統一삼국통일의 기운이 조성되기 시작하였다. 신라의 삼국통일에서 이 두 사람은 결코 떼어서 생각할 수 없는 존재이다.

김춘추는 眞智王진지왕(25대)의 손자이며, 伊湌이찬 龍春용춘의 아들로 진평왕 24년(602)에 태어났다. 또한 부인은 김유신의 季妹계매인 文姬문희이다. 그러니 김유신보다 7년 손아래로 나이에서도 형제 간처럼 친할 수 있는 사이인 데다가 또한 매부와 처남의 사이가 된다.

김춘추는 53세에 가서 왕위에 오르게 되니 29대 太宗武烈王태종무열왕이다. 그는 선덕여왕과 진덕여왕에 대신하여 왕위에 오를 수 있는 신분이었으

15) 《三國遺事》 권1, 金庾信조에 자세히 기록되고 있다. 三神은 《三國史記》 권32, 祭祀志, 大祀, 三山조에 「一. 奈麻(習比部), 二. 骨火(切也火郡), 三. 穴禮(大成郡)」이라 하여 신라에서는 三山五嶽 이하 名山大川으로 나누어 大中小의 제사를 지냈다고 하였으니 護國의 山靈도 김유신을 가호하였음을 알게 한다.

나, 骨品골품관계로 밀려났다가 뒤늦게 왕위에 올랐다[16]. 그러나 이 때에도 처음에는 閼川公알천공이 추천되었으나 김유신의 역할에 의하여 알천공이 양보하므로 왕위에 오르게 된 것이다[17].

《삼국유사》 太宗春秋公태종춘추공조에는 다음과 같은 흥미있는 유명한 설화가 있다. 김유신이 김춘추와 같이 정월 午忌日오기일에 자기 집 앞에서 공을 치다가 일부러 춘추의 옷끈을 밟아 떨어지게 하고는 자기 집으로 데리고 가 누이[文姬]에게 달아주게 하였다. 이것이 계기가 되어 자주 왕래하며 서로 사랑하게 되고 임신까지 하게 되었다. 그러자 유신은 누이를 꾸짖으며, 부모에 고하지도 않고 아이를 배었으니 무슨 까닭이냐 하고 나라 안에 말을 퍼뜨리고 누이를 태워 죽인다고 하였다. 그러다 선덕왕이 남산에 행차하는 것을 기다렸다 나무를 마당에 쌓아 불을 질러 연기가 일어나도록 하였다. 왕이 연기를 보고는 무슨 일이냐고 물으니 시종이 사실을 고하였다. 왕이 그러면 누구의 자식이냐고 물었다. 마침 춘추가 앞에 있다가 얼굴빛이 크게 변하였다. 그러자 왕이 "이것이 너의 소행이니 속히 가서 구하라"고 하여 말로 달려가서 죽이지 못하게 하고, 왕의 뜻을 전하고는 곧 혼례를 행하였다는 내용이다.

이 내용을 본다면 김유신은 처음부터 자기 누이를 매개로 하여 자기의 가문과 정상적으로는 이루어질 수 없는 신라 왕실과의 혼인을 성사시키기 위해 꾸민 일임을 알게 한다. 이는 앞서 보았던 유신의 아버지 김서현도 어려

---

16) 《三國遺事》 권1, 王曆 善德女王조에 「聖骨男盡 故女王立」이라 하고, 다음 眞德女王조에서는 「已上中古 聖骨 已下下古 眞骨」라 하여 시대를 骨品에 의하여 구분하고 있다. 시대구분은 《三國史記》 권5, 眞德女王조 말미에는 「始祖至眞德二十八王 謂之聖骨 自武列至末王 謂之眞骨」이라 하고 있다.

17) 《三國史記》 권5, 武列王조에는 閼川이 자기는 늙고 德行이 없어 濟世의 英傑인 春秋에게 양보하는 듯하였으나, 同書 권42, 金庾信 中권에서는 「庾信이 宰相인 閼川 伊湌과 의논하여 春秋 이찬을 맞아 즉위시키니 이가 太宗大王이다」라고 하여 김유신의 역할이 강조되고 있다.

운 난관을 뚫고 혼인하였던 선례와 다를 바 없다. 김유신의 가문으로서는 새로운 중앙귀족으로의 입지를 확립하기 위한 수단으로 왕위에서 폐위된 眞智王系진지왕계인 김춘추와의 결합이 필요했다고 하겠다. 이와 같이 하여 두 가문이 정치적·군사적인 필요에서 결합되어 새로운 정치세력으로 발전해 가게 된 것이다[18]. 또한 김춘추가 왕위에 일찍이 오르지 못한 이유 중에는 김유신가와의 결혼문제가 작용한 것은 아닐지 생각도 된다. 오히려 이러한 관계가 두 사람의 사이를 더욱 긴밀하게 엮어주었다고도 생각된다.

김춘추가 고구려에 군사적 협력을 구하려고 들어갈 때 김유신에게 "나는 공과 한 몸이고 나라의 팔다리이다(吾與公同體 爲國股肱)"라고 하며 자기가 없을 때에 대비한 이 말은 두 사이를 분명히 알려주는 예라고 하겠다. 더욱 김유신은 태종무열왕의 셋째 딸 智炤지소(김유신의 누이가 낳은 딸이 아님)를 부인으로 삼았다. 둘의 사이는 이중으로 얽히고 있으니 이 특수한 관계가 더욱 힘을 합쳐 통일을 이룩하는데 작용하였으니 서로는 어려운 많은 일을 도와가며 잘 극복하여 갔던 것이다.

V. 金庾信의 活躍

35세 때인 眞平王진평왕 51년(629) 8월에 김유신은 첫 출전을 하게 되었으니, 고구려 娘臂城낭비성의 공격이었다. 이때 波珍飡파진찬(本紀에는 大將軍) 龍春용춘(김춘추의 父)과 蘇判소판 舒玄서현(김유신의 父) 등의 지휘 하에 김유신은 中幢중당 幢主당주(본기에는 副將軍)로서 참전하였다. 적의 강한 軍勢군세에 아군이 겁을 먹고 움직이지 아니하자, 유신이 아버지 앞에 나아가 "내가 들으니 옷깃을 들면 가죽옷이 펴지고 벼리를 당기면 그물이 펼쳐진다 하

18) 申瀅植, 「武列王權의 成立과 活動」, 《韓國史論叢》 2, 1977.

니 제가 그 벼리와 옷깃이 되겠습니다"하고는 말에 올라 적진에 들락날락 하면서 적장의 머리를 베어 들고 돌아왔다. 이를 본 아군은 이기는 기세를 타서 맹렬히 공격하여 5천여 명을 베고 천 명을 사로잡으니 적이 드디어 항복하였다. 이 때의 娘臂城낭비성을 지금의 淸州청주라고 하나 이는 잘못이라고 생각된다. 이 무렵에 신라는 이미 한강 전 유역을 확보하고 그 북쪽으로 진출하고 있던 시기이기 때문이다[19].

48세인 선덕여왕 11년(642) 7월에 백제가 신라의 서쪽 40여 성을 빼앗고, 또 8월에는 장군 允忠윤충에게 1만의 군사로 大梁州대양주(大耶城, 지금의 陜川)를 공파하였다. 이 싸움에서 도독 品釋품석의 夫婦부부도 전사하였다. 품석의 아내는 김춘추의 딸 古陀炤娘고타소랑이다[20]. 김춘추는 딸의 죽음을 듣고, 기둥에 기대어 종일토록 눈도 깜박이지 않고 사람이나 물건이 그 앞을 지나가도 알아보지 못하였다고 하니 그 한이 어떠하였는가를 알 수 있다. 춘추는 이 싸움에서 백제에 대한 적개심으로 고구려의 힘을 빌려 원수를 갚겠다고 왕에게 허락받아 단신으로 고구려에 들어갔다. 춘추가 떠나려할 때 김유신에게 "나는 공과 한 몸이고 나라의 팔다리이다. 지금 내가 만약 저곳에 가 해를 당하면 공은 무심할 수 있겠는가?"하고 60일을 한으로 서로 대비책을 세우고 떠났다.

이후 김유신을 押梁州압양주(지금의 慶山)의 軍主군주로 임명하였다. 대야성은 지금의 大邱대구지방을 위협받는 전방이므로 이에 대응케 한 것이라고 보인다.

---

19) 金侖禹, 「娘臂城과 娘子谷城」, 《史學誌》 21, 단국대학교 사학회, 1987에서 娘臂城을 淸州가 아니라, 경기도 파주군 적성면 구읍리에 있는 重城山城, 즉 七重城으로 보고 있다.

20) 品釋의 죽음에 대하여 《三國史記》 권47, 竹竹전에는 싸움이 위급하자 먼저 妻子를 죽이고 자결했다고 하였으며, 同書 권28, 의자왕 2년 8월조에는 城主 品釋이 妻子와 함께 나와 항복하매 允忠이 모두 죽이고 그 머리를 잘라 王都(부여)에 전하였다고 하였다.

김춘추는 고구려에 들어가 사정을 말하자, 고구려는 痲木峴마목현(雞立嶺)과 竹嶺죽령은 본래 고구려의 땅이기 때문에 이곳을 돌려준다면 돕겠다고 하였다. 그러나 이 지역은 신라로서도 중시하는 곳으로 응하지 않자 춘추를 억류하였다. 이에 춘추는 先道解선도해의 龜兎之說구토지설[21]을 듣고 변명하여 풀려났다고 함은 유명한 이야기이다. 또한 60여 일이 지나도 돌아오지 않자, 김유신은 決死隊결사대 3천 명으로 쳐들어 가려고 하였으나 춘추가 풀려 돌아왔기 때문에 행군을 멈췄다고 하였다. 本紀본기에는 1만 명을 거느리고 한강을 지나 고구려의 남쪽 경계로 들어가니 고구려왕이 듣고 춘추를 놓아 돌려보냈다고 하였다.

김유신과 김춘추와의 관계는 이 대야성의 싸움으로 인하여 더욱 굳은 결합이 이루어졌으며, 이 원한을 풀기 위해 김춘추의 통일 外交戰略외교전략이 시작되었으니 고구려의 방문은 실패하였으나, 이후 對唐外交대당외교 등 적극적인 활동으로 삼국통일을 이룩하였으니 대야성의 戰役전역이 갖는 의미를 알게 한다.

50세인 선덕여왕 13년(644)에 蘇判소판이 되었다. 9월에는 上將軍상장군(본기에는 大將軍)이 되어 백제의 加兮城가혜성·省熱城성열성·同火城동화성 등 7城(성)을 쳐서 크게 이겼으며, 加兮津가혜진까지의 길을 개척하였다. 이듬해(51세, 선덕여왕 14년, 645) 정월에 돌아와 왕을 뵙기도 전에 백제의 대군이 買利浦城매리포성을 공격해 왔다는 급한 보고에 왕은 다시 유신을 上州상주(지금의 尙州) 장군에 임명하고 이를 치게 하였다. 곧 말에 올라 처자도 볼 겨를 없이 나가 반격하여 2천여의 목을 베었다. 3월에 돌아와 復命복명하고 미처 집으로 돌아가기 전에 또 백제군이 국경에 주둔하여 공격할 것이라는

21) 용궁의 거북이가 토끼의 간을 얻고자 육지로 나와 토끼를 속여 바다로 데리고 가다 사실을 실토하자, 토끼는 간을 빼어 두고 왔다고 능청을 부려 다시 육지로 돌아오자 탈출하였다는 이야기이다.

급보가 들어왔다. 왕은 다시 유신에게 수고로움을 꺼리지 말고 나가 대비하라고 하여 또 집에 들르지도 못하고 군비를 갖추고 서쪽으로 떠났다.

이 때에 그 집사람들이 모두 문밖에 나와 오는 것을 기다렸다. 그러나 유신은 자기집 앞을 지나면서도 돌아보지 않고 50보쯤 지나가다 말을 세우고, 사람을 시켜 집의 漿水장수를 떠오게 하여 마시고는 "우리집 물맛은 변치 않았구나"라고 하니, 이를 본 많은 군사들이 "대장군도 이와 같으니 우리들이 어찌 골육과 이별함을 한하랴"하고 감격하며 국경에 이르니, 백제군은 신라의 병력과 布陣포진을 보고는 감히 공격하지 못하고 물러갔다. 왕은 이 소식을 듣고 기뻐하며 벼슬과 賞상을 더하여 주었다.

53세인 선덕여왕 말년(16, 진덕여왕 원년, 647) 정월에 대신 毗曇비담과 廉宗염종 등이 女王여왕이 나라를 잘 다스리지 못한다고 하여 왕을 폐하려고 난을 일으켰다. 이때 반군은 明活城명활성에, 王軍왕군의 김유신은 月城월성에서 10개월을 대치하고 있었다. 어느 날 한밤중에 월성에 큰 별이 떨어지자 비담은 별이 떨어진 곳에는 流血유혈이 있는 법이니 女主여주가 망할 징조라 하며 난군의 사기를 올렸다. 반대로 왕과 왕군측의 사기가 떨어지게 되자, 김유신은 "길하고 불길함은 정해진 것이 아니라 사람이 부르는 것이다. 그러므로 德덕이 妖事요사한 것을 이기며, 별의 變異변이를 두려워 할 일이 아니다"라고 왕에게 말하고는 인형을 만들어 불을 붙인 다음 연에 실려 띄워 올렸다. 그리고 다음날 사람을 시켜 어젯밤에 떨어진 별이 다시 하늘로 올라갔다고 소문을 퍼뜨리고 별이 떨어진 곳에 白馬백마를 잡아 祭祀제사지내고 악한 자를 치게 하여 줄 것을 하늘에 빌었다. 그러자 사기가 돋구어져 반란군을 진압하게 되었다고 하니, 이는 김유신이 靈界영계와의 교감이라고 하는 유명한 이야기 중의 하나이다.

10월에 백제군이 茂山무산·甘勿감물·桐岑동잠 등 세 성을 포위 공격하자 김유신은 보기 1만으로 막았으나 苦戰고전하여 기세가 꺾이자, 丕寧子비녕자에게 특별히 방법을 말하니 그는 감격하여 적진에 뛰어 들어갔다. 그러자 아들과 노복들이 뒤따라 들어가 싸우다가 모두 장열하게 전사하였다. 이를 본 신라의 군사들이 모두 감동하여 앞을 다투어 진격하여 적을 크게 물리쳐 3천여 명을 목 베었다.

이 해에 김춘추는 당나라에 군사를 청하러 들어갔다. 당의 太宗태종은 춘추에게 김유신의 명성을 알고 그 사람됨을 물었다. 이에 "유신은 비록 才智재지는 있으나 황제의 위엄을 빌리지 않고서야 어찌 쉽게 이웃의 患환을 없앨 수 있겠습니까?"라고 하니, "참으로 군자의 나라이다"라고 하며, 승낙하니 고구려에서 실패한 일이 당에서는 환대를 받으며 성공한 外交외교라고 하겠다.

이 때에 김유신은 押梁州압량주 軍主군주로 있으면서 軍事군사에 뜻이 없는 듯이 술을 마시며 놀기를 여러 달을 보냈다. 그러자 고을 사람들이 김유신을 용렬한 장수라고 비방하며, "뭇 사람들이 오랫동안 쉬어 남는 힘이 있어 한 번 싸울만한데 장군이 게으르니 어찌할 것인가?"라고 근심하였다. 이 말을 들은 유신은 장병들의 뜻을 살피고 왕에게 대량주의 보복을 하겠다고 고하였다. 왕은 의심을 하였으나 유신은 이제 우리 백성들이 생사를 같이 할 단결된 힘이 있으니 백제를 두려워할 바가 못 된다고 하며 허락을 받아 군비를 갖추고 대량주에 이르렀다. 백제군이 반격해 오자 거짓 패하여 玉門谷옥문곡까지 물러났다. 백제는 얕보고 대군을 이끌고 나오자 복병이 앞뒤로 공격하여 크게 깨치고 백제의 장군 8명을 생포하고 1천 명을 베었다. 그리고 백제에 앞서 전사한 品釋품석 부부의 유해와 포로가 된 8명의 장군과 교환할 것을 제의하여 교환하였다. 김유신은 김춘추의 痛恨통한의 일부를 풀어준 것이다. 춘추는 당나라와의 성공적인 외교를 하고 돌아와 유신의 수고로움에 감사하였다.

이긴 기세를 타서 백제의 영토 깊숙이 쳐들어가 嶽城악성 등 12성을 함락하고, 2만여 명을 목 베고 9천 명을 사로잡았다. 이 공로로 伊湌이찬에 오르고 上州行軍大摠管상주행군대총관이 되었다. 다시 적의 영토에 들어가 進禮城진례성 등 9성을 무찔러 9천여 명을 목 베고, 600명을 포로로 잡았다.

55세인 진덕여왕 3년(649) 8월에 백제가 石吐석토 등 7성을 공격하여 왔다. 김유신은 竹旨죽지·陳春진춘·天存천존 등과 더불어 5道도로 나누어 공격하여 적장을 비롯하여 1백여 명을 죽이고 혹은 사로잡고, 군졸 8,980명을 목 베고, 말 1만 필과 투구 1,800벌, 기타 많은 기계를 노획하였다. 또 개선하는 중 백제의 佐平좌평 正福정복이 천여 명을 거느리고 항복하자 모두 석방하여 주었다. 이 싸움도 처음에는 어려운 고비가 있었으나 물새 한 마리가 유신의 군막을 지나자 불길한 징조로 보아 동요하자, 첩자가 올 것이니 거짓 쉬는척 하고 내일 지원군이 올 것이라고 헛소문을 퍼뜨려 적으로 하여금 불안케 하고 일격에 공격한 결과이다.

Ⅵ. 羅唐聯合軍과 金庾信의 百濟攻略

60세가 되는 해에 진덕여왕은 재위 8년(654)에 죽었다. 김유신의 영향력과 閼川公알천공의 협력으로 드디어 金春秋김춘추는 왕위에 올랐다. 이가 신라 제29대의 太宗武烈王태종무열왕으로 화려한 신라의 中代社會중대사회를 열고 출발을 하게 되었다. 또한 태종의 왕위 계승으로 三國統一삼국통일의 宿怨숙원 사업은 급속도로 추진되어 갔다.

61세인 태종무열왕 2년(655) 9월에 김유신은 백제의 刀比川城도비천성(助比川, 永同 陽山)을 공격하여 함락하였다.

김유신은 백제정벌에 앞서 간첩을 이용하였다. 이에 앞서 신라의 夫山縣令부산현령 급찬 租未坤조미곤이 백제의 포로가 되어 실력자인 좌평 任子임자의 家奴가노가 되었다. 그는 두터운 신임을 받다가 틈을 타서 본국으로 도망해 와서 김유신에게 백제의 정세를 고하였다. 이에 유신은 다시 조미곤을 백제로 돌려보내어 임자를 설복시켜 신라와 내통케 하여 백제의 국내외 사정을 잘 파악하게 되었다. 그리하여 백제의 공략을 서두르게 되었다.

신라는 태종 6년(659) 4월에 백제를 치려고 당에 사신을 보내어 請兵청병을 하였으며, 이듬해에는 金仁問김인문을 당나라에 보내어 援兵원병을 청하여 드디어 羅唐聯合軍나당연합군의 공세를 갖추게 되었다[22].

66세인 태종무열왕 7년(660) 정월에 上大等상대등이 되었다. 3월에 당 高宗고종은 蘇定方소정방을 神丘道行軍大摠管신구도행군대총관으로, 김인문을 副부대총관으로 삼고, 劉伯英유백영을 左驍衛將軍좌효위장군으로 삼아 水陸軍수륙군 13만으로 백제를 치게 하였다. 新羅신라에서는 이에 연합하기 위해 5월 26일 왕(太宗武烈王)은 김유신·眞珠진주·天存천존 등과 더불어 서울을 출발하여 6월 18일 南川停남천정(利川)에 이르렀다. 21일에 왕은 태자 法敏법민으로 병선 백 척을 이끌고 德物島덕물도(덕적도)에서 소정방을 마중하니, 소정방은 태자에게 兩軍양군이 7월 10일에 백제의 서울 泗沘城사비성을 협공하기로 약속하고 돌려보냈다.

소정방은 김인문 등과 바다를 따라 伎伐浦기벌포(長項)에 상륙하였다. 신라에서는 김유신·品日품일·欽春흠춘(欽純, 김유신의 아우) 등에 정예로운 군사 5만으로 응원케 하고 왕은 沙羅停사라정(혹은 今突城, 상주)에 이르렀다. 7월 9일에 신라군은 黃山황산(連山)벌에서 백제의 階伯계백장군의 결사대 5천과 마주치게 되었다. 신라군은 네 차례나 싸웠으나 모두 패하여 물러섰다. 이때 欽純흠순이 아들 盤屈반굴에게 충과 효를 위해 목숨을 바치라고 하자, 적진에 뛰어 들어가 싸우다 전사하였다. 이에 품일은 16세의 어린 아들

22) 《三國史記》 권5, 太宗武烈王 6년 4월조와 《三國遺事》 권1, 太宗春秋公조.

官昌관창에게 三軍삼군의 모범이 되라고 이르자 그도 나아가 용감하게 싸우다 전사하였다. 이를 본 신라군은 慷慨강개하여 모두 죽기로 결심하고 진격하니 백제군은 패하고 계백도 전사하였다.

이와 같은 황산벌의 격전으로 당군과의 약속한 날을 지나서 김유신은 당의 진영에 이르렀다. 기일이 뒤진 것을 이유로 소정방은 신라의 督軍독군 金文穎김문영을 軍門군문에서 목베려 하였다. 이에 김유신은 "대장군이 황산의 싸움을 보지 못하고 기일이 늦은 것을 죄로 삼으려 하니 나는 죄없이 욕을 받을 수는 없다. 정히 그러면 반드시 먼저 唐軍당군과 싸움을 결한 후 백제를 파하겠다"하고 軍門군문에서 斧鉞부월을 짚으니, 그의 노한 머리털은 뻗쳐서고 허리에 찬 寶劍보검은 저절로 칼집에서 뛰어나왔다. 그러자 소정방의 右將우장이 놀라서 신라군이 변하려 한다고 하니, 소정방은 당황하여 김문영의 죄를 풀었다.

이 사실은 天兵천병이라 할 唐軍당군의 소정방은 지원군 사령관의 입장에서 조기에 신라군을 제압하여 수중에 넣어 신라마저 정복하고자 함이었던 것이다. 그러나 김유신은 부당한 그들의 처사에 비굴하게 굽힐 수 없다는 신라인의 自主的자주적 의지를 당당히 보인 것이라 할 수 있다.

12일, 羅唐나당 연합군이 사비성을 포위하기 위하여 所夫里소부리(부여)벌로 진군하자 갑자기 새가 소정방의 진영 위를 돌아다님에 이상히 여겨 점을 치니 반드시 元帥원수가 상한다고 하였다. 정방이 두려워하며 나가지 않으려 하였다. 이에 김유신은 정방에게 "어찌 나는 새의 怪變괴변으로 天時천시를 어기리요, 하늘의 뜻에 따라 어질지 못한 자를 치는데 무엇이 상서롭지 못하랴"하고 神劍신검으로 새를 쳐서 座前좌전에 떨어뜨렸다. 이와 같이 하여 김유신은 소정방을 달래어 양군이 용감하게 네 길로 나란히 힘을 합하여 쳐들어가 적을 물리쳤다[23]. 이 사실은 백제 공격의 출발선에서 있었던 일이

---

23) 《三國史記》 권5, 太宗武烈王 7년 7월 12일조에는 〈定方有所□□□前〉 缺字가

며 神異事신이사 중의 하나이지만, 소정방이 앞서기를 꺼리는 뜻이며, 이에 따라 김유신의 신라군이 선봉이 되어 진격한 것으로 보인다. 김유신의 굳은 신념과 강한 투지를 엿보게 하는 또 하나의 예인 것이다. 이리하여 당군의 성원 속에 신라군은 단시일에 백제를 멸망시켰다고 보아야 할 것이다.

백제를 멸망시킴에 있어 김유신의 공이 컸으므로 당의 황제는 사신을 보내어 포상하고 칭찬하였다. 또한 소정방은 김유신과 김인문·良圖양도 세 사람에게 황제의 명이라 하며, 백제의 땅을 나누어 食邑식읍으로 주겠다고 하였다. 이에 유신은 "대장군께서는 우리 임금의 희망에 따라 황제의 명을 받고 우리의 원수를 갚았으므로 우리 왕과 나라의 백성들은 기뻐하기에 바쁜데 우리만 이익을 챙기는 것은 의리상 할 수 없다"고 거절하였다. 당군은 백제를 멸하고 신라마저 칠 계획을 하고 있었던 것이니 위의 사실은 그 작전의 일환으로 심리적인 불화를 조성하려는 의도였다고 볼 것이다.

또한 당의 계략을 알고 김유신은 당군을 치려고 강력하게 왕에게 고하여 윤허를 받아 대비하자[24] 소정방은 뜻을 포기하고 백제왕과 신료 93인, 병사 1만(신라본기에 12,000, 백제본기에는 12,807)명을 포로로 잡아 9월 3일 김인문 등과 동행하여 돌아가며, 劉仁願유인원 등을 남겨 지키도록 하였다. 소정방이 당에 돌아가 황제에게 아뢰니 "어찌 내친 김에 신라를 치지 않았는가?"하자, "신라는 임금이 어질고 백성을 사랑하여 신하들은 충성으로 나라를 섬기고, 아랫사람은 윗사람을 부형과 같이 섬기니 비록 작은 나라이지

있다. 이를 李丙燾 박사는 「忌不能」으로 補하였다. 이에 대한 내용으로 《三國遺事》 권1, 太宗春秋公조와 《三國史節要》에 보이는 내용으로 보충한 것이라 보인다.

24) 소정방의 唐軍이 신라 침범을 음모하자, 多美公이 백제인으로 가장하여 반항하는 것 같이 하면서 당군을 몰아내자고 하니 김유신도 이에 동조하자, 왕이 두려워하였다. 그러나 유신은 "개도 주인이 밟으면 무는 것이니 어찌 난을 당하여 스스로 구하지 않겠습니까?"하며 왕의 결심을 청하였다. 이 소식을 염탐하여 듣고는 신라의 굳은 의지와 준비를 알고 신라 공략을 포기하고 돌아간 것이다.

만 도모할 수가 없었습니다"고 하였다[25].

67세인 태종무열왕 7년(661, 문무왕 원년) 봄에 백제 復興軍부흥군의 저항은 대단하였다. 이들을 소탕하기 위하여 品日품일·欽純흠순·竹旨죽지 등을 보내 싸우게 하였다. 이 틈에 고구려와 말갈은 신라군이 모두 백제의 殘敵잔적을 치기 위해 백제 영토 안에 있으므로 나라 안이 비어있을 것이라 하여 北漢山城북한산성을 포위하여 공격하기 수십 일에 이르러 신라군이 위태로웠다. 왕이 이 소식을 듣고 근심하며 의논할 때, 김유신이 말하기를 "人力인력으로는 할 수 없고 오직 神靈신령의 도움이라야 救구할 것이다"라고 하며, 절에 나아가 祭壇제단을 마련하고 기도를 드리니 갑자기 큰 별이 적진에 떨어지고 천둥과 벼락을 치면서 비가 오니 적이 의심하고 두려워하며 包圍포위를 풀고 달아났다. 모든 사람들이 지극한 지성이 감동시킨 바라고 하였으니, 이도 신령과의 통하는 神異신이한 일 중의 하나다[26].

또 일찍이 中秋중추날 밤에 子弟자제들을 거느리고 대문 밖에 서 있는데 서쪽에서 오는 사람이 고구려 첩자임을 알고 부르자 당황하는 것을 달래어 신라의 질서있는 사정을 본대로 고구려에 전하라고 하며 위로하여 보냈다. 고구려 사람들은 이 말을 듣고 "신라는 비록 작지만 김유신이 재상을 하고 있는 한 가벼이 볼 수 없다"고 하였다.

6월에 태종무열왕이 돌아가자 그 장남인 法敏법민이 왕위를 계승하니 文武王문무왕 원년이다.

---

25) 사실 당은 백제를 멸한 후 그 구토에 熊津·馬韓·東明·金蓮·德安의 5都督府를 설치하여 당군을 잔류시켜 직접 지배를 도모하였다.

26) 《三國遺事》 권1, 太宗春秋公조에서는 5월 11일~6월 22일의 일로 기록되고 있다. 6월에 왕이 승하하였다.

Ⅶ. 高句麗의 攻略과 金庾信

백제를 평정한 신라와 당나라는 이긴 기세를 내세워 고구려 공략에 나서게 되었으니 이는 예정된 계획이었다. 문무왕 원년(661) 6월, 당에 들어갔던 金仁問김인문이 돌아와서 당이 소정방을 보내어 고구려 침공을 명하고, 신라에 호응할 것을 전하여 왔다. 왕은 喪中상중이었으나 물리치지 아니하고 7월 17일 김유신을 대장군으로 삼고 군비를 정비하여 왕이 친히 여러 장수를 이끌고 南川州남천주(利川)에 이르렀다. 이때 백제에 주둔하고 있던 유인원도 군사를 거느리고 사비를 떠나 鞋浦혜포에서 하륙하여 역시 남천주에 주둔하고 있었다.

이때 백제의 잔적이 瓮山城옹산성에 모여 앞길을 막고 있어 나갈 수 없다고 하자 김유신이 성을 포위하고 적장에게 투항을 권하며 총공세를 펴서 9월 27일에 성을 함락시켰다. 적장을 잡아 처형하고 그 백성은 놓아주었다. 이 싸움에 참가한 장졸의 공에 따라 차등있게 상을 주고, 잔치를 베풀어 사기를 올린 뒤 북쪽으로 나가 당군과 합세하고자 하였다. 이때 소정방은 35道도의 水陸軍수륙군을 거느리고 大同江대동강 입구의 연안에 상륙하였다. 그러나 신라군이 오지 않아 식량의 보급이 없어 어려움에 처하게 되자 신라에게 平壤평양으로 군량의 수송을 요구해 왔다.

그러나 적의 경계 안에 많은 군량을 수송한다는 것은 불가능한 일이라고 하여 왕이 걱정을 하자, 김유신이 나서며 "臣신이 지나친 은총을 받아 왔으며, 무거운 책임을 맡았으니 국가의 일을 비록 죽는 한이 있더라도 피하지 않겠습니다. 오늘이 이 늙은 신하가 충절을 다할 때이므로 적국에 가서 蘇소장군의 청에 응하겠습니다"라고 하니, 왕이 자리 앞에 나아가 그 손을 잡고 눈물을 흘리면서 "공과 같은 어진 보필을 얻었으니 걱정이 없다. 공의 공덕을 어느 날엔들 잊을 수 있겠는가"하였다.

김유신은 왕명을 받고 懸鼓岑현고잠의 동굴 안에 있는 절에 가서 齋戒재계하고 곧 靈室영실에 들어가 분향하며 수 일이 지나 나와서 홀로 즐거워하며 "이번 걸음에서 죽지 않을 것이다"라고 하며 출발하니 12월 10일의 엄동이었다. 김유신은 부장 김인문 등 9인의 장군을 거느리고 수레 2천 餘輛여량에 쌀 4천 석, 벼 2만 2천여 석을 싣고 평양으로의 수송작전이 시작되었다. 이듬해 정월 23일 七重河칠중하(임진강)에 이르러 강을 건너 적지에 들어가게 되었다. 그러나 사람들이 두려워하며 감히 배에 오르려 하지를 않았다. 김유신은 "너희들이 이처럼 죽음을 두려워 한다면 어찌 이곳에 왔는가?"하고 스스로 먼저 배에 올라 건너니 여러 장졸이 뒤따라 강을 건너 고구려땅에 들어갔다. 그리고는 고구려의 사람을 피하기 위해 큰길을 제치고 험하고 좁은 길로 행군하여 蒜壤산양에 이르러 여러 장수에게 이르기를,

"내가 죽음을 두려워 하지 않고 어려운 길에 나가는 것은 대국의 힘을 빌려 우리의 원수를 갚고자 함이다. 나는 하늘에 고하여 신령의 도움을 얻었으나, 여러분의 마음이 어떤 지를 몰라 말한다. 만약 적을 가볍게 보는 자는 반드시 성공하여 돌아갈 것이나, 두려워 하면 적의 포로를 면치 못하리라. 마땅히 한 마음으로 협력하여 일당백의 氣概기개를 바라는 바이다."라고 하니, 모두 장군의 명에 따르겠다고 다지고 평양으로 향하였다.

獐塞장새(황해도 遂安)의 험한 곳에 이르니 마침 심한 추위와 피로에 人馬인마가 많이 쓰러졌다. 이에 김유신은 어깨를 벗어 붙이고 말에 채찍하며 앞으로 나가니, 모두는 이를 보고 힘을 다하여 달리니, 땀을 흘리면서 감히 춥다고 말하는 자가 없었다. 험한 곳을 지나 평양에 가까이 이르자 步騎監보기감 裂起열기에게 명하여 먼저 당의 진영에 가서 식량의 도착을 알리자 소정방은 기뻐하며 유신에게 감사하는 글을 보냈다.

김유신은 楊隩양오에 이르러 진을 쳤다. 그리고 적의 사정을 한 노인으로

부터 자세히 전해 듣고, 김인문과 양도의 부자를 보내어 식량을 전달하게 하였다. 소정방은 오랜 싸움과 피로에 지쳐 식량을 얻고는 평양성의 포위를 풀고 돌연히 당으로 돌아갔다. 추위와 싸우면서 험한 수백 리 길을 수송한 군량을 갖고 돌아가니 어이없는 일이었다. 신라군이 되돌아오는 길에 고구려군이 여러 곳에 매복하였다가 공격하여 오자 계교를 써가며 행군하여 瓢河표하(임진강)를 건너 나루에서 군사를 쉬게 하였다. 이를 고구려군이 알고 대거 추격해 왔다. 이에 맞서 격렬한 반격으로 적장 한 명을 생포하고 만 여 명을 베었으며, 병기도 만 점을 빼앗는 전과를 올리고 돌아왔다. 물론 이에 대한 포상이 차등있게 주어졌다.

69세인 문무왕 3년(663) 백제의 옛땅에서는 도처에서 일본군까지 끌어들인 부흥군의 반항이 있었다. 이런 어려운 사태에 羅唐나당군은 이를 공격하게 되었다. 김유신은 豆率城두솔성(周留城) 등 여러 성을 공함하여 수 년간 끌어왔던 백제의 나머지 세력을 모두 물리치고 11월 20일 개선하였다. 유신에게 토지 5백 結결을 상으로 내렸다.

70세인 문무왕 4년(664) 정월에 김유신은 퇴직하기를 청하였으나, 허락되지 않고 几杖궤장을 내렸다. 3월에 백제의 잔적이 사비성에 모여 반란하니, 공방이 심하여 어렵게 되자 김유신이 謀策모책을 주어 이기게 하였다.

71세인 문무왕 5년(665)에 당 高宗고종이 사신을 보내와 김유신에게 문안하고 겸하여 奉常正卿 平壤郡 開國公봉상정경 평양군 개국공을 제수하고, 식읍 2천 호를 하사하였다.

72세인 문무왕 6년(666) 당나라 황제가 칙명으로 김유신의 장자 三光삼광을 불러 左武衛翊府中郞將좌무위익부중랑장으로 삼고 宿衛숙위케 하였다.

74세인 문무왕 8년(668) 6월 21일 고구려 정벌에 大幢摠管대당총관이 되었으나, 병과 노쇠하여 출발하지 못하였다. 이때 金欽純김흠순과 金仁問김인문에게 摠管총관을 삼아 출발케 하였다. 이들은 왕에게 김유신과 함께 가지 않으면 후회가 있을 것을 염려하자, 왕이 "공들 세 신하는 나라의 보배이다. 만약 다 함께 적지로 나갔다가 혹 뜻하지 않은 일이 생겨 돌아오지 못한다면 나라가 어찌 될 것인가? 그러므로 유신을 머물러 나라를 지키게 하면 흔연히 長城장성과 같아 끝내 근심이 없을 것이다"라고 했다. 흠순은 유신의 아우이며, 인문은 유신의 생질이다. 이들은 유신에게 "우리가 지금 대왕을 따라 가게 되었으니 어찌 하여야 좋을 지를 지시해 달라"고 하자,

"대저 장수는 나라의 干城간성으로 임금의 爪牙조아가 되어 승부를 결판내야 하는 것이다. 반드시 위로는 天道천도를 얻고 아래로는 지리를 얻으며 중간으로는 人心인심을 얻은 후에야 성공할 수 있다. 지금 우리나라는 충성과 신의로써 존재하고, 백제는 오만으로 망하고, 고구려는 교만으로 위태롭게 되었다. 지금 우리의 곧음으로 저편의 잘못을 친다면 뜻을 이룰 수 있다. 하물며 큰 나라의 밝은 天子천자의 위엄을 의지하고 있으므로 가서 힘써 자네들 일에 그르침이 없게 하라"하며, 이르니 두 사람은 실패함이 없게 하겠다고 다지고 떠났다.

신라의 대군은 문무왕의 통솔 하에 고구려로 진격하여 9월 21일에 당군과 더불어 평양성을 공취하여 드디어 고구려를 평정하게 되었다. 문무왕은 南漢州남한주(漢山州)로 돌아와서 신하들에게,

"옛날 백제의 聖王성왕이 古利山고리산(沃川의 環山)에서 우리나라를 치려고 하였을 때 유신의 조부 武力角干무력각간이 장군으로 이를 무찔러 좌절시켰으며, 또 그의 아버지 舒玄서현은 良州양주(경남 梁山) 총관이 되어 여러 번 백제를 물리쳐 변방의 백성들이 편안히 농사짓고 누에를 치고, 君臣군신은 國事국사에 골몰하는 근심을 없게 하였다. 지금 유신이 祖考조고의 업을 이어 사직을 지키는 신하로 出將入相출장입상하니 그 공적이 많다. 만일 공의 一門일문에 의지하지 않았더라면 나라의 흥망을 알지 못하였을 것이다. 그의 職직과 賞상을 어떻게 하면 좋겠는가?"하니, 여러 신하들이 "참으로 대

왕의 생각하심과 같습니다"라고 하였다. 이에 太大舒發翰태대서발한(太大角干)의 직위와 식읍 500戶를 주었으며, 이어 수레와 지팡이를 하사하고 殿上전상에 오름에 몸을 굽히지 않도록 하였다. 또한 그의 屬官속관(보좌관)들에게도 각각 위계를 한 등급씩 올려주었다.

75세인 문무왕 9년(669)에는 왕이 馬阹마거(말의 외양간)를 관청과 신하들에게 모두 174개 소를 나누어 주었는데, 김유신에게는 6개 소를 주었으니 신하 중에는 가장 많은 양이다.

한편 당나라 황제가 詔書조서를 내려 포상하고 칭찬했으며, 朝會조회하기를 諭示유시하였으나 실행하지 못하였다. 그 조서는 집에 전하여 오다가 5세손 때에 잃어버렸다.

Ⅷ. 金庾信의 죽음

위인의 죽음에도 출생시와 같이 豫徵예징이 있는 神異신이한 일이 있게 마련이다. 더욱 김유신에 있어서는 그 성장과정에서 이미 신령과의 교감을 통하여 수련하였으며, 때때로 이를 실현에 옮긴 바도 있었으니 그의 죽음을 예감할 수 있었음은 당연하다 하겠다.

79세가 되는 문무왕 13년(673) 봄에 妖星요성이 나타나고 지진이 있었다. 왕이 불길한 징조라 생각하여 걱정하니 庾信유신이 "이 變異변이는 災厄재액이 나라에 있는 것이 아니라 老臣노신에게 있으니 왕은 근심하지 마십시오"라고 아뢰었다. 왕은 "그렇다면 과인이 더욱 근심하는 바이다"라고 하며 有司유사에게 祈禳기양을 명하였다.

6월에 戎服융복을 입고 무기를 든 수십 명이 유신의 집에서 울며 나가는 것을 사람들이 보았는데 갑자기 보이지 않았다. 유신이 이 소식을 듣고 "이는 반드시 나를 보호하던 蔭兵음병이 나의 복이 다한 것을 보고 떠난 것이니 나는 죽게 될 것이다"라고 하며, 이미 자기의 운명을 예측하고 있었다. 그 후 10여 일이 지나 병이 나서 누우니, 왕이 친히 위문하였다. 유신이 "신이 온 힘을 다하여 元首원수를 받들고자 하였는데 병이 이와 같으니 금일 후에는 다시 용안을 뵈올 수 없을 것입니다"하였다. 왕은 눈물을 흘리면서,

"과인에게 경이 있음은 고기에게 물이 있음과 같은 일이다. 만일 피하지 못할 일이 생긴다면 백성들은 어찌되며, 社稷사직을 어떻게 하여야 좋을까?"하자, 유신은 "신이 어리석고 불초하니 어찌 나라에 유익했다고 하겠습니까? 다행히도 밝으신 聖上성상께서 쓰고 맏김에 의심치 않으셨기 때문에 대왕의 밝으신 덕에 매달려 조그만 공을 이루게 된 것입니다. 지금 三韓삼한이 한 집안이 되고 백성이 두 마음을 가지지 아니하니, 비록 太平태평에는 이르지 못하였다고 하더라도 저으기 편안하여졌다고 하겠습니다. 신이 보면 예로부터 大統대통을 잇는 임금이 처음과 같이 끝을 잘 맺는 이는 드물었습니다. 그래서 여러 대의 공적이 하루아침에 무너져 없어지니 매우 통탄할 일입니다. 바라옵건대, 전하께서는 성공이 쉽지 않음을 아시고, 守成수성이 또한 어려움을 생각하시어 소인을 멀리 하고 君子군자를 가까이 하시어, 위로 朝廷조정이 화목하고 아래로는 백성과 만물이 편안하여 禍亂화란이 일어나지 않고 나라의 기반이 무궁하게 된다면 신은 죽어도 유감이 없겠습니다"하니 왕이 울면서 유신의 忠言충언을 받아들였다.

드디어 7월 1일에 金庾信김유신은 집에서 죽으니 향년 79세였다. 왕이 訃音부음을 듣자 크게 슬퍼하여 賻儀부의로 彩帛채백 1천 필과 租조 2천 석을 주어 장사에 쓰게 하였으며, 軍樂군악의 鼓吹手고취수 백 명을 주어 金山原금산원에 장사지내게 하고, 유사에게 명하여 비를 세워 공명을 기록하고, 또 民戶민호를 배정하여 墓所묘소를 지키게 하였다.

실로 60여 년의 긴 세월동안 오로지 삼국통일의 대업을 위하여 쉴 사이

없이 온갖 정성과 힘을 다하여 뜻을 이룬 우리 역사상 가장 위대한 영웅이라고 할 것이다. 지금 경주시 충효동 松花山송화산에는 사적 제21호로 지정된 金庾信墓김유신묘가 있다. 묘에는 護石호석을 두르고 그 외곽 바닥에는 돌을 깔았으며, 돌난간을 둘렀다. 호석에는 12지 神像신상을 조각하였다. 그리고 전면에는 文武石人문무석인을 도열시킨 王陵級왕능급의 묘이다. 따라서 이 묘는 왕릉이라고 하며, 이의를 제기할 정도이다[27].

김유신은 오직 자기를 희생하며 나라의 통일을 위하여 태종무열왕과 문무왕의 두 대에 걸쳐 어려운 일을 해낸 聖雄성웅임에 틀림이 없다. 이러한 그의 공적이 흥덕왕(826~835)대에 興武大王흥무대왕으로 追封추봉되어[28] 더욱 민족적인 추앙을 받아오게 되었다.

김유신에게는 아우가 있으니 欽純흠순(또는 欽春)이며, 그 아들에 盤屈반굴이 있다. 이들도 나라에 많은 공을 세웠다. 흠순은 형인 유신을 도와 항상 행동을 같이하여 전공을 세웠으니, 백제와의 黃山황산벌 싸움에서 흠순은 아들 반굴을 희생시키므로 勝機승기를 잡게 하였음은 유명하다. 문무왕의 고구려 공략 때 흠순은 김유신·김인문과 함께 三重臣삼중신으로 활약하였음은 앞에도 언급한 바이다. 흠순은 형인 유신의 공적이 너무나 크기 때문에 가려진 것으로 유감스럽다. 그의 손자이며 반굴의 아들 金令胤김영윤도 신문왕 때 黃衿誓幢 步騎監황금서당 보기감으로 고구려의 殘敵잔적을 치다가 전사하였으니 그 가문을 알게 한다.

김유신의 부인은 태종무열왕의 셋째 딸인 智炤夫人지소부인이다. 이 사이에서 아들 다섯을 낳으니, 三光삼광·元述원술·元貞원정·長耳장이·元望원망이

27) 李丙燾, 「金庾信墓考」, 《金載元博士 回甲紀念論叢》, 1969에서 문제를 제기하였으나 이에 대한 반론도 있으니, 金庠基, 「金庾信墓의 異說에 대하여」, 《考古美術》101, 1969에서는 현재의 묘가 맞는다고 하였다.

28) 《三國遺事》 권1, 金庾信조에는 54대 景明王(917~924)대로 가록되고 있으나, 《三國史記》 열전의 기록이 옳은 듯하다.

며 딸은 넷이다. 그리고 서자로 軍勝군승이 있으니 그 어머니의 성은 전해지지 않고 있다. 이 중 둘째인 元述원술에게는 다음과 같은 유명한 이야기가 전하고 있다.

백제와 고구려를 평정한 후 당나라는 반도를 직접 지배하려는 야욕을 갖게 되자 문무왕은 이들을 축출하기 위한 統一戰爭통일전쟁(羅唐戰爭)을 시작하였다. 여기에 당이 말갈과 합세하여 帶方대방(황해도 지방)으로 침공하였다. 이때 신라군에서는 서로 공을 다투다 도리어 패하여 장군까지 죽었다. 이때 元述원술은 裨將비장으로 죽음을 각오하고 적진으로 들어가려 하자 보좌역인 淡凌담릉이 보람없이 죽는 것보다 뒤를 도모하는 것이 옳다고 만류하였다. 원술은 "남아는 구차하게 살지 않는 것이다. 장차 무슨 면목으로 아버지를 뵙겠는가?"하고 나가려 하자, 담릉이 말고삐를 잡아당기어 기회를 잃었다.

이에 김유신은 왕에게 자기 아들 "원술은 왕명을 욕되게 하고 家訓가훈을 저버렸으니 목을 베어야 하겠다"고 청하였다. 왕은 원술 만을 중형에 처할 수는 없다하고 용서하였다. 원술은 부끄럽고 두려워 감히 아버지를 보지 못하고 시골 농장에 숨어 다니다 아버지가 죽은 후 어머니를 뵙고자 하였다. 그러자 어머니는 "婦人부인에게는 세 가지 지켜야 할 의리가 있다. 지금 내가 과부가 되었으니 아들을 따라야 하겠지만, 원술은 이미 아버지(先君)에게 아들 노릇을 못하였으니 내가 어찌 그 어머니가 될 수 있느냐?"고 하며 물리쳤다. 원술은 통곡하며 가슴을 치고 땅을 구르면서 차마 떠나지 못하였으나, 어머니는 끝내 만나주지 않았다. 원술은 탄식하며 "담릉의 잘못이 이 지경이 되었다"고 하며 太白山태백산으로 들어갔다.

원술은 문무왕 15년(675)에 당군이 買蘇川城매소천성(한탄강 유역)에 침공하여 온 소식을 듣고 지난 치욕을 씻고자 달려가 힘써 싸워 공과 상을 받았으나 부모에게 용납되지 못한 것을 한하여 벼슬하지 않고 한 세상을 마쳤다.

원술에 대한 이상의 이야기를 통하여 우리는 김유신에 못지않은 부인이 있어 家門가문의 엄격한 家訓가훈을 바로 이끌어 가고 있었음을 알게 한다. 지소부인은 그후 머리를 깎고, 거친 옷을 입고 비구니가 되었다. 왕은 부인에게 나라의 평안함이 모두 유신의 공으로 그 덕에 보답한다고 租조를 매년 1천 석씩 주도록 하였다.

Ⅸ. 맺는말

이상에서 김유신의 생애를《삼국사기》를 중심으로 하여《삼국유사》를 곁들여 살펴보았다. 이 외에 삼국통일의 영웅으로서 오랜 기간 민족적인 추앙을 받아왔던 관계로 김유신에 대한 전설적인 이야기는 많이 있다. 특히 김유신은 수련과정에서 신령과 통하는 비법을 익혔으며, 그로 인한 신이한 사실이 많았음에 관심이 가지만, 그의 일념이 사후에도 호국의 신으로 역할을 하기도 하며, 민간신앙으로도 추앙되고 있다. 다음에 사후의 신적인 존재로서 전해오는 바를 적으면서 끝맺기로 한다.

김유신은 죽어서도 문무왕과 함께 二聖2성으로 추앙되고 있었다. 문무왕은 동해의 龍용이 되어 三韓삼한을 鎭護진호하고, 유신은 33천의 1인이 되어 二聖2성이 한 마음이 되어 신문왕 2년(682)에 나라를 위한 소원을 풀어주는 萬波息笛만파식적을 전하여 주었다고 한다[29]. 또한 혜공왕 15년(779) 4월에 갑자기 김유신의 무덤에서 회오리바람이 일어나 竹現陵죽현능(미추왕능, 시조왕능)으로 들어간 후 능 안에서 "臣신(김유신)이 평생 환란을 구하고 통일의 공이 있었으며, 지금은 魂魄혼백이 되어서도 나라를 진호하여 災殃재앙을 물리치고 환란을 구하고자 하는 마음이 잠시도 변함이 없었다"고 하

29)《三國遺事》권2, 紀異 2. 萬波息笛조.

며, 경술년(770, 혜공왕 6년)에 그의 후손이 죄없이 죽음을 당한 것을 호소함에 왕이 유신의 묘에 사람을 보내어 사과하고 功德寶田공덕보전 30결을 鷲仙寺취선사에 보내어 명복을 빌게 하였다[30]. 이와 같은 사실은 죽은 혼백이지만 나라와 후손을 위한 한결같은 마음이 있었음을 의미하는 것으로 그의 신격화된 설화로 전하는 기록이다.

이 외에도 민간에 전하는 將軍神장군신으로의 이야기가 있다. 경상북도 軍威郡군위군에는 金庾信祠김유신사(또는 金發翰祠)가 있다. 孝靈효령의 서악에 있는데 三將軍祠삼장군사라고도 속칭한다. 해마다 端午단오날에 縣현의 首吏수리가 고을 사람들을 거느리고 驛騎역기에 旗기와 북을 달고 神신을 맞이하면서 거리를 누빈다고 한다[31].

또한 강능의 端午祭단오제와 관련한 대관령 山神堂산신당에는 山神산신으로 김유신을 모시고 있다. 광해군 때에 許均허균은 강릉의 단오제를 구경하면서 기록한 詩文시문에서 溟州명주(강릉) 사람들은 대관령 산신을 "신라대장군 김유신"이라고 하며, 그 신은 靈異영이함이 있어 명주 사람들은 5월초의 길일(단오)을 택해서 제사를 지낸다고 하였다[32]. 현재에도 강릉에서는 山路安全산로안전과 豊農풍농·豊漁풍어를 비는 강릉 단오제를 거행할 때, 김유신 장군신을 4월 보름에 모시기 위해 대관령산신제를 지내고 내려와 단오가 되면 무당패가 굿을 하여 산신을 즐겁게 하여준다고 한다. 이곳에서는

---

30) 《三國遺事》 권1, 味鄒王 竹葉軍조에 자세하다. 여기에서 '庚戌年에 臣의 後孫'은 혜공왕 6년(770)의 일로 大阿飡 金融의 伏誅事件을 뜻한다고 보인다. 金融과 김유신과의 관계는 알 수 없으나 혜공왕대에는 16년간의 치세에 6회에 걸친 大亂이 속출하여 정치적 사회적인 변혁기였음에 유의된다. 《三國史記》 권43, 金庾信 下.에도 간략한 내용이 보인다. 鷲仙寺는 김유신이 고구려와 백제를 평정한 후 세운 절이니 그 소재는 알 수 없다.

31) 《新增東國輿地勝覽》 권25, 軍威縣 祠廟조. 《東國歲時記》 5월 端午조.

32) 許均《惺所覆瓿藁》 권14, 大嶺山神贊조, 임동권·최길성, 〈大關嶺城隍堂 및 台霞洞城隍堂〉 문화재관리국, 1971. 오늘의 강릉 단오제는 허균의 기록에서 유래되어 온 것이라 한다.

김유신이 어려서 명주(강릉)에 유학하여 무술을 익혔으며, 죽어서는 대관령의 산신이 되었다고 전한다.

강릉의 교동에는 花浮山祠화부산사가 있다. 이곳에는 김유신의 위패를 봉안하고 있다. 경내에는 《純忠壯烈興武王花浮山齋紀蹟碑순충장열흥무왕화부산재기적비》(강원도 유형문화재 제57호)가 있으며, 매년 5월 단오에 제사를 지내고 있다. 김유신이 5월의 端午神단오신으로 제향되고 있음을 알게 한다.

김유신은 국토가 분단된 오늘의 상황에서 통일을 갈망하는 민족의 소망을 생각할 때 더욱 생각나게 하는 역사적 인물이다. 진천의 吉祥祠길상사에서는 신라·고려시대에는 국가에서, 조선시대에는 지방관에 의해 제향되고 있으니 이는 김유신의 탄생지임에서 비롯된 것이다. 최근에는 김유신의 탄생 유적을 정화하고 그의 유지를 받들기 위하여 진천군에서의 여러 가지 노력은 진정한 통일을 추구하는 우리 민족의 염원을 하루 속히 달성케 하려는 의미로 보아 그 의의가 크다고 하겠다.

(2000. 9. 20, 진천문화원주최, '제2회향토문화학술대회'에서 발표, 《常山文化》 8, 2002)

强首의 研究

〈목 차〉

Ⅰ. 머리말

신라의 삼국통일은 武功무공에 의한 金庾信김유신 장군과 외교문서를 통한 强首강수 선생의 공이 함께 하여 이루어낸 것임은 文武王문무왕의 論功行賞논공행상에서 한 말로 유명하다. 이 두 분이야말로 통일의 主勳주훈을 이루는 쌍벽이라 할 것이다. 또한 이 두 분은 모두 충북이 낳은 인물이다. 김유신 장군은 진천에서 출생하였으며, 강수 선생은 충주가 낳은 대표적인 인물로 추앙되고 있어 관심이 간다.

충주지역의 대표적인 인물을 말한다면 해마다 가을의 문화행사로서 시행되고 있는 于勒文化祭우륵문화제의 서막으로 名賢명현 추모제에 오르는 분을 들 수 있을 것이다. 이 문화제행사의 목적은 삼국시대의 樂聖악성 于勒우륵선생을 비롯하여 書聖서성 金生김생·명문장 强首강수 선생과, 조선 중기의 명장 申砬신립과 林慶業임경업 등 五賢5현에 대한 追慕추모와 향토문화에

술의 계승발전을 위하는 데에 있다.

이 5현은 충주지역의 명현 뿐만이 아니라 우리나라의 정상급 명현으로 알려지고 있는 분들이다. 이분들이 이 고장과 인연을 같이 하고 있음은 충주 사람들의 명예이기도 하며 긍지를 갖게 하는 자랑이라 아니할 수 없다. 충주에서 이분들에 대한 추모제를 해마다 시행하고 있음은 다른 지역과 달리 선현들에 대한 추모의 정이 깊음을 알 수 있다. 문화제의 명칭으로 우륵을 내세운 것도 이런 의미로 뜻이 깊다.

조선 중종 때의 문신이며 유학자인 朴祥박상(1474~1530)이 忠州牧使충주목사가 되어 탄금대에서 이 고장의 명현 강수와 김생을 추모하며 지은 시는 그 의미 또한 깊다[1]. 충주 문인협회에서는 강수에 대한 추모행사로 우륵문화제 행사기간 중 선생의 문장력을 기리고, 나아가서 지역민들에게 문장을 통한 정서를 함양하고자 하는 뜻에서 《强首白日場강수백일장》을 베풀고도 있다.

최근에 이들 5현의 銅像동상을 세워 그들의 숭고한 사상과 업적을 길이 전승시키고자 하는 일이 진행되고 있으니 매우 바람직한 사업이라 하겠다. 그러나 이 중 강수 선생과 신립 장군의 영정이 없어 두 분의 동상을 뒤로 미루게 되었음은 매우 유감스러운 일이라 아니 할 수 없다. 따라서 이분들의 행적이나마 구체적으로 살피어 그들의 업적을 재음미하는 계기로 삼고, 나아가 영정을 제작할 수 있는 자료로 삼고자 하는 뜻에서 연구 과제를 안고 있으므로 이곳에서는 강수에 대한 생애와 그의 사상을 살피고자 하였다.

---

1) 沈守慶, 《遣閑雜錄》, 《大東野乘》 권13. 「往事悠悠不可深 彈琴臺下水如籃 文章强首無遺墓 翰墨金生有廢庵 落日上江船兩兩 斜風盤渚鷺三三 陶辭莫遣歌兒唱 太守聞來面發慚(지난 일은 아득해 찾을 수 없는데, 탄금대 물은 쪽과 같이 푸르네, 문장 강수는 무덤마저 없고, 명필 김생은 쓰러진 암자만 남았구나, 해떨어진 강 위에 배는 쌍쌍, 바람 비껴 서리는 물가에 해오리 두세 마리, 가아야 뱃노래 부르지 마라, 듣는 나(태수) 부끄럽기만 하다)」.

그러나 삼국통일이라는 대과업을 수행함에 있어서 외교문서로서 크게 공을 세운 강수 선생은 그의 업적에 비해 자료가 너무나 빈약하다. 그가 남긴 문장은 한 편도 전하는 것이 없으며, 《三國史記삼국사기》 열전에 그의 행적이 간략하게 전하고 있을 뿐이다. 그리고 같은 책 〈新羅本紀신라본기〉의 문무왕 13년 조에 그의 공을 인정하여 沙飡사찬의 벼슬과 租조 2백 석을 준 사실과, 《三國遺事삼국유사》에 金仁問김인문이 唐당에 갇혀 있을 때 그의 석방을 청하는 表文표문을 지어 보낸 사실이 전부이다.

그래서인지 그 동안 많은 인물들이 傳記전기로서 다루어지고 있었으나, 강수에 대하여는 전기류도 별로 눈에 띄지 않으며 연구도 전무한 상태이다[2]. 그러므로 여기에서 다루고자 함도 列傳열전을 중심으로 한 생애와 충주지역에 전하는 바를 종합하여 전개하고자 할 따름이다.

Ⅱ.《三國史記》의 强首傳

强首강수에 대한 유일한 기록인 《삼국사기》 권46 열전 제6의 强首傳강수전을 다음에 편의상 5단락으로 나누어 옮겨 본다.

A. 强首강수는 中原京중원경 沙梁사량에 살았던 사람이다. 아버지는 奈麻나마 벼슬을 한 昔諦석체이다. 그 어머니가 꿈에 뿔이 달린 사람을 보고 임신하

2) 强首에 대한 傳記류로는 李明九, 「强首」(《韓國人物史》 양우당, 1983)가 있으며, 연구로서는 李基白, 「强首와 그의 思想」, 《문화비평》 1969, 가을호, 《韓國思想史硏究》, 1986에 再錄이 있을 뿐이다.
忠州地域에서는 지역을 소개하는 책에서 일부 人物전으로 다루고 있으니, 金相顯, 《蘂城春秋》, 1959/張基德, 《中原鄕土記》, 1977에서 각각 〈任强首〉라 題하여 《삼국사기》의 내용을 소개하고 있으며, 李在俊, 《人脈千年》, 1979에서는 「文豪强首와 昔氏」·金豊植, 《中原의 香氣》, 1976에서 「中原사람 强首」·金顯吉, 「中原京과 强首·金生」, 《中原文化散策》, 靑芝社, 1991이 있다.

여 낳았더니 머리 뒤편에 뼈가 솟아나 있었다(有高骨).

아버지 석체가 아이를 데리고 당시에 이른 바 어질다고 하는 사람[賢者]을 찾아가 묻기를 "이 아이의 머리뼈가 이러하니 어찌된 일입니까"하니, 대답하기를,

"내가 듣건대 伏羲복희씨는 범의 모양이고, 女媧여와씨는 뱀의 몸이며, 神農신농씨는 소의 머리와 같았으며, 皐陶고도는 입이 말과 같았다[馬口]고 하였으니, 聖賢성현[3]은 같은 유형으로서 그 골상도 보통사람과 다른 바가 있다. 그런데 이 아이의 머리를 보니 검은 사마귀가 있다. 골상을 보는 법에 얼굴의 사마귀는 좋지 않으나 머리의 사마귀는 나쁘지 않다고 하였으니 이는 반드시 奇異기이한 것이다"라고 하였다.

아버지가 집에 돌아와 그 아내에게 이르기를 "이 아들은 보통아이가 아니니 잘 기르면 장래에 나라의 큰 선비[國士]가 될 것이요"라고 하였다.

B. (강수는) 장성하여감에 따라 제 스스로 책을 읽을 줄 알고 글의 뜻을[義理] 통달하였다. 아버지는 그의 뜻을 알아보고자 하여 묻기를 "너는 佛道불도를 배울 것인가, 아니면 儒道유도를 배우겠는가?"하니, 이에 대답하기를

---

3) 古代 中國의 傳說上 君主들이다. 唐의 司馬遷의 《史記》를 補한 〈三皇本紀〉에 의하면 伏羲·女媧·神農을 기록하고 있다. 이에 의하면 伏羲는 母 華胥가 巨人의 발자국을 밟아 그 힘에 감응되어 낳았다고 한다. 聖德이 있어 天地自然의 현상과 그 질서를 보고 八卦와 文字를 처음으로 만들고, 婚姻의 禮를 定하고, 그물을 만들어 물고기 잡는 법을 백성들에게 가르쳤다. 木德의 왕으로 瑞祥은 龍이다.

女媧는 복희의 妹 또는 女媧氏라는 설이 있다. 옛날에 하늘기둥(天柱)이 넘어져 九州가 갈라져 물이 넘쳐 그치지 않자 女媧가 오색 돌을 갈아 하늘을 수리하고 자라 다리를 잘라 동서남북의 기둥을 세우고, 黑龍을 죽여 冀州지방을 구하고, 갈대의 재를 쌓아 淫水를 막았다고 한다.

神農은 농사짓는 법을 가르쳤다 하여 神農이라 하였으며, 불로 관리를 통제하였다고 하여 炎帝라고도 하며, 醫書인 《神農本草》를 지었으며, 팔괘를 부연하여 64괘를 만들고 저자를 세워 재물을 유통시키고 5弦琴을 만들었다고 전한다.

皐陶는 舜임금의 신하로 法理에 밝아 法을 세우고 刑을 제정하고, 또한 獄을 만들었다고 한다.

"제가 듣건대 불도는 세상 밖의 가르침[敎]이라 합니다. 저는 世間세간의 사람입니다. 어찌 불도를 배우겠습니까? 원하건대 유교의 도를 배우고자 합니다"라고 하니, 아버지는 "네가 좋아하는 대로 하라"고 하였다.

(강수는) 드디어 스승을 찾아가 《孝經효경》·《曲禮곡례》·《爾雅이아》·《文選문선》을 읽었는데 들은 바는 비록 淺近천근하지만 얻는 바는 점점 높고 遠大원대하여 우뚝하게 당대의 걸출한 인물이 되었다. 그리하여 마침내 벼슬길에 나아가 여러 관직을 거쳐 당시에 널리 알려진 사람이 되었다.

C. 강수는 일찍이 釜谷부곡의 대장장이 딸과 野合야합하였는데 서로 간에 정이 깊어갔다. 나이가 20세에 이르자 부모가 고을의 용모와 행실이 좋은 여자를 중매하여 장차 아내로 삼고자 하였다. 그러나 강수는 두 번 장가들 수 없다고 하며 사양하였다.

아버지는 화를 내며 말하기를 "너는 세상에 이름이 나서 나라 사람들이 모르는 사람이 없는데 미천한 여자를 배필로 삼으려는 것도 또한 수치스러운 일이 아니겠는가?"하니, 강수는 두 번 절을 하며,

"가난하고 천한 것은 부끄러운 바가 아닙니다. 道도를 배우고 실행하지 않는 것이 참으로 부끄러운 바입니다. 일찍이 옛사람의 말에 '糟糠之妻조강지처는 뜰 아래에 내려오게 하지 않으며, 가난하고 천할 때에 사귄 친구는 잊어서는 아니 된다'고 하였습니다. 그러한즉 천한 아내라고 하여 차마 버릴 수는 없습니다"라고 말하였다.

D. 太宗大王태종대왕이 즉위하였을 때 당나라 사신이 와서 詔書조서를 전하여 왔다. 그 가운데에 이해하기 어려운 부분이 있어서 왕이 그를 불러 물었다. (강수는) 왕의 앞에서 한 번 보고는 의심스럽거나 막히는 데 없이 풀어서 설명하였다.

왕이 놀라며 기뻐하면서 서로 늦게 만난 것을 한스럽게 여기며, 그의 姓

名성명을 물었다. 그는 대답하기를 "臣신은 본래 任那加良임나가량 사람으로 이름은 牛頭우두(字頭)입니다"라고 하였다.

왕이 말하기를 "卿경의 두골을 보니 强首강수 선생이라고 부를 만하다"라 하고, 당나라 황제의 조서에 감사하다는 回答회답의 表文표문을 짓게 하였다. 글이 잘 짜여지고 뜻이 다 담겼으므로 왕이 더욱 기특하게 여겨 이름을 부르지 않고 임생任生이라고만 불렀다.

E. 강수는 일찍이 생계를 도모하지 않았기 때문에 집안이 가난하였으나 태연하였다. 이에 왕이 유사에게 명하여 해마다 新城신성의 租조 1백 석을 주게 하였다.

文武王문무왕이 말하기를 "강수는 문장 짓는 일을 스스로 맡아 중국과 고구려·백제 두 나라에 편지로서 뜻을 잘 전하였기 때문에 友好우호를 맺는데 성공할 수 있었다. 우리 先王선왕이 당나라에 군사를 청하여 고구려와 백제를 평정한 것은 비록 武功무공에 의한 것이라고는 하지만, 또한 文章문장의 도움도 있었기 때문에 강수의 공을 어찌 소홀히 할 수 있겠는가?"라 하고, 沙湌사찬의 벼슬을 주고 俸祿봉록을 매년 2백 석을 더 올려주었다.

新文大王신문대왕 때(681~692) 이르러 졸하였다. 장사를 지냄에 있어서 관청에서 비용[賻儀]으로 옷가지와 물품을 매우 많이 지급하였다. 이를 집안사람들이 사사로이 쓰지 않고 모두 佛事불사에 바쳤다.

그의 아내는 식량이 궁핍하여져 고향으로 돌아가려 하였다. 大臣대신이 이를 듣고 왕에게 청하여 조 1백 석을 주게 하였더니 그 아내가 사양하며 말하기를,

"첩은 천한 사람입니다. 입고 먹는 일은 남편에 의지하였으므로 나라의 은혜를 입은 바가 많았습니다. 지금은 이미 혼자 몸이 되었는데 어찌 감히 거듭 후한 賜物사물을 받겠습니까?"하며, 끝내 받지 않고 고향으로 돌아갔다.

《新羅古記신라고기》에 「文章문장으로는 强首강수·帝文제문·守眞수진·良圖양도·風訓풍훈·骨沓골답이 유명하다고 하였는데, 제문 이하는 행적이 전하지 않아 전기를 세울 수 없다.」
고 하였다. 이상이 强首강수열전의 전부이다[4].

Ⅲ. 强首의 出身

1. 出生地, 中原京과 沙梁

《삼국사기》 强首강수전의 머리 부분인 A단락은 강수의 출신과 출생에 대한 기이한 설화적인 내용을 담고 있음을 본다. 강수는 그 出系출계가 확실하지는 않으나 中原京중원경의 沙梁사량 출신임을 알 수 있다. 중원경은 오늘의 충주로서 신라가 삼국을 통일한 후에 붙여진 이름이다.

충주는 고구려가 이 지역을 장악하고 國原城국원성이라 이름하였으며, 신라 진흥왕이 이곳을 확보하고 그 18년(557)에 小京소경을 처음으로 설치하여 國原小京국원소경이라 하였다. 그리고 경덕왕 16년(757)에 지방제도의 정비과정에서 中原小京중원소경이라 한 것으로 되어 있으나, 문무왕 18년(678)에 소경을 方位的방위적 의미로서 北原小京북원소경을 설치하고, 신문왕 5년(685)에 西原서원·南原小京남원소경이 설치된 것을 고려할 때, 이 무렵에 中原중원이라고 하였을 것으로 본다[5]. 강수 선생은 이 시기에 살았다.

沙梁人사량인이라 하였으니 충주지역에 沙梁사량이라는 지역이 있었으리라고 본다. 신라의 경주는 초기에 6부(及梁部·沙梁(啄)部·本彼部·漸(牟)梁部·

4) 飜譯에는 李丙燾《國譯 三國史記》 및 한국정신문화연구원 《譯註 三國史記》를 많이 참조하였다.
5) 《三國史記》, 권9, 新羅本紀 9, 경덕왕 16년 12월조.

韓岐部·習比部) 체제로 구분하고 있었으며, 소경에도 각기 이 6부의 제를 도입한 것으로 알 수 있다. 충주의 사량도 그러려니와 서원소경이었던 청주의 上黨山城상당산성 남문 앞에서 1981년에 수습된 '沙啄部사탁부' 명銘의 기와편에 의해서도 알 수 있다[6].

위 사실은 소경인 중원에도 사량부를 비롯한 6부가 있었을 것으로 보이나 지금의 어느 지역인 지에 대하여는 짐작할 수 없다. 그러나 충주 금가면에 沙浪사랑골이라는 마을과 이곳에 인접한 마을로 島里도리(섬말)에 속한 자연부락으로 가마골[釜谷]이 있음에 관심이 간다[7]. 지금은 모두 한적한 시골 농촌마을이다. 그러나 가마골에는 쇳물을 다루다 남은 쇠똥[鐵滓, slag]이 산재하고 있으며, 『도리마을 자랑비』에서 「강수 선생은 沙浪洞사랑동 태생으로 섬말 洞內동내 가마골[釜谷] 숙녀와 결혼 …… 그 당시는 동명이 점말[冶村]이던 것이 語音어음이 변하여 섬말로 呼稱호칭하여 오다가 단기 4247년(1914)에 …… 섬말을 한자로 島村도촌, 島里도리라고 명칭한 것으로 사료된다.……」고 하여 강수와의 관련을 밝히고 있어 관심이 간다. 좀더 살펴보아야 할 문제이지만 쇠똥이 있으며, 대장간이 있었던 마을로 '점말[冶村]'이라고 하였다고 함에 관심이 간다.

太宗武烈王태종무열왕에게 강수는 부름을 받아 나가 이름을 묻는 자리에서 "신은 본래 任那加良임나가량 사람"이라고 D단락에서 말하고 있음에

金顯吉, 「國原京과 中原京」, 《中原京과 中央塔》, p. 66, 중원군·충주공업전문대학박물관, 1992.

6) 國原에 小京을 설치하고 6部의 豪民을 이주시킨 사실과, 强首가 中原京의 沙梁에 살았다고 함은 小京에도 王都를 모방한 6部의 제도를 도입한 것으로 보인다. 藤田亮策, 「新羅九州五小京考」, 《朝鮮學報》 5, p.106, 1953. 淸州의 上黨山城에서 출토된 '沙啄部' 銘의 와편으로도 유추할 수 있다. 그러나 李在俊, 「沙啄部 銘 平瓦에 對한 小考」, 《西原學報》 2, p.83, 1981.에서는 6部의 豪民 중 '사탁부'에 속한 사람들이 집단으로 살았던 지역으로 보고자 하였다.

7) 金禮植, 「强首선생과 가마골 처녀」, 《忠淸日報》 1997. 9. 22일자에서 추정하고 있다.

주목된다. 왜 묻지도 않은 출신을 말하되 중원경 사량사람이라 하지 않고, 이와 같이 말하였을까? 아마도 강수의 先代선대가 신라와의 불편한 관계에 있었던 사실에 대한 항변이 아니었을까 생각된다. 우선 任那加耶임나가야에 대하여 생각해 보고자 한다.

일찍이 安鼎福안정복은《東史綱目동사강목》에서 강수의 출신이 중원경이며 스스로 임나가량이라고 한 데서 충주가 任那國임나국이라고 단정하였다[8]. 이에서 연유함인지 金正浩김정호도《大東地志대동지지》의 충주 연혁조에서 충주는 본래 임나국으로 뒤에 백제가 소유하였다고 하였다[9]. 그렇다고 충주가 곧 임나가라였다고 보기에는 의문이 간다.

任那임나에 대한 기록은《日本書紀일본서기》에는 많이 나오고 있으나, 우리나라의 기록으로는 광개토왕 陵碑능비에「追至任那加羅추지임나가라」라 한 곳과,《삼국사기》강수열전의「任那加良임나가량」, 昌原창원에 있는 眞鏡大師塔碑진경대사탑비에「其先기선 任那王族임나왕족」이라고 한 세 곳에만 보이고 있을 뿐이다. '임나가량'은 '임나가라'를 의미하는 것으로 보고 있다. 그 동안 임나의 문제에 대하여는 일본학자를 비롯하여 많은 연구가 있었으며, 그 위치에 대하여는 金海김해지역으로 보는 설과[10], 高靈고령으로 보려는 견해가 있어왔다. 우리나라에서는 대체로《海東繹史해동역사》續編속편에서 임나를 高靈고령의 大加耶대가야로 보려고 한 견해에 따라

8)《東史綱目》, 附錄 권下, 地理考, 加羅任那慕韓休忍州胡考에서「任那指伽倻 字相似而誤分也 更按三國史强首傳曰 臣本任那加良人 史又以强首爲中原京沙良人 中原京今忠州 然則任那國則忠州歟」라 한 데서 알 수 있다.

9)《大東地志》, 권6, 忠州 沿革조.「本任那國 後爲百濟所有 稱娘子谷城(一云娘子城 一云未乙省)」.

10) 那珂通世,「朝鮮古史考-加羅考」,《史學雜誌》7-3, 1896를 비롯하여 일본학자들에 의해 많이 주장되어 왔으니, 末松保和,《任那興亡史》p.66, 1956 增訂再版. 田中俊明,《大加耶連盟の興亡と任那-加耶琴たけが殘つた-》p.32, 吉川弘文館, 1992. 등이 대표적이다.

임나가라도 같은 곳으로 보려는 경향이 있어왔다[11]. 그러나 《일본서기》 등의 다양한 용례로 보아 任那임나와 加羅가라는 김해나 고령의 특정지역을 가르치는 것이 아니라 둘 다 가야의 전역을 총칭하는 의미로 쓰이는 예가 많다. 즉 임나는 막연하나마 가야 전역의 총칭으로 쓰이고 있으나, '임나가라' 및 '임나'라는 명칭은 김해가야국을 중심으로 칭하면서도 좁은 의미로 쓰일 때는 하나의 국명이나 지명을 가리키는 한계를 두고 있다[12]. 眞鏡大師塔碑文진경대사탑비문에서의 '임나'는 興武大王흥무대왕(김유신)의 후예라 하였으니 이곳에서는 김해의 금관가야임이 분명하다[13].

그러나 임나가라를 고령으로 보고 진흥왕 23년(562)에 신라가 이 지역을 정복하고 그 지역민들의 유대관계를 단절시키고자 하는 徙民政策사민정책에 의해 그 지역의 왕족을 포함한 지배층 우륵·강수 등을 國原국원으로 이주시키고 이들을 회유·감독하기 위하여 그들을 귀족으로 대우하면서 小京소경으로 삼았다고 하여 소경설치의 이유로 보려는 견해가 있으나[14], 國原小京국원소경의 설치는 신라가 대륙으로 통하는 門戶문호의 확보라는 숙원을 漢江한강유역의 확보(진흥왕 14년, 553)로 달성하였기 때문에 이 지역에 대한 관리를 목적한 데서 비롯되었던 것으로 봄이 옳을 것이다. 이곳에 강력한 軍團군단으로 新州신주를 설치하고 4년 뒤에 국원소경을 설치하

11) 《海東繹史·續》, 권3 地理考3 三韓 弁辰조. 李丙燾, 《韓國史·古代篇》 pp. 403, 412, 1976.에서는 高靈으로 보았다. 그러나 金廷鶴, 「加耶史의 硏究」, 《史學硏究》 37, pp. 4~5. 1983.에서 任那加羅는 高靈의 大加耶로 비정하나, 대가야의 의미는 가야 중에서 盟主國을 뜻한다고 하며, 초기의 대가야는 金海加耶였으나 말기에는 고령의 가야를 의미한다고 하여 경우에 따라서는 김해와 고령지역을 이르는 뜻으로 밝히고 있다.

12) 金泰植, 「廣開土王陵碑文의 任那加羅와 安羅人守兵」, 《韓國古代史論叢》 6, pp. 73~86, 1994.

13) 眞鏡大師의 출신에 대하여 「大師 諱審希 俗姓新金氏 其先 任那王族 草拔聖枝 每苦隣兵投於我國 遠祖興武大王……」라 하였으니, 이는 金海의 金官加耶를 지칭함이 분명하다.

14) 林炳泰, 「新羅小京考」, 《歷史學報》 35~36合輯, p.88, 1967.

고, 아울러 신주를 폐하고 北漢山州북한산주로 하였으며, 이듬해에 국원소경에 경주의 귀척자제와 6부의 호민을 이사시켜 충실을 기했다는 데서 짐작된다. 즉 국원소경의 설치는 한강하류유역[北漢山州]을 후방에서 지원하기 위한 거점으로 보아도 무리는 아닐 것이다. 또한 신라의 서울 경주에서 대륙으로 가기 위해서는 낙동강 상류를 따라 雞立嶺계립령과 竹嶺죽령을 넘어 충주(國原)에 와서, 이곳에서 물길과 육로로 하여 서해로 나가게 되니 國原국원은 서해안에 연한 지역보다 실질적인 대륙으로 통하는 門戶문호라는 데에 더욱 의미가 크다고 본다[15].

또한 신라가 국원에 소경을 설치하고(557), 경주지역의 貴戚子弟귀척자제와 6부의 豪民호민을 국원으로 옮겨와서 살게 한 시기(558)는 고령의 대가야가 멸망(562)하기 이전이다. 이에 앞서 신라는 법흥왕 19년(532)에 金官國王금관국왕이 항복하고 그 일족과 후손들이 경주에 살고 있었으므로[16] 국원소경의 설치 당시에는 그들의 일부가 국원으로 옮겨졌을 가능성이 크다고 하겠다. 따라서 대가야에서 직접 충주로 이주하였다고 보기보다는, 금관가야에서 신라의 서울 경주로 이주한 후 중원경으로 다시 옮겨진 것으로 보는 것이 옳을 것이라 생각된다.

2. 誕生과 姓氏問題

强首강수의 탄생에 대하여는 어머니가 꿈에 뿔이 달린 사람을 보고 임신

15) 金顯吉, 「忠州地域이 갖는 歷史地理的 背景」, 《국사관논총》 16, pp. 132~133, 1990에서 新羅의 國原小京 설치는 高句麗가 이 지역을 國原城이라 이름하고 中原高句麗碑를 세우는 등 나라의 지경을 확실히 다지면서 남진통일의 전진기지화하려고 하였음에 대하여, 신라로서도 이곳을 발판으로 북진통일의 전진기지로 삼고자 한 것으로 보고자 하였다.

16) 《三國史記》 新羅本紀 4, 법흥왕 19년(532)조. 「金官國主金九亥 與妃及三子…… 以 國帑寶物來降」.

하여 출생하였는데 아이의 머리 뒤편에 뼈[骨]가 높이 솟아 있었다는 것이다. 그리하여 머리 모양을 보고 이름을 牛頭우두(또는 字頭)라고 하였던 것 같다[17].

아버지는 하도 기이하여 당시에 이름난 賢者현자를 찾아가 물어본 것이다. 그 현자는 중국 상고시대의 전설적인 伏羲氏복희씨·女媧氏여와씨·神農氏신농씨·皐陶고도 등의 예를 들면서 "성현들은 다 같은 유형으로 그 골상도 보통사람과 같지 않다"고 하면서 "이 아이의 머리에 검은 사마귀[?]가 난 것을 보니 골상을 보는 법[相法]에 얼굴의 사마귀는 좋지 않으나 머리의 사마귀는 나쁘지 않다고 하였으니 이는 반드시 기이한 인물이 될 것이다"라고 하여 잘 기르라고 하였다. 여기에서 뿔[角 또는 高骨]과 사마귀[黶]와의 관계는 동일한 표현으로 이해되니 頭狀두상이 특이하였음을 표현한 것으로 보인다[18].

태종은 이 두상을 보고는 强首강수 선생이라 부를 만하다고 하였다. 이는 본명을 牛頭우두라 하였음에 왕이 하사한 이름으로 强首강수라 한 것임을 알 수 있으니, 牛頭우두(쇠머리)를 좋은 의미로 漢字化한자화하여 '센[强] 머리'라는 뜻으로 풀이된다. 즉 기억력 등 강(우수)한 두뇌로서의 의미로 풀이된다고 하겠다.

왕은 또한 任生임생이라고 불렀다고 하였다. 이에서 연유함인지 强首강수를 任임씨로 보아 《新增東國輿地勝覽신증동국여지승람》 이후 각종 지리지에서는 '任强首임강수'라고 기록하고 있음을 많이 본다[19]. 그러나 이는 잘

17) 《三國史記》 原本으로 알려진 中宗 壬申刊本(世稱 正德本)에는 '字頭'라 하였으나, 《三國史記》 顯宗實錄 鑄字本과 《三國史節要》(권9, 태종왕 원년 5월조) 등에는 '牛頭'라고 하였다. 머리 뒤편에 높은 뿔이 있음(頭後有高骨)이라 함에서 頭狀에 의해 지어진 이름이라면 '牛頭'가 맞는 것이라고 보아야 할 것이다.

18) 《三國史節要》 권9, 太宗王 元年 5月조에서는 「自古聖賢其相有異今觀兒首角而又黶……」이라 하여 首角과 黶이 같다고 하였다.

못된 견해로 보인다. 任生임생이라고 한 말은 任那임나의 先生선생, 또는 임나의 出生출생이라는 뜻으로 풀이되어야 함이 옳을 것이기 때문이다. 또한 우리나라의 任임씨는 長興장흥·豊川풍천을 본으로 하고 있으며, 이들의 始祖시조는 모두 고려 중기 이후의 인물로 되어 있으니 강수와는 무관한 것임을 알 수 있다. 그러면 强首강수의 姓성은 무엇인가?

강수의 아버지가 昔諦석체이니 昔석씨로 봄이 옳다고 본다. 이에 대하여는 이미 이재준李在俊의 《人脈千年인맥천년》에서 「강수는 昔석씨로 보는 것이 옳다(일부에서는 任씨로 보는 이도 있으나 정확하지가 않다)」고 하여 昔석씨의 가능성을 예시하고 있다[20]. 昔석씨는 單本단본으로 그 시조가 신라 4대왕 脫解尼師今탈해니사금이다. 우연한 일로 볼 수도 있으나, 脫解탈해는 본래 多婆那國다바나국(倭國의 東北 千里)의 출생으로 卵[알]로 태어나자 궤에 담아 바다에 띄워 보냈는데 처음에 金官國금관국(金海 加耶) 해변에 닿았다고 한다. 이를 괴이히 여겨 취하지 않으니 다시 떠서 신라에 닿아서 男兒남아로 변하였다고 하니 任那임나와의 인연이 있음을 본다[21].

다행히 필자는 月城昔월성석씨의 大同譜대동보[22]를 통하여 脫解王탈해왕으로부터 17세손이 昔諦석체임을 확인할 수 있었다. 그 가계를 보면 다음과

---

19) 《新增東國輿地勝覽》 권14, 忠州牧 人物조에서 처음으로 '任强首'라고 하였음을 본다. 이후의 모든 지리지는 이를 답습하여 한결같이 '任强首'로 표기하고 있으며, 安鼎福의 《東史綱目》에서도 모두 '任强首'라 하였으며, 李圭景의 《五洲衍文長箋散稿》권34 金生事實辨證說의 말미에서 역시 '任强首'라 하고 있음을 본다. 충주지역에서 최근에 간행된 《蘂城春秋》와, 張基德의 《中原鄕土記》 上, 인물편에서도 '任强首'라고 하였다.

20) 李在俊, 《人脈千年》, 충청일보, 1979. 《忠淸日報》에 충북지역의 인물을 연재한 내용을 묶은 책. 「文豪强首와 昔氏」라 하여 昔씨일 가능성을 처음으로 제시하였다. 이를 인용한 金豊植의 「中原사람 强首」, 《中原의 香氣》, 농경출판사, 1976가 있다.

21) 《三國史記》, 新羅本紀 1, 脫解尼師今조.

22) 《月城(慶州)昔氏大同譜》, 古典出版社, 1995. 이 族譜는 辛酉譜(1861) 이후 6차에 걸쳐 追補하면서 속간되고 있다.

같다.

〈强首의 家系〉

- 始祖 脫解王
  - 仇光
  - 仇鄒 — 伐休王
    - 骨正
      - 助賁王
        - 儒禮王
        - 乞淑 — 基臨王
        - 址 — 定義 — 聖化 — 成遠 — 允末 — 浩緣 — 玄旭 — 益宣 — 琦憲 — 世賢 — 五源
          - 經文
          - 諦
            - 强首
              - 羽延
              - 宗喆
            - 阿詢
            - 葛聖
            - 淡
          - 虛允
          - 光水(이하 오늘에까지 계승됨)
      - 沾解王
    - 伊買 — 柰解王 — 于老 — 訖解王

昔석씨는 신라의 4대왕인 脫解尼師今탈해니사금 이후 7세에 이르는 동안, 9대 伐休벌휴, 10대 柰解내해, 11대 助賁조분, 12대 沾解첨해, 14대 儒禮유례, 15대 基臨기림, 16대 訖解王흘해왕(재위 310~356) 등 8왕이 신라 초기에 왕위를 계승하고 있다.

위의 가계에 의하면 강수의 할아버지는 시조로부터 16세인 오원五源이다. 4형제를 두었는데 그 중 둘째가 諦체로 강수의 아버지이다. 넷째 虛允허윤까지는 2~3대로 絶孫절손되고, 막내인 光水광수의 후손이 오늘에까지 혈통을 유지하고 있음을 본다. 昔諦석체도 4형제를 두었는데 强首강수는 장남이다. 강수는 두 아들을 두었으나 그 이후는 무하고 없다. 그의 세 아우도 모두 절손되고 있다. 그러니 자손이 귀하여 오랜 역사를 갖고 있으나 희귀한 성씨로 그 손이 번성하지 못하고 내려왔음을 알게 한다.

족보상에서 강수의 조부인 五源오원은 「波干파간(파진찬)의 벼슬로 善德

世	
十六世	五源 오원 上卷七 世係、 波干 余善德王朝作瞻星坮創芬皇寺爲都寮閱歲訖工唐太宗戊申卒贈大輔 配朴氏墓在南山云而今未詳
十七世	子 經文 경문 阿干 子 諦 체 官奈麻 中原京沙梁人
十八世	子 兆年 조년 大舍 子 肆逸 사일 吉舍 子 強首 강수 官沙湌神文王時卒 史載三國記卷第四六列傳第六文武王時人以文章大有功於三國統一 子 阿詢 아순 伊湌 子 葛聖 갈성 伊湌
十九世	子 基順 기순 蘇判 子 震杓 진표 級干 子 羽延 우연 小烏 子 宗喆 종철 大舍 子 東伯 동백 大阿湌 子 先榛 선진 波干 子 伊道 이도
二十世	子 孟吉 맹길
二十一世	

〈月城(慶州)昔氏 大同譜 卷上〉

王선덕왕 때 都搴閼도건열 歲訖工세흘공이 되어 瞻星臺첨성대를 만들고, 芬皇寺분황사를 창건하였다. 眞德王진덕왕 2년(648)에 죽었으며, 大輔대보에 贈職증직되었다」고 하였으니 첨성대와 분황사를 창건한 사람임을 알 수 있다[23]. 이 또한 새로운 사실로 관심이 간다.

족보의 신빙성에 대하여 의구심이 가는 곳이 없지는 않으나, 이상에서 강수는 그 성씨가 任임씨가 아니라 昔석씨임이 분명함을 알 수 있으며, 또한 그의 조부 五源오원이 첨성대와 분황사를 창건하였음도 알 수 있다.

昔석씨의 왕은 16대 訖解王흘해왕을 마지막으로 하고, 17대 왕은 신라 金김씨 王統왕통을 확립한 奈勿王내물왕이다. 이후 昔석씨는 金김씨 세력에 밀려났다고 보아야 할 것이다. 상고할 수는 없으나 김씨 세력에 밀려 매우 불편한 관계(아마도 왕권에 대한 문제?)로 어느 때인가 强首강수의 조상이 임나(가야)지방으로 망명하였던 것이 아닐까 생각해 본다. 昔석씨 일족이 임나(금관가야)로 망명하자 그들은 신라 왕손으로 우대받다가 金官國금관국이 신라에 병합되자 보호 관리를 위하여 경주로 옮겨진 것은 아닐지? 생각이 미친다. 이러한 과정에서 강수는 사실상 석씨 가문의 신라에 대한 불편한 관계를 은연 중에 표시하기 위해 '임나가라' 출신임을 강조한 것이 아닐까 한다.

그러나 족보상에서 보면 어느 때 가야지방으로 이주하였는지 확인할 수 없으며, 계속하여 强首강수의 가문은 角干각간·阿干아간·級干급간·波干파간 등 신라의 벼슬을 하고 있음을 알게 하여 혼란스럽다. 中原京중원경으로의 이주를 생각한다면 할아버지가 첨성대와 분황사를 창건하였다는 사실로 보아 아버지인 昔諦석체 때로 볼 수 있지 않을까 한다.

23) 《三國遺事》 권1, 善德王知幾三事조에서 선덕왕 때 돌을 다듬어 瞻星臺를 쌓았다고 하였으며, 同書 권3, 阿道基羅조에서 서울 안에 龍宮 北쪽의 절터가 지금의 芬皇寺이니 善德王 甲午年에 처음 열었다고 하였다. 甲午는 선덕왕 3년(634)이다. 强首의 할아버지 五源이 선덕왕 때 세웠다고 하였으니 관심이 간다.

Ⅳ. 强首의 學問과 思想

强首강수는 자라면서 스스로 책을 읽을 줄 알고 글의 뜻 즉 文理문리에 통달하였다고 하였다. 이는 B단락에 의해 알 수 있으니 이 부분에서는 그의 생활철학의 근거를 제시하는 것으로 의미가 있다.

강수는 매우 학문에 관심을 보이고 스스로 배우려고 하였음을 알 수 있다. 이와 같은 아들의 노력하는 것을 본 아버지 昔諦석체는 아들의 진로에 대하여 크게 관심을 보였음은 당연하다고 하겠다. 아버지는 아들의 뜻을 알아보기 위해

"너는 佛道불도를 배울 것인가, 아니면 儒道유도를 배우겠는가?"하고 물어보았던 것이다. 이에 대하여 강수는 대답하기를,

"제가 듣건대 불도는 세상 밖의 가르침[敎]이라 합니다. 저는 세간의 사람입니다[24]. 어찌 불도를 배우겠습니까? 원하건대 儒敎유교의 도를 배우고자 합니다"라고 하였다. 이에 아버지는,

"네가 좋아하는 대로 하라"고 아들의 뜻을 허락하였다.

여기에서 불교를 버리고 유교를 선택한 강수의 확고한 의지를 이해할 수 있다. 이 당시의 신라 사회는 불교가 國敎국교였다. 왕실을 비롯한 지배층의 지식인들은 물론 상하가 다투어 불교를 신봉하였으며 高僧고승들이 줄이어 나타나던 때였다. 불교의 힘[佛力]으로 나라를 일으키려는 宗敎的종교적 의식이 성행하여 나라의 곳곳에는 큰 寺刹사찰과 佛塔불탑이 세워지기도 하였다. 이러한 때에 현세 초월적인 불교의 교리를 버리고, 유교를 선택한 것은 現實的현실적이며 合理主義的합리주의적인 유교에 매력을 느끼고 있었던 것

24) 《三國史記》에서 「愚人間人」을 《新增東國輿地勝覽》 권14, 忠州牧 '任强首'조에는 愚를 我로 바꾸어 「我人間人」이라 하였다.

으로 그의 확고한 사상의 일면을 엿볼 수 있는 점이라 할 것이다.

儒學유학에 뜻을 세운 강수는 드디어 스승을 찾아가《孝經효경》과《曲禮곡례》,《爾雅이아》,《文選문선》을 읽었다고 한다.《효경》이란「부모가 물려준 신체의 보전으로부터 立身行道입신행도하여 후세의 평가에 이르기까지, 즉 부모가 살아있을 때는 愛敬애경으로, 죽어서는 哀戚애척으로 하여 부모 섬기는 일을 다함」을 이르는 내용으로 인륜의 근본이 효에 있다고 강조한 책이다[25].《곡례》는《예기》의 首篇수편으로 五禮(오례; 吉·凶·賓·軍·嘉禮)[26]의 행사에 관해 설명한 것이다. 강수는 이들의 책을 통하여 유교의 기본덕목을 스스로 실천하였던 것이다.

또한《爾雅이아》는 문자의 뜻을 고증하고 설명한 字典的자전적 성격을 지닌 책이다.《文選문선》은 상고 周代주대로부터 梁양대에 걸치는 賦詩부시·詔冊조책·表啓표계·頌讚송찬이나, 祭文제문·碑文비문·墓誌묘지에 이르기까지의 名文명문들을 수집하여 엮은 것으로 강수는 이 漢文學한문학의 名作選명작선인《문선》을 통하여 문장법을 익혀 대문호로 성장하였다고 본다. 더욱 이《문선》은 唐당 이래 과거시험을 위한 교과서와 같이 활용되어오던 책이다[27].

이와 같은 사실로 보아 또한 생각해야 되는 것은 강수가 성장하였던 당시 중원지방의 교육적인 환경이다. 강수가 사사로이 학문을 익힐 수 있었으며,

---

25)《孝經》은 孔子와 그의 제자 曾參이 問答한 중에서 孝道에 관한 것을 추린 책으로 曾子의 作이라고 전한다.《효경》에는 古文과 今文의 2종이 있다. 古文은 秦始皇의 焚書 때 顔芝가 감추어 전한 것을 그의 아들 貞이 다시 쓴 것을《今文孝經》이라고 한다. 朱子는 이를 바로잡아 今文과 古文을 섞어 편집하여 체계화하였다.

26) 祭祀之說 吉禮也, 喪荒去國之說 凶禮也, 致貢朝會之說 賓禮也, 兵車旌鴻之說 軍禮也, 事長敬老 執贄納女之說 嘉禮也.

27)《文選》은 梁나라 昭明太子 蕭統의 編書이다. 昭明太子는 이 책을 만들기 위해 樂賢堂을 세우고 文選樓를 지어 劉孝威·庾肩吾·徐防 등 소위 高齋 10學士의 무리와 더불어 討議 選擇하여 蕪雜한 것은 버리고 淸爽한 것을 추려서 30卷으로 만든 책이다. 唐의 李善이 여기에 註하여 每卷 2卷으로 나누어 60卷으로 하였다.

스승을 찾아가서 《효경》 등 다양한 유학서책에 의한 교육을 받았다고 함은 중원지방에는 이미 상당한 수준의 유학이 행하여지고 있었던 學風학풍이 있는 지방이었다고 생각되기 때문이다. 이러한 환경적 배경이 없이는 강수의 학문은 형성될 수 없었을 것이다. 실제로 중원은 대륙의 문물을 경주보다 앞서서 받아들일 수 있는 門戶문호였다고 하는 데에서도 짐작이 간다. 중원에 살았던 金生김생도 스스로 글씨를 쓰고 익혀 王右軍왕우군을 능가할 정도였다고 함도 우연한 일이 아닐 것이다. 中原京중원경의 성격을 짐작케 하는 단면이기도 한 것이다.

또한 강수가 배운 學習학습 과목은 뒤에 신라의 國學국학에서 배우는 敎科目교과목과 讀書三品科독서삼품과의 시험과목과 매우 상통하고 있음에 관심이 간다. 교과목은 經書경서를 주로 하여 전공을 3분과로 나누고 있으니 다음과 같다.

① 禮記예기·周易주역·論語논어·孝經효경

② 春秋左氏傳춘추좌씨전·毛詩모시·論語논어·孝經효경

③ 尙書상서·文選문선·論語논어·孝經효경

이에서 보아 《논어》와 《효경》은 필수과목이었던 것을 알 수 있다. 이러한 학문을 익힌 뒤에는 독서삼품과의 시험을 보아 관리로서 등용의 길을 열었으니 그 과목은 다음과 같다.

上品상품; 春秋左氏傳춘추좌씨전·禮記예기·文選문선·論語논어·孝經효경

中品중품; 曲禮곡례·論語논어·孝經효경

下品하품; 曲禮곡례·孝經효경

강수가 배웠던 과목과 국학에서의 교과목에 대하여는 강수의 영향이 컸던 것으로 생각된다. 신라에서 국학이 설치된 것은 신문왕 2년(682)으로 기록되고는 있으나, 실제로는 이보다 앞서서 설치되었다고 보인다. 이는 국학의 실무를 담당한 大舍대사의 설치가 眞德女王진덕여왕 5년(651)이므로

이때 이미 국학이 설치되었거나 설치 준비를 위한 작업이 이루어졌던 것이 아닌가 한다[28]. 또한 국학의 설치 전년인 신문왕 1년(681)에 세운 것으로 추정되는 文武王陵碑문무왕능비에 國學少卿국학소경과 大舍대사의 관직이 보이고 있음에서도 짐작된다[29].

이 무렵 신라에서 활약한 대표적인 유학자는 强首강수와 薛聰설총이었다. 강수는 이미 유학의 기반이 있었던 중원경에서 학문을 충실히 익히고 그의 문장의 힘으로 중앙관계에 나아가 배운 바를 토대로 하여 신라의 국학설치에도 크게 기여하였다고 보인다. 사실상 강수와 설총은 국학에서 九經구경을 후학에게 가르쳤다[30]. 국학의 설치와 정비는 강수·설총 등 유학자들의 건의와 당나라의 국학에 참관하고 돌아온 김춘추(뒤의 태종무열왕)의 적극적

---

28) 《三國史記》 新羅本紀의 善德王 9년(640)조에 왕은 子弟를 唐나라에 보내어 國學에 들어가기를 청하는 등 유학에 관심을 보였으며, 또한 眞德王 2년(648)조에는 당나라에 들어간 金春秋는 國學에 가서 釋奠과 강론을 참관하고 당 태종이 지은 溫湯碑·晉祠碑와 새로 지은 《晉書》 등 책을 받아 가지고 왔으니, 김춘추도 국학설치에 적극적인 관심을 보였던 것으로 짐작된다.

29) 文武王陵碑는 神文王 1년(681)에 세운 것으로 추정된다. 이 비문은 「及飧 國學少卿 金□□가 奉 敎撰」한 것으로 되어 있으며, 말미에 「大舍 臣 韓訥儒奉」한 데서 알 수 있다. 《三國史記》 職官志 上 國學조에는 장관으로(學長급) 卿 1인을 두었다고 하였으나, 少卿으로 기록되어 있어 차이를 보이고 있다.

30) 《三國史記》에는 보이지 않으나, 《三國史節要》 권12, 경덕왕 6년 정월조에 「權近曰……新羅有國三十代 至神文王 元年 始置國學……景德王 五年 始置諸博士 其後强首·薛聰 輩通曉義理 以方言講九經訓後學」이라 한 데서 알 수 있다. 이 기록은 《三國史記》 권46, 薛聰전에 보이는, 「以方言讀九經 訓導後生」이라 한 글을 인용한 것으로 보이기는 하나 당시의 시대상으로 보아 충분히 고려할 만하다. 薛聰이 「以方言講九經」이라고 한 것은 經書를 읽을 때 우리말로 吏吐를 붙이어 읽는 방법을 고안한 것으로 吏讀를 의미한다. 吏讀의 사용으로 新羅社會는 儒敎思想의 이해의 도가 깊어 갔음을 또한 알 수 있다. 《東史綱目》 第4 下, 丁亥年, 경덕왕 6년(747)조에도 동일한 내용을 기록하고 있다.

九經은 아홉 종류의 經書로서 이에는 漢書 藝文志 六藝九種, 谷那律九經庫(易·書·詩·禮·樂·春秋·論語·孝經·小學)를 비롯하여 8종의 견해가 있으나, 新羅의 독서삼품과의 과목에 비하여 본다면 唐의 國子博士인 陸德明의 《經典釋文》에 의한 易·書·詩·春秋·三禮(禮記·儀禮·周禮)·論語·孝經을 의미한다고 생각된다.

인 관심[31]에 의해서 이루어진 것이라고 할 것이다. 이와 같이 국학이 설치 운영되면서 신라의 정치제도는 귀족의 종교적 권위주의가 유교의 대두로 새로운 관료제도가 성장하여 가게 되었다고 생각된다.

이와 같이 유학을 배운 강수는 유교적 實踐道德실천도덕을 遵行준행하고 있으니 그의 결혼관에서 알 수 있다. 이는 C단락을 통하여 살펴볼 수 있다.

强首강수는 일찍이 釜谷부곡의 대장장이 딸과 정을 통하고 있었다. 나이가 20세가 되자 부모가 고을의 용모와 행실이 좋은 여자를 중매하여 장가를 들게 하고자 하였다. 그러나 강수는 두 번 장가들 수 없다고 하며 이를 거절하였다. 이에 아버지는 화를 내며,

"너는 세상에 이름이 나서 모르는 사람이 없는데 미천한 여자를 배필로 삼으려는 것도 수치스러운 일이 아니냐."

하니, 강수는 두 번 절을 하며,

"가난하고 천한 것은 부끄러운 바가 아닙니다. 道도를 배우고 실행하지 않는 것이 참으로 부끄러운 바입니다. 일찍이 옛사람의 말에 '糟糠之妻조강지처는 뜰 아래 내려오게 하지 않으며, 가난하고 천할 때 사귄 친구는 잊어서는 안 된다[32]'고 하였습니다. 그러한즉 천한 아내라고 하여 차마 버릴 수는 없습니다."

라고 말하였다.

이 사실은 당시 신라의 엄격한 骨品制골품제의 신분사회에 있어서 관행으로 여겨오던 신분을 기준으로 한 通婚圈통혼권에 대한 비판적인 태도이기도 한 것이었다. 신라의 골품제 사회에서 신분적인 차가 혼인과 결합하기에는 매우 어려운 시련이 뒤따르고 있었음을 알게 한다. 金庾信김유신과 그의 아

31) 앞의 주 28 참조.

32) 《後漢書》 권26, 宋弘전에 「貧賤之知 不可忘 糟糠之妻 不下堂」이라 한 것을, 이곳에서는 구절을 바꾸어 「糟糠之妻 不下堂 貧賤之交 不可忘」이라 하였으며, 「貧賤之知」를 「貧賤之交」라 하였다.

버지 金舒玄김서현의 경우 자기보다 상위신분과의 결합을 위해 무던히 애쓰고 있었던 사실에서도 짐작된다[33]. 당시 강수는 6두품의 골품적 신분에다 이미 명성이 있어 세상 사람들이 모두가 그를 흠모하고 있는 터에 대장장이의 딸인 미천한 신분과의 혼인은 아버지가 말한대로 신분의 차에서 오는 수치로 여겼던 것이다. 그 이면에는 이러한 신분의 차가 아들의 출세에도 지장이 따른다는 것임을 크게 느끼고 한 말일 것이다. 김서현과 김유신의 경우는 자신의 출세와 영달을 위한 목적에서였으나, 강수의 경우는 이와 반대로 자신의 출세보다는 유교사상에 의한 도덕적인 실천에 있었던 것으로 대비된다.

釜谷부곡(가마골)은 鐵철로 솥 등 생활용구의 생산업에 종사하는 특수한 집단부락으로 볼 수 있으니 일종의 鐵所철소와 같은 지역이라고 할 것이다. 충주지역은 일찍부터 철을 생산하던 곳으로 고려시대의 多仁鐵所다인철소가 있었던 곳이다[34]. 所소는 賤民集團천민집단으로 대장장이[冶家]의 딸을 맞이하려는 강수에 대하여 그의 아버지의 요구는 당연한 것이었다고 할 것이다. 더구나 당시에 일반적으로 행하여지고 있던 一夫多妻일부다처제에 대하여서도 강수는 조강지처를 내세워 一夫一妻일부일처를 고집하며 유교의 실천적 도덕관을 충실히 이행하려는 그의 學行一致학행일치의 합리주의적 사상을 짐작케 한다.

또한 강수는 우리나라 최초의 儒學者유학자라고 할 수 있지 않을까 생각해 본다. 우리나라에 儒學유학이 들어온 시기는 漢文한문의 전승시기와 때를 같이 한다고 할 것이다. 왜냐하면 한문의 기본교재는 모두 유교경전이기 때

---

33) 金舒玄은 眞興王의 아우인 肅訖宗의 딸 萬明과의 野合으로 어른들의 반대를 물리치고 결혼하여 金庾信을 출생케 한 일과, 金庾信은 자기의 누이를 金春秋(뒤의 太宗武烈王)와 결합시키기 위한 모험 등을 들 수 있다(《三國遺事》 권1, 太宗春秋公조).

34) 金顯吉, 「多仁鐵所考」, 《忠北鄕土文化》 11, pp. 73~78, 2000.

문이다. 그러나 본격적으로 유교의 수용은 고구려 소수림왕 2년(372)에 太學태학의 설치 이후로 보아야 할 것이다. 따라서 학문을 한 분이라면 모두 유학자인 셈일 것이나, 강수는 당시에 성행하였던 불교를 물리치고 스스로 儒教유교의 道도에 目標목표를 세우고 학문을 한 최초의 인물이기 때문이다.

강수의 철저한 儒教思想유교사상이 부모의 명을 반대하고 자기보다 낮은 가문의 여자를 正妻정처로 맞이하는 혼인이 승인되었던 것이다. 승인되게 된 바탕은 인간의 가치판단을 신분의 귀천에 기준한 것이 아니라 도덕적인 실천에 둔 것으로도 이해되며[35], 또한 당시의 사회가 부모의 명을 거역하지 못하고 순종할 수 밖에 없었던 고려시대나 조선시대의 유교이념과도 차이가 있었던 것임을 알게도 한다. 즉 유교가 신분제에 적용되는 강력한 사회이념으로서 이해된 단계에는 미치지 못했음을 말한다고도 하겠으니 신라시대 유교사상의 한 단면이라고도 할 것이다.

V. 大文豪로의 活躍

강수는 당시의 골품제적 신분제 사회의 전통과 관행을 배운 바 유교적 도덕률을 실천하는 學行一致학행일치의 사상으로 물리치고 낮은 신분의 아내를 맞이하여 학문에 정진한 결과 당대에 뛰어난 漢文한문의 실력과 큰 文章家문장가로 세상에 알려지게 되었다. 이는 그가《이아》와《문선》을 잘 익힌 결과로 볼 것이다. 이것이 출세의 길을 열게 하였으니 D단락에서 살필 수 있다.

太宗武烈王태종무열왕이 즉위하였을 때(653) 당나라의 사신이 와서 詔書조서를 전하였다[36]. 그 가운데에 이해하기 어려운 부분이 있어 왕은 강수를

35) 李基白,「强首와 그의 思想」,《문화비평》1-3, p.440, 1969.

36)《三國史節要》에는 太宗武烈王 元年 5월조의 사실로,《三國史記》5월조 唐 冊

부르게 되었다. 그는 왕의 앞에서 한 번 보고는 의심스럽거나, 막히는 곳이 없이 조서를 풀어서 설명하였다. 왕은 놀라며 기뻐하면서 서로가 늦게 만난 것을 한스럽게 여길 정도였다. 이 자리에서 왕은 그의 신분을 묻는 등 하여 전술한 바와 같이 强首강수라는 이름을 하사한 것이다.

왕은 당나라 황제의 조서에 감사하다는 回答회답의 表文표문을 짓게 하였다. 글이 잘 짜여지고 충분한 뜻이 담겨진 一代일대의 名文명문이었다. 여기에서 왕은 더욱 기특하게 여겨 任生임생이라고만 불렀다고 한다.

신라는 한강유역을 확보하고 당나라의 문물을 받아들이면서 漢文學한문학을 더욱 수용하였으니 國學국학의 설치 동기를 부여한 데서도 알 수 있다. 그러나 신라의 통일을 위한 對唐外交대당외교에 있어서 빈번한 왕래와 그에 따른 문서의 해독에는 어려움이 많았던 것임을 짐작케 한다. 바로 이러한 긴급하고 어려운 처지에서 강수의 뛰어난 漢文한문에 대한 이해와 문장력은 그가 官界관계에 진출하게 된 동기가 된 것이 분명하다. 예나 지금이나 국가 간에 오고가는 外交文書외교문서는 나라의 체면에 관계되는 것이므로 그 문장에는 특별히 유의하여 능숙한 문장가에 의해서 짓게 하였던 것이다[37].

신라는 사실상 통일을 위한 전쟁의 시기를 통하여 군의 지휘력이 있는 실력자인 장군의 수적 확보와 문장력 있는 행정 관료도 필요하였을 것이다. 이러한 적기에 강수의 등장은 전쟁의 일선을 담당하는 장군 못지않게 역할을 하였던 것이다.

文武王문무왕이 말하기를,

"강수는 문장 짓는 일을 스스로 맡아 중국과 고구려·백제의 두 나라에 편지로서 뜻을 잘 전하였으므로 友好우호를 맺는데 성공할 수 있었다. 나의

命使의 기사와 연결하고 있다.

37) 《魏書》 권100, 列傳 88, 百濟전에 전하는 백제 蓋鹵王의 上表文과, 신라 眞平王이 圓光法師에게 隋에게 高句麗 征伐을 위한 乞師表를 짓게 한(《三國史記》 권4, 眞平王 30년조) 예 등에서도 알 수 있다.

先王선왕(태종무열왕)이 당나라에 군사를 청하여 고구려와 백제를 평정한 것은 비록 武功무공에 의한 것이라고는 하나, 또한 문장의 도움이 있었기 때문에 강수의 공을 어찌 소홀히 할 수 있겠는가?"하고, 沙湌사찬(8관등, 6두품)의 벼슬을 주고, 俸祿봉록을 매년 1백 석에서 2백 석으로 올려주었다[38]. 이 사실은 강수가 당나라 고종에게 金仁問김인문의 석방을 청하여 결과를 얻은 공으로 이루어진 것으로 보인다.

문무왕 8년(668)에 당나라는 신라와 연합하여 고구려를 멸망시킨 후 遊兵유병과 여러 장병을 남겨두고 장차 신라를 도모하려고 하였다. 왕은 이에 군사를 발하여 대응하였다. 그러자 이듬해 당 高宗고종은 왕의 아우인 김인문을 불러 꾸짖으며 옥에 가두고, 군사 50만을 조련하여 신라를 치려고 하였다. 이때 義相法師의상법사가 유학차 당에 들어가 김인문을 찾아가니, 김인문은 당나라의 움직임을 말하며 義相의상을 곧 귀국시켜 왕에게 고하여 방어책을 세우게 하였다. 신라에서는 佛力불력의 힘을 빌리고자 狼山낭산 남쪽에 四天王寺사천왕사를 세우고 도장을 개설하니, 당군의 艦船함선이 두 차례나 침공하기에 앞서 침몰되는 화를 입게 되었다. 당 고종은 이 사실을 의심적게 여겼으나, 신라에서는 당의 은혜를 입어 삼국을 통일하였으므로 보답하고자 皇壽萬年황수만년을 기원하며 法席법석을 열고 있다고 하며 唐帝당제의 관용을 구하였다.

왕은 이와 같은 사실을 강수에게 명하여 김인문을 석방하여 달라는《請放仁問表청방인문표》를 짓게 하여 舍人사인 遠禹원우를 시켜 당에 전달하였다. 당의 고종이 이 表文표문을 보고 눈물을 흘리며 김인문을 석방하여 위로

38) 이 사실은《三國史記》新羅本紀 7의 문무왕 13년(673) 정월조에 기록되어 있다. 전날 太宗武烈王은 强首의 집안이 가난하였으므로 新城의 租 1백 석을 주게 하였다. 그러나 문무왕 13년에 외교문서의 작성에 큰 역할을 한 공으로 2백 석을 올려 주게 하였던 것이다.

하였다고 한다[39]. 강수의 표문은 당나라 황제의 노여움을 풀게 하였으니 그의 설득력 있고 감동적인 문장력을 짐작케 하고도 남음이 있다.

그의 문장으로[外交文書] 고구려와 백제는 물론 당나라까지도 우호관계를 비롯하여 당당한 신라의 입장을 알리고 이해를 구한 사실 등 업적은 지대하다. 그러나 강수의 문장은 오늘에 전하는 것이 없다. 다만 이러한 연유에서 미루어 문무왕 11년(671) 7월에 당의 摠管총관 薛仁貴설인귀가 신라왕에게 보낸 항의문에 대한《答薛仁貴書답설인귀서》를 강수가 지은 것으로 추측하고 있을 뿐이다. 이 문장은 장장 2,448자나 되는 長文장문으로《삼국사기》에 전문이 실려 있다[40].

당은 신라와 더불어 백제와 고구려를 멸망시킨 뒤 백제와 고구려는 물론 신라의 독립성마저 무시하고 鷄林都督府계림도독부라 하고 신라왕을 鷄林都督계림도독으로 임명하는 등 삼국을 그들의 직할 영토로 삼으려고 하였다. 당의 이와 같은 야욕을 눈치 챈 신라는 고구려 정벌이 끝난 때부터 은밀히 對唐戰爭대당전쟁, 즉 統一戰爭통일전쟁을 준비하고 항쟁을 시작하였으니 문무왕 10년(670)의 일이다. 신라는 고구려 劍牟岑검모잠의 부흥군을 지원하며, 백제의 80여 성을 공취하고, 이듬해부터는 더욱 적극적으로 백제지역의 加林城가림성을 치고, 石城석성에서 당나라군과 싸워 이를 격파하니 당은 백제를 구원하고자 來援내원까지 할 정도였다.

당군의 공세는 매우 치열하였다. 신라도 이에 적극적으로 대처하니 당의 行軍摠管행군총관 설인귀는 문무왕 11년(671) 7월 26일에, 당나라는 신라를 도와 백제와 고구려를 멸하였는데 오히려 은혜를 원수로 대한다고 하며 왕에게 不信불신을 責책하는 글을 보내와 항전을 중지하라고 강력히 촉구하였다. 이에 문무왕은 당나라와의 약속에 백제와 고구려가 평정되면 욕심없

39)《三國遺事》권2, 文虎王(文武王) 法敏조.
40)《三國史記》新羅本紀 제7, 문무왕 11년 7월 26일조.

이 평양 이남의 땅을 신라에게 준다고 하였으나, 오히려 당나라가 약속을 어기고 있음에 대한 당당한 입장을 설명한《답설인귀서》를 보낸 것이다. 설인귀는 이 회답의 글을 받고는 할 말을 잃고 묵묵 항전을 지속하였다.

당의 공세가 가열되자 신라에서는 문무왕 12년(672)과 이듬해 8월과 9월에 최후의 보루로 9개의 성을 수리하거나 쌓으면서[41] 대응하며 항전을 지속하였다. 이 9개 성의 위치를 보면 春川춘천지역, 한강하류 광주유역과 남한강유역(청풍과 충주) 등 전 한강유역과 신라의 서울 경주를 중심으로 한 외곽지역인 북쪽의 義城의성, 서쪽의 居昌거창·高靈고령과 남쪽의 梁山양산 지역이다. 이에서 보아 당의 공세에 최악의 경우 한강유역과 본래의 신라 영역을 死守사수하기 위한 목적에서였다고 보이기 때문이다[42].

통일전쟁은 신라의 끈질긴 항전으로 7년 만인 문무왕 17년(677)에 당나라가 옛 삼국을 총괄하여 지배하려고 설치하였던 평양의 安東都護府안동도호부를 만주 방면의 新城신성으로 철수하면서 일단락 매듭을 짓게 되었다. 이로 인하여 신라는 大同江대동강과 元山灣원산만을 잇는 선 이남의 지역을 통치하는데 성공하였으니 바로 삼국의 통일을 완수한 것이다. 신라는 大唐帝國대당제국을 自主的자주적인 힘으로 몰아내고 민족의 통일을 이룩하게 된 것이니, 삼국통일의 역사적 의의가 또한 여기에 있는 것이다.

문무왕이 삼국통일의 論功行賞논공행상을 함에 있어서 "선왕이 당나라에 군사를 청하여 고구려와 백제를 평정한 것은 비록 무공에 의한 것이었기는 하지만, 또한 문장의 도움에도 말미암은 즉 강수의 공을 어찌 소홀히 할 수

41) 《三國史記》 新羅本紀 문무왕 12년 8월조, 漢山州에 晝長城을 쌓았는데 둘레가 4,360步였다. 동 13년 8월조, 沙熱山城(지금의 청풍)을 증축하고, 9월에는 國原城(옛 薍長城)을 쌓았으니 둘레가 2,592보이다. 그리고 北兄山城(경주 강동면)·召文城(의성)·耳山城(고령)·首若州(춘천)의 走壤城(또는 迭巖城)·達含郡(고성)의 主岑城·居烈州(거창)의 萬興寺山城·揷良州(양산)의 骨爭峴城을 쌓았다.

42) 金顯吉, 「忠州地域의 歷史地理的 背景」, 《國史館論叢》 16, p.135, 1990.

있겠는가"라고 하여 사찬의 벼슬에 租조 200석을 더하여 준 것이다. 무공에 金庾信김유신과, 외교문서의 공으로 强首강수를 들 수 있으니 신라 삼국통일에 主勳주훈을 이룬 쌍벽이라 할 것이다.

Ⅵ. 强首의 生活

강수는 신라 통일의 꿈을 실현시킨 큰 공과 업적을 남긴 분이다. 이러한 그의 업적에 비해 그가 받은 沙飡사찬의 벼슬은 큰 것이라고 할 수는 없다. 이는 그의 선조가 왕족이었음에도 한때 任那加耶임나가야로 신라를 등지고 망명하였던 과정에 대한 영향은 아니었는지 생각이 미친다.

또한 그의 경제적 생활은 매우 가난하였다고 보인다. '강수는 일찍이 생계를 도모하지 않았으므로 집안이 가난하였으나 태연하였다'고 한데서 알 수 있다. 이는 그가 생계를 도모하려고 하였다면 신라 귀족들이 누리던 부를 향유하였을 것이나 그러하지 않았다고 한 것으로 풀이된다. 여기에서 또한 강수의 유교적 도덕관을 이해할 수 있다. 그는 '가난하고 천한 것은 부끄러운 바가 아니라 도를 배우고 실행하지 않음이 참으로 부끄러운 일'이라고 한 바 있음에 주목된다. 즉 강수는 부와 명예보다는 유교적 도덕을 生活哲學생활철학의 근본으로 삼으려 하였으니, 경제적 활동을 禁忌視금기시하였던 것으로 생각된다.

이러한 강수의 경제적 어려움을 안 태종무열왕은 담당 관리에게 新城신성의 租조 1백 석을 해마다[歲租] 주게 하였다. 신성의 조는 경주 남산에 있었던 新城長倉신성장창[43]을 말하는 것으로 이곳에 收租수조하여 둔 곡식을 歲

43) 《三國遺事》 권2, 惠恭王조. 新城은 경주 南山에 眞平王 13년(591)에 쌓은 城을 말한다. 이 성을 쌓을 때 세운 「慶州南山新城碑」에 의해 알 수 있다. 이곳에 收租하여 저장한 창고를 新城長倉이라 하였던 것으로 보이나, 南山長倉(주 46 참조)과

租세조로 백 석씩 지급하여 생계를 도모하게 하였으며, 문무왕은 13년에 강수의 외교문서에 의한 공을 생각하여 사찬의 벼슬로 올려주고 세조를 백 석을 더하여 2백 석으로 올려주었다고 하였다. 이는 戰功전공으로 김유신에게 지급한 食邑식읍과 토지 등과는 크게 미치지 못한다[44]. 강수가 받은 세조는 다만 관리들에게 경제적 생활기반으로 지급하던 祿녹이었으나 그의 공을 인정하여 후하게 대우하였던 것으로 생각된다.

神文王신문왕 때에 강수는 죽었다[45]. 관에서는 장례비용을 매우 후하게 지급하였다. 집안사람들은 장례를 치르고 남은 것을 사사로이 쓰지 않고 모두 佛事불사에 바쳤다. 강수는 불교를 믿지 않은 유학자였다. 그러나 그의 아내와 집안사람들은 불교적인 의식으로 장례를 치른 것으로 생각되니 당시의 지배층은 일반적으로 불교의식을 관례로 삼았던 것으로 보인다.

강수는 평상시의 생활을 세조에 의존하였으므로 경제적인 여유가 없었던 것으로 생각된다. 그나마 그가 죽자 세조는 지급되지 않았다고 보인다. 그렇기 때문에 강수의 아내는 식생활이 궁핍하여 고향으로 돌아가려고 하였다. 이러한 사정을 들은 大臣대신이 왕에게 청하여 조 1백 석을 주게 하였더니 강수의 아내는, "저는 천한 사람입니다. 입고 먹는 일은 남편에 의지하였으므로 나라의 은혜를 입은 바가 많았습니다. 지금은 이미 혼자 몸이

동일한 것이라고 생각된다.

44) 《三國史記》 권6, 文武王 2년(662)조에 「戰功을 논하여 本彼宮의 財貨·田莊·奴僕을 中分하여 金庾信과 金仁問에게 주었다」고 하였으며, 이듬해 11월 20일에 金庾信에게 500結을 하사(同書 권 42, 金庾信전 中)하고, 9년(669)에 馬阹 6所, 食邑 500戶(同書 권 43, 金庾信전 下)를 하사하고 있다.

45) 强首의 죽음을 《三國史記》에는 神文王 때로 기록하고 있으나, 《三國史節要》에는 神文王의 말년인 12년 8월조에 기록하고 있다. 《東史綱目》도 이와 같다. 그러나 編年體의 역사 서술은 정확한 연대를 모르고 王代 만을 알 경우에는 통상 왕의 마지막 해에 넣는 것이므로 정확한 卒年은 알 수 없다. 《韓國人名大事典》·《한국민족대백과사전》·《朝鮮人名辭書》 등에서는 졸년을 신문왕 12년(692)으로 기록하고 있으니 이는 사료 해석의 잘못에 기인한 것으로 보인다.

되었는데 어찌 거듭 후한 賜物사물을 받을 수가 있겠습니까"하고 사양하며 고향으로 돌아갔다고 하였다. 金庾信김유신의 처에게 南城남성의 조 1천 석을 세조로 지급한[46] 것과도 대비된다.

이와 같은 사정을 살펴볼 때 强首강수는 김유신의 집안과 같이 귀족적이거나, 전공에 따른 대우로 식읍과 토지를 받지 못하고 官僚的관료적인 입지를 유지하고 있었을 뿐이다. 다만 세조 즉 녹봉에 생활을 의지하고 있었던 관리였던 것이다. 강수는 單門단문 寒族한족으로서 전제적 왕권 밑에서 자신의 학식이나 행정능력으로 발탁되었으니, 儒學유학을 바탕으로 한 문장의 힘, 즉 技術기술로서 국가에 고용된 관료적 신분으로 출세를 한 인물이라고 할 것이다.

바로 이와 같은 유학자로서 관료적인 생활신조를 실천한 강수의 사상을 옆에서 보필하였던 그의 아내도 남편의 뜻을 충실히 받들어 그의 사후의 생활을 남의 힘에 의지하지 않고자 고향으로 낙향하였으니, 강수에게 적합한 아내로서의 역할을 다한 것으로 추앙되는 인물이라고 하겠다.

【附記】

《삼국사기》에는 强首강수전 말미에 《新羅古記신라고기》를 인용하면서 文章문장으로 강수 이외에 帝文제문·守眞수진·良圖양도·風訓풍훈·骨沓골답의 다섯을 들고 있으며, 이들의 행적이 전하여지지 않아 傳記전기를 기록할 수 없다고 하였다. 良圖양도와 風訓풍훈에 대하여는 약간의 기록이 있어 다음에 보충 기록한다.

良圖양도는 7세기의 진골출신으로 學者학자 겸 장군이다. 성은 金김씨이며

46) 《三國史記》 권8, 聖德王 11년조. 同書 권43, 金庾信전 下. 여기에서 南城의 租는 南山長倉을 말하는 것으로 보인다. 이는 文武王이 즉위하여 설치한 것으로 米穀과 兵器를 쌓아둔 右倉이다(《三國遺事》 권2, 文虎王法敏조). 이는 新城長倉과 동일한 것으로 생각된다.

대아찬에 이르렀다. 문무왕 원년(661)에 백제 부흥군 공격에 참여했으나 실패하고, 동년 12월에 김유신을 따라 평양에 온 소정방에게 식량을 수송하였으며, 이때 海路해로로 800명의 식량 운반병을 데리고 귀환하였다. 문무왕 9년(669)에 신라가 당나라 군사와 싸운 사실을 변명하기 위해 김흠순과 당나라에 갔다가 감옥에 갇히는 몸이 되었으며 옥에서 죽었다. 중국말을 잘하여 전후 여섯 차례나 당나라에 다녀왔다(《삼국사기》·《삼국유사》).

風訓풍훈은 7세기경의 진골출신으로 金眞珠김진주의 아들이다. 아버지 김진주는 문무왕 2년(662)에 거짓 칭병하여 나라일을 돌보지 않아 일족이 처형되었다. 이에 불만을 가진 풍훈은 당나라 숙위학생으로 당에 있다가 문무왕 15년(675) 설인귀가 신라에 쳐들어올 때 향도로 삼았으니 반역을 한 것이다.(《삼국사기》)

Ⅶ. 맺음말

强首강수는 신라의 삼국통일을 이루는 과정에서 외교문서를 효율적으로 다룬 문장으로 크게 공을 세운 인물로 추앙되고 있다. 그러나 업적에 비해 자료가 빈약하여 그에 대한 생애를 살피기에도 충실할 수가 없었다. 다만 《삼국사기》의 强首傳강수전을 중심으로 그의 생애를 개관하여 보았다. 이를 재정리하면서 결론에 대신할까 한다.

강수의 선대는 신라 昔석씨로 昔脫解석탈해의 후손이다. 석씨 왕권은 신라 16대 訖解王(흘해왕, 재위 310~356)을 마지막으로 하고, 다음 17대 왕은 신라 金김씨 世襲王統세습왕통의 기틀을 확립한 奈勿王(내물왕, 재위 356~402)이다. 이후 석씨는 김씨 왕권에 의해 밀려나 그 어느 때인가 임나가야지방으로 망명하였다가 금관가야가 신라에 병합되자 신라 서울 경주로 옮겨져 살다가 昔諦석체 때 중원경의 沙梁사량으로 이주한 것으로 보인다.

당시의 중원지방은 대륙의 문물을 수용하는 길목으로 이미 儒學유학의 선진지로 성장하고 있었다고 생각된다. 이러한 환경에서 태어난 강수는 학문의 환경적 영향을 받아 당시에 일반화되고 성행하였던 불교를 世外之敎세외지교라 하여 취하지 않고, 유교의 도를 목표로 하여 학문에 정진하여 大成대성하는 꿈을 키워갔으니 실로 우리나라 최초의 儒學者유학자로 지칭할 만하다.

그가 불교를 배제하고 유학으로의 입신을 굳게 한 것은 昔석씨 가문이 신라 金김씨 왕권에 밀려난 先代선대에 대해 권력으로가 아니라 학문적 실력에 의해 보상하려는 의미가 작용하였을 것으로 보이니, 그가 任那加耶임나가야인임을 자처한 바에서 짐작이 간다. 이는 또한 당시에 당나라의 선진적인 유교문화를 내세워 신라의 전통적 신분제사회를 儒敎유교의 도를 바탕으로 한 합리주의적 道德律도덕율을 앞세워 비판적 입지를 내세우고자 한 것이라고 하겠다.

강수는 유교의 實踐실천 도덕을 준행하여 자기보다 낮은 신분인 釜谷부곡의 대장장이 딸과 야합하여 부모의 반대를 「조강지처는 뜰아래 내려오게 하지 않으며, 가난하고 천할 때 사귄 친구는 잊어서는 안 된다(糟糠之妻 不下堂 貧賤之交 不可忘)」는 이치로 부모를 설득하여 맞이하였다. 이는 당시 신라의 엄격한 骨品골품적 신분제 사회의 관행으로 여겨오던 通婚圈통혼권에 대한 비판적 태도로 보인다.

강수는 그의 학문적 실력으로 태종무열왕에 의해 발탁되었으니 당나라에서 보내온 외교문서를 막힘없이 해독하고 答信답신을 충실히 썼으므로 왕은 그의 타고난 頭狀두상을 보고 强首강수라는 이름을 하사하였다. 그는 뛰어난 학문적 실력을 발휘하였으니, 스스로 문장 짓는 일을 맡아 중국은 물론 고구려와 백제와의 국제관계를 외교문서를 통하여 우호를 맺는데 크게 공을 세웠으며, 나아가서 삼국을 통일하는 기틀을 다졌다. 이러한 공으로 沙湌사찬의 벼슬을 받고, 祿俸녹봉으로 歲租세조도 1백 석에서 2백 석으로 올려 받게 되었다.

그러나 이는 그의 공에 비하여 단순한 官僚的관료적인 처우에 불과한 것으로 신라사회가 귀족적인 신분제에서 관료적인 체제로 옮겨가는 과정을 의미하는 것이기도 하였으니, 이는 강수가 바라던 바였다고 생각된다. 國學국학의 설치와 관료의 발탁을 위한 讀書三品科독서삼품과의 제도를 마련하는데 강수의 역할이 컸음에서 알 수 있다. 유교의 발전은 신라의 통일 이후 專制王權下전제왕권하에서의 관료제도 성장을 가져오게 한 것이다.

그는 신분적인 욕구와 경제적인 富부를 원하지 않았다. 생계를 도모하지 않고 다만 합리주의적 유교사상의 근본을 배운 바 그대로 실천한 學行一致학행일치의 관료적 최초의 유학자였다.

【附】強首의 出生地, 沙梁과 釜谷

《삼국사기》에 강수가 중원경 沙梁사량사람이라고 하였으며, 일찍이 釜谷부곡의 대장장이 딸과 야합하였다고 하였다. 충주의 북쪽 남한강을 건너서 金加面금가면이 있다. 금가면 잠병리의 자연부락으로 沙浪사랑골이 있으며, 이곳으로부터 동쪽으로 중간에 낮은 구릉을 넘어 인접한 마을로 島村里도촌리가 있다. 도촌리에 속한 자연부락으로 섬말[島里]과 가마골[釜谷]이 있으니, 사랑리로부터 약 5리 정도의 거리이다. 지나친 견강부회일 지 모르나 김예식씨는 이곳이 강수가 낳은 곳이며, 釜谷부곡(가마골)의 처녀와 결합하게 된 곳이라고 한다[47].

---

47) 김예식, 「強首선생과 가마골 처녀」, 《忠淸日報》, 1997년 9월 22일자에서 가마골을 사랑리에서 약 10여 리 거리인 동량면 대전리 황전의 질가마골로 추정하였다. 그러나 필자와 함께 답사과정에서 질가마골은 陶釜洞으로 옛 기록이 있어 옹기를 굽던 곳으로 추정된다. 황전에서 고려시대의 陶器를 생산하던 유적지를 확인하게

필자는 이에 관심을 갖고 지난 3월 17일(2001), 김예식·어경선·임오규 선생과 현지를 확인하기 위해 답사를 하였다. 우선 금가면 사무소에 가서 마을의 위치를 확인하고자 들렀다. 토요일 오후였는 데도 직원이 몇 있었으며, 그 중 이상도(충주대학 제자)군이 반갑게 인사를 하며 무슨 일로 오셨느냐고 하였다. 용건을 말하니 이군은 친철히 우리 일행을 안내하였다. 우선 면사무소와 이웃한 가마골을 찾았다. 미리 연락을 하였으므로 이장 李訓杓이훈표(50세)씨가 나와 있었으며 안내를 하여주었다.

《충주의 지명》에는 島里도리의 '가미골'항에 「도리의 남쪽골짜기, 밭에서 쇠똥이 다수 출토되고 있다」고 하였다[48]. 이에 이장에게서 쇠똥이 나오는 곳을 안내받았다. 도리 375번지 밭으로 전에는 많이 보였다고 하면서 약간 주워서 보였다. 더러 산재되어 있음을 확인하였다. 마을의 유래를 물으니, 마을 입구의 유래비를 가리키며 强首강수와의 관련을 말하는 것이었다. 1994년에 세운 것으로 〈도리마을자랑비〉라 한 碑題石비제석 밑에 네모진 오석판에 비문을 새겨놓은 것을 볼 수 있었다.

비문에 의하면, 가마골은 본래 '점말[冶村]'이었다. 즉 대장간이 있었던 마을임을 알 수 있다. 그러나 후대에 音음이 변하여 '섬말[島里]'로 되었음을 밝히고 있으며, 강수와의 관련을 연결하고 있음에 관심이 간다. 마을 주변에는 쇠를 녹이고 버린 쇠똥이 많이 산재하고 있어 대장간의 마을임을 증명하고 있다. 가마골은 마을의 동쪽 구렁(논)을 가리키며, 아울러 마을 이름으로도 사용되고 있다.

일행은 이곳으로부터 서쪽에 있는 사랑골을 찾았다[49]. 이곳에서는 새마

되었다. 앞으로 조사를 하여야 할 곳으로 본다.

48) 《忠州의 地名》 p. 344, 예성문화연구회·충주시, 1997.

49) 앞의 책, p. 342. 草堂에 속한 마을로, '사랑-골'(마을)항에 「초당에 속한 자연마을의 하나. 초당 남쪽에 위치함」이라 하고, '사랑골-구렁'(골짜기)항에는 「씨름터거리에서 사랑골로 이어지는 골짜기」라 하였다.

을지도자 裵昌振배창진(48세)씨가 나와 설명하여 주었다. 지금의 사랑골은 13가구가 살고 있는 한적한 시골 마을이었다. 마을을 중심으로 양쪽에 구령이 있는데 동쪽 구령을 사랑골구령이라 한다. 이 구령의 동쪽으로 작은 구릉이 있으며 구릉을 넘어가서 島里도리가 있으니 지금은 모두 62호가 살고 있으며, 그 중 가마골에는 4~5가구가 살고 있었음을 확인하였다.

도리마을 자랑비문

島里 마을은 긴 歷史를 지닌 마을이다. 卽 新羅太宗王時(檀紀三千年頃) 儒學의 大學者이신 任强首先生께서 沙浪洞 胎生으로 섬말 洞內 가마골(釜谷) 淑女와 結婚한 史實이 中原(忠州)郡廳發行 蘂城春秋에 明示되어 이를 考証하면 其以前 史는 未知數이나 其以後만 해도 千有餘年이다. 其當時는 洞名이 점말(冶村)이던 것이 語音이 變하여 섬말로 呼稱하여 오다가 檀紀四二四七年에 本面 南部 金生 北部 加次 兩面이 併合되어 金加面이라 稱할 當時 섬말을 漢子로 島村 島里라고 名稱한 것으로 思料된다. 우리 섬말은 天登山의 落脈으로 太古의 名山이 聳立되었고 이 山의 南方에 古山坮 섬말 가마골이 合하여 이 마을이 形成된 것이다. 이 마을은 自古로 人心이 純厚하고 勤勉儉素하며 相扶相助하는 禮鄕이다. 우리는 우리의 傳統文化인 父母께 孝하고 나라에 忠誠하고 夫婦間에 禮節을 지키고 젊은이는 어른을 恭敬하고 어른은 젊은이를 사랑하고 朋友間에 信義를 지키는데 힘써야 한다. 農業은 人間의 生命이다. 우리는 다함께 合心硏究하여 增産에 盡力해야 한다. 우리는 오랜 歷史의 傳統을 받아온 後生들이다. 바른 生活에 誠과 熱을 다하여 다음 世代에 밝은 빛을 물려주도록 一心勞力합시다.

檀紀 四千三百二十七年 十一月 二十一日

金加面 島村 島里 洞民一同 建立

과연 이곳이 《삼국사기》에 나오는 强首강수의 출생지라고 할 沙梁사량과 그의 부인이 살았다고 하는 釜谷부곡인 지에 관하여는 좀더 연구되어야 할 일이지만 우연하게도 두 마을은 약 5리를 사이에 이웃하고 있는 마을이다. 더욱 釜谷부곡이라고 할 곳에는 지명이 '가마골'이며 본래는 점말[冶村]이라고 하여 대장간이 있었던 연고로 마을 이름이 전해졌으나, 후대에 音(음)이 변하여 섬말[島里]이라 하였다고 하니 우연이라고 하기에는 너무나 근사하여 관심이 간다. 또한 '섬말'이라고 한다면 독립된 모양의 외딴 형태를 하고 있어야 하나 주변의 형세를 보아 그 의미를 찾기에는 어려움이 있기도 하다.

〈《忠州의 人物》 1, 2001〉

國原京과 中原京

〈목 차〉

Ⅰ. 序 言

신라는 지방제도의 일환으로 삼국통일을 전후하여 특수한 小京制소경제를 설치 운영하였다. 小京소경은 王京왕경에 대한 어떠한 지방의 중심적 역할을 담당하는 의미로 해석되어 그 기구와 성격 및 설치배경 등에 관하여 그동안 몇 편의 연구결과가 나온 바도 있다[1].

충주지역은 고구려가 장악하면서 國原城국원성으로 이름 붙여졌고, 신라가 이 지역을 확보하고는 小京소경으로 승격시켜 國原小京국원소경이 되었다. 신라는 삼국을 통일한 뒤에 지방제도를 정비하면서 전국을 九州9주로 나누고 5小京制소경제를 확정하였다. 이 때에 국원소경은 중원소경(또는 中原京)으

1) 林炳泰, 「新羅小京考」, 《歷史學報》 35·36合輯, 1972.
藤田亮策, 「新羅九州五京巧」, 《朝鮮學報》 5, 1953.
韓沽劤, 「古代國家成長過程에 있어서의 對服屬民 施策-基人制起原說에 대한 檢討에 붙여서」, 《歷史學報》12·13合輯, 1960.
朴泰祐, 《統一新羅時代의 地方都市에 대한 硏究》, 忠南大學 碩士學位論文, 1987.

로 개칭하여 운영하게 되었다. 따라서 충주지역이 갖는 의미를 새롭게 부각하게 되었던 것이다. 최근에 와서는 國原京국원경의 治所問題치소문제에 관심을 갖고 연구도 이루어진 바 있다[2]. 이에 대하여 中原京중원경의 治址치지문제도 관심사가 되어 종종 거론되고 있으니 동일지역에 대한 국원과 중원의 이름이 있으나 그 治所치소는 별개의 지역일 것이라는 견해이기 때문이다.

이번에 중원군에서는 이 문제에 크게 관심을 갖고 살펴보고자 하는 뜻을 밝히고 연구에 임하게 되었다. 즉 중원경의 治所치소를 확인코자 하는 시도인 것이다. 그러나 이 문제는 충주지역에 대한 종합적인 발굴조사 등이 선행되어야 하는 것으로 믿기 때문에 사실상 어려움이 있으며, 결론을 얻기에도 힘들다고 본다.

本稿본고는 治所치소문제에 앞서서 국원경과 중원경의 설치 운영에 대한 배경을 중심으로 역사적인 변천을 살피려는데 있다. 충주지역은 역사지리적으로 매우 특수한 여건을 갖고 있다. 따라서 삼국시대에는 이곳을 중심으로 분쟁이 끊이지 않았으며, 신라의 삼국통일도 이 지역을 확보하기 위한데서 이루어졌다고 할 정도이다[3]. 이와같은 배경을 중심으로 선학들의 연구를 토대로 이 글을 전개하고자 한다.

Ⅱ. 小京의 設置와 변천

《삼국사기》 경덕왕 16년(757) 12월조에는 九州9주의 이름을 고치고 州주·小京소경·郡군·縣현의 수를 확정하였음을 기록하고 있다. 이를 표시하면 다음과 같다.

---

2) 張俊植, 《國原城 治址에 관한 硏究》, 檀國大學 碩士學位論文, 1982.
3) 金顯吉, 「忠州地域의 歷史地理的 背景」, 《國史館論叢》 16, 1990.

沙伐州→尙州 州 1,-郡 10, 縣 30.
歃良州→良州(今梁山) 州 1,-小京 1, 郡 12, 縣 34.
菁州→康州(今晉州) 州 1,-郡 11, 縣 27.
漢山州→漢州(今廣州) 州 1,-小京 1, 郡 27, 縣 46.
首若州→朔州(今春州) 州 1,-小京 1, 郡 11, 縣 27.
熊川州→熊州(今公州) 州 1,-小京 1, 郡 13, 縣 29.
河西州→溟州(今江陵) 州 1,-郡 9, 縣 25.
完山州→全州 州1,-小京 1, 郡 10, 縣 31.
武珍州→武州(今光州) 州 1,-郡 14, 縣 44.
計 州 9, 小京 5, 郡 117, 縣 293.

즉 九州9주에 5소경, 117군, 293현을 설치하여 행정조직을 정비 확정했음을 알 수 있다. 그러나 이와 같은 제도가 경덕왕 16년에 비로소 이루어진 것은 아니다. 신라의 소경제도는 일찍이 지증왕 때부터 이루어졌으며 州郡制度주군제도는 선덕왕 때 시작되어 삼국을 통일한 뒤에 주·소경을 늘려서 신문왕 5년(685)경에 대체적으로 국내통치의 기본방침이 정하여져 9주 5소경과 군현의 제도가 확정된 것이라 생각된다. 경덕왕 때에 와서는 모든 정치·행정·군사제도가 재검토되어 州郡縣주군현의 이름이 두 자로 고쳐지게 된 것이라고 생각된다.

신라의 小京制소경제는 매우 특수한 제도라고 하겠다. 왜냐하면 州주의 밑에 있으나 소경의 장관은 주의 장관과 대등하기 때문이다. 《삼국사기》職官志직관지 外官條관조에 의하면 주의 장관을 都督도독이라 하고 官位관위는 級湌급찬으로부터 伊湌이찬까지라 하였으며, 소경의 장관은 仕臣사신 혹은 仕大等사대등이라 하고 그 官位관위는 級湌급찬으로부터 波珍湌파진찬까지라 하였기 때문이다. 소경의 장관은 州주 장관에 다음 가는 사람이라 하여도 6부의 귀족이 임명되고 있으며, 소경은 州內주내에 있으면서도 중요한 존재인 독립된 행정구로서 屬縣속현을 갖고 있지 않는 것이 특징이다. 그동안 주와 소경에 대한 성격을 일반적으로 주는 군사적인 면을 중심한 지역에, 소경은 정치적·문화적인 중심을 이루는 입장에서 설치 운영되었다고 보려고 하였고, 또한 소경이 갖는 의미에서 왕경이 동남쪽에 치우쳐 있기 때문에 소경 설치 운영으로 보완하고자한 의미로 이해되어 왔다[4]. 그러나 이 외의 몇 가지 설치 목적과 운영에 대한 문제가 있음을 본다. 우선 소경의 설치 순에 따라 본 기록을 옮기며 살펴보기로 한다.

① 智證王 15년(514) 1월에 阿尸村에 小京을 두고, 7월에 六部 및 南地의 人戶를 移住케 하며 충실하게 하였다[5].

소경 설치의 처음 기록이다. 阿尸村아시촌은 지금의 어디인지 확실히 알 수는 없으나 李丙燾이병도 박사는 安康안강지방으로 비정하고 있으나[6], 林炳泰임병태 교수는 경남 咸安함안지방으로 추정하고 있다[7]. 여기에서 소경을 설치하고는 경주의 六部民6부민과 남쪽의 사람들을 옮겨 살게 하였음을 기록한 것은 徙民政策사민정책에 따른 소경의 충실을 기하고자 하였음을 알 수 있다. 소경이 폐지된 시기는 기록이 없어 알 수 없다.

② 眞興王 18년(557) 國原을 小京으로 삼았다[8].
眞興王 19년(558) 2월에 貴族의 子弟와 六部의 富豪를 國原에 移住케 하여 충실케 하였다[9].

國原국원은 충주이다. 고구려는 충주지역을 확보하고 國原城국원성이라 하였다. 그 시기는 확실히 알 수 없으나 아마 장수왕 63년(475)에 南下政策남하

4) 藤田, 前揭論文, pp.104~108.
韓沽劤, 前揭論文 上, p.114.
5) 《三國史記》 卷4, 智證王 15年條.
6) 震檀學會, 《韓國史》 古代篇, p.442, 註3.
李丙燾, 《國譯 三國史記》 p.53, 註5.
7) 林炳泰, 新羅小京考.
8) 《三國史記》 卷4, 眞興王 18年條.
9) 同上, 眞興王 19年 2月條.

정책을 시작하여 백제의 서울 漢山한산을 점령한 이후의 일로 생각된다[10]. 이 지역은 진흥왕 12년(551) 직전에 신라에 의해 장악된다. 진흥왕은 이 지역을 확보하고, 그 18년에 소경을 설치하였으니 國原小京국원소경이다. 그리고 이듬해에 경주의 왕실귀족의 자제와 육부의 豪民호민을 이사시켜서 살게 하였으니 이도 徙民政策사민정책의 일환으로 충실케 하려고 한 것임을 알 수 있다. 통일 이후 경덕왕 16년(757)에 국원소경은 중원경으로 이름이 바뀐다.

③ 善德王 8년(639) 2월에 何瑟羅州로 北小京을 삼고 沙飡 眞珠로 하여금 그 곳을 鎭守케 하였다[11].

太宗武烈王 5년(658) 3월에 王이 何瑟羅의 땅이 靺鞨과 連接하여 人民이 편안치 못함을 이유로 京을 罷하고 州를 삼고 都督을 두어 鎭守케 하였다[12].

何瑟羅州하슬라주는 뒤에 溟洲명주라 하였으니 지금의 동해안인 강릉지역이다. 이곳에 北小京북소경을 두었다가 19년 만에 파하고 주를 삼았다고 하였다. 何瑟羅地域하슬라지역은 본래부터 濊예의 중심지로 고구려가 지배하였던 곳이다. 신라가 이 지역을 취하고 소경을 두어 그 지역민을 撫摩무마코자 하였으나 뜻대로 운영되지 않았으므로 강력한 군사력(주)으로 지배코자 하였음을 짐작케 한다.

④ 文武王 18년(678) 1월에 北原에 小京을 두고 大阿飡 吳起로 지키게 하였다[13].

⑤ 文武王 20년(680) 5월에 加耶郡에 金官小京을 두었다[14].

北原북원은 지금의 원주이며, 金官금관은 지금의 김해지역이다. 원주에 北原小京북원소경을, 김해에 金官小京금관소경을 설치하였다.

10) 金顯吉, 前揭論文, p.129.
11) 《三國史記》 卷5, 善德王 8年 2月條.
12) 同上, 太宗 武烈王 5年 3月條.
13) 同上, 卷7, 文武王 18年 1月條.
14) 同上, 文武王 20年 5月條.

⑥ 神文王 5년(685) 1월에 西原小京을 두고 阿湌 元泰로 仕臣을 삼고,
⑦ 南原小京을 두고 諸州郡의 民戶를 옮기어 分居케 하였다[15].

西原서원은 지금의 청주이며, 南原남원은 지금 남원과 같다. 西原小京서원소경과 南原小京남원소경을 설치하고는 여러 州郡주군의 백성을 이곳에 옮겨서 나누어 살게 하였으니 이 또한 徙民策사민책에 의한 것임을 알 수 있다.

이상에서 보아 신라는 지증왕 15년에 처음으로 阿尸村小京을 설치한 이후 신문왕 5년까지 7개 소에 소경을 설치하였다. 소경의 설치순에 따라 정리하면 다음과 같다.

阿尸村小京	智證 15(514) 今安康 또는 咸安 ? 罷年?
國原小京	眞興 18(557) 뒤에 中原小京, 今忠州
北小京	善德 8(639) 何瑟羅(今 江陵) 武烈 5年罷
北原小京	文武 18(678) 今 原州
金官小京	文武 20(680) 今 金海
西原小京	神文 5(685) 今 淸州
南原小京	神文 5(685) 今 南原

위의 소경 중에서 何瑟羅하슬라의 북소경은 무열왕 5년에 파한 기록이 있다. 그러나 신문왕 5년으로 5소경제가 일단 확정된 것으로 볼 때, 이에서 빠지는 것이 첫 번째로 설치되었던 阿尸村小京아시촌소경이다. 이는 언제 파하였는지 알 수 없으나 적어도 신문왕 5년 이전으로 볼 수 있다[16]. 따라서 5소경은 국원소경을 비롯하여 北原북원·金官금관·西原서원·南原京남원경이다. 앞에서도 기록했지만 이 중 국원소경은 경덕왕 16년의 제도 정비과정

15) 同上, 卷7, 神文王 5年 3月條.

16) 林炳泰 교수는 阿尸村을 咸安지역으로 보고 이 지역이 본래 阿那伽耶였으나 신라와 연결하여 독립된 부족국가로서의 전통을 지속키 위해 실질적으로 신라에 편입되어 小京을 설치했을 것으로 보고 있다. 그러나 이 지역이 《三國史記》 地理志 慶州, 咸安郡조에 보면 法興王 때 신라가 滅하고 郡으로 삼았음을 상기시키고 이 무렵에 罷한 것으로 추정하고 있다(前揭, 新羅小京考).

에서 중원소경으로 개칭된 듯하다. 그러나 중원이란 호칭은 이보다 앞서서 사용된 것으로 보이니 문무왕 때에 특히 삼국통일기에 활약이 컸던 强首강수의 열전에 보면 中原京중원경 沙梁人사량인이라고 하였음에서이다. 문무왕 18년(678)에 방위적 의미로서의 북원소경을 설치하고 있었으며, 신문왕 5년에 서원·남원소경이 설치되는 것으로 보아, 문무왕 때로부터 신문왕 5년 이전에 국원은 중원으로 개칭되었던 것이 아닌가 추측이 된다.

Ⅲ. 國原小京과 徙民政策

소경설치의 목적에 대하여는 기록이 없어 자세히 알 수가 없다. 그동안의 연구에 따라 몇 가지 고려할 수 있으니, 국원소경을 통하여 살펴보고자 한다.

우선 王京왕경에 대한 小京소경과의 관계이다. 이에 대하여도 뚜렷한 자료는 없다. 다만 9주 5소경제가 확립된 결과를 통하여 볼 때 王京왕경인 경주는 통일 이후 너무나 동남쪽에 편재해 있으므로 본격적인 소경설치를 한 것 같다. 국원소경을 제외하고는 모두가 통일 이후인 문무왕 때부터 설치되고 있기 때문이다. 이에서 본다면 통일 전에도 특수한 편입지역에 왕경에 다음가는 소경을 설치하였으나 통일 후에는 이를 다시 정비하려고 하였던 것이 아닌가 한다. 9주의 설치도 고구려·백제의 새로이 편입된 지역을 감안하고 이루어졌다고 보기 때문이다[17]. 5소경도 옛 고구려지역에 2, 백제지역에 2, 그리고 가야지역에 1을 두고 있으니, 이는 모두가 본래 신라지역이 아닌 정복지역이라는 데에 관심이 간다. 5소경을 설치한 뒤인 신문왕 9년(689)에 王京왕경을 達句伐달구벌(今 大邱)로 옮기려고 하였으나 뜻을 이루지 못하고 있

17) 《三國史記》 地理志 1의 머리부분에서 本國境界內에 三州(尙州·良州·康州)를 두고 百濟國境內에도 三州(熊州·全州·武州)를 두고 옛 高句麗 남쪽 지경에도 三州(漢州·朔州·溟州)를 두었다고 밝히고 있음에서 분명하다.

다. 이는 小京制소경제를 완비하였으나 그래도 統治上통치상에 어려움이 있어서 천도하려고 하였던 것으로 본다. 이에 대하여 신문왕이 專制主義政策전제주의정책을 시도하기 위해 眞骨貴族진골귀족의 본거지인 경주를 벗어나려고 한 것이라는 견해도 있지만[18] 어쨌든 통치력에 관계가 있었음은 분명하다.

진흥왕은 557년에 국원소경을 설치하고 그 이듬해에 경주지역의 왕실귀족의 자제와 육부의 호민들을 국원으로 이사시켜서 그 지역을 충실케 하려고 하였다. 이는 徙民政策사민정책의 일환으로 본다. 小京소경설치와 徙民策사민책에 관한 기록은 ①의 阿尸村小京아시촌소경에서와 ⑥·⑦의 서원소경·남원소경의 예에서도 알 수 있다. 신라는 새로이 편입된 외지에 경주의 진골귀족들을 보내어 살게 하는 徙民政策사민정책을 기본으로 하고 있었던 것 같다. 문무왕은 14년(674)에 6부의 진골로 5경과 9주에 出居출거케 하였다는 데서 알 수 있다. 이 사실은 아마 후대의 것인 듯하다[19]. 귀족을 소경에 徙居사거시켜 새로이 편입된 지역민을 관리키 위한 목적과 아울러 실질적인 소경으로서의 의미를 다하게 하기 위한 지역문화의 중심지로서의 역할을 크게 하려고 하였던 배려가 아닌가 한다.

특히 국원지역에는 신라의 귀족 뿐만이 아니라 가야지역민을 정책적으로 이주시키고도 있음에 관심이 간다. 소경설치 이전이기는 하지만 가야의 악사 우륵이 그의 제자 尼文이문과 함께 가야가 장차 멸망할 것을 알고 미리 신라에 가야금을 갖고 망명하였을 때 진흥왕은 그들을 국원에 가서 살게 하였다고 하는 데서 알 수 있다[20]. 또한 강수는 본래 任那임나 加良人가량인으

---

18) 李基白·李基東,《韓國史 講座》1 古代篇, p.331.

19)《三國史記》卷40, 職官下 外官 外位條.
이 시기인 文武王 14년(674)에는 5京이 完備되지 못하였던 때다. 이 때까지는 阿尸村, 國原, 北小京이 설치되고 있을 뿐이나 北小京은 이미 罷한 뒤이며, 阿尸村도 알 수 없는 상태이다. 아마 後代의 사실을 기록한 것이 아닌가 한다.

20)《三國史記》卷32, 樂志 加耶琴條 同上, 卷4, 眞興王 12年 3月條.

로 중원경 沙梁사량에 살고 있었다. 그 선대가 任那加耶人임나가야인이었음을 알 수 있다. 그의 가계는 가야에서 살았던 상류층의 사람이었을 것으로 그 父부 昔諦석체는 奈麻내마(11等官位)의 벼슬을 받고 있었음에서 알 수 있다. 가야가 신라에 병합되자 강수의 집안은 국원으로 이주하였던 것으로 생각된다. 신라의 書聖서성이라 일컫는 金生김생도 충주에 살았다. 그의 出系출계는 분명치 않지만, 김생도 가야계로서 이곳에 이주한 것으로 보는 견해가 있다[21]. 이와같이 본다면 신라는 가야지역을 점령하고 그 지역의 귀족층을 고구려의 지역이었던 국원으로 이주시킨 사실을 알 수 있다. 이는 新占領地域民신점령지역민의 지도층을 분리시키고자 한 것이라 하겠다.

또한 새로운 지역으로 이주한 자에 대하여는 그들의 본래 한 身分신분이나 官等관등에 따라 신라의 일정한 신분체계 속에 재편성하려고 하였음을 알 수 있다. 강수의 父부가 奈麻내마의 벼슬을 얻었으며 강수가 육두품에 속한 사실, 본 가야의 왕족인 仇衛구위이나 고구려 왕족의 安勝안승 등은 왕경에 살면서 진골신분으로 편입된 사실 등에서 알 수 있다. 이 또한 服屬民복속민에 대한 회유책인 것이다. 이와 같은 徙民政策사민정책은 土着民토착민들의 새로운 통치세력(新羅)에 대한 지역민 불만의 응집력 즉 공동체적 유대를 끊으려고 한 정책적 배려인 것이다. 이와같은 신라의 정책적인 徙民사민은 다른 소경에서는 뚜렷한 예를 찾을 수는 없지만 동일한 목적에서 시행되었다고 보아진다[22].

그러나 충주지역에 대한 제반 기록에서 생각이 미치는 바는 다른 소경과는 달리 특수한 지리적인 要衝요충이라는 데서 고려할 만하다고 본다. 고구

21) 林炳泰, 前揭論文.

22) 同上, 林교수는 南原小京에서도 《三國史記》 樂志條서 高句麗의 七絃琴이 新羅에 전해진 사실을 들고 高句麗의 樂師나 法鏡大師 같은 승려의 존재가 南原小京으로서의 徙民이 있었을 것으로 보고 있다. 이와같이 본 林교수는 南部地域의 族長들은 北部地域의 小京으로, 北部地域의 族長들은 南部지역의 小京으로 옮겼을 것이라고 추측하고 있다.

려는 이 지역을 확보하고는 국원성이라는 이름을 붙였다. 나라의 중심되는 뜻으로 중요시한 것임을 알 수 있다. 또한 이 지역에 중원고구려비를 세우고 있다. 고구려가 남쪽으로 진출하려는 거점으로 충주를 생각하고 이에 대한 특별한 관리를 하고 있었던 것으로 이는 고구려가 남진통일을 위한 전진기지화하려고 하였던 것으로 매우 의미가 크다. 고구려의 이와 같은 입장에 대하여 신라가 이 지역을 장악하고는 진흥왕은 이 지역(娘城)을 순수하고 지리적인 요충임을 확인하고 全漢江流域전한강유역을 확보하기에 이른다. 그리고는 국원에다 소경을 설치하고는 사민책을 쓰고 있으니 이는 신라로서도 이 지역을 중시하고 실질적인 소경으로서의 기능을 갖추게 하고자 하였던 것이다. 즉 신라는 국원소경을 중심으로 하여 통일의 전진기지화하려고 한 것이라고 하겠다[23].

또한 소경은 왕경인 경주지역 육부의 제도를 갖추고 운영하였다고 본다. 이는 강수가 중원경 沙良人사량인이라고 한 데서 짐작된다. 경주지역의 沙梁部사량부가 중원경에도 있었다는 사실에서 왕경을 모방한 소경이 아니었나 한다. 경주의 육부는 梁部양부·沙梁部사량부·漸梁部점량부·本彼部본피부·習比部습비부·韓岐部한기부이다. 서원소경의 앞선 이름으로 上黨縣상당현의 이름을 갖는 청주의 上黨山城상당산성 남문 밖에서 수습한 瓦片와편에도 「喙部」·「喙部屬」이라는 경주의 육부에 소속하는 文字瓦문자와가 나오고 있어 더욱 주목된다[24]. 이와같은 소경에 왕경과 같은 즉 소경을 왕경의 축소형태로 삼으려고 한 것은 정복지역민을 대우하고 무마하여 포용하려는 의미로 보아야 할 것이다. 중원경의 沙梁사량에 대하여는 지금 중원군 금가면 잠병리에 소속된 沙梁里사량리로 비정하려는 지역민들이 있어 관심이 간다.

이상의 諸資料제자료를 통해서 볼 때 국원에다 소경을 설치하고 이에 따

23) 金顯吉, 前揭論文, pp.130, 135.

24) 《上黨山城地表調査報告書》, 忠北大學校 博物館, p.60, 1982, 沙梁을 沙涿이라고도 한다(《三國遺事》 紡里一, 辰韓條).

른 배려가 소경이 갖는 역할 기능에 대한 시험적인 시도라고도 생각된다. 왜냐하면 국원소경을 설치한 이후에 5소경이 차례로 설치되고 있으며, 다른 소경에 비해서 국원소경에 대한 기록이 비교적 많으며, 그 모두가 소경을 이해하는데 있어서의 例示예시이기도 하기 때문이다.

사실상 신라에서의 소경 설치는 阿尸村아시촌에 처음으로 소경을 설치하였지만 본격적인 소경의 설치는 국원소경에서 비롯된다고 할 것이다. 왜냐하면 실질적인 5소경의 설치는 삼국통일 이후인 문무왕과 신문왕 때 설치되고 있기 때문이다. 이와 같이 본다면 통일 전에 신라는 국원을 크게 중시하고 왕경에 버금가는 정치·문화의 중심으로 삼으려고 하였으며, 이 소경의 제도를 통일 이후에 새로이 편입된 지역민을 의식하고 확대하여 5소경제를 이룩한 것이라고 생각되기 때문이다.

Ⅳ. 國原小京의 治址問題

국원소경의 역사지리적인 중요성에 대하여 개관하여 보았다. 이 지역의 특수성에 따라 삼국은 각기 이 지역을 장악키 위한 분쟁의 중심이 되기도 하였다. 따라서 충주 盆地분지를 둘러싼 외곽으로 병풍처럼 산이 있으며, 이들 산의 정상부에는 산성이 또한 엄하게 築造축조되고 있다. 모두가 삼국시대의 것으로 충주산성(일명 南山城)·대림산성·용관동산성·창동산성·장미(長尾)산성·천룡(寶蓮·鳳凰城)산성 등이 있으며, 충주산성과 계명산을 잇는 마즈막 재를 차단한 心項峴심항현 嶺阨영액이 있으며, 탄금대에도 토성이 있다. 탄금대 자체인 대문산은 하나의 섬이며 동시에 성의 역할을 하였다고도 볼 수 있다. 시내권에는 한말까지 읍성이 있었으며, 지금의 용산동지역에 逢峴城봉현성이 있었다고 전한다. 모두가 충주지역을 이해하는데 있어서 중요한 유적지인 것이다.

고구려는 처음으로 이 지역을 확보하고는 국원성이라 명명하였으나 실제 기록에 의한 축성시기는 훨씬 후대인 문무왕 13년(673)의 일이다. 이 때의 성의 길이는 2,592보라고 《삼국사기》는 기록하고 있다. 지금의 어느 곳인지는 알 수 없으나 최근에 와서 이 지역에서 중원고구려비가 발견된 이후 국원성의 治址問題치지문제가 대두되고 이에 대한 관심이 크게 일고 있어 주목된다. 그동안 여러분의 견해가 있기에 개관하고자 한다.

우선 국원성의 治址치지 문제를 직접 다룬 張俊植장준식 교수는 충주지역의 산세와 남한강 등 지리적 환경과 주변에 흩어진 유적 등, 즉 누암리의 古墳群고분군과 탑평리 일대에서 수습된 六葉蓮花紋육엽연화문 수막새類류, 봉황리 磨崖佛像群마애불상군, 薔薇山城장미산성, 노은면 출토라고 보는 建興五年銘金銅佛光背건흥오년명금동불광배와 탑평리 주변 출토의 瓦片와편·塼전·土器類토기류 등을 살핀 연후에 서로간의 關聯性관련성에서 국원성의 治址치지를 다음과 같이 추정하고 있다.

> 처음에는 中原高句麗碑가 위치하는 龍田里의 立石마을을 염두에 두고 그 一帶를 세밀하게 調査하였으나, 龍田里에서는 古代의 주거흔적 즉 遺物址나 瓦片·土器片 등이 발견되지 않는 점을 볼 때, 高句麗 國原城의 治址는 龍田里가 아닌 塔坪里 一帶라고 추정하고자 한다. 그동안 出土된 遺物로 보아서 신라의 中原京治址 역시 同地域과 관련하여 생각해야 할 것이다[25].

라고 하였다. 지금의 중원군 가금면 탑평리로, 塔坪里七層石塔탑평리칠층석탑(國寶 第6號)을 중심한 주변으로 보고자 하였음을 알 수 있다. 1962년도 여름부터 이 지역에 대한 발굴조사가 진행되고 있으므로 이 조사결과에 더욱 관심이 간다.

이와는 별도로 중원고구려비와 관련하여 薔薇山城장미산성으로 비정하려

---

25) 張俊植, 《高句麗國原治址에 관한 硏究》, 檀國大學 大學院 博士論文, 1981.

는 견해가 또한 있다. 민덕식씨는 「中原高句麗碑와 인접하여 國原城으로 추정되는 薔薇山城……」[26]이라고 하였으며, 이도학씨는 국원은 고구려 별도의 의미를 갖는다고 하고 「國原城의 中心 治址는 中原高句麗碑와 직근 거리에 있는 長尾山城으로 추정된다.」[27]고 하였다. 그러나 이 견해는 앞의 장준식 교수의 논문을 인용하고 있으니, 잘못 본 것이라고 하겠다. 왜냐하면 장 교수는 장미산성이 아니라 탑평리지역으로 보고 있음이 분명하기 때문이다.

그러나 조선 말기의 김정호는《대동지지》에서 충주읍성으로 비정하고 있다. 「古稱 薍長城 卽 娘子城之訛 新羅文武王十三年修築 周二千五百九十二步 南北二門有樓」라고 하여《삼국사기》의 국원성에 대한 기록을 그대로 옮겨 놓고 있어 주목된다. 이에 반해《신증동국여지승람》의 성곽조 읍성에는 「石築 周二千六百五十尺 高八尺 中有三井」이라고 하였다. 이 기록은 1869년(고종 6)에 당시 조병노 목사가 수축한 기록인 「周圍 三千九百五十尺」과 근사하니 수축할 때 삼백 척을 키운 것이라 하겠다. 여하간 읍성의 기록은《동국여지승람》과《대동지지》가 다르게 기록하고 있어 주목된다. 그러나 시내권에는 읍성 외에 峰峴城봉현성이 있었다. 이에 대한 기록은《조선보물고적조사자료》에 처음 나타나며, 이 내용은《문화유적총람》에도 옮겨 기록하고 있으니, 관리번호 0502-01-007 봉현성지로 충주시 용산동이라 하고 내용은 다음과 같다.

忠州市 北方에 있는 石城으로 거의 붕괴되어 흔적만 남아 있으며 築造年代는 未詳이나 後百濟王 甄萱이 일시 이곳에 있었다고 傳하며 당시 忠州 北門은 珠峴에 설치하였다는데 지금도 이곳을 古北門洞이라 한다. 古北門의 年代는 未詳이나 삼한시대에 御林里에 古都를 定한 뒤 이곳을 古北門이라 했다 전하며, 邑北

26) 閔德植, 「鎭川大母山城의 分析的 硏究」, 《韓國史硏究》 29, p.2의 註6.

27) 李道學, 「高句麗의 洛東江流域 進出과 新羅·加耶經營」, 《史學硏究》 2, pp.100~103에서 國原城治址를 長尾(薔薇)山城으로 비정하고 있다.

珠峰 東쪽 街道를 옛부터 北門거리라고 했다(예성춘추 參照). 珠峰은 北門거리에 있는 山으로 조선 高宗 6년(1869)에 城을 重築할 때 필요한 多量의 岩石을 전부 珠峰山에서 채취해서 사용하여 그곳에 垈地가 생겼고, 1943년 忠州女子中學校를 新築할 때도 珠峰山 一部를 헐어다가 敷地를 整理하였는데 不幸하게도 두 차례(1946, 1955)에 걸친 큰 화재가 나서 주민들은 珠峰山 山神이 노하여 禍를 입었다고 한다[28].

이 逢峴城에 관심을 갖고 조사한 박태우씨는,

逢峴城域에 대한 《文化遺蹟總覽》의 내용과 現地調査의 결과를 종합하여 이 城址는 忠州市 外廓의 海拔 100m정도의 野山을 연결한 것이 되는데 이는 사직산에서 虎岩 APT를 지나 "성터지기"라고 알려진 美德中學校 일대를 지나는 稜線과, 한편 忠一中學校 뒤편 山頂에서 西北으로 이어지는 稜線을 따라 忠州女中高 뒤 야산을 연결하는 線이 된다.

이 城壁은 忠義洞에서 "성터지기"로 忠一中學校에서 龍山 1區 野山으로 연결되어 진다고 생각되나, 시가지의 발전으로 말미암아 이 部分의 성벽은 그 형적을 찾을 수가 없었다.

이 逢峴城址의 內部에 해당되는 現市街地에는 城周 약 1.2km의 邑城이 위치하며 읍성의 改築이 高麗 忠烈王 3年(1277)에 이루어졌음을 볼 때, 이 逢峴城址는 이러한 邑城보다 오래된 城으로서 統一新羅 文武王 13년(673)에 築造된 中原小京城으로 간주해도 좋으리라고 헤아려진다[29].

고 하여 봉현성지를 국원성으로 비정하려고 한 새로운 견해이다. 이 외에 충주산성(南山城)으로 국원성을 비정하려는 견해가 있으니 김윤우씨는 다음과 같이 기술하고 있다.

1步를 2.7尺으로, 1尺을 20.8cm로 하여 2,592步(國原城 둘레)를 계산하면 1, 455.7m가 된다. 그렇다면 檀國大 博物館에서 實測한(《中原文化圈 遺蹟精密調査報告書》 忠州市·中原郡편) 忠州 南山城의 周圍는 1.5km 곧 1,500m였으므로 이 南

28) 《文化遺蹟總覽》, 文化財 管理局, 1978, p.479.

29) 朴泰祐, 《統一新羅時代의 地方都市에 대한 硏究》, 忠南大學校 碩士學位 論文, 1987, p.49.

山城이 곧 三國時代의 國原城이라 하겠으며, 또한 國原城의 前身인 娘城·亂長城이었고, 이의 本名인 백제 때의 城名이 娘子谷城이었으므로 이 南山城을 娘子谷城에 비정할 수 있겠다.

이 忠州山城 이외의 忠州所在 諸古城의 周圍를 《輿地勝覽》·《大東地志》 등에서 살펴보면 國原城 둘레와 일치되는 것은 하나도 없다. 다만 天龍山古城 둘레의 尺數가 國原城 둘레의 尺數에 가장 가까울 뿐이데, 이는 國原城으로 비정할 만한 근거가 하나도 없다.

또한 金正浩는 忠州邑城을 國原城, 곧 이의 前身 娘子城으로 비정하여 《大東地志》 六 忠州條(原文 前出省略)에 기록하고 있으나, 이는 잘못이다. 《輿地勝覽》 등에 기록된 忠州邑城의 周圍는 3,650尺인데 金正浩는 이를 國原城으로 보았기 때문에 尺數를 적지 않고, 《三國史記》에 보이는 國原城 周圍의 步數를 그대로 적어 合理化시키고 있을 뿐이다. 柳馨遠의 《東國輿地志》 忠州條에도 邑城을 신라 文武王 때 築城하였다고 한 것으로 보아 그도 또한 이 邑城을 國原城으로 본 것 같으나 이 또한 잘못이라 하겠다.

또한 忠州의 薔薇山城을 國原城에 비정하는 이도 있으나(閔德植·張俊植의 論文) 이 城 둘레가 6km나 되므로, 《三國史記》 기록의 國原城 둘레와는 너무나도 큰 차이가 있으므로 이 또한 타당성이 없는 견해라 하겠다[30].

라고 하여 국원성을 지금의 충주산성(즉 南山城)으로 척수를 계산하면서 비정하려고 하였다. 그리고 종래의 諸說제설에 대하여도 그 타당성이 결여되고 있음을 지적하고 있어 주목된다. 그러나 충주산성도 실제 周圍주위는 1,200m로 나오고 있어 차이를 보이고 있다[31].

이상에서 보아 그동안 국원성의 본래 한 위치에 대하여는 ①중원군 가금면 탑평리 칠층석탑의 주변으로 보는 견해와, ②중원고구려비와 관련하여 장미(長尾)산성으로 비정하려는 주장, ③충주읍성지로 보려는 김정호와, ④충주시권역의 주위 즉 봉현성으로 추정하려는 견해와. ⑤충주산성(南山

30) 金侖禹, 「娘臂城과 娘子谷城」, 《史學志》 21, 檀國大學校 史學會, 1987, pp. 274, 275.

31) 《忠州山城 綜合地表調査報告書》, 忠州工業專門大學 博物館(1984)에는 忠州山城의 實測한 결과 1,200m로 표시하고 있으므로 檀國大學 調査와는 차이가 있다.

城)으로 추정하고자 하는 입장 등이 있다. 이와 같은 다양한 主張주장 등은 그만큼 국원성의 역사지리적인 주요성에서 기인하는 관심이라고 하겠다. 그러나 이러한 견해 중 어느 곳이겠느냐 하는 문제는 앞으로의 계속적인 관심과 이에 따른 조사연구가 뒤따라야 할 것이라고 보아진다.

V. 結 言

-中原京으로서의 忠州-

통일신라는 지방의 통치조직을 주·군·현으로 기본을 삼고 백제와 고구려지역을 아울러서 9주 5소경으로 정비하였으니 그 시기는 신문왕 5년(685)이었다. 그러나 이 제도를 분명하게 확정한 시기는 경덕왕 16년(757) 12월로 보아야 할 것이다. 이 때에 국원경으로 불리워 왔던 충주는 처음으로 중원경으로 바뀌게 되었다. 그러나 중원경의 호칭은 이 시기보다 앞서 통일기의 인물인 强首傳강수전에 이미 中原京人중원경인이라고 기록하고 있음에 주목된다. 앞에서도 언급하였지만 강수의 생존시에 이미 소경의 이름이 북원·서원·남원 등 방위적 의미로서 정해지고 있음을 볼 때 이 시기에 중원경으로 개칭한 것이 아닌가 생각된다. 어쨌든 5소경이 대개 신문왕 5년에 완비되지만 명칭이 바뀌고 있는 것은 국원경 뿐이다. 즉 국원경이 중원경으로 바뀐 것이다. 그렇다면 소경의 명칭은 그 모두가 方位的방위적 의미를 갖게 되었으니 東동(原)경성 만이 없을 뿐 서·남·북원경에 중심이라고 할 중원경이 설치된 것이다. 藤田(후지타)씨는 金官小京금관소경이 東原京동원경으로 불리었을 것이 아닌가 하는 입장을 보이고 있다[32]. 그러나 신라에서는 서울인 경주를 동경으로 이미 호칭하고 있었음에서 볼 때 고려의 여지가 있기도 하다. 여하간 중원경은 소경 중에서도 중심적 위치에 있음은 분명하다.

그러나 중원경으로 개칭 이후에도《삼국사기》의 기록은 국원이라고 기록을 하여 혼돈을 일으키게 하고 있음을 볼 수 있다. 이에 대하여「國原京은 통일 후, 小京이 다섯으로 증가함으로써 第2의 王都에서 5小京의 하나로 격하되었다…… 그러나 國原小京은 五小京 중에서도 中原의 稱을 가짐으로써 역시 首位의 위치를 계속하게 되었다…… 但, 忠州의 中原小京은 실제《三國史記》에서는 신라 말까지 계속하여 國原으로 표기되고 있다. 이것은 中原京이 5소경의 하나로 격하된 명칭인데 반하여 國原京이란 第二의 王都의 의미를 가진 전통적 칭호인 까닭이라 생각된다.」[33]고 함은 매우 타당성 있는 견해라고 하겠다.

다음에 중원경으로 개칭된 이후의 충주지역에 대한《삼국사기》의 기록을 연대순에 따라 기록하여 본다.

헌덕왕 14년(822) 3월에 熊川州都督웅천주도독 金憲昌김헌창은 그의 부친 周元주원이 왕위에 오를 기회를 잃게 된 원한을 계기로 신라를 배반하고 국호를 長安장안, 慶雲경운이라 하여 난을 일으켰다. 이때 많은 州郡주군이 한 때 그의 수중에 들게 되었는데 서원(淸州)과 함께 국원(忠州)지역도 흡수되었다[34]. 그러나 이 난은 곧 정부군에 의해 평정되었다.

흥덕왕 3년(828) 정무에 능한 金陽김양이 中原大尹중원대윤으로 전임되어 왔다가 얼마 후에 무주(光州)都督도독으로 전출되어 갔다[35].

진성여왕(887~897) 6년(892)에 상주지방 농민의 아들로 태어난 견훤이 무리를 이끌고 완산주(全州)를 근거로 후백제를 건국하였다. 또한 북원(原州)에서 叛賊반적 梁吉양길이 일어나 그 세력을 확장해 갔다. 효공왕 1년(897)에 양길이 국원 등 30여 성을 공취하였으니 충주지역은 양길의 장악

---

32) 藤田亮策, 前揭論文, p.105.

33) 邊太燮,「中原文化의 歷史的 背景」,《中原文化學術會議報告書》, 忠州市, 1983, p.45.

34)《三國史記》卷10, 憲德王 14年 3月條.

하에 들게 되었다[36].

효공왕 3년(899) 7월에 양길은 그의 부하장인 궁예가 딴 마음을 품고 있다고 하여 국원 등 10여 성주와 함께 궁예를 치다가 패하였다[37]. 이듬해인 900년에 국원·菁州정주(지금 槐山郡 靑川)·槐壤괴양(지금 槐山)의 賊首적수 청길·신훤 등이 성을 들어서 궁예에 투항하였다. 이들의 궁예에 대한 투항은 실제에 있어서 궁예의 부하장인 왕건이 이 지역에 대한 공벌로 인한 것이다[38]. 따라서 이 때부터 충주지역은 왕건의 세력하에 있게 된 것으로 보여진다.

이상에서 볼 때 당연히 中原중원이라고 기록하여야 옳을 것으로 생각되나 모두 다 國原국원으로 기록하고 있으며 중원이라 한 것은, 단 한 곳 金陽금양이 中原大尹중원대윤에 전임되었다는 사실 뿐이다. 이러한 사실은 앞의 설이 타당한 것으로 받아들여질 것으로 생각된다. 더욱 첨가한다면 국원으로서 오랜 기간 사용해 오던 타성에서도 원인하지 않을까 생각된다. 왜냐하면 고구려시대에 들어와서는 중원경이 태조 23년(940)에 처음으로 충주로 개칭되는 데 이후에는 충주라 하여야 할 시기에 오히려 중원·충주 등으로 기록하고 있음에서 생각해 보는 것이다.

중원경의 治所치소는 국원경의 治址치지에서 생각하여 볼 문제가 아닌가 한다. 고려에서는 13세기 몽고의 侵寇時침구시 충주에서의 勝戰승전으로 하여금 고종 41년(1254)에 국원경으로 일시 승격된 일이 있었음을 부기하면서 이 글을 맺는다. (《中原京과 中央塔》, 1992)

追記: 2008년부터 국립중원문화재연구소에서는 중원경 복원 종합학술조사의 일환으로 중원경 치지로 유력하게 거론되고 있는 탑평리 유적(중앙탑주변)을 조사하기 시작하였다. 앞으로 조사결과에 관심이 간다.

---

35) 同上, 卷44, 金陽傳.
36) 同上, 卷50, 弓裔傳.
37) 同上, 卷12, 孝恭王 3年 7月條.
38) 同上, 卷12, 孝恭王 4年 10月條, 同書 卷50 弓裔傳.

中央塔의 建塔緣由에 대한 考察

〈목 차〉

Ⅰ. 序 言

충주·중원지역을 상징하는 대표적인 문화유적으로 중원군 가금면 탑평리에 중앙탑이 있다. 이 지역을 소개하는데 있어서 얼굴처럼 表題표제에 오르고 있기 때문에 지역인들은 쉽게 이해가 가리라고 본다. 최근에 와서 중원고구려비가 발견되어 학계에 큰 관심을 끌게 되면서는 그 순위를 같이할 정도로 되었으나 중앙탑이 일찍부터 알려져 왔기 때문에 우선한다고 할 것이다. 우연하게도 중원고구려비도 相距상거가 가까우며 같은 행정구역인 가금면에 위치하고 마주 바라보이는 곳에 있으므로 의미가 새롭다. 이 두 유적이 갖는 의미는 더욱 이 지역이 갖는 역사성을 부각시키는 데에 매우 중요한 立地입지에 있기 때문에 모두의 관심사라고 하겠다.

그러나 오랜 세월을 두고 남한강변에 우뚝 서 있으며 이 지역의 상징으로 알려지고 있는 중앙탑에 대하여는 수수께끼가 많다. 우선 建塔건탑의 시기의 문제이며, 造塔조탑의 緣由연유 등이다. 緣由연유에 대하여는 두 세 가지 전해오는 설이 있을 뿐 아무런 기록이 없어 알 수 없기 때문에 뭇 사람들을 궁금하게 할 뿐이다.

이번에 중원군에서 「中央塔이라 불리게 된 由來 및 歷史的 意義 및 背景」이라는 문제를 제시한 것도 바로 구구한 전설에 따른 궁금증을 풀어보려는 의도라고 생각한다. 그러나 이 塔탑에 대하여는 전혀 기록이 없는 데다 국보 제6호로 지정되어 있기 때문에 더욱 안타깝기만 하다. 필자는 數年來수년래로 이 탑의 유래와 역사적인 면에서, 建塔건탑 시기에 대하여 생각하여 오던 바 몇 가지 머리에 떠오르는 것이 있어 용기를 내어 開陳개진코자 한다. 용기를 냈다고 하는 것은 사실과 인연이 먼 엉뚱한 생각일 수도 있기 때문이다. 이 지역에 대한 지나친 관심에서 오는 牽强附會견강부회일런지도 모른다. 서두에 이런 변명을 하여야 함은 모두가 추리에서 오는 결과이기 때문이다.

다만 이 결과가 타당성 있게 받아들여 진다면 하는 바램으로 대담하게 시도하여 보고자 한 것이다. 만약 잘못된 생각이라면 많은 質責질책을 바랄 뿐이며 그에 대한 새로운 문제가 나와 주기를 바라는 마음도 아울러 갖고 있기 때문이다.

Ⅱ. 塔의 名稱과 傳說

통칭 중앙탑이라고 하지만 학계에서의 공식 명칭은 「中原塔坪里七層石塔」이라고 한다. 우리나라에는 곳곳에 많은 탑들이 있다. 그러나 그 명칭이 어떠한 寺刹사찰에 있으면 寺刹名사찰명을 앞에 하고 몇 層塔층탑이라고 불리고 있으니, 葛項寺갈항사 삼층석탑(東·西塔), 浮石寺부석사 삼층석탑 등으로 호칭되고 있으며, 廢寺址폐사지에 있을 경우에는 感恩寺址감홍사지 삼층석탑(東·西塔)·高仙寺址고선사지 삼층석탑 등의 예이다. 그러나 어떠한 사원이 있었는지 사찰명을 알 수도 없는 절터에 서 있는 탑일 경우에는 그 지역명을 앞에 붙이고 호칭을 하니 바로 중원탑평리 칠층석탑은 「中原郡의 塔坪里에 있는 七層石塔」이라는 뜻인 것이다. 이와 같은 탑도 수다하다. 그런 가운데에도 유일하게 중원탑평리 칠층석탑에는 中央塔중앙탑이라는 별칭이 있는데 관심이 간다. 또한 중앙탑이라는 이름의 俗傳속전에는 建塔건탑에 대한 연유가 있기 때문에 더욱 흥미롭다.

앞으로 이 중앙탑 주변에 대한 발굴작업이 있을 것으로 생각된다. 만약에 이 발굴과정에서 이 지역에 있는 寺刹銘사찰명을 확인할 수 있는 銘文瓦명문와라도 나온다면 塔名탑명은 바뀔 것이 분명하다. 그러나 그동안 이 주변에서 수 많은 瓦片와편들이 수습되었지만 뚜렷한 銘文瓦명문와 등이 없었으므로 발굴에 기대를 걸 뿐이다. 다만 중앙탑과 관련된 그동안의 전설을 근년에 간행된 자료에 의해서 살펴보면 다음과 같다.

① 新羅 元聖王 12년(796)에 세워진 것이다.
② 이곳이 그 당시 三韓의 中央에 位置하므로 이곳을 重鎭으로 삼고자 塔을 세웠다.
③ 이곳 忠州가 三韓의 中央이며, 또한 이곳에 王氣가 있으므로 이 王氣를 壓勝키 위해 세운 것이다[1].

라는 설로 이 세 가지가 여러 갈래로 전해지고 있다. 이상에서 보아 우선 ①의 건탑시기가 어디에서 유래하였는지는 그 근거를 알 수 없으나 전해오는 설은 모두가 일치하고 있다. 일제하에서 충주를 소개하는 광고용 사진에 중앙탑의 사진을 전면에 깔고 그 우측 상단 「忠州中央塔」이라 題제하고, 그 밑에 다음과 같이 해설을 하고 있음에도 관심이 간다. 즉 「이 塔은 忠州邑의 北方一里二十丁의 거리인 加金面 塔坪里에 있으며, 新羅朝의 元聖王 12

1) 《朝鮮の風水》(朝鮮總督府, 1939, p.793)에서 다루고 있는 說이 기본적인 中央塔에 관련한 내용이다.

년에 建立하여 朝鮮中央에 位置하고 있음을 表示한 것이다(水野雜貨部發行).」라고 하였다. 水野雜貨部수야잡화부가 자기의 상업활동을 위한 광고물인 듯하다.

또한 건탑시기와 중앙지를 의미하기 위한 내용으로는 《藥城春秋예성춘추》가 있다. 여기에서는

> 邑北 十五里許인 中原郡 加金面 塔坪里에 所在하고 있는 中央塔은 新羅 善德王時代(780~784)에 隱士 金生이 盤松山에 創寺한 後 此塔을 建築하고 古代參考書類를 藏置하였는데 時人들이 中央塔이라고 하였다 한다.
>
> 또 高老傳說에 의하면 新羅 元聖王 十二年(796)에 新羅에 中央을 表示하기 爲하여 大理石으로 十二層을 建設하고 當時 同一한 健脚者를 選擇하여 南北에 派遣하고 步行케 하면 반드시 此處에서 相會한다 하여 中央塔을 建設하였다고 한다.
>
> 또 一說에 依하면 忠州에 王氣가 있음을 察知하고 이를 抑壓鎭撫키 爲하여 此塔을 建設하였다고 한다[2].

고 하였다. 이에 의하면 건탑시기에 대하여 선덕왕대에 김생에 의해서 세워졌다는 설이 처음으로 나오고 있다. 이에 대하여 "그 후 風水說에 따라 現位置로 水運을 利用하여 移築했다는 說이 있다"고 부언하는 분도 있다[3].

특히 주목되는 바는 당시(統一新羅期)에 있어서 중앙의 地지를 확인하기 위하여 健脚者건각자를 골라 南北端남북단에 파견한 다음 중앙지를 향해 동시에 출발시켰더니 이 지점에서 서로 만나게 되었다는 것이다. 이에 대하여 이종근씨는 면소재지의 동명이 「안반내」라고 하는데 본래는 「韓半來」(한국의 中央의 뜻)라는 말에서 온 것이라고 한다고 하였다[4]. 면소재지는 중

2) 金相顯, 《藥城春秋》(中原郡敎育廳, 1959, p.141)에서도 기본적으로는 《朝鮮の風水》와 다를 바 없다. 그러나 忠州地域에 대한 이후의 諸說은 이 《藥城春秋》를 또한 바탕으로 展開하고 있으니, 張基德, 《中原鄕土記》(螢雪出版社 I, 1997, p.195), 金豊植, 《中原의 香氣》(농경출판사, 1976, p.101) 등이 있다.

3) 張基德, 《中原鄕土記》 I, p.195.

4) 상동, p.195.

앙탑에서 북쪽으로 약 500m 정도의 거리에 있으니 이 일대를 이름한다고 하겠다. 사실상 통일신라는 그 영역이 대동강과 원산만을 잇는 선 이남의 지역이었으므로 대개 이곳이 중앙지에 해당한다는 것은 충분히 이해할 수 있는 것이다. 어쨌든 공식적인 탑명이 뚜렷하지 못한데 대하여 중앙지를 선정하고 그 의미를 뚜렷이 하기 위하여 건탑하였다는 데서 중앙탑이라고 이름이 붙여지게 되었다는 사실은 우리가 주목해야 할 일인 것이다.

그렇다면 왜 통일신라에서는 중앙지에 그 의미를 더하기 위해서 건탑하여야 했던 것일까 하는 의문을 제기하게 된다. 이에 대하여는 뒤로 미루고 건탑시기에 대하여 전설에 따른 전술한 諸說제설에 대하여 異說이설을 주장하는 분들이 있으므로 다음에 살펴본다.

Ⅲ. 建塔時期에 대한 諸說

앞에서 기술한 전설에 의한 건탑시기를 다시 정리하면 다음과 같다.《예성춘추》에서는 선덕왕대(780~784)에 김생에 의해 盤松山반송산에 세웠다고 하였다[5]. 이것을 그 뒤에 수운을 이용하여 移築이축하였다고 《중원향토기》에서는 덧붙이고 있다. 이 이축시기는 알 수 없으나, 중앙의 위치를 확인하고 세운 시기는 원성왕 12년(796)설이 있으니 이에 대해서는 모

5) 中原郡 金加面의 南東쪽 漢江邊에 盤松里(일면 遊松里)가 있다. 이곳에는 金生寺址가 있으며 金生이 이곳에 절을 세워 學童들을 가르쳤다고 傳해 오고 있으니 이에 대해서는《東國輿地勝覽》忠州 佛宇條에 金生寺는 「在北津崖」라 하여 現 位置를 분명히 밝히고 있다. 그리고 金生(711~790)에 관한 생애를 기록하고 말미에 「生修頭陁行居是寺因以爲名」이라고 하였다.《圃隱集》卷2 送僧詩 金生寺條에 「漂渺金生寺潺湲月落灘 去年回使節 半日歸鞍花雨講經席柳風垂釣竿 此身雖輩下淸夢尙江千」이라고 하며 現 金生寺址와 塔坪里塔의 地勢와 경관이 근사한 까닭으로 보아 塔의 位置를 金生寺로 볼 수 있는 데서 오는 說이라고도 생각되나 現 金生寺址는 別處에 있음이 분명하다.

두가 일치하고 있다. 시기적으로 보면 서로 이해가 가는 듯하다.

이와 같은 설을 종합한 것으로서 문화재관리국의 지정문화재 해설 책자인 《문화유적총람》의 해설내용을 다음에 옮겨 본다.

> 일반형의 石塔이지만 塔身에 비해 基壇部의 폭이 넓어졌다. 基壇은 각부를 수매의 石材로 조성하였는데 上下層基壇 모두 面石에 撑柱 4柱씩을 세우고 있다. 塔身部 亦是 各部를 수매의 石材로 구성한 바 上層으로 올라갈수록 遞減되면서 重積되었고, 初層과 2層 屋身은 各面에 1柱씩의 撑柱를 세웠고 屋蓋石 받침은 各層 5段의 층급을 이루었다. 相輪部는 露盤을 二重으로 重疊하였고, 그 위에 覆鉢·仰花 만이 남아 있다.
>
> 1917년 補修時 제6층 屋身과 基壇 밑에서 舍利藏置가 밝혀졌는 바, 제6층 屋身에서는 鏡鑑 2枚, 漆盒 1, 銀製舍利瓶과 그 안에 들었던 유리製 舍利瓶이 각 하나씩 발견되었고, 基壇에서는 靑銅製有蓋盒 1개가 발견되었다. 그 중 鏡鑑은 高麗鏡으로서 창건 이후 2차적인 舍利納置가 있었던 것으로 추측된다.
>
> 本塔은 지리적으로 한국 중앙부에 위치한다고 해서 中央塔이라고 俗稱되고 있는 바 전설에는 신라 文(元의 誤)聖王代(785~789)의 건립이라고 전하며 양식으로 보아 그 시기에서 크게 벗어나지 않을 것으로 추정된다. 높이 14.5m, 花崗岩製이다[6].

라고 하여 양식을 설명하면서 원성왕대로 추정하였다. 그러나 한국의 塔婆탑파를 연구한 몇 분은 구조와 양식을 중심으로 하여 건립연대를 고증하면서 종래의 전설적인 원성왕 12년보다 약 백여 년을 앞당겨서 신라의 통일 직후에 세워진 것이라고 주장하여 주목된다.

우선 일인학자 關野貞관야정을 들 수 있다. 그는 그의 《조선미술사》에서 통일신라시대의 塔婆탑파를 造塔順조탑순으로 표를 만들고 가장 오래되고 규모가 가장 큰 익산의 彌勒寺塔미륵사탑과 王宮塔왕궁탑에 대하여 다음과 같이 기록하고 있다.

6) 《文化遺蹟總覽》(文公部 文化財管理局), 1978, p.580.

> 忠州 塔亭里七重石塔은 二層의 基壇 위에 세워졌으며 높이는 約 48尺, 規模가 壯大하고 各層減築의 度가 많으며, 秀高한 모습을 나타내고 있다. 益山 彌勒寺塔에 버금가는 半島 第2의 高塔으로 역시 當代初期에 있어서의 大作으로서 또한 傑作이다[7].

라고 하여 彌勒寺塔미륵사탑과 비교하면서 당대 즉 통일초기의 건탑으로 보았다. 고유섭씨도 이 설을 적극 지지하고 있다[8]. 그는 우리나라의 석탑양식의 변천을 설명하면서 신라 통일 전의 것을 始源樣式시원양식이라 하고 제1기로 보았으며, 통일 이후 중대를 전형적 양식이라 하고 이 시기를 또한 중대의 전기(武烈王~聖德王)를 제2기, 중대의 후기(孝成王~惠恭王)를 제3기로 구분하여 설명하고 있으며 탑평리 칠층석탑 즉 중앙탑을 제2기에 포함시켜 이해하려고 하였다[9].

고유섭씨는 始源樣式시원양식으로부터 다음에 나타나는 전형적 양식을 설명하면서 이 範疇범주 안에 드는 것으로, 高仙寺址고선사지 3층석탑, 感恩寺址감은사지에 있는 3층석탑 2기, 塔坪里탑평리 칠층석탑(中央塔)과 나원리 逸名寺일명사 廢寺址폐사지의 오층석탑은 전형적 형식을 모두 구비하고 있는 대작들이라고 하였다. 그리고 탑평리탑은 高仙寺고선사·感恩寺址塔감

---

7) 關野 貞, 《朝鮮美術史》, 朝鮮史講座 特別講義, (朝鮮史學會, 1924), p.85. 이 외에 關野 貞은 《朝鮮古蹟調査略報告》(朝鮮總督府, 1914), 《朝鮮古蹟圖譜》 第4冊, (同, 1916)에서도 이 地域에서 수습된 瓦當을 중심으로 하여 같은 說을 펴고 있다.

8) 高裕燮, 《朝鮮塔婆의 硏究》, (乙酉文化史, 1948, p.56).

9) 高裕燮씨의 時期別로 구분한 代表的인 塔婆를 들면 다음과 같다.

樣式과 時期	代表的 塔(樣式史的 順位)
始源樣式(第1期)	彌勒寺塔·定林寺塔·王宮坪塔·盈尼山塔
典型的 樣式(第2期)	感恩寺塔·高仙寺塔·中央塔·羅原里塔
典型的 樣式(第3期)	慶州 獐項里五重塔·佛國寺 釋迦塔·長壽寺塔·皇福寺塔·南山里三重塔雙基·千軍里三重塔雙基·黃龍寺三重塔·遠願寺三重塔雙基·明莊里三重塔·昌寧述亭里三重塔·金泉葛項寺三重雙塔·淸道鳳岐洞三重塔·襄陽香城寺三重塔

은사지탑과 함께 羅原里塔나원리탑보다 앞선 것이지만 그 선후를 정하기 곤란하다고 하면서, 塔坪里塔탑평리탑은 初層屋身초층옥신의 구성이 마치 夫餘부여 定林寺址塔정림사지탑의 屋身構成옥신구성과 같이 隅柱우주가 別石별석이요 心壁심벽이 兩枚양매 板石판석으로 等分등분히 짜여 있고 제2층 이상은 4매 장석을 혹 엇물리기도 하고, 혹 째와물리기도 하여 익산 王宮坪塔왕궁평탑에서의 수법과 유사한 점을 남겨 고선사·감은사지탑이 제2층 이상 單石단석으로 屋身옥신을 통일함보다 古式고식에 속하여 있는데, 屋蓋옥개의 수법에 있어서는 고선사·감은사지탑과 같이 입면의 사방 중심이 분할되어 있어 양자 간의 類似유사함을 보이고 있음에도 불구하고 屋蓋옥개와 屋裏옥리의 받침석이 고선사·감은사지탑과 같이 또 분리되어 전후 8석의 結構결구의사를 보이지 아니하고, 四石結構사석결구의 의사를 보이고 있을 뿐 6·7양층의 옥신과 옥개는 모두 單石단석으로 되어 있다고 비교하면서 양식면에서 고선사탑·감은사탑과 탑평리탑의 3탑은 선후를 가리기 어렵다고 했다. 그러면서도 그 순위를 감은사탑을 제1, 고선사탑을 제2, 탑평리탑을 제3, 나원리탑을 제4로 양식면에서 확정하였다. 또한 이들의 4탑을 同一期동일기로 설명하면서 우리나라 石塔發生史석탑발생사의 제2기에 속하는 대표적인 탑으로 추정하였다.

고유섭씨는 이와같이 결론을 내리고는 그동안 전해 내려오는 원성왕 12년설에 대하여 부정적으로 보는 견해를 펴면서 건탑시기에 대하여 다음과 같이 언급하고 있다.

> 塔坪里塔은《朝鮮의 風水》속에 傳하는 說로 이 地方이 朝鮮의 中央에 處하므로써 國家鎭護의 意味로 元聖王 12年에 建設하였다는 것이다. 따라서 中央塔이라 부른다는 것인데 이 傳說의 出處도 모르겠거니와 元聖王 12年이라면, 저 天寶 17年(즉 景德王 17, 758)의 建塔記錄이 있는 金泉 廢 葛項寺의 雙塔보다 37년이나 뒤지는 年數인데 塔婆의 樣式으론 그 葛項寺塔보다

高古하기 짝이 없으나 이 世代에 관한 說은 믿어지지 아니한다.

고 분명한 주장을 하고는《朝鮮古蹟圖譜조선고적도보》4권에 실린 탑 부근에서 습득하였다는 와당에 관심을 갖고 同冊동책에 실린 「1427·1428의 兩種 瓦當은 普通 三國末期로부터 新羅 統一 初間에 있던 形式으로 考古學上 定立되어 있는 것이며, 또 다른 瓦當들도 盛唐의 氣風이 濃厚하므로써 關野 貞博士는 이 塔을 統一初에 두었다.」고 하면서 《朝鮮의 風水》에서 전하는 원성왕 12년 創建說창건설을 부인하고 있음에 더욱 주목된다.

또한 고유섭씨는 고선사탑이 그 建造下限건조하한을 신문왕 6년(垂供 2, 686)으로 보았으며, 원효대사의 庵房암방이 고선사에 있음에서 보아 원효의 入寂年입적년으로 보고자 한 것이다. 감은사지탑 쌍탑은《삼국유사》感恩寺記감은사기를 짐작하여 그 하한을 신문왕 2년(682)으로 잡는다면 그 창건시기는 알 수 없으나 많이 잡아야 문무왕 즉위(661) 이전에는 올라갈 수 없는 것이니 탑의 성립년대는 문무왕 원년(661)으로부터 신문왕 2년(682)까지로 볼 수 있다 하고 양식상 이들과 선후의 지위에 있을 수 있는 탑평리탑도 같은 시대에 둘 수 있다고 하고 朝鮮石塔조선석탑의 전형적 양식의 成立성립 下限하한을 신문왕 2년에 두고자 하였다[10].

이상에서 關野貞관야정·고유섭씨는 탑평리 칠층석탑의 건탑시기를 신라의 삼국통일 초기로 그 양식의 변천사적인 면을 고려하면서 주장하고 있다. 이에 대하여 元聖王代원성왕대의 作작이라고 주장하는 분도 있으며[11],

---

10) 高裕燮,《朝鮮塔婆의 硏究》pp.52~115.
高裕燮씨는 오늘의 塔坪里를 舊名인 塔亭里로 기록하고 있었으나 바로 잡았다.
筆者도 이 說의 타당성을 인정하여 「中央塔 管見記」(《中原文化散策》, 1991, 靑芝社를 발표한 바 있다.

11) 張俊植, 「中央塔」(《蘂城文化》5, pp. 83~85, 1983)에서 口傳이라고 하지만 元聖王 12년이라는 절대 연대가 우연이라고만 볼 수 없다 하고, 이 地域에서 三國期부터 時期를 달리하는 瓦當이 나오고 있음에 비추어 建塔 이전에 이 地域이 高句麗의 國原城 治所로서의 官衙내지 宮址가 있었을 것으로 보고 問題의 瓦當은 이 建物과

이보다 더욱 후대인 문성왕(839~856)대로 추정하는 견해도 있다[12]. 더욱 후삼국 초로 추정하는 입장도 있어 주목된다. 필자는 美術史的미술사적 안목도 없으며 더욱 탑에 대해서 전혀 알지를 못하나 원성왕대는 신라사회가 중대에서 하대로 넘어가는 과도기적 왕권의 불안정한 시기였음을 생각할 때 [13] 이와 같은 국력을 기울여서 세웠다고 할 巨塔거탑을 조성할 수 있었을까를 생각케 한다. 문성왕대는 원성왕의 잘못 이해된 것으로 볼 것이며, 후삼국 초로 보는 견해는 일제하인 1917년에 이 탑을 解體復元해체복원할 때 6층 塔身石탑신석에서 발견된 舍利具사리구에서 유추한 것으로 고려태조 왕건의 도참설 信奉신봉에서거나, 道詵國師도선국사의 裨補的비보적 의미에서 建塔건탑되었을 것이라는 입장이다[14]. 이 시기도 신라 말의 後三國分裂期후삼국분열기로 볼 때 新興勢신흥세인 왕건이라 하더라도 이와 같은 巨塔거탑의 조성이 가능했을까 하는 소견이다. 이 舍利裝置사리장치에 대하여는 그 동안 고려시대의 2차 納置납치한 것으로 보아 오고 있는 것이다. 여하간 이 탑에 대한 건탑시기는 앞으로의 연구과제라고 하겠다.

필자는 삼국통일 직후 신라의 국력이 통일이라는 대업을 수행한 입장을 상기하면서 고유섭씨의 주장을 일단은 믿고 이 탑을 이 지역에 세우게 된

관련을 갖는 것으로 추정하고 있다. 일반적으로 中央塔에 대한 해설적 기사에는 元聖王代를 적용하고 있다.

12) 《文化財大觀》 國寶篇의 解說記事의 내용이다. 이는 元字를 文字로 잘못 이해하고 범한 오류라고 하겠다. 1978년에 文化財管理局에서 刊行한 《文化遺蹟總覽》 p.580에는「文聖王(785~789)」이라고 하였다. 이는 元字를 文字로 본 校正의 잘못임이 분명하다. 在位年代는 元聖王代이기 때문이다. 이후 이 公認할 수 있는 文化財管理局의 해설을 인용한 책이라면 이런 오류를 범할 수 있는 것이다.

13) 新羅 中代(武烈王系)末 惠恭王(765~780)은 奈勿王系에 의해 王權이 교체된다. 宣德王(780~784)을 계승할 武烈系 周元을 또한 물리치고 元聖王(785~789)이 自立하면서 奈勿系의 王權이 定立되는 혼란기라고 본다.

14) 《中原塔坪里寺址의 調査》(中原郡, 1986, pp.65~66), 여기에서 舍利具가 高麗時代의 것이라고 하는 것에 대하여는 《朝鮮の石塔》 p.98, 張俊植,「中央塔」(蘂城文化 5, 1983)에서 高麗時代 2次로 舍利納置를 한 것으로 보아오고 있다.

배경을 살펴보고자 한다.

Ⅳ. 忠州地域과 新羅의 三國統一

충주지역은 역사지리적으로 매우 중요한 곳이다[15]. 소백산맥이 東南端동남단으로 이어져 경상도와 천연의 경계를 이루는 중앙부에 있으며, 한강이 또한 이 지역을 貫流관류하여 서쪽으로 흘러서 황해에 이르니 그 또한 중앙부에 위치하고 있다. 이러한 여건에서 일찍부터 중요시 되었으니 삼국초기에 이 지역을 중심으로 계립령과 죽령이 개척되었음에서도 이해가 간다.

일찍이 이 지역은 백제가 영유하였으며, 고구려가 5세기 후반에 적극적인 南進政策남진정책으로 이 지역은 그 영유로 있게 되었다. 고구려는 이 지역을 확보하고는 이곳을 중심으로 하여 힘을 보강하고 다시 남진통일을 위한 前進基地化전진기지화하려고 하였으니 이 지역을 국원성이라 명명하고 이곳에 중원고구려비를 세우게 된 데서 그 의미를 더 한다고 하겠다.

그러나 백제와 신라는 이에 맞서 기회를 보다가 6세기 중반에 서로 힘을 모아 백제는 한강 下流域하류역을, 신라는 한강의 上流域상류역에서 고구려 세력을 완전히 북으로 밀어올리게 되었으니 551년의 일이다. 신라는 충주지역을 확보하고는 이 지역의 중요성을 크게 느끼고 고구려가 南進統一남진통일의 基地化기지화로 했던 것과 같이, 신라도 이곳을 중심으로 대륙과 통하고 나아가서 北進統一북진통일의 기지화로 삼고자 하였다. 이러한 의미는 진흥왕의 이 지역에 대한 정책적 배려에서 알 수 있으니,

眞興王 12년(551)	1월 開國이라 改元, 3월 娘城(忠州) 巡守하여 于勒의 新歌를 듣고, 竹嶺 이북 10郡 攻取(丹陽赤城碑 세움)

---

15) 金顯吉, 「忠州地域의 歷史地理的 背景」, 《國史館論叢》(16, 國史編纂委員會, 1990)에서 筆者는 地理的, 歷史的인 重要性을 論한 바 있다.

眞興王 14년(553)	7월 百濟의 漢江下流域 攻取하고 新州設置, 金武力을 軍主로 삼음(漢江全流域을 確保)
眞興王 15년(554)	百濟의 聖王은 新羅의 배신에 대한 보복으로 管山城(현 沃川)을 공격하다가 戰死.
眞興王 16년(555)	10월 王이 北漢山 巡幸 拓定封疆(北漢山 巡狩碑 세움)
眞興王 18년(557)	國原(忠州)을 小京으로 승격, 新州를 廢하고 北漢山州를 둠.
眞興王 19년(558)	國原에다 貴戚子弟와 六部豪民을 이사시켜 살게 함.

이상의 일련의 기록은 바로 신라가 全漢江流域전한강유역을 확보키 위한 필사의 노력 끝에 얻어진 이 지역에 대한 補完管理策보완관리책이라고 하겠다. 신라가 새로이 태어나려고 한 의지를 읽을 수 있는 정치적인 의미가 있는 것이다. 그동안 신라는 고구려의 간섭을 받아 왔으며 실질적인 보호국이었다. 이에서 벗어나 독자적인 自主化자주화로의 끈질긴 노력 끝에 이룩한 결과라고도 하겠으니 開國개국이라는 의미가 갖는 年號년호의 사용이 그를 證증한다고도 하겠다. 이와같은 의지를 실현키 위하여 진흥왕은 낭성(忠州)을 巡守순수한 것이다. 왕은 충주에 와서 이미 백제가 확보한 漢江下流域한강하류역의 상황과 장차 漢江한강의 전 유역 확보하려는 구상을 하려 하였던 것으로 이해된다. 신라가 다시 태어나려는 일대 전술전략을 구상키 위한 忠州巡守충주순수로 보아야 할 것이다. 진흥왕은 우륵의 新歌신가를 듣고 확고한 의지를 다지고 그를 실현하였던 것이니 곧 한강상류인 죽령 이북의 땅 10개 군을 공취하고 그 기념으로 단양에 신라 赤城碑적성비를 세웠다.

이어 120여 년간 동맹관계에 있던 백제와 공동으로 고구려세를 漢水以北한수이북으로 물리친 뒤에는 동맹을 파기하고 2년 뒤에 漢江下流域한강하류역에서 백제를 남쪽으로 밀어붙이고 全漢江流域전한강유역을 독점관리하게 되었다. 그리고는 이 지역을 보다 확고히 다지기 위한 목적에서 왕은 북한산을 巡狩순수하여 정세를 파악한 후 北漢山巡狩碑북한산순수비를 세웠으니 이 또한 의지의 표현인 것이다. 또한 이 지역의 관리를 위하여 강력한 군단(州)을 배치하였으니 이는 고구려와 백제의 중간부분을 끊고 전략적으로 유리한 위치를 확보하려고 한 것이다. 그런 다음에는 이 지역을 정치·문화적으로 뒷받침하기 위하여 국원(忠州)에다 소경을 설치하고 소경으로서의 실질적인 의미를 갖게 하기 위하여 경주의 貴戚子弟귀척자제와 六部豪民육부호민을 이곳으로 옮겨서 충실케 하였으니 사실상 충주는 경주 다음가는 副都부도로서의 역할 기능을 하게 되었던 것이다. 이와 같은 일련의 상황은 신라가 大陸文化대륙문화를 직접 수용할 수 있는 통로를 얻고, 동시에 中間部중간부에서 고구려와 백제를 제압하려는 즉 통일하려는 것이었으니 실로 큰 의미가 있는 사건인 것이다. 충주지역이 갖는 의미는 바로 여기에 있다고 하겠다.

신라에 배신을 당한 백제의 성왕은 관산성(현 沃川)을 공격하다 전사하였다. 백제는 이제 오히려 고구려와 연계하면서 일방적인 新羅攻擊신라공격에 나서게 되었다. 고구려도 그들이 중시했던 國原地域국원지역을 다시 확보하기 위해 6세기 말에 유명한 온달장군을 출정케 하였다. 온달은 계립령과 죽령 서쪽의 땅을 확보하지 못하면 살아서 돌아가지 않겠다는 비장한 결의를 하고 출정하였으나 실패하였다. 바로 계립령과 죽령 서쪽은 충주지역이니 곧 국원인 것이다. 백제의 일방적인 공세에 견디기 어려웠던 신라는 7세기 중엽에 고구려의 힘을 얻어 백제를 견제하려고 김춘추가 고구려를 방문하였다. 그러나 고구려의 보장왕은 온달의 출정 목적과 똑같은 요구를 하고 있으니 麻木峴마목현(雞立嶺을 뜻함)과 죽령의 땅을 돌려준다면 돕겠다고 한 것이다. 이 또한 충주 즉 국원을 생각한 데서 나온 말이라고 하겠다. 신라로서도 이 지역이 生命線생명선과 같은 곳인데 그를 허락할 리가 없었다. 따라서 김춘추는 한동안 연금되었다가 용케 탈출하여 할 수 없이 唐당나라를 찾아가 援兵원병을 요구하게 되었으니 羅唐聯合軍나당연합군에 의해 백제·고구려를 멸망시키게 된 것이다. 이와 같은 경위를 생각한다면 신라는 國原地域국원지역을 확보키 위한 노력이 끝내는 삼국통일의 목적을 수행하였다고 하겠다.

실제 통일은 당의 야망을 물리친 뒤에 온 것이니 당은 백제와 고구려를 멸망시키고 그 지역에 都督府도독부를 두고 州縣주현을 정하고 唐軍당군을 殘留잔류시켜 통치코자 하였다. 신라마저도 鷄林都督府계림도독부라 하고 문무왕을 雞林都督계림도독으로 임명하는 등 그들의 直轄領직할령으로 삼고자 하였다. 신라는 이에 크게 반발하여 당군을 몰아내기 위한 통일전쟁을 7년간이나 수행하였다. 당은 끝내 옛 삼국을 지배하려고 설치했던 평양의 安東都護府안동도호부를 만주방면으로 철수하였으니 문무왕 17년(677)의 일이다. 신라는 이로써 대동강과 완산만을 잇는 線선 이남의 지역을 확보하여 삼국을 통일하게 된 것이다. 신라의 이와 같은 자주적인 통일의 의지는 大唐帝國대당제국의 한반도 지배의 꿈을 霧散무산시킨 것이다. 여기에 또한 신라의 삼국통일이 갖는 역사적인 의의가 있다고 하겠다.

신라는 이 통일전쟁 과정인 문무왕 13년(673)에 국원성을 쌓았으니 그 둘레가 2,592보였다. 이 전쟁 중에 축성을 한 의미는 최악의 경우라 하더라도 國原地域국원지역을 당군의 수중에 넘겨주지 아니하고 지키려는 의지에서 온 것이라고 하겠다. 이를 전후하여 신라는 한강유역과 경주를 중심한 외곽에다 9개의 성을 쌓았으니 본래 신라영역과 한강유역은 당군에게서 확보하려고 한 뜻이었으니 신라의 통일에 대한 의지라고도 하겠다.

Ⅴ. 新羅의 統一政策과 建塔의 緣由

신라는 당군을 몰아내기 위한 7년 간의 치열한 항쟁 끝에 677년(文武王 17)에 대동강과 元山灣線원산만선을 잇는 이북의 지역으로 당군이 철수하면서 그 이남의 지역을 관할 통치하기에 이르렀다. 이것이 신라의 삼국통일이다. 滿洲만주의 넓은 고구려지역의 대부분을 확보하지 못한 아쉬움이 있지만 신라는 오늘의 우리 민족을 결정지우는 큰 역할을 하였다. 이 하나의 국토, 하나의 민족을 형성키 위한 목적에서 신라는 실질적인 통일정책이 요구되었다. 즉 새로이 편입된 백제지역과 백제인, 고구려지역과 고구려인들을 어떻게 관리운영하여야 할 것인가가 큰 문제로 대두되게 된 것이다.

이에 대하여 통일된 신라는 넓은 영역의 확보와 그에 따른 많은 인구를 통치관리하기 위하여 부득이 官制관제의 개혁이 요구되었다. 중앙의 職制직제도 그러려니와 특히 지방제도의 變改변개에 있어서는 새로이 편입된 지역과 지역민을 크게 의식하고 확정지었던 것으로 짐작된다. 통일신라의 지방통치조직은 州주·郡군·縣현이 기본이었으며, 주는 통일 전에도 영토의 확장에 따라 차례로 설치되어 왔지만 통일을 이룩한 뒤로는 이를 9주와 5소경으로 정비하였으니 그 시기는 다른 정치조직과 마찬가지로 신문왕 5년(685)이었다.

9주를 설치하는 데는 몇 가지 原則원칙이 있었던 것으로 짐작된다. 《삼국사기》 지리지 서에 다음같이 기록하고 있음에 주목된다. 「高句麗와 百濟는 地界가 犬牙의 勢로 交錯하여 혹은 서로 和親하고 혹은 서로 寇掠하다가 후에 唐과 함께 두 나라를 討滅하여 그 地域을 平定하고 드디어 九州를 두게 되었다. 本國 境界內에 三州를 두고(略하여 尙州, 良州, 康州), 百濟國 境內에도 三州를 두었으며(略하여 熊州·全州·武州), 옛 高句麗 南쪽 지경에도 三州를 두니 西쪽에서부터 첫째를 漢州, 다음 東쪽을 朔州, 또 그 東쪽을 溟洲라 하였다.」[16]고 한데서 고구려·백제지역을 의식하고 신라지역(옛 加耶地域을 포함)과 함께 각각 3개 주씩 고루 배치한 것임을 알 수 있다.

또한 5小京소경을 확정짓는 데도 이와 같은 배려에 따르고 있음을 알 수

---

16) 《三國史記》 卷34, 地理志 1, 序頭文.

있다. 소경의 설치는 왕경(慶州)이 동남쪽에 치우쳐 있으므로 새로이 편입된 먼 지역에 대한 통치력을 의식하여 마련하였던 것으로 지증왕 15년(514)에 아시촌소경(安康)을 설치하고 육부와 남쪽의 인호를 이사시켜 살게 하였으며, 진흥왕 18년(557)에 국원소경(忠州)을 두고 귀척자제와 육부호민을 이사케 하였음은 이미 論及논급한 바다. 선덕왕 8년(639)에는 북소경(江陵)을 설치하였다. 이와 같이 통일 전에 이미 소경설치가 있었으나 체계있게 정비된 것은 통일 뒤의 일로, 문무왕 18년에 북원소경(原州), 동 20년(680)에 금관소경(金海)이 설치되고 신문왕 5년(685)에 서원소경(淸州)과 남원소경(南原)이 설치되었다. 아시촌소경을 罷파한 시기를 알 수 없으나 북원소경은 무열왕 5년(658)에 파하여 溟洲명주라 하여 5소경이 되고 있다. 앞에서 설치되었던 國原小京국원소경이 경덕왕 16년(757)에 中原小京중원소경으로 바뀌었을 뿐이다. 이 5소경이 위치하는 바를 본다면 고구려지역에 2, 백제지역에 2, 가야지역에 1로 이 또한 새로 편입된 지역을 의식한 것이라고 하겠다. 이를 표로 나타내 보면 다음과 같다.

〈統一新羅의 9州·5小京〉

本國名	9州			5小京(現地名)	領屬	
	原名	改定名稱(景德王 16년)	州治(現地名)		郡	縣
本新羅(加耶포함)	沙伐州	尙州	尙州		10	31
	歃良州	良州	梁州	金官京(金海)	12	40
	靑州	康州	晉州		11	30
本高句麗	漢山州	漢州	廣州	中原京(忠州)	28	49
	首若州	朔州	春川	北原京(原州)	12	26
	河西州	溟洲	江陵		9	26
本百濟	熊川州	熊州	公州	西原京(淸州)	13	29
	完山州	全州	全州	南原京(南原)	10	31
	武珍州	光州	光州		15	43
計		9		5	120	304

*領屬郡縣 수는 《三國史記》 地理地에 따른 것이다. 그러나 《三國史記》 新羅本紀, 景德王 16年條에는 117郡·293縣으로 그 수효가 다르게 기록되어 있다.

신라는 이상과 같이 지방제도를 확정짓고도 왕경이 한쪽에 치우쳐 있음을 의식하고 신문왕 9년(689)에 達句伐달구벌(지금 大邱)로 옮기려고 하였다. 그러나 뜻을 이루지 못하였으니 진골귀족들의 고루한 집착에 의한 반발 때문이라고 한다. 여하간 이와 같은 조직의 정비는 모두가 백제·고구려지역민들을 의식하고 그들의 신라에 대한 순수한 歸附귀부, 즉 실질적인 통일을 다지기 위한 정책적 배려에서 온 것으로 보아야 한다. 군사제도의 變改변개도 마찬가지 이유에서 살필 수 있으니 9誓幢서당 10停정의 제도에서도 느낄 수 있다.

9誓幢서당은 통일신라의 중앙에 배치된 9개의 首都防備軍수도방비군이다. 이 조직도 진평왕 5년(583)에 서당으로 시작하여 6세기 이후 영토의 확장과 7세기의 통일을 완수한 뒤인 효소왕 2년(693)까지 백여 년간에 걸친 정비과정에서 마련되었다. 이들은 王京왕경에 주둔하면서 국왕에 직속된 특수부대로 통일 이후에는 고구려·백제·말갈 등 피정복민까지 포함하여 편성되었는데 衿色금색에 따라 부대명칭을 구별하였다. 9誓幢서당은 신라인이 3개, 백제인 2개, 고구려인(報德城民 포함) 3개, 말갈인 1개 부대로 구성되었으니 이런 조직이 갖는 의미는 백제와 고구려의 殘民잔민을 포섭, 융합해야 하는 민족적 과제에서 또는 백제·고구려인에게도 국정에 참여케 함으로서 실질적인 통일된 민족국가의 出帆출범을 확인하려는 뜻이 있다고 하겠다[17].

중앙군이 9서당인데 대해 지방에 배치된 10정이 있다. 10정은 통일신라의 9주를 기준하여 각 주에 1정씩을 고루 설치하고, 한강유역을 중심으로한 漢州한주에 나머지 하나를 더 배치하고 있다. 이는 통일 이후에도 한강유역의 중요성을 계속 의식한데 있으니 충주, 즉 중원경은 漢州한주에 속해 있음에서 더욱 주목된다. 10정의 설치 목적도 9주의 설치와 뜻을 같이 한다고 하겠다.

---

17) 李基白, 「韓國의 傳統社會의 兵制」, 《韓國學報》 6, 1970.
申瀅植, 「武烈王權의 成立과 活動」, 《韓國史論叢》 2, 1977.
末松保和, 「新羅幢停考」, 《新羅史の諸問題》, 1954.
井上秀雄, 「新羅兵制考」, 《新羅史基礎硏究》, 1974.

이상에서 보아 통일신라는 실질적인 통일된 민족국가의 형성을 위해서 백제지역인과 구 고구려지역민을 크게 배려하여 포용·융합 단결키 위한 제반 정책이 요구되었으며 이를 실천하기 위한 꾸준한 노력을 기울였다고 하겠다. 그렇다면 정치적인 노력 만을 기울였다고 만은 볼 수 없다. 전통적인 사상인 불교의 힘으로 그들을 포용하고 사상적으로 통일을 기하기 위한 노력이 있었으리라고 본다. 중앙탑이 세워지게 된 동기는 바로 여기에 있다고 하겠다.

우선 우리나라 탑에 관한 신앙의 일단을 생각해 보고자 한다. 일반적으로 國家裨補的국가비보적 의미를 크게 하고 있음은 누구나가 인정하는 바라고 하겠다. 몇 가지 사례를 들어본다. 우선 왕경인 경주의 황룡사 9층탑은 그 대표적인 것이다.

《삼국유사》에 의하면 慈藏法師자장법사가 唐당에 가서 求法구법할 때 홀연히 신인이 나타나 묻기를 "너희 나라에 어떤 곤란이 있느냐"하니 慈藏자장이 대답하기를 "우리나라는 北으로 靺鞨에 연하고, 南으로 倭人에 접하고, 또 高句麗·百濟 兩國이 변경을 침범하는 등 이웃 外寇가 종횡하니 백성들의 환란이 된다"고 하였다. 神人신인이 말하기를 "지금 너희 나라는 女子를 王으로 삼았으므로 德은 있으나 威嚴은 없으므로 이웃나라가 도모하려는 것이니 빨리 本國으로 돌아가라"하고는 "皇龍寺의 護法龍은 나의 長子로서 梵王의 命을 받아 절을 보호하고 있으니 本國으로 돌아가 그 절에 9層塔을 이룩하면 이웃나라가 降伏하고 9韓이 와서 朝貢하여 王業이 길이 平安할 것이다. 建塔한 뒤에 八關會를 베풀고 罪人을 赦하면 外賊이 害하지 못할 것이다. 다시 나를 위하여 京畿 남쪽에 精廬를 짓고 함께 나의 福을 빌면 나도 또한 德을 갚으리라"하였다. 慈藏자장은 선덕왕 12년(643)에 귀국하여 왕에게 사실을 아뢰고 鐵盤철반 위의 높이가 42척, 밑은 183척이나 되는 탑을 세우고 당에서 가져온 사리를 안치하였다. 이 탑을 세운 후에 천지가 태평하고 삼한을 통일하였다고 하였다. 또한 《東都成立記동도성립기》를 이용하고 있는데 9층 중 제1층은 일본, 2층은 중화, 3층은 吳越오월, 4층은 托羅탁라, 5층은 鷹遊응유 , 6층은 靺鞨말갈, 7층은 丹國단국, 8층은 女狄여협, 9층은 濊貊예맥이라 하고 이들 나라의 侵害침해를 가히 누를 수 있다고 하였다[18].

즉 9층탑을 세우므로서 이웃나라를 진압함과 동시에 여왕 때문에 업신여기려는 신라의 위력을 나타내고 동시에 삼한의 통일을 달성케 했다는 裨補的비보적 思想사상이 뚜렷함을 알 수 있다.

진흥왕 5년(544)에 大興輪寺대흥륜사를 세웠으며, 왕 8년(547, 大淸初) 梁량의 사신 沈湖침호가 사리를 가져오고, 26년(565, 天嘉 6)에 진의 사신 劉思유사와 중 明觀명관이 內徑내경을 가져오니 절(寺)들이 별처럼 벌여 있고 탑들이 기러기 행렬같이 연했으며, 法幢법당을 세우고 梵境범경(鍾)을 다니 龍象용상같은 釋徒석도는 천하의 福田복전이 되고 大小乘法대소승법은 京國경국의 慈雲자운이 되었다. 他方타방의 菩薩보살이 세상에 나타나고 서역의 명승이 경내에 降臨강림하니 이로 인하여 삼한을 아울러 한 나라가 되고 서해를 가두어 한 집을 이루었다[19]는 기록도 있다. 신라 진흥왕대에 크게 불교가 융창하면서 삼한을 통일하고 서해에 군림하였음을 말하는 것이라 하겠다. 삼국의 통일은 이보다 백여 년이 지난 뒤의 일이지만 진흥왕은 실제에 있어서 삼국통일의 기초를 다졌던 것이니 한강유역의 확보가 의미하며 이는 장차 통일의 꿈을 전제한 것이라 하겠다.

駕洛國가락국의 시조 金首露王김수로왕의 后후 許허씨는 큰 배를 띄워 駕洛國가락국으로 올 때 석탑을 실었으므로 풍파를 진압하였다고 한다[20].

이러한 사례는 충주지역에도 한 둘 있다. 삼국시대에 북쪽의 오랑캐가 자

---

18) 《三國遺事》 卷3, 塔像, 皇龍寺九層塔條.

19) 上同書 卷3, 興法 3, 原宗興法條.

20) 《朝鮮金石總覽》 下卷, 金海 駕洛國太祖陵崇善殿碑文, p.1328.

21) 《東國輿地勝覽》 14卷, 忠州牧 佛宇條, 이 기록에는 末訖山 밑에 있다고 하고, 崔彦僞가 撰한 法鏡의 慈燈塔이 있다고 하였으니 지금의 東良面 荷川里에 있는 淨土寺

주 침노하므로 龍頭寺용두사를 짓고 탑을 세워서 이를 물리쳤다고 한다[21]. 용두사가 어디에 있었는지 확실치 않다. 또한 제천군 한수면 송계리에는 獅子頻迅寺址石塔사자빈신사지석탑이 있다. 이 탑은 下層基壇하층기단 남면에 79자에 달하는 造塔緣記文조탑록기문이 있어 건탑년대와 건조목적이 뚜렷하여 주목된다. 건탑시기는 고려 현종 13년(1022) 4월이며, 처음에 9층탑을 세웠던 것으로 되어 있으나 현재는 4층 만이 남아 있어 일부가 없어졌음을 알 수 있다. 이 탑은 聖王성왕이 萬歲만세에 이르도록 항상 거하며, 천하가 태평하도록 法輪법륜이 항상 전하기를 기원하면서 영원토록 怨敵원적을 소멸하고자 하는 뜻에서 세웠다고 하였다. 이 때의 원적이라면 契丹글안을 말한다고 하겠다. 시대는 서로 다르지만 이 탑들의 조성목적은 모두 외적을 불탑의 힘으로 물리치고자 하는 鎭護진호의 의미가 뚜렷하다.

이상의 예에 의해서 우리나라에서는 建寺立塔건사립탑이 주로 불교적 裨補信仰비보신앙의 표현에서 비롯되고 있음을 알 수 있다. 그렇다면 신라가 삼국을 통일한 뒤 중앙탑을 세우게 된 연유를 생각해 보고자 한다.

우선 중앙의 땅을 확인하고자 한 뜻이다. 健脚者건각자를 南北端남북단에서 중앙지로 향하게 동시에 출발케 하여 서로가 만난 곳이라는 점이다. 이는 온 국민에게 중앙이라는 의식을 일깨우기 위한 홍보적 의미에서 행한 행위라고 생각된다. 신라는 삼국을 통일하고 그 중심의 땅을 분명히 밝히고자 한 데는 이 중앙으로부터 모든 정치적 사상적인 영향을 지방으로 파급시키려고 한 의미가 아닌가 한다. 그러나 이 중앙의 地지인 충주가 본래 고구려의 옛땅이었다. 그러나 이미 이 지역은 통일 이전에 신라가 확보하고 앞에서도 언급했듯이 중요시하여 소경으로 승격시키고 그에 걸맞는 여러 가지

(또는 開天寺)址를 뜻한다고 하겠다. 이에 대하여 1980년 7월에 關東大學 調査團에 의해서 調査되었다고 하는 龍頭寺址는 東良面 大田里에 있다고 하였으니 앞으로 정밀한 조사가 요구된다(金顯吉, 「中原地域의 寺址·寺刹」, 《藥城文化》 11, 1990).

조치를 하고 있던 지역이라는 점에서 주목된다.

이곳에 통일직후라고 할 수 있는 신문왕 이전에 중앙이라는 뜻을 분명히 갖는 중앙탑을 세운 것이다. 이 탑은 현존하는 신라탑 중, 아니 우리나라 諸塔제탑 중 최고의 탑이라는 데에 더욱 주의가 간다. 이곳에는 탑과 함께 큰 사원의 건축도 있었을 것임은 분명하다. 이 사원의 명칭이 어떠했는지는 알 수 없으나 중앙이라는 강한 의미가 있었던 것이 아닌가 한다. 이와 같은 의미는 통일신라가 이곳을 중원이라고 명명한 데서도 그 뜻을 이해하리라.

앞에서 논했지만 신라는 통일 이후 실질적인 통일을 위한 諸般제반 지방제도를 정비하여 갔다. 그와 관련하여 생각할 때 중앙탑이 갖는 의미도 바로 탑의 國家鎭護국가진호를 위한 裨補思想비보사상에서 살펴볼 때, 중앙의 地지에 建塔건탑하여 새로이 편입된 백제·고구려지역과 그 지역민을 포용·융합하고자 하는 즉 사상적으로 통일을 하고자 하는 의미가 있었던 것이 아닌가 생각한다.

이 지역에 王氣왕기가 있었다고 하나 실은 백제지역에서 또는 고구려지역에서 신라에 반하는 세력이 있을 것을 염려했던 것은 쉽게 이해가 간다고 하겠다. 바로 이러한 세력을 鎭撫진무코자 한 의미 또한 있다고 할 때 建塔時期건탑시기에서 보아 더욱 분명해 진다. 사실상 신라는 이와 같은 정치적·사상적인 면에서 순수한 민족적 통일을 期기하려고 노력을 하였던 것이다. 그러나 220여 년이 지난 뒤 정치적·사회적으로 어려움에 직면하자 백제와는 큰 관련이 없는 견훤이 후백제를 세우고, 고구려와는 인연이 없는 궁예가 후고구려를 세워서 후삼국이 분열되게 된 데에도 관심이 간다.

이는 백제지역민과 고구려지역인들이 통일기에 신라의 충분한 통일정책으로 하나의 국가, 하나의 민족을 형성하려는 정책을 폈지만 그들에게는 어딘가 불만스런 면이 있었으며, 이러한 민심의 동향을 감지한 견훤과 궁예는 그들의 마음을 사로잡아 동요하는 신라 말의 사회변동에 대처하려고 하였던 것임에 틀림이 없다고 하겠다. 통일 초에 신라의 통일정책은 이러한데 대비하였던 것이며, 이를 사상적, 신앙적 힘으로 극복하기 위하여 중앙탑을 세우게 되었으리라 생각된다. 오늘날 공식적으로 호칭되는 塔坪里七層石塔탑평리칠층석탑은 하등의 의미가 없는 지리적 명칭이기 때문에 우리는 이 탑명은 통일을 기원하기 위한, 실질적인 통일을 이룩하기 위한 상징적 의미를 깊이하고 있는 중앙탑으로 이해하여 보고자 하는 것이다. 즉 중앙탑이 갖는 佛力불력에 의해 백제·고구려지역민을 통일사상으로 濟度제도하고자 한 것이라고 하겠다.

Ⅵ. 結　言

서언에서도 언급했지만 이상에서 필자는 지나친 억지의 推理추리를 도모하여 보았다. 이미 결론은 導出도출되었지만 다시 간략하게 재정리를 하면서 끝맺고자 한다.

충주지역은 특히 삼국시대에 있어서 삼국이 한결같이 중시하던 지리적인 要衡요형이었기 때문에 이 지역을 확보하기 위해 항상 싸움이 끝이지 않았던 곳이다. 고구려는 이 지역을 확보하고자 국원성, 즉 나라의 중심이라는 뜻을 갖는 큰 이름을 붙이고 중원고구려비를 이곳에 세워서 그 의미를 더하게 하였으니 남진통일을 위한 前進基地化전진기지화하려고 하였다. 신라로서는 더욱 중시하였으니 대륙과 통하는 실질적인 門戶문호로서의 의미에서 한강유역의 확보를 위해 백여 년간 동맹관계에 있던 백제를 하루아침에 배신하고 이 지역을 확보하고 굳게 다지려고 하였으니 진흥왕이 주도한 정책에서 알 수 있다.

신라의 삼국통일은 바로 이 중원지역의 영원한 확보를 위한 노력 끝에 이루어졌음은 온달과 보장왕의 계립령과 죽령의 땅에 대한 욕구에서 알 수 있다. 삼국을 통일한 신라는 정치적으로 이룩한 통일을 실질적인 민족국가를 형성하기 위한 통일정책으로 계승시키고자 하였으니 諸般제반 지방조직에서 알 수 있었다.

그러나 정치적인 配慮배려로서 통일은 이룩될 수 없었을 것이다. 단일국가, 단일민족으로서의 통일을 위한 데는 정복지역민의 포용과 융화제도가 요구되었다고 보아진다. 이 과업을 위해서는 삼국이 모두 국교로 믿어왔던 불교의 힘을 빌리고자 하였다고 보아진다. 그러기 위하여 신라에서는 굳이 중앙의 地지를 확인하는 과정이 필요하였다. 이는 중심세력, 즉 專制王權전제왕권의 확립을 위해서도 그러하였을 것이지만 이에 따르는 전체 국민의 사상적인 통일을 기하고자 한 데에도 큰 의미가 있다고도 하겠다.

중앙의 땅에 國家鎭護국가진호를 위한 裨補寺塔비보사탑을 세우게 된 것은 당연하다고 하겠다. 諸塔제탑의 裨補思想비보사상이 갖는 의미에서 이해하려고 하는 것이다. 새로이 편입된 백제·고구려의 遺民유민들을 다스리기 위해서는 정치적인 힘으로가 아니라 그들을 회유하고 포용하는 너그러움이 요구되었으며, 이를 본래 탑의 신앙으로 매듭짓고자 한 것이라고 생각된다. 중앙탑이란 이름이 바로 여기에 있다고 하겠다. 따라서 중앙의 땅에 거탑을 세워서 국민사상을 統一濟度통일제도하려는 상징적 의미를 크게 하려고 하였다고 보아진다. 중앙탑은 바로 신라통일의 기념적 상징탑인 것이다.

(《中原京과 中央塔》, 1992)

追記: 中央塔이 절터에 있는 것으로 보고 1992년에 '탑평리사지'라 하여 발굴 조사를 한국교원대학교 박물관에서 하였다. 필자도 조사위원으로 참여하였다. 그러나 절터의 흔적을 찾지 못하여 1983년에 연장 발굴조사를 하였으나 역시 찾지 못하여 발굴조사 보고서도 '탑평리유적'이라고 하였다. 이것으로 보아 中央塔은 탑을 세우기 위한 목적 즉 통일의 기념탑으로 세웠음이 더욱 분명하다고 하겠다.

金生과 그의 遺墨跡

〈목 차〉

Ⅰ. 머리말

우리나라에 문자[漢字]가 들어온 이후 2천여 년이 지난 오늘에까지 書藝서예에 관한 足跡족적으로는 고대로부터 金石文금석문에 많이 전하여 내려오고 있으며, 그 동안 이름 높은 書藝家서예가들도 수 없이 배출되어 왔다. 금석문에 있어서 역사상에 뚜렷한 몇몇을 든다면 古拙고졸한 隷書예서풍인 고구려의 廣開土王陵碑광개토왕릉비를 비롯하여 대부분 楷書해서체로 이루어진 신라 진흥왕의 巡狩碑순수비 등이 있으며, 이 외에도 시대에 따라 이름있는 금석문이 많아 일찍부터 이들을 수집 정리하여 金石文集금석문집을 펴낸 바도 많으며, 金石學금석학이라는 학문이 형성되기도 하였다.

역대의 이름있는 서예가로는 신라의 金生김생을 비롯하여, 姚克一요극일·金仁問김인문·靈業영업·崔致遠최치원·崔仁滾최인곤(彦僞) 등과 고려시대에는 坦然탄연을 비롯한 柳伸유신·洪灌홍관·李嵒이암 등을 꼽을 수 있으며, 조선시대에 이르러서는 安平大君안평대군·楊士彦양사언·韓濩한호·李匡師이광사 등과 후기에 와서 金正喜김정희를 들 수 있다. 이들은 우리나라 뿐만이 아니라 中國중국의 명필과도 서로 맞설 수 있는 대가들이었다.

그러나 이들 중에서도 오늘에 널리 알려진 뚜렷한 書道家서도가로는 신라의 金生김생과 朝鮮조선 후기의 金正喜김정희를 들지 않을 수 없다. 김생은 중국 서도의 최고봉이며 모범이라 할 수 있는 右軍體우군체(王羲之의 書體)를 완전히 體得체득하고, 오히려 그를 능가하여 자유자재로 體勢체세를 발휘한 神筆신필로 알려지고 있으며, 김정희는 秋史體추사체라는 독특한 書風서풍을 일으켜서 독보적인 위치를 점하고 필치와 書體서체를 멋지게 드날린 전무후무한 대가였다.

따라서 우리나라의 대표적인 서도가를 꼽는다면 서슴없이 이 두 분을 말할 수 있을 것이다. 이 두 분이야말로 그 趣向취향과 態勢태세는 예와 지금의 시대적인 차가 있을 뿐 그들이 이룩한 바탕은 書聖서성으로 귀결된다. 즉 前聖전성과 後聖후성이라 불릴 정도이기 때문이다.

그럼에도 불구하고 김생에 대하여는 그 기록이 간단하고, 그가 남긴 遺墨유묵 또한 오늘에 찾아보기가 어려울 정도여서 자세히 알 수 없다. 따라서 김생에 관한 연구에 있어서도 몇몇 편의 傳記전기적인 면 만을 다루고 있을 뿐이다[1]. 다음에 그 동안의 연구를 바탕으로 하여 김생에 관한 생애와 그의 遺墨跡유묵적과 이에 관련한 先人선인들이 남긴 讚評찬평을 정리하면서 김생에 대한 생애를 살펴보고자 한다.

---

1) 吳世昌, 《槿域書畫徵》 권1, 羅代編, 金生조, 啓明俱樂部, 1928.
黃義敦, 「金生」, 《朝鮮名人傳》 下, 朝光社, 1948.
梁柱東, 「金生—毛筆에 結晶된 秘境—」, 《韓國의 人間像》 권5, 新丘文化社, 1965.
金顯吉, 「金生과 그의 遺墨跡에 관하여」, 1997. 10. 16. 〈金生研究會〉에서 발표.
이호영, 「金生의 墨痕과 足跡에 대하여」, 1998. 10. 19. 〈金生研究會〉에서 발표.
이 외에 金基昇, 《韓國書藝史》, 박영사, 1966.에서도 다루고 있다.

Ⅱ. 金生의 生涯와 關聯遺跡

金生김생에 관한 첫 기록은《三國史記삼국사기》열전에 다음과 같이 간략하게 전하고 있을 뿐이다.

「김생은 부모가 가난하고 신분이 낮아서 그 世系세계를 알 수 없다. 景雲경운 2년(711, 신라 성덕왕 10년)에 태어났는데 어려서부터 글씨를 잘 썼다. 평생에 다른 재주[藝]로 공부하지 않고 나이 80이 넘도록 붓을 잡고 쉬지 않았으며 隸書예서와 行書행서 그리고 草書초서가 모두 神妙신묘한 경지에 이르렀다. 지금까지도 왕왕 그의 眞蹟진적을 볼 수 있는데 학자들이 전하여 보물로 삼는다.

崇寧숭녕 연간(1102~6)에 학사 洪灌홍관[2]이 진봉사를 따라 宋송나라에 들어가서 汴京변경(北宋의 서울 하남성 開封)에 묵고 있을 때 翰林侍詔한림대조 楊球양구와 李革이혁이 皇帝황제의 勅書칙서를 받들고 객관에 와서 그림 족자를 썼다.

이때 홍관이 김생의 행서와 초서 한 권을 보이니, 두 사람은 크게 놀라며,

"오늘 뜻밖에 王右軍왕우군(王羲之)의 글씨를 보게 될 줄이야!"

하고 감탄하였다. 이에 홍관이 말하기를,

"그런 것이 아니라, 이것은 신라사람 김생이 쓴 것이요."

하니, 두 사람이 웃으며,

"천하에 右軍우군을 제외하고 어찌 이와같은 신묘한 글씨가 있으랴!"

---

2) 洪灌(?~1126, 인종 4)은 고려의 문신이며 서예가이다. 자는 無黨, 본관은 남양이며, 唐城郡 출신이다. 인종 때 守司空 尙書左僕射에 이르렀다. 李資謙의 난에 인종을 호위하다 拓俊京에게 살해되었다. 숙종 7년(1102)에 直史官으로 왕명에 의해 集祥殿의 편액을 썼다. 金生의 필법을 본받아 명필로 알려졌다.《海東繹史》에는, 普文閣·淸讌閣·寶殿畵樓의 편액도 그의 글씨라고 한다.《高麗史》권121.

라고 하였다. 이에 홍관이 여러 번 김생의 글씨라고 하였지만 끝내 믿지 아니하였다.

또 姚克一요극일이라는 사람이 있었는데 벼슬이 侍中시중 겸 侍書學士시서학사까지 되었는데, 筆力필력이 세어 歐陽詢구양순의 率更法솔경법(구양순의 서체)을 習得습득하였다. 비록 김생을 따르지는 못하지만 또한 뛰어났다.」[3]

이 외에 김생의 행적에 관하여 약간 구체적인 사실을 기록한 조선 중기의 학자 盧守愼노수신(1514~1590)의 《蕊城野錄예성야록》이 있어 관심이 가니 다음과 같다.

「김생은 5세 때부터 風月풍월 두 글자를 배우면서 굵직한 싸리나무로 모래밭 위에다 썼었고, 6~7세부터는 佛經불경 2권을 부지런히 쓰기 시작하여 20세에 書法서법을 大成대성하였다.

그때 日本일본의 중 惠曇혜담도 글씨에 능하였는데, 新羅신라에 와서 김생의 글씨를 보고 매우 기이하게 여기면서 왕우군이 江北강북에 건너가 있을 때 썼던 眞蹟진적을 주었다.

그는 그 뒤부터 우군의 글씨에만 전력하여 밤에는 큰글자, 낮에는 작은 글자를 써서 명성이 이웃나라에까지 진동하였고, 또한 불교를 좋아하여 齋素재소(고기 등을 먹지 않는 것)를 지켰다.

그 수족은 가늘고 작아서 부인의 것과 같았고, 나이 90이 되어서도 눈빛이 전광과 같아 붓을 손에서 떼지 않다가 나이 97에 죽었다(唐 憲宗 元和 2년; 丁亥, 807). 신라 애장왕 10년 졸).」[4]

---

3) 《三國史記》 권48, 列傳 8, 金生조.

4) 이 글은 《五洲衍文長箋散稿》 권34, 金生事實辨證說에 인용한 것이다. 졸년에 대한 註에 元和 2년(807)은 신라 애장왕(諱 重熙) 8년에 해당되니 10년(809)은 잘못된 것이다. 《蕊城野錄》이란 글제로 보아 蘂城, 즉 忠州지역에 전해오는 이야기를 수

《삼국사기》의 기록과 차이가 있음을 알 수 있으며, 종래에 별로 알려지지 않았던 새로운 자료이다. 출처는 알 수 없으나 아마 김생에 관해 忠州충주 지역에 전해오는 이야기를 기록한 것으로 보인다. 여기에서 김생의 졸년에 대하여는 10년을 더 가산한 것으로 보인다. 어쨌든 관심이 가는 자료이다.

이 외에 김생의 행적에 관한 기록과 전해오는 이야기로는 김생이 頭陀行두타행을 닦았다는 충주의 金生寺김생사에 관한 내용과, 김생이 글씨를 배우고 쓰던 곳으로 金生窟김생굴 또는 石窟석굴에 관한 내용의 두 종류가 있다.

우선 충주지역에 전하는 김생과의 관련을 살펴보고자 한다.

《新增東國輿地勝覽신증동국여지승람》 충주목의 김생사 조에는 「김생사 金生寺는 충주의 북진北津 언덕에 있다」고 하고, 《삼국사기》 김생전을 옮겨놓은 뒤에 이곳에서 김생이 頭陀行두타행을 닦았으므로 김생사라고 하였다[5]고 하여, 김생이 충주에서 생활하였음을 기록하고 있다. 또한 그가 승려였다는 사실은 이에서 나온 것으로 본다.

김생사는 지금의 충주시 金加面금가면 남동쪽 남한강변 언덕인 遊松里유송리에 있으니 일명 盤松반송이라고도 한다. 절터는 일부 민가와 과수원 등

록한 것이라 생각된다. 盧守愼(1514~1590)은 조선 중기의 문신이며 학자이다. 충주의 八峰書院에 배향되고 있다. 명종 원년(1545) 을사사화로 파직되어 忠州로 돌아왔다. 아마 이 무렵에 傳聞을 기록한 것이 아닌가 한다. 그러나 그의 저서 《蘇齋集》에는 보이지 않는다.

5) 《新增東國輿地勝覽》 권14, 忠州牧, 佛宇 金生寺조에 《三國史記》 金生전을 옮겨 놓은 뒤에 「生 修頭陀行居是寺 因以爲名」이라 하였다. 金生을 승려라고 함은 이에서 비롯된 것이다. 그러나 李種徽는 《金生寺重修記》에서 「金生의 글씨는 精勁, 遒逸하며 結構가 법과 같아 본받을 만하니 그 類가 스님의 무리가 아니었기 때문에 가능했던 것이며, 그 쌓인 것이 中에 있음을 가히 알 수 있다」고 하면서 김생이 중이라는 것에 의심을 하고 있다.

또한 淸原郡 문의면 덕유리에 金生寺의 절터가 있다. 이는 金生을 추모하기 위하여 세웠다고 전한다. 대청댐의 조성으로 수몰되고 있으나, 발굴에 의해 「太平興國」(976~983)과 「金生寺 講堂草」銘의 와편이 출토된 것으로 보아 金生의 死後 2백년이 지난 984년 이전에 창건된 것으로 추정된다(《寺誌》 p. 154, 충청북도, 1982).

으로 경작되고 있다. 이 지역은 본래 金生面김생면이었으니 김생사와 관련하여 이름 붙여진 것이었음을 알 수 있다. 이것이 1914년에 전국의 행정구역 통폐합에 따라 김생면과 加次面가차면이 합하여 金加面금가면이라고 한 것이다. 이 지역에서는 김생이 절을 지었다고 전하며, 또한 그가 살았다고 전해오는 기와집이 최근까지 남아 있었으나 10수 년 전에 헐리고 지금은 새 집이 들어섰다. 헐린 묵은 집은 지금으로부터 약 3백여 년 전에 지은 것으로 짐작되니, 「乾隆乙未건륭을미」명(1775, 영조 51)의 기와[平瓦]가 있음에서 짐작된다. 그러나 김생의 고가라고는 할 수 없다.

또한 반송마을 절터의 동쪽 한강변에 긴 석축의 제방[石築堤防]이 있다. 이 제방을 金生堤防김생제방이라고도 하니 그 둘레가 550척이다[6]. 지금은 충주호 보조댐으로 인하여 수몰되어 보이지 않으나 수몰 전까지는 흔적이 있었다. 전하는 말에 의하면 김생사에서 공부하던 학동들이 제방 쪽의 여울물 소리가 하도 시끄러워 방해가 되므로 김생이 도술을 써서 여울물을 돌리고 제방을 쌓았다고 한다. 제방을 쌓은 이후로는 여울물 소리가 끊어졌다고 하여 '벙어리 여울'이라 불렀다고도 한다. 이곳이 지난날의 김생탄金生灘 또는 금곶金串이 아닌가 한다[7].

또한 김생이 반송에 살 때 지금의 탄금대인 犬門山견문산은 본래 盤松山반송산과 이어진 맥으로 北倉江북창강이 견문산 전면을 감싸고 흘러 여름의 장마철에는 달천평야가 물에 잠기므로 피해가 매우 컸다. 이를 우려한 김생이 하룻밤에 도술을 써서[作符術], 반송산과 견문산의 이어진 맥의 중간 허리를 끊어 북창강물을 견문산 북쪽으로 흐르게 하였다고 한다[8]. 이는 김생이 신비한 도술로 자연을 바꾸어 생활에 편리를 도모하였다고 전하여 오는 이야

---

6) 趙秉老,《忠州邑誌》堤堰조「金生堤 在州北二十里金生面 周回五百五十尺 水深三尺」.
7)《傳說誌》p. 564. 忠淸北道, 1982. 金生灘과 金串은《五洲衍文長箋散稿》「김생사실변증고」말미에 보인다.

기이다.

절터에서는 그 동안 신라와 고려시대의 기와편이 나오고 있으며, 주변의 집에는 전날 절에서 사용하였던 長大石장대석 등을 옮겨 주초 등에 사용하고 있음도 쉽게 발견할 수 있다. 1986년에 당시의 중원군에서는 이곳에 김생의 유허지임을 표시하기 위하여 遺墟集字碑유허집자비를 세워 기념하고 있다.

金生寺김생사에 대하여는 세종 8년(1426)에 孝寧大君효령대군의 家臣가신들에 의해 마구 濫奪남탈(침탈)[9] 당한 기록이 있음에서 조선전기까지는 존속되었음을 알 수 있다. 《신증동국여지승람》에도 폐사된 기록이 없으며, 《輿地圖書여지도서》 이후의 지리지에는 보이지 않는다. 그러나 순조 3년(1803)에 간행된 李種徽이종휘의 《修山集수산집》에 〈金生寺重修記김생사중수기〉[10]가 있음에서 조선 후기까지는 법맥이 이어졌던 것이 아닌가 한다.

또한 김생과의 관련으로 충주의 中央塔중앙탑(中原塔坪里七層石塔, 국보 제6호)이 있다. 신라 선덕왕 때(780~784)에 김생이 김생사를 창건한 뒤에 이 탑을 세우고 고대의 典籍전적을 감추었다고 한다[11].

---

8) 金相顯, 《蘂城春秋》 山岳조 大門山, p. 19, 1959.

9) 《世宗實錄》 권32, 세종 8년 5월 13일. 병오조. 「傳旨忠淸道監司 道內忠州靑龍·金生·龍頭·嚴政·億政·香林等寺田地 爲人濫奪 而守令非徒不禁 雖有告訴 淹延不決 間或有知情 指揮者 上項奪占人職姓名 與知情指揮 掩延不決守令 推劾以聞 上聞孝寧大君家臣奴子等濫奪作弊 故有是命」.
이 기록은 金生寺에 대한 가장 오래된 기록이기도 하다.

10) 《修山集》 권3에 「其所居 寺在蘂城之北津 寺下錦障江……」이라 하여 김생이 蘂城[충주]의 北津에 있는 절에 살았다고 하였다. 《修山集》은 14권 7책으로 된 李種徽의 시문집으로 1803년에 그의 아들 李東煥이 간행하였다.

11) 金相顯, 《蘂城春秋》, p. 141, 1959. 「中央塔은 신라 宣德王時代에 隱士 金生이 盤松山에 創寺한 後 此塔을 建築하고 古代參考書類를 藏置하였는데 時人들이 中央塔이라고 하였다 한다」고 하고, 張基德, 《中原鄕土記》 1(p.195, 1977)에서는 위 글에 잇대어 金生이 「盤松山에다 創寺를 하고 塔을 建立했는데 時人들이 俗稱 七層石塔이라고 불렀다고 하며, 그 後 風水說에 따라 現 位置로 水運을 利用해서 移築했다는 說이 있다」고 하였다.

2002년 봄에 절터의 일부를 발굴 조사하였다[12]. 김생사로 단정할만한 자료는 수습되지 않았다. 현존 건물을 제외한 일부 제한된 지역의 발굴이라는 점에서 볼 때, 앞으로의 확장조사에 기대할 뿐이다. 그러나 출토된 기와편은 삼국시대로부터 조선시대까지 다양하게 나오고 있으며, 제반 기록으로 보아 김생사임에 틀림이 없다고 하겠다.

다음으로 김생이 글씨를 배우는 과정의 기록과 전설에 대하여 살펴보기로 한다. 이에 대하여는 같은 내용의 이야기이나 장소가 여러 곳으로 전하여지고 있어 주목된다. 우선 《신증동국여지승람》 안동부의 文筆山문필산조에서 「세상에 전하는 말에 신라의 김생이 여기에서 글씨를 배웠으므로 산 이름을 文筆문필이라 하였다」라 하고, 고려시대의 문인인 安軸안축(1282~1348)이 이곳에 들려 「신라 때의 김생은 글씨 쓰는 법이 신기하였는데 이 산방에서 글씨를 배우던 일이 이미 천년이 지났네」[13]라는 시를 남기고 있다.

許穆허목(1595~1682)은,

「내가 계림에 가서 들으니, "김생은 원성왕 때 사람으로 산중에 들어가 나무를 꺾어 땅에다 글씨를 썼는데 우군의 글씨를 배워 신묘한 경지에 들어갔다"고 하였다. 福州복주(안동)의 紫霄峯자소봉(청량상에 있음) 아래 金生窟김생굴이 있다.」[14]고 하였으며, 또한 「나는 …… 청량산淸凉山에 놀러갔다가 김

12) 金生寺址에 대하여는 관심이 가는 곳으로 1999년 봄에 忠淸大學 박물관에 의해 지표조사를 하고 보고서로 《忠州 金生寺址》를 펴낸 바 있으며, 2002년 봄에는 발굴조사를 하였다. 발굴결과 절터의 일부로 추정되는 건물지와 삼국시대로부터 조선시대에 이르는 다양한 瓦片이 나왔다. 특히 '咸通 13年 壬辰'(873, 신라 경문왕 11) 銘瓦가 나왔다. 《충주 김생사지 발굴조사 지도위원회의 자료》, 2002. 5. 27. 충청대학 박물관.

13) 《新增東國輿地勝覽》 권24, 安東, 山川조 「文筆山(一名葛那山 在府南二十三里 世傳 新羅金生學書于此山 仍名之. 安軸詩 羅代金生筆法神 學書山室已千春」.

그 동안 이 글을 인용하고 있는 대부분은 「金生學書于此山(安東文筆山) 仍名之. (又擎日峯有金生窟 高麗)安軸詩(曰) 羅代金生筆法神 學書山室已千春」이라 하여 ( )안의 내용을 더하고 있어 文筆山에 擎日峰이 있는 것처럼 의심케 하고 있다. 경일봉은 봉화의 淸凉山에 있으며 이곳에 金生窟이 있다.

생의 굴을 보았다.」[15]고 하여 청량산에 김생의 굴이 있음을 전하고 있다.

청량산은 지금의 경상북도 奉化郡봉화군 명호면에 있는 870m의 높은 산으로 경북의 도립공원으로 지정된 명산이다. 이 산에는 본래 12봉우리가 있는데 丈人峯장인봉·仙鶴峯선학봉·紫鸞峯자란봉·紫霄峯자소봉·擎日峰경일봉·祝融峯축융봉·卓筆峯탁필봉·硯滴峯연적봉·蓮花峯연화봉·香爐峯향로봉·金塔峯금탑봉·卓立峯탁립봉 등이다[16]. 연화봉 기슭에 淸凉寺청량사가 자리하고 있으며, 이 산에는 수 많은 사찰과 암자가 있었으며, 지금은 김생이 글씨를 썼던 곳으로 金生窟김생굴[17]을 비롯하여 元曉大師원효대사의 유적인 元曉井원효정, 최치원이 책을 읽었다는 致遠峯치원봉·孤雲臺고운대와 의상대사의 유적인 義湘峯의상봉, 退溪퇴계 이황이 수도하였다는 吾山堂오산당, 공민왕이 홍건적을 피한 王宮寺왕궁사 및 五馬臺오마대 등 이름있는 선인들과의 관련된 수 많은 명승유적이 있다. 여기에서 관심이 가는 것은 붓글씨

14) 《眉叟記言》~別集 권10, 書金生親筆後조「吾入鷄林聞之 金生者 元聖時人 入山中折 折木書之 學右軍入神云 福州 紫霄峰下 有金生窟」.

15) 위책; 별집 10, 題趙進善涑金石帖조.

16) 《輿地圖書》(1757~1765) 安東府 山川 淸凉山조에 嘉靖 甲辰(1544, 중종 39)년에 周世鵬이 이곳에 놀러 와서 荒茫하였던 옛 이름을 갈아서 이름하였다고 한다. 이에 앞서 작성된 《永嘉誌》(1608)에는 각 봉우리의 위치를 명시하고 있어 자세하다. 또한 청량산에는 淸凉寺를 비롯하여 수 많은 사찰과 암자가 있어 聖山임을 알게 한다.

17) 《永嘉誌》의 산천조에 金生窟은「在淸凉山擎日峰 第一層巖石最雄峻 回護飛瀑自巖上散落 白日飛雨 刳木承之以爲飮 金生草書于此故名焉」이라 하여 청량산에 있음을 알리고 있으며, 安東府邑誌 山川조, 淸凉山에「有金生習書古窟」이라 하여 金生窟이 있음을 기록하고 있다. 김생굴은 청량산 경일봉 기슭에 있다. 매우 높은 위치에 있는 암벽 밑에 전면이 확 트인 굴이다. 굴이라기 보다 바위가 끊겨 지붕을 이룬 자연석실로 3~4평의 공간을 이루고 있다. 굴의 정면 중앙의 암벽에 ○(圓)을 새기고 그 밑에 김생의 글씨라고 전해오는「此山山王大聖之位」, 우측에「日月星位」, 좌측에「山川後位」라고 16字를 새긴 神位壇이 있다. 누군가의 치성을 드린 듯 촛불이 여러 개 밝혀지고 있다. 석실 옆에는 암벽에서 떨어지는 낙수가 작은 우물을 이루고 있어 《永嘉誌》의 표현을 실감케 한다. 이 물로 김생이 먹물을 갈아 썼다는 墨灘인지?

와 관련된 이름인 탁필봉과 연적봉이다. 이들의 이름 또한 김생과의 관련이 있는 것은 아닐지.

김생굴에 대하여는 成近默성근묵(1784~1852)도 「김생이 여기에서 글씨를 익혔다. 단풍잎을 따서 글씨를 쓰니 샘물이 모두 검어졌다 한다. 김생굴 밑에 흰구름은 나는데, 단풍잎 어지럽고 비탈이 가팔라 아득하구나. 먹 못[墨池] 물이 아직도 똑똑 떨어져 우리들의 붓에 찍어 筆題필제를 기다리네.」라 하였으며, 李滉이황(1501~1570)도 이곳에 들려서 「창힐의 유서 왕희지도 묵은 체 못하리. 우리나라 천 년 전에 한 사람 솟아났도다. 괴기한 필법이 바위와 폭포에 머물러 있거니 어허 사람에게 핍박한다고 탄식할 일이 없으리.」라고 시를 남기고 있다[18].

洪良浩홍양호(1724~1802)는 「김생은 東方書家동방서가의 祖宗조종이다. 일찍 鷄林계림의 석굴에 들어가 나뭇잎을 따서 글씨를 쓰며 40년을 나오지 않았으므로 글씨가 神신에 통하였다」[19]라 하였다.

《朝鮮寰輿勝覽조선환여승람》 음성군 고적조에 金生庵김생암이 원통산 아래에 있는데 신라의 중 김생이 이곳에서 나뭇잎에 글씨 연습을 하였기 때문에 시내가 막히고 물이 검게 되었다[20]고도 하였다.

이상에서 보아 김생이 글씨를 익히기 위한 곳으로는 안동지역의 문필산

---

18) 《果齋集》, 題金生窟曰「金生習字于此 取楓葉寫之 泉水皆黑云 金生窟下白雲飛 葉亂嶝危路轉迷 墨池尙有涓涓滴 應待吾人染筆題」.
《退溪集》, 金生窟曰「蒼籀鐘王古莫陳 吾東千載挺生身 恠奇筆法留巖瀑 咄咄應無嘆逼人」.

19) 《耳溪集》, 「夫金生東方書家之祖也 嘗入鷄林石窟中 摘木葉寫字 四十年不出 書乃通神」 題白月寺碑曰에서.

20) 《朝鮮寰輿勝覽》 충청북도 음성군편, 1934, 古跡조 金生庵항. 「在甘谷面圓通山下 金生新羅時僧 習筆於此 摘葉墨書 塞溪而下水爲之墨」, 이전의 지리서에는 보이지 않는 내용이다. 그러나 1937년에 지은 《陰城邑誌》에도 같은 내용이 있다.
음성군 감곡면 사곡리 원통산에 위치하며 암자 터만 남아 있다. 이 암자는 1944년도 수해에 허물어진 것을 절터 밑에다가 새로 세워 金剛庵이라 하여 유지하여 오다가 1979년에 道一스님(72)에 의해 다시 밑으로 내려서 절을 세워 觀音寺라 하

과 청량산의 김생굴이 있으며, 계림의 석굴과 충북 음성의 김생암 등 세 곳이 있었음을 알 수 있다. 여기에서 실재 유적이 청량산에 있음을 볼 때 문필산은 청량산의 잘못 표현된 것으로 보인다[21]. 청량산의 김생굴에 대하여는 '경일봉 김생굴' 또는 '자소봉 김생굴' 등으로 표현하여 왔음을 알 수 있다. 그런데 홍양호의 '계림석굴'도 청량산 김생굴을 의미한다고 보인다. 왜냐하면 안동의 백월서운탑비를 설명하는 가운데에서 나온 말이라는 것과, 지금 경주지방의 석굴에 김생에 관하여 전하여 오는 바가 없기 때문이기도 하다[22].

청량산의 김생굴 앞에는 다음과 같은 안내 해설판이 세워져 있다.

김생굴金生堀

擎日峰경일봉의 中層중층에 위치하고 있으며 半月型반월형의 自然庵堀자연암굴로서 新羅時代신라시대 천하의 名筆명필로 알려진 書道大家서도대가 金生김생이 이곳에 庵子암자를 構築구축하고 글씨공부를 하였으며 傳說전설에 의하면 9년 간의 공부를 마치고 下山하산하려고 할 때 젊은 여인이 나타나 선생의 書道서도와 길쌈솜씨를 겨루어 보자고 提議제의하여 妙技묘기를 겨루게 되었는데 그 여인이 선생의 글씨는 未洽미흡하다고 詰責힐책한 후 사라져 버리자 선생은 未熟미숙함을 깨닫고 10년간 修練수련을 마친 후 大名筆家대명필가가 되었다고 口傳구전되고 있음.

다만 충북 음성의 김생암에 대한 문제이다. 이는 김생이 어렸을 때 이곳

여 오늘에 이르고 있으니 김생암과는 관련이 없다고 보인다. 도일스님에 의하면, 사곡리 주민들에게 김생과의 관련된 전설을 들었다고 한다.

21) 文筆山과 金生에 관한 사실은《新增東國輿地勝覽》이후 여러 地理誌에 같은 내용이 보이나, 조선 후기의《安東府邑誌》이후에는 淸凉山에 金生窟이 있음을 기록하고 있다. 그런데《大東地志》山水조에는 청량산에 김생굴은 기록하고 있으나, 문필산에는 다만 위치만 적고 있을 뿐 김생과의 관련 사실이 없다.

22) 慶州地域에는 김생과 관련한 석굴이 없다. 梁柱東은「경주 경일봉 석굴」(《韓國의 人間像》5권, p. 39에서 운운하였는데 이는 잘못된 표현이다. 경일봉은 청량산에 있기 때문이다.

에서 글씨공부를 하던 곳이라고 전한다. 나무 잎에다 글씨를 썼다는 등의 모습은 청량산 김생굴에 전하는 양상과 흡사하다는 데에 관심이 간다. 그러나 이곳에서는 조선시대의 자기편이 수습되고 있을 뿐 오래된 역사성을 찾기 힘들다. 후대 사람들에 의해 김생이 가까운 충주에 살았음을 상기하여 관련지은 것이 아닌가 한다.

다음으로 김생은 80이 넘도록 붓을 놓지 않았다고 하였음에 대하여 그의 沒年몰년을 생년인 景雲경운 2년(711)에서 80년을 계산하여 791년으로 몇몇 辭典사전류 등이 표기함에 따라 대체로 그와 같이 보려는 경향이 있었다[23]. 그러나 80을 넘긴 것으로 보아 이는 잘못임을 알 수 있다. 이에 대하여《三國史節要삼국사절요》는 원성왕 14년(798)조 말미에 김생의 사실을 수록하여 87세에 죽은 것으로 하였다. 이는 編年體편년체 서술에 있어서 인물은 卒年졸년에 기록하는 예에서 짐작할 수 있으나 이도 믿기 어렵다.

더욱 盧守愼노수신(1514~1590)은 그의《예성야록》에서 분명하게도 97세에 죽었다고 하였다. 이는 '80이 넘도록'이라 한 것을 90으로 잘못 본 것으로 생각되며, 원성왕 14년인 87세로 이해하려한 것을 10년을 더한 착각에서 온 것으로 보인다.

이상의 기록을 중심으로 살핀다면 우선 金生김생은 성덕왕 10년(711)에 태어났으나, 부모가 가난하고 미천하였기 때문에 그 世系세계를 알 수 없다고 하였다. 그러나 중국의 王羲之왕희지를 능가할 명필인 데도 벼슬을 하지 않고, 충주의 조그만 암자에 머물렀다는 데에 의문을 갖고 于勒우륵과 强首강수와 같이 加耶가야에서 이주한 출신으로 보려는 견해가 있다. 즉 신라의 가야계 인물의 벼슬길에 대한 제약으로 '김생도 혹시 가야계로서 결국 일생을 초야에서 보낸 것이 아닌가.'[24]라고 하는 입장이다. 이 주장은 그 동

---

23)《韓國人名事典》, p. 114(신구문화사, 1967을 비롯하여, 이홍직 편《국사대사전》· 이희승 편《국어대사전》등이다.

안 비교적 인정을 받은 듯 김생을 가야계 출신으로 보려고 하여왔다. 그러나 이것이 사실이라면 김생은 가야계의 거족으로 출신이 미미하지는 않았을 것으로 본다.

하등의 근거없이 그의 出系출계를 추측한다는 것은 무리라고 보아야 하지 않을까? 6세기 중엽 신라의 진흥왕은 전 한강유역을 확보(552)하고 新州신주를 설치한 후, 곧 북한산을 순행한 뒤 신주를 옮겨 北漢山州북한산주로 하고, 國原국원(충주)에 小京소경을 설치하고 경주의 貴戚子弟귀척자제와 6부의 豪民호민을 옮겨 소경으로의 충실을 기하려고 하였다. 이는 신라가 大陸대륙으로의 진출로를 확보하고 이 지역을 굳게 다지려는 의미로 계획된 사업이었음을 고려하여야 할 것이다. 즉 국원(충주)은 대륙으로 통하는 門戶문호이며, 대륙의 문화를 받아들이는 길목으로 당시에 있어서는 경주에 앞서 대륙문화를 수용하던 곳으로 보아야 할 것이다[25].

당시의 충주는 强首강수가 스스로 학문을 익힐 수 있었으며, 스승을 찾아가 중국고전을 배울 수 있었던 수준 높은 선진 문화도시로 學風학풍이 있는 고장이었다고 할 것이다. 이러한 문화의 선진지역이던 충주에서 미천한 가계에서 태어난 김생도 환경의 영향 속에서 스스로 배워 익힐 수 있었던 것으로 보아야 할 것이다[26]. 강수가 출세의 길에 오른 것은 그의 학문적 실력이 당시대의 국가가 요구하였던(외교문서의 처리문제) 데에서 비롯된 것이었다. 그러나 김생의 경우는 그러한 길이 열리지 못했던 것으로 평생 취미로 오로지 붓을 몸에서 떼지 않고 仙境선경(청량산의 석굴 등)을 찾아 그에 걸맞는 생활을 하였던 것이다. 그가 출신 신분을 의식하였다면 神筆신필의 경지에 오르지 못했을 것이라고도 생각된다.

---

24) 林炳泰, 「新羅小京考」, 《歷史學報》 35·36合輯, p. 87, 1967.

25) 金顯吉, 「忠州地域이 갖는 歷史地理的 背景」, 《國史館論叢》 16, pp. 132~133, 1990.

26) 김현길, 「强首의 연구」, 《충주의 인물 1, 강수·신립》, p 27, 충주시, 2001.

그가 신필을 이루게 된 데에는 나이 80이 넘도록 다른 업(관료직 등)을 돌보지 않고, 글씨를 배우기 위하여 오로지 글씨에만 專力전력하였다는 데에 있었음을 알 수 있다. 따라서 그의 경력이 간략한 것도 다른 사람들처럼 벼슬을 하지 않아 벼슬이름만 나열되는 바가 없기 때문이기도 하다.

Ⅲ. 金生의 遺墨跡

金生김생의 글씨는 《삼국사기》에서 보는 바와 같이, 예서와 행서·초서[隸行草]의 온갖 체에 다 능했으며, 중국의 명필인 진나라의 王羲之왕희지를 배워 오히려 능가하는 전무후무한 神筆신필이었다고 그 동안 많은 서예가들이 한결같이 찬탄을 하여 왔다. 그러나 오늘에 그의 眞蹟진적은 전하여 오는 것이 없으며, 그의 글씨로 전하는 몇몇 자료와 일부 금석문 등을 통하여 遺墨跡유묵적을 확인하고 있을 뿐이다.

또한 그의 유묵적이 많지 않음도 천 이백여 년이 흘렀다는 시간적인 원인도 있었으리라고 생각된다. 그렇기 때문에 그의 글씨에 대하여 많은 애호가들은 그의 진적은 물론, 금석문의 拓本탁본이라도 얻어 간직하고자 한 선인들의 노력 또한 대단하였다.

중종 19년(1524)에 「정원에서 "전에 金希壽김희수가 鮮于樞선우추와 金生김생 등의 진적을 模寫모사하여 간행하기를 啓請계청하였는데, 이제 모사가 끝났으니 開刊개간하는 것이 어떠하겠습니까"하니 그대로 하라고 하였다.」[27]고 하여 模刊모간한 일이 있으며, 이듬해에는 「정원에서 "文武樓문무루에 간수한 김생의 글씨를 돌에다 새긴 版本판본을 요사이 印出인출하다 한쪽 귀가 떨어져 나가 글자 하나가 획이 없어졌으므로 보완하지 않을 수 없

---

27) 《中宗實錄》 권51, 중종 19년 6월 임술조.

으니 다른 돌에 다시 새기기 바랍니다"하니 윤허하였다.」[28]는 사실 등으로 보아 김생의 글씨를 오래도록 그리고 완전하게 보존하고자 한 선인들의 노력을 알 수 있다. 그러나 그러하지 못함을 애석하게 여기기도 하였다[29].

이와 같은 사실은 오늘에 전하는 약간의 금석문 등 碑銘비명과 扁額편액 등에서 그의 신묘한 필체를 찾아볼 수 있음은 매우 다행한 일이 아닐 수 없다. 그동안 김생의 글씨라고 전하여 오는 금석문으로는 경주 금오산 기슭에 있는 昌林寺碑창림사비와 경주박물관에 栢栗寺石幢記백률사석당기가 있으며, 그의 글씨를 集字집자한 경북 봉화 太子寺태자사[30]의 郎空大師낭공대사 白月栖雲塔碑백월서운탑비가 있다. 이 백월비는 지금 비신 만이 국립중앙박물관으로 옮겨져 있다. 구례의 華嚴寺화엄사에는 이 절의 3층 법당이었던 丈六殿장육전에 흙을 바르지 않고, 돌에다 華嚴經화엄경을 새긴 石經석경으로 둘렀는데 임진왜란 때 왜병들에 의해 불을 맞아 심하게 깨져서 지금은 크고 작은 일만여 점의 돌조각[石刻片] 만이 남아 있다. 또한 보은 삼년산성 안의 바위에 새겨진 암각자 등이 있을 뿐이다. 그러나 이것이 모두 김생의 글씨라고 단언하기에는 의문이 가기도 한다.

그런데 1999년 봄에 경기도 포천군 소흘면 松隅里송우리(솔모루)에서 徐命九서명구(1692~1754)의 묘비와, 이듬해 봄에 이웃한 경기도 양주군 주내면 산북리에서 趙棨조계(1702~1754)의 묘비가 김생의 集子碑집자비임이 확인되었다[31]. 매우 자획이 선명하여 김생의 書體서체 연구에 획기적인 자료

28) 《中宗實錄》 권55, 중종 20년 10월 병술조.

29) 李匡師, 《圓嶠書訣》, 「東國筆法 新羅金生爲宗 今絶無眞蹟之傳 榻本亦奇偉有法 非高麗以後人可及」.

30) 본래의 위치는 奉化郡 下南面 太子山里였으나, 1914년 행정구역 개편에 따라 安東郡 陶山面 太子洞으로 되었으니 지금의 安東市 도산면 태자리이다. 지금은 폐교가 된 태자초등학교 입구의 밭에 경상북도 문화재자료 제68호 '태자사지 귀부 및 이수'가 있다. 그러나 이 귀부와 이수는 백월서운탑비보다 작은 규모로 맞지 않으므로 의문이 간다.

31) 김현길, 「金生의 遺墨을 찾아」, 《문예연구》 25호, 2000, 여름호.

라고 하겠다.

扁額편액으로는 경주의 大魯院대로원액과, 전남 강진의 萬德山만덕산 白蓮社백련사액을 비롯하여 충남 공주 痲谷寺마곡사의 大雄寶殿대웅보전 편액 및 강원도 금강산 楡岾寺유점사의 편액 등이 있다. 또한 불상의 복장유물로 나왔다는 金字寫經금자사경과 田遊岩序전유암서 및 廬山瀑布詩여산폭포시와 四聲絶寶사성절보 등이 있다.

다음에 이들에 대한 그 동안의 여러 평가를 옮겨 본다.

1. 昌林寺碑

昌林寺창림사는 경주시 배동 남산 기슭에 있었던 절이다. 창건연대는 알 수 없으나, 이 절터에는 삼층석탑과 雙頭龜趺쌍두귀부 및 石燈蓮花臺座석등연화대좌 등이 남아 있다. 귀부 위의 비신은 파손되어 없어졌으나 이 비가 당대의 명필인 김생의 글씨라고 전한다. 원나라의 명필인 趙孟頫조맹부(자는 子昂, 1254~1322)의 창림사 碑跋비발에 「신라의 중 김생이 쓴 것으로 그 나라 창림사비는 字畫자획이 깊고 典型전형하여 비록 당나라 사람의 名刻명각이라도 이보다 나을 수 없으니 옛말에 "어느 땅(나라)엔들 재주있는 사람이 나지 않으랴"고 한 말은 과연 믿을 수 있다.」[32]고 하여 극찬하고 있다. 김생의 글씨가 중국에까지 알려진 또 하나의 예이기도 하다.

2. 栢栗寺 石幢記

栢栗寺백율사는 경주시 동천동 금강산 기슭에 있는 절이다. 삼국통일의

32) 《東西堂集古帖》 跋, 「新羅僧金生所書 其國昌林寺碑 字畫深有典型 雖唐人名刻 未能遠過之也 古語云何地不生才 信然」 같은 내용의 글이 《東國輿地勝覽》 慶州, 古跡조에도 보인다.

전후시기에 창건된 것으로 추정되고 있다. 이 절에는 중국의 工匠공장이 만든 것으로 전하는 大悲觀音像대비관음상이 있다. 이 절에 있었던 金剛藥師如來像(금강약사여래상, 국보 28호)과 石幢석당은 1927년에 경주박물관으로 옮겨졌다.

이 석당은 異次頓이차돈 殉教碑순교비로 더욱 알려져 있다. 건립연대는 신라 憲德王헌덕왕 9년(817)으로 추정하고 있다. 6면의 기둥으로 이루어져 있다. 높이 1.04m이며, 각 면의 너비는 29cm이다. 불교를 제창하다 법흥왕 14년(527)에 순교한 이차돈을 기념하기 위하여 건립된 것이다. 이 記文기문이 김생의 글씨라고 전해지고 있다. 서체는 해서이면서도 예서의 모양을 한 특이한 예를 보이고 있다. 마멸이 심하여 판독이 어렵다[33].

3. 太子寺 朗空大師 白月栖雲塔碑

太子寺태자사는 경북 안동시 도산면 태자리에 있었던 절이다. 위의 비는 이 절에 있었다[34]. 낭공대사(832~916)는 신라 말기 禪宗선종을 중시한 고승으로 입적한 후 崔仁滾최인곤이 비문을 짓고 중 端目단목이 김생의 글씨를 集子집자하였으나, 신라 말의 세태가 어지러워 세우지 못하고 고려 광종 5년(954) 태자사에 세운 것이다[35].

---

33) 《海東金石苑》 1, 新羅栢栗寺幢과 今西龍의 「慶州栢栗寺六面石幢刻文」, 《新羅史研究》가 참고된다. 葛城末治는 「慶州栢栗寺六面石幢記」, 《朝鮮金石攷》 p. 235의 附記에서 點貝房之進이 所藏한 《元和帖》이란 墨帖이 신라 金生의 글씨라고 전하는 것으로 이것에 의하면 백율사석당 본문과 같은 곳이 있어 石幢의 刓闕된 부분을 보충할 수 있다고 하고 석당연구에 귀중한 자료라고 하면서 그 書體도 김생의 글씨로 전하는 2, 3의 유사한 느낌이 있다고 하였다.

34) 《東國與地勝覽》 권25, 奉化, 佛宇조에도 太子寺에는 崔仁滾이 撰한 僧 朗空塔銘과 金審言이 撰한 僧 通眞塔銘이 있다고 하였다. 이곳은 본래 봉화군이었으나, 1914년 행정구역의 통폐합에 따라 安東郡에 편입되어 陶山面 太子里로 되어 오늘에 이르고 있다.

35) 《海東金石總目》, 「奉化太子山朗空大師 白月栖雲塔碑崔仁滾文 釋端目集金生書 於

태자사는 폐사된 후에 비석이 방치되었던 것을 중종 4년(1509)에 당시의 영천군수 李沆이항이 榮川영천의 字民樓자민루로 옮겨 보관하다가, 다시 1918년에 비신만 서울 경복궁 回廊회랑으로 옮겼다. 지금은 국립 중앙박물관으로 옮겨 보존되고 있다. 비신의 높이는 2m이며, 너비는 0.96m이다. 중간 부분이 절단된 상태이나 비교적 양호한 편이다[36].

비문은 앞면 부분은 崔仁滾최인곤이, 뒷면은 중 純白순백이 지었으며, 고려 광종 5년(954)에 순백의 後記후기와 함께 세워진 것이다. 글씨는 중 단목이 김생의 글씨를 집자한 集子碑집자비이다. 字徑자경은 2~3cm의 행서체이다. 위와 같은 사실이 비의 후기와 측면에 새겨져 있어 지금까지 김생의 서체임을 입증하여 존중시되어 왔던 경위를 알게 하고 있다. 오늘에 전하는 유일한 김생의 글씨로 太細曲直태세곡직의 변화를 일으켜 가히 神品신품이라 할 만하다. 따라서 그 동안 金生體김생체 연구의 유일한 기본자료로 활용되어 왔었다.

다음에 태자사에서 영천의 자민루로 옮겨온 사실을 기록한 朴訥박눌의 글을 옮겨 본다.

「내가 젊었을 때 김생의 필적을 匪懈堂비해당(安平大君)의 《集古帖집고첩》에서 얻어보고 용이 뛰는 듯 범이 누운 듯한 筆勢필세를 사랑했으나 세상에 전하는 것이 많지 않음을 한했더니, 영천에 오자 이웃 고을 奉化縣봉화현에 한 비가 옛 절터에 홀로 있다는 말을 들었다. 그것은 김생의 글씨였다. 내가 세상에 드문 지극한 보물이 풀 섶에 파묻혀 아무도 거두어 돌보는 사람이 없음을 애석히 여기고, 들소가 뿔을 갈고 목동이 불로 두드리니 모두 염려가 되었다. 드디어 고을의 전 참봉 權賢孫권현손과 함께 옮길 것을 꾀하여 자민루 아래에 안치하였다. 거기에 난간을 두르고 여닫는 문을 굳게 하

景明王之時 因世亂未竪 至高麗光宗時乃建」.

36) 《三韓金石錄》, 「碑今斷爲二片 尙完好 缺 無幾」라 하여 이미 斷碑였음을 알 수 있다.

여 정작 榻本탑본(탁본)을 뜰 사람이 아니면 출입치 못하게 하였다. 이것은 사람들이 함부로 손을 대는 일이 있을까 두려웠기 때문이다. 이로 말미암아 김생의 필적이 당시에 널리 전해져서 縉紳好事진신호사의 무리들이 앞을 다투어 賞玩상완하게 되었다. 아아, 천 백년 거친 골짜기에 버려진 돌이 일시에 큰집에 옮겨져 세상의 보물이 되었으니, 대관절 물건의 나타나고 감추어짐이 또한 그 운수가 있는 것인가. 내가 비록 재능이 보잘 것 없어 昌黎창여(韓愈)의 博雅박아함에 미치지 못하나 이 물건이 감상을 받게 된 것은 岐山기산의 石鼓석고와 다르지 않으니, 대체 어찌 우연함이 아니겠느냐. 正德정덕 4년(1509) 8월에 군수 李沆이항이 짓고 朴訥박눌이 쓰다.」[37)]

이와 같이 비석이 옮겨진 후에 또한 다음과 같은 기복이 있었다. 洪良浩홍양호의 글이다.

「題白月寺碑曰 제백월비왈 : 비는 옛날에 영남 영천에 있었는데 중년에 소재를 잃었다가 옛 것을 숭상하던 金光遂김광수가 이웃의 군수로 있을 때, 밭 사이에서 찾아 관청으로 옮겨 놓고 세상에 印行인행하였다. 내가 鷄林계림에 있을 때 매부 金亨大김형대군이 영천군수가 되었기에 영주에 가서 白月碑백월비를 찾은즉 廢院폐원에 버려져 있어 흙이 절반을 덮었었다. 곧 메어 관사의 앞뜰에 가져다가 술로 닦고 솔질하여 보니 글자는 아직 분별할 만하였다. 이에 십여 벌을 탑본하여 널리 세상에 전하고, 군수인 매부에게 부탁하여 木匣목갑을 만들어 덮어 바람과 비를 막도록 하였다.」[38)]

광해군 원년(1609)에 명나라 사신이, "萬軍門만군문이 조선에 와서 白

37) 이 글은 白月碑를 현지에서 옮긴 후 그 사실을 동 碑의 側面에 새긴 것이다.
38) 《耳溪集》, 「題白月寺碑曰 碑舊在嶺南榮川 中年失所在 尙古子金光遂守隣郡 搜得於田間 運置官廨 印行于世 余在鷄林 妹夫金君亨大知榮川 余如榮川 訪白月碑 則棄在廢苑中 土掩其半矣 亟使舁致官舍前廊 取酒磨刷 字猶可卞 乃榻十數本 廣傳于世 托主人作木匣以覆之 俾防風雨焉…」.

月碑文백월비문을 탁본해 갔는데 참으로 천하에 없는 보물"이라고 했다며, 얻어달라고 간곡히 부탁하여 경상도 감사에게 하교하여 탁본 5건을 주니 사신은 "극히 좋다"고 하고는 麟覺碑인각비와 地誌지지 및《皇華集황화집》을 구해달라고 하였다[39]. 인각비는 경북 군위군에 있는 普覺國師보각국사 一然일연의 묘탑비로 왕희지의 글씨로 집자한 비석이다.

南九萬남구만(1629~1711)은 「명종 임자(7년, 1552)에 唐人당인(中國人)이 와서 오래도록 묵으면서 밤낮으로 수천 본의 탑본을 하니, 때는 날이 추워 먹물이 얼어 숯불을 활활 태우므로 많이 상하였다.」고 하였다. 백월서운탑비의 사실과 비문의 글씨에 대한 찬사는 수 없으며, 중국에서도 알고 탁본을 구하려는 노력이 대단함을 알게 한다[40].

4. 華嚴經 石經

화엄경 石經석경은 전남 구례군 마산면 황전리 지리산 남쪽 기슭에 있는

39)《光海君日記》권15年, 4월 17일(무진).「迎接都監啓曰 卽者遠接使貽書于臣曰 天使要得金生所書榮川白月碑甚懇曰 萬軍門使貴國時 印此本以去 眞天下絶寶也云 天使如是懇求 不可不應副 所謂白月碑 未知果在榮川 請下諭于慶尙監司 道內金生所書印來 幷爲印送 而白月碑則三四件爲先精印 急急上送(爲當但石刻須用毛邊紙 可以精印 而外方不可易得 自應辦色覓得下送)何如 傳曰 允」.

《光海君日記》권15, 4월 28일(기묘).「迎接都監啓曰 昨日詔使相會時所言 因夜深忙急 只憑譯官所傳 大槪啓達矣 昨日詔使前 呈納金生書白月碑印本五件 則詔使曰極好 且聞貴國有麟覺碑云 願速印書……」.

40)《藥泉集》,「奉化古寺遺墟 有集金生書 白月栖雲碑 中宗己巳榮川郡守李沆 移置本郡字民樓下 明宗壬子唐人來此久留 晝夜摸打幾千本 時値日寒墨凍 故加以熾炭多傷」이라 하였으며,

成大中(1732~1812)의《靑城集》에서는「書白月碑曰 余觀金生眞蹟多矣 山居帖尤其石本之佳者 然白月最勝 其書如張千鈞之弩 一發可碎千軍 孫武自所謂 其勢險其節短者 殆白月之謂也」라 했으며,

《東國金石評》,「白月碑行書放縱 奇品」등 白月碑의 評은 허다하다.

이 비문에 대하여는 葛城末治의「奉化太子寺朗空大師白月栖雲塔碑」,《朝鮮金石攷》가 참고된다.

華嚴寺화엄사에 있다. 화엄사는 통일신라시대에 창건되어 화엄종을 선양하였던 사찰이다. 석경은 이 절의 3층 법당이었던 丈六殿장육전의 사방 벽을 이 석경으로 장식하였다고 한다. 이 석경은 義湘大師의상대사(625~702)가 조성하였다고 전하고 있으나, 화엄사가 조성된 시기는 일반적으로 경덕왕(재위 742~765) 이후로 보고 있다. 그러나 불행하게도 이 석경은 임진왜란 때 왜병들에 의해서 장육전이 불탈 때 파괴되어 만 수천 점에 달하는 돌 조각[石刻片] 만이 남아 있다. 석경의 크기는 흔히 볼 수 있는 方塼방전 정도이며, 사방 벽에 고정할 수 있는 홈이 아래 위에 있다. 해서체로 정교하게 각자된 것으로 이 글씨도 김생이 썼다고 전하여 오고 있다[41].

5. 報恩 三年山城 안의 岩刻字

충청북도 보은군 어암리 三年山城삼년산성 안의 바위에 「蛾眉池아미지」·「有似巖유사암」·「玉筆옥필」 등을 새긴 岩刻字암각자가 있다. 이것이 김생의 글씨라고 전하여져 오고 있다[42]. 글씨가 좋아 탁본을 많이 하여 바위가 검게 되어 있을 정도이다.

6. 大魯院 額

《東京雜記동경잡기》에 의하면 「大魯院대로원은 경주의 남쪽 6리에 있으며, 김생의 글 「大魯院대로원」 석자(3字)가 있다.」고 하였다. 홍양호는 앞에서 인용한 「題白月寺碑제백월사비」의 말미에서 「내가 일찍이 김생의 글씨를 탐하여 계림에서 '大魯院'의 작은 편액과 강진에서 '萬德山만덕산

41) 金基昇, 《韓國書藝史》에는 화엄석경의 글씨를 사진으로 제시하고 있다.

42) 《文化財誌》, 충청북도, 1982, 三年山城조 p.296에 「岩崖에 金生의 글씨라고 諺傳되는 '蛾眉池'의 刻銘과 '有似巖', '玉筆' 등의 刻銘이 있다」고 하였으며, 《報恩郡誌》 下, 1994, p. 1364. 삼년산성조에 위와 같은 내용이 기록되고 있다.

白蓮社백련사'란 여섯의 큰 글자를 보았고, 또 '田遊岩序전유암서' 및 '輿隣居홍인거'의 인본을 얻어서 다 집에 간직하고 있다.」[43]고 한 데서 이 편액이 근세에까지 전하여 왔었음을 알 수 있으나, 현재에는 전하지를 않고 있어 안타까운 일이다.

李瑛이영(1604~1651, 宣祖의 別子, 仁興君)은 「김생이 쓴 경주 '大魯院' 의 석자는 추녀 끝에 걸면 집이 기울어지고, 고쳐서 기울어진 곳에 걸면 도로 반듯해진다 한다.」는 기록을 남기고 있다[44]. 신필임을 말하는 것이라 하겠다.

7. 萬德山 白蓮社 額

白蓮寺백련사는 전남 강진군 도암면 만덕리 萬德山만덕산에 있는 사찰로 萬德寺만덕사라고도 하였다. 이 절은 신라 문성왕 원년(839)에 無染무염이 창건하였다고 전하는 역사 깊은 사찰이다. '萬德山만덕산 白蓮社백련사'액은 지금 이 절의 대웅전 안 벽에 높이 걸려 있다. 이 편액은 '萬德山만덕산'과 '白蓮社백련사'가 따로 두 개의 현액으로 되어 있다. 현판은 너무 오래되어 좀이 먹고 삭은 상태이다. 앞에서 말한 홍양호가 보았던 큰 글자로 '萬'자의 길이가 44cm이며, 석자의 전장은 110cm나 된다.

「白蓮社백련사」액의 좌측면에는 딴 쪽의 좁은 판자를 대어붙인 위에 다음과 같이 행서체로 오래 되어 훼손되고 있음을 유감스럽다고 각자하고 있다(新羅聖德王時 金生筆跡 此寺千幾百年傳來更爲 修墨塗粉 此片缺歗遺憾千萬耳).

《書鯖서청》에는 「지금 전하는 바 김생의 글씨는 오직 '大魯院대로원사'·'白蓮社백련사'의 편액 및 '白月栖雲碑백월서운비'가 남아있을 뿐, 마

43) 《耳溪集》, 題白月寺碑曰「……余嘗訪金生書於鷄林 見大魯院篇於康津 見萬德山白 蓮社六大字 又得田遊巖序及輿隣居印本 皆藏于家」.

44) 《月窓閑話》, 「金生書慶州大魯院三字 掛屋角則家傾 改掛傾處卽還正云」.

치 麒麟기린의 한 털과 虯龍규룡의 조각 비늘과 같다.」[45]고 하여 그 의미를 더하게 하고 있다. 그러나 현재의 사찰측에서는 사찰의 창건보다 김생이 앞선 분으로 보아 의문을 제기하고 있으나, 사찰의 역사가 보다 오래된 것은 아닐지.

8. 麻谷寺 大雄寶殿 額

麻谷寺마곡사는 충남 공주시 사곡면 운암리 泰華山태화산 남쪽 기슭에 있는 사찰이다. 신라 선덕여왕 9년(640) 慈藏자장에 의해서 창건되었다고 전한다. 이 절의 大雄寶殿대웅보전(보물 제801호)의 편액이 김생의 글씨라고 전하여 오고 있다.

9. 金字寫經

불상의 伏藏복장에서 金字寫經금자사경은 종종 나오고 있다. 사찰에서 때때로 나오는 金字經금자경을 김생의 글씨라고 하나 믿기 어렵다고 불신하는 이도 있다[46]. 그러나 김생이 쓴 경서를 許穆허목(1595~1682)이 보았다는 다음의 글은 관심이 간다[47].

「내가 젊어서 海印寺해인사에 놀러 가서 처음으로 김생이 쓴 古經고경을 보았다. 그 뒤에 비록 많이 보았으나, 모두 印本인본이라 고경의 眞墨진묵만

45) 《書鯖》, 「今所傳金生書 唯大魯院 白蓮社扁額 及白月栖雲碑獨存 猶麒麟一毛 虯龍片甲焉」.

46) 鄭東愈(1744~1808)는 그의 《晝永編》에서 「寺刹中往往有墨質金字經 以爲金生書 類多冒稱 不可信也」라 하였음에서 알 수 있다.

47) 《眉叟記言》 記言別集 권10, 跋. 眉叟 許穆은 이 跋文의 여러 곳에서 金生의 글씨를 보았다고 하였으며, 또한 그 글씨에 대해 극찬을 하고 있다. 이곳의 글은 다음의 글에서 옮긴 것이다.
「跋許上舍詗家藏金生眞蹟」·「朗善君書帖跋」·「許上舍書帖跋」.

못했다.」

「김생은 신라 원성왕 때 사람으로 가장 오랜 분이다. 그가 불경을 썼는데 지금 천 년이 되었어도 그 眞蹟진적이 많이 전해 온다.」

「내가 40년 전에 해인사에서 처음으로 김생의 글씨를 보았고, 또 大魯院대로원에서도 보았다. 지금 서울에 와서 일가인 許上舍허상사에게서 이 書帖서첩을 보게 되었으니 서첩 가운데에 또한 김생의 글씨가 있는데……」

《海東繹史해동역사》에도 다음의 글이 있다. 「신라사람 김생의 글씨는 寺刹사찰 중에 가끔 검은 바탕에 金字금자로 쓴 經書경서를 김생의 글씨라 하지만, 대개 거짓으로 일컫는 경우가 많아 믿을 수 없다. 고려의 종이는 지금의 雅青紙아청지로, 불상의 뱃속에 가끔 금자로 쓴 불경이 간직되어 있다. 김생의 글씨라고 칭하는 것은 모두 이 종이이다.」[48]라고 하여 고려시대의 종이에 쓰인 사경이므로 김생의 글씨로 보기 어렵다는 뜻으로 보인다.

이상에서 보아 금자 사경에는 김생의 글씨도 있으나, 사경이 모두 김생의 글씨라고 보기는 어렵다고 본다.

10. 田遊巖 序·四聲絶寶·廬山瀑布詩

일찍이 홍양호도 〈전유암 서〉를 얻어 집에 소장하고 있었다고 함은 앞에서 말한 바다. 행서체로 썼으며 말미에 「報德寺보덕사 金生書김생서」라 하고 있어 김생이 한때 보덕사에 있었음을 알 수 있으나, 지금 어디인지는 알 수 없다.

〈사성절보〉도 행서체이며, 말미에 「金生書김생서」라 쓰고 있다. 또한 자유분방하면서도 힘이 넘쳐 보이는〈여산 폭포시〉가 전하고 있다. 이들

48) 《海東繹史》 권27 文房類, 紙조 「按高麗青紙 今鴉青紙 佛腹中往往藏金字佛經 稱金生所書者 皆此紙也」.

은 모두 印本인본으로 전하고 있다. 그러나 현행의 인본을 보면 여러 종류가 있음을 볼 수 있다. 비교하여 보면 서로 다른 모습을 볼 수 있기 때문이다. 이는 刻字각자하는 과정에서의 誤刻오각으로 보인다.

11. 徐命九·趙棨의 墓碑

徐命九서명구(1692~1754)의 묘비는 1999년 봄에 경기도 포천군 소흘면 松隅里송우리(솔모루)에서 처음으로 확인되었다. 비문은 모두 집자한 것으로 정조 15년(1791)에 세운 것이다. 말미에 「崇禎紀元後三辛亥 月 日立 篆集李陽氷字 書集金生字 前面集韓濩字」라 하였음에서 알 수 있다.

趙棨조계(1702~1754)의 묘비는 2000년 봄에 경기도 양주군 주내면 산복리에서 확인되었다. 이 비문도 모두 집자한 것으로 정조 13년(1789)에 세운 것이다. 말미에 「崇禎紀元後三己酉季秋 不肖仲男鎭寧泣血謹述 前面摸東坡字 陰記集記集金生書」라 하였다.

이상의 두 비는 서로 가까운 거리에 있었으며, 세운 시기도 2년을 사이에 하고 있으니 같은 시기이다. 우연하게도 두 분은 같은 해에 죽었다. 여하튼 이 두 비문은 매우 선명하고 筆劃필획이 정교하여 김생의 진필과 다름없는 바를 보여주고 있어 金生體김생체 연구와 계발에 큰 도움이 될 것으로 기대된다[49]. 그러나 서명구의 묘비는 2000년 초에 도시 개발에 따라 묘소를 경기도 안성시 보개면 곡천리 산숫날로 후손들에 의해 옮기면서 묘비석도 함께 옮겨졌다.

---

49) 金生硏究會,《金生書集成》1, (2000)에 朗空大師白月栖雲塔碑와 趙棨墓碑·徐命九墓碑를 실물크기으로 拓本 影印하여 펴냈으며, 書藝敎本으로 '集金生書 1'.《趙棨墓碑》(2001)를 펴냈다.

Ⅳ. 諸家의 評傳

金生김생의 글씨에 대해서는 역대의 이름있는 분들이 한결같이 입을 모아 극찬을 하고 있으니 이들의 평을 들어 그의 글씨에서 보여주는 실체를 알아보고자 한다. 앞에서도 간간이 극찬하는 내용을 보았으나, 우선 정리하여 보면 《삼국사기》에서 보는 바와 같이 金富軾김부식은 王羲之왕희지의 글씨와 아주 흡사한 것, 또는 그의 필법을 능가했다는 뜻을 밝히고 있음을 볼 수 있다. 물론 왕희지는 중국 서예사에 전무후무한 고금 제일인자라고 불리고 있으니 김생을 그에게 비교함은 더할 나위없는 극찬의 말인 것이다.

조선 현종 때의 許穆허목은 「일가 사람 許叔玉허숙옥의 집에서 중국 비단에 쓴 옛날 김생의 眞蹟진적을 보니, 그 자체가 奇怪기괴하여 神人신인이 쓴 것 같고 사람의 筆力필력으로서는 도저히 그렇게 할 수 없는 것이었다. "이상한 일이로다! 천하의 보물이 1천 1백 년을 지나오는 동안 사람이 죽어 없어지고 세상이 바뀐 것이 그 얼마나 많았으리요? 그런데도 지금 그 글 자취는 오히려 새로우니, 아! 귀신이 지킨 것이 아니면 어찌 이럴 수가 있겠는가?" 나는 그것을 보고 한참 동안 감탄하였다.」고 하였다.

또한, 「《筆苑雜記필원잡기》에 글씨를 논하되, "우리나라는 신라로부터 지금까지 김생을 제일로 친다"고 하였다.」고 하였으며, 또한 「내가 일찍 서울에 와서 同宗일가인 사람 許沃汝허옥여를 찾아가 서적을 열람하다가, 김생의 진적을 얻어 보았다. 너무 기뻐서 잊지 못하고 眞善진선 趙希溫조희온에게 자랑하며…… 말하기를 "그 글씨가 변하여 움직임이[變動] 신과 같아서 거의 筆力필력으로 될 수 없는 것인데 비단이 오래 되어 많이 헐어서 거의 알아볼 수 없을 정도였다."」고 하며, 김생의 글씨가 神筆신필임을 말하고 있다[50].

---

50) 《眉叟記言》, 記言別集 권10. 「跋許上舍詢家藏金生眞蹟」과 「書金生親筆後」.

고려 고종 때의 대학자 李奎報이규보(1168~1241)는 그의《東國李相國集동국이상국집》에서 다음과 같이 평하고 있다.

「梁武帝양무제가 왕희지의 서체를 평하기를 "용이 天門천문에서 뛰고 범이 鳳閣봉각에 누웠다"고 하였으며, 唐文皇당문황은 "연기가 아른거리고 이슬이 맺히고 봉이 날고 용이 서리는 듯하므로 마음으로 흠모할 만한 자는 오직 이 사람 뿐이다"라 하였다고 왕희지를 들고 있으나, 書體서체의 제일인자는 바로 김생으로 그 분은 신필이었다. 왜 그렇게 말하는가 하면, 세상에 전하기를 "어느 날 어떤 사람이 갑자기 김생 앞에 이르러《帝釋經제석경》을 써 달라고 하기에 다 쓰고 나서 어디서 왔느냐고 묻자, 그 사람은 '나는 帝釋제석의 사자인데 나에게 명하여 글씨를 받아 오라고 해서 온 것이다'라 하고는 온데 간데 없이 사라졌다."」고 하였다.

또 安養寺안양사의 편액을 썼는데 몇 년 후 그 편액을 건 집이 남쪽으로 기울어지므로 곧 김생에게 청하여 집 북쪽에 글씨를 쓰게 하니 그 뒤에 집이 도로 반듯해 졌다 하며, 또 靑龍寺청룡사의 편액을 쓰니 구름과 안개가 항시 꼈다고 하면서, 계속하여 고려의 洪灌홍관이 송나라에 가서 김생의 글씨를 보인 사실을 기록하고, 말미에 「김생의 글씨가 右軍우군(王羲之)과 다름이 없었던 것이 분명하다. 그렇다면 김생을 神品신품의 제1로 꼽아야 하리라.」고 하여 신필임을 증명하는 말을 하고 있다.

또한 김생을 「아침 이슬이 맺히고 저녁연기가 일어나며 성낸 蛟龍교룡이 뛰고 신령스런 鳳凰봉황이 난다. 김생과 왕희지는 몸은 비록 다르나 솜씨는 같았다. 마음과 손이 서로 호응해서 하늘에 맡겼으니 신이랄까, 기적이랄까, 말로 전하기는 어렵다.」고 하였다[51].

고려 중기의 문인 李仁老이인로(1152~1220)는 「鷄林人계림인 김생은 붓놀림이 신과 같아서 초서도 아니며 행서도 아니며, 멀리 57종의 여러 서예

---

51)《東國李相國集》後集, 권11.「東國諸賢書訣評論序」와 金生조.

가의 體勢체세를 뛰어 넘었다.」고 하고, 또한 「그의 필법이 奇妙기묘하여 晉魏진위 때 사람이 발돋움하여 바라볼 바가 아니다.」라고 하였다[52].

조선 성종 때의 문장가 曺伸조신은 「文順公문순공(李奎報)과 權弘권홍(고려 말의 名書家)이 書訣서결을 평론할 때 김생으로써 신품 제일로 하였다.」[53]고 하였으며, 같은 시기의 名臣명신이며 학자인 成俔성현(1439~1504)은 「우리나라에 글씨 잘 쓰는 이가 많아도 楷範해범을 가진 이가 대개 적은데, 김생은 잔글씨를 잘 쓰면서도 털끝 만한 것도 다 정밀하다.」고 하였다[54].

조선 중기의 명신인 盧守愼노수신(1515~1590)은 《예성야록》에서 「김생은 5세 때부터 '風月풍월'의 두 글자를 배우면서 굵직한 싸리나무로 모래밭에 썼었으며, 6~7세부터는 佛經불경 2권을 부지런히 쓰기 시작하여 20세에 書法서법을 대성하였다. 그때 일본의 중 惠曇혜담도 글씨에 능했는데 신라에 와서 김생의 글씨를 보고 매우 기이하게 여기면서 왕우군이 江北강북에 건너가 있을 때 썼던 진적을 주었다. 그는 그 뒤부터 우군의 글씨에만 전력하여 밤에는 큰 글자를, 낮에는 작은 글자를 써서 명성이 이웃나라에까지 진동하였다. 또 불교를 좋아하여 齋素재소(고기·파·마늘을 먹지 않는 것)를 지켰다. 그 수족은 부인과 같이 가늘고 작았다. 나이 90이 되어도 눈빛이 전광과 같아 붓을 손에서 떼지 않다가 97에 죽었다(당 헌종 元和 2년(807)). 일찍이 昌林寺碑창림사비를 썼는데 조맹부가 그 탁본을 보고 "한 획과 한 글자가 다 王氏왕씨의 서법에서 나왔으니, 당나라 사람의 名刻명각도 이보다 더 나을 수 없을 것이다"라 하였으므로 그 뒤부터 이름이 온 천하에 알려져서 원나라 사신이 올 때마다 으레 그 탁본을 얻어가곤 했다.」고 하였다.

조선후기의 실학자 李圭景이규경은 충주에 살면서 김생에 대한 관심을 갖

---

52) 《破閑集》, 「鷄林人金生 用筆如神 非行非草 迥出五十七種諸家體勢」, 「筆法奇妙 非晉魏時人所跂望」.

53) 《搜聞瑣錄》, 「文順公權弘 評論書訣 以金生處神品第一」.

54) 《慵齋叢話》, 「我國善書者雖多 而有楷範者盖寡 金生能書細 而毫忽其皆精」.

고 「이 지방에 옛날 유명한 인사를 생각해 보면 신라시대의 于勒仙人우륵선인과 强首강수가 있는데 그 중에도 김생이 가장 유명한 사람이다. 또 김생으로 인하여 생긴 지명으로 金生面김생면, 강의 이름으로 金生灘김생탄(속칭 金串)이 지금까지 전해지고 있다. 이른 바 金生寺김생사의 옛터도 이 부근일 터인데 아는 이가 없으니 아쉬울 뿐이다.」[55]라고 하였다.

國學者국학자이며 英文學者영문학자로도 알려진 梁柱東양주동(1903~1977)은 다음과 같이 종합적인 평을 하고 있다.

「김생이야말로 우리나라와 중국의 고금에 冠絕관절했던 집대성적 대명필이요, 끝내 孤往獨詣고왕독예의 독창적 逍遙소요에 이른 大書家대서가이다. 저 중국의 趙學士조학사(趙子昂) 따위가 昌林碑창림비를 보고 題跋제발한 말, "어느 땅에 재주가 나지 않으랴" 운운의 객설은 그가 숫제 김생의 실력에 壓服압복된 나머지 서도의 본고장의 입장으로서의 체면을 위해 내뱉은 허세에 불과하다고 볼 것이다. 김생이야말로 실상이 어긋나지 않는 동방 서도의 고금 제일인자였다.」고 하였다[56].

이상은 단편적인 諸家제가들의 기록을 찾아 엮어본 것이다. 김생에 대한 관련사실의 기록은 허다할 것이다. 그러나 필자의 과문으로 더 풍부한 자료를 얻지 못함을 애석하게 여길 뿐이다. 다만 김생의 글씨가 오늘에 전하여지게 된 바를 체계있게 정리하고자 한 것이다.

V. 맺는말

이상에서 보아 金生김생은 신라 성덕왕 10년(711)에 태어났으나 부모가

---

55) 李圭景, 「金生事實辨證說」, 《五洲衍文長箋散稿》上, 권34, 東國文化社, 1959.
56) 梁柱東, 「金生—毛筆에 結晶된 秘境—」, 《韓國의 人間像》 권5, 新丘文化社, 1965.

변변치 못하여[寒微] 그의 世系세계를 알지 못하나, 충주 北津崖북진애의 金生寺김생사에서 頭陀行두타행을 하였다. 그를 중이라고 하게 된 것은 이로부터 비롯되었다고 생각된다. 그를 加耶系가야계 출신일 것이라고 하나, 문화의 선진적인 충주에서 스스로 익힐 수 있는 토대를 마련하고, 일찍이 仙境선경을 찾아 글씨 쓰기에 전념하였으니 안동의 擎日峰경일봉 아래의 金生窟김생굴에서 글씨공부를 하였음을 알 수 있다. 한때는 지금 어느 곳인지 알 수는 없으나 報德寺보덕사에도 있었던 것으로 본다.

그는 나이 80이 넘도록 오로지 딴 뜻을 생각지 않고 글씨 만을 썼으므로 대성하여 東方동방의 書聖서성이라 일컫는 王羲之왕희지를 배웠으나 오히려 그를 능가하는 神筆신필이라 일컫게 되었다고 하겠다. 그에 대한 역대 명필들의 書評서평은 한마디 말로 표현하지 못할 정도여서, 그저 神신의 경지에 들었다고만 한 것이라고 생각되니 무슨 다른 말이 있으랴.

또한 많은 분들이 김생의 글씨를 구하여 간직하려고 한 사실은 그의 필적을 본받아 익히려고 하였으며, 또한 보배로서 간직하고 길이 전하려는 의미가 아울러 있었을 것으로 생각된다. 고려시대의 洪灌홍관은 김생의 글씨를 잘 써서 이름이 났으며, 조선시대에는 나라에서도 보존 전승하기 위해 김생의 진적을 模寫모사하여 간행한 일도 있다. 조선 중기의 洪春卿홍춘경(1497~1548)·李觀徵이관징(1618~1695) 등도 김생의 글씨를 연구하고 잘 썼다. 그러나 그 후로는 별로 알려지지 않다가 최근에 〈金生硏究會김생연구회〉[57]의 설립과 노력으로 다시 빛을 보게 되었으니 매우 다행한 일이라고 하겠다.

끝으로 김생의 이름에 대하여도 구구한 설이 있다. 예로부터 김생의 이름을 玖구라 하고 字자를 知瑞지서라고 불리어 왔던 것으로 보인다. 이에 대해

57) 1995년에 창립하여 자료의 수집과 연구발표회를 개최하는 등 자료집을 간행하여 김생체의 보급에 노력하고 있다.

鄭東愈정동유는 「혹은 김생의 이름을 '玖'라 하는데 무슨 글에서 나왔는지 모르겠다.」[58]고 出典출전에 대한 의문을 제기하고, 吳世昌오세창(1864~1953)도 이름을 '玖구'라 하고, 자를 '知瑞지서'라고 하나 이는 김생이 쓴 刊本간본 중에 그의 벼슬 이름을 서명하였는데, '知瑞院事지서원사'라 한 것이 '院事원사'의 두 자가 오래 되어 없어져 '知瑞지서'만이 남아서 잘못 알게 된 것이라고 하였다[59]. 매우 타당한 말이라고 하겠다. 사실상《삼국사기》등 문헌에는 일체 보이지 않으니 근거를 알지 못한다.

(《忠州의 人物》Ⅱ, 2003)

追記: 최근에 金生硏究會의 활동이 없어졌으나 金生書體를 보급하기 위한 운동이 일부에서 일고 있으니 忠州海東硏書院의 徐東亨 원장의 노력에 기대된다. 2010년에는 제1회 金生書體書藝展을 열어 관심을 보이고 있다.

58) 《晝永編》, 「或言金生玖 未知出何書也」.

59) 吳世昌, 앞의 책 金生조 말미 「或曰金生名玖 然實難措信 且字云知瑞者 乃金生書刊本中 署其官名知 瑞院事者 而其下二字年久泐滅 誤認爲字云也」.

高麗時代

崇善寺址와 忠州劉氏

〈목 차〉

Ⅰ. 序　言

우리나라는 삼국시대에 불교를 받아들인 이후 고려시대까지 불교를 국가적으로 크게 장려하였기 때문에 불사를 위한 寺刹사찰이 수 많이 세워졌었다. 그러나 그동안 여러 차례의 兵火병화로 인하여 많은 사찰이 燒失소실되거나 무너졌음도 기록과 전래되는 이야기로 알 수 있다. 더욱이 조선시대에는 국가에서 불교를 억제하였기 때문에 발전을 보지 못하였으며, 정책적으로 또는 자연적으로 廢寺폐사된 것도 많이 있었다. 따라서 전국 곳곳에는 수 많은 廢寺址폐사지가 또한 있다.

이와 같은 많은 절터(廢寺址)는 최근에 와서 상당수가 학술조사에 의하여 확인이 진행되고 있으나 그 寺名사명과 절에 대한 沿革연혁을 알기에는 매우 어려운 실정에 있기도 하다. 이름 있는 巨刹거찰들은 기록이 더러 남아 있어 알 수 있는 바도 있으나 대다수는 확인하기가 어려운 일로 숙제 속에 남아 있을 뿐이다. 그러므로 대부분의 절터는 그 소재지명을 머리에 붙이고 逸名

寺址일명사지라 이름하고 있을 따름이다.

그런데 필자는 1981년의 이른 봄에 忠州地域충주지역에 있는 逸名寺址일명사지를 그 절터에서 수습한 몇 개의 銘瓦片명와편을 살피는 과정에서 寺名사명은 물론 그 刱寺年代창사년대까지를 추정할 수 있었던 수확을 얻은 바 있다. 바로 고려 초기의 國刹국찰이었던 崇善寺숭선사인 것이다. 이 사실은 이미 지방지에 보도된 바도 있으며, 그 확인 경위와 창사에 대한 내용을 발표한 바도 있다[1]. 그러나 銘文명문이 있는 瓦片와편에서 더욱 확인할 수 있는 銘字명자에 관심을 갖고 그후 3~4차에 걸쳐서 답사를 하였다.

그리하여 약간의 의문점을 풀 수 있었으나 廢寺時期폐사시기 등에 관하여는 애매한 점이 없지 않았다. 따라서 언젠가는 지표조사라도 하여야 할 중요한 절터임을 깨닫고 관심을 가져오던 중 이번에 충주시의 후원으로 예성동호회가 학술용역을 맡아 실시한 결과 분명하지는 않으나 廢寺期폐사기를 짐작할 수 있는 자료를 얻게 되었으니 종전의 견해를 크게 수정할 수 있게 되어 다행이다.

이는 이 절터가 고려초기의 충주지역에 영향을 미쳤으며 고려의 건국에도 크게 기여한 忠州劉氏충주유씨와의 관련이 있기 때문에 더욱 관심을 갖게 한 때문이다.

※이 글은 이미 발표한 「崇善寺址와 忠州劉氏」(1989)의 내용에 1995년에 寺址에 대한 地表調査에 의하여 폐사시기를 짐작할 자료가 나오므로 보완하여 《崇善寺址地表調査報告書》에 수록한 내용이다.

1) 忠清日報 1981年 3月 3日字 7面에 「中原郡 薪尼面 文崇里 逸名寺址 高麗初 國刹 崇善寺로 판명」 題下, 金顯吉, 「崇善寺址와 그 建造年代考」(《蘂城文化 3》 1981). 동, 「崇善寺址와 忠州劉氏」(《斗山 金宅圭博士 華甲紀念 文化人類學論叢》 1989).

II. 發見經緯

1981년 2월 22일, 충주에 내려온 鄭永鎬정영호 교수와 李在俊이재준씨에게서 아침나절 연락이 왔다. 중원군 가금면 용정리에 있는 중원고구려비와 주변을 살피러 왔다고 하기에 동행하였다. 일행은 주변조사를 하고 정오경에 시내로 들어와 헤어졌다. 정 교수 일행은 鳥嶺方面조령방면의 조사를 위해 떠났으며, 李在俊이재준(당시 충청일보 문화부장)씨는 필자와 떨어져서 간단하게 점심을 한 뒤 신니면 문숭리의 逸名寺址일명사지를 살펴보기로 하였다.

이 절터에는 수 많은 瓦片와편들이 산재해 있으며, 암·수막새류도 그동안 상당히 나왔으며 銘瓦片명와편도 수습되고 있다고 하였다. 따라서 관심있는 많은 사람들에 의해 자주 찾는 곳이라 한다. 그동안 서울과 청주지역의 몇몇 대학에서는 여러 차례 답사하여 조사된 바도 있었다고 들었다. 청주의 西原學會서원학회와 충주의 蘂城同好會예성동호회에서도 한 두 차례 살피고 간 곳이었다. 필자는 이런 소식을 들었지만 이번이 처음 찾는 기회였다. 교통편이 불편한 오지인 데다가 충주에 온 지 불과 2년여라 좀처럼 기회를 얻지 못했던 것이다.

절터 입구인 문숭리 숭선 마을은 겨우 7~8가호에 불과했다. 이 마을 중앙지 절터 입구에는 높이 3.72m나 되는 거대한 幢竿支柱당간지주가 한 쪽만 외롭게 서 있었다. 마을 사람들에 의하면 한 쪽 支柱지주는 일제시대에 일인들에 의해 저수지 등을 공사할 때 공사장에 사용하려고 떼어갔다고 한다. 이때에 한 쪽 지주를 잘라간 인부가 피를 토하고 급사하였으므로 나머지 한 쪽은 옮겨가지 못하고 현재 남아있는 것이라고 하였다. 한 쪽 뿐이지만 참으로 남아있는 것이 다행이라 생각했다.

우리는 우선 幢竿支柱당간지주를 측정했다. 그리고 그 옆에 있는 탑의 地

臺石지대석도 실측했다. 이 지대석은 2매로 되어 있으며 크기가 각각 175×149cm의 장방형으로 중간에 1매가 더 있었던 것으로 생각되었다. 이 지대석도 1978년도에 마을 사람들이 절터에서 옮겨다 놓은 것이라고 하였다. 또한 마을의 각 집에는 절터에서 옮겨다 이용하고 있는 석재 등이 눈에 많이 띄고 있었다. 상당한 규모의 절이었음을 이들 石部材석부재들로서도 알 수가 있다.

그동안 일부에서는 이 절터를 文崇里寺址문숭리사지라 부르기도 하고[2] 또는 希國寺址희국사지라 하기도 하였다. 傳전 希國寺희국사라고 부르는 것은 銘文瓦片명문와편 중에 「□國寺」라 한 것이 있었다고 하며, 주로 이 마을 사람들에 의해서 불리어지고 있다고 한다[3]. 지난날의 巨刹거찰이었으며 관심있는 절터였기 때문에 그 명칭도 각기 나름대로 붙이고 있는 것이 아닌가 생각되었다.

우리는 절터로 올라갔다. 절터는 흔적으로 찾기 힘들 정도로 심하게 교란되어 있었으며, 전 지역이 모두 경작지로 이용되고 있었다. 이른 봄이라서 아직도 골짜기에는 殘雪잔설이 있었다. 밭 이랑은 오후의 햇살로 약간 녹아 있어서 수 많이 흩어져 있는 와편들을 쉽게 제쳐가며 살필 수가 있었다. 여러 곳을 살피면서 銘文瓦片명문와편을 수 편 수습할 수 있었다.

Ⅲ. 銘文瓦片의 內容

우선 寺名사명을 확인할 수 있는 명와편이 있었다. 또한 확실치는 않았으나 연대가 새겨진 와편도 수습하였다. 수습된 명문와편은 다음과 같다.

---

2) 金豊植·李在俊編, 《忠北의 기와》, 유림사, 1979.
3) 金豊植, 「明昌三年銘瓦를 통한 中原地方의 佛事」(《蘂城文化》 창간호, 1979).

1. 唐草무늬가 있는 사이에 「崇善」 또는 「善寺」 등의 글자가 陽出되어 있는 것이 있었다. 이것을 연결할 때 崇善寺가 분명해진다(탁본1 참조).

이 寺名사명에서 생각할 때 이 마을의 이름이 崇善숭선부락이라는 것도 이 절 이름에서 유래된 것임을 쉽게 짐작할 수 있었다.

2. 별다른 양식이 없는 平瓦片에 楷書로 陽出된 것이다. 머리부분과 밑부분이 깨어져 없어지고 중간부분에 다음과 같은 銘文이 있다(탁본2 참조).
「□□□監役副都監□□□
□□□十二年壬寅四月□」

앞뒤의 □표는 깨어져 나간 부분이다. 「□□十二年壬寅」이 어느 해인가는 年表연표에 의해서 확인이 가능하리라 생각되었다. 우리는 약 한 시간여 절터를 살핀 후 이 밖에 몇 편의 명문와편을 수습하고 귀로에 올랐다.

「□□十二年壬寅」에 해당하는 해는 金國금국의 대정 22년과 西夏서하의 건우 12년으로 이는 우연하게도 일치되는 1182년임을 알 수 있다. 아울러 이 해가 고려 명종 12년이기도 하였다.

고려에서도 金國금국의 연호를 사용하였으므로 대정 22년이 확실함을 알 수 있었다. 다행이도 김예식씨가 수습한 銘文瓦명문와의 기록을 보니(金禮植, 1979)

3. 「大定二十二年壬寅四月 日
□□□都監大師□□□□□
□□□□□金堂盖□□□」

라고 이미 발표된 것이었다. 따라서 위의 추정은 분명해졌다. 여기에서 필자가 수습한 것과 연결하여(즉 2와 3을) 종합하면

4. 「大定二十二年壬寅四月 日
□□□監役副都監大師□□□□□
□□□□□□□□□金堂改盖」

라고 된다. 이것을 풀이한다면 대정 22년(1182) 즉 고려 명종 12년 임인 4월에 □□監役副都監大師 某人이 □□金堂의 기와를 갈아서 덮었다는 뜻으로 중건한 연대임을 알 수 있다. 사찰의 이름과 명문와편이 분명한 것으로 보아 《고려사》를 찾아보았다. 다행히 《고려사》 권2 광종 5년(954) 조에

「春 創崇善寺 追福先妣」

라는 기록을 확인하였다. 광종의 先妣선비는 충주 유씨 兢達긍달의 딸로 고려태조의 제3비임을 생각할 때 광종이 그의 어머니의 고향인 충주에다 어머니의 명복을 빌기 위해 숭선사를 창건했을 것이라 추측이 갔다. 그러나 하필이면 개경에서 머나먼 충주에다 거대한 사원을 세워야 할 이유가 무엇인가 하는 의문이 다시 《고려사》를 살피게 하였다. 여기에서 광종은 그 2년(951)에 그의 아버지인 태조를 위하여 개성의 남쪽에 大奉恩寺대봉은사를 세워 太祖願堂태조원당으로 하였으며, 또한 동쪽 교외에 佛日寺불일사를 세워서 어머니인 先妣劉氏선비유씨의 원당으로 하였다[4]는 기록을 확인할 수 있었다.

이와 같이 본다면 개경에 아버지와 어머니의 願堂원당을 세우고 3년 뒤인 광종 5년 봄에 또다시 어머니의 명복을 빌기 위하여 숭선사를 세운 것이 된다. 여기에서 생각할 수 있는 바는 같은 목적으로 동일한 지역에 2기의 사원을 세우지는 않았을 것이라는 점이다. 그렇다면 개경에 세운 大奉恩寺대

4) 《高麗史》 卷2, 光宗 2年條, 「創大奉恩寺 于城南爲太祖願堂 又創佛日寺又東郊爲先妣劉氏願堂」.

봉은사와 佛日寺불일사는 왕이 직접 佛事불사에 자주 참석할 수 있도록 한 것이며, 숭선사는 어머니의 고향인 충주지역에 세운 것이 분명해진다고 생각된다.

또한 충주에다 사원을 세워야 했던 이유로는 고려 초기에 충주 유씨가 이 지역에서 무시할 수 없는 강력한 豪族호족으로서 그 勢세가 당당했던 데에도 있다고 하겠다. 더욱 광종이 왕위를 계승하게 된 것도 당시 고려조정에 있어서 충주 유씨의 세에 의한 것으로 생각되니 어머니의 고향, 즉 충주 유씨 세를 크게 의식했던 것이라 하겠다. 광종이 적극적인 왕권의 강화를 위해 여타 豪族호족의 세를 물리치기 위한 정책을 폈던 것도 이러한 맥락에서 이해되어야 할 것이라고 추정된다.

필자는 깨어져 나간 부분을 좀더 확인할 수 있다면 더욱 새로운 사실을 알 수 있으리라 믿고, 그후 3~4회에 걸쳐서 同寺址동사지를 답사하였다. 그러다가 1985년 4월 5일의 답사시에 다음의 銘文瓦명문와를 수습하였다.

5.「□□監大師性林大□□」(탁본3 참조)
6.「□□性林大匠軻□□」(탁본4 참조)

이었다. 여기에서 5와 6이 연결되는 것임을 느꼈다. 또한 大匠대장의 이름이라고 생각되는「軻□□」가 궁금하여졌다. 그러나 좀처럼 새로운 자료는 얻지를 못하고, 다만 이 사지에 대한 종합적인 발굴조사를 한다면 좀더 분명한 내용을 확인할 수 있으리라는 것을 생각할 뿐이었다.

그러던 중 1987년 5월 초에 우연히 충주에서 문화재 매매업을 하는 中原堂중원당에 들려서 위의 궁금증을 풀 수 있는 銘文瓦片명문와편을 확인하게 되었다. 즉,

7.「□□都監大師性林大匠暢交」(탁본5 참조)

이었다. 이는 5와 6을 아우른 것이었다. 여기에서 그동안 확인된 銘文명문을 정리하면 다음과 같은 내용이 된다.

8.「大定二十二年壬寅四月 日
□□監役副都監大師性林大匠暢交
□□□□□□□金堂 改盖□□」

이를 다시 풀이한다면 대정 22년(1182) 임인 4월에 □□監役감역인 副都監大師부도감대사 性林성림과 大匠대장(도목수) 暢交창교가 □□金堂김당의 기와를 갈아서 덮었다는 뜻이 된다. 여기에서 중건 당시의 부도감이 性林大師성림대사였다는 사실과 도목수인 大匠대장은 暢交창교이었다는 사실을 알 수 있다. 한 폐사지에서 수습한 數片수편의 기와쪽으로 이와같이 확인할 수 있었다는 것은 매우 어려운 일이며 동시에 큰 새로운 자료가 아닐 수 없다고 하겠다.

이 밖에 同寺址동사지에서 몇 편의 명문와가 수습되었다. 다음에 기록하여 둔다.

9. 平瓦로 네모난 칸을 만들고 그 상단에 「惟政 監眞」의 네 글자를 陽出시키고, 그 하단의 네모란의 칸에 「孝山大丘」의 네 글자를 같은 양식으로 만들고 있다. 글씨는 楷書로 바르게 쓰고 있다.
10. 「丘陽」이라는 銘文이 있다. 이는 《忠北의 기와》에서 확인되고 있다. 역시 平瓦片이다.

모두가 그 내용을 확인하기에 힘들다. 앞으로 종합적인 발굴조사가 이루어진다면 보다 확실한 새로운 사실이 밝혀질 것으로 보아 빠른 시일 안에 조사사업이 이루어지길 바랄 뿐이다. 왜냐하면 시간이 흐를수록 耕作경작으로 인한 교란이 더욱 심하여질 것이며, 더 이상의 교란이 되기 전에 지난날의 國刹국찰이었던 사지의 발굴조사를 하여 역사자료를 정리할 필요가 있기 때문이다.

Ⅳ. 崇善寺와 그 重修

崇善寺址숭선사지는 속칭 수리산 아래의 아늑한 盆地분지에 南向남향하여 자리잡고 있다. 절터의 동쪽에는 작은 시내가 흐르고 있다. 이 물이 사지의 가장 중요한 水源수원이었을 것으로 생각된다. 지역민의 이야기로 동쪽 산기슭에 우물이 있었는데 그 물을 식수로 이용했다고 한다. 지금에는 그곳의 물을 뽑아 마을의 상수도원으로 시설을 갖추고 있다. 전하는 말에 의하면 절의 규모가 매우 컸으며, 승려들도 많았기 때문에 한 때의 식사를 준비하기 위해 씻는 뜨물이 이곳에서 약 8km나 떨어져 있는 주덕까지 뻗쳤다고 한다.

확실한 寺域사역은 알 수 없지만 현재 큰 돌을 쌓은 축대가 일부 눈에 띄고 있으며, 講堂址강당지와 金堂址금당지라 짐작되는 지역과, 부속건물터로 추정되는 6~7곳 등을 상상할 때 약 3천여 평은 되리라 보아진다. 매우 큰 규모의 伽藍가람이었음을 알 수 있다.

《대동여지도》에 보면 충주에서 서쪽의 堯渡川요도천 北岸북안을 따라 檢丹검단·用安용안(지금 龍院) 다음에 崇善里숭선리에 이르는 곧은 길로 연결되고 있다. 숭선리에서는 무극 방면과 음죽으로 하여 이천 방면으로 연결되는 갈림길로 要路요로였음을 알 수 있다. 지금에는 문숭리 숭선부락이라고 하지만 옛날에는 숭선리가 큰 마을이었음을 알 수 있다. 오늘에는 충주에서 서울 간의 3번 국도가 요도천의 남쪽으로 이어지고 있으며, 숭선마을은 薪德貯水池신덕저수지(일명 龍院貯水池)를 건너 북쪽의 산간계곡으로 약 2km는 충분히 떨어진 奧地오지에 자리하고 있다. 그러나 지난날에는 고려의 서울 개경에서 지금의 서울-광주-이촌-음죽을 거쳐서 숭선, 그리고 충주로 통하는 큰 도로변의 중요한 지점이었음을 알 수 있다.

고려 광종은 산세와 교통의 요지이며, 어머니의 고향인 이곳에다 그 5년(954)에 母后모후의 명복을 빌기 위해 國刹국찰을 세웠던 것이라 하겠다. 그리고 이 사원은 229년이 지난 명종 12년(1182, 대정 22)에 중수하게 된 것이다.「改盖」란 명문대로 해석한다면 飜瓦번와한 것이라고 보겠으나, 이보다 15년 전인 의종 22년(1168) 3월 戊子무자에 왕은 서경에 이르러서 革舊鼎新혁구정신하여 王化왕화를 부흥하고자 하여 古聖고성의 勸戒권계한 遺訓유훈과 현재의 民弊민폐를 구제할 사무를 채택하여 新令신령을 반포한다고 하여 陰陽음양의 奉訓봉훈, 佛事불사의 崇重숭중, 沙門사문의 歸敬귀경, 三寶삼보의 保護보호, 仙風선풍의 遵尙준상, 民物민물의 救恤구휼 등 6개 조의 教書교서[5]를 내리는 가운데에 佛事불사의 崇重條숭중조에서 다음과 같이 말하고 있음을 본다.

> 「佛事를 崇重하라. 때는 末季에 해당하여 佛法이 점차로 衰退하니 무릇 祖宗 때에 개창한 裨補寺社와 예로부터 정하여 지켜온 法席寺院과 따로 恩福을 기도하기 위해서 세운 寺社로서 만약 殘廢한 곳이 있거든 主掌官은 곧 修葺하도록 하라.」하였다.

의종은 조종이 개창한 裨補寺刹비보사찰과 法席寺院법석사원 등에 대한 중수를 지시하고 있다. 그렇다면「改盖」는 飜瓦번와로도 볼 수 있겠으나 15년 전에 지시한 교서에 따라 중수한 것이라 생각된다고 하겠다. 이를 뒷받침하는 것은 역시 명문와에 보이는「監役」이다. 監役감역이란 土木토목·營繕영선의 役事역사를 감독한다는 말이기 때문이다. 더욱 創寺창사로부터 229년이 흘렀다고 하는 시간도 참고가 될 것이다.

충주지역에는 이보다 10년이 지난 뒤에 大刹대찰의 飜瓦번와 重修事實중

---

5)《高麗史》卷18, 毅宗 22年 3月 戊子條.

수사실이 또한 있었음에 주의가 간다. 즉 충주시 상모면에 있는 미륵리사지와 역시 충주시 앙성면 모점리 동막리에 있는 鳥岬寺址조갑사지이다.

미륵리사지는 고려 초기의 대찰로서 지금도 人造石窟인조석굴 안에 높이 9.6m나 되는 거대한 彌勒立佛像미륵입불상이 있으며, 주위에 석탑·석등 등 많은 문화유적이 있어 관광객 등의 발길이 끊이지 않는 유명한 곳이다. 1977년부터 발굴조사가 시작되어 5차까지 발굴을 하여 사역의 규모가 밝혀지고 있다.

이 사역의 발굴과정에서 다음과 같은 명문와가 나왔으므로 알 수 있다[6].

「明昌三年 大院寺住持 僧元明
明昌三年 金堂改盖□□□
大院寺主持大師□瓦位俾
□□□□□□四月現造」

이다. 明昌三年명창삼년은 金금의 연호로서 고려 명종 22년 임자(1192)에 해당된다.

鳥岬寺址조갑사지는 현재 경작지로 변하여 있는 곳으로, 寺域사역이라고 짐작되는 한 민가 옆 노천에 석불좌상(忠北道 有形文化財 第144號)이 연화대좌 위에 안치되고 있을 뿐이다. 이 주변의 경작지에서 수습한 다음 같은 명문와가 있어 주목된다[7].

「明昌三年 壬子七月□□
鳥岬寺 知事大□□□□□□□」

이는 飜瓦번와가 아닌 創寺창사가 아닌가 생각된다. 이상의 일련의 사실은 의종 22년 3월의 교서와 관련이 있는 것이라 짐작된다. 같은 시대에 중원

6) 《彌勒里寺址 1次 發掘調查報告書》(忠淸北道·淸州大博物館, 1978).
7) 金豊植, 前註, 1979.

지역의 큰 불사였음을 알게 한다. 다음으로 관심을 갖게 하는 것은 명문 중의 職制직제인 「監役副都監」이다. 監役감역은 役事역사를 감독하는 말임이 분명하다. 都監도감은 국가에 큰 일이 있을 때 즉 國葬국장·國婚국혼 또는 궁궐의 營建영건 등이 있을 때마다 이를 처리하기 위하여 임시로 설치하던 관청으로 대개 현직의 관리가 겸직하던 제도이다. 또한 불교계에서는 절에서 돈이나 곡식을 맡아보는 사람을 말하니 財政官재정관이라 할 수 있다. 그렇다면 寺院重修工事사원중수공사를 감독하는 재정관이 아닌가 한다. 그러나 《고려사》에는 「監役」이라는 직제가 보이지 않고 있다.

監役감역에 해당되는 직제로서 繕工監선공감이 있다. 이는 본래 의종 때에 將作監장작감이라 칭했다가 충열왕 24년(1298)에 繕工監선공감으로 개칭하였고, 곧 繕工寺선공시로 바뀌었다가 공민왕 5년(1356)에 다시 將作監장작감으로 복구되었고 11년(1362)에 繕工寺선공시, 18년(1369)에 다시 將作監장작감, 21년(1372)에 다시 繕工寺선공시로 자주 바뀌었으니 선공이라는 칭호는 몽고에 의한 영향인 듯하다. 감역이란 제도명은 조선 중기인 명종 때에 繕工監선공감에 두었던 종9품의 벼슬로 건축에 관한 사무와 감독하는 일을 맡아보는 사람을 감역관이라 하였을 뿐이다. 따라서 고려시대에는 감역이라는 직제를 사용하지 않았던 것임을 알 수 있다.

그러나 고려 명종 12년에 중수한 숭선사의 역사를 감독하기 위한 직제로서 감역관이 있었다는 사실을 명문와편에서 알 수 있다. 이는 《고려사》에는 없지만 토목과 營繕영선을 위한 역사를 맡아보는 직제로서 감역관이 있었다는 사실을 새롭게 확인시켜 주는 것으로 큰 의미가 있다고 하겠다. 숭선사는 국가에서 恩福은복을 기도하기 위하여 造營조영한 國刹국찰이었으므로 그 사원의 大師級대사급에서 監役副都監감역부도감을 임명하고 중수를 맡아보게 한 것이라고 보아야 할 것이다. 물론 監役都監감역도감도 있었을 것이다. 그렇다면 국가에서 행한 큰 土木營繕事業토목영선사업에는 잠정적이

거나 또는 중앙직제와는 달리 지방에 있어서는 監役감역이라는 직제를 두고 사용했던 것이라고 보아야 할 것이다.

또한 주목되는 것은 大匠대장 暢交창교이다. 大匠대장은 重修工事중수공사에 있어서 실질적인 공사 책임자인 도목수라고 생각된다. 건축기술의 총책이라고 하겠다. 바로 그 사람의 이름을 부각시킨 사실이다. 좀처럼 찾아보기 힘든 예라 하겠다. 천대받던 기술직의 이름을 기록하였다는 것은 공사의 책임을 지게하는 뜻으로 풀이되기는 하나 당시대에 있어서는 매우 파격적인 일이기 때문이다.

V. 廢寺時期에 대하여

이와같은 巨刹거찰에 대하여 충주지역에 대한 각종 지리지 등에는 당연히 기록되어 있어야 할 것이라고 생각되지만 전혀 기록이 보이지 않는다. 따라서 그동안의 답사과정에서 수습된 와편 등으로 보아서는 일부 조선시대의 것으로 보이는 것도 나타나고 있었으므로 필자는 우선 조선전기에 편찬된《동국여지승람》(1530)의 충주목 佛宇條불우조에 기록이 없는 것으로 보아 고려말에서 조선 초기에 폐사된 것이 아닌가 하고 追斷추단한 바 있었다[8].

그러나 이번 지표조사 과정에서 뜻밖의 몇몇 자료와 명문와편이 수습되어 폐사시기를 훨씬 낮춰서 볼 수 있게 되었으니 다음의 명문와에서 추론된다.

「萬曆 己卯」銘막새
「化主 正女」銘瓦片

이다. 이와 함께 완형의 帽釘모정이 수습되었다. 여기에서 만력 기묘는 1579

8) 金顯吉, 前註, 1989.

년(선조 12)으로 임진왜란이 일어나기 10여 년 전이 된다. 이는 1579년에도 이 사찰은 또 한 번 重創중창을 한 것이라고 생각되어 주목된다.

또한 帽釘모정에 관심이 간다. 金當址금당지에서 수습되고 있는데 白磁백자로 된 못 모자(못이 녹슬지 않도록 씌웠던 모자)로 자루모양을 하고 있다. 높이가 6cm이고 중간부위의 지름은 7cm이다. 전문가의 말에 의하면 서산의 開心寺개심사 大雄殿대웅전과 梁山양산의 通度寺통도사 大雄殿대웅전에 있는 蓮峰연봉 등과 동일한 것이라 보고 17세기 중엽의 건축물에 주로 사용되었다고 한다. 그렇다면 숭선사는 적어도 17세기 중엽까지는 香火향화가 피워졌던 것으로 추정할 수 있다고 생각되어진다.

그렇다면 이 숭선사는 고려 초기 충주 호족 유씨 세와의 관련으로 954년(광종 5) 國刹국찰로 刱建창건된 이래 1182년(명종 12)에 대대적인 重創중창이 있었으며, 고려의 전시기에는 크게 지방세와 관련을 갖고 번창을 하면서 여러 차례의 보수를 거치다가 朝鮮前期조선전기인 1579년 크게 중건을 하고 늦어도 17세기 중엽에 가서 새로운 보수를 통하여 내려왔다고 하겠다.

정확한 폐사시기는 확인할 수 없으나 사지의 규모와 이 지역에 미친 영향 등을 고려할 때보다 정밀한 발굴조사를 통하여 미진한 숙제를 풀었으면 하는 바램이다.

Ⅵ. 忠州地域과 忠州劉氏

이상에서 몇 개의 銘文瓦명문와는 숭선사의 창건년대 및 중수사실과 더불어 고려건국 초에 충주지역에 큰 세력기반을 갖고 있었던 호족으로서 유씨가 있었음을 알게 되었다. 여기에서 羅末麗初나말려초의 충주지역의 형세와 호족으로서 유씨세를 살펴보고자 한다.

신라 말기의 사회는 매우 어지러웠다. 진성여왕 3년(889)에는 사방에서 도적들이 봉기하였으니 원종·애노 등의 沙伐州사벌주(尙州)에서의 叛반한 사실은 그 첫 봉기로 주목된다. 5년(891) 10월에는 북원(原州)에서 양길이 궁예와 더불어 북원·명주(강릉)·주천(原州 부근) 등 10여 군현을 습격하고, 이듬해인 6년에는 완산주(全州)에서 견훤이 스스로 후백제를 일컫고 무주(光州)의 동남군현을 장악하고 장차를 예시하였다.

효공왕 1년(897)에 양길의 세력은 국원(지금 忠州) 등 30여 성을 공취하였으니 이 때부터 충주지역은 양길의 장악하에 들게 되었다. 2년 뒤인 3년(899) 7월에 梁吉양길은 그의 부하장인 궁예가 딴 마음을 품고 있다고 하여 國原국원 등 10여 성주와 함께 궁예를 치다가 패하였다.

이듬해인 4년(900) 10월에 국원·청주(지금 槐山郡 靑川)·괴양(지금의 槐山)의 적수 청길·신훤 등이 성을 들어 궁예에 투항하였다. 이들의 궁예에 대한 투항은 실제에 있어서 궁예의 부하장인 왕건이 이 지역에 대한 攻伐공벌로 인한 것이다[9]. 따라서 이 때부터 충주지역은 왕건의 세력하에 있게 된 것으로 보여진다.

궁예는 이 무렵에 왕건과 같은 知略지략이 있는 명장을 얻어 크게 세력이 늘어나고 주위의 강적이 차례로 쓰러지고 來投내투하여 오자 효공왕 5년(901)에 왕을 칭하고 고려라 나라 이름을 정하여 자립하였다. 견훤의 후백제와 더불어 후삼국시대가 열리게 된 것이다. 궁예는 이후 나라 이름을 摩震마진·泰封태봉 등으로 바꾸면서 專制的전제적인 권위를 과시하다가 경명왕 2년(918)에 신하들에게 쫓겨났다. 궁예의 뒤를 이어 왕건이 추대되니 고려왕조의 태조이다. 따라서 충주지역은 고려에 예속되게 되었다.

---

9) 《三國史記》 卷50, 弓裔傳, 《高麗史》 권 I에 의하면 弓裔는 王建에 命하여 이 해(900)에 國原地域에 대한 攻伐을 命하고 있다.

고려가 건국할 때의 영역은 상주와 괴산·공주를 연결하는 이북의 땅이었으니 이곳은 대부분이 옛 고구려의 땅이었다. 고려 건국의 주체세력은 바로 이 영역 안에 있던 호족들이었으며, 그 중에서도 충주지역은 그 중심을 이루는 세력의 기반이기도 했다. 태조 왕건이 건국과 더불어 가장 부심했던 것은 지방세력의 중심을 이루는 호족들을 통제하는 일이었다.

후삼국을 통일한 후에도 각 지방에는 여전히 호족들이 城主성주 혹은 將軍장군을 자칭하면서 分權的분권적인 獨立勢力독립세력을 형성하고 있었기 때문이다. 태조는 이를 효과적으로 통제하기 위하여 호족들과 긴밀한 타협을 시도하면서 그의 정권을 유지하여 나가고자 하였다. 이러한 정책은 왕실과 호족과의 혼인동맹으로까지 발전하였다. 태조는 29명이나 되는 많은 후비를 거느리고 있었는데 이 대부분이 지방호족의 딸들이었다.

이와 같은 호족들 중에 충주지역을 장악하고 있었던 세력으로 충주 유씨가 있었다. 태조 왕건은 충주가 차지하는 지리적인 중요성과 이에 따른 지방세력의 영향력을 크게 인식하고 있었을 것이다. 그것은 궁예 때부터 남북세력이 대치하던 이 지역에서의 거듭된 공방전으로도 짐작할 수 있다. 따라서 왕건은 건국 직후(태조 2~3년경)에 충주 유씨와 정략적인 혼인관계를 맺었으니 유긍달(太史內史令:贈職)의 딸을 제3비로 맞이하였던 것이다. 이가 바로 神明順成太后劉氏신명순성태후유씨이다. 이 사이에서 왕자 泰태와 제3대왕인 정종(태조 6년생)과 제4대인 광종, 그리고 문원대왕, 貞證通國師정증통국사의 5왕자와 樂浪낙랑(安貞淑儀)과 興芳흥방의 2공주가 태어났다. 유씨소생으로 두 왕자가 계속하여 왕위에 계승되었으며, 낙랑공주를 신라왕 金傅김부의 비(일명 神鸞宮夫人)로 보냈다고 하는 것으로도 태조가 충주지역의 호족세를 크게 인식하였음을 알 수 있다.

왕건이 충주 유씨와의 전격적인 인연을 맺게 된 것은 사전에 충분한 계획이 있었던 것으로 짐작된다. 왕건이 충주 유씨와의 첫 인연을 맺게 된 것은

900년(라, 효공 4)의 일이라고 생각된다. 이때 궁예는 왕건에게 명하여 광주·충주·당성(지금의 華城군 南陽)·菁州청주(淸州 또는 靑川)·槐壤괴양(槐山) 등을 쳤으니 이때 왕건은 충주의 호족으로서 유씨세력의 영향력을 짐작하고 장차를 위해 서로간의 약속(?)이 있었던 것이 아닌가 한다. 왜냐하면 왕건이 건국과 더불어 즉각 제1차적으로 충주 유씨와의 정략적인 결혼관계를 맺은 것에서 짐작이 간다.

충주 유씨는 또한 고려 초기에 있어서 대표적인 왕실의 외척가문으로 성장하여 중앙관계에 진출하여 활약이 컸었음을 알 수 있다. 9대 덕종부인 유씨도 충주 유씨 寵居총거(檢校小監)의 딸이었다[10]. 현종(1010~1031) 때에 守門下侍中수문하시중까지 올랐던 劉瑨유진의 열전에 「后妃의 姓인 劉氏의 자는 모두 그 宗으로부터 나왔으므로 대대로 戚里가 되었다.」[11]고 한 것은 여러모로 깊은 의미를 지니고 있다 하겠다.

충주 유씨는 실로 고려 초기에 있어서 충주지역 세력의 중심을 이루고 있었다. 그 세를 알 수 있는 사실로 숭선사의 刱建창건과 重修事實중수사실에서도 알 수 있었다. 고려 태조는 이 충주 유씨의 세력에다 또한 禪宗勢力선종세력을 곁들여 더욱 긴밀한 유대를 가지려고 하였다. 이는 禪門선문 法鏡大師법경대사 玄暉현휘(870~941)의 등장과 劉權說유권열과의 관계에서 알 수 있다.

고려 초기 충주지역의 사정을 살펴볼 수 있는 자료로서 충주시 동양면 하천리에 있는 淨土寺法鏡大師慈燈塔碑정토사법경대사자등탑비가 있다. 羅末라말 麗初려초의 고승인 法鏡大師법경대사 玄暉현휘의 탑비로서 태조 26년(943)에 왕명에 의하여 慈燈자등이라 贈謚증시하고 문신인 崔彦撝최언위로 하여금 비문을 짓게 하여 「有晉高麗國中原府故 開天山淨土寺 敎諡大師慈燈之塔

10) 《高麗史》 卷88, 后妃 太祖神明 順成太后劉氏傳 및 德宗夫人劉氏傳.
11) 《高麗史》 卷94, 劉氏傳;《高麗史節要》 卷3, 顯宗 10年 8月號.

碑」라고 한 비석을 세운 것이다.

법경대사는 어릴 때에 승려가 되어 영동지방의 靈覺山寺영각산사의 梁光大師양광대사를 스승으로 하였다. 그뒤 20세(898)에 해인사에서 具足戒구족계를 받았으며 한때 무주(光州)에 머물다가 28세(906)에 당에 건너가서 九峰山구봉산의 道乾大師도건대사에게서 心要심요를 전수받고 10여 년간 각지를 두루 편력하다가 46세(924, 태조 7)에 귀국하였다. 이때 왕건은 특별히 사신을 보내어 郊外교외에서 맞이하고 國師국사로 대우하고 중주(忠州)의 정토사 주지로 머물게 하였다. 대사가 왔다는 소문이 나자 찾아와 보고 기뻐하는 사람들이 천여 명에 이르렀다 하며, 사방에서 찾아온 사람들이 절에 가득차니 그 모양이 빽빽한 나무나 수풀과 같고 밭에 서 있는 삼(麻) 대와도 같다고 하였다. 태조 24년(941)에 입적할 때까지 모여드는 승도들을 지도하고 宗旨종지를 선양하니 조정과 지방의 이름난 사람들이 많이 찾아왔다 한다(비문에서).

이 비문에 의하면 충주호족 劉權說유권열과 왕건과의 관계를 은(殷, 湯王)나라 전설의 관계와 같다고 표현하고 있을 정도이다. 또한 유권열은 나라의 충신이며 나라를 숭배하고 仁인을 구하고자 중원의 人士인사를 모으는데 그의 덕을 사모하여 많은 사람이 禪境선경에 모였다고 하였으니 법경대사의 弘法홍법에 큰 힘이 되었음을 알 수 있다. 또한 同碑동비의 陰記음기에 보면 「中原府에 道谷二官이 있는데 公卿夫老와 士庶 등의 무리가 모두 이(法鏡大師)에 귀의하고 숭앙하여 大師의 弟子가 된 바를 이 비에 싣고 그들의 이름을 적는다.」고 하고 비석을 세울 당시 시주한 檀越단월의 이름을 나열하고 있다.

여기에서 도속 2관이란 도관과 속관을 뜻하는 것으로 도관은 불교계를 통괄하는 일종의 승정기구로 승관직제를 의미한다고 할 것이며, 속관은 당시 중원부의 상징적인 지배자들에 의해 독자적으로 구축된 관부가 아닐까 한다. 陰記음기에 의하여 도관과 속관의 직제가 있어 주목된다[12]. 여기에서

---

12) 蔡尙植, 「淨土寺址法鏡大師碑陰記의 分析」(《韓國史硏究》 36, 1982).

속관의 제1인자로 劉權說유권열이 기록되고 있음에 주목된다. 이는 정토사의 운영에 크게 작용한 禪門선문의 재정적 후원자였음을 또한 말하여 주는 것이라고 하겠다. 유권열은 이 법경대사비의 음기에도 檀越단월로서 「權說佐丞」이라 기록되고 있다. 이는 권열이 불교계의 후원자로서의 역할을 크게 하였음을 말하여 주는 것이라 하겠다.

유권열은 불교계에서의 역할도 매우 컸었다. 그는 항상 태조의 가까이에 있으면서 그를 협조하며 도왔던 것이다. 태조 원년(918) 9월에 侍中시중 具鎭구진을 羅州道大行臺侍中나주도대행대시중으로 삼아 보내려고 하니 구진이 그동안의 공을 핑계로 가기를 꺼려하자 태조는 불쾌히 여기고 힐난하자 유권열은 「賞으로 善을 전하고, 罰로서 惡을 징계하는 것이오니 마땅히 엄한 형벌을 더하여 여러 신하들을 징계하라.」고 하니 태조가 이에 따르자 구진이 사죄하고 떠났다[13]는 사실과, 태조 5년(922) 7월에는 시랑으로서 溟州將軍명주장군 順式순식을 회유하는 방법을 왕건에게 권하여 귀순시켜 왕씨성을 주게 한 공로도 있다[14]. 또한 7년(924) 2월에는 왕건이 고승인 利嚴이엄(866~932)을 개경으로 맞이하는데 大相대상 朴守文박수문과 더불어 파견하였던 일도 있다.

충주 유씨는 이와 같이 태조 때에는 외척가문으로 건국에 큰 공을 세웠으며, 유씨 소생으로 정종·광종의 왕위 계승으로까지 지역세가 크게 작용하였음을 알 수 있었다. 이를 배경으로 하여 충주 유씨는 중앙정계에 크게 진출하였으니 劉瑨傳유진전의 기록은 수긍이 가는 일이다. 고려전기에 활약하던 인물로는 성이 생략된 듯한 太祖期태조기의 權信권신(大相)과 光宗期광종기의 權直권직(侍中)을 들 수 있으며, 本貫본관이 명시되지 않은 분으로 충주 유씨라고 생각되는 인물로 光宗期광종기의 劉新城유신성(光宗廟庭配享功臣 太

13) 《高麗史》 卷1, 太祖元年 9月 癸巳條.
14) 《高麗史》 卷12, 王順式傳, 《高麗史節要》 太祖 3年 秋 7月號.

師)·劉隱유은(尙書), 顯宗期현종기의 劉徵弼유징필(平章事) 및 중기의 劉肅유숙(文宗朝, 員外郎)·劉誼유의(拾遺)·劉邦遇유방우(仁宗朝, 元外郎)·劉邦支유방지(毅宗朝 兵馬使)·劉邦義유방의(毅宗朝 內侍) 등이 있다. 또한 인종 때의 進士진사였던 劉邦義유방의는 중원인으로 墓誌묘지가 전하고 있다[15].

충주 유씨는 고려전기에 전성기를 맞이하였다가 武臣執權무신집권을 계기로 점차 쇠퇴해 갔던 것으로 짐작된다. 劉義유의는 장원급제하여 翰林院한림원에 있다가 癸巳계사(명종 3, 1173)의 난에 武夫무부에 의해 해를 당하고 있기 때문이다. 국초부터 중앙에 진출하였던 勳戚家門훈척가문이 무신란으로 인하여 몰락하게 된 것이라 하겠다. 그의 아들 劉冲基유충기도 벼슬이 國子監大司成국자감대사성에 이르렀으며 文章문장으로 이름이 있었다[16].

고려건국 초기부터 지역세력을 배경으로 하여 외척으로 등장했던 충주 유씨는 무신난 이후 중앙에서는 쇠퇴하였으나, 충주지역에서는 다른 土姓토성들과 함께 조선 초기까지 戶長職호장직으로 역할을 하여 왔었음을 알 수 있다. 1989년 4월 25일 충주시에서 발굴된 義林寺銘禁口의림사명금구에 의하면 명종 20년(1190)에 劉張輔유장보는 副戶長부호장으로 역할을 하고 있었음을 알 수 있으며[17] 조선 초기에 세워진 충주시 소태면 오양리에 있는 普覺國師碑보각국사비의 음기에 의해서도 알 수 있으니

「戶長 朴□陽 □□□ 劉□□ 崔□□」이다.

朴박·劉유·崔최의 3성이 보이고 있다. 충주의 3대토성이라고 하겠다.

---

15) 李蘭映,《韓國金石文 追補》, 1979.
※忠州 劉氏에 대한 연구는 1981년 寺地確認 이후 金壽泰, 「高麗初 忠州地方의 豪族-忠州劉氏를 中心으로-」(충청문화연구 I : 한남대학교 충청문화연구소, 1989) ; 최규성, 「高麗初期 忠州劉門 勢力」(《藥城文化 15》 1994) 등이 나오고 있다.

16)《東國輿地勝覽》제14, 忠州牧 人物條.

17) 金顯吉編,《中原의 金石文集》義林寺名 禁口, 1989 ; 이성호, 「安林洞出土 義林寺銘青銅飯子에 대하여」(《藥城文化 11》 1990).

그러나 이와같이 고려시대에 번영하였던 충주 유씨는 조선시대 후기까지는 존속되었던 것으로 보이니[18] 조선후기인 고종 8년(1871)에 충주목사 조병로가 읍성을 축조하고 세운 築城事蹟碑축성사적비(충북 유형문화제 제68호)에 새겨진 관련된 60명 중, 座首좌수에 유기풍·유덕술·유덕중, 首校수교에 유덕관·유덕하, 吏房이방에 유덕승·유해동, 看役將校간역장교에 유석연·유덕삼·유정풍, 色吏에 유덕호·유시풍·유덕성 등 13명이나 기록되고 있음을 볼 때 19세기 중엽까지는 활발한 활동을 하고 있었음을 알 수 있다. 그러나 1999년도의 충주시 호적부에 충주를 본관으로 하고 있는 유씨가 66명이 있음을 확인할 수 있었다[19].

Ⅶ. 結　言

이상에서 崇善寺址숭선사지에서 수습된 몇 쪽의 銘瓦片명와편에서 사원의 개략적인 연혁을 살필 수가 있었으며 이 사원이 나말려초에 충주지역의 豪族호족으로서 충주 유씨와 관련된 사실을 확인하게 되었다.

충주지역에는 많은 사찰이 있었다. 지금에는 상당 수의 절터 만이 남아 있을 뿐이니 지난날의 불교문화를 이 지역에 꽃피웠던 유적지들이다.

몇몇 곳에 대하여는 그동안 발굴조사를 통하여 밝혀진 곳이 있으니 상모면의 彌勒寺址미륵사지는 5차에 걸친 조사가 있었으며, 중앙탑 주변도 1차의 지표조사와 2차에 걸친 발굴조사가 있었다. 소태면의 靑龍寺址청룡사지도 1차의 지표조사와 발굴조사가 이루어졌다. 모두가 큰 규모의 寺刹사찰이

---

18) 《增補文獻備考》卷52, 帝系考 13에는 忠州劉氏始祖로 戶長共著라 하고, 劉兢達, 劉寵居를 기록하고 있다.

19) 《韓國人의 族譜》 p.774(日新閣, 1977)에는 忠州劉氏가 보이지 않고 劉氏의 本貫으로는 居昌·江陵·白川이 있으나 모두가 單一始祖에서 分派되었다고 하였다.

었으며 관심이 가는 유적지였다.

이들 사원의 刱建時期창건시기를 알 수는 없다. 폐사시기도 그러하다. 그러나 숭선사지는 분명한 창건시기를 알 수 있는 절터로 관심이 간다. 앞으로의 발굴을 통하여 보다 분명한 사찰의 규모와 그 史實사실을 보충할 만한 자료를 얻게 되길 바랄 뿐이다. (《崇善寺址地表調査報告書》, 1995)

附記 : 崇善寺址는 1995년 지표조사를 한 이후 2000년부터 2009년까지 5차에 걸친 발굴조사가 이루어졌다. 이 과정에서 2003년 4월 25일에 절터는 국가 史蹟 제445호로 지정되었다. 발굴과정에서 보다 분명한 銘文瓦가 나오기를 기대하였으나 필자가 확인한 부분에 일부 보완할 수 있는 몇 자가 있으나 내용에 변화를 줄 정도는 아니다. 예;「'寺上院□' 監役副都監大舍性林匠暢交/大定二十二年壬寅四月日」(첫 머리의 ' ' 부분이 새로 확인된 부분이다)이다.

새로운 자료로 「□寅五月日造副都□」와, 「道人戒□/化主□/成化十五」, 「嘉靖二十九年申亥年/三月卄六日/化主志閑故/主奴郞空」, 「嘉靖三十□」, 「嘉□四十年/辛□□月日□化」 등등이 보인다. 成化 15년(1479)은 성종 10년이며, 가정 29년 申亥는 辛亥의 잘못이며, 기년도 가정 30년(1551, 명종 6)에 해당된다. 가정 40년(1561)은 辛酉년이다.

이상에서 보아 숭선사의 연혁에 대한 내용에는 새로운 자료가 없음을 알 수 있다. (참고:《충주 숭선사지》 시굴 및 1-4차 발굴조사보고서, 2006)

〈탁본 1〉

〈탁본 2〉

〈탁본 3〉

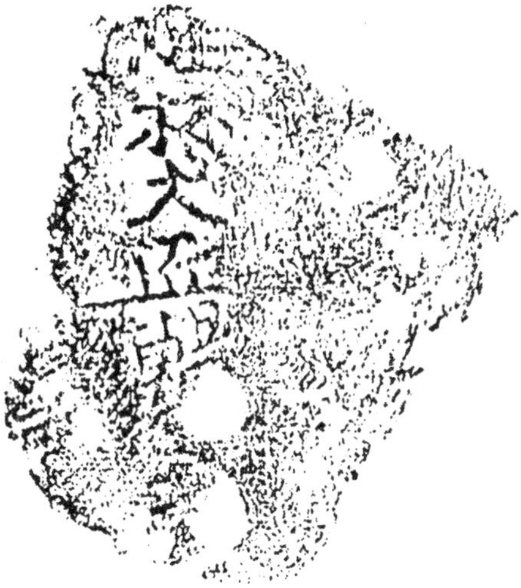

〈탁본 4〉

〈탁본 5〉

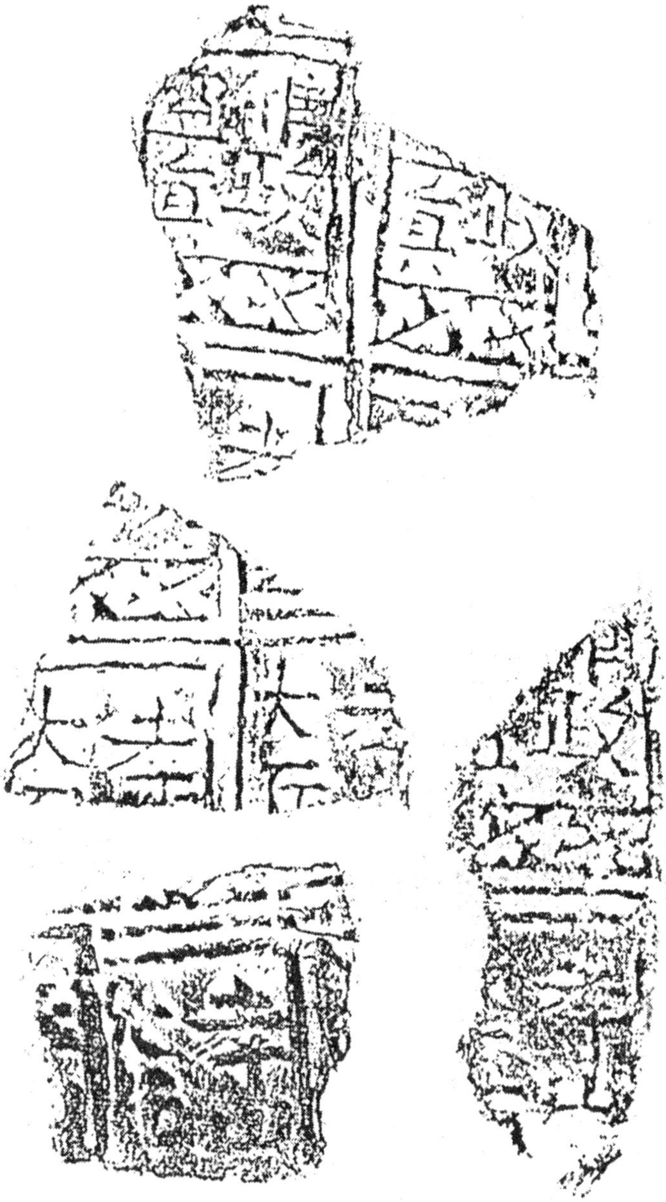

〈탁본 6〉 其他 銘文瓦片

박달재와 朴達峴싸움

박달재는 제천의 서쪽 봉양읍 원박리와 백운면 평동리의 경계를 잇는 고개를 말한다. 이 고개에 대하여는 대중가요로 많은 사람들이 애창하고 있는 〈울고 넘는 박달재〉로 인하여 더욱 널리 알려지고 있다고 생각된다. 필자도 비교적 즐겨 부르는 노래 중의 하나이다.

해마다 몇 차례씩 필자는 이 고개를 넘나들고 있다. 문화유적의 조사를 위하여 또는 향토사 관련의 모임 등으로 제천지역을 찾기 때문이다. 그러나 1996년 11월 1일에 터널이 뚫려 고개를 오를 일이 없어졌지만 그래도 유서가 있는 고개이므로 변하여 가는 모습이 궁금하여 때때로 고개로 차를 몰 때가 있다. 고갯길로 접어들면 이 노래가 떠오르고, 고개에 닿으면 길의 양편 휴게소에서 서로 경쟁이라도 하듯 스피커를 통하여 이 노래를 토해내고 있으니 자연 이곳에 멈추어 도토리묵이라도 먹으며 막걸리 한 잔쯤 걸치고 싶은 충동이 일게 마련이다. 노랫말에도 있지만 도토리묵이 이곳 휴게소의 특징인 대표식품이기 때문이다.

그러나 전과는 달리 지나는 길손이 아니라 정해진 관광객 만이 드나들게 되어 있기 때문인지 고개 입구에는 거대한 일주문을 세워놓아 사람들의 눈길을 끌게 하고 있으며, 고갯마루의 서쪽 편에는 최근에 세운 〈박달재 노래비〉와 박달재의 유래를 상징하는 듯 거대한 여덟모의 사다리꼴 받침 위에 박달이와 금봉이를 뜻하는 인물상을 세워놓아 사람들의 발길을 멈추게 한다. 이 뿐 아니라 휴게소 주변에는 해학적인 나그네 행색을 한 남녀의 모습을 통나무로 조각하여 많이 세워 놓는 등 볼거리를 조성하여 관광객을 유혹하고 있다.

이러한 볼거리를 갖추어 흥미를 돋구고 있음에서인지 꽤 많은 사람들이 주변을 산책하고 있음을 볼 수 있다. 참으로 유서 깊은 고개임에 틀림없다. 노래비에는 다음과 같이 노랫말을 새기고 있다.

울고넘는 박달재

작사 반야월
작곡 김교성
노래 박재홍

천등산 박달재를 울고넘는 우리님아
물항나 저고리가 궂은비에 젖는구려
왕거미 집을짓는 고개마다 구비마다
울었오 소리쳤오 이가슴이 터지도록

부엉이 우는산골 나를두고 가는님아
돌아올 기약이나 성황님께 빌고가소
도토리 묵을싸서 허리춤에 달아주며
한사코 우는구나 박달재의 금봉이야

박달재 하늘고개 울고넘는 눈물고개
돌뿌리 걷어차며 돌아서는 이별같아
도라지 꽃이피는 고개마다 구비마다
금봉아 불러보나 산울림만 외롭구나

이 노랫말을 음미한다면 바로 박달재의 유래를 말하는 듯한 느낌이 든다. 이를 증명이라도 하듯 노래비 바로 옆에 있는 박달이와 금봉이를 상징하고 있는 거대한 동상의 여덟 면 받침의 일곱 면은 박달이와 금봉이의 사연을 조각하여 놓고, 한 면에는 노랫말에 근거한 내용인 듯 박달재의 유래를 다음과 같이 새기고 있다.

「박달재의 원 이름은 천등산과 지등산의 영마루라는 뜻을 지닌 이등령이었으나 조선 중엽 경상도의 젊은 선비 박달과 이곳의 어여쁜 낭자 금봉의 애닮은 사랑의 전설이 회자되면서 박달재로 불리우게 되었다.

장원의 부픈 꿈을 안고 한양으로 가던 박달은 고개아래 촌가에 하룻밤 유하려다 길손을 맞이하는 금봉의 순수하고 청초한 모습에 정신을 빼앗기고, 금봉도 박달의 준수하고 늠름한 모습에 잠을 못 이루고 달밤을 거닐다가 역시 금봉을 그리면서 서성이던 박달을 만나 사랑을 나누게 되었다.

몇 날을 머물며 금봉과 사랑을 속삭이던 박달은 과거에 급제한 후에 혼인을 하기로 언약하고 과거를 보러 한양으로 떠나고, 그날부터 금봉은 박달의 장원급제를 서낭신에 빌었으나 과거가 끝나고도 박달의 소식이 없자 크게 상심하여 고개를 오르내리며 박달의 이름을 애타게 부르다가 한을 품고 삶을 거두고 말았다.

한양에 온 박달도 과거준비는 잊은 채 금봉을 그리는 시만 읊다가 낙방을 한 후 금봉을 보기가 두려워 차일피일 미루다 금봉의 장례 사흘 후에 되돌아와 금봉이 죽었다는 말을 듣고 땅을 치며 목 놓아 울다가 언뜻 고개를 오르는 금봉의 환상을 보고 뒤쫓아가서 와락 금봉을 끌어안았으나 금봉의 모습은 사라지고 박달은 낭떠러지에 떨어져 죽고 말았다. 이후 사람들은 이등령을 박달재라 부르게 되었다.」

이에 의하면 박달재의 이름은 조선 중엽에 경상도의 젊은 과객 박달이와 이곳 촌가의 낭자 금봉이 사랑의 전설에 의해 생긴 것으로 보인다.

이 가사를 짓게 된 사연은 “해방 후 가수 秦芳男진방남(半夜月)은 ‘南大門樂劇團남대문악극단’을 창설하여 공연차 지방으로 순화하던 도중, 단원들과 같이 忠州行충주행 버스를 타고 비 내리는 박달재를 넘던 중 고갯마루에서 버스가 고장이 나서 쉬게 되었는데 城隍堂성황당 앞에서 어떤 농촌부부의 애절한 이별 장면을 보고 가사를 지었다”(흘러간 옛노래 歌謠半世紀, 省音社, 1972)고 하였다. 이를 보면 유래를 생각하고 지은 것이 아니라 즉흥적으로 창작한 가사임을 알게 한다.

이 노래가 인기있게 펴져 나가자 박달재의 휴게소에서는 商魂상혼을 목적으로 이를 활용하고 있으니, 고개에 닿으면 이 노래를 울려 퍼지게 하면서 노랫말에 근거하여 박달재의 유래가 박달이와 금봉이의 사연으로 비롯된 것처럼 널리 인식시키게 되었던 것이라고 생각된다.

朴達峴박달현에 대한 기록으로는 노랫말에 의한 유래인 조선 중기 이전인 조선 전기 성종 때 편찬한 《東國輿地勝覽동국여지승람》 堤川縣제천현 山川산천조에는 '朴達山박달산'이라 하여 「현의 서쪽 35리에 있다」하고, 같은 책 驛院역원조에는 '朴達院박달원'이라 하여 「朴達峴박달현 아래에 있다」고 하였다.

또한 《輿地圖書여지도서》의 山川산천조에 '박달산'은 「현의 서쪽 35리 舟遊山주유산의 남쪽 줄기로 고려의 金就礪김취려가 契丹賊글안적을 눌러 꼼짝 못하게 한 곳」이라고 하였으며, 驛院역원조의 '朴達院박달원'에는 「현의 서쪽 박달산 동쪽에 있었으나 지금은 없어졌다」고 하였다.

이상으로 보아 '박달재[朴達峴]'는 제천의 서쪽 35리에 있는 朴達山박달산에 있는 고개이며, 고개의 동쪽 아래에는 나그네를 위한 院원이 있었으나 지금은 없어졌다고 하였으며, 또한 박달산은 고려시대 김취려 장군이 글안적을 물리친 유적지임을 설명하고 있다. 여기에서 박달원은 봉양읍 원박리 지역으로 추정된다.

김취려 장군의 박달재 싸움은 글안병의 남하를 이곳에서 막아 북쪽으로 쫓아 올려보낸 매우 유명한 사건으로 《고려사》에 기록되고 있는 역사적인 사건이다. 이를 기념하기 위하여 1990년 10월에 백운면 노인회에서 간략한 내용을 기록하여 金就礪將軍戰跡碑김취려장군전적비를 세웠으니 다음과 같다.

「김취려 장군은 예부시랑 金富김부의 아들이며 彦陽人언양인이시다. 원래 성품이 강직하고 기발한 전략가로 처음에는 蔭官음관으로 正衛정위에 임명되어 東宮衛동궁위를 거쳐 장군이 되었으며 東北界동북계를 진압한 후 대장군이 되었다.

1216년에 거란왕자가 대요수국 왕이라 자칭하고 몽고군에 쫓기어 내침한 십만 거란 대군을 박달재에서 지형을 이용한 전략으로 적을 협공 퇴각시켰으니 고려 고종 4년(1217) 7월의 전투였다.

오늘 우리는 장군의 구국충정을 높이 현양하는 전적비를 이곳 박달재 정상에 세워 후세에 길이 전하고자 한다.」

그러나 이 역사적인 기록은 그 후에 전적비의 전면에 세운 박달재 노래비와 박달이와 금봉이의 거대한 동상에 가려 눈에 쉽게 띄지 않게 되었다. 따라서 대부분의 관광객들은 노래비와 동상 앞에서는 기념촬영을 하는 등 수선을 떨고는, 전적비는 돌아보지도 않고 그대로 되돌아가는 모습을 보니 실망스러우며 노래가 주는 영향이 큼을 실감케 할 뿐이다.

이러한 상황을 본 뜻있는 분에 의하여 최근에 『김취려장군 역사관』을 바로 이웃에 만들어 자료를 전시하고 있음은 매우 다행하게 생각되며 이 역사관의 역할에 기대된다. 다음에 김취려 장군의 박달재 싸움에 대해 《고려사》의 내용을 정리하여 보고자 한다.

13세기 초에 대륙에서는 몽고족이 일어나 단시일에 서쪽으로는 西夏서하를 거쳐 동유럽까지, 동남쪽으로는 金금(여진)나라를 정복하고, 이어서 동쪽의 만주 방면으로 세력을 확장하여 세계적인 대제국을 건설하고는 고려와 접촉하게 되었다.

金금(여진)나라가 망할 무렵 글안[遼]의 한 무리가 독립하여 大遼收國대요수국이라 하였다. 그러나 이들은 미구에 蒙古몽고에게 쫓기어 마침내 압록강을 건너 고려의 義州의주 방면으로 쳐들어 오게 되었으니, 고려 高宗고종 3년(1216) 8월 14일(을축) 이후 계속되어 한때는 대동강을 건너 西海道서해도(황해도)까지 진입하여 왔다. 이들은 생활근거를 빼앗기고 새로운 살 곳을 찾기 위하여 쳐들어온 일종의 피란하기 위한 침입이었으므로 妻子처자를 거느리고 굶주림을 해결하기에 광분하였으니 그 위세가 매우 저돌적이었다.

고려에서는 上將軍상장군 노원순으로 중군병마사, 상장군 오응부로 우군병마사, 대장군 金就礪김취려로 후군병마사로 삼아 이들 3군의 병마사로 하여금 적을 막아 싸우게 하였다. 적은 고려군과 크게 싸워서 1차는 물러서기도 하였으나 기를 쓰고 달려들자 출정군을 정숙첨·조충 등으로 보강하여 적을 막고자 하였다.

고종 4년(1217) 3월에 글안병이 대거 남하하여 安州안주(지금의 황해도 載寧)까지 쳐내려 왔으며, 또 한 무리는 東界동계로 남하하여 5월에는 東州동주(철원)·춘천을 거쳐 원주까지 공격하기에 이르렀다. 이와 같이 적세가 강하여지자 5군을 정비하여 崔元世최원세를 中軍兵馬使중군병마사로, 金就礪김취려를 前軍兵馬使전군병마사로 개편 임명하고, 대장군 池允深지윤심을 楊廣忠淸州道양광충청주도 방어사로 삼아 도내의 병졸과 승군으로 적을 막게 하였다.

원주로 들어온 적은 고을사람들이 힘써 싸워 물리치니, 한때 橫川황천(횡성)까지 물러났다가 23일에 다시 공격하여 왔다. 이에 고을사람들은 아홉 차례나 싸웠으나 양식이 떨어지고 外援외원도 없어 끝내 함락되고 말았다.

7월 5일, 원주와 충주의 사이에 있는 황려현 法泉寺법천사의 남쪽 강가(남한강)에 이르렀는데 5군이 서로 건너려 하자 金就礪김취려는 모든 군사가 다 건너기를 기다렸다가 배를 탔다. 이때 忠州城충주성이 홍수에 무너져 나무와 돌이 내려왔다. 최원세와 김취려 장군은 글안군을 法泉寺법천사까지 추격하고 禿岾독재로 옮겨 주둔하였다.

이때 최원세가 "내일의 길이 두 가닥이 있는데 우리가 어디로 가는 것이 좋으냐?"고 하자, 김취려가 "군사를 나누어 猗角의각(양쪽에서 잡아당기는)함도 또한 좋지 아니 한가"하니, 최원세는 그 말을 좇아 다음날 麥谷맥곡(富論과 貴來 사이)에서 만나 더불어 3백여 급을 베었다. 그리고 堤州川제주천(지금의 堤川川)에 육박하니 적의 시체가 내를 덮어 흘러내렸다고 할 정도로 전과를 올렸다.

3일 뒤에 적을 쫓아 朴達峴박달현에 이르렀다. 이때 加發兵馬使가발병마사 任輔임보도 군사를 거느리고 와서 도왔다. 최원세가 김취려에게 이르기를 "고갯마루[嶺上]에는 대군이 머물 수가 없지 않겠는가?"하고 산 밑에 물러나 주둔코자 하자, 김취려 장군이 "用兵용병하는 법은 비록 人和인화가 귀하기는 하나 지리도 또한 가볍게 볼 수는 없다. 적이 만일에 먼저 이 고개를 점거하고 우리가 그 아래에 있다면 원숭이와 같이 민첩하다고 하여도 또한 지나가지 못할 것이어늘 하물며 사람임에랴"하며 관군이 미리 고개에 올라가 밤을 지새웠다.

이튿날 새벽에 적은 과연 수만 명의 군사를 고개 남쪽으로 진군하여 두 갈래로 나누어 左右峰좌우봉으로 올라 요충을 빼앗고자 하였으나, 김취려 장군이 申德威신덕위·李克仁이극인 장군으로 하여금 좌편을, 崔俊文최준문·周公裔주공예로 우편을 각각 당하게 하고 김취려는 중간에서 쫓아 북을 치니 士卒사졸 간에 모두 죽기를 무릅쓰고 싸웠다. 官軍관군이 이를 바라보고 크게 소리치며 다투어 전진하니 적이 크게 무너져 노약과 남녀와 兵仗병장 輜重치중을 狼藉낭자하게 버리고, 더 남하하지 못하고 모두 동쪽으로 달아났다. 우리군은 뒤를 쫓으니 적은 대관령을 넘어 溟州명주(강능) 毛老院모노원으로 하여 登州등주(안변)를 거쳐 여진땅으로 들어갔다. 이 싸움이 유명한 김취려 장군의 박달재싸움이다.

글안군이 고종 5년(1218)에도 대거 침입하여 오자, 7월에 조충을 서북면병마사로, 김취려를 병마사로 삼는 등 자주 적과 싸워 물리치니 적의 세가 크게 꺾이어 江東城강동성으로 들어가 항거하였다. 이때 몽고군도 글안을 추격하여 강동성을 공격하기에 이르렀다. 몽고군은 고려를 도와준다는 이름아래 兵糧병량과 군사를 청하였는데 고려에서 김취려가 몽고진영으로 들어가 형제의 동맹을 맺고, 이듬해인 고종 6년(1219) 1월에 함께 강동성을 공격하여 함락하였으니, 이것이 몽고와의 첫 접촉인 것이다.

이후 몽고는 글안을 물리치는데 도와주었다고 은인으로 자처하며 지나치게 공물을 취하여 갔다. 따라서 고려는 그들의 요구에 불응하는 일이 잦아 자연 사이가 벌어지게 되었다. 그러던 중 고종 12년(1225)에 몽고사신 著古與저고여가 돌아가던 중 살해된 사건이 일어났다. 이것을 몽고는 고려의 소행이라고 하여 침략의 구실로 삼아 고종 18년(1231)부터 30여 년간 침입을 하여왔으니 우리 역사상 가장 큰 시련의 시기를 맞게 된 몽고와의 싸움이었다.

박달재는 이상에서 본 바와 같이 〈울고넘는 박달재〉노랫말에 근거한 조선 중기보다 5백여 년이 앞선 13세기 초 『朴達峴박달현』에서 김취려 장군이 글안군을 물리친 역사의 현장으로 깊이 인식하여야 할 곳이라고 본다.

또한 박달재는 박달나무가 많다고 하여 붙여진 이름이라고도 하나, 이 주변에는 박달나무가 없으며 성장조건이 맞지 않는다고 한다.

우리나라에는 〈박달〉이라는 지명이 많이 있다고 본다. 충북지역에도 '박달산'이 몇 곳 있으니, 《新增東國與地勝覽신증동국여지승람》에 연풍 서북쪽 34리에 있는 산(괴산 장연면과 감물면에 걸쳐 있다)과, 영동 북쪽 14리에 있는 산(용산면 율리와 한석리에 걸쳐 있다)으로 이 산에는 朴達山烽燧박달산봉수와, 朴達羅寺박달라사도 있다고 기록되고 있는 등 세 곳이나 있음을 볼 수 있다.

이와 같이 본다면 박달재·박달산의 유래라기보다, 그 본래의 뜻은 聖山성산으로 이해되어야 할 것이 아닌가 하고 생각해 본다. '박(朴)'은 '밝은(明·曜·白)'으로 이해되니 박달의 '밝'은, 즉 우리 민족의 성스러운 산인 백두산·태백산 등과도 통하는 것이 아닌가 한다.

최근에 지나친 관광 상품화를 위한 나머지 본래의 역사성을 퇴색시키는 느낌도 있다고 하는 점을 말하고 싶다.

附 :

金就礪김취려(1172~1234) 장군은 글안의 침입으로부터 멸망시키기까지 시종 크게 역할을 한 용장이다. 본관은 彦陽언양이다. 음서로 正衛정위가 되어 東宮衛동궁위에 배속되었으며, 이후 장군이 되어 글안군의 침입이 있자 크게 역할을 하였으며, 특히 박달재의 싸움에서 지략으로 적의 남하를 저지하는데 기여한 바 크다. 키가 6尺척 5寸촌이며, 수염이 그 배 아래까지 내려와 盛服성복할 때면 반드시 두 婢子비자로 수염을 나누어 들게 하고 띠를 매었다고 한다. 1221년에 樞密院使兵部尙書判三司使추밀원사병부상서판삼사사가 되고, 參知政事平章事判 戶部事삼지정사평장사판호부사를 거쳐, 1228년에 守太尉中書侍郎平章事判兵部事수태위중서시랑평장사판병부사가 되었으며, 그 뒤 侍中시중이 되었다. 사람됨이 정직, 검약하고, 군사통제에 엄격하고, 공정하여 사졸들이 존경하였다. 실로 충성되고 의로운 사람이다. 高宗廟廷고종조정에 배향되었으며, 諡號익호는 威烈위열이다.

(박달재 문화유산 학술강연회(2005. 11. 19)에서 발표)

外寇와 忠州地域*

-高麗時代-

〈목 차〉

Ⅰ. 序 言

우리 민족은 수 많은 異民族이민족으로부터의 침략으로 시련을 겪어온 역사를 갖고 있다. 270여 차례나 外侵외침의 시련이 있다고 하니[1] 우리의 민족사는 실로 외침으로 일관하였다고 해도 지나친 말은 아니라고 하겠다. 이는 우리나라가 위치하고 있는 지리적인 환경에 의한 與件여건이라고도 하겠으나 외침을 받기는 하였어도, 우리는 한 번도 우리의 뜻으로 이민족에 대하여 침략을 감행한 적이 없었다는 데에서도 이해가 간다. 이러한 사실은

*이 글은 제6회 중원문화 학술대회(1994. 10)에서 발표된 글을 보완한 것이다.

1) 申範植, 《國亂克服의 歷史》(p.3, 大成文化社, 1963).

우리가 약해서가 아니라 우리는 평화를 사랑하고 弘益人間홍익인간의 이념을 깊이하고자 하는 민족이라는 것을 교훈으로 삼고 생활하여 왔다는 것을 의미하기도 한다.

그러나 우리는 이민족으로부터의 침략을 받으면 용감히 맞서 싸워서 물리치고자 하는 강인한 정신력으로 國難국난을 극복하고 새로운 민족의 진로를 찾고자 하였으니 바로 우리 민족의 의식을 여기에서 찾을 수 있다고도 하겠다. 이것이야말로 진정한 平和愛護民族평화애호민족의 나갈 바인 것이다.

이와같은 외침은 충주지역에도 크게 겪었던 때가 여러 차례 있었다. 충주는 우리나라에 있어서 내륙 중의 奧地오지이다. 그러나 우리나라의 중심지역이므로 남으로 북으로 이어지는 교통의 중심을 이루고 있기 때문에 이에 따른 중요한 요충지로 부각되어 왔다. 그렇기 때문에 내부적인 싸움에서도 이 지역은 역사 기록에 등장하고 있지만 외침에 있어서는 반드시 이곳은 그 와중에서 벗어날 수가 없었다. 고려시대 몽고와의 30년 항쟁에서도 그러했지만 조선시대 임진왜란 때도 충주지역은 중요한 격전지가 되었던 것이다. 따라서 그 慘狀참상이 어떠했느냐는 짐작이 가리라고 본다. 그러나 충주지역민들은 이러한 외침이 있을 때마다 앉아서 당하기 만한 것이 아니라 고장을 지키고자 외세에 적극적으로 대처하였으니 오늘의 충주인의 氣質性기질성도 이러한 면에서 찾을 수 있지 않을까 생각도 해본다.

한 지역에 대한 외침의 역사를 살핀다는 것은 쉬운 일이 아니다. 그러나 충주지역은 너무나 뚜렷한 사실이 여러 차례 있었기에 한 번 정리하여 보는 것도 뜻있는 일이라 생각된다.

여기에서 외침이라고 하면 충주지역에 다른 곳으로부터의 침략을 의미하는 것이지만 고구려의 南進策남진책에 의한 영향 등을 제외하고 異民族이민족과의 관계에서만 살피고자 하였다. 그 대강을 들어보면 고려시대 이후의 일로 契丹글안, 蒙古몽고, 倭寇왜구 등의 外侵行爲외침행위가 주류를 이루고 있었다. 그러나 어떠한 영향 속에서도 지역민들의 적극적인 抗拒항거가 뚜렷한 승리를 가져오게 한 사실이 많다. 이에 오늘에 사는 우리의 마음가짐을 되새기게 하는 뜻도 아울러 있다고 생각되어 여기에 시대순에 따라 槪觀개관코자 한다.

Ⅱ. 契丹의 侵入과 朴達峴싸움

13세기 초에 대륙에서 蒙古族몽고족이 지금의 몽고고원을 중심으로 일어나 단시일에 서쪽으로는 西夏서하를 쳐서 복속시키고 동남쪽으로 나가서 金금을 정복하였다. 이어서 더욱 세력을 확장하여 동으로는 滿洲만주 방면, 서로는 동유럽을 정복하여 세계적인 대제국을 건설한 후 동쪽으로 진출하여 고려와 접촉하게 되었다.

고려가 몽고와 최초로 접촉을 하게 된 것은 몽고에게 쫓겨오는 契丹人글안인을 협공하던 때부터였다. 글안인은 金금이 망할 무렵 독립하여 大遼收國대료수국이라 하였는데 미구에 몽고군에게 쫓기어 마침내 압록강을 건너 고려의 경내로 쳐들어 오게 되었으니 고종 3년(1216) 8월 이후 계속되었다. 고종 4년 3월에 契丹兵글안병이 대거 남하하여 安州안주(黃海道 載寧)까지 진출하였으며, 또 한 무리는 동계로 남하하여 5월에는 철원·춘천을 거쳐 원주를 함락하였다.

7월에는 中軍兵馬使중군병마사 崔元世최원세와 前軍전군 兵馬使병마사 金就礪김취려가 契丹글안을 원주와 충주 사이에 있는 法泉寺법천사에 까지 추격하여 麥谷맥곡에서 3백여 급을 참획하고 제주천(지금 堤川川)에 육박하니 그들의 시체가 내를 덮어 흘러 내렸다고 할 정도였다. 3일 뒤에 적을 쫓아 朴達峴박달현에 이르렀을 때, 加發가발 병마사 任輔임보도 와서 도왔다. 고려의 3

군은 김취려 장군의 작전에 의하여 먼저 재(嶺)에 올라 밤을 지냈다. 그 이튿날 새벽에 적이 남으로 전진하여 먼저 수 만 인으로 좌우봉에 올라 요충을 쟁탈하고자 하였으나 최원세·김취려 등의 아군은 죽음을 다하여 싸웠다. 적은 크게 무너져 노약한 남녀와 많은 兵仗병장, 輜重치중을 버리고 남하의 목적을 이루지 못한 채 동쪽으로 달아났다[2]. 우리 군이 뒤를 쫓으니 적은 溟州명주(江陵) 대관령을 넘어 여진땅으로 들어갔다. 이것이 유명한 김취려 장군의 박달재 싸움인 것이다.

契丹人글안인은 고려군의 추격으로 江東城강동성으로 밀려들게 되었다. 같은 무렵 만주에서 金금의 장군 浦鮮萬奴포선만노가 금을 배신하고 東京동경(遼陽)을 근거로 하여 大眞國天王대진국천왕이라 자칭하고 동방으로 진출하여 지금의 延邊연변에 東眞國동진국이라는 작은 나라를 세웠다.

이와 같이 만주는 혼란에 빠지고 金금의 지배체제는 무너지게 되었으니, 몽고가 이 방면을 제압하는데 있어서는 절호의 기회였다. 蒙古太祖몽고태조 成吉思汗성길사한은 1218년 哈眞합진과 札剌찰랄의 두 장군에게 만 명의 군사를 주어 연변지방(東眞)을 정복하고 浦鮮萬奴포선만노를 굴복시켰다. 더욱이 萬奴만노에 명하여 군사를 내게 하고 그들을 거느린 몽고군은 南下남하하여 고려의 동북부로 들어와 江東城강동성으로 진격하였다.

고려도 강동성을 공략하고자 하였다. 여기에 몽고군이 나타난 것이다. 몽고는 고려에 공동작전을 하자고 했고, 결국 연합작전으로 글안을 토벌한 뒤에는 형제의 나라가 되자고 하였다. 고려로서는 글안인을 討平토평하는 것은 바라는 바이었으나 흉악하고 사나운 몽고와의 교제는 원하지 않았다. 따라서 몽고의 요구에 대하여 조정의 태도는 분분하였다. 그러나 현지에 있었던 趙沖조충은 金就礪김취려 장군과 몽고군과의 공동작전을 감행하여 고종

---

2) 《高麗史》 卷22, 高宗 4年 7月 庚辰條, 同書 卷103 列傳 金就礪條 : 金顯吉, 《中原文化散策》, 「朴達峴의 싸움」(青芝社, 1991).

6년(1219) 강동성을 함락했다.

Ⅲ. 蒙古의 侵入과 忠州의 抗爭

1. 蒙古와의 外交

몽고와 고려와의 외교관계는 이와 같이 시작되었다. 고려로서는 몽고와의 교섭을 원치 않았다. 그러나 당시의 국제정세의 변동은 어쩔 수 없이 몽고와의 관계에 고려는 끌려들게 되었다. 이후 몽고는 고려에 대한 은인으로 자처하며 사자를 계속하여 고려에 보내와 몽고 황제나 황족의 명령이라고 하여 막대한 貢物공물을 취해 갔다. 고종 8년(1221)에는 몽고사자 著古與저고여 등이 皇太第황태제 鈞조에게 줄 공물이라고 하여 獺皮달피 1만령, 細紬세주 3천필, 細苧세저 2천필, 緜子면자 1만근, 龍團墨용단묵 1천정, 筆필 2백관, 紙지 10만장, 紫草자초 5근, 葒花홍화·藍筍남순·朱紅주홍 각 50근, 雌黃자황·光様광양·桐油동유 각 10근을 요구하였다. 또한 元帥원수 札剌찰랄과 蒲墨포묵 등 장군에게 줄 것이라 하여 獺皮달피·綿紬면주·緜子면자 등을 요구하는 정도였다.

그동안 고려는 요나 金금에게 공물을 보냈다. 그 때에는 상대방에서도 공물에 상응하는 답례품이 있었다. 이는 일종의 무역인 것이다. 그러나 몽고와의 경우는 일방적인 징발이었다. 게다가 수량에 있어서도 막대하였다. 그 외에 몽고 사자의 태도는 무례하기 짝이 없었으니 주는 물품이 마음에 들지 않는다고 왕 앞에 내던질 정도였다[3]. 고려가 몽고와의 교섭을 꺼려하는 것은 당연한 일이었다. 고려는 지나친 그들의 요구에 불응하는 일이 잦았다. 이러한 사실로 두 나라 사이는 벌어지게 되었다.

---

3) 《高麗史》 卷22, 高宗 8年 8月 甲子條.

그러던 중 고종 12년(1225) 몽고의 사자 著古與저고여가 고려로부터 공물을 취하고 귀국하는 도중 압록강변에서 도적에 의해 살해된 사건이 발생하였다. 몽고는 사자가 살해된 책임을 고려에 물으며 국교를 단절하였다. 더욱이 이것을 구실로 몽고는 고종 18년(1231) 고려에 침입하여 오게 되었으니 이로부터 전후 30년에 걸친 몽고와의 싸움이 시작되었다.

이후 고려는 서울을 강화도로 옮기고(고종 19) 여러 道도에 사자를 보내어 백성들을 섬(海島)이나 산성으로 옮기도록 지시하고[4] 장기적인 抗戰항전을 계획하였다. 이는 몽고군이 침입하여 오면 적극적으로 나서서 대응하자는 것이 아니라 도망다니라는 무책임한 처사라고 하겠다. 따라서 몽고군은 아무런 장애도 받지 않고 기회가 있을 때마다 전국을 여러 차례에 걸쳐서 멋대로 침입하여 유린하였던 것이다. 그러므로 실제 몽고군과 대항하여 싸운 것은 정부군이 아니라 농민·천민 등에 이르는 지방민들이었다.

몽고와의 30년 항쟁 중에서 충주지역에서의 싸움은 특기할 만하다. 수적으로도 많은 싸움이 있었으며 그 때마다 이 지역에서는 작든 크든 간에 몽고군에 적극적으로 지역민들이 대응하여 그들의 목적을 이루지 못하게 하였다는 사실이다. 따라서 이 지역에서의 항쟁에 대하여는 필자를 비롯하여 몇몇 분의 論考논고가 있어 또한 관심을 갖기도 한다[5].

---

4) 《高麗史》 卷129, 崔怡條, 《高麗史節要》 卷16, 高宗 19年 6月條. 이 밖에도 高宗 40年에 몽고병이 압록강을 건너오자 조정에서는 五道按察 및 三道巡問使에 명하여 居民을 독촉하여 山城·海島에 들어가라고 하였다(《高麗史》 卷24, 高宗 40年 7月 甲申條).

5) 金顯吉, 《中原의 歷史와 文化遺蹟》(pp. 51~61, 靑芝社, 1984).
金顯吉, 《中原文化散策》 「忠州人의 抗爭과 忠州山城」(pp. 160~176, 靑芝社, 1991).
金顯吉, 「蒙古의 侵入과 忠州人의 抗戰記」 《南漢江》(pp. 18~26, 中原文化院, 1993).
孫弘烈, 「忠州奴軍의 亂과 對蒙抗爭」 《湖西文化硏究》 1輯(忠北大湖西文化硏究所, 1981).
尹龍爀, 「13세기 蒙古의 侵略에 대한 湖西地方의 抗戰」 《湖西文化硏究》 3輯(忠北大湖西文化硏究所, 1984).
尹龍爀, 「蒙古의 侵略에 대한 高麗地方民의 抗戰-1254년 鎭川民과 忠州多仁鐵所民

또한 몽고군이 매번 충주지역에 대한 침입이 있었던 데에도 관심이 간다. 이는 충주지역이 반도의 중심부를 이루며 남북으로 잇는 내륙교통의 요지라는 지리적인 환경과 전쟁에 필요로 하는 철의 산지라는 데에 있었다고 생각된다. 충주지역이 지리적으로 중요한 점은 비록 조선시대의 기록이기는 하지만 정인지·홍귀달 등과 이중환이 지적하고 있는 데서도 짐작된다고 하겠다[6].

2. 忠州奴軍의 亂

몽고의 제1차 침입은 고종 18년 8월로 撒禮塔살례탑이 압록강을 건너 咸新鎭함신진(지금 義州)을 공격함으로 시작되었다. 적은 평안도·황해도의 요지를 대부분 장악하고 12월 초에는 개경을 포위하게 되었다. 적의 일부 별동부대는 광주·충주·청주 등의 여러 성을 공격하였는데 이들이 지난간 곳은 점령당하지 않은 곳이 없었다[7]. 그러나 충주성 만은 온전하게 지킬 수가 있었으니 그 경과는 다음과 같다.

당시 충주에서는 몽고군이 침입해 올 것이라는 말을 듣고 성을 지키고자 하여 부사 于宗柱우종주는 兩班別抄양반별초를, 판관 庾洪翼유홍익은 奴軍노군·雜類別抄잡류별초를 거느리고 방어하기로 하였다. 그러나 막상 몽고군이 쳐들어 오게 되자 부사와 판관 등은 양반별초와 더불어 성을 버리고 도망가기에 바빴다. 성에는 오직 노군과 잡류별초 만이 남게 되었다. 이들 노군·잡류별초는 온 힘을 다하여 몽고군의 공격을 막아 물리치는데 성공을 하였다.

몽고군이 물러간 뒤 도망갔던 우종주 등은 돌아와서 성을 지킨 노군들에

의 경우-」《國史館論叢》 24(國史編纂委員會, 1991).

6) 金顯吉, 「忠州地域의 歷史地理的 背景」《國史館論叢》 16輯, p.108(國史編纂委員會, 1990).

《東國輿地勝覽》 卷14, 忠州牧 樓亭條.

《擇里志》 忠州條.

게 노고를 치하할 생각은 하지 않고, 오히려 官관·私銀器사은기가 없어진 것을 노군들의 소행이라고 하여 조사하였다. 이에 노군은 몽고군이 약탈해 간 것이라고 하였으나 戶長호장 光立광립 등이 노군을 의심하여 그 괴수를 죽이려 하였다. 이 사실을 안 노군은 분을 참지 못하고 "몽고군이 쳐들어 왔을 때에는 도망쳤던 주제에 이제 와서 성을 지킨 우리에게 죄를 씌워 죽이려 하니 어찌 참을 수 있겠느냐"고 하면서 거짓으로 會葬회장하는 것처럼 꾸미고 무리를 모아 먼저 주모자를 비롯하여 평소에 원한이 있는 호족을 수색하여 모두 죽였다. 이것이 忠州奴軍충주노군의 난이니 고종 19년(1232) 정월의 일이었다.

이 소식을 들은 중앙정부의 실권자인 崔怡최이는 宰樞재추를 모아 발병할 것을 의논하고 있는데 판관 유홍익이 사자를 보내어 회유할 것을 청하므로 註書주서 朴文秀박문수와 전 奉御봉어 金公鼎김공정을 接撫別監접무별감으로 삼아 이 사건을 수습하도록 충주에 보냈다. 김공정은 난의 평정을 기다리고 박문수는 난의 주모자라고 생각하는 奴軍노군 都領도령 令史영사 池光守지광수와 중 牛本우본을 대동하여 개경으로 돌아왔다. 崔怡최이는 지광수에게 校尉교위의 직을, 우본은 충주 대원사의 주지로 삼고 三重삼중을 더하였으며 큰 상을 내렸다[8].

그러나 충주의 난은 쉽게 가라앉지 않았다. 중 우본 등이 주모자가 되어 다시 소요를 일으켰으므로 이 해 8월에 3軍兵馬使군병마사 李子晟이자성을 보내어 노군을 토벌케 하였다. 그러나 3군이 달천에 이르러서 물이 깊어 다리를 놓는데 노군의 괴수 수 명이 내를 사이에 하고 고하기를 "우리가 주모자의 목을 베어 항복코자 한다"고 하니 이자성이 "그렇다면 너희 무리

---

7) 《高麗史》 卷23, 高宗 18年 12月 丁巳條, 《高麗史節要》 卷16, 高宗 18年 12月條.
8) 《高麗史》 卷23, 高宗 19年 正月 丙申條, 《高麗史節要》 卷16, 高宗 19年 正月條. 《高麗史》 卷103, 李子晟條, 同書 卷29, 崔怡條.

를 죽이지 않겠다"고 하자 성에 들어가 우본을 베어 와서 항복하였다. 그러나 관군은 2일 간이나 머물면서 성에 들어가 支黨지당을 모두 숙청하여 난을 평정시켰다[9].

여기에서 특히 관심이 가는 바는 州주의 관리가 양반과 奴軍노군·雜類잡류 등 신분에 따라 別抄軍별초군을 나누어 편성하였다는 사실이다. 노군은 公奴婢공노비를 주축으로 하였으며 雜類잡류란 관청에서 잡역에 종사하는 지방민이 아니었나 생각되니 이들은 관리나 양반들의 명령에 따라 움직이는 무리였을 것이다. 더욱이 몽고군이 침입하자 지휘를 책임진 사람과 양반들은 모두 성을 버리고 도망하였으며 실제 성을 지키고 방어한 것은 奴軍노군·雜類別抄잡류별초였다는 사실이다. 이들이 용감하게 싸울 수 있었던 것은 그 누구의 지시에 따른 것이 아니라 자발적인 것이었다고 생각되니 신분의 해방이 가져온 용기였으리라. 이는 도망갔던 우종주 등이 돌아와 官私銀器관사은기 등이 없어진 것을 탓하고 벌을 주려하자 그들이 봉기하게 된 데서도 짐작이 간다.

3. 金允侯의 忠州山城싸움

이후 몽고의 침입은 고종 46년(1259) 4월 태자 倎전이 몽고에 들어가서 元世祖원세조 忽必烈홀필열을 만나 화의가 이루어질 때까지 28년 간이나 계속되었다. 그 동안 몽고의 침입이 있었던 각지의 모든 성들은 대부분이 함락되었지만 충주 만은 끝까지 잘 싸워서 성을 지킬 수가 있었던 것이다. 앞에서 밝힌 바와 같이 제1차 침입 때는 奴軍노군·雜類別抄잡류별초에 의해서 승리를 거두었다. 몽고군은 그후 고종 19년(1232) 12월에 제2차, 고종 22~26년(1235~39) 간에 제3차, 고종 34~35년(1247~48) 간에 제4차

9) 《高麗史》 卷103, 李子晟條, 《高麗史節要》 卷16, 高宗 19年 8·9月條.

등 계속 침입하여 전국을 초토화했다[10]. 그 동안 충주에 대한 공격이 있었는 지는 알 수 없다. 그러나 고종 40년(1253) 여름 제5차로 也古야고(窟)가 침입하였을 때 충주에서의 격전은 매우 볼만한 것이었다.

이 해 9월 10일에 충주 倉正창정 崔守최수가 金堂峽김당협에 복병을 매복시켜 몽고군이 오는 것을 기다렸다가 급히 쳐서 15급을 베고 그 兵仗병장과 포로되었던 남녀 200여 명을 빼앗았다. 그 공으로 최수는 隊正대정을 제수받았다[11]. 충주에서는 서전을 잘 장식한 것이다. 여기에서 倉正창정이란 鄕吏職향리직이다. 그렇다면 崔守최수는 지방민을 자신의 영향력으로 이용하여 몽고군을 맞아 싸운 것으로 보아야 할 것이다.

마침내 10월에는 也古야고 등이 충주성을 포위 공격하기에 이르렀다. 小卿소경 鄭壽정수가 두 아들을 데리고 京山府경산부(지금 星州)로부터 와서 항복하였다. 11월에 적장 也古야고는 충주를 계속 포위 공격하던 중 병을 얻어 阿母侃아모간과 반역자 洪福源홍복원을 머물러 지키게 하고 북으로 돌아갔다. 이 당시 충주성에는 몽고의 2차 침입시에 적장 撤禮塔철례탑을 處仁城처인성(지금 龍仁)에서 사살한 金允侯김윤후가 그 공으로 攝郎將섭랑장을 제수받고 충주산성의 防護別監방호별감이 되어 와서 지키고 있었던 때였다.

몽고군의 충주성에 대한 공격은 70여 일이나 계속되는 혈전이었다. 더구

---

10) 高麗에 대한 蒙古의 侵入은 6次에 걸쳐 있었다고 보아지니 다음과 같이 나누어 본다.
1次: 高宗 18년(1231) 撤禮塔
2次: 高宗 19년(1232) 撤禮塔
3次: 高宗 22~26년(1235~39) 唐古
4次: 高宗 34~35년(1247~48) 阿母侃
5次: 高宗 40년(1253) 也古(窟)
6次: 高宗 41~46년(1254~59) 車羅大

11) 《高麗史》 卷24, 高宗 40年 9月 乙酉條.
金堂峽에 대하여《最近之忠州》(p.3, 村上友次郎著, 1915)에서는 어디에 근거하였는 지는 알 수 없으나 「지금의 東良面」이라고 하였다. 이후 많은 책에서 이와같이 기록하고 있다. 그러나 《中原郡 彌勒里 石窟實側調查報告書》(p.167: 中原郡, 1979)에서는 「혹시 彌勒里 盆地나 아닌지」라고 추정하려고 하였다.

나 이 싸움에는 반역자 李峴이현이 陽根양근·天龍천룡 두 성을 위협하고 항복한 백성을 거느리고 와서 항복을 권유하면서 공격에 가담하였다. 특히 陽根城양근성에서는 防護別監방호별감 尹椿윤춘이, 天龍城천룡성에서는 防護別監방호별감 趙邦彦조방언, 黃驪縣令황려현령 鄭臣旦정신단 등이 吏民이민을 거느리고 적에 투항하였기 때문에 몽고군의 충주성 공격에는 이들이 모두 가세하였던 것이다[12].

이와 같이 오랜 기간의 포위공격으로 성 안에는 군량미가 떨어지게 되었다. 이에 金允侯김윤후는 士卒사졸(官奴)들을 불러놓고는 "만일 능히 있는 힘을 다해 싸워 이긴다면 귀천을 가리지 않고 모두 관작을 줄 것이니 나의 말을 믿어라"하고는 官奴관노의 簿籍부적을 그들이 보는 앞에서 불살라 버리고 믿음을 보인 다음, 노획한 소와 말을 나누어 주어 싸우게 하였다. 그리하여 사졸 간에 모두 죽음을 다하여 싸우니 몽고군은 할 수 없이 70여 일의 포위를 풀고 12월 8일에 더 이상 남하하지 못하고 북으로 돌아갔다[13]. 이 충주의 전투에서 승리를 거두지 못했다면 또 한 번 전국이 적의 말발굽 아래 크게 유린되었을 것이다.

---

12) 《高麗史》 卷24, 高宗 40年 10月 己酉·甲寅條, 同書 卷130, 李峴條.
李峴傳에 다음의 기록은 매우 주목된다.
「李峴이 벼슬을 樞密副使로 옮겨 몽고로 사신이 되어 갔다가 2년간 억류당했다. 이 때 也窟을 설득하기를 "우리 國都는 海島에 있고 貢賦가 모두 州郡에서 나오므로 만약 추수 전에 州郡을 엄습하면 都人이 반드시 궁색당할 것이다"라 하였다. 드디어 金牌를 받고 也窟을 안내하고 몽고병을 따라와서 여러 城에 투항을 권유하였다. 楊根·天龍 두 성에 와서 위협하기를 "掠山·東州·春州 등 城이 항복치 않겠다고 버티다가 도륙을 당했으니 너희들은 속히 나와 항복하라. 만약 守備하는 장수가 허락지 않거든 즉시 베어오라"고 하였다. 두 성이 모두 항복하니 李峴은 스스로 達魯火赤이 되어서 두 성의 항복한 백성을 이끌고 忠州城을 70여 일이나 공격했으나 함락시키지 못했다.」 李峴은 그 뒤 반역죄로 일족과 함께 주멸되었다. 여기에서 楊根城은 경기도 楊平郡이며, 天龍城은 中原郡의 老隱面과 仰城面의 경계를 이루는 寶蓮山의 정상부에 있는 성으로 일명 寶蓮山城 또는 鳳凰城이라고도 한다.

13) 《高麗史》 卷102, 金允侯條, 《高麗史節要》 卷17, 高宗 40年 10·11·12月條.

이 항전에 대하여 고종 41년(1254) 12월 고려 왕조가 山川神祇산천신기에 함께 제사하고 빌 때 다음과 같은 특기할 祭文제문이 있다.

> "…전년(高宗 40년)에 대거하여 여러 성이 不日間에 모두 屠殘되었나이다. 그들은 이긴 기세를 타고 정예로운 군사를 풀어 中原(곧 忠州)으로 옮겨와 빗살같은 矢石과 우레같은 북치는 소리로 여러 달을 공격하니 남아 있는 외로운 성이 함락되었던들 기타의 여러 城堡는 미연히 석권되었음은 필연적인 일이었던 바 다행히도 月岳大王께서 큰 위력을 나타내어 도움을 주었음에 힘입어 이에 능히 성을 지키어 마침내 萬世에 공을 이루었나이다(《高麗史》 卷24, 高宗 41年 12月 甲申條).

이는 충주항전을 뜻하는 것으로 여기에서 월악대왕의 도움이라고는 하였지만 사실은 충주인의 용감한 싸움의 결과였던 것이다. 이 엄청난 守城수성의 공으로 이듬해(고종 41년, 1254) 2월에 김윤후는 監門衛감문위 上將軍상장군이 되었으며, 또한 공이 있는 관노는 물론 백정에 이르기까지 차등있게 벼슬을 주었으며[14], 4월에는 충주도 국원경으로 승격하게 되었다[15]. 이 모두가 충주항전의 큰 공으로 이루어진 것으로 적절한 보상이라고 하겠다.

여기에서 金允侯김윤후의 뛰어난 지휘·작전 능력에 관심이 간다. 김윤후는 앞서서 處仁部曲처인부곡에서 部曲民부곡민(賤民)들과 적의 주장을 사살하였다. 이 때에 천민들의 힘을 알았을 것이다. 또한 충주에서는 1차 몽고군의 침입시에 奴軍노군 雜類別抄잡류별초가 적군을 물리친 일이 있다. 이 사실도 김윤후는 알고 있었을 것이다. 그는 이와 같은 교훈을 살려서 충주성의 방어에 임했을 것이다. 따라서 바로 관노를 해방시키고 싸움에 대처했던 것이다. 신분의 해방, 피지배에서의 해방은 놀랄만한 항전력을 발휘하였으

14) 《高麗史》 卷102, 金允侯條에서는 충주성 방어의 공으로 "上將軍"에 올랐다고 하였으나 《高麗史節要》 卷17, 高宗 41年 2月條에서는 "攝上將軍"이라고 하였다.
15) 《高麗史》 卷56, 地理1 忠州牧條, 《高麗史節要》 卷17, 高宗 41年 4月條에 國原京으로 승격되었다고 하였으나 얼마 동안이나 이 호칭이 사용되었지는 기록이 없어 알 수 없다.

니 힘의 원천을 알게 한 것이다. 김윤후는 그의 뛰어난 지휘력에다 민중의 항전력을 잘 조화시킨 것이라 하겠다.

만약에 고려의 지배자들이 몽고의 침입 초기부터 이와 같은 힘의 원천을 잘 선용하였더라면 아시아의 패자였던 몽고도 고려 만은 침략하지 못했을 것이다. 그러나 고려의 지배자들은 안일하게 자기네만 江都강도에 들어가 호사에 극한 생활에 급급하였으니 실로 몽고와의 30년 항쟁은 우리 민족사에 있어서 가장 큰 시련일 수 밖에 없었던 것이다.

4. 其他 忠州地域의 싸움

고종 41년(1254) 정월 제5차로 침입한 몽고군이 철수하여 간 후 7월에 車羅大차라대가 이끄는 몽고군의 제6차 침입이 있었다. 이로부터 몽고군은 고종 46년(1259)까지 6년 간에 걸쳐서 네 차례나 침입하여 왔으니 내륙의 각지를 짓밟는 큰 전화였다.

그 첫 번째는 고종 41년 7월이었다. 몽고군은 平安평안·黃海황해 兩道양도를 지나 개경을 취한 뒤 경기·충청도에 진출하고 그 선봉은 경상도에 이르렀다. 8월 20일에는 몽고의 斥候척후 騎兵隊기병대가 괴주(지금의 槐山)성 아래에 진치고 있을 때 散員산원 張子房장자방이 별초를 거느리고 이를 격파하는 공을 세웠다[16].

이에 뒤이어 9월에는 車羅大차라대의 주력군이 忠州충주에 당도하였다. 9월 14일 車羅大차라대는 충주산성을 포위 공격하였다. 때마침 비바람이 크게 몰아치는 가운데서도 성 안에서는 精銳兵정예병을 편성하여 몽고군을 奮擊분격하니 적은 포위를 풀고 할 수 없이 남쪽으로 내려가게 되었다[17]. 이는 車

16) 《高麗史》卷24, 高宗 41年 8月 庚寅條, 張子邦은 高宗 40年 11月에 喬洞別抄軍으로 平州의 몽고 진영을 기습하여 다수를 격살하였는데 이 때에 校尉였다. 당시의 공으로 散員으로 승진하여 항몽전에 투입된 것 같다.

羅大차라대가 직접 충주산성을 공격하였다가 뜻을 이루지 못하고 물러간 것임을 알 수 있다. 이때 車羅大차라대가 얼마 동안이나 공격하였는 지는 알 수 없으나 전년의 충주싸움에서 충주민의 용맹성을 알고 물러간 것이라고 생각되니 이번에도 精銳정예를 뽑아 맹렬히 奮擊분격한 결과에서 짐작된다.

충주산성의 공격을 포기한 車羅大차라대는 남쪽으로 내려가 상주산성을 공격하였다. 그러나 黃嶺寺황령사의 중 洪之홍지가 第四官人제사관인을 사살하였으며, 적병이 반수 이상이나 죽게 되자 그만 포위를 풀고 물러갔다[18]. 몽고군에 있어서 일대 타격이었던 것이다.

이와 같이 괴산·충주·상주 등지에서 크게 물리치기는 하였으나 몽고군은 각지를 유린하고 이듬해 봄에 돌아갔다. 이때 침략의 참상은 몽고 침입 이래 가장 심하였다고 하겠으니 「이 해(高宗 41)에 蒙古軍에 사로잡힌 男女가 무려 20만 6천 8백이요, 살육된 자도 가히 이루 헤아릴 수 없었으며, 지나가는 州·郡마다 모두 잿더미가 되었으니 몽고병의 亂이 있은 이래로 이 때처럼 심한 적은 없었다.」[19]라고 《고려사》는 기록하고 있다. 또한 고종 42년(1255) 4월에 「비로소 길이 열렸다. 兵亂과 흉년을 만난 이후로 사람들의 해골이 들에 널리고, 잡혀갔던 백성이 京城(서울)으로 도망하여 오는 자가 끊이지 않았다. 兵馬使가 그들에게 하루 쌀 한 되씩 주어 구제하였으나 죽은 자를 셀 수가 없었다.」[20]고 할 정도였으니 가히 그 때의 참상을 짐작할 수 있을 것이다.

이와 같이 엄청난 피해를 당한 큰 전란이었으나 충주지역에서 만은 능히

---

17) 《高麗史》 卷24, 高宗 41年 9月 癸丑條.

18) 《高麗史》, 高宗 41年 10月 戊子條.

19) 《高麗史》 卷24, 高宗 41年 12月條에 「是藏蒙兵所虜男女, 無慮二十萬六千八百餘人, 殺戮者不可勝計, 所經州郡皆爲煨燼, 自有蒙兵之亂, 未有甚於此時也」라고 하였다.

20) 《高麗史》 卷24, 高宗 42年 4月條에 「是月所道路始通 兵荒以來 骸骨蔽野 被虜人民逃 入京城者, 絡繹不絶, 都兵馬使 日給米一升 救之然死者無算」.

극복하여 적의 목적을 물리쳤으며, 이 후에도 여러 차례의 침입이 있었으나 번번히 적극적으로 대응하여 물리치고 있음에 관심이 간다.

고종 42년(1255) 10월 2일에 몽고병이 대원령을 넘어 오자 충주에서는 精銳兵정예병을 출동시켜서 적군 천여 명을 격살하는 전과를 올렸다[21]. 이 때의 전황은 아마 몽고군이 남쪽을 석권하고 북으로 돌아가는 길에 대원령을 넘은 것으로 보인다. 대원령은 삼국시대의 계립령으로 지금의 중원군 남쪽으로 경상도와의 道界도계를 이루는 하늘재(寒喧嶺)를 말한다. 지리적인 요충지이다[22].

충주에서는 여기에서도 적극적인 대응방법으로 정예병을 편성하여 출동시켰다는 사실이다. 더욱이 천여 명이나 격살하였다는 것은 이 전투가 얼마나 치열하였는가도 짐작케 한다. 대원령은 바로 월악산의 덕주산성과도 가까운 거리이며 같은 계곡을 끼고 있는 지역이라는 점에서도 주목된다.

또한 이 해(고종 42)에 충주의 서쪽인 多仁鐵所다인철소의 사람들이 몽고군을 능히 막아 물리쳐서 공을 세운 일이 있다. 이 공으로 조정에서는 所소를 승격시켜 翼安縣익안현으로 하였다[23].

所소란 천민들이 사는 특수지역이다. 鐵所철소이기 때문에 철을 생산하여 조정에서 요구하는 각종 무기류나 생활용구를 만들어 공납하는 일을 맡아

---

21) 《高麗史》 卷24, 高宗 42年 10月 乙丑條.

22) 大院嶺은 中原郡 上芼面 彌勒里에서 慶北 聞慶邑 觀音里로 넘어가는 하늘재(寒喧嶺)를 말한다. 三國時代의 鷄立嶺이며 高麗時代에 彌勒大院寺가 있었으므로 불려진 것으로도 추정된다. 이에 대하여 三國間에 중요한 쟁점이 되었던 곳으로 많은 관심이 있어 그동안 다음과 같은 硏究가 있었다.
《彌勒里寺址發掘調査報告書》(清州大學博物館, 1978).
金顯吉, 《中原文化散策》「鷄立嶺과 鳥嶺」(pp.100~109, 1991).
申榮勳, 「彌勒大院의 硏究」(《考古美術》 pp.146~147, 1980).
崔壹聖, 「歷史地理的으로 본 鷄立嶺」(《湖西史學》 14, 1986).
車勇杰, 「鳥嶺關防施設에 대한 硏究Ⅱ－鷄立嶺路問題의 整理－」(《崔永禧先生華甲紀念韓國史學論叢》, 1987).

23) 《高麗史》 卷56, 地理1, 忠州牧條.

하던 천민들의 집단 거주지였음을 알 수 있다. 특히 몽고와의 항쟁시기였으므로 적에 대처할 무기류의 생산에 주력하였을 것임은 분명하다[24]. 몽고군도 이러한 무기의 공급원에 대한 공략을 강화하였을 것이다. 따라서 조정에서는 이 지역민이 몽고군을 용감히 막아 물리친 공을 크게 인정하여 縣현으로 승격시킨 것으로 보아야 할 것이다. 이 지역민들은 또한 前年전년에 충주산성에서 관노들이 세운 공으로 신분이 해방된 사실과 충주가 국원경으로 승격된 사실도 알고 더욱 분전했을 것으로 생각된다.

多仁鐵所다인철소가 翼安縣익안현으로 승격된 지역은 오늘의 중원군 이류면 지역이다. 익안현이 언제 없어졌는 지는 알 수 없으나 이 지역이 조선 중기부터 利安面이안면으로 바뀌었으며, 1914년에 柳等面유등면과 합하여 利柳面이류면이 된 것이다. 翼安익안이 아마 발음상의 변화로 利安이안이 된 것이 아닌가 생각된다[25].

이 지역은 일찍부터 집중적인 철의 산지로 알려졌으며, 필자의 조사에 의하여 이류면 지역과 주변에는 옛날의 製鐵遺地제철유지가 40여 곳이 있음을 확인할 수 있었다[26]. 몽고의 침입 이후 충주지역에서의 빈번한 공방전도 이 철의 산지와의 관련에서도 파악되어져야 할 것으로 본다. 그러나《고려사》는 世家條세가조에서 전혀 언급이 없고, 다만 지리지 忠州牧條충주목조에서 지명변천을 설명하는 데서 기록하고 있어 그 자세한 상황을 알 수 없는 것이 안타까울 뿐이다.

충렬왕 3년(1277) 4월 원(蒙古)에서는 還刀환도 천 자루를 요구하여 왔다.

24) 三都賦(崔滋, 1186~1260) 東文選 卷2,《東國輿地勝覽》卷12, 江華形勝條에 所收)에 의하면「中原·大寧, 鐵焉是産」이라 하고 이곳에서 생산되는 철조 그릇은 집안에 쓰고, 兵器는 戰爭에 쓴다고 한 데서 알 수 있다. 中原은 忠州를, 大寧은 海州를 의미하며, 이 글은 高宗 38~9년에 지어진 것으로 忠州·多仁鐵所의 싸움 이전의 상황을 설명한 것으로 보인다.

25) 金顯吉,「利柳面의 沿革考」(《南漢江》2, 中原文化院, 1994.

26)《中原郡, 利柳面地域 文化遺蹟地表調査報告書》(忠州工專博物館, 1991).

고려에서는 이것을 충주에서 鑄造주조케 한 사실이 있다[27). 이 때에 바로 익안현(多仁鐵所)에서 생산케 하였음은 자명한 일이다.

몽고군의 충주에 대한 공격은 계속되었다. 고종 43년(1256) 4월에 또다시 몽고군은 충주에 들어와 州城주성을 무찌르고 山城산성을 공격하였다. 이 때에 관리들과 노약자(일반 州民을 뜻함인 듯)들은 두려워서 감히 항거하지 못하고 月岳神祠월악신사로 피난을 갔다. 이 때의 전투상황에 대하여는 자세한 기록이 없어 알 수 없으나 官民관민들이 깊은 산으로 피난할 정도였다면 적의 공격력이 어떠했는가를 짐작할 만하다. 적군은 이들을 추격하여 공격을 가하니 때마침 구름과 안개가 끼고 비바람과 번개와 벼락이 함께 들이쳐 왔다. 이에 몽고군은 이는 필시 神신이 난민을 돕고 있는 것이라 생각하고 공격을 포기하고 돌아갔다[28)]고 하였다.

이 때에는 사전에 대처할 만한 여유가 없었던 것 같다. 왜냐하면 번번히 정예병을 편성하여 대응하였음에도 그러하지 못하고 官民관민이 月岳神祠월악신사로 피신하였기 때문이다. 그러나 이번에는 天變천변으로 적이 스스로 물러갔다고 한 사실에 주목된다. 月岳神祠월악신사는 월악산에 있는 山神산신의 사당으로 산 정상부의 上德周寺상덕주사 뒷편으로 생각된다. 최근의 조사에서 山神閣산신각 터를 발견한 바 있는데 아마도 이곳을 말하는 것이라고 보아진다. 또한 이곳으로 들어가자면 덕주산성을 거쳐야 한다. 덕주산성은 3~4중으로 둘러쌓은 요새 중의 요새라 할 수 있다[29)]. 이 성의 상태와 규모로 보아 신의 도움이기도 했으나, 실제에 있어서는 이 험한 요새를 가히 공격할 수 없었을 것이며 고려군도 이곳에서 완강히 저항했으리라 생각된다.

---

27) 《高麗史》 卷28, 忠烈王 3年 4月 丁卯條.

28) 《高麗史》 卷24, 高宗 43年 4月 庚寅條.

29) 《月岳山地表調査報告書》(忠北大學校 博物館, 1983).
《德周寺 磨崖佛과 德周山城地表調査報告書》(忠州工業專門大學博物館, 1992).

덕주산성은 松界溪谷송계계곡을 따라 북으로 물을 따라가면 충주에 이르고, 반대로 남으로 계곡을 거슬러 올라가면 중원군 상모면 미륵리로 하여 하늘재(寒喧嶺 또는 大院嶺, 鷄立嶺)를 넘어서서 영남지방으로 내려가는 주통로와 이어진다. 충주지역의 싸움은 주로 이곳에서 있었을 것이며, 충주와 인근민의 피난처로서도 크게 이용되었을 것임은 분명하다. 고종 41년 12월 山川神祇산천신지에 함께 제사지내고 빌 때 月嶽大王월악대왕 운운한 사실은 이러한 데에서도 관련이 있다고 하겠다.

몽고군은 고종 45년(1256)부터는 대체로 고려를 복속시키려는 의도로 江都沿岸강도연안을 중심으로 전선을 집중하고 있었다. 그러나 유독 그들의 일대가 또다시 충주지역을 공격하려는 목적이었는지 알 수 없으나 고종 45년 10월에 지금의 제천지역인 朴達峴박달현으로 내려왔다. 이 때에 忠州別抄충주별초가 朴達峴박달현에 매복해 있다가 몽고군을 저격하여 그들에게 잡혔던 포로된 사람들과 牛馬兵仗우마병장을 빼앗았다[30].

이 싸움은 고종 43년 관민이 피난갔던 때와는 달리 적군이 오는 것을 미리 탐지하고 적극적으로 대처한 사실로 이해된다. 이 싸움으로 몽고군의 개경 이남 지역에서의 전투는 막을 내리는 것 같다. 이듬해인 고종 46년(1259) 4월 태자 倎전이 몽고에 들어가 元원 世祖세조와 화의를 맺으면서 28년 간의 싸움은 막을 내리게 된다. 이후부터 몽고와 고려의 관계는 새로운 국면을 맞게 되었다.

이상에서 몽고의 침략과 충주의 항전 기록을 살펴보왔다. 그 엄청난 침략의 피해에도 불구하고 충주지역에서 만은 능히 그들의 공격에 지역민들의 적극적인 분전으로 극복하였으며, 지역의 명칭이 승격 호칭되었다는 사실이 더욱 주목되는 일이라 하겠다. 이는 이민족의 침략으로부터 내 고장을 지키겠다는 중원 지역민들의 강인한 투지와 鄕土守護향토수호의 의지, 즉 중

30) 《高麗史》 卷24, 高宗 45年 10月條.

원인의 의식이 뚜렷하게 살아 있었다는 것을 뒷받침해 주는 것이라고 할 것이다.

Ⅳ. 哈丹·紅巾賊의 亂과 忠州

1. 哈丹의 來侵

충렬왕 13년(1287) 漠北막북에서 乃顔내안의 반란이 일어났다. 이 반란의 여파는 또한 고려에까지 미치게 되었다. 즉, 내안의 餘黨여당인 哈丹합단이 충렬왕 16년(1290) 초에 만주에서 고려의 東界동계로 침입하기 시작하여 11월에는 雙城쌍성을, 연말에는 登州등주(지금 安邊)를 함락하게 되니 왕은 강화로 난을 피해 들어가게 되었다.

이듬해인 충렬왕 17년(1291) 정월에 哈丹합단의 일부는 鐵嶺철령을 넘어 먼저 楊根양근을 함락한 뒤, 원주에 둔취하고 雉岳城치악성을 공격하였으나 元沖甲원충갑 등의 반격으로 기세가 크게 꺽인 합단의 주력은 4월에 충주산성을 공격하게 되었다. 그러나 충주산성 별감이 적을 격파하고 40여 급이나 베어 바쳤다[31]. 여기에서 勢세가 꺾인 적군은 다시 남하하여 燕岐縣연기현에서 크게 패하여 북으로 달아나게 되었다.

6월에 哈丹합단을 물리치기 위하여 충청도에 韓希愈한희유를, 交州道교주도에는 羅裕나유를, 또 金忻김흔을 죽전(지금의 瑞興)에 보냈다. 한희유는 丹賊단적 580명을 항복시키고 평양으로 달아나는 적을 나유가 막아 세워 헤아릴 수 없이 베었다[32]. 충주에서는 이 합단의 침입도 잘 막아내어 더 남하하지 못하게 저지를 한 큰 공을 세웠다.

31) 《高麗史》 卷30, 忠烈王 17年 4月 丙子條.
32) 《高麗史》 卷30, 忠烈王 17年 6月 丁卯·辛未條.

2. 紅巾賊의 侵入과 恭愍王의 피난길

원의 말기에 대륙에서 붉은 巾건으로 휘장을 한 홍건적의 무리가 일어나 만주로 침입하여 遼陽요양을 점령하였으나 원군이 그들을 공격하게 되자 홍건적은 고려로 밀려서 쳐들어오게 되었다. 이들은 공민왕 8년(1359)과 10년(1361) 등 두 차례에 걸쳐 일시적인 침입을 가하여 왔다. 공민왕 10년의 2차 침입에는 10여 만의 적도가 절령(慈悲嶺)을 깨뜨리고 남진한다는 파발에 개경의 왕과 왕비는 태후를 받들고 福州복주(지금 安東)까지 피난길에 올랐다. 이 피난길에 왕의 일행은 충주를 지났으니 그 피난 일정을 보면 다음과 같다.

11월 19일 開京개경을 출발하여 20일에 범수원(坡州)에 이르렀다. 이때 안렴사 安宗源안종원과 충주목사 朴曦박희가 와서 알현하고, 영서역(지금 楊州)에 이르렀다. 24일에 이천현에 이르렀는데, 이 날 적은 경성을 함락하고 수 개월 머물면서 갖은 잔인하고 포악한 행위를 다하였다. 어가는 25일에 음죽현에, 28일에 충주에 이르렀고[34], 12월 15일에 복주, 즉 지금의 안동에 이르렀다.

난은 鄭世雲정세운으로 總兵管총병관을 삼아 홍건적을 공격하여 이듬해인 공민왕 11년(1362) 정월에 적의 괴수를 베고 남은 무리를 추격하니 적은 압록강을 건너 달아났다. 개경을 수복함은 물론 난은 평정되었다.

난이 평정되자 왕은 2월 25일 환궁하기 위하여 복주, 즉 안동을 출발하여 27일에 상주에서 머물렀다. 6월 22일에 監察司감찰사가 상언하기를 「그윽히 듣건대 御駕가 水原에 행차하여 궁궐을 경영코자 한다. 하온데, 수원은

---

33) 《高麗史》 卷39, 恭愍王 10年 11月 丁卯條.
34) 《高麗史》 卷39, 恭愍王 10年 11月 乙亥條.

좁고 바다에 가까워 倭寇가 염려되어 처음에 紅巾賊에게 항복한 곳이니 인심을 보장하기 어렵습니다. 그런데 淸州는 이미 順幸을 준비하였고 三道의 요충이며 양곡 운반에 편리하고 능히 가까이 하지 못할 것이오니 원컨대 아직 청주에 어가를 멈추었다가 서서히 농사의 틈을 기다려 京城(開京)의 가까운 곳을 가려서 移御할 곳을 삼으소서. 이제 농사가 한창 성한데 어찌 난리를 치른 백성을 사용하여 工役을 일으키겠습니까」[35]하며 청주에서 잠시 머물면서 상황을 살피도록 하였으니 이는 천도의 문제와도 연결되는 일이라고 생각된다.

이에 따라 8월 13일 상주를 출발하고 15일에 俗離寺속리사에, 16일에 元岩驛원암역에, 18일에 報令보령(지금 報恩)에, 19일에 懷仁회인을 거쳐 20일에 청주에 이르렀다[36]. 청주에 行宮행궁을 차리고 오랜 기간 머물다가 이듬해인 왕 12년(1363) 2월 4일에 어거는 청주를 출발하여 진주(지금 鎭川)에 이르렀다[37]. 5일에 竹州(지금 竹山), 10일에 봉성현(지금의 坡州), 11일에 통제원, 12일에 興王寺흥왕사에 이르러 이곳을 행궁으로 하였다. 여기에서 2개월이 못되어 윤3월 1일 밤에 金鏞김용이 행궁을 침범하는 변이 있었다. 다행히 왕은 변을 피하였으니 그후 즉시 경도로 還御환어하였다.

이상에서 보아 공민왕의 피난길에 충주를 거쳐서 안동까지 갔다가 이듬해에 적군이 물러간 뒤 還都환도길에는 보은으로 하여 청주에서 5개월을 머물다가 12년 2월 진천을 거쳐 개경으로 향하였음을 알 수 있다. 외침으로 인한 영향인 것이었다.

---

35) 《高麗史》 卷40, 恭愍王 11年 6月 丙申條.
36) 《高麗史》 卷40, 恭愍王 11年 8月 壬辰條.
37) 《高麗史》 卷40, 恭愍王 12年 2月 乙亥條.

Ⅴ. 倭寇와 忠州

1. 忠州 遷都論

고려시대 倭寇왜구의 침범은 고종 때부터 기록에 보이고 있다. 그러나 충정왕 때부터 그 빈도가 잦아 공민왕을 거쳐서 우왕에 이르는 동안에는 더욱 창궐하여 海岸地帶해안지대의 농토는 무인지경으로 황폐해 갔으며 점차 그들의 세력은 내륙 깊숙이까지 뻗치기 시작하였다. 고려 조정에서는 이러한 왜구를 피하기 위하여 천도문제가 제기되기도 하였으며, 歷代典籍역대전적을 疏開소개하기도 하였다. 이러한 대상으로 충주가 등장하게 되었으니 이 또한 충주가 갖는 지리적 여건 때문이었던 것이다. 우선 충주지역에 대한 천도의 문제가 제기된 사실은 다음과 같다.

공민왕 18년(1369) 7월 12일에 佛恩寺불은사, 興國寺흥국사, 法王寺법왕사에 행차한 자리에서 왕이 하교하기를 「옛날 우리 태조께서 매양 四仲의 해를 당하면 三蘇에 순행 巡駐하였으니 나도 또한 장차 平壤에 거동하여 金剛山을 돌아서 忠州에 駐駕하리라.」[38]고 하여 충주에 순주 또는 천도의 뜻을 비쳤다. 그리고 다음달인 8월 3일에는 「삼소 순주의 하교로 말미암아 백성을 징발하여 도로를 다스리니 많은 禾穀을 손상하고 또한 평양과 충주에 모든 離宮 및 공주의 魂殿을 지으매 곡식을 저축하고 음식을 공급하니 백성들이 심히 괴롭게 여겼다.」[39]는 기록을 볼 수 있다. 이에 대해서 4일에는 「判司天監事 陳永緖가 말하기를 요사이 太白이 낮에 나타나고 年事가 凶荒하니 靜하면 吉하고, 動하면 凶하리다라고 하니 왕이 기뻐하여 이르기

38) 《高麗史》 卷41, 恭愍王 18年 7月 甲辰條.
39) 《高麗史》, 恭愍王 18年 8月 乙丑條.

를 어찌 늦게 아뢰는가 하고 곧 순주의 명을 거두었다.」[40]고 하였다.

공민왕은 이에 앞서 이미 3월에 「辛樞에게 명하여 도읍을 옮기는 것을 의논케 한」[41] 사실이 있었으니 일련의 관련이 있는 기록임을 알 수 있다. 그런데 이와 같은 사건은 당시의 실권자였던 辛旽신돈의 수작에 의해서 이루어진 사건이었음을 알 수 있으니 《고려사》 신돈전의 기록에 주의를 기울이게 된다. 즉, 「辛旽이 비밀히 時中 李春富를 시켜 서울을 충주로 옮길 것을 청하니 왕이 노하는지라 신돈이 松京(開京)은 바다에 가까워 海寇가 가히 두렵다고 구실을 대어 이해를 시켜 말하니 왕이 곧 영을 내려 장차 三蘇에 순주한다 하므로 백성을 발하여 길을 닦고 또 평양과 충주에 모두 이궁 및 공주의 혼전을 짓는다고 峙供할 것을 준비케 하니 백성이 심히 이를 괴롭게 여겼으나 신돈을 두려워하여 감히 말하는 자가 없었다.」[42]고 한 것이다. 이후의 기록은 앞에 기술한 바와 같이 陳永緖진영서의 「靜吉動凶」의 주청으로 천도 계획은 취소되었던 것임을 알 수 있다.

이 사실을 살펴볼 때 충주의 천도는 애초부터 공민왕의 바라는 바가 아니었으나 왜구의 창궐을 이유로 한 신돈의 강력한 주장으로 야기되었음을 알 수 있다.

여기에서 三蘇삼소라 함은 개경을 중심으로 좌편에 있는 左蘇좌소, 즉 白岳山백악산과 우편에 있는 우소, 즉 白馬山백마산과 북쪽에 있는 북소, 즉 箕達山기달산을 말하는 것으로 이곳에는 이미 명종 5년(1175) 5월에 延基연기·裨補비보의 땅으로 궁궐을 지었던 것이다[43]. 이는 三京삼경 즉 서경의 평양, 남경의 한양, 동경의 경주를 설치하여 그곳을 순주하던 것과 같은 의미를 지니는 것이다. 그런데 공민왕은 새로이 삼소를 서경, 금강산, 충주로

40) 《高麗史》 卷41, 恭愍王 18年 8月 丙寅條.
41) 《高麗史》 卷41, 恭愍王 18年 3月 甲寅條.
42) 《高麗史》 卷132, 辛旽條.
43) 李丙燾, 《高麗時代의 硏究》(pp.242~261, 乙酉文化史, 1948).

비정하였던 것임을 알 수 있다. 그러나 충주로 순주나 천도하려고 했던 것은 地理圖讖思想지리도식사상에 의한 연기·비보의 땅으로서 보다는 집권자인 신돈이 개경의 구신 귀족들의 배척운동 때문에 가능한 한 개경에서 멀리 떨어진 곳으로 천도를 하여 자신의 안전을 도모하려 했던 것이라고 짐작된다[44]. 어쨌든 공민왕 때의 충주 천도는 이루어지지 못하였다.

다만 천도에 대한 구실로 신돈이 내세운 해구, 즉 왜구의 침입을 들어서 공민왕의 노여움을 풀 수 있었다는 것은 수긍이 가는 바다. 고려 말기에 있어서 왜구의 침입은 엄청난 것으로서 연해안 뿐 아니라, 내륙 깊숙이까지 침략해 들어올 정도였으며 그 빈도도 대단했다. 공민왕 때에는 74회나 되었으며, 우왕 때에는 더욱 심하여 14년 간에 무려 378회나 있었다[45]. 따라서 왜구를 피하기 위한 천도의 문제는 우왕 때에도 그 초년부터 있었음을 알 수 있다. 우왕 3년(1377)에 尹恒윤항 등의 건의로 鐵原철원으로 옮기려 하였으며[46] 다시 李仁任이인임이 충주로 천도할 것을 건의한 것도 모두 왜구 침입에 기인한 것이었다.

이인임의 천도 건의를 보면 우왕 3년 경성(開京)이 바다에 가까우므로 왜구를 두려워하여 도읍을 內地내지로 옮기고자 하여 가부를 논의할 때 崔瑩최영은 군사를 징발하여 굳게 지킬 것을 주장하며 천도를 옳지 않다고 하였다. 이에 대해 이인임은

「지금 赤池가 천리라 농부가 경작을 하다 중도에서 그치고 德化를 간절히 바라고 있는데 단 군사를 징발하여 폐농하게 함은 나라를 위하는 묘책이 아니다.」

고 하였다. 뒤에 이인임이 都堂에 앉아 천도할 것을 논의하여 말하기를,

---

44) 李丙燾, 上同書, pp.297~315.
45) 李鉉淙, 《朝鮮前期對日交涉史硏究》(韓國硏究叢書 10輯, 1964).
46) 《高麗史》 卷133, 禑王 3年 5月條.

「지금 倭가 京都를 침구할 것을 꾀하는데 충주는 바다와 거리가 멀고 사방의 도로가 대개 균등하니 마땅히 미리 태조의 眞影을 충주에 옮기고 松都로서 防戍의 땅을 삼을 것이다.」[47)]

하고 충주가 천도 대상지로 적합한 곳임을 지적하였다.

이 천도 건의는 최영의 반대로 이루어지지 못했다. 그러나 이는 충주가 내륙의 요새이며 교통의 요지임을 입증하는 것이라는 점에 주목해야 할 것이다. 왜구의 침입에서도 충주는 안전하리라 믿었기 때문에 史籍사적의 안전한 보관 관리를 위해 충주 개천사에 사고를 옮기기도 하였음은 결코 우연한 조처가 아니었음을 알 수 있다.

2. 倭寇와 忠州史庫

우왕 7년(1381) 7월에 倭寇왜구가 金海府김해부에 침입하였을 때 경상도 按廉使안렴사가 보고하기를 "倭寇가 丑山島(寧海地方)에 들어와 安東 등을 侵略코자 하니 甫州(醴泉地方) 普門社에 소장한 史籍을 내지로 옮기기를 청한다"고 하니 조정에서는 史官사관을 보내어 충주의 개천사(中原郡 東良面 荷川里)로 옮겨서 보관하도록 하였다[48)].

이 사적들은 본래 가야산 해인사에 소장되었던 歷代實錄역대실록 및 經史경사 등의 여러 책이었다. 이것이 우왕 5년(1379) 9월에 왜구의 화를 염려하여 善州선주(지금 善山)의 得益寺득익사로 옮겨졌던 것인데, 다시 보주로 옮겼다가 충주로 옮기게 된 것이다. 그러나 왜구가 내륙 깊숙이 단양·제천 등지까지 함부로 들어오므로 우왕 9년(1383) 6월에는 죽주(지금의 竹山)의 七長寺칠장사로 옮겼다[49)]. 그러나 공양왕 2년(1390) 여름에 이곳에까지 倭寇

47) 《高麗史》 卷126, 李仁任條.
48) 《高麗史》 卷134, 禑王 7年 7月條.
49) 《高麗史》 卷135, 禑王 9年 6月條.

왜구의 침입이 있었으므로 그해 12월에 다시 충주로 옮겨 보존하였다[50]. 그리고 2년 뒤에 조선왕조가 건국하였으니 史庫사고는 계속하여 朝鮮朝조선조로 전하였던 것이다.

이와 같이 고난을 겪던 고려의 역대 실록은 朝鮮朝조선조에 들어와서는 서울로 모두 올려가서 《고려사》와 《고려사절요》를 편찬하는데 있어서 기본 사료로 이용되었던 것이다. 그러나 그후 이 고려시대의 역대 실록은 행방을 감추게 되어 오늘에 전하여지지 않고 있다. 매우 안타까운 일이다.

충주에는 고려시대로부터 조선조로 史庫사고가 이어져서 계속하여 있었고, 조선시대에도 역대 실록을 보관하였다. 그러나 忠州史庫충주사고는 임진왜란 때에 불타 없어졌다. 그러고 보면 왜구로 하여금 충주에 사고가 옮겨와서 유지되다가 왜란으로 하여 소실되고 만 셈이다.

3. 忠州地域의 倭寇 侵入

왜구가 고려를 침범하기 시작한 것은 고종 때부터이나 충정왕 때부터 공민왕을 거쳐서 우왕에 이르는 동안 창궐하여 해안지대의 농토는 無人之境무인지경으로 황폐해 갔으며 점차 그들의 세력은 내륙 깊숙이까지 뻗치기 시작하였다.

충주는 내륙의 오지로 알려지고 있어서 왜구의 피해에는 안전하리라고 믿었던 것 같다. 따라서 일찍부터 천도문제가 제기되었던 것이며, 사고까지 옮겨오게 되었다. 그러나 왜구는 이곳에까지 여러 차례 영향을 가해 왔으니 다음에 시대순에 따라 옮겨 보고자 한다.

우왕 9년(1383) 6월 왜적이 단양·제천·주천·평창·황천·영천·순흥 등지에 침입하였다. 이와 같이 왜적이 함부로 內地내지로 침입하여 오므로 충

---

50) 《高麗史》 卷45, 恭讓王 2年 12月條.

주의 개천사에 두었던 역대 사적들을 죽주의 칠장사로 옮겼다는 사실은 앞에서 기술한 바다. 충주지역에 대한 첫 번째의 왜구 침입에 대한 영향인 것이다.

우왕 10년(1384)에는 직접적인 왜구의 충주 침범이 있었다. 이 사실은 보각국사정혜원융탑비(보물 658)에 의해서 알 수 있다. 비문에 의하면 당시 왕은 普覺보각을 국사로 책봉하고 개천사의 주지로 있게 하였는데 충주에까지 왜구가 침입하여 오자 조정에서는 걱정하기를 "개천사 주위가 해적의 소굴이 될 터인데 禪師(普覺國師)께서 거기에 머무니 어찌 편안할 수 있겠는가"하고 光巖寺광암사로 옮기게 하였다는 기록에서 알 수 있다[51].

우왕 11년(1385) 10월에도 倭寇가 충주까지 침범하여 왔다. 이 때에는 충주 병마사 崔雲海최운해가 6급을 참하고 병장을 노획하였다[52]. 최운해는 여러 지방을 다니면서 왜구를 쳐서 이겼으며, 順興府使순흥부사의 직에 있을 때도 왜구를 물리친 공으로 典法判書전법판사가 되었다. 왜구가 다시 원주·충주·단양·제천에 침입하여 오자, 助戰都兵馬使조전도병마사가 되어 여러 번 싸워 적의 수급을 참획하여 바치니, 조정에서는 말과 彩帛채백을 내려주고 忠州牧使충주목사를 제수하였다. 그후 왜구가 전라도에 침입하여 오자 전주목사로 옮겨갔다[53]. 崔雲海최운해는 왜구 소탕에 공이 있어 벼슬이 올랐으며 왜구의 침입이 빈번했던 충주의 방어를 위하여 牧使목사까지 되었던 것임을 알 수 있다.

단양군 적성면 城谷里성곡리는 남한강변을 끼고 있는 험준한 산으로 둘러싸여 있다. 이 산의 정상부를 둘러막은 성이 있으니 加隱巖山城가은암산성이다. 성은 산의 능선을 따라 암벽 사이사이로 석축하여 둘러막고 있다. 기록

51)「普覺國師定慧圓融塔碑」,《朝鮮金石總覽 下》, 中原의 金石文集 上
이 비석은 中原郡 蘇台面 五良里의 青龍寺址에 있다. 이곳에는 同塔(國寶 제197호)도 함께 하고 있다.

52)《高麗史》卷135, 禑王 11年 10月條.

53)《高麗史》卷114, 崔雲海條.

에 의하면 둘레가 3,018척이라고 하였으며 지금은 퇴락하여 있다고 하고, 안에는 우물이 세 곳 있으며 매우 험저하여 고려시대 제천·청풍 및 단양군민들이 왜적을 이곳에서 피했다고 하였다[54]. 이 사실에서 고려 말 왜구의 침입으로 제천·청풍·단양지역민들이 이 가은암산성에서 피난을 하였음을 알 수 있다.

이상에서 충주지역의 왜구침입 상황을 알아보았다. 고려 말 왜구의 우심한 침입은 내륙 깊숙이까지 피해를 입힐 정도여서 모든 교통이 두절되고 漕運조운이 불가능하여 국가 재정에도 큰 타격을 가져오게 되었다. 그러나 고려는 이에 굴하지 않고 외교적인 노력과 무력적인 토벌 등으로 이들을 제압하였다. 이러한 왜구의 토벌을 통하여 崔瑩최영·李成桂이성계 등의 무장세력이 등장하였다. 이 결과 王朝왕조의 변혁까지 불러오게 되었다.

(《藥城文化》 15, 1994)

54) 《新增東國輿地勝覽》 卷14, 丹陽郡 山川·古跡條.
《大東地志》 卷6, 丹陽 城池 및 山水條.

忠州山城考

충주의 동남쪽에 위치한 南山남산의 정상부에 석축산성이 있으니 1980년 1월에 충청북도 기념물 제31호로 지정된 '충주산성'이다. 이 성에 대한 호칭은 산의 이름과 축성설화에 의하여 여러 이름이 전하여 오고 있다.

산의 이름에 의한 호칭으로는 《신증동국여지승람》을 비롯하여 조선 말기까지의 각종 지리지에는 金鳳山금봉산이라 기록되어 왔다. 그러나 지금에는 위치에서 비롯한 듯 흔히 南山남산이라 부르고 있다. 따라서 이들 산의 이름을 붙여서, '금봉산성'이라고도 하나, 흔히 '남산성'이라 부르고 있다.

그리고 축성에 대한 전설에 의하면 삼한시대에 痲姑마고할머니가 7일내에 쌓았다고 하여 '마고성', 또는 '할미성'이라고도 하여왔다.

1759년대에 작성되었다고 보이는 《여지도서》의 〈충원현지도〉에는 '漢美城한미성'이라 기록되고 있으며, 1872년에 작성된 〈충주목지도〉(서울대학교 규장각 소장)에는 '漢美山城舊址한미산성구지'라 하였음을 본다. 이는 전설에 따른 '할미성'을 한자음으로 기록한 것이라고 보아진다. 그러나 각종지리지에 '충주산성'이란 기록은 없으며, 이에 비정되는 위치로 《동국여지승람》에는 '주의 동쪽 13리에 桐岳城동악성이 있다'고 하여 추정케 하나, 《여지도서》에는 東嶽城동악성이라 하고 30리에 있다고 하여 혼란을 주고 있다. 13리의 거리도 의문이나 30리 거리에는 성이 없기 때문이다. 일제시대에는 南山城남산성이라 통칭되어 온 것으로 본다(《조선 보물고적조사자료》 충청북도 충주군편).

'충주산성'에 대하여는 고려 고종 40년(1253)에 金允侯김윤후가 '충주산성방호별감'으로 와서 몽고군을 물리친 다음과 같은 기록이 있어 관심이 간다.

> 「김윤후는 …… 뒤에 '충주산성방호별감'이 되어 왔는데 몽고병이 충주성을 포위한지 70여 일 만에 양식이 거의 다 떨어지게 되었다. 이에 김윤후는 사졸들에게 독려하며 "만일 능히 힘을 다하여 싸워 이긴다면 귀천의 구별없이 모두 관작을 줄 것이니 너희들은 불신하지 말라"고 하면서 노비의 부적(문서)을 불사르고, 노획한 소와 말을 나누어 주었다. 사람들은 모두 죽음을 무릅쓰고 대적하니 몽고병이 기세가 꺾이어 더 이상 남하하지 못하였다. 이 공으로 김윤후는 '감문위상장군'이 되었으며, 나머지 군공이 있는 자는 관노, 백정에 이르기까지 차등있게 벼슬을 주었다. ……」(《고려사》 김윤후 전)

고 하여 '충주산성'의 싸움을 설명하고 있다. 이에 따라 지금의 충주산성이 바로 몽고병을 물리친 성으로 비정하여 필자는 1984년 《충주산성 지표조사보고서》(충주공업전문대학 박물관)에 관련성을 암시한 바 있다.

'충주산성'은 해발 636고지로 남산의 정상부를 7~8m의 높이로 쌓아서 1,120m를 돌로 돌려 쌓았으며, 동서남북으로 현문식 문을 설치하였던 것으로 조사되었다. 많은 곳이 허물어져 있었는데 발굴조사 후 계속하여 보축공사를 하여 복원되어 가고 있다. 6~7세기경의 토기류와 기와 등이 출토되고 있으며, 동문쪽으로는 계단식 구조를 한 석축 저수지가 발굴되어 복원하고 있는 특수한 역사적인 산성이다. 또한 정상부에서는 충주시내와 충주호가 조화롭게 조망되는 명소로 시민들이 많이 오르는 산책과 휴식공간으로도 이용되고 있다.

필자는 지표조사 이후 5차에 걸친 발굴조사를 주도하거나 참여하면서 출토유물과 산성의 구조를 생각하면서 고려시대 몽고와의 항쟁 관련은 거리가 있음을 느끼어 왔다.

그러던 중 1997년 '大林山城대림산성'에 대한 지표조사(상명대학교 박물관)를 하면서 성에서 수습한 고려시대의 상감청자나 어골문 기와 등을 고려하여 '대림산성'이 김윤후와 관련한 대몽항쟁의 '충주산성'일 가능성을 제기하면서 주목되어 오고 있다.

'대림산성'이 위치한 대림산은 충주의 鎭山진산이며, 남쪽의 길목을 담당하는 전략적으로 중요한 입지를 갖춘 요충이라 할 수 있다. 가파른 지형을 활용하여 토석을 혼합하여 축성하였으며, 또한 동쪽 정상부에는 봉수대가 있어 알려지고 있다.

그러나 이 성도 김윤후전의 내용에서 보아 지나친 경사면을 생각할 때, 소와 말을 달리며 항전할 만한 지형이 되지를 못함을 느끼게 한다. 그렇다면 몽고와 항전에서 김윤후가 싸웠던 '충주산성'은 어디였을 것인가에 새로운 관심이 간다.

물론 당시 기록상의 '충주산성'은 충주지역에 있는 모든 산성을 의미한다고도 할 수 있다. 그러나 충주지역의 여러 산성 중에서 소나 말을 달리면서 항전할 수 있는 공간적 여유를 생각할 때 이에 합당한 곳은 또한 별로 없는 듯하다. 여기에서 《고려사》의 다음과 같은 기록이 주목된다.

고종 41년(1254) 12월에 김윤후가 몽고군을 물리친 항전에 대하여 고려 왕조가 山川神祇산천신기에 함께 제사하고 빌 때 다음과 같은 특기할 祭文제문이 있어 관심이 간다.

> 「……전년(고종 40년)에 대거하여 여러 성이 不日間불일간에 모두 屠殘도잔되었나이다. 그들은 이긴 기세를 타고 군사를 풀어 中原중원(충주)으로 옮겨와 빗발 같은 矢石시석과 우레같은 북치는 소리로 여러 달을 공격하니 남아있는 외로운 성이 거의 위태하였나이다. 이 때를 당하여 만약 이 성이 함락되었던들 기타의 여러 城堡성보는 靡然미연히 석권되었음은 필연적이었던 바

다행이도 月嶽大王월악대왕께서 큰 위력을 나타내어 도움을 주었음에 힘입어 이에 능히 성을 지키어 마침내 萬世만세에 공을 이루었나이다(《고려사》고종 41년 12월조).」

고 '월악대왕'의 위력(음덕)임을 강조하면서 충주산성싸움과 직접 관련을 전하고 있음이다.

'월악대왕'은 제천시의 한수면과 덕산면을 연결한 소백산맥의 줄기에 있는 월악산의 산신으로 생각된다. 월악산은 신라시대에 月兄山월형산이라 하여 신성시하고 국가에서 제사를 지냈던 곳이다. 그렇다면 이 때의 싸움이 바로 월악산에 있는 지금의 '德周山城덕주산성'이 아니었나 생각해 본다.

'덕주산성'은 송계계곡의 중심부를 남쪽과 북쪽을 차단한 성이며, 중심부인 덕주골에서는 다시 동쪽으로 덕주사 및 월악신사(산신각?)가 있는 정상부로 오르는 입구부터 3중으로 둘러쌓아 막은 4중성으로 대단한 요새이다.

또한 고종 43년(1256) 4월에 몽고군이 또다시 충주에 들어와 州城주성을 무찌르고 산성을 공격할 때 충주의 관리와 老弱者노약자들은 두려워서 감히 항거하지를 못하고 '月嶽神祠월악신사'로 피란을 갔다. 몽고군이 이들을 추격하여 공격을 가하자, 갑자기 구름과 안개가 끼고 비바람이 몰아치며 번개와 벼락이 함께 들이쳐 왔다. 그러자 몽고군은 이는 필시 신神(월악대왕)의 도움이라 생각하고 공격을 포기하고 되돌아갔다는 기록이 있다(《고려사》 고종 43년 4월조).

이에서 보아 '월악산신'이 있는 덕주산성은 몽고와의 항쟁에 있어서 충주와의 관련이 있음을 알게 하는 자료로 관심이 간다. 고종 43년의 사건은 '신의 도움'이라기보다 4중의 엄청난 요새를 감히 공격하지 못하고, 이 요새를 배경으로 고려의 완강한 저항에 견디기 어려워 물러난 것으로 보아야 할 것이다.

월악산의 덕주산성은 '월악대왕'과 '월악신사'의 이름으로 몽고와의 항쟁과정에서 충주지역과의 관련이 있는 유일한 사건기록이며, 고종 40년 김윤후의 항전과 직접적인 관련이 있는 점으로 보아 이곳이 바로 '충주산성'이었을 것으로 조심스럽게 생각해 본다.

당시의 충주산성은 충주지역에 있는 모든 산성을 통칭한다고 보겠으나, 사건전개 과정의 정황과 관련을 생각할 때 추정하여 보는 것이다.

(《충주대학교 박물관보》 120호, 2009)

多仁鐵所攷*

〈목 차〉

Ⅰ. 序 言

《高麗史고려사》지리지의 충주목조에 보면 고려 고종 42년(1255)에 「충주의 多仁鐵所다인철소 사람들이 몽고군을 능히 막아 물리쳐서 공을 세웠기 때문에 所소를 승격시켜서 翼安縣익안현이라 하였다.」[1]고 기록하고 있다.

所소란 신라시대부터 조선 초기까지 있었던 특수한 지방의 하급 행정구역이다. 《新增東國輿地勝覽신증동국여지승람》 경기도 여주목 고적의 登神莊등신장조에 의하면, 「이제 살펴 보건대, 신라에서 州郡주군을 세울 때, 그 田丁전정과 戶口호구가 縣현이 되지 못한 것은 혹 鄕경을 두거나, 혹 部曲부곡을 두어 소재한 읍에 속하게 하였다. 고려 때에 또 所소라고 칭하는 것이 있

*이 글은 《中原文化》 제8호(충주문화원, 1995. 12. 30)에 「多仁鐵所에 대하여」라 하여 발표하였던 글이다. 그후 일부 지역에 대한 발굴조사도 있었기 때문에 약간의 보완 수정한 것이다.

1) 《高麗史》 권56, 志 제10, 지리 1. 忠州牧조.

었는데 金所금소·銀所은소·銅所동소·鐵所철소·絲所사소·紬所주소·紙所지소·瓦所와소·炭所탄소·鹽所염소·墨所묵소·藿所곽소·磁器所자기소·魚梁所어량소·薑所강소의 구별이 있어 각각 그 물건을 공급하였다.」[2)]고 한 것으로 보아 알 수 있듯이 소에서는 국가에서 필요로 하는 물건을 만들어 공납하던 곳으로 여기서 일하는 工匠공장의 신분은 천민들이었다. 따라서 鐵所철소는 철을 생산하거나 鐵철로 여러 가지 용구를 만들었던 匠人장인들의 집단임을 뜻한다.

다인철소의 사람들이 몽고군을 물리친 공으로 익안현으로 승격되었다고 함은 신분제 사회였던 고려시대의 천인들이 縣民현민, 즉 양인으로 신분적인 격상을 의미하는 것이다. 고려시대에는 한 지역 사람들이 국가에 크게 공을 세우면 그들의 거주지역을 승격시켰으며, 반대로 반역행위를 하였을 경우에는 그 지역을 강등시켜 신분을 격하시킨 일이 있었으니 이는 그 한 예라고 할 것이다.

또한 주목되는 것은 이민족인 몽고와의 抗爭期間항쟁기간이었기 때문에 이곳 다인철소에서는 적과 대응하여 싸울 무기류를 주로 생산하였을 것임은 분명하다. 따라서 몽고군의 주된 침략의 대상지가 되었을 것이라고 생각된다.

崔滋최자(1186~1260)의 〈三都賦삼도부〉에 보면, 中原중원·大寧대령은 鐵철의 명산지라고 하였으며, 이곳에서 생산되는 그릇은 집안에서 쓰고, 병기는 전쟁에 쓴다고 하였다[3)]. 중원은 충주이니, 곧 다인철소에서 무기도 생

2) 《新增東國輿地勝覽》 권7, 驪州牧 古跡의 登神莊조.

3) 三都賦: 崔滋(1186~1260) 지음(《補閑集》권6·《東文選》 권2·《新增東國輿地勝覽》 권12, 江華 形勝조에 收錄되어 있음)에 의하면, 「中原·大寧, 鐵焉是産」이라 하고, 철의 생산과정 등을 기록하고 있다. 中原은 忠州이니, 다인철소를 의미하는 것이라고 보아야 할 것이다. 大寧은 海州이다. 이 글은 高宗 38~9년에 지어진 것으로 충주 다인철소의 싸움 이전 상황을 설명한 것이다.

산하였음을 알 수 있다. 이 글은 몽고의 침입 이전의 상황을 설명한 것으로 이해되지만 충주지역의 제철 상황을 말하는 자료로 관심이 간다.

충주에서 산출되는 토산품 중에서 철은 첫째로 꼽히고 있으니 각종 지리지에서 알 수 있다. 몽고군의 충주지역에 대한 침입이 다른 지역에 비해 많았던 이유로는, 남북을 잇는 교통의 요충이라는 점도 있겠으나, 무기의 공급원인 철의 산지(다인철소)라는 점에서도 공격을 강화하였다고 보이니 30여 년 몽고와의 항쟁기에 무려 아홉 차례나 있었다[4]. 따라서 조정에서는 이 지역민이 몽고군을 용감하게 막아 물리친 공을 크게 인정하여 縣현으로 승격시킨 것으로 보아야 할 것이다.

Ⅱ. 翼安縣의 所在

익안현에 대하여는 비교적 믿음을 주고 있다고 보이는《한국민족문화대백과사전》(18권 425면, 1991년간)에 다음과 같이 기록하고 있다.

「충청북도 중원군 주덕면 부근에 있었던 고려시대의 縣현. 원래 충주의 多仁鐵所다인철소였는데, 1255년(고종 42)에 이곳 사람이 몽고병을 방어하는데 공이 컸으므로 승격시켜서 현으로 삼았다가 후에 충주에 예속시켰다. 지도상으로 볼 때 이곳은 달천강 유역에 자리잡은 계곡분지로서 조선시대에는 用安驛용안역이 있었고 충주와 죽산을 연결하는 도로가 발달하였다. 익안의 지명유래는 '큰 계곡의 안쪽'이라는 뜻을 가지므로 이 지역의 지형이 동서로 긴 계곡을 이룬 것을 나타낸다. 이곳에 철광석 산지가 있었다.」

---

4) 고려 고종 18년(1231) 몽고의 일차 침입 이후, 마지막 침입이라고 할 수 있는 1258년 10월의 박달현 전투까지 아홉 차례나 된다. 다른 지역에 비해 많은 침입을 받은 것이다. 그들의 침략 대상에는 무기의 생산원인 철의 산지와도 관련이 있었을 것임이 분명하다고 할 것이다.

이에 의하면 주덕면 부근이라고 하였음을 알게 한다. 그러나 현재까지 주덕면 소재지에서는 冶鐵야철유적지는 확인된 바가 별로 없다. 또한 지도상 운운하면서 달천강 유역이라고 하였으나, 달천의 최하류로 주입되고 있는 지류인 堯渡川요도천의 하류유역 주변에서 많은 제철유적지가 조사되고 있으니 이 지역은 지금의 충주시 이류면 지역에 해당된다.

익안현이 언제 廢縣폐현되었는 지는 알 수 없으나 1530년(중종 25)에 편찬된 《新增東國輿地勝覽신증동국여지승람》에 의하면, 「익안은 폐현되었다. 충주의 서쪽 30리에 있었다.」고 하였으며, 《輿地圖書여지도서》에는 같은 내용을 기록한 뒤에, 「지금의 利安面이안면」[5)]이라고 하였음에 관심이 간다. 그러나 《世宗實錄세종실록》 지리지 충주목조에는 익안현의 존재를 기록하고 있는 것으로 보아, 익안현은 1530년 이전인 조선 전기에 폐현되고 이안면으로 강등되었음을 알게 한다. 이안면은 1914년 전국적인 행정구역의 통폐합에 따라 이웃한 柳等面유등면과 합하여 각각 머릿자를 따서 利柳面이류면이라 하여 오늘에 이르고 있다.

본래 이안면의 위치는 요도천의 하류유역을 사이에 한 주변지역이 된다. 더욱 이안면의 소재지가 또한 이안마을이었으니, 지금은 이류면의 本里본리에 속하고 있다. 본리는 이안을 중심으로 한 주변으로 본래 이안면의 소재임을 의미하는 이름인 것이다.

지금 이류면 본리에는 이안을 중심으로 하여 製鐵遺址제철유지임을 확인할 수 있는 鐵滓철재(쇠똥, Slag)무지가 여러 곳에 집중되고 있어 더욱 주목된

---

5) 《新增東國輿地勝覽》 권14, 忠州牧 古跡조에 「翼安廢縣. 在州西三十里本州之多仁鐵所……」라 하였다. 폐현시기는 알 수 없으나 《世宗實錄》 지리지 충주목조에 보면, 翼安縣의 존재를 알게 하는 土姓이 기록되고 있는 것으로 보아 조선 초기까지는 존재하였음을 알 수 있다. 《輿地圖書》 忠原縣 古跡조에는 「翼安廢縣在縣西三十里今利安面」이라고 하여, 이안면 지역임을 알게 하니 익안현이 이안면으로 개칭된 것으로 짐작된다.

다.《文化遺蹟總攬문화유적총람》에도 이미 제철유지로서 이류면 본리에 '鎔鑛爐址용광로지'가 있음을 다음과 같이 기록하고 있다.

「高麗末고려말 금곡리에서 암석을 채석하여 本里본리로 운반, 銑鐵선철을 만들어 서울로 운반하였다는 전설이 있으며, 현재 옛 鎔鑛爐용광로 자리의 흙은 철분이 30% 정도 含有함유되어 있다고 한다.」[6)]

고 하였다. 따라서 익안현은 주덕면에서 찾을 것이 아니라 바로 이류면 본리의 이안임을 알 수 있다. 또한 '익안'은 발음의 변화로 '이안'으로 된 것이 아닌가 생각되기도 한다.

Ⅲ. 製鐵遺址의 分布

앞에서도 언급하였듯이 오늘의 이류면 이안을 중심으로 한 본리를 비롯하여 이류면의 전 지역에 걸쳐서 제철유지가 산재하고 있다. 필자는 이에 관심을 갖고 1991년도에 이류면 지역의 제철유적을 중심으로 하여 간이지표조사를 한 바 있다[7)]. 이 당시에 조사된 수만 하여도 38개 소에 이르는 많은 제철 유적지로 확인되는 쇠똥무지를 확인하였다.

그러나 조사과정에서 충주지역과 제철유적은 매우 중요함을 느낀 바 있어 간이조사가 아니라 본격적인 조사의 필요를 느껴 1994년에 필자의 제의로 충주박물관의 학예사를 중심으로 이미 조사된 바를 바탕으로 하여 본격적인 정밀조사를 하기로 하였다. 조사는 시간이 허용되는 토요일과 일요

6) 《文化遺蹟總攬》 上卷, p. 575(文化公報部 文化財管理局, 1978)에 관리번호; 0510-40-008을 부여하고 「鎔鑛爐址」라 이름하여 '중원군 이류면 본리 414-1'번지로 조용식이 관리하고 있다고 하였다.
7) 《中原郡 利柳面地域 文化遺蹟 地表調査報告書》(충주공업전문대학, 1991. 5).

일을 선택할 수 밖에 없었으므로 오래 걸렸으나, 결과는 충주박물관측의 배려로 1996년에 보고서로 정리하여 나오게 되었다[8]. 이번의 조사에서는 41개 소의 유적지를 확인하였다.

41개 유적지를 마을별로 분포상황을 보면 다음과 같다.

동 명	유적지 및 유적명	유적수	비 고
본 리	독동·독동제·평창골·음달말·깃대말·장고개·가르멜(1)·가르멜(2)·새터골·새터골못·사당골·노계(1)·노계(2)·노계(3)	14	
완 오 리	이안(1)·이안(2)·이안(3)·이안(4)·이안지·이안초등교(1)·이안초등교(2)·완오리·거리실·암소고개·사래실·검은들	12	
장 성 리	면학이골·갈거리고개·양장고개·능골(1)·능골(2)·성안들·갈가실	7	
금 곡 리	아래쇠실·조랫말	2	
두 정 리	버드실·산정마을	2	
매 현 리	숲음재·사당말	2	
문 주 리	팔봉·수주탑말	2	총계 41

이상의 분포를 보면 본리와 완오리지역에 유적이 집중되고 있음을 알 수 있다. 이 중심부에 이안이 위치하고 있음에 관심이 간다. 이에 의해서도 고려시대 다인철소의 중심부는 이안을 중심으로 한 본리와 완오리 일대임을 알 수 있다.

또한 전하는 바에 의하면, 옛날에는 鐵鑛山철광산에서 채광한 철광석은 철을 녹이는데 필요한 장작이 많이 생산되는 곳, 즉 참나무 숲이 우거진 곳으로 광석을 운반하여 녹였다고 한다. 따라서 나무숲을 찾아 철을 녹인 것으로 그 유적지가 곳곳에 많이 흩어져 있음을 알게 한다.

8) 《忠州 利柳面 冶鐵遺蹟 地表調査報告書》(충주박물관, 1996).

이류면 지역에는 철을 채광하던 광산이 여러 곳으로 많다. 쇠실이라고 불리고 있는 금곡리는 옛날부터 채광을 하던 곳으로 전해오고 있으며, 지금에도 그 폐광유지가 대단하게 남아 있다. 만정리에서는 1980년도 후반기까지 채광을 하였으며, 가금면 창동 일대에도 채광하던 곳이 여럿 있다. 창동으로 가는 강가의 길옆에서는 1980년대 초까지 채광을 하였으며, 그 이웃인 창동 쇠꼬지터 金串금곶터는 露天鑛노천광으로 알려지고 있다. 이곳에는 정상부터 수직으로 캐어들어 갔음을 알게 하니, 지금에는 엄청난 분화구 같은 웅덩이를 이루고 있다. 직경이 약 20여m는 실하고 깊이도 15m는 더 할 것 같다. 지금의 충주대학교의 자리도 철광산 터였다고 한다.

이러한 곳에서 채광한 광석을 주변의 나무가 우거진 곳으로 운반하여 철을 녹였으니 쇠를 녹였던 유적지에는 쇠똥무지가 엄청나게 산을 이루고 있는 곳이 많았다고 한다. 장성리 지역에는 이런 鐵滓철재(쇠똥)무지에다 묘소를 쓰고 있는 곳도 있음을 볼 수 있다. 그러나 이 철재가 시멘트 생산에 이용된다고 하여 이류면 일대의 쇠똥무지에서 30여 년(1960~70) 전에 수 십 트럭이나 실려나갔다고 주민들은 전하고 있다. 따라서 많은 제철과정을 확인할 수 있는 용광로 유적이 파괴되었음을 아쉽게 생각할 뿐이다.

Ⅳ. 結 言

충주지역의 철에 관한 기록은 고려사에서 비롯되나 이미 고대로부터 생산되었을 것으로 추정된다. 충주지역은 삼국시대에 삼국이 서로 이 지역을 확보하려고 다투던 싸움의 중심이었다. 이와 같은 치열한 싸움은 아마 철의 산지와 관련이 있었을 것으로도 생각된다. 지금 일본 天理市천리시의 石上神宮석상신궁에 있는 七支刀칠지도는 252년 백제왕이 일본왕에게 보냈다는 것으로, 충주의 철로 만든 것이라고 추정되고 있어 관심이 간다[9].

또한 신라의 强首강수가 釜谷부곡의 대장간 집의 딸과 결합한 사실은 바로 충주지역의 철과 관련이 있음을 의미한다고 할 것이다. 모두 고대로부터 철의 산지임을 알게 하는 예라고 할 것이다.

〈三都賦삼도부〉에 의하면 「中原중원과 大寧대녕은 철의 명산지로 鑌鐵빈철과 鉛연·강철·軟鐵연철을 내는데 돌을 뚫지 않아도 산의 골수로 흘러나오니 뿌리와 그루를 찍고 파서 무진장 끝이 없네. 洪爐홍로에 녹여 부으니 녹은 쇠가 물러 물이 되어 불꽃에 달군 陽紋양문, 물에 담은 陰紋음문을 대장장이 망치 잡아 백 번 천 번 단련하니, 큰 살촉 작은 살촉, 창도 되고 갑옷도 되며, 칼도 되고 긴 창도 되며, 화로도 되고 작은 창도 되며, 호미가 되고 괭이도 되며, 솥도 되고 물통도 되니 그릇은 집안에 쓰고 병기는 전쟁에 쓰네.」라고 하였다.

이상에서 보아 다인철소에서는 각종 농기구 등 생활용기를 만들었으며 무기도 만들었으나, 몽고의 침입 이후에는 특히 병기의 생산에 주력하였을 것임은 분명하다 하겠다. 전술한 바이지만 몽고군이 충주를 자주 공격하여 온 데에는 무기의 공급원을 장악하려는 목적도 있었을 것이라 보기 때문이다.

고종 40년(1253) 10월에 몽고군은 충주산성을 70여 일 간 포위 공격하였다. 이때 방호별감 金允侯김윤후 장군은 奴軍노군들에게 이번 싸움을 승리로 이끈다면 신분의 해방을 약속하면서 독려를 하였다. 노군들은 이에 용감히 싸워 적을 물리치므로 그 공과에 따라 벼슬까지도 받게 되었다. 충주도

9)《日本書紀》권9, 神功皇后 52년(252)조, 「우리나라(백제) 서쪽에 시내가 있는데, 그 근원은 谷那鐵山으로부터 나온다. 7일 동안 가도 미치지 못할 정도로 멀다. 이 물을 마시다가 문득 이 산의 철을 얻어서 바치는 바다.」라고 한 데서 그 동안 谷那를 백제 서울(廣州)의 서쪽 강으로 임진강이나 예성강으로 추정하여 왔으나, 한강을 따라 충주로 거슬러 오면 7일이 소요되므로 최근에는 충주지역으로 비정하려는 견해가 일본에서도 일고 있음을 안다.

國原京국원경으로 승격되는 영광을 얻기도 하였다. 이로부터 2년 뒤에 다인철소의 사람들이 공을 세워 익안현으로 승격되었음은 전날 충주 노군들의 교훈도 작용하였으리라 생각된다.

병란이 끝난 뒤인 1277년(충렬왕 3) 4월에 몽고에서 고려에 대하여 環刀환도 천 자루를 요구하여 왔다. 이에 조정에서는 이것을 충주에서 주조케 하였으니 익안현(전날의 다인철소)에서 생산하였을 것이 분명하다고 하겠다.

충주와 철은 역사적으로 불가분의 관계에 있다고 본다. 고대로부터 최근에 이르기까지 충주에서는 지속적으로 철을 생산하여 왔다. 이러한 역사성을 고려하여 그동안 확인된 제철유적지에 대한 연차적인 정밀 조사를 하여 철산지로서의 위상을 생각하여 적절한 조치가 이루어져야 하지 않을까 한다.

(《忠北鄉土文化》 11호, 2000)

松界里 大佛頂呪碑에 대하여

-異文字 金石文을 중심으로-

〈목 차〉

Ⅰ. 碑의 發見

1988년 2월 4일 저녁 늦게 제원군 한수면 송계리의 朴義淳박의순 형으로부터 전화가 걸려왔다. 내용인즉 文化財的문화재적 가치가 있다고 생각되는 石碑석비가 있다는 것이다. 다음날 나와서 조사하여 보라는 것이었다. 마침 다음날인 5일은 忠北道文化財委員會충북도문화재위원회가 있는 날이라 6일에 나가겠다고 하였다.

나는 무엇일가 하는 궁금증을 안고 5일의 회의를 위하여 청주에 갔다가 늦게야 돌아왔다. 6일 즉시 나가려고 하였으나 학교의 잡무가 있었고 점심에 또한 한 건의 약속이 있어서 오후에 가려고 하였다. 그런데 박의순 형이 충주에 와서 집으로 전화를 걸었다는 것을 늦게야 알고 연락하여 만났다. 오후 3시 경이었다. 나는 박형과 함께 택시를 타고 松界송계로 들어갔다. 국립공원 월악산관리사무소로 안내를 받았다. 소장은 없었다. 그러나 직원의 안내로 뜰앞에 옮겨다 놓았다는 문제의 碑비를 확인하게 되었다. 비문의 첫

머리에는 「大佛頂呪」라고 새겨져 있었으며 나머지는 모두가 梵字文범자문으로 되어 있음을 알았다. 또한 직원의 안내로 비석이 처음 발견되었다는 곳을 확인하였다. 좀더 자세한 조사와 내용을 확인하기 위해 시간이 필요함을 느꼈으며 당일은 이미 해가 저물어 어두웠기에 박형과 술집에 가서 몇 잔을 마시며 발견 경위를 듣고는 집으로 돌아왔다.

몇몇 자료를 찾고 살피면서 충북대학 차용걸 교수에게 알렸다. 좀더 구체적인 조사를 위해 함께 동행을 구한 것이었다. 서로의 시간이 맞지않아 최일성 교수와 함께 살펴보기로 하였다.

9일 아침 현지에 나갔다. 소장 이상철씨를 만나서 구체적인 발견 경위를 들었다. 지난해 가을에 송계리에서 덕주골까지의 도로확장공사를 하던 중 月光寺址월광사지 입구인 송계리 답 147번지의 논둑에서 나왔다는 것이다. 이 소장이 확인하고 논둑에 잘 보관하라고 공사하는 인부에게 일렀다는 것이다. 그리고는 업무에 바빠 수 일이 지나서야 생각이 나서 현지를 확인하니 비석이 없어졌다는 것이다. 이상철 소장이 내용은 몰라도 이상한 글이 새겨진 것에 중요성을 느끼고 즉시 직원들을 동원하여 주변을 조사하면서 찾았다고 한다. 포크레인으로 논둑을 깍던 기사가 이 비석을 반대쪽인 시냇가로 밀어서 처넣고 그 위에 흙과 자갈 등으로 메웠다는 것을 알고 밤 늦게까지 重機중기를 동원하여 다시 찾아내서 관리사무소(송계리 693-10) 앞뜰에 옮겨다 놓았다고 하였다. 또 다시 매몰될 위기에서 빛을 보게 된 것이라 생각하니 이 소장의 관심과 노고에 감사할 뿐이다.

Ⅱ. 大佛頂呪 碑

梵字범자로 된 大佛頂呪碑대불정주비는 질이 좀 떨어지는 화강암의 자연석이다. 세로가 161cm이며, 가로가 163cm의 方形방형을 이루고는 있으나 모서리가 자연적으로 둥글게 되어 있다. 두께는 상단부는 30cm에서 40cm까지로 불규칙하며 하단부는 28cm이다. 하단부 바닥면에는 정으로 돌을 다듬은 흔적이 뚜렷한 것으로 보아 하대석을 파고 세웠던 것임을 쉽게 알 수 있다. 그러나 하대석이 독립된 것인지 자연 암반에 세웠던 것인지는 찾지를 못하여 알 수 없다. 비문이 있는 면도 자연의 板石판석 같아 다듬은 흔적은 보이지 않았다.

비문의 첫줄에는 세로로 「大佛頂呪」라고 한자로 음각하였는데 字經자경이 11cm 정도이나 呪字주자 만은 가로가 14.5cm의 楷書體해서체로 題名제명임을 알 수 있다.

다음부터는 梵文字범문자로 鐫刻전각하였는데 모두가 11행이다. 그러나 처음 4행은 8자이며 자경이 세로는 8~10cm 정도로 불규칙하며 가로는 7cm 정도이다. 5행과 6행은 7자로 되어 있는데 자경은 세로가 8~11cm이며, 가로도 7~10cm의 사이를 오고가는 크기이다. 7행부터 11행까지는 12자 또는 13자로 세로가 7~8cm이며, 가로는 6~7cm로 되어 있다. 마지막줄인 11행은 비교적 마멸이 심하여 자경을 정확하게 알 수 없으나 12자인 듯하다. 따라서 모두 109자 정도로 추정된다. 전반적으로 석질이 나쁜데다 마멸이 되어 拓本탁본을 하는데도 어려움이 있었으나 비교적 양호한 상태라고 하겠다.

佛頂불정이란 梵語범어의 Buddhos'nisa로 석가모니불의 정수리와 공덕을 인격화하여 숭배의 대상을 삼는 것이라는 뜻을 지니고 있다[1]. 呪주는 佛敎불교에서 陀羅尼타라니를 뜻하고 있다[2]. 梵文범문의 短句단구를 眞言진언

1) 신기철·신용철, 「새우리말 큰 사전」(상), 삼성출판사, 1983, p.1573.

2) 諸橋轍次, 《大漢和辭典》 卷二, 大修館書店, p.953 呪7)에 佛教的인 用語로 陀羅尼임을 說明하고 있다.

또는 呪주라 하고 長句장구를 陀羅尼타라니 또는 大呪대주라고[3] 하니 大佛頂呪대불정주는 佛頂불정을 위한 陀羅尼타라니, 즉 大佛頂陀羅尼대불정타라니와 통한다고 할 수 있다.

陀羅尼타라니는 梵語범어로 Dharani로 陀羅那타라나·陀羅尼타라니로도 表音표음하며, 作持작지·摠持총지·能持능지·能遮능차 등으로 의역[4]하고 있으니 그 내용인즉 一字일자 속에 無量무량한 敎文교문을 總攝총섭하고, 一法일법 속에 일절의 法법을 任持임지하고, 一義일의 속에 일절의 義의를 攝섭하고, 一聲일성 속에 무량한 공덕이 있다[5]고 한다. 따라서 陀羅尼타라니는 諸佛제불의 불가사의한 密語밀어로서 如坐眞實여좌진실의 말이므로 眞言진언이라고도 한다.

그러므로 陀羅尼타라니는 呪語주어로서 讀誦독송은 하되 번역하지 아니한다고 한다. 「이를 번역하지 않는 이유는 원문 전체의 뜻이 한정되는 것을 피하기 위한 것과 密語라 하여 다른 사람에게 비밀히 한다는 뜻이 있다. 이것을 외우는 사람은 한량없는 말을 들어도 잊지 아니하며, 끝없는 이치를 알고 모든 장애를 벗어나 한량없는 복덕을 얻는 등 여러 가지 공덕이 있으므로 다라니라 한다.」[6]는 뜻을 갖고 있다.

따라서 이 비는 그 題號제호 만은 「大佛頂呪」라고 漢文譯語한문역어로 표시하고 본문은 모두 梵文語범문어로 새겨놓은 의미를 알게 한다고 하겠다.

---

3) 《韓國佛敎大辭典》(卷一), 寶蓮閣, 1982, p.584.

4) 同上 陀羅尼項에 보면「善法을 모두 지녀서 散失되지 않게 하므로 總持·能持·惡法을 막아서 일어나지 않게 하므로 能遮다. 陀羅尼의 힘의 作用을 四種으로 나눠서 말하니 ①法陀羅尼 또한 聞陀羅尼(佛의 說法을 듣고 지녀서 잊지 않으므로), ②義陀羅尼(諸法의 義를 모두 지녀서 잊지 않으므로), ③呪陀羅尼(禪定에 의하여 發한 秘密語로서 不思議한 神驗이 있으므로), ④忍陀羅尼(法의 實相에 安住함을 忍이라 하는데 陀羅尼가 能히 이를 成就시키므로)라 하였다.

5) 前揭, 《大漢和辭典》 卷十一, p.815, 陀羅尼項.

6) 孫正允, 《圓佛敎用語辭典》, 1980, 圓佛敎出版社, p.100, 陀羅尼項.

또한 이 비가 발견된 곳은 月光寺址월광사지로 통하는 계곡의 입구로 이곳으로부터 사지까지는 불과 200m의 거리이다. 그러므로 이 비는 월광사와의 깊은 관련이 있는 것으로 추정된다.

월광사지는 제원군 한수면 송계리 산 9번지에 위치한다. 사지에는 圓郎禪師塔碑원랑선사탑비가 있었으므로 유명하다. 이 탑비는 1922년 일인들에 의해 서울로 운반되었는데 현재 國立中央博物館국립중앙박물관 西便서편 뜰에 세워져 있으며, 보물 제360호로 지정되고 있다. 寺址사지 동남쪽에는 이 비석을 옮겨간 자리에 일제가 세운 移轉標石이전표석이 있다.

圓郎禪師塔碑원랑선사탑비는 화강암으로 총 높이가 395cm이며, 비신이 226cm이고, 비폭이 97cm이다. 碑題비제는 「□□□□□江府月巖山月光寺詔諡圓郎禪師大寶禪光靈塔碑 幷序」라 하고, 「朝請郎守錦城郡太守賜緋魚袋臣金穎奉 敎撰」하고, 「五騰山菩提潭寺釋迦沙門淳蒙奉 敎書」하였다고 하였으니 金穎김영이 撰文찬문하고 淳蒙순몽이 글씨를 썼음을 알 수 있다.

圓郎禪師원랑선사의 俗姓속성은 朴氏박씨이며 이름은 大通대통이고, 字자는 太融태융이라 하였고, 어려서부터 「經史 諸子百家 千經萬論」에 通曉통효하였다고 한다. 816년(신라 헌덕왕 8)에 태어나서 845년(문성왕 7)에 大德聖鱗대덕성린에게 수학하여 具足戒구족계를 받고 丹嚴寺단엄사에 거주하였다. 856년(문성왕 18)에 입당하여 仰山앙산의 證虛大師증허대사에게 사사하였으며, 그후 11년간 명산을 두루 찾았으며 866년(경문왕 6)에 귀국하였다. 廣宗大師광종대사는 圓郎禪師원랑선사의 귀국 소식을 듣고 사자를 월광사로 맞아들였으며 경문왕은 대사의 禪德선덕을 듣고 觀榮法師관영법사를 보내어 상금과 詔書조서로서 위로하고 월광사의 주지로 있도록 하였다. 883년(헌강왕 9) 10월 5일 68세로 입적하니 僧臘승납 39였다. 이듬해 2월 10일 北院북원에 장사지내고, 圓郎禪師원랑선사라 추증하고, 탑명을 大寶光禪대보광선이라 하였다. 탑비는 大師대사 滅後멸후 7년 뒤인 890년(진성왕 4, 龍紀

2) 9월 15일에 門下僧문하승 眞胤진윤 등이 刻字각자하여 세웠다.

禪師선사의 행적으로 보아 월광사는 신라 경문왕(861~874) 때 이미 절이 있었음을 알 수 있는데 비문에 의하면 神僧신승 道證도증이 창건하였다고 하였으나 그 시기는 알 수 없다. 폐사시기도 알 수 없다.

필자는 1982년 가을에 중원문화권유적정밀조사를 위임받아 제원군 일대를 조사하는 과정에서 이 월광사지를 조사를 한 바 있다[7]. 당시의 기록을 참고로 여기에 간추려 옮기고자 한다.

寺域사역은 약 2,000여 평의 계곡으로 높은 層段층단을 이루고 있으며 현재에는 낙엽송을 심어 울창하다. 전설에 의하면 승려들의 식사 준비시 쌀뜨물이 月川월천(또는 達川)의 하류인 상노리까지 흘렀다고 하니 약 15리가 된다. 사지 주변에는 塔部材탑부재로 보이는 네모판 위에 8각을 彫出조출한 地臺石지대석이 있으며, 그 위에 또한 8각형의 연화문 石佛臺石석불대석으로 보이는 석재가 2매 포개져 있다. 그 가까이에 臺石대석으로 보이는 1변이 161~82cm인 4각형의 석재가 2개, 8각형 대석이 있다. 이곳으로부터 20여m 떨어진 곳에 石鐘形석종형 浮屠부도가 1기 있으며 곳곳에 석재가 산재되어 있다.

이 사지로부터 북쪽으로 한 능선을 넘어 200여m 떨어진 곳에 주인을 알 수 없는 民墓민묘에 직경이 81cm인 8각형 대석으로 床石상석을 대신 하고 있다. 그 墓所築壇묘소축단의 일부로 이용한 8각형 연화문을 浮彫부조한 佛坐臺石불좌대석으로 보이는 석재가 2매 포개져 있고, 또한 8각형의 태석이 있다. 사지에서 옮겨온 것으로 보인다. 무책임한 民墓主人민묘주인을 탓하고자 하지만 문화재에 대한 일단의 관심을 일깨우는 운동도 벌여야 할 것이

---

7) 同 調査는 文化財管理局에서 忠北大學校博物館에 委任한 것이었으나 同大學博物館에서 다른 調査事業關係로 바빠 筆者에 再委任하여 韓宗求 敎授와 함께 實施하게 되었다.

라고 생각되기도 한다.

이 사지를 중심으로 하여 정교한 地臺石지대석·蓮花紋연화문을 浮彫부조한 臺石대석 등 다수의 석재가 산재하고 있는 것으로 보아 규모가 큰 사찰이었음을 알 수 있다. 石部材석부재 등을 한 곳에 모아 정비할 것은 물론이지만 사지를 발굴조사하여야 할 가치가 있는 유적지임을 알 수 있다[8].

이번에 발견된 梵文字범문자의 「大佛頂呪」비는 이상에서 살핀 바 있는 월광사지와 관련이 있는 것으로 보인다. 따라서 이 梵文碑범문비의 건립시기가 언제인가에 대하여서도 월광사와의 관계 속에서 찾아야 할 것이라 생각된다. 그렇다면 좀 높여서 본다면 신라 말기까지 볼 수도 있겠으나 월광사의 폐사기 전까지도 낮춰 볼 수 있을 것이라 생각되어 고려시대로 볼 수도 있을 것이나 현재로서는 확실한 시대의 추정이 어렵다. 앞으로의 계속적인 연구에 의할 수 밖에 없으리라고 본다.

Ⅲ. 特殊文字의 金石文

우리나라의 금석문은 한자로 새겨지고 있는 것이 일반적인 통례이다. 그러나 앞에서 본 바와 같이 異文字이문자 등 梵文字범문자의 특수한 문자로 새겨진 것들도 없지 않다. 大佛頂呪碑대불정주비와 같은 梵字범자로 된 것과, 女眞字여진자와 그리고 滿洲文만주문 및 蒙古文字몽고문자로 鐫刻전각한 것들이 있으며, 최근에 와서는 한글로 새겨지는 碑文비문이 점차 늘어가고 있다. 또한 西歐化서구화의 경향에 따라 英文字영문자로 새겨지는 경향도 보이고 있다.

梵文字범문자로 된 것들로 현재까지 알려진 것을 보면 大佛頂呪碑대불정주

---

8) 《中原文化圈遺蹟精密調査報告書》(堤川市·堤原郡), 1982, 忠北大學博物館, pp.70, 71.

비와 같이 陀羅尼타라니(眞言)를 새긴 불교적인 경문이 몇 점 있으니 《朝鮮金石總覽》에 실려 있는 것이 4점 있다. 이곳에 실려 있는 것은 그 題號제호가 한결같이 「大佛頂陀羅尼幢」이라는데 주목이 간다. 즉 陀羅尼타라니를 새긴 經幢경당이라고 하겠다. 幢당이란 《說文설문》에 보면 「旌旗之屬也, 从巾童聲」이라고 하였다. 이에서 보면 幢당은 본래 字義자의에서 생각해 보더라도 布帛포백으로 만드는 것으로 일종의 旗기 또는 幟치의 종류라고 하겠다. 그러나 이것이 변천되어 드디어는 石幢석당 또는 經幢경당과 같이 건축물의 형태로 된 것임이 분명하다. 석당은 돌에 구멍을 파서 기둥모양의 다각형의 石柱석주를 만들어 이곳에 佛號불호 또는 佛經불경을 새겨서 세우는 것을 말한다. 幢身당신은 8면 또는 6면으로 된 것이 보통이며 蓮座연좌의 基臺石기대석에 세우고 그 위에 簷石첨석을 놓고 첨석의 머리에 寶珠보주가 있는 것도 있다 한다.

또한 통일신라시대와 고려시대에 걸쳐서 창건된 사찰에는 幢竿당간이 세워지고 있음을 본다. 幢竿당간은 幢당을 걸기 위하여 세워진 竿간(장대)이므로 당과는 다르다고 하겠다. 그 모양은 높이 솟아 있어, 帆船범선의 帆檣범장을 닮았기 때문에 일반적으로 帆檣범장이라 하기도 하였으니[9] 청주의 용두사지 幢竿당간은 유명하다[10]. 우리나라의 石幢석당은 대개 6면당으로 신라시대의 慶州栢栗寺경주백율사 석당이 있다. 그러나 이것은 한자로 새겨지고 있다. 범문자의 것으로는 고려시대의 것으로 추정되는 「龍川佛頂陀羅尼

---

9) 《東國輿地勝覽》 卷六十五 淸州牧 古跡條의 「銅檣」項에 보면 「在州城內龍頭寺寺廢而檣在焉 高十余丈 世傳初設州時 用術者言 建此以表行舟之勢」라 하였으며, 同卷之三十五 羅州牧의 古跡條 「石檣」項에 「在東門外 世傳初設州時 術者 建此以表行舟之勢 門內亦有木檣」이라고 한 데서 알 수 있다.

10) 幢·石幢·幢竿 등에 대한 硏究로는 다음과 같은 글이 있으니 參照된다.
松本文三郎, 「朝鮮の幢ロ就いて」(《支那學論叢》 內藤博士還曆紀念).
今西龍, 「朝鮮慶州栢栗寺六面石幢刻文」(《考古學雜誌》, 1918, 7月號).
葛城末治, 「朝鮮の幢及び幢竿ロ就いて」(《朝鮮金石攷》, 1935).

幢」이 6면당으로 완연하다. 평안북도 용천군 읍동면 동부동에 있는데 당신의 높이가 7척 4촌이며, 각 면폭이 1척 2촌이다. 題號제호는 1면 상단 중앙에 한자로 「大佛頂陀羅尼幢」이라 하였고, 그 양 옆에 범자로 표시하였으며 그 밑으로 한문자로 8행을 새겼으나 아랫부분과 2면에서 6면까지는 전문이 범자로 새겨져 있다. 범문의 자경은 1촌, 한문은 1촌 2푼 해서체이다.

또한 황해도 해주군 영동면 청풍리에 「海州大佛頂陀羅尼幢」이 있다. 이 석당도 용천의 것과 같이 6면당이며, 그 모습도 비슷하여 1면의 상단 중앙에 「大佛頂陀羅尼幢」이라 제호하여 범문자로 모두 새겨놓았다. 당신고는 9척 1촌이며 각 면폭이 1척이다. 범문자경은 1촌 1푼이며 한문은 1촌 3푼으로 해서체이다.

경기도 개성군 송도면에 있는 「開城大佛頂陀羅尼幢」은 파편으로 선죽교의 橋材교재로 사용되었던 것이다. 길이가 5척이며 폭이 1척 2촌이다. 상단부에 범문자로 새기고 하단부에 한자로 번역하고 있는데 字經자경은 한자나 범문자가 모두 1촌 2푼이라고 하였다.

평양의 「大佛頂陀羅尼幢」은 평양의 순영리에서 옮긴 것으로 평안남도청에 있다고 하였다. 法首橋법수교에 사용하였던 것이라 전하는데 세로가 1척 6촌이며, 가로가 1척 3촌이다. 범문자는 자경이 8푼, 한문자는 1촌으로 해서체이다. 범문자 33자가 4행으로 새겨졌다.

이상은 《朝鮮金石總覽조선금석총람》에 의한 글이다. 강원도 평강의 「廣平寺陀羅尼幢」이 있는데 이는 尊勝陀羅尼존승타라니라고 한다[11]. 이상의 經幢경당은 모두가 휴전선 북방에 있어 현재의 주소는 알 수 없으며[12] 이들

11) 葛城末治, 《朝鮮金石攷》(1935) p.686에 보이고 있다. 「總督府博物館所藏의 寫本中」에서 확인하고 있다고 하였다. 지금 國立中央博物館에 所藏되고 있는지는 확인하지 않았다. 尊勝陀羅尼는 「佛頂尊勝의 공덕을 해설하는 다라니로 87句로 이루지며, 이 주문을 외어 지니면 수명이 길고 병과 재난이 없어져 몸과 마음이 편해진다 함」(신기철·신용철, 새우리말큰사전(하권) p.3024, 존승다라니項) 또한 이 經幢

은 모두 고려시대의 것으로 추정하고 있다[13].

이 밖에 광주의 十信寺址십신사지 梵字碑범자비가 있음에 주목된다[14]. 광주시 서구 죽동에 있으며 광주직할시 유형문화재 3호로 지정되고 있다. 이 비의 비신고는 3.96m이다. 그러나 이 비문은 한자로 새겨졌으며 비신의 상단부에 길이 83cm, 폭 68cm로 구획하여 寶珠보주와 같은 문양을 새기고 있다. 그런데 이 문양이 梵字범자의 옴(Om：唵)字자를 도안화한 것으로 하여금 이 비를 梵字碑범자비라고 하는 것 같다. 이에 대하여는《동국여지승람》에도 보이고 있으니, 光山縣광산현 佛宇條불우조의 十信寺項십신사항에 「在縣北五里 平地有梵字碑」라고 한 데서 알 수 있다. 이 비의 제호는 한자비문 상단부에 가로로 「大佛頂尊勝陀羅尼幢」이라 음각하고 있으므로 尊勝陀羅尼존승타라니의 經幢경당임을 알 수 있다[15]. 따라서 이 비는 옴자라는 범문자와 함께 陀羅尼幢타라니당을 새겨놓은 것으로 범자비라 하고 있음을 알 수 있다[16]. 그러나 이번에 발견된 송계리의 大佛頂呪碑대불정주비와 같이 범문자로 된 것이라고는 할 수 없다.

석비 외에 범문자를 새기고 있는 것으로 梵鐘범종·香爐향로 등이 있으며, 사찰의 瓦當와당에 浮彫부조하고 있는 것도 많이 있음을 본다. 梵鐘범종의 예로는 洛山寺銅鐘락산사동종·奉先寺大鐘봉선사대종·甲寺銅鐘갑사동종 등 보물급으로 모두 조선시대에 조성된 것이 있으며, 향로로는 고려시대의 것으

文이 梵字로 되어 있는 지도 알 수 없다.

12) 龍川·海州·開城·平壤의 大佛頂陀羅尼幢과 平康의 廣平寺陀羅尼幢은 현재 休戰線 北方에 있으므로 그 實際所在는 알 수 없다. 前記 4個는 1919年에 出刊된《朝鮮金石總覽》에 실려 있으며 平康의 것은 1933年에 이루어진 글로 葛城末治의《朝鮮金石攷》p.686에 보인다.

13) 前出, 葛城末治,《朝鮮金石攷》p.686.

14)《新增東國輿地勝覽》卷三十五, 光山縣 佛宇條.

15) 前主 11 참조.

16) 崔夢龍, 「光州十信寺址 梵字碑 및 石佛移轉始末」(考古美術 138·139 合輯, 蕉雨 黃壽永博士 華甲紀念論文集, 1978).

로 表忠寺표충사 靑銅含銀香垸청동함은향완(國寶 제75호)·通度寺銀入絲銅製香爐통도사은입사동제향로(寶物 제334호)·銅製銀入絲香垸동제은입사향완(寶物 제288호)·至正四年銘高麗靑銅鏤銀香爐지정사년명고려청동루은향로(寶物 제321호)가 있으며 조선시대의 百丈庵靑銅銀入絲香爐백장암청동은입사향로(寶物 420)가 있다.

범문자 외에 우리나라에는 女眞子여진자를 새기고 있는 石碑석비와 鏡鑑경감이 있다. 女眞子碑여진자비로는 함경북도 경원군 동원면 화동에서 1918년에 서울 국립중앙박물관으로 옮겨온 것이 있다. 4면비로 비신 상부는 결실되고 있는데 길이가 5척 8촌이며, 당이 1척 7촌 5분, 두께가 1척 3촌 5분이며 字經자경은 2촌이다[17]. 또한 함경남도 북청군 위후면 창성리에 磨崖碑마애비가 있으니 北靑女眞字石刻북청여진자석각이라고 이름하고 있다. 길이가 4척이며 폭이 2척에 字經자경이 2촌이다[18]. 이 밖에 女眞字鏡여진자경이 있으니 국립중앙박물관에 소장되고 있다[19]. 함경북도는 여진족이 살았던 지역이었으므로 있을 법한 일이다. 매우 중요한 자료라고 하겠다.

이 외에 만주문자와 몽고문자를 새기고 있는 三田渡汗碑삼전도한비가 있어 주목된다. 지금의 서울 강동구 송파동에 있는 비로 높이가 3.95cm, 폭이 1.4m로 원 비명은 大淸皇帝功德碑이다. 병자호란 때에 청태종이 인조의 항복을 받고 자기의 공덕을 자랑하기 위하여 세우게 한 것으로 비문은 李景奭이경석이 撰찬하여 1639년(인조 17)에 세운 것이다. 표면 왼쪽에는 몽고문, 오른쪽에는 만주문을, 뒷면에는 한자로 새긴 비석으로 특징적이다. 이 비는 본래 삼전도의 한강변에 있었던 것이었으나 한말에 수치스럽다고 하여 땅에 묻었다가 일제가 다시 캐내어 세웠던 것인데 광복 후에 또다시 땅

17) 《朝鮮金石總覽》(上) pp.551~552.

18) 同上 p.553 및 稻葉岩吉, 「北靑城串山城女眞字磨崖考釋」(《靑丘學叢》 2)이란 논문이 있기도 하다.

19) 《朝鮮金石總覽》(上) p.554에 의하면 2枚가 있다고 하였다. 鏡鑑의 背面에 각각 女眞字로 鑄刻하고 있다.

속에 묻었었다. 그러던 것이 여러 해의 장마에 둑이 무너져 내리면서 1959년 강변에 노출되어 누워있는 것을 필자 등이 발견하여 학계에 알려지자 그 후에 지금의 자리로 옮겨 세우게 되었다[20]. 우리나라 금석문 중에 특이한 예의 것이라고 하겠다.

1900년대에 접어들면서는 한글로 새기는 비문이 점차 늘어가고 있으며 최근에는 영문자비 등도 등장하기 시작하고 있으니 새로운 금석문화의 전환이라고 할 것이다.

Ⅳ. 結　言

필자는 大佛頂呪碑대불정주비의 발견 경위를 자세히 기록하였다. 이는 후일을 위하여서이다. 또한 우연한 연유에서 중요한 문화재를 확인할 수 있다는 데에 일반의 관심을 갖게 하고자 함에도 뜻이 있다.

또한 대불정주비와 월광사지에 대하여서도 마찬가지의 뜻을 염두에 두고 글을 전개하였다. 월광사지와 이 범문자의 대불정주비가 서로 깊은 관련이 있다고 할 때 제작년대의 추정이 가능할 것이다. 그러나 오늘에까지 발견된 범자문비의 대부분이 고려시대의 것으로 추정되고 있음을 보아 이 대불정주비도 고려시대의 것으로 생각할 수 있지 않나하고 생각하여 본다.

우리나라에서 그동안 발견된 범문자비는 대부분이 大佛頂陀羅尼幢대불정타라니당이었음을 알게 하였으며, 이 대불정주비도 실은 陀羅尼經文타라니경문을 새긴 것으로 볼 때 같은 연유에서 제작이 발상된 것임을 알 수 있다.

---

20) 筆者는 1959年 가을에 故金聲均 教授와 함께 三田渡를 踏査하게 되었다. 이때 이 碑石이 강둑에 비스듬히 경사지게 누워 있는 것을 발견하고 學界에 알려서 現在의 자리에 옮겨 세우게 된 것이다. 이에 대하여 筆者는 「山情都情」(1978. 1《忠淸文藝》)이란 隨筆 속에 발표한 바 있다.

즉 陀羅尼타라니는 眞言진언이며 呪語주어로서 讀誦독송은 하되 번역하지 아니한다고 하는 의미에서 원어인 범문을 그대로 사용하여 새겨놓은 것임을 알게 한다.

그러나 예외도 있으니 광주의 十信寺址梵字碑십신사지범자비라 일컫는 大佛頂尊勝陀羅尼幢대불정존승타라니당이다. 이는 漢文譯語한문역어로 새기고 있기 때문이다. 또한 현재까지 발견된 범문자의 비는 모두가 휴전선 북방에 있음에 비하여 송계리의 大佛頂呪碑대불정주비는 남한의 유일한 것이라 하는 데에 의미가 크다고 하겠다. 광주의 十信寺址碑십신사지비가 梵文碑범문비라 이름하고는 있지만 사실과는 다르기 때문이다.

大佛頂呪碑대불정주비가 갖는 의미는 또한 우리나라 불교사·불경연구에 귀중한 자료로서의 가치이다. 따라서 이 비를 원위치 주변에 碑閣비각이라도 세워서 보존조치를 하여야 할 것이며, 문화재적 가치 또한 크다고 보아 지정 보호되어야 하겠다고 생각된다.

(《鄕土史硏究會報》 창간호, 1988. 봄호)

追記: 이후 이 비는 德周寺로 옮겨져 보호각을 세우고 안치되어 있으며, 충청북도 유형문화재 제231호로 지정되었다.

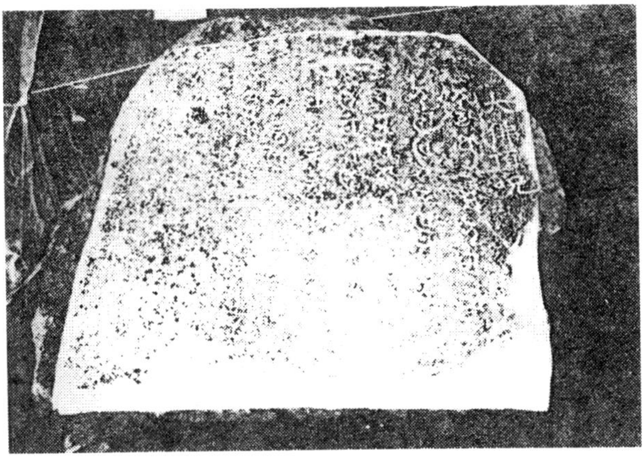

〈사진 1〉 大佛頂呪碑拓本

〈사진 2〉 藥城同好會員들의 調査

普覺國師 混修

〈목 차〉

Ⅰ. 머리말(普覺國師와 靑龍寺)

普覺國師보각국사는 고려 말기에 충주의 靑龍寺청룡사를 중심으로 하여 開天寺개천사의 주지 등을 맡아 선종의 높은 법리를 펴다가 말년에는 청룡사의 宴晦菴연회암에서 입적한 大禪師대선사이다. 따라서 지금 청룡사터에는 그와 관련한 유물이 남아 전하여지고 있으니 국보 제197호로 지정된 普覺國師定慧圓融塔보각국사정혜원융탑과 이 탑의 후면에는 보물 제658호로 지정된 보각국사정혜원융 塔碑탑비가 있으며, 탑의 전면에는 보각국사정혜원융 塔前獅子石燈탑전사자석등이 보물 제656호로 지정되고 있다.

또한 이 외에 주변에는 석종형 부도(문화재자료 제54호)와 부도부재, 靑龍寺位田碑청룡사위전비(유형문화재 제242호) 등 석조유물이 많이 있으나 대표적인 유물 등이 보각국사와의 관련이 그 주류를 이루고 있기 때문에 청룡사는 보각국사와 관련을 맺으면서 크게 번영을 이루었다고 하겠다.

그러나 보각국사의 행적에 관한 기록은 사실상 없는 형편이며, 다만 그의 行狀행장을 짐작케 하는 것은 유일하게 위에 기록한 보각국사 정혜원융답

비에 새겨진 비문 뿐이라고 하겠다. 그러므로 보각국사에 관하여 살피고자 하면 우선 청룡사에 대한 이해가 요구된다고 하겠다.

청룡사는 조선 말기에 소실되고 지금은 절터 만이 충주시 소태면 오량리 산 32번지의 淸溪山청계산 산록에 자리하고 있다. 청룡사에 관하여도 기록이 없어 그 연혁정도도 알 수 없다. 다만 創寺창사에 관한 사실과 폐사에 대하여는 전설적으로 전하여 오는 이야기가 있어 참고가 될 뿐이다.

창사에 관하여는 《蘂城春秋예성춘추》에,

「청계산 중허리에 조그만 암자가 있으니 그곳이 곧 靑龍寺청룡사요 그 유래를 더듬어 보건대 그 시초는 알 길이 없으나 고려 말경 이곳에 한 암자가 있어 보각국사(조선 太祖大王의 師父)가 이 암자에 은거하실 때 태조께서 이를 애석히 여기시어 그곳에 백여 년간 걸려 대사찰을 지어 주셨다 한다.」[1]고 하였으며, 또 하나는, 「…… 어느 해 봄 화창한 날 道僧도승 한 사람이 소태면 오량동 앞을 지나는데 난데없이 구름이 모이고 뇌성을 하더니 소나기가 쏟아진다. 도승이 급히 나무 밑으로 피하는데 공중에서 두 마리의 용이 如意珠여의주를 가지고 희롱하다가 그 여의주를 땅에 떨어뜨렸다. 한 마리의 용이 날세게 땅으로 여의주를 향하여 내려오다가 청계산 위로 올라간다. 여의주는 땅에서 큰 빛을 내더니 간 데가 없고, 두 마리 용도 간 데가 없다. 그러고 나서 비는 멈추고 말았다. 도승은 두 용이 爭珠쟁주하다가 여의주를 떨어뜨린 일, 또한 여의주가 광채를 내던 일을 곰곰이 생각하니 이상한 일이다. 용은 청계산 저쪽으로 가 버리고 여의주 떨어진 곳에 가 보니 여의주는 볼 수 없다. 산세를 두루 살피니 그곳이 飛龍上天形비룡상천형의 吉地길지임

---

1) 《蘂城春秋》 p. 292, 靑龍寺의 沿革조. 청계산 중허리에 있는 암자는 원 청룡사 절터와는 관련이 없다. 다만 이름을 '청룡사'라 하여 1665년에 중건하였다고 한다. 또한 태조가 백여년 간에 걸쳐서 절을 지어주었다고 하였으나 과장된 이야기라 생각된다. ※본문에는 '李太祖'라고 하였으나, '朝鮮太祖'라 하였다. 이는 식민지 용어라고 보기 때문이다.

을 알았다. 용은 청각의 동물이요 힘은 꼬리에 있다는 것을 상기하여 용의 꼬리가 어디냐면 현 청룡사 터였다. 그래서 이곳에 암자를 짓고 청룡사라 명명하였다.」[2]고 하는 이야기다.

이 두 이야기를 보면 보각국사와 관련은 있으나 이미 그 이전부터 청룡사가 있었음을 알 수 있다.

또한 공민왕 6년(1357)에 건립되었다고도 하나 이는 보각국사 혼수가 거처로 마련한 宴晦菴연회암의 건립시기와 같으므로 잘못 전해지고 있음을 알 수 있다. 이에 대하여는 뒤에 다시 논하기로 한다.

이상에서 볼 때 청룡사는 보각국사와 관련된 사실 외에는 뚜렷한 사적이 없다. 다만 숙종 18년(1692)에 세워진 청룡사 位田碑위전비에 의하여 당시 사찰경영의 형세를 짐작할 뿐이다[3]. 이에 의하면 경제적 후원자가 많아 경영에 있어서 상당히 여유가 있었던 것으로 생각된다. 그리고 폐사에 관한 전설이 있을 뿐이니 다음과 같다.

《예성춘추》에는,

「조선시대에는 국내 굴지의 名刹명찰로 내려오다가 조선 말엽에 이르러 閔氏勢道민씨세도시에 閔大龍민대룡 판서란 자가 있어 자기 소실의 묘를 쓸 때 중에게 많은 돈을 주고 절을 불살랐다 하는데, 그 중은 절에 불을 지르고 도주하다가 노은면 某山모산에서 낙뢰에 맞아 죽었다 하며, 현재 민대룡 소실의 묘는 묵어 있다. 그 묘는 청룡사로 소풍오는 학생들의 좋은 놀이터가 되어 있다.」고 하여 권세가에 의하여 불태워졌음을 알 수 있다.

그러나 廢寺폐사 시기에 대하여는 의문이 가는 기록이 있다. 《輿地圖書여지도서》(영조 35, 1759) 寺刹사찰조에는 「在縣北五十里省台陽面」이라 하고,

---

2) 《寺誌》 p. 591, 「明堂 青龍寺」, 충청북도, 1982.

3) 位田碑에는 신도들이 香火需를 목적으로 출연한 전답으로 영구히 供佛하고자 한 뜻이 담겨 있다. 陰記에는 佛粮願納秩·寺位田畓秩·施主秩·山中秩등의 순으로 불도들이 시주한 品量을 새기고 있어 당시의 사찰경영을 위한 경제상을 알게 한다.

이후의 地誌지지에도 이와 같이 기록하여 오다가 《湖西邑誌호서읍지》(고종 7, 1870)에서 〈今廢금폐〉라 하여 늦어도 1870년 이전에 폐사되었음을 알 수 있다. 그런데 위의 조선 말 민씨의 세도 시기라고 한다면, 대원군이 밀려나고 閔妃민비가 등장한 고종 10년(1873) 이후의 사실로 보아야 하기 때문이다.

여흥 민씨 世譜세보에서는 민대룡 판서를 확인할 수 없었다. 그러나 현재 청룡사지 북쪽의 후면으로 50여m에 문제의 묘소가 있으나 아무도 돌보는 이가 없는 묵은 묘이다. 폐사시기에 대하여는 여전히 의문이 간다. 다만 절의 폐사에 관한 이야기로는 '빈대가 많아 불태웠다'는 일화가 일반적임에 반하여 청룡사는 세도가의 권세에 의하였다고 하니 조선 말기 세도가의 권력 횡포가 어떠하였는가를 말하여 주는 사실로 받아들여진다고 하겠다.

이상과 같이 보각국사와의 관련 외에는 현존하는 유구에 의하여 짐작할 수 밖에 없다. 따라서 사찰의 규모와 유구를 확인하기 위하여 필자가 주도하여 1990년도에 지표조사를 하였으며, 1996년에는 당시 愚岩精舍우암정사측에서 절터를 매입하여 사찰 복원을 하겠다고 하여 사역에 대한 발굴조사를 하여 금당지 등 유구를 확인한 바 있었으나[4] 사정에 의하여 사찰복원이 이루어지지를 못하고 현재에 이르고 있다.

Ⅱ. 普覺國師 混修(幻菴)의 生涯

1. 家系와 出生

보각국사는 법명(휘)이 混修혼수이며, 字자는 無作무작이고 호는 幻菴환암

4) 《靑龍寺址 地表調査報告書》, 충주공업전문대학 박물관, 1990.
《忠州 靑龍寺址 發掘調査報告書》, 충주산업대학교 박물관, 1996.

이다. 本姓본성은 趙조씨로서 광주 豊壤풍양현이 본관이다. 고려 충숙왕 7년(1320) 3월 13일에 憲府헌부의 散郎산랑인 淑鴒숙령을 아버지로 하고, 어머니 청주 慶경씨와의 사이에서 아버지의 임지인 龍州용주(경북 예천 龍宮)의 治所치소(관사)에서 태어났다.

아버지가 하루는 사냥을 나갔는데 사슴 한 마리가 달아나다가 우뚝 서 두 번씩이나 뒤돌아 보는 것을 보고 활을 당기려 하다가 이상한 생각이 들어 뒤돌아보니, 그 새끼가 어미를 뒤따라 오고 있었다. 아버지는 "짐승도 새끼를 생각하는 것이 사람과 무엇이 다르랴"하고 탄식하면서 곧 사냥을 그만 두었는데 몇 달 안되어 병으로 임지인 용주에서 종신하였다.

어머니는 아버지의 상을 받들고 어린 아들과 함께 고향으로 돌아왔다고 하였으니 혼수는 아버지를 어려서 일찍 여위고 어머니를 따라 고향에 와서 어머니의 훈육을 받으며 성장한 것으로 본다.

혼수에 관한 기록은 보각국사정혜원융탑비문이 중심을 이루고 있으며, 이 외에 부분적인 사실을 확인할 수 있는 내용이 약간 있으니 다음과 같다.

① 보각국사정혜원융탑비 : 이 비문은 현재 오랜 풍우로 인하여 마멸이 심하여 완전한 판독이 어렵다. 다행하게도 비문의 撰者찬자 權近권근의 문집인 《陽村集양촌집》 권37에 실려 있어 어려움이 해결되고 있다.
② 《高麗史고려사》 권135 열전48, 辛禑신우3 우왕 9년 2월조
③ 《高麗史고려사》 권137 열전50, 辛禑신우5 우왕 14년 6월조
④ 《牧隱文稿목은문고》 권4, 《東文選》: 권74 記기, 李穡이색 幻菴記환암기/平心堂記평심당기
⑤ 《慵齋叢話용재총화》 제6권 釋混修號幻庵석혼수호환암조 : 成俔撰성현찬
⑥ 《海東雜錄해동잡록》4 成俔성현조 : 權鼈編著권별편저. 이곳에 단편적인 사실이 수록되고 있다.

이 외에도 혼수의 제자에 대한 기록에서 혼수에 관한 단편적인 기록 등이 보이고 있다. 위의 자료에서 보면 사실에 대한 기록에 상호간에 차이를 보이는 곳도 있다. 따라서 혼수의 생애에 대하여는 ①의 보각국사 정혜원융탑비문을 옮기는 것을 기본으로 하고 기타의 자료를 보완 정리하고자 하였다.

혼수는 豊壤풍양을 본으로 하고 있다. 그 세계를 보면 시조는 고려의 건국시기에 공을 세워 統合三韓壁上開國功臣통합삼한벽상개국공신이 되고, 上柱國三匡門下侍中平章事상주국삼광문하시중평장사에 오른 趙孟조맹(초명은 巖이었으나 孟은 하사받은 이름이다)이다. 그러나 시조 이후 후계가 失傳실전되었으나 중간에 두 파가 형성되어 내려오고 있다. 시조 이후 6세가 실전되고 8세손인 天和寺殿直천화사전직 趙之藺조지린을 1세로 한 전직공파와, 몇 대를 실전하였는 지를 모르는 平章公평장공 趙臣赫조신혁을 1세로 한 파가 있으니 계보는 다음과 같다.

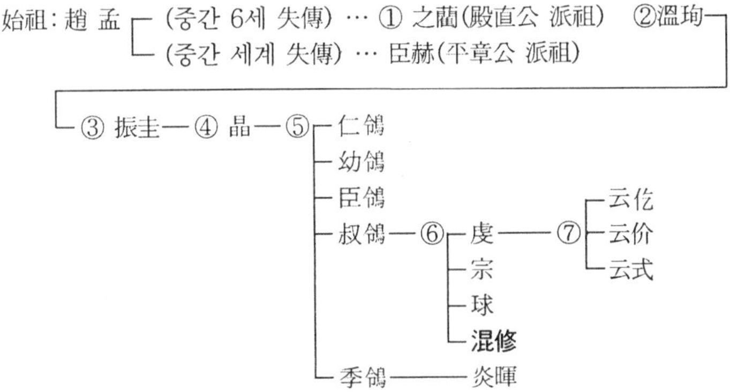

混修혼수는 위의 세계에서 보아 ① 之藺지린을 파조로 한 전직공파의 6세로 아버지 叔鴒숙령의 넷째 아들로 태어났음을 알 수 있다[5].

혼수가 어렸을 때 병을 앓아 어머니는 점을 친 일이 있는데 그 점쟁이의 말이 "이 아이가 出家출가하면 병이 나을 뿐 아니라 大和尙대화상이 될 것이

5) 《豊壤趙氏世譜》 一, 五重刊 戊午譜, 豊壤趙氏世譜所, 1979.

다"라고 한 일이 있었다. 이에 혼수가 13살이 되자[6], 그 어머니는 혼수에게 이르기를 "네가 갓 태어났을 때 너의 아버지가 몹시 귀여워 하였다. 그리하여 사슴의 母情모정에 감동되어 곧 사냥을 그만두었으니, 이는 너의 살리기를 좋아하는 인자한 도의가 이미 襁褓강보에 있을 때부터 나타난 것이다. 하물며 점쟁이의 말이 그러함에랴"하고, 출가시켰다.

이에 대하여《용재총화》에는「어려서 아버지를 잃고, 겨우 13세에 아저씨[叔] 鴒영을 따라 교외에 사냥을 나갔는데 사슴 한 마라가 달아나다가 뒤돌아 보며 무엇을 기다리는 듯하더니, 곧 새끼 한 마리가 쫓아왔다. 이것을 보고 크게 느껴 "짐승이 그 새끼를 생각하는 것이 사람과 무엇이 다르랴"하고 곧 돌아가신 아버지를 생각하고[念考] 사냥을 멈추고 머리를 깎고 중이 되었다」[7]고 하였다.

여기에서 죽은 아버지를 생각[念考]하였다고 하였으나, 이것은 저자인 成俔성현이 혼수의 아버지가 叔鴒숙령인 것을 '아재비'[叔]로 잘못 풀이한 데서 온 착오이며, 또한 13세에 숙부와 함께 사냥을 나가 사슴 모자의 정을 직접 느낀 것이 원인이 되어 출가하였다고 하였으나, 碑文비문에 의하여 그 아버지가 혼수가 강보에 있을 때의 사냥에서 느낀 사실을 어머니에 의한 교훈 "是汝慈仁護生之道(이는 너의 살리기를 좋아하는 인자한 도)"로 삼아 출가의 계기를 삼게 된 것으로 보아야 할 것이다.

혼수는 어머니의 말에 따라 13세 때에 대선사인 繼松계송에게 가서 머리를 깎고 내외 經典경전을 익혔는데, 특이한 총명과 지혜가 날로 열리고 날로

---

6) 年甫逾一紀라 했으니 一紀(12)를 겨우 넘겼으니 13세가 된다. 12세로 보는 것은 잘못이다.

7)《慵齋叢話》6권, 釋混修號幻庵조「早喪厥考 年甫十三 隨叔鴒獵于郊 有一鹿前走若有顧待者 俄而一鹿兒追至 因感慨曰 獸之念兒 與人何別 卽念考休獵 祝髮爲釋 ……」.《海東雜錄》4,「幻菴早喪父 年十三隨獵于野 ……… 及念父不復獵也」라 하여 같은 뜻을 보이고 있다.

더하여져 높은 명성을 떨쳤으며, 같은 무리들이 감히 그를 능가하지 못하였다 한다. 그러므로 드디어 그 스승 다음의 자리를 차지하게 되었다.

22세가 되던 충혜왕 복위 2년(1341, 신사)에 禪試선시에 응시하여 上上科상상과로 합격하였다. 그러자 儒生유생과 釋門석문의 친구들이 날로 붙좇았으나, 항상 身命신명의 幻化환화가 고르지 못함을 탄식하며, 초연히 명예의 굴레(속박)에서 벗어나려고 마음먹고 있었는데, 갑자기 어머니의 이웃(고향)에서 비명에 죽은 자가 있다는 소식을 듣고 더욱 비감한 생각이 들어 입산할 뜻을 굳히었다.

29세 되던 충목왕 4년(1348, 무자)에 어머니를 하직하고 떠나려 할 때, 둥근 해가 혼수의 얼굴을 바로 비치는 꿈을 꾸었다. 이미 경사로운 징조임을 깨닫고 곧 금강산으로 들어가 마음을 다잡고 2년 동안 나무열매를 먹으며 베옷을 입고, 잠도 자지 않고, 잠시도 몸을 눕히지도 않으며 종신할 것같이 공부에 정진하였다.

그러자 어머니가 애타게 기다린다는 소식을 듣고 즉시 돌아와 뵙고는 偈게[8]를 지어 이르기를,

> 바위 앞의 송백松柏에게 말을 하노니,
> 다시 와서 너와 더불어 일생을 마치리라.

고 하였다[9].

그리고 京山경산에 머물면서 멀리 나가지 아니하기를 무릇 5, 6년에 이르러 어머니가 돌아가시었다. 그러자 사람을 시켜서 《대자묘법화경大字妙法華經》을 써서 어머니의 명복을 빌었다.

---

8) 偈: 佛家의 詩詞이다. 산문체로 된 경전의 1절이나 맨 끝에 4자로 된 글귀로 묘한 뜻을 읊어 놓은 韻文.

9) 위의 책, 「往金剛山 食木衣麻 脇不霑席 若將終身焉 念慈母倚門之望 遂還作偈云 寄語巖前松柏樹 重來與爾終天年」이라 하였다.

그리고는 禪源寺선원사(강화 선원면)에 가서 息影鑑和尙식영감화상을 배알하고 그에게 愣嚴經능엄경을 배웠는데, 다른 중들은 겉만을 핥았으나 오직 혼수 만이 홀로 오묘한 진리를 터득하였다고 한다[10].

2. 青龍寺의 宴晦菴

재상 趙雙重조쌍중이 休休菴휴휴암을 새로 짓고 혼수를 맞이하여 首楞수릉의 요지를 강연하게 하였는데 청아하게 뽑아내는 말 재주가 있어 마음대로 사람을 울리고 웃기었다. 여기에서 3년을 머물다가 忠州충주의 青龍寺청룡사로 갔다. 그리고 청룡사의 서쪽 산기슭에서 시내를 따라 올라가면 산봉우리가 사방에 둘러있고 주위가 고요한 옛 집터가 있는데, 혼수는 몸소 나무와 돌을 날라다가 집을 지어 宴晦菴연회암이란 편액을 걸었다[11]. 이는 그 자신의 心迹심적을 나타낸 것이라 하였으니 조용하게 거처하겠다는 뜻으로 풀이된다. 이 무렵 혼수는 38~9세로 추정된다.

공민왕[玄陵]이 선사의 행적이 바른 것을 높이 여겨 檜岩寺회암사(경기 양주 회암리)의 주지로 청하였으나 가지 않고, 곧 金鰲山금오산으로 들어갔다가 다시 五臺山오대산에 들어가 神聖菴신성암에 거처하였다. 이때 懶翁나옹 惠勤和尙혜근화상(1320~1376) 또한 孤雲菴고운암에 있었다. 때문에 자주 만나 道도의 요지를 질의하였는데, 나옹은 뒤에 金襴袈裟금란가사·象牙拂상아불·山形杖산형장을 혼수에게 주어 믿음의 표로 삼았다.

---

10) 위의 책에서는 「모든 중들은 그 거죽을 핥았으나 혼수(師) 만이 홀로 깊이 오묘한 도를 깨달았다(衆皆粗得其皮 師獨深味骨髓)」고 하였다.

11) 青龍寺는 이미 있었음을 알 수 있다. 그러나 《한국지명총람》 3, 충북편 p.440, 한글학회, 1970과 《藥城春秋》 p.396에서는 청룡사가 공민왕 6년(1357) 춘2월에 건립되었다고 하였다. 어떠한 자료에 의한 것인지는 알 수 없으나, 이는 청룡사가 아니라 宴晦菴의 창건으로 봄이 옳을 것이다. 이 시기에 혼수는 38~9세이며, 공민왕 6~7년으로 추정되기 때문이다. 青龍寺터의 서쪽 능선상에 경작지가 있는데 많은 瓦片과 자기편이 보인다. 옛 宴晦菴터이다.

42세가 되던 공민왕 10년(1361) 가을에 왕은 江陵道강릉도 安廉使안렴사에게 명하여, 혼수를 모셔다가 대궐에 나가 講壇강단의 자리에 오르게 하니 혼수는 도중에 도망쳐 山水산수 속에 자취를 감추고 명산을 편력하며 그 지조를 더욱 굳혀갔다.

50세가 되던 공민왕 18년(1369)에는 白城郡백성군(지금 安城) 사람 金璜김황이 願刹원찰 瑞雲寺서운사에 혼수를 맞이하였는데, 혼수는 僧堂승당을 열고 廊廡낭무를 수리하여 禪會선회를 크게 베푸니, 사방의 승려들이 소문을 듣고 와서 배알하는 자가 많았다.

51세인 공민왕 19년(1370, 경술) 7월에, 왕이 功夫選場공부선장을 마련하여 禪敎山門선교산문의 여러 승려[衲子]를 모아 나옹에게 명하여 그들을 시험하게 하고, 왕이 친히 지켜보았다. 나옹이 한마디 묻자 여러 승려들은 한 사람도 대답하는 자가 없었다. 왕이 불쾌하여 자리를 파하려 하자, 혼수가 뒤늦게 이르러 威儀위의를 갖추고 堂門당문 섬돌 아래 서 있었다[12].

나옹이 "무엇이 當門句당문구냐?"고 물으니, 혼수는 즉시 섬돌에 올라가 "좌우로 치우치지 않고 중앙의 한복판에 서는 것입니다"라고 답하였다. 또 入門句입문구를 물으니, "들어오니 도리어 들어오지 않았을 때와 같다"고 대답하고, 또 門內句문내구를 물으니, "안과 밖이 본래 空공(아무 것도 없다는 것)인데 中중이 어떻게 성립되겠습니까?"라고 대답하였다.

나옹이 또 三關삼관[13]으로 묻기를 "산은 어찌하여 멧부리에서 그치는가?" 하니, "높으면 곧 낮아지고 낮아지면 곧 그치게 됩니다"라고 대답하고,

12) 이에 대하여《慵齋叢話》에서는「玄陵建道場於廣明寺 以懶翁主之 一時衲子無有升堂者 上有不豫色 薄暮將罷 場師後至 上喜甚迓之 師立門外……」라 하여 廣明寺에 도장을 세웠다고 하고, 왕이 질병으로 불편하여 저물 무렵에 파장하려 할 때 혼수가 나중에 오자 왕이 기뻐하며 맞아들였다고 하였다.

13) 진리를 달관하는 세 가지 智로, 諸家에서 三觀을 說하였으나 天台의 삼관이 가장 널리 통용되고 있으니 空觀·假觀·中觀을 말함.

"물은 어찌하여 개울을 이루는가?"하니, "大海대해가 스며 흐르는 곳마다 개울이 됩니다"라고 대답하고, "밥은 어찌하여 백미로 짓는가?"하니, "만약 모래를 찐다면 어떻게 좋은 음식이 될 수 있겠습니까?"라고 대답하였다. 나옹이 곧 고개를 끄덕이자, 왕이 攸司유사를 명하여 문답한 구절을 入格文입격문으로 만들고 宗門종문에 머물게 하자, 혼수는 왕이 內院내원에 머물게 하고 싶어 하는 줄 알고 몰래 도성을 빠져나가 圍鳳山위봉산에 숨어 있었다.

53세인 공민왕 21년(1372, 임자)에 왕의 명에 못이겨 佛護寺불호사의 주지가 되고, 이듬해에는 왕명으로 內佛堂내불당에 불려갔으나, 혼수는 깊은 밤을 이용하여 남몰래 빠져나와 곧바로 平海평해의 西山서산으로 갔다. 칙명으로 여러 도에 찾기를 마지아니하므로 곧 나와서 왕명에 응하였다.

55세인 공민왕 23년(1374, 갑인) 정월에 비로소 내원에 들어갔는데, 왕이 자주 法要법요를 물었고, 王大妃왕대비가 더욱 존경하였다. 9월에 왕이 승하하자 禑王우왕(康宣君)이 계승하여 '廣通無碍圓妙大智普濟광통무애원묘대지보제'의 존호를 내렸다.

56세인 우왕 1년(1375, 을묘) 가을에는 松廣社송광사 주지로 옮겼으며, 57세인 우왕 2년(1376, 병진) 3월에는 글을 올려 내원을 떠나서 瑞雲寺서운사로 돌아갔다.

59세인 우왕 4년(1378, 무오)에는 稚岳山치악산에서 宴晦菴연회암으로 돌아왔다. 하루는 문 앞에 손이 찾아오자 혼수는 곧 침실로 들어가 병을 핑계하고 나오지 않았는데, 그 손은 中使중사(內侍)였다. 光巖寺광암사를 맡아 달라고 청하였는데, 혼수는 병으로 사양하였으나 허락을 얻지 못하여 겨우 3년을 지내고 나서 다시 물러가기를 청하였다. 그러나 소식이 없자, 밤에 도망쳐 原州원주 白雲菴백운암으로 갔다. 이후부터 龍門용문·淸平청평·稚岳山치악산 등을 편력하면서 다시는 주지가 되지 않기로 맹세하였다.

또한 연회암으로 돌아온 1378년부터 수 년간에 걸쳐서 혼수는 佛書불서의 간행사업에 힘을 기울였으니 다음 장에서 다루겠다.

64세인 우왕 9년(1383, 계해) 2월에 조정에서 의논하기를 옛 제도에 따라 釋門석문에서 덕망이 있는 사람을 골라 세워서 사범을 삼고자 하였는데 당시 물망이 모두 혼수에게 주목되었으므로 國師국사를 명하였다[14]. 혼수는 이 말을 듣고도 기뻐하지 않았으며 은퇴하기를 꾀하니, 문인 甘露長老감로장로 慶觀경관이 말하기를 "이는 스스로 안정하려는 계책 뿐입니다. 지금 나라 임금이 불법을 존숭하는 의미에서 이 일을 거행하려는 것이니, 그 취지가 매우 훌륭합니다. 선사께서는 사범이 되어 다소나마 안정하여 함부로 움직임이 없게 하소서" 하였으나, 끝내 사양하면서 게를 지었으니 다음과 같다.

三十年來不入塵　삼십년 동안 속세에 들어가지 아니하고
水邊林下養情眞　물가와 수풀밑에서 참된 성정을 길렀는데
誰將擾擾人間事　누가 시끄러운 인간사를 가지고
係縛逍遙自在身　소요하고 자재하는 몸을 속박하고자 하는고.

하였다[15].

4월 초1일에 왕이 相臣상신 禹仁烈우인열 등에게 御書어서·印章인장·法服법복·禮幣예폐를 받들어 혼수가 있는 연회암에 나와서 '國師大曹溪宗師禪敎都摠攝悟佛心宗興慈運悲福國利生妙化無窮都大禪師正遍智雄尊者국사

14) 《高麗史》 권135, 傳 48, 禑王 9년 2월조에 「混修爲國師 粲英爲王師」라 하였다. 粲英(1328~1390)은 충주시 嚴政面 槐東里에 있는 億政寺址에 그의 碑인 大智國師碑(보물 제16호)가 전하고 있다.

15) 《慵齋叢話》 6권.

16) 開天寺는 충주시 東良面 荷川里에 있으며, 이곳에는 麗初에 세워진 淨土寺法鏡大師慈燈塔碑(보물 제17호)가 있으며, 홍법국사실상탑(국보 제102호)과 동 탑비(보물 제359호)가 있었으나 1915년에 서울로 운반되어 국립중앙박물관에 보존되어 있다. 또한 고려 말에 한때 史庫로 이용되기도 하였던 곳이다.

대조계종사 선교도총섭 오불심종 홍자운비복국리생 묘화무궁도대선사 정변지웅존자'로 책봉하였다. 그리고 충주의 開天寺개천사로 상주하는 곳을 삼았다[16]. 그 해 가을에 瑞雲山서운산으로 가니, 왕은 또 正郎정랑 朴元素박원소에게 鞍馬안마를 주어 보내어 모셔오게 하였다.

65세인 우왕 10년(1384, 갑자)에 倭寇왜구가 충주를 침범하자, 조정에서 걱정하기를 "개천사 주위가 해적의 소굴이 될 터인데 선사께서 거기에 머무니 어찌 편안할 수 있겠는가?"라고 하여, 왕에게 아뢰어 사람을 보내 光巖寺광암사로 맞아 왔다. 광암사에 이르자 上言상언하기를,

"老僧노승이 개천사를 사양하지 못하고, 또 광암사에 머물게 되었습니다. 절 하나를 맡는 것도 노승의 본뜻에는 어긋나는데 둘을 겸할 수 있겠습니까? 전하께서 만약 노승으로 하여금 先君선군의 명복을 비는데 전심하게 하시려면 개천사는 다른 사람에게 맡기소서"하니 왕이 이르기를,

"개천사는 선사께서 끝까지 머물러 있어 그 음덕을 입을 곳이요, 광암사는 내가 청하여 演法연법하게 한 곳이니, 둘 다 겸한들 무엇이 해로우랴?" 하였다.

66세인 우왕 11년(1385, 을축) 가을에 50일 동안의 白傘盖道場백산개도량[17]을 설치하여 온갖 재변을 물리치게 하였는데, 명망 높은 유생들과 학식 있는 승려들이 많이 와서 청강하였고, 마지막에는 임금까지 행차하여 예를 베풀었다.

67세인 우왕 12년(1386, 병인)에는 大妃대비 安氏안씨가 玄陵현릉(공민왕)을 좋은 곳으로 천도하기 위하여 輔國寺보국사에 佛頂會불정회를 베풀고 혼수를 초청하였다. 왕은 또 壽昌宮수창궁에 초대하여 消災席소재석(재앙의 소멸을 비는 자리)을 주관하게 하였는데, 돌아갈 때에는 代言대언 李稷이직을 딸

---

17) 白傘盖道場: 五佛頂의 하나. 결백 청정한 자비로써 널리 법계 중생에게 두루 덮어 주는 것이, 마치 일산이 사람을 덮는 것과 같다하여 백산개라 한다.

려 보내 존경을 표하였다.

69세인 우왕 14년(1388, 무진) 5월에 이성계가 위화도에서 회군하여 우왕을 내치고 어린 昌王창왕이 그 뒤를 계승하자, 혼수는 개천사로 돌아갈 것을 청하자, 창왕이 특별히 사람을 시켜 護行호행하게 하였다. 왕은 6월에 혼수에게 國師국사를 다시 명하였다[18].

70세인 창왕 2년(1389, 기사) 겨울에 공양왕이 즉위하자, 表文표문을 올리며 印인을 봉하여 조정에 드리고 치악산으로 들어갔는데, 몇 달 안되어 다시 國師국사로 봉하고 사람을 보내 개천사로 다시 모셔오게 하였다. 공양왕이 潛邸잠저에 있을 때 혼수와 함께 大藏經대장경의 완성을 염원하였는데, 공양왕 3년(1391) 가을에 장정과 교정이 끝나므로 서운사에 두고 크게 慶會경회를 베풀었다. 이때 공양왕은 內臣내신을 명하여 香향을 내리고 혼수를 맞아 證師증사[19]를 삼게 하였다.

3. 入寂

73세인 1391년(辛未) 7월에 이성계가 혁명하여 건국하자 혼수는 즉시 표문을 올려 축하하고, 얼마 뒤에 노병으로 그 직위와 절[寺]에서 물러날 것을 청하여 牋文전문과 함께 印인을 보낸 다음 청룡사로 행장을 옮겼다. 侍者시자 湛圓담원이 전문과 인을 받들고 대궐에 나가니, 왕의 뜻이 전과 같이 스스로 섬기고자 해서 곧 인을 되돌려 보냈다. 담원이 선사에게 와 아뢰니, 선사는 이마를 찌푸리면서 "내 늙고 또한 병들어 오래 지탱할 수 없거늘, 명철한 주상께선 어찌하여 나의 소원을 막느냐?"고 하였다.

얼마 안되어 痢疾이질에 걸려 10여 일 동안 낫지 않았다. 용변이 잦았으나

18) 《高麗史》 권137, 傳 50, 禑王 14년 6월조. 이 때에도 粲英은 王師에 명하고 있다.
19) 證師 : 法會를 증명할 임무를 맡은 法師

남에게 부축을 받지 않았으며, 피곤하여도 편히 눕지 않고 언제나 꼿꼿이 앉아 있었다. 9월 18일 병신일에 遺書유서를 쓰게 하면서 문인에게 이르기를 "내가 갈 때가 오늘 저녁이라, 고을의 관원을 불러 印인을 봉해야 하겠다"고 하더니, 저녁 때가 되자 앉아서 말하기를 "지금 죽을 때가 되었다. 나는 운명하겠노라"하고, 곧 偈게를 베푼 다음 묵묵히 示寂시적하였다고 하였으니, 게에 이르기를,

任運騰騰度一生　천운에다 맡기고 마음대로 일생을 보내니
病中消息更惺惺　병중의 소식이 또한 분명하도다.
無人識得吾歸處　내가 가는 곳 아는 사람 없으니
窓外白雲橫翠屛　창 밖에 흰 구름이 푸른 산에 둘려 있네.

이라 하였다[20].

8일 동안 床상에 앉았으되 얼굴이 평시와 같았다. 25일 계묘에 문인들이 연회암 북쪽 산기슭에 섶을 쌓고 茶毘다비하였는데, 전날 밤에 비가 오기 시작하여 아침까지 그치지 않다가 다비를 시작할 무렵에 구름이 걷히고 맑게 개이므로 신명의 도움이 있는 듯하였다. 다음날 새벽에 뼈를 모으니 그 빛이 눈[雪]과 같이 희었는데, 頂骨정골(이마뼈)이 더욱 두텁고 정결하였다. 문인 紹安소안이 유서를 받들어 알리니, 왕이 애도하는 심정에서 유사에게 명하여 시호는 普覺보각, 탑은 定慧圓融정혜원융이라는 칭호를 하사하고, 內臣내신을 보내 그의 유골을 收藏수장하는 일을 감독하게 하는 한편, 공인들에게 명하여 浮屠부도를 만들게 하였다.

그 해 연말 12월 갑신일에 청룡사 북쪽 봉우리에 하관하는데, 전날 밤 청명하여 별빛이 빛나더니 鷄鳴계명 때부터 비가 내리다가 돌을 쌓아올릴 무

20) 《慵齋叢話》 6권, 示寂에 임하여 「하루는 청룡사에서 병이 들어 문인을 불러 후사를 부탁하기를 "내가 가면 늦겠으니 저녁에 담(墻)에 의지하리라"하고 게를 지었다고 하였다(一日在靑龍寺 有疾喚門人囑後事曰 吾行在晩 至晩倚墻作偈曰 任運騰騰度一生 病中消息更惺惺 無人識得吾歸處 窓外白雲橫翠屛)」.

렵에 이르러 그치므로, 뭇사람들은 기이한 일이라고들 말하였다. 춘추가 73세에 夏臘하랍[21]이 60세였다.

Ⅲ. 佛書의 刊行과 門徒

청룡사에서는 禪宗선종을 널리 펴고자 하여 관련 佛書[불교서적]를 간행하고 있었다. 지금 전해지고 있는 몇 종의 板本판본의 刊記간기를 보아 혼수[幻菴]에 의하여 이루어진 것임을 알 수 있어 관심이 새롭다.

혼수가 59세 때인 우왕 4년(1378)에 치악산에서 청룡사 연회암으로 돌아온 해에 《禪林寶訓선림보훈》(2卷 1冊)을 간행하였다. 이 책은 서울 趙明基조명기 소장본으로 보물 제700호로 지정되고 있다. 그 卷尾권미의 刊記간기에

「宣光八年戊午 二月 書于宴晦菴 留板 忠州 青龍禪寺」

라 하였으며, 또 《金剛般若經疏論纂要助顯錄금강반야경소론찬요조현록》(2권 1책)도 간행하고 있으니 간기에,

「宣光八年戊午二月上旬 幻菴比丘無作書于宴晦庵 … 板鎭忠州青龍寺」

라고 하였다. 간기에 의해 우왕 4년(1378, 선광 8, 무오) 2월에 각각 연회암에서 印刊인간하고 청룡사에 유판하고 있음을 알 수 있다.

《선림보훈》은 송나라의 妙喜묘희와 竹庵죽암이 共集공집하고 東吳동오의 淨善정선이 重集중집한 책으로 3백 편으로 이루어지고 있으며, 學人학인

---

21) 夏臘 : 중이 된 해부터 세는 나이. 臘은 歲末을 일컫는 말인데, 비구는 해마다 여름 90일 동안을 한 곳에 머물러 수행하고, 이것을 夏安居라 하여 나이를 세기 때문에 하랍이라 한다.

을 교훈하기 위한 내용이다.

《금강반야경소론찬요조현록》은 동국대학교 도서관에 소장되고 있으며, 보물 제720호로 지정되고 있다. 이 책은 당나라 宗密종밀이 찬술한 것을 慧定혜정이 알기 쉽게 설명한 것으로 혼수가 직접 연회암에서 쓴 것이며, 아울러 발문도 쓰고 있어 의미가 새롭다.

또한 이듬해인 1379년에는《護法論(호법론)》(보물 제702호;서울 趙炳舜 소장)을 인간하였다.《東文選동문선》에는 李穡이색의 발문이 있으니 〈跋護法論〉이다. 이에 의하면,

「釋僧俊 以幻菴普濟大禪師之命 重刊于 忠州之青龍寺」[22)]

라 하였다. 이는 바로 혼수환암의 명에 따라 僧俊승준이 청룡사에서 중간한 것임을 알 수 있다. 국립중앙도서관 소장본의 권미에 「己未 五年 …… 李穡」이라는 跋文발문이 있는 것으로 보아 우왕 5년(기미, 1379)에 간행된 것임을 알 수 있다. 원판 간기가 있는 覆刊本복간본이다.

《호법론》은 송나라 張商英장상영이 지은 佛書불서로 구양수가 排佛배불한 說설을 깨고 겸하여 한퇴지와 정이천 등의 천박한 불교관을 비판하며 불교의 至理지리임을 밝히고 있다. 이색은 발문의 말미에서 「韓한(한퇴지)·歐구(구양수)를 배척하기를 좋아하였으니, 한·구는 내가 본받는 바이므로, 내 실로 해괴하게 안다.」고 평하면서 「비록 五濁惡世오탁악세(불가에서는 인류가 사는 세계를 오탁악세라 한다)에서는 착한 일을 하여도 반드시 복되지 않으며, 악한 짓을 하여도 반드시 화되지 않는다고 하니, 불교가 아니면 어디에 귀의하겠는가,《호법론》이 세상에 성행함은 의당한 일이다.」라고 끝을 맺고 있다.

---

22) 《東文選》 권102, 跋護法論, 이는 혼수가 이색에게 발문을 부탁하여 쓴 것이라고 하였다.

우왕 7년(1381, 신유)에는《禪宗永嘉集선종영가집》(보물 제641호;서울 李謙魯 소장)을 간행하였다. 이는 山氣文庫산기문고에서도 소장하고 있는데 그 권미에,

「蒼龍辛酉春 月 日 重大國匡成君信庵閑居士 西原李邦直覺演謹誌 忠州青龍寺留板」

이라 하여 이방직의 誌文지문과 간기가 청룡사에서 간행하여 유판하고 있음을 알 수 있다.

《선종영가집》은 당나라 고승 玄覺현각의 문집으로 송나라의 중 行淸행청이 주를 달고 淨源정원이 수정한 책이다. 이 책은 조선시대에 와서 세조 2년(1456)에 왕이 친히 口訣구결을 달고 중 信眉신미 등이 한글로 번역한 諺解本언해본이 있다.

이상의 불서들은 현존하는 것으로 모두 혼수가 청룡사의 연회암에 있을 때 간행한 것들이다. 이들의 내용을 보아 혼수는 禪宗선종을 널리 펴 교훈삼고, 또한 불교의 이해가 부족한 사람들에게 불교의 참뜻을 전하기 위한 마음가짐에서 교양적인 불서의 간행사업에도 힘을 기울였음을 알게 한다. 아마도 이 외에 간행물이 더 있을 것으로 생각된다.

부기할 일은 조선시대에 와서도 청룡사에서는 불서를 인간한 예가 있으니 이는 혼수의 사상을 이어 받은 것으로도 생각된다.

혼수는 이와 같이 여러 절을 순유하면서 많은 강론과 설법을 통하여 또는 불서를 간행하면서 그의 뜻을 널리 펴기 위한 사업을 하는 등 수 많은 이름있는 제자들을 길러냈으니 보각국사정혜원융탑비의 비문에도 보이며, 음기에도 수 많이 門徒문도의 이름이 기록되고 있어 알 수 있다.

비의 음기에는 「중원부 청계산 청룡사 보각국사 문도」라 하여 궁중 안의 內願堂내원당을 비롯하여 大禪師대선사가 竺卞축변 등 22명, 禪師선사가

玄暹현섬 등 35명, 大選대선이 祖求조구·僧俊승준 등 138명, 沙彌사미가 祖原조원 등 4명, 比丘尼비구니가 惠妃李氏혜비이씨 등 14명, 優婆塞우파새가 南陽伯 洪永通남양백 홍영통 등 50명 그리고 戶長호장이 4명으로 모두 267명의 이름이 새겨져 있다. 이들이 모두 혼수와의 인연을 맺고 있었던 것을 생각할 때 보각국사 혼수의 심오한 철학과 그를 실천하고 널리 펴려는 德風덕풍의 감화가 어떠하였는가를 짐작케 한다고 하겠다.

비문에 보이는 행장을 찬한 卍雨만우(1357~?)는 호를 千峰천봉이라 하였으며, 시서에도 능하여 당대의 석학인 이색·이숭인 등이 그의 재주를 사랑하고 중히 여겼다고 한다. 그의 높은 뜻을 여말 선초의 문인학자 유방선의 만우에게 바치는 오언시 '奉贈卍雨千峰봉증만우봉본'과 이색이 호를 논한 '千峰說천봉설'이 전하고 있다[23].

불서인《호법론》의 간행을 맡았던 僧俊승준은 비 음기의 大選대선에 보이는 제자이다.

《용재총화》에 혼수의 높은 제자[高弟]로 屯雨둔우가 수록되어 있다. 경전을 탐독하지 않은 것이 없으며, 시에도 능하여 이색과 이숭인 등과 더불어 서로 시를 주고 받았으며, 조선 초기에는 집현전 선비들도 나아가 글을 물을 정도로 儒釋士林유석사림의 사표라고 하였다[24].

《동문선》에는 환암의 제자로 許허씨와 奇기씨가 있다고 하였으며, 平源평원이 있어 이색의 平源說평원설이 있다[25].

만우가 찬한 행장을 왕에게 알려 권근에게 비명을 찬하게 한 紹安소안은 환암에게 배워 入室입실(도의 경지가 높다는 뜻)한 사람이다. 권근도 그를 중히 여겼다. 소안이 비문을 위해 권근을 찾아갔다가 하직하면서 스승에 대한 말

23)《東文選》11권, 奉贈卍雨千峰；동 97권, 千峰說
24)《慵齋叢話》6권
25)《東文選》87권, 送竑上人序：동 97권, 平源說

을 하고 있으니 스승과 제자의 사이를 알게 하며, 또한 혼수의 한 단면을 이해하는 데도 도움이 되리라고 보아 다음에 옮긴다.

"우리 道도가 근본은 하나로 되어 있으나 들어가는 길은 두 가지가 있으니, 안으로는 그 마음을 觀관하고 밖으로는 諸方제방에 同參동참하는 것인데, 두 가지 것을 고루 해야 얻음이 있게 된다. 그러므로 옛날 우리 祖師조사께서 9년 동안 面壁면벽하면서도 오래 되었다고 여기지 않았고, 80에도 遊方유방하기를 꺼리지 않았던 것이다.

先師선사께서는 관한 바가 이미 空공의 경지에 달했고, 세운 바가 이미 탁월하여 다시 더 정진할 것이 없었는데도 또한 스스로 힘쓰기를 이와 같이 하였거든, 하물며 배우는 사람이야! 幻菴환암에게 摳衣구의(제자 노릇을 하다)하며 오랫동안 인자한 敎誨교회를 들었다. 마음을 觀관하는 공부에는 비록 힘을 얻지 못하였지만, 사방으로 다니며 수행하고 싶은 뜻이 매양 마음에 격동되었는데, 다만 스승께서 살아계셔서 감히 곁을 떠날 수가 없었더니 이제는 스승께서 이미 가셨고 뒷일도 끝이 났다.

천지 사이를 구름이 떠돌듯 두루 기이한 경치를 편력하되, 한없이 가보고 끝까지 구경하기를 素志소지대로 함으로서 반드시 栢樹백수[26]에 서쪽에서 온 뜻이 있음을 알아내고, 조금이나마 참으로 사람을 건네주는 뗏목을 타본 뒤에야 알겠다[27]. 그대가 나를 알아 준지 오래인데, 내가 장차 그대와 자주 만나지 못하게 되겠기에 감히 간다고 말하는 것이다"[28].

---

26) 道는 어디나 있다는 뜻. 唐나라 때 어떤 중이 趙州에게 '어떤 것이 조사가 서쪽에서 온 뜻입니까?'하니, '뜰앞에 있는 잣나무라'하였다 한다.

27) 衆生을 濟度하는 불법의 진리를 강을 건네주는 뗏목에 비유하여 쓰는 말. 뗏목이 강을 건네주듯이 불법이 중생을 제도해 주는 진리임을 체득하는 것을 말하는데, 《金剛經》에 따르면 불법을 체득한 뒤에는 뗏목, 즉 불법 자체에도 집착하지 말아야 하는 것으로 되어 있다(《正信希有分 第六》).

28) 送三與師遊方序 紹安, 《陽村先生文集》

Ⅳ. 混修의 思想

혼수의 사상이라고는 하나 실제 사상을 考究고구할 만한 자료는 없다. 그러나 그의 생애 중 학문에 전념하기 위해 잠도 자지 않고 잠시도 몸을 눕히지도 않으며 종신할 것 같이 공부에 정진하였다고 함과, 여러 차례 왕의 부름에도 응하지 않고, 응했다 해도 얼마 아니하여 몰래 도망쳐 몸을 숨기고 두루 遊方유방하였으니, 속박에서 벗어나 소요하고 자재하려 했던 일들이 혼수의 올곧은 참된 수도의 길을 알게 하는 근본이었다고 본다.

다행이도 혼수의 생활 전면에 걸친 인간상을 알게 하는 내용을 권근은 비명을 쓰게 된 동기와 함께 비문의 말미에 잘 정리하고 있어 다음에 옮겨본다.

「태조가 즉위한지 3년이 되던 해 봄 2월 29일(기해) 檜巖寺회암사에 행차하여 權近권근에게 명하기를, "修國師수국사가 前朝전조(高麗)에서 그 도덕과 행검이 한 세상을 압도하였는데 내가 즉위하자 죽음으로 몹시 슬퍼하였다. 이에 僧徒승도들이 석탑을 쌓아 사리를 안치하고 또 碑비를 새겨 후세에 보이고자 하니 너는 마땅히 銘명을 지어라"고 하였다. 권근은 명을 받고 두려워 감히 글재주가 없다고 사양하지 못하였다.」고 하면서 비명을 기록하였다고 하였다.

조선왕조는 전조(고려)의 불교 폐해를 크게 개탄하여 배불숭유정책을 國是국시로 정하였다. 그리고 이를 시행하기 시작한 건국 초기에 더욱 이를 솔선수범을 하여야 할 태조가 이에 반하여 불가에 특별한 배려를 한 것은 그만큼 혼수의 인간상을 더욱 짐작케 하는 바라고 생각된다. 권근도 바로 태조의 그 진의를 파악하고 감히 사양하지 못하고 붓을 들었다고 하였다. 매우 간결하면서도 혼수를 알게 하는 내용이라고 하겠다.

혼수는 淸秀청수한 얼굴에다 맑고 온화한 기상으로 예절이 바르고 말씨가 간절하므로 사람들은 모두 친애하고 공경하였다. 戒律계율을 가짐에 굳건하고 道도를 지킴에 조심하였다. 지위가 높을수록 마음은 더욱 겸허하였고, 연세가 높을수록 행동은 더욱 굳세었다. 禪敎선교의 여러 經典경전을 연구하지 않은 것이 없으나, 거의 스승에게 배우지 않고 스스로 통[自通]하였다. 남을 가르침에 게으르지 않고 講解강해 또한 자상하고 밝으므로 이르는 곳마다 제자가 많았고, 그 문하에 들어간 자는 碩德석덕들이 많았다.

글짓기를 좋아하지 않았으나 붓만 들면 그 말이 精微정미하게 내려갔으며, 더욱 簡讀간독에 능하여 식자들이 모두 칭송하였다. 그의 문인들이 부도 곁에 碑비를 세우고자 그의 제자 卍雨만우로 하여금 行狀행장을 撰찬하게 하고, 紹安소안이 이를 받들어 왕에게 알림으로써 權近권근에게 이 명이 내려졌다.

조용히 생각하건대, 佛氏불씨의 도는 禪선보다 더 높은 것이 없으나, 그 말이 기괴하여 측량할 수 없는 것이 많으니, 麻三近마삼근·乾屎橛건시궐[29] 같은 것이 더욱 해괴하다. 그 전통이 멀어 갈수록 말이 더욱 허황하되 曹溪조계의 大鑑대감(六祖 慧能의 시호)선사가 말한 心平심평·行直행직 등이 이치에 맞고 平易평이하며, 그 도가 더욱 높아 모든 祖師조사 중에 뛰어나서 요즈음 禪선을 배우는 자가 모두 그를 높인다. 지금 혼수가 選場선장에서 대답한 말을 보면 사리가 뚜렷하고 분명하고 的實적실하며, 또 평소 학자들을 반드시 眞常진상으로 훈도하여 배우는 자로 하여금 알아듣기 쉽도록 하였으니, 그 敎法교법이 대감과 같은 분이라 해괴하고 허황함을 말하는 다른 파와는 비교할 수 없다. 이는 참으로 도의 근본이 평탄하고 진실하며 혼수의 조예가

29) 麻三近·乾屎橛, '禪問答에서의 話頭'. 어떤 중이 洞山守初에서 '부처가 어떤 것이냐?'고 묻자 '마삼근'이라 대답하였고, 또 어떤 중이 雲門에게 '어떤 것이 부처냐?'고 묻자 '간시궐이니라'고 대답하였다 한다.

심원함을 알 수 있다. 더구나 혼수는 이미 아름다운 資禀자품을 지녔고, 또 공력의 근실함을 더하여 그의 소득이 다른 이들과 특이하니, 또 다시 무엇을 의심하랴. 이는 참으로 銘명할 만하기에 다음과 같이 명한다.

性海성해는 미묘하고 담담하여 마치 물거품처럼 저절로 생겼다 사라졌다 해도 그 자취가 없어 항상 깊고 맑도다.

우리 선사의 덕은 제대로 大成대성하였으니 그 깨달음이 출중하여 일찍부터 명성이 높았도다.

감탄하고 분발하여 어머니를 하직하고 집을 떠났으며, 마음을 다잡고 힘을 다하여 기대거나 눕지도 않았도다.

좌우에 치우치지 않아 中道중도를 잡았으며, 속세를 멀리하여 자비의 햇빛이 항상 밝았도다.

궁벽한 산중에 자취를 감출 땐 甁병 하나 錫杖석장 하나이지만, 문답이 서로 부합될 땐 임금도 기뻐하였도다.

많은 승려들이 그 기풍을 따랐고 온 나라가 그 덕을 추앙했으니, 나가면 司賓사빈이 되었고, 들어오면 종단이 활기를 얻었도다.

처음에 둥근 해를 꿈꾸어 그 영험이 빛났으며, 마침내 죽어서는 징험이 있어 法雨법우가 널리 흡족하였도다.

왕명으로 碑비를 만들어 거기에 이 글을 새기나니, 무궁한 來歲내세에 모두 普覺보각을 스승 삼으리.

普覺國師 混修 年譜

1세 1320년(충숙왕 7) 3월 13일 龍州에서 아버지 叔鴒의 4男으로 태어남.

13세 1332년(충숙재 1) 어머니의 뜻에 따라 출가하여 대선사 繼松에게 배움.

22세 1341년(충혜왕 복위 2) 禪試 上上科에 합격.

29세 1348년(충목왕 4) 어머니를 떠나 금강산으로 들어가 수업.

38세 1357년(공민왕 6) 청룡사 서쪽에 손수 암자를 지어 宴晦庵이란 편액을 걸다.

이후 금오산으로 하여 오대산에 들어가 懶翁和尙과 자주 만나 道의 요지를 질의함.

42세 1361(공민왕 10) 왕이 대궐의 강단에 오르게 하였으나 도망쳐 山水間에 숨다.

50세 1369(공민왕 18) 瑞雲寺에 僧堂을 열고 禪會를 베푸니 사방에서 많은 승려가 와서 배알함.

51세 1370(공민왕 19) 왕이 工夫選場에서 나옹으로 하여 여러 승려에게 시험할 때 유독 답변하여 入格. 왕이 宗門에 머물게 하였으나 몰래 도망하여 위봉산에 숨다.

53세 1372(공민왕 21) 왕명에 못이겨 佛護寺의 주지가 됨.

54세 1373(공민왕 22) 왕명으로 內佛堂에 불려갔으나, 밤에 몰래 나와 平海의 西山으로 감.

55세 1374(공민왕 23) 정월에 비로소 內院으로 들어감. 9월에 왕이 승하 하자, 禑王이 계승하고, 廣通無碍圓妙大智普濟의 존호를 내림.

56세 1375(우왕 1) 松廣社 주지로 옮김.

57세 1376(우왕 2) 3월에 글을 올려 內院을 떠나 瑞雲寺로 돌아감.

59세 1378(우왕 4) 치악산에서 연회암으로 돌아옴. 《禪林寶訓》(보물 제700호)과 《金剛般若經疏論纂要助顯錄》(보물 720호)을 印刊함.

1379(우왕 5) 제자 僧俊에게 명하여 《護法論》(보물 제702호)을 印刊함.

60세 이후 왕명으로 光巖寺를 맡았으나 3년 만에 도망쳐 원주·용문·청평·치악산 등을 편력하면서 다시는 주지가 되지 않기로 맹세함.

62세 1381(우왕 7) 청룡사에서《禪宗永嘉集》(보물 제641호)을 인간함.

64세 1383(우왕 9) 2월에 國師를 명함. 4월에 國師大曹溪宗師禪敎都摠攝悟佛心宗 興慈運悲福國利生妙化無窮都大禪師正遍智雄尊者로 책봉하고, 開天寺로 상주하는 곳으로 삼음.

65세 1384(우왕 10) 倭寇가 忠州를 침범하자 開天寺가 위험하다고 光巖寺로 옮기게 함.

66세 1385(우왕 11) 가을에 50일간 白傘盖道場을 설치하였는데 왕까지 행차함.

67세 1386(우왕 12) 大妃가 공민왕을 천도하기 위해 佛頂會를 베풀고, 왕은 수창궁에 초대하여 消災席을 주관케 함.

69세 1388(우왕 14) 5월에 이성계의 쿠데타로 昌王이 오르자, 6월에 國師로 명함.

70세 1389(창왕 2) 겨울에 공양왕이 즉위하자 치악산으로 들어감. 몇 달 후 國師로 봉하고 다시 開天寺로 모셔옴.

73세 1392(공양왕 4) 공양왕이 大藏經의 교정이 끝나므로 慶會를 베풀고 證師로 삼음. 7월에 이성계가 건국하자 표문을 올려 축하하고, 老病으로 靑龍寺로 행장을 옮김. 9월 18일 示寂함.

(《忠州의 人物 》5, 2006)

朝鮮時代

壬辰倭亂의 忠州戰鬪

〈목 차〉

Ⅰ. 머리말

임진왜란 7년(1592~1598) 간의 싸움은 고려시대 蒙古몽고와의 30여 년의 항쟁과 더불어 우리 민족사에 있어서 가장 큰 外侵외침의 하나이다. 이 전란으로 우리는 서해안의 일부 지역을 제외하고는 전 국토가 유린당했던 엄청난 試鍊시련의 시기이기도 하였다. 아무런 준비와 대응이 없었기 때문에 속수무책이었으니, 전쟁 초기부터 왜적을 상대하여 관군이 허무하게 패하기는 하였으나, 계획에 의한 싸움 같은 싸움을 한곳은 尙州상주와 忠州충주 밖에 없었다고 할 정도로 어처구니 없이 당하기만 하였던 싸움이었다.

이 중 충주의 싸움은 실질적인 최초의 방어전이었다는 데에서 의미가 크다고 하겠으나, 단순히 당대의 명장 申砬신립 장군이 무모하게 彈琴臺탄금대를 끼고 달천을 뒤로하여 背水陣배수진을 치고 싸우다가 殉死순사한 것으로 알려지고 있을 뿐이다.

더욱 신립이 충주에서의 패배는 임진왜란 초반에 있어서의 일대 충격으로 받아들여지고 있으니, 조정과 온 국민이 신립 장군에게 걸었던 기대가 너무나 컸었기 때문이다. 즉, 신립이 나라의 운명을 좌우하는 싸움에 임한 것이라고 믿었기 때문이다. 그러므로 신립의 패전 소식이 전하여지자 조정은 앞날은 생각할 겨를도 없이 서울을 버리고 북쪽으로 탈출을 시도하고 있었음에서도 알 수 있다. 따라서 임진왜란에 있어서 충주의 싸움은 여러 면에서 관심을 새로이 해야 할 문제라고 보아진다.

이와 같은 엄청난 사건이었음에도 불구하고 현지(충주지역)에 전하여지고 있는 상황과 기록이 서로 엇갈리고 있어서 이러한 문제를 한 번쯤 정리하여 바로잡아야 할 필요가 있다고 보아진다.

우선 신립이 순절한 위치에 대하여 당시의 기록인 《宣祖實錄선조실록》에는 㺚川달천의 月灘월탄에 뛰어들어 죽었다고 하였음에 반하여, 충주지역에서는 탄금대의 북쪽 한강가의 '열두대'라는 층암절벽에서 투신 순절한 것으로 전하여 오고 있다. 그리하여 이곳에는 신립이 순국한 곳이라는 기념비를 세워서 오고가는 사람들의 발길을 멈추게 하고 있으며, 신립의 순절비도 세워 당시의 상황을 되새기게 하고 있다.

더욱 이 싸움은 신립의 휘하 8천여 장졸들이 왜군과 맞서 싸우다 그 세에 밀려 달천의 강물에 투신하여 玉碎옥쇄한 처절한 싸움이었다. 그러나 이에 관련한 여러 연구는 단순하게 신립이 무모한 배수진을 치고 싸우다 패하였다는 사실 만을 두 세 줄로 표현하고 있을 뿐이어서 크게 관심을 기울이지 않고 있음을 알 수 있다[1]. 따라서 충주의 싸움에 신립이 단순하게 배수진을

---

1) 임진왜란과 충주의 싸움에 대하여는 李炯錫 저, 《壬辰倭亂史》(上, p. 258, 1976)에 비교적 잘 정리하고 있을 뿐, 일반적으로는 교과서적인 개설적 표현 만을 하여오고 있었다. 그러다가 2003년 12월 '예성문화연구회'에서 「임진왜란과 충주」와, 2005년 6월에 '충주문화원'에서 「임진왜란과 탄금대전투 국제학술대회」를 주제로 한 학술회의를 통하여 관심을 보이기 시작하였다고 생각된다. 여기에서 직접 관

치고 대처하였는가, 아니면 어떠한 기대할만한 작전구상이 따로 있었는가 하는 문제 등에도 생각을 미치게 한다.

또한 충주의 싸움에서 희생된 8천여의 외로운 넋[孤魂]을 위로하기 위하여 전란 후 조정에서는 순절한 옛터인 달천에 壇단을 쌓고 매 임진년에 주기적으로 제사를 지내왔었다. 그러나 그 단의 위치에 대하여 전하여 오는 바가 없다. 광복 이후 우리는 신립에 대하여는 순절비를 세우는 등 하였으나, 그를 따르다 순국한 8천여의 고혼에 대하여는 아무런 조치가 없었다. 그러다가 근년에 와서 몇 분들에 의해 이들에 대한 위령제라도 지내야 하지 않을까 하는 논의가 일게 되자, 충주시에서는 그 뜻을 받아들여 지난 2003년 5월 28일 탄금대 안에 「팔천고혼위령탑」을 세우고 해마다 위령제를 지내고 있다. 늦은 감은 있으나 매우 다행한 일이 아닐 수 없다.

그러나 기왕에 위령탑을 세우고 追念추념행사를 하려면 옛 기록을 참고하여 가능한 한 원 위치를 찾아 壇단을 쌓아야 하지 않을까 하는 생각이다. 몇 백 년이 흐른 이제에 와서 지난날의 의미를 되새기기 위한 사업을 한다고 지나치게 서두르면서 연고가 아닌 곳에 기념탑을 세운다면 큰 의미를 찾지 못할 것이기 때문이다. 역사적 현장을 찾아 어려웠던 지난 시대의 사실을 오래도록 잊지 않기 위한 교육의 장으로 삼아 많은 사람들이 마음을 갖고 찾을 수 있도록 주변을 갖춘 연후에 목적사업을 이루어야 하지 않을까 하는 마음에서이다. 그러기 위해서는 재정적인 문제가 뒤따르겠지만 이는 원대한 계획 하에, 연차적인 사업으로 추진하는 방법도 있으리라고 생각되기 때문이다.

차제에 잘못 전하여지고 있는 여러 문제점들을 바로잡아 지역사람들은 물

련된 논문으로는
이헌종, 「임진왜란 초기의 방어 전략과 탄금대전투의 재조명」(2003)과,
박재관, 「임진왜란 초기 조선의 방어 전략과 충주전투」(2005)이다.

론이려니와, 이 고장을 찾는 분들에게 바른 이해를 갖도록 하고자 하는 마음에서 붓을 들었다. 본래의 뜻이 올바로 전하여 지기를 바라는 마음 뿐이다.

Ⅱ. 倭亂初期의 經過와 申砬의 出戰

선조 25년(임진, 1592) 4월 13일[2] 오후 5시경(申尾)에 20만에 가까운 왜군이 바다를 건너 갑자기 부산항에 상륙하면서 7년 간의 임진왜란[3]은 시작되었다. 조선왕조는 건국 이후 북방 野人야인들의 소요와 남해안에 왜구의 침입이 약간 있었으나, 비교적 국내적으로 평화를 지속하면서 2백여 년 동안 전쟁의 경험없이 지내왔다. 이와 같이 평화를 유지해 오고 있었기 때문에 사실상 국방을 위한 군사제도는 마련되어 있었다고는 하나, 그 기강이 풀어지고 戰備전비에 있어서는 실제로 무방비한 상태였던 것이다.

이러한 가운데에 「백성들은 도성의 안팎 산에 모여 술과 풍악을 갖추어 저물도록 노래하고 춤을 추다 돌아가는 것이 봄과 가을에는 더욱 성행하였다. 庚寅(선조 23)·辛卯(24년)년 간에 서울에서 떠도는 말에 '오래가지 않아 세상이 바뀔 터이니 살아 있을 동안 실컷 먹고 마시는 것만 같지 못하다'고 하면서 서로 다투어 놀이를 일삼았기 때문에 어떤 사람은 파산하는

2) 왜란이 일어난 날짜가 구구하니,《宣祖實錄》에는 4월 13일,《宣祖修正實錄》에는 4월 14일로 기록되고 있기 때문이다. 대체적으로 13일로 적고 있으나, 진단학회편《韓國史》근세 전기편 p. 606(을유문화사, 1962)에는 「4월 14일(日本曆으로는 13일」이라 하였다. 일본측 자료인《西征日記》(宗義智의 從軍僧 天荊의 著)에는 「十二日晴 兵船七百 辰刻發大浦 申尾到釜山」이라 하였다. 日本曆은 하루 늦으므로 13일이 맞는 것으로 본다.

3) 우리는 壬辰(1592)倭亂과 丁酉(1597)再亂을 아울러 壬辰倭亂이라고 통칭하고 있으나, 日本側에서는 '文祿慶長의 役'이라 하며, 中國에서는 '萬曆朝鮮役'이라고 한다. 文祿(1592~1595)과 慶長(1596~1614)은 일본, 萬曆(1573~1615)은 明의 年號이다. 이 기간에 있었던 싸움이란 뜻이다.

지경에 이르렀다. 이것을 識者식자들은 상서롭지 못하게 여겼다.」[4]고 할 정도로 민심마저 풀어지고 생업에도 태만한 상태였으니, 일반 백성들은 醉生夢死취생몽사하여 나라의 어려움이 눈앞에 다가오고 있음을 알면서도 나라에서는 이에 아무런 대처가 없으니 자포자기한 상황이었다고 보아진다.

당시 조정에서는 일본으로부터 明명나라를 정복하겠으니 길을 빌려 달라(假途犯遼東, 假道入明)는 등 警報경보가 없었던 것은 아니나, 일본에 대한 정확한 정보를 파악하지 못하여, 경계심을 갖추려 하지 아니하였으니 말이다. 나라의 체제는 흔들려 정치나 외교가 派閥파벌에 의해 좌우되었으니, 일본의 정보를 탐색하러 갔던 통신사의 보고도 黃允吉황윤길(西人 정사)은 일본의 침략이 있을 것을 경고하였음에 반하여, 金誠一김성일(東人 부사)은 그러하지 않다고 하였으며, 오히려 황윤길의 주장은 인심을 동요시키려는 것이라 하여 강경하게 반대하였다. 조정에서는 부사의 보고를 지지하여 방위에 대한 조치를 취하지 아니하고, 전쟁을 黨爭당쟁의 대상으로 삼았으니 국론의 통일을 가져오지 못하고 혼란 만을 가중시키고 있었던 것이다.

이에 반하여 왜군은 오랜 '戰國時代전국시대'[5]를 겪는 동안 전쟁의 경험이 풍부하고 조직화된 정예군이었다. 게다가 수적으로도 압도되었으며 새로운 병기인 鳥銃조총으로 무장하고 있었다. 그러니 활과 창 만을 갖고 있었던 우리에게는 처음부터 상대가 못되었던 실정이었다[6]. 더구나 조총은 우리 군에게 심리적으로 공포를 주고 戰意전의를 크게 상실케 하였을 것이 분

4) 《寄齋史草》 下, 壬辰雜事 「市民於都城內外山 具酒樂以會 抵暮歌舞而還 春秋盛行焉 庚寅辛卯之間京師傳言 不久當易世不如生前醉飽競事遊衍 或至破産 識者以爲不詳」.

5) 일본에서는 應仁·文明(1467~1477)의 亂 이후 각지에 戰國諸侯가 割據하여 있었다. 그러다가 오다(織田信長)가 統一政權을 세우는 기초를 이룬 1568년까지를 戰國時代라고 한다.

6) 《懲毖錄》 권8, 條陳討賊機務狀 壬辰十月「我國與倭奴交戰 較其長短 倭奴之長技三鐵丸也用劍也突進也 我國之長技一 弓矢而己 然弓矢可用於數十步間 而鐵丸則數百步之外 中必穿透」.

명하다.

4월 13일(日本曆으로 12일) 날씨는 맑았다. 왜군은 대마도의 북단에 있는 大浦대포에서 병선 7백여 척을 아침 8시경(辰時, 7~9시)에 출발시켜 그날 오후 5시경(申尾, 申時의 말미)에 부산에 이르렀다. 왜군은 부산에서 하룻밤을 지낸 14일 아침 6시경에 공격을 개시하여 8시경에 부산성을 함락하였다[7].

이때 왜군에 대응하였어야 했음에도 불구하고 우리는 정보에 어두워 어이없는 일을 당하고 있었으니 「적선이 바다를 덮어오니 부산 첨사 鄭撥정발은 마침 絶影島절영도에서 사냥을 하다가 朝貢조공하러 오는 倭왜라 여기고 대비하지 않았는데 미처 鎭진에 돌아오기도 전에 적이 이미 성에 올랐다. 정발은 亂兵난병 중에서 전사하였다.」[8]고 할 정도였다.

부산이 숨 돌릴 사이도 없이 떨어지고, 이튿날 동래가 함락되니 동래부사 宋象賢송상현은 軍民군민과 더불어 힘을 다해 끝까지 항전하다가 순절하였다. 전쟁 초기부터 우리는 아무런 준비없이 왜군을 맞아야 했으니 속수무책이었다. 게다가 전쟁에 경험이 없는 우리는 적을 보면 달아나는 것이 일반이었다. 첫 싸움에서부터 지휘자인 경상 좌병사 李珏이각과 경상 좌수사 朴

---

7) 《西征日記》「十二日 晴, 兵船七百餘艘 辰刻發大浦 申尾到釜山 太守直赴岸上 余隨之 初更之後上船」.

「十三日 半陰半晴, 卯刻圍釜山之城 而辰刻拔之 城中之軍盡授首 卽時赴東萊 距城半里許而屯 午刻歸釜山之營」.

8) 《宣祖實錄》 6권, 선조 25년 4월 13일조.

《寄齋史草》下, 壬辰日錄 1, 4월 13일조 別錄에 「이 때에 부산첨사 정발은 수군을 거느리고 絶影島에서 수렵을 크게 벌였는데 전날 취기가 아직도 풀리지 않았다. 13일 巳時(9~10시)에 어떤 사람이 海宗島에 정체불명의 배가 나타났다고 하자, 정발은 "歲遣船이 오랫동안 오지 않더니 이제 오는 모양이다"고 하며 개의치 않았다. 배가 가까워지며 倭船에서 연달아 총을 쏘아댔다. 정발은 비로소 적임을 알고 황망히 陣으로 돌아왔다. 성에 들어오자마자 적은 이미 상륙하여 여러 겹으로 성을 포위하였다. 정발은 활 한 발 쏘지 못하고 計策 하나 수립하지 못한 채 적은 벌써 배에 올라 정발의 목을 베어 달고 성중사람들 노소 가릴 것 없이 전부 죽여 버렸다.」고 하였다. 내용이 앞에는 성에 들어왔다고 하고, 뒤에는 배에 올라 정발을 죽였다고 하여 모순을 보이고 있으나, 우리의 정보부재와 대응이 허술하였음을 알게 하는 자료이다.

泓박홍이 鎭진을 버리고 달아나는 상황이었으니 무엇을 더 말하랴.

부산과 동래를 함락시킨 왜군은 세 갈래 길[中·左·右路]로 나누어 서울을 향하여 아무런 저항을 받음이 없이 破竹之勢파죽지세로 북상하여 올라오게 되었다.

中路중로로는 1번 부대의 小西行長소서행장(고니시)·宗義智종의지·松浦鎭信송포진신 등이 거느린 18,700명의 왜군이 부산에서 양산·밀양·청도·대구·인동·선산으로부터 상주를 거쳐 조령에 이르고,

左路좌로의 2번 부대는 加藤淸正가등청정(가또)·鍋島直茂과도직무·相良賴房상량뢰방 등이 거느린 22,800명이 부산으로부터 동래·언양·경주·영천·신녕·군위·용궁을 거쳐 조령을 넘어 충주에서 1번 대와 합류하고,

右路우로의 3번 부대는 黑田長政흑전장정(구로다)·大友吉統대우길통 등이 13,000명을 이끌고 김해·성주 무현강을 건너 지례·금산을 거쳐 추풍령을 향하여 북상하고 있었다.

계속하여 후속부대가 9번 대까지 이어졌으니 총 16만 대군이었다.

4월 17일 새벽 부산에서 달아난 박홍이 서울에 당도하여 왜군의 침공에 대한 급보를 전하게 되었다. 그후 잇달아 경상도의 여러 고을이 차례로 함락되었다는 소식 만이 전달되는 상태였다. 이에 조정은 물론 백성들까지 놀라 공포분위기에 빠지게 되었다.

급보를 접한 조정에서는 대책을 협의한 끝에 李鎰이일을 순변사로 삼아 적의 주 공격로인 상주 방면의 중로로 보내고, 成應吉성응길을 좌방어사로 죽령 방면인 좌로로, 그리고 趙儆조경을 우방어사로 하여 추풍령 방면인 서로로 보내어 적을 막도록 하고, 조방장 劉克良유극량은 죽령을, 조방장 邊璣변기는 조령을 지키게 하였다.

그러나 이일은 출발의 명을 받고 精兵정병 300명을 거느리고 가려고 兵曹병조에서 골라놓은 選兵案선병안을 보니 모두가 市井시정의 白徒백도(훈련

을 받지 않은 장정들)·胥吏서리·儒生유생들이 반을 차지했다. 이들은 또한 병역을 면하려고 하소연하는 자들로 꽉 차서 보낼 사람이 없었다. 그리하여 3일 간이나 지체하다가 할 수 없이 군관 60여 명만 데리고 먼저 떠나도록 하고, 별장 兪沃유옥으로 하여금 추후로 군사를 이끌고 떠나게 하겠다고 할 형편이었다[9].

이어 좌의정 柳成龍유성룡을 都體察使도체찰사로 삼아 軍政군정을 전담토록 하고, 申砬신립을 전장의 총지휘관인 三道巡邊使삼도순변사로 삼아 이일의 뒤를 이어 충주 방면으로 떠나게 하였다. 그러나 신립도 데리고 갈 군관이 없어 유성룡이 모집한 80여 명을 겨우 얻어서 떠나야 했다. 당대의 명장인 신립과 이일은 자신이 거느릴 군사가 없었던 것이다.

서울에서 방어군의 선발대로 파견된 순변사 이일은 변변한 군사도 거느리지 못하고 문경에 도착하였을 때, 문경의 군사와 관리들은 모두다 대구로 내려간 뒤라 고을이 텅 비어 있었다. 왜군의 침입이 있자, 경상감사 金睟김수는 곧 制勝方略제승방략의 제도에 의거하여 조령 밑 문경 이남의 각 고을 수령들에게 명하여 군사를 대구로 집결시키고 原野원야에 노숙하면서 순변사만 오기를 기다리고 있었다. 그런 가운데 왜군이 갑자기 들이닥치자 놀라고 동요하여 진이 무너지고 수령들은 單騎단기로 도망하니 군사들은 뿔뿔이 흩어졌다[10]. 제승방략의 제도가 없었더라면 이일이 문경·함창·상주의 군인들을 함께 거느릴 수 있었을 것이 아닌가 하고 생각된다.

이일은 그대로 함창을 거쳐서 4월 23일 尙州상주에 도착하였다. 상주목사 金澥김해는 순변사를 맞으러 간다는 핑계로 산골로 달아나 숨어버렸다. 이일은 군사가 없음을 책망하며 판관 權吉권길을 斬참하려 하자, 권길이 스스로 모아오겠다고 하여 밤새 인근 촌락을 돌아다니며 농민 수백 명을 모집

9) 《燃藜室記述》 15권, 선조조, 임진왜란 大駕西狩조.
10) 《宣祖修正實錄》 26권, 선조 25년 4월조.

하여 왔다. 이일은 창고의 곡식을 풀어 흩어진 백성을 유인하여 또한 수백 명을 모았으나 싸움을 감당할 자는 하나도 없었다. 이와 같이 창졸 간에 대오를 편성하였으니 서울에서 데려온 장졸을 합하여 8~9백 명 정도였다[11]. 이일은 하룻밤 사이에 만들어진 군사들에게 대오라도 유지할 수 있도록 상주의 북쪽에 있는 냇가에서 훈련을 시키면서 산을 등지고 진을 치고 있었다.

왜군은 24일 善山선산을 거쳐서 상주 남쪽 20리에 있는 長川장천에 진을 치고 있었다. 왜군의 출현을 목격한 開寧개령사람이 와서, 적이 가까이 왔음을 알리자 이일은 민심을 동요시킨다는 이유로 참하였다. 이러고 보니 이일에게는 척후도 없었지만 적의 동정을 알리는 백성들도 없게 되었다. 왜군은 25일 정오경에 상주성에 진입하였다. 그리고 성 안에 불을 지르니 이 불길이 치솟는 것을 보고서야 비로소 군관 朴挺豪박정호 등으로 탐지케 하였으나, 그도 숲에 잠복하고 있던 적에 의해 사살되었다.

적이 마침내 砲丸포환을 일제히 쏘아대며 좌우에서 에워싸니 우리 군사들은 겁에 질려 활을 쏘면서도 한껏 당기지도 못하고, 크게 흔들리며 모두가 달아나자 이일도 곧바로 북쪽으로 말을 달려 문경으로 도망하였다. 우리 군은 300여 명이 참수되는 등 모두 섬멸되었다[12].

아무런 훈련도 받지 못한 백성(농민)들을 모은 오합지졸이기에 적을 향해 쏜 화살이 적병에 도달하지 못하고 중도에 떨어지는 상태이니, 百戰백전의 싸움에 익숙한 왜군의 상대가 될 수 없었음은 당연한 일이라고 하겠다.

이일은 문경에 도착하자 紙筆지필을 찾아 패전한 상황을 狀啓장계하였으

11) 앞의 책, 권26, 선조 25년 4월조에는 총수가 6천여 명이라고 하였으나, 이형석 저, 《壬辰倭亂史》(上, p. 258, 1976)에는 약 8백명, 《朝鮮役》(上, p. 371, 1921)에는 8~9백 명이라고 하였다. 하룻밤에 6천여 명을 구했다는 것은 아무래도 믿기지 않는다.

12) 《西征日記》「廿四日(25일)晴, 發村家 午刻入尙州城 城中之兵敗亡 城中大將李鎰敗亡 從事官柏虎(朴[illegible])·尹暹死 官軍(倭軍)遂北而斬首三百餘……」( )는 筆者註.

니,「오늘 신과 싸운 적군은 神兵신병과 같아서 감히 당할 사람이 없습니다. 신은 오직 죽음이 있을 따르므로 여기 待罪대죄하나이다.」라 하였다. 그리고 물러가서 조방장 邊璣변기가 지키는 鳥嶺조령을 막으려고 하였으나 마침 신립이 충주에 내려와 있다는 소식을 듣고 바로 충주로 달려갔다.

Ⅲ. 申砬의 作戰構想과 彈琴臺

1. 申砬의 작전구상

신립이 金汝岉김여물을 종사관으로 삼아 온 나라의 기대를 한 몸에 안고 충주로 떠날 때 왕은 그에게 寶劍보검을 주면서 "이일 이하 명령에 따르지 않는 자는 모두 참하라"[13]고 격려하며 출발시켰다.

그러나 출발하기에 앞서 신립도 군사를 모집하는데 한 사람도 따르는 자가 없었다. 체찰사 유성룡이 이를 보고 자기가 모집한 80여 명의 군관을 데리고 먼저 떠나도록 하였으니, 도성의 武士무사·材官재관·外司외사의 庶流서류·閑良人한량인으로 활 잘쏘는 자를 군사로 편입시키고, 朝官조관으로 하여금 각기 戰馬전마 한 필씩 내도록 하여 도움을 받아 출발하였다. 또한 가는 도중 고을에서 군사를 징발하면서 4월 26일 충주에 도착하였으니, 신립이 거느린 병력은 충청도 군현의 군사를 합하여 8천여 명이었다[14].

충주에 도착한 신립은 우선 丹月驛단월역[15] 앞에 주력군을 주둔시키고, 충주목사 李宗張이종장과 종사관 김여물 및 막하 장령 수 명을 거느리고 조령으로 나아가서 형세를 살펴보았다. 이때 종사관 김여물이 자기의 작전 구

---

13) 《宣祖修正實錄》 권26, 선조 25년 4월조.
14) 앞의 책, 권26, 선조 25년 4월조. 《懲毖錄》 권1. 《壬辰戰亂史》 上권.
15) 丹月驛은 충주 도심의 남쪽 단월동의 수안보로 나가는 유주막의 큰 삼거리 주변이다.

상을 말하기를,

“적세가 매우 커서 싸우기가 어렵습니다. 조령은 天險천험이니 만약 굳게 지키지 아니하면 적의 점령하는 바가 될 것이니 조령으로 나아가서 산중에 군사를 매복시켰다가 적이 골짜기에 들어오면 양쪽 언덕 높은 곳에서 내려다보고 쏘면 성공하지 못할 리가 없습니다. 만약 그 銳鋒예봉을 당하지 못하면 물러나 서울을 호위하는 것도 또 하나의 계책입니다”라고 하니, 수행한 여러 사람이 이 의견에 따랐다.

그러나 신립은 말하기를 “이 지역은 기마병을 활용할 수 없다”고 하며, “적은 보병이고 우리는 기병이니 넓은 들에 맞아들여서 철기로 족치면 이기지 못할 리가 없다”[16]고 하며 단월역으로 돌아왔다.

단월역에서 상주에서 패하여 온 이일이 꿇어앉아 죽기를 청하자, 신립은 적의 형세를 물었다. 이일은 “훈련도 받지 못한 백성으로 대항할 수 없는 적을 감당하려니 어떻게 할 수 없었다”고 하며, “경오년(1510, 삼포왜란)과 을묘년(1555, 달량포왜변)의 그것과는 견줄게 아니며, 또 북쪽 오랑캐 같이 쉽게 제압되지도 않으니, 이제 험준한 데(조령)를 점거하여 적의 길을 끊지 못하였으니, 만약 넓은 들판에서 교전한다면 당해낼 도리가 없을 것입니다. 차라리 후퇴하여 서울이나 지키십시오”라고 하자, 신립이 크게 책망하며 패전의 책임을 물어 참수하려고 하였으나, 전날 그의 공훈을 생각하여 종군하여 스스로 왜적을 막아 공을 세워 속죄하라고 하여 기회를 주고자 하였다[17]. 그리고 이일과 조방장 변기를 선봉으로 삼아 단월을 지키도록 하고 충주성

16) 《再造藩邦志》 1.「金汝岉謂砬曰 賊勢極大 難以嬰鋒 鳥嶺天險也 若不固守則爲彼所據矣 不若進至鳥嶺 伏兵峽中 侯賊入谷 然後據兩岸乘高射之 蔑不濟矣 若不能當其鋒則退而入京師 亦一道也 砬曰 彼步我騎 迎入廣野以鐵騎蹙之 無不勝也 砬不容汝岉之計」라고 하여 기병을 내세우고 있으나, 급한 대로 모은 군사에 조관으로 하여 얻어온 戰馬라고 하였으니 과연 騎馬가 얼마나 있었을 것인가도 의문스럽다.

17) 《宣祖修正實錄》 26권, 선조 25년 4월조. 《亂中雜錄》 1, 임진년 4월 26일조.

으로 들어와 작전구상을 하였다.

조령을 포기하고 탄금대 앞의 들을 택한 것은 신립의 말과 같이 기마전법을 이용하려는 뜻도 있었겠으나, 조령방어를 위한 시간적 여유가 없었던 것으로도 생각된다. 이 무렵 小西行長소서행장의 주력은 27일 새벽[寅時] 상주를 떠나 오시에 함창을 지나 저녁[酉時]에 문경에 당도하여 현감 申元吉신원길을 죽이고 문경에서 일박한 후 28일 새벽 4시경[寅時]에 조령을 넘기 시작하였으므로[18] 단월의 병력을 조령까지 이동 배치시킬 시간적 여유가 없었다고 보이기 때문이다.

27일 조령 방면으로 보냈던 척후장 金孝元김효원과 安敏안민 등이 달려와 "적의 선봉이 이미 다가왔다"고 보고하자, 신립은 홀연히 성을 뛰쳐나가 적정을 살피고 밤에 돌아와서는 척후가 군중을 놀라게 하고 사기를 크게 떨어뜨리는 것이라 하여 목 베었다[19]. 척후가 보고한 것은 적의 척후병을 보고 이를 주력으로 잘못 보고한 것이 아닌가 한다.

신립은 충주성 안에서 작전구상을 하고는 장계를 올렸으니 「적은 아직 상주를 떠나지 않았다」고 허위보고를 하였다. 이는 조정을 안심시키려는 의도였다고 생각한다.

신립의 작전계획은 탄금대와 달천을 배후로 한 배수진이었다. 신립은 적군이 바다를 건너오고, 또한 장구한 행군으로 북상하는 과정에서 피로하였

---

18) 이 日時는 일본 측의 《西征日記》에 의한 것임. 서정일기에 의하면, 「二十六日晴寅刻發尙州宿處 午刻過咸昌 酉刻到聞慶 聞慶之城 自放火而亡. / 二十七日晴 寅刻發聞慶 而辰刻過安保 午刻達忠州 ………」 일본 측의 일자는 하루가 늦으므로 26일이 27일이라야 한다. 여기에서 李炯錫, 《壬辰倭亂史》(상권, p.268)에서 「27일 오전 4시(寅時)에 문경을 떠나 이날 종일을 걸어서 조령을 넘어 28일 오전 8시(辰時)경에는 이미 안보역을 지났으며 정오경에는 충주 남쪽 단월역에 다다라……」라고 한 것은 잘못이다. 이 기록은 27일은 완전히 행군 만으로 하루를 보낸 것으로 되어 있으나, 왜군은 28일 새벽에 문경을 출발하여 안보를 거쳐 정오경에 단월에 당도하고 세 갈래 길로 하여 탄금대를 공략한 것이기 때문이다.

19) 《亂中雜錄》 1, 임진년 4월 27일조. 《燃藜室記述》 15권, 宣祖朝故事本末.

으니, 이들을 들판으로 유인하여 철기로 물리치고자 하였던 것이다. 그러나 한편으로는 이일에게서 들은 바 적세를 생각할 때 제대로 훈련받지 못한 급조된 병력으로 당할 수 없음을 알고 玉碎옥쇄를 각오한 최후의 일전을 결행하고자 한 것으로도 생각되니 서울로 향하는 왜군을 하루라도 지연시키기 위한 작전이었다고 보인다. 신립은 28일 아침 8천의 군사를 거느리고 탄금대로 나아가 진을 치고 왜적을 맞이하였다.

2. 彈琴臺와 주변의 형세

신립이 왜적을 맞이하여 싸우려고 한 탄금대는 충주시 칠금동 산1번지 일대로 동서가 약 1km이며, 남북이 500여m의 폭을 한 암반 구릉형상을 한 산으로 犬門山견문산(大門山)이라고 한다.

「견문산은 州주의 서쪽 8리에 있으며, 그 아래에 큰 강이 있는데 琴休浦금휴포라 한다.」고 하였으며, 「탄금대는 견문산에 있다. 푸른 벽[蒼壁]이 낭떠러지로 높이가 20여 丈장이요, 그 위에 소나무·참나무가 울창하며 楊津溟所양진명소에 굽어 임하고 있다. 우륵이 가야금을 타던 곳이라 하여 뒷날 사람이 그곳을 탄금대라 하였다.」[20]고 하여 우륵의 고사를 기록하고 있다.

그러나 이 외에 임진왜란 때 신립이 왜군을 맞아 싸우다가 패하여 이곳에서 순절한 전적지로도 알려지고 있는 역사의 현장이다[21]. 그러므로 탄금대는 충주를 대표하는 명소로 많은 사람들이 찾는 유서 깊은 곳이다. 이러한

---

20) 《新增東國輿地勝覽》 권14, 忠州牧 山川조의 犬門山, 古跡조의 彈琴臺.
신라 眞興王(재위 540~568) 때 加耶國의 악사 于勒이 망명하여 오자 진흥왕은 國原(충주)에 가서 여생을 보내라고 하여 이곳에 와서 가야금을 彈奏하며 생활하였다. 진흥왕 12년(551) 3월에 왕이 이곳 河臨宮(행궁)에서 우륵을 불러 가야금을 연주케 한 일이 있은 이후에 탄금대란 이름이 붙여진 것으로 생각된다.

21) 《朝鮮寰輿勝覽》 忠州郡편(1934), 古跡조, 「彈琴臺………宣祖壬辰 都元帥申砬爲敵所敗殉于此」.

역사문화유적지이기 때문에 충청북도에서는 1976년에 '기념물 제4호'로 지정한 후 최근에 명승 제42호로 승격되었다. 따라서 탄금대는 견문산에 있으나 일반적으로 견문산을 아울러 탄금대로 인식하고 있는 상태이다.

탄금대, 즉 견문산은 동북쪽에서 남서쪽으로 흐르는 남한강과 남한강의 최대지류인 달천이 서남쪽에서 북쪽을 향하여 흐르다가, 동쪽의 충주시내에서 흘러오는 충주천을 합하여 남한강과 합류하는 사이에 솟아있는 산으로 본래는 섬이었다[22]. 북쪽으로는 남한강이, 서쪽으로는 달천이 흐르고, 남쪽으로는 충주천과 접하고 있다. 동쪽으로는 탄금대에서 가장 높은 해발 106m 내외의 봉우리가 동북쪽으로 급히 낮아져서 단애를 이루고 있으며, 이 단애를 끼고 남한강물이 좁은 도랑과 같이 흘러 샛강으로 이어지고 있으니 사면이 물로 감싸여 있는 섬이다. 그 좁은 도랑을 건너서는 해발 70m 전후의 편평한 '섬들'이 동북쪽으로 길게 강변을 이루고 있다. 그 동쪽으로 길다란 능암늪이 있는데 이것이 바로 샛강으로 본래는 남한강에서 갈라진 물줄기가 '섬들'을 끼고 남쪽으로 흘러 충주천에 합쳐져서 서쪽의 달천으로 흘러 들어가니 '섬들'도 섬으로, 물로 싸여있는 들이란 뜻에서 유래한 말이라고 할 것이다. 이 지역 古老고로들의 말에 의하면 평상시에는 샛강의 물이 남쪽으로 흐르지만 큰 장마가 져서 시내 쪽의 물이 많으면 역류하는 경우가 있다고 하니, 섬들은 두 강물이 합쳐지는 곳에 형성된 일종의 삼각주라 하겠다.

그러므로 탄금대는 사면이 물로 감싸인 섬으로 천연의 요새라 할 수 있다. 충주시내(관아)에서 탄금대로 나아가려면 충주천을 두 번 건너야 하니, 충주교(일명 대수교)와 봉계교(농고 앞)이다. 그리고 탄금대 가까이 가서 '새말(新村)' 앞의 금능천(금제교)과 샛강(세월교, 일명 회다리)을 건너야 했으니

22) 《藥城春秋》 p.19(中原郡教育廳, 1959), 大門山조 「俗說에는 개벽시대에 달천강 상류인 보은 속리산으로부터 犬(개)과 如히 臥流하여 此處에 蹲臥하므로 犬門山(탄금대)이라고도 한다」고 하여 개(犬)와 같이 섬(島)이 흘러왔다고 하여 섬임을 암시하고 있다.

네 번의 장애물을 거쳐야 했다. 남쪽으로는 모시래들[23]과의 사이에 충주천이 있으니 이들은 모두 천연의 垓字해자인 것이다.

이러한 모습은 1910년도에 제작된 지도에서도 알 수 있다. 지금은 샛강이 메워져 탄금대와 섬들이 합쳐졌으므로 섬의 모습을 발견할 수 없게 되었다. 섬들의 북쪽으로는 과수원 등 농원이 형성되고, 기타는 탄금대 체육공원이 조성되어 있다. 최근에 UN 평화공원을 조성한다는 지역이다.

또한 탄금대는 于勒우륵과의 관련이 있는 유서 깊은 유적지이기 때문에 이와 관련한 기념물이 많다. 우선 「樂聖于勒先生追慕碑』(악성우륵선생추모비, 1977)와 「우륵선생의 탄금대」비(1989) 등 기념비가 있으며, 충주에서는 대표적인 문화예술제의 명칭도 '우륵문화제'라 하고 있으며, '우륵당'과 우륵선생의 동상도 만들어 세워서 기념하고 가야금을 전승 보급하기 위한 노력을 하고 있다.

이 외에 임진왜란(1592) 때 왜군을 맞아 신립이 8천여의 우리 군사들과 이곳 탄금대에서 싸우다가 순절한 장소로 알려지고 있는 열두 대 앞에는 「申砬將軍殉國之址」(신립장군순국지지, 1978) 비가 있으며, 「忠壯公申砬將軍殉節碑」(충장공 신립장군 순절비, 1981)와, 2003년에 세운 「팔천 고혼 위령비」 등이 있다.

탄금대 안에는 또한 「탄금대 유래비」·「자연보호 헌장」 비가 있으며, 충주를 종합적으로 설명하고 있는 「彈琴臺記탄금대기」(1954)비와 「忠魂

23) 《蘂城春秋》 p.50, 沙坪(모시래들)조에 「社稷山以西 達川津以東과 丹月里以北 彈琴臺以南의 平舖한 曠野를 沙坪(모시래들)이라고 하는데 往古 壬辰倭亂時에 申砬將軍과 倭將 加藤清正 등이 一大戰爭을 하였으므로 尙今까지 古戰爭地라 하며 또 中年에 와서 達川坪이라고 改稱하였다」고 하였다. 여기에 왜장 加藤은 小西行長의 잘못이다.

모시래들은 위와 같이 넓은 들이었으나, 지금은 탄금대 가까이 동쪽은 '봉방들', 그 남동쪽을 '어정이들', 그 서쪽을 '마루들'이라 하고, 그 남쪽을 '달천평야'라고 한다.

塔충혼탑」을 비롯하여 향일시인 權泰應권태응의 「감자꽃 노래비」(1968), 임진왜란 때 충주에서 활약한 의병장 趙熊조웅의 「壬亂忠臣白旗將軍趙熊紀績碑임란충신백기장군조웅기적비」(1994) 등 충주를 알리는 대표적인 記文기문 등이 있으며, 충주문화원을 비롯하여 야외음악당·탄금정·활터와 체육공원으로의 시설도 있으며, 大興寺대흥사 등이 있어 충주의 중요 문화시설이 집중되어 있는 곳이기도 하다.

탄금대는 우륵으로부터의 유래로 흔히 생각하고 있으나, 이 지역에 대한 정밀한 조사결과 빗살무늬 토기편이 일부지역에서 발굴되고 있으며, 민무늬토기편이 전 지역에 산재되고 있음이 확인되고 있어 청동기시대에 집락을 이루고 있었음도 짐작케 한다. 또한 중앙부 북쪽 남한강 쪽의 벼랑(열두대)을 끼고 토성이 있으니, 동서의 길이가 약 150m, 남북의 폭이 약 100m 정도의 불규칙적인 타원형을 하고 있다. 토성에서 출토된 유물로 보아 백제시대의 주거지와 수혈유구의 매몰 층에서 철정이 출토되어 철의 생산유적으로도 확인되어 관심을 모으고 있다[24].

또한 북쪽 계곡 저지대의 포구를 琴休浦금휴포라 하여 우륵이 가야금을 타다 잠시 쉬었던 곳이라 하며, 이 금휴포구에는 楊津溟所壇양진명소단[25]이

---

24) 《彈琴臺地表調査報告書》(충주공업전문대학박물관·충주시, 1991).
《忠州 彈琴臺》(충주시·충북대학교 중원문화연구소, 2002).
〈충주 탄금대주변 근린생활시설부지 시굴조사 지도위원회 자료〉(2005. 7. 24, 충청대학 박물관).
〈충주탄금대 토성-현장설명회 및 지도위원회자료-〉(2007. 10. 중원문화재연구원).

25) 《高麗史》 권56, 지리 1, 忠州牧조. 《世宗實錄》 권128, 辨祀조에는 楊津溟所를 小祀에 포함시키고 있으며, 同書 권 149 地理志 忠州牧조에는 「春秋降香祀行小祀」라 하였다. 《增補文獻備考》 권61, 禮考 8 名山大川조에는 「大川 南 楊津溟所在忠州……壇方二丈一尺 高兩尺五寸 四出階 一壝二十五步 無壇則有廟三間 太宗六年命修治山川壇 給守護人丁」이라 하여 壇所의 규모가 보인다.
《蘂城春秋》 p. 136에는 楊津溟所祠가 申(砬)將軍 사당이라고 하였으나, 이는 잘못이다.

있었다. 고려시대부터 국가에서는 춘추로 향과 축문을 내려 제사를 지내던 곳이었다. 지금은 없어져서 정확한 위치를 확인할 수 없으나, 남한강유역 漕運조운의 안녕을 기원하기 위한 제단이라고 생각된다. 가뭄이 들면 이곳에서 기우제를 지냈는데 여기에 모신 신이 五龍오룡이었으므로 龍神용신에게 치성을 드리면 비가 온다고 믿고 「양진명소 오룡굿」이 행하여졌다고 전한다. 근래에 이를 발굴 재현하고 있으니, 1979년 제20회 전국민속경연대회에 출품하여 장려상을 받은 바 있으며, 우륵문화제 행사시에 때때로 재현하고 있다.

Ⅳ. 彈琴臺 앞의 싸움

1. 왜군의 진로

4월 28일, 날씨는 맑았다. 왜군은 새 벽4시경[寅時]에 문경을 출발하여 안보역을 아침 8시경[辰時]에 지났다. 그리고 正午정오 경에 충주의 남쪽 단월역에 이르렀다. 이 무렵 충주목사 이종장과 이일이 모두 척후로 전방에 나가 있다가 적에게 차단되어 정세보고가 끊어졌으므로 신립도 알지 못하였다.

단월역에서 왜군은 세 갈래 길로 나누어 탄금대를 향하여 포위하여 들어갔으니, 그 세가 풍우와 같았다. 주력부대인 中軍중군은 곧바로 충주성(읍성)으로 들어가고, 左軍좌군은 달천강변을 따라 내려오고, 右軍우군은 동쪽의 산을 따라 북쪽으로 진출하여 상류의 강을 건넜다고 하였으니 아군의 뒷쪽을 가로 막았다고 생각된다. 이와 같이 3면으로 포위하여 좁혀온 것이다[26].

---

26) 《宣祖修正實錄》 26권, 선조 25년 4월조, 「是月二十七日 賊己踰嶺至丹月驛 牧使李宗張及李鎰 皆以斥候在前 爲賊所綴探報斷絶 砬又不知 翌曉賊兵分路 大陣直

기록에 의한 왜군의 진로를 현재의 지형에 따라 추정하여 본다면 다음과 같았을 것으로 생각된다. 즉, 단월역에서 小西行長소서행장이 이끄는 中軍중군은 7천의 주력군으로 싸리고개를 넘어 곧바로 관아인 城內성내로 들어가 충주읍성을 장악하고, 서쪽의 탄금대로 향하였다고 보아지니 지금의 시내에서 탄금대로 가는 520번의 주도로로 추정된다. 左軍좌군인 宗義智종의지가 이끄는 5천의 왜군은 단월역에서 달천의 우측 강변을 따라 탄금대로 직진하였으며, 右軍우군인 松浦鎭信송포진신이 거느린 3천의 왜병은 지금의 소로를 이용하여 '道庄洞도장골'로 넘어가서 관주동으로 하여 호암동을 지나 용산동·안림동의 남산과 계명산의 기슭을 따라 북쪽으로 만리재를 넘어 연수동으로 하여 금능동 쪽으로 돌아 금능천을 건너 탄금대 동북 쪽의 샛강을 건너 '섬들'로 하여 탄금대의 후면으로 진출하였다고 생각된다. 이 부대는 충주의 동쪽 외곽의 남산과 계명산록에 복병이라도 있을 것을 탐색하면서 탄금대의 후방으로 나가기 위한 것으로 짐작되기 때문이다. 이 외에 有馬晴信유마·大村喜前대촌·五島純玄오도 등이 거느린 예비대 3천 7백 명은 충주성에 대기하였으니, 왜군은 모두 18,700명에 달하는 대군이었다[27].

2. 신립의 陣容

그 동안 일반적으로 이해하고 있었던 신립의 방어진지는 탄금대를 배경으로 한 배수진이었다고 보아왔다. 이에 관하여는 충주지역에 전해오는 다음과 같은 이야기와 기록 등이 있어 관심이 간다.

앞에서도 언급했지만《조선환여승람》에는 탄금대를 설명하되,「……선조 임진년에 도원수 신립이 적에게 패하여 이곳에서 순사하였다.」고 하였으며,《大東地志대동지지》에서는「신립이 군사를 이끌고 탄금대 위에

入忠州城 左軍循達川沿江而下 右軍循山而東 從上流渡江」.

27) 李炯錫,《壬辰倭亂史》上卷(p. 269)의 왜군편제에 의함.

주둔하고 달천을 등졌다.」[28]고 하여 탄금대를 중심으로 하여 싸우다가 순절한 것으로 되어 있음을 본다. 대체적으로 이러한 기록이 일반화되어 인식되어온 것으로 보이니 다음의 전설 등에 유의된다.

우선 신립 장군이 순절한 장소에 대한 전설이 있으니, '十二臺열두대'이다. 「탄금대 뒷(북쪽)편 江水강수에 향한 기암절벽을 '열두대'라고 부른다. 전설에 의하면 申신 장군이 교전할 때 하도 활을 많이, 그리고 빨리 쐈기 때문에 활에서 열이 심해지자 이 암벽을 열두 번이나 오르내리며 물에다 식혔다고 전해진다. 別說별설에는 신 장군이 열두 번 교전 끝에 분전의 공이 없이 낙화된 곳이라는 설이 있는가 하면, 이곳 암층이 열두 개라는 사람도 있다.」[29] 이를 뒷받침이라도 하듯 열두대 앞에는「申砬將軍殉國之址신립장군순국지지」비가 1978년에 세워졌으니 신립이 왜적과 싸우다 「탄금대 이곳 열두대에서 향년 사십 칠세를 일기로 애석하게 위국순절하시다.」라고 글을 맺고 있어 이곳을 찾는 많은 사람들에게 신립이 전사한 곳임을 인식시키는데 큰 역할을 하고 있다[30].

활을 당기는 손가락에는 열이 날 수 있을 것이나, 활을 아무리 빨리 그리고 많이 쐈다고 하여 열을 받을 수 있을까? 활은 물에 적시면 탄력이 약해져

---

28) 《大東地志》 권6, 忠州 典故조, 「………(申)砬引兵出屯彈琴臺上 背達川而陣衆纔數千人 賊大至圍之 將卒驚惶大潰 盡入達川 浮屍蔽江……」.

29) 張基德, 《中原鄕土記》 1, 彈琴臺조(p.158, 螢雪出版社 1977)/金相顯, 《蘂城春秋》 p.141. 1959) 十二臺조에 「邑北 十里許인 彈琴臺北 絶壁에 있는데 往古 壬辰倭亂時에 申砬將軍이 敗戰投死時 百餘尺되는 斷崖絶壁에 열두번이나 超登하였으므로 尙今까지 十二臺라고 한다」라 하였으며, 이와 같은 의미의 내용이《傳說誌》(충청북도, 1982)/《내고장 전통가꾸기》(충주시, 1982)/권순무, 《忠州·중원 鄕土地理誌》(수서원, 1993)/김예식, 《충주의 구비문학》(충주시, 2002) 등에도 실려 있다.

30) 열두대를 알리는 역할로는 충주지역을 노래한 가요로 「탄금대 사연」이 있으니 첫 구절의 노래말은 다음과 같다. 「탄금정 구비돌아 흘러가는 한강수야/신립장군 배수진이 여기인가요/열두대 구비치는 강물도 목메이는데/그님은 어디가고 물새만이 슲이우나」. 이 詩碑 또한 2006년에 탄금대 안에 세웠다.

그 목적을 이루지 못한다고 생각되니 매우 황당한 이야기라고 하겠다. 후대인들이 신립의 패전에 대한 한을 자위하고자 그의 영웅적인 활약상의 일면을 신격화하여 꾸며진 설화가 아닌가 한다.

또한 신립이 탄금대에 배수진을 치게 된 데에도 전설이 있으니 비교적 많이 알려진 「신립과 처녀」 설화이다. 신립이 한 處女처녀의 원을 들어주지 않자, 처녀가 자살한 뒤 신립이 충주싸움을 구상하고 있을 때 그 처녀의 寃鬼원귀가 나타나 탄금대에 배수진을 치라고 암시를 했다는 내용이다[31].

탄금대 입구에 있는 「탄금대 유래비」(1981)를 비롯하여 「탄금대 안내판」(1978) 등의 문안에서 신립이 탄금대에서 순절한 것으로 기록하고 있으며, 「충장공신립장군순절비」에서는 왜적과 「혈전 사투하다가 왕에게 장계를 올리게 하고 결국 탄금대 위에서 강물에 몸을 던져 순국하였다.」고 하여 열두대에서 투신한 것을 암시하고 있다.

이와 같이 탄금대에 배수진을 쳤다고 한다면, 탄금대는 산이며 숲이 울창하였기 때문에 주진지는 탄금대 남쪽의 산록과 충주천의 사이가 된다고 생각할 수 있다. 즉, 지금의 탄금대 앞으로 통하는 520번 도로와 그 남쪽에 해당된다. 최남선이 지었다고 하는 「탄금대기」비에 「一戰必死일전필사의 배수진을 琴浦灘頭금포탄두에 布포하니 意의/瓦全와전에 없고 志지/玉碎옥쇄에 專전함이라.」고 하여 옥쇄를 할 각오로 금포탄 머리에 배수진을 쳤다고 하였으니 이는 곧 탄금대의 남쪽 기슭과 충주천과의 사이로 생각된다.

그러나 이 지점은 최후의 저항선으로 생각되는 곳으로 신립이 애당초부터 이곳에 진을 쳤다고는 보기 어렵다. 왜냐하면 이 일대의 지형으로 보아 과연 8,000여의 병력이 진을 치고 활동할 수 있는 공간적 여유가 있었을 것인가? 더구나 신립이 거느린 군사에는 기병이 많았다고 보아지니 그 활동

31) 「申砬과 處女」에 대한 전설은 《傳說誌》(충청북도, 1982)/《韓國民俗綜合調査報告書》(충북편, 문화재관리국, 1976)에 세 가지 유형으로 조사 수록되고 있다.

범위를 생각할 때 더욱 의문이 간다.

그러면 신립은 어디에다 진용을 갖추었을 것인가가 문제이다. 이에 대하여서도 근년에 현장을 확인하면서 관심을 기울인 글이 있다[32]. 이 글에서는 '탄금대 앞 전투'라 하여 종래의 탄금대에서의 전투가 아니라 탄금대의 남쪽으로 전개되고 있는 넓은 들을 전제로 하고 있다.

그 동안 《懲毖錄징비록》을 비롯하여 많은 사람들은 탄금대의 배수진에 대하여 무모한 모험이었다고 하여오고 있으나[33] 당대의 명장인 신립이 무모하게 모험을 하였다고 볼 수는 없다고 본다. 왜냐하면 적어도 탄금대 주변의 지형지물을 잘 살피고 작전구상을 하였을 것으로 생각되기 때문이다. 앞에서도 언급했지만 탄금대는 사면이 물로 감싸인 섬이며, 시내에서 탄금대로 직진하려면 충주천과 금능천, 샛강 등을 건너야 하니 신립은 이 천연의 해자를 충분히 활용하고자 하였을 것으로 생각되기 때문이다.

그렇다면 탄금대와 싸움터는 달라야 할 것이다. 이를 말해주는 자료로 《輿地圖書여지도서》 등 地誌지지가 있다. 이곳에는 '彈琴臺탄금대'와 '古戰場고전장'을 서로 다른 곳으로 기록하고 있다. '탄금대'는 앞에서도 언급했듯이 「현의 서쪽 8리 견문산에 있다」고 하고, '고전장'은 「현의 서쪽 10리 달천가의 탄금대 하에 있다. 임진왜란 때 신립이 배수의 싸움에서 전군이 敗沒패몰하였다.」[34]라고 하여 전쟁터는 탄금대보다 2리나 더 멀리 있음을 알 수 있으니 바로 달천변이라고 생각된다.

---

32) 차용걸, 임진왜란 때의 탄금대 앞 전투(《忠州 彈琴臺》 pp.89~101, 충주시·충북대학교 중원문화연구소, 2002).

33) 《懲毖錄》에서는 「棄險不守 號令煩憂 見者知必敗」라 하여 험한 요새인 조령을 버렸기 때문에 패하였다고 한 견해를 많은 사람들은 따르고 있는 셈이다. 명나라의 李如松이나 劉綎 등도 같은 주장을 하고 있다.

34) 《輿地圖書》 忠原縣 古跡조. 이후의 지리지인 《忠淸道邑誌》(1840)/《湖西邑誌》(1871)/《忠淸北道郡邑誌》(1898) 등에도 동일하게 彈琴臺와 古戰場을 별항으로 구분하여 기록하고 있다.

《징비록》에는, 「군사를 이끌고 탄금대 앞의 두 물 사이에 나아가 진을 쳤는데, 그곳은 좌우로 논이 많고 수초가 서로 얽혀 있어서 말을 달리기에 불편한 곳이었다.」라고 하였으며, 《再造藩邦志재조번방지》에는, 「신립은 군사를 이끌고 탄금대 앞에 나가 진을 쳤다. 탄금대는 두 물 사이에 있는데 그 이름은 달천이다. 군사는 모두 물을 등지고 진을 쳤다.」[35]고 하였다. 이는 달천을 등진 탄금대의 서남쪽으로 남한강과의 합수지점으로 아군의 최후 저항선을 뜻한다고 하겠다.

3. 탄금대 앞의 싸움

28일 정오 경에 단월에 도착한 왜군은 수적으로도 우세하였지만 우리군의 동정을 자세히 파악하고 공격을 하여왔다고 본다. 왜냐하면 그들은 사전의 척후활동도 하고 있었지만, 단월 쪽의 구릉지(지금의 건국대학교 자리)에서는 북쪽으로 전개되고 있는 모시래들과 탄금대가 훤히 내려다 보이는 지형이므로 탄금대 주변에 있는 아군의 움직임을 충분히 살필 수 있었을 것이라고 생각되기 때문이다. 반면에 아군의 진영에서는 적의 움직임을 알기 어려웠을 것이니 탄금대 앞은 저지대로 단월 방면의 동정을 살피기에는 어려운 지형을 하고 있기 때문이다.

왜군은 지나는 마을마다 불태워 불길이 하늘을 치솟아 오르고, 창날이 햇빛에 번쩍이고, 포성이 천지를 진동시키며 세 갈래 길로 탄금대를 향하여 포위 공격하여 왔다. 좌군은 달천강변을 따라 왔으니 충주천과 달천이 합류되는 지역으로 지금의 '마루들'로 진출하였으리라고 본다. 중군은 시내로 들어가 읍성을 장악하고 탄금대를 향하여 진출하였으니 지금의 520번 도

35) 《懲毖錄》 권1, 「因率軍出陣于彈琴臺前兩水間 其地左右多稻田 水草交雜 不便馳驅」라 하고, 《再造藩邦志》 1, 「砬麾軍而出陣於彈琴臺前 臺在兩水之間 其水名曰達川 軍皆背水而陣」이라 하여 신립의 陣은 '탄금대 앞 兩水之間'이라고 하였다.

로를 중심으로 공격하였을 것이니 '봉방들'로 접근했으리라고 본다. 그리고 우군은 산을 따라 동쪽으로 가서 상류를 따라 강을 건넜다고 하였으니, 연수동에서 흐르는 금능천(연수천의 하류)을 건너 탄금대의 동북방으로 진출하였으리라고 생각되니 탄금대를 삼면에서 포위하고 압축하여 들어갔다고 생각된다.

이에 신립의 1차 방어진지는 적의 공격로에 따라 충주천의 남쪽의 들과, 동쪽으로는 금능천(연수천)의 시내방면인 왜군의 공격로에 따라 분산 배치하였을 것으로 생각해 본다. 그리고 신립은 왜군의 주력인 중군의 공격로에 주력을 배치하고 대응했을 것으로 본다. 그러나 이 일대는 앞에서도 언급한 대로 논이며 수초가 우거진 습지로 말을 달리기에 불편한 곳이었다. 이 일대가 논이었기 때문에 음력 4월 하순 경에는 모내기를 위하여 물을 대고 있었던 것으로 생각할 때 馬(말) 뿐만이 아니라, 사람들도 활동하기에 적절치 않은 상태였을 것이다.

적의 공세는 치열하였다. 《선조수정실록》에는 「창날이 햇빛에 번쩍이고 포성이 천지를 진동시켰다. 신립이 어찌할 바를 모르고 곧장 말을 채찍질하여 충주성으로 향하여 나아가니 군사들은 대열을 이루지 못하고 점점 흩어지고 숨어버렸다. 성중의 적이 호각소리를 세 번 내고 일시에 나와서 공격하니 신립의 군사가 크게 패하였으며, 적이 벌써 사면으로 포위하므로 신립이 진을 친 곳으로 도로 달려 갔는데 사람들이 다투어 물에 빠져 흘러가는 시체가 강을 덮을 정도였다.」[36]고 하였으니, 매우 처절한 상황이 전개되고 있었음을 알 수 있다.

신립은 일차, 이차, 삼차로 적진을 향하여 출격하였으나 세가 불리하고,

---

36) 《宣祖修正實錄》 권26, 선조 25년 4월 14일조, 「仍引兵出屯彈琴臺 背江而陣 前臨多稻田 實不便於馳騁矣」라 하고 또한 「戈戟耀日 砲響震天 砬不知所爲 直鞭馬進向州城軍不成列 稍稍散匿 城中賊發角三聲 一時出擊 砬衆大潰 而賊已四圍 砬還趨結陣處 人爭投水 流屍蔽江」이라 하였다.

아군은 적의 위세에 저항하지 못하고 대열이 무너지며, 많은 희생을 당하면서 적세에 밀려 적의 주 공격로인 금능천의 제1진지는 무너지고 말았다[37]. 제1진지가 무너지기 시작하자 자연 아군은 금능천을 건너면서 내를 건너는 적을 향한 제2진지가 자동적으로 형성되었을 것으로 본다.

이 지역은 왜군의 주력군인 중군의 공격로라고 생각되는 탄금대의 동쪽으로 시내에서 탄금대로 나가는 520번 도로를 따라 나가다 금능천과 샛강 사이로 지금의 '칠지'와 '새말'이 있는 일대의 구릉이다. 비록 넓은 지역은 아니나 충분히 말을 달릴 수 있는 지형으로 신립은 이곳을 주 전쟁터로 활용했을 것으로 본다. 즉 이곳을 중심으로 주력군을 맞이하여 시내 쪽으로 여러 차례 출격하였다고 본다. 그러나 왜군의 공세는 가열되어 이곳에서도 밀려 샛강을 건너 탄금대 밑으로 몰리게 되었으니 이제는 더 물러설 수 없는 최후의 저항선이었다.

신립의 배수진은 漢한나라의 장군 韓信한신의 고사에 따랐다고 하였으니, 한신의 휘하는 고도로 훈련된 정예병이었기 때문에 성공하였다고 본다. 그러나 훈련받지 못한 오합지졸[38]이라고 할 보통사람들에게는 어차피 죽을 바에야 일대일로 상대하겠다는 용기가 나지를 못하는 법이다. 뒤에 물이 있어 빠져 죽을 것을 알면서도 앞에서 총칼을 겨누고 위협하면 담력이 약해서 상대를 하지 못하고 뒷걸음질 치다가 물에 빠져 죽는 것이 보통사람이라

37) 차용걸, 앞의 논문, p. 97, 신립이 충주천의 남쪽과 달천 사이에 진을 치고 왜군과 싸우다가 「왜군의 포위공격에 의하여 벌판의 서쪽 끝까지 밀려, 결국 샛강(충주천)과 달천의 합류지점까지 밀려가서 전사」한 것이라고 하여 필자의 제1진지에서 싸움이 끝난 것으로 보고 있다.

38) 신립이 거느린 군사들은 서울에서 데리고 온 일부 기병을 제외하고는 한량들과 도중에 끌어모은 농민군들로 오합지졸이라고 할 수 있다. 忠壯公墓碣銘에 「……公當時 以不敎烏合之數千 猝當數十萬方張之劇賊……」 따라서 이들을 死地에 넣어야 戰意를 살릴 수 있다고 보아 배수진을 생각했을 것으로 본다. 또한 신립이 기병전을 계획하고 있었으나 기마의 수가 과연 얼마나 되었을까도 기록이 없어 알 수 없다.

고 생각되기 때문이다.

이러하니 실제로 적과 대치하여 싸울 수 있었던 군사들과 이를 지휘할 장수들이 얼마나 있었느냐? 신립에게 용서받은 당대의 명장 이일도 샛길로 도망하였으니 할 말이 없다.

앞에서의 인용문과 중복되는 곳이 있을 것이나, 이 때의 상황을 비교적 자세히 기록한 《재조번방지》를 다음에 옮겨 본다.

「이미 적이 사면에서 들이닥쳤다. 그곳은 마을 거리가 좁고 좌우에 논이 많아서 수초가 엉키어 말을 달리기에 불편하였다. 우물쭈물하는 사이에 적이 우리군의 좌우를 포위해 오는데 그 세가 풍우와 같았다.

한길은 산을 따라 동쪽으로 오고, 한길은 강을 따라 내려오는데 포성이 진동하고, 鐵丸철환이 비 오듯 하고, 먼지는 하늘을 덮고, 함성은 산을 흔들었다.

신립이 김여물에게 급히 장계를 초하게 하니, 김여물이 갑주를 입고 궁시를 허리에 차고도, 붓 놀리기를 물 흐르듯 하여 한 자도 그릇됨이 없으니, 사람들이 모두 장하게 여겼다.

적세가 더욱 급하여 점점 포위하니 사면에 길이 없었다. 신립이 황급하여 어찌할 줄 모르고 말을 채찍질하여 적진에 출동하기 두 세 번하였으나, 나아갈 수 없어 도로 강가로 달려오는데 김여물이 말을 타고 앞에 있어 거의 얕은 여울에 이르렀다. 신립이 김여물을 부르며, "공을 살려볼까 하오"하니, 김여물이 웃으며,

"내가 어찌 죽음을 아낄 사람이겠소"

하고, 도로 달려 탄금대 밑에 이르러 신립과 더불어 수십 명을 쳐 죽였다.

우리 군사가 크게 흔들려 쌓인 시체가 산과 같고, 군자기계가 일시에 다 동이 났다. 적병이 신립을 추격하기를 더욱 급하게 하니 두 사람이 강물에 뛰어들어 죽었다. 모든 군사가 강물에 뛰어 들어갔는데 흐르는 시체가 강을 덮어 내려갔다.」[39]

고 하였다.

이 때의 상황을 《선조실록》에서는, 적이 포위 여 오자 「신립은 포위를

39) 《再造藩邦志》 1, 壬辰 4월 28일조.

뚫고 달천 월탄가에 이르러 부하를 불러서는 "전하를 뵈올 면목이 없다"고 하고 빠져죽었다. 그의 종사관 김여물과 朴安民박안민도 함께 빠져 죽었다.」[40]고 하였으며, 《선조수정실록》에는 「신립에게는 누이의 아들로 따라다닌 자가 있었는데, 도망하려 하자 신립이 노하여 "네가 어찌 살려고 하느냐"며, 머리를 붙잡고 함께 빠져 죽었다. 壯士장사로서 빠져나온 사람은 두서너 명에 불과했다. 이일은 샛길을 따라 산으로 들어갔다가 왜적 두세 명을 만나 한 명을 쏘아 죽여 수급을 가지고 강을 건너 馳啓치계하였다. 그리하여 조정에서 처음으로 신립이 패하여 죽은 것을 알았다.」[41]고 하여 8천여의 우리 군사는 두서너 명만이 살아남고 모두 순국하였으니 이는 신립이 玉碎옥쇄할 각오로 최후의 싸움을 결행한 사실을 말하여 주는 것이라고 하겠다.

이상에서 보아 최후의 싸움은 왜군이 우리의 최후 보루인 충주천과 샛강을 건너 공격의 폭을 좁혀오자, 그 세에 '탄금대 아래'로 밀려 탄금대를 끼고 서쪽으로 돌아 지금의 탄금교가 있는 달천과의 합수머리로 뒷걸음질 치다가 물에 빠졌던 것으로 생각된다. 이후의 기록에는 충주의 싸움터는 달천으로 기록하고 있으니 바로 달천을 배수진으로 한 최후의 싸움터로 기록에 의한 '고전장'터이며, 곧 달천의 月灘월탄이라고 할 것이다[42].

이 때에 희생된 수를 일본측의 기록에 의하면 왜군에 의해 살해된 자가 3천여 명이며, 포로된 자가 수백 명이라고 하였으니 나머지는 모두 강물에

---

40) 《宣祖實錄》 26권, 선조 25년 4월 17일조.

41) 《宣祖修正實錄》 26권 선조 25년 4월 14일조.

42) 月灘은 月落灘을 주린 말로 金遷月灘이라고도 하니, 탄금대 서북쪽 10여 리 지점에 있다. 《新增東國輿地勝覽》 권14, 충주목 山川조, 「月落灘은 在州西十五里 卽今金遷月灘也 于勒所遊之地」라 하고, 또한 金遷은 「在州西十里 卽北津下流」라 하여 지금의 창동으로 金遷面의 소재지였다. 금가면 月上里 앞강에 '달여울(月灘)'이 있으며, '달여울(月灘里)'이라는 마을도 있다. 그러나 여기에서 '달천의 월탄'이라고 함은 월탄에 가까운 달천으로 생각되니, 바로 '탄금대의 아래' 즉, 탄금대 서남쪽의 달천이 남한강 물과 합류되는 지점으로 보아야 할 것이다.

투신한 것으로 본다[43].

V. 倭亂의 被害

왜군의 침략은 온 나라를 황폐화시키고 헤아릴 수 없는 인명의 살상을 가져왔음은 말할 나위가 없다. 그 중 지역적으로 볼 때 충주의 피해는 가장 컸었던 것으로 보인다. 무엇보다도 인명의 피해이다. 싸움터에서 희생당한 8천여의 장졸도 그러려니와 충주에 있던 많은 사람들, 士民사민과 官屬관속들은 당대의 명장인 신립이 대군을 이끌고 와서 주둔하고 있음을 믿고 피난을 가지 않았으므로 다른 고을 사람들보다 희생이 더욱 컸었다[44]고 한 데서 알 수 있다. 이는 임진왜란 중 가장 희생이 컸었던 곳이 충주였음을 말하는 것이라고 하겠다.

앞에서도 기술한 바와 같이 왜군은 지나는 마을마다 불태워 불길이 하늘을 치솟아 오르고 창날이 햇빛에 번쩍이고 포성이 천지를 진동시키었다. 그러므로 왜군에 의해 점령당한 충주성은 모두가 잿더미가 되었음은 말할 나위도 없고 피난을 가지 못한 고을사람들의 희생이 컸었던 것이라고 하겠다.

민가는 차치하고 관아건물도 모두 소실되었다고 보인다. 난후인 선조 35년(1602)에 충청도 관찰사로 부임한 柳根유근은 충주의 지나친 황폐화를 재정난으로 시설의 복구가 어려움을 빌미로 충주의 감영을 공주로 옮겨갔으니 전후 10여 년이 지나도록 전화를 복구하지 못한 황폐화된 당시 충주

43) 《西征日記》, 「27日(28日)晴. 寅刻發聞慶 而辰刻過安保 午刻達忠州 自洛(서울)將軍來 而率數萬之兵府之北半里許陣松山 官軍(倭軍)擧旌旗馳馬向 松山之陣敗走 對州(宗義智)·攝州(小西)之兵 遂北刎首三千餘級 虜數百人 大將申砬死……」라 하였으며, 탄금대를 松山이라 하였다.

44) 《宣祖修正實錄》 권26, 선조 25년 4월 1일 庚寅조.

의 모습을 말하여 주는 것이라 하겠다[45].

충주는 조선 초기부터 충청도의 관찰사가 있었던 首府수부였다. 이것이 임진왜란의 피해로 公州공주로 옮겨가서 조선 말까지 그곳에 있었던 것이다. 임란의 피해가 어떠하였는지 알게 하는 증좌라 하겠다. 사실상 관아의 동헌을 비롯하여 대부분의 건축물이 난후 270여 년이 지난 고종 초인 1869~70년에 당시 목사 趙秉老조병로에 의해 인근의 사찰을 헐어다가 복구한 것이었으니 말이다[46].

더욱 아쉬웠던 것은 충주사고의 소실이라고 하겠다. 충주사고는 고려 말 왜구의 창궐로 합천 해인사에 있던 역대 실록을 비롯한 經史경사 등 주요전적들을 선산 득익사를 거쳐 예천 보문사에 疏開소개되었다가 우왕 7년(1381)에 충주의 開天寺개천사(동양면 하천리)로 옮겨왔다. 그러나 이곳도 왜구의 위험을 느껴 우왕 9년(1383)에 죽산 칠장사로 옮겼다가 그곳에도 왜구가 가까이 오자 공양왕 2년(1390)에 다시 충주로 옮겨와서 2년 후에 조선왕조의 개국을 맞게 된 것이다.

조선의 건국과 더불어 고려의 역대실록은 《고려사高麗史》를 편찬하기 위해 서울로 운반되었다. 그리고 세종 13년(1431)에 조선 태조와 정종·태종실록을 편찬한 후 서울의 춘추관과 충주사고에 보관하게 되었으니, 충주사고는 조선시대 최초의 외사고이다. 그후 두 곳으로는 미흡하게 생각되어 세종 27년(1445)에 전주와 성주의 두 곳에 추가로 사고를 설치하였으니 조선의 四大史庫4대사고 중의 하나이다. 이 중 충주사고는 고려시대부터

---

45) 柳根은 난후 4년인 1596년에 수 개월간 관찰사로 와 있다가 6년 후인 1602년에 재임하여 온 것이다. 관아 등이 많이 복구되었으리라 믿었으나 그러하지 못하고 재정난으로 복구가 어려움을 느끼고 공주로 옮긴 것으로 생각된다.

46) 충주의 官衙建物(淸寧軒·제금당 등)을 1984년에 중수할 때 내려 놓은 銘文瓦가 여러 장 있었다. 이들은 모두 倉龍寺·陰淵寺 등 절에서 사용되었던 것으로 절을 헐어다 입혔던 것임을 알게 한다(김현길 중원지역의 寺刹·寺址; 창용사 항, 《예성문화》 11호, 1990).

조선시대로 계승되어 온 역사를 갖고 있어 의미를 더하는 것이다.

이러한 역사적 의미를 갖는 사고가 임진년 왜군의 방화로 성주와 춘추관 및 충주사고가 소실되었다. 충주사고는 고려 말 왜구를 피하여 충주로 왔다가 임진왜란 때 왜군에 의해 완전히 소실된 것이니, 또한 우리의 마음을 달래지 못하는 것이다. 매우 안타까운 일이 아닐 수 없다.

누차 말하거니와 우리는 외침에 대해 너무나 무방비하였던 것이다. 신립 장군이 충주의 싸움을 우선 읍성에서 방어하고 연후에 탄금대 앞에서 싸웠어야 했는데 충주성의 방비에 대하여는 일언반구가 없는 것으로 보아 짐작이 가는 것은 고종 7년(1870)에 세운 충주읍성의 築城記축성기이다.

본래 충주에는 규모를 갖춘 읍성이 없었던 것으로 본다. 고려시대 몽고군이 여러 차례 침입하여 옴에 성이 크게 무너졌으므로, 고종 43년(1256)에는 관리와 노약자들이 고을을 버리고 月岳神祠월악신사로 피신을 하여야 했던 것으로 보인다. 이후 보수를 하지 않았던 것으로 보이니, 축성기에는 임진왜란에 신립이 패한 사실을 들면서「이 때에 또한 만약 城성이 있어서 막아 지켰으면 어찌 도적떼로 하여금 계속 몰려오기를 바람 쓸어가듯 하였겠는가.」[47]라고 한 데서 알 수 있다.

그러니 왜군은 아무런 저항을 받음 없이 官衙관아로 밀려들어와 모두 불사르고 학살을 자행했던 것이라 하겠다.

Ⅵ. 달천에 設壇致祭

앞에서도 언급한 바와 같이 임진왜란은 우리 역사상 미증유의 큰 전란이

---

47) 《湖西邑誌》 築城記 중, 「…… 敗績於彈琴臺下, 此時又若有城防守 豈至使賊長驅如風之掃耶 由此觀之則有邑不可無城而 此邑之無城不知其爲幾百年矣……」.

었다. 따라서 관군은 물론 의병들의 활동과 우리를 지원하러 왔던 명나라 군사들의 수고로움도 매우 컸으며, 이들의 희생 또한 막심하였다. 이 중에서도 충주의 싸움은 가장 희생이 많았던 싸움으로 기록되고 있다. 조정에서는 나라를 위해 희생당한 수 많은 英靈영령에 대한 위로의 뜻을 표하기 위한 조치를 취하였으니, 이는 나라를 위해 헌신한 분들에 대한 致祭치제로 조문하고, 軍情군정을 위로하는 조치로 군의 사기를 진작시키는 조치라고 할 것이다.

선조 26년(1593) 1월 10일(을축)조에 명나라의 원군에 의해 箕城기성(평양의 옛 이름)을 회복한 일에 감격하고 여기에서 희생된 명나라 장졸에 대하여 치제할 것을 의논하였으며, 1월 14일, 15일에 전사자에 대한 제사를 지낸 일과 이에 대한 논의를 하고 있으며, 1월 30일에는 우리나라의 전사자에 대하여는 평소 癘祭여제[48]의 예에 따라 한 곳에다 壇단을 쌓아 제사지내어 넋을 위로하라고 왕이 政院정원에 전한 일 등은[49] 참으로 나라를 위해 희생당한 영령들에 대한 최소한의 조치라고 할 것이다. 이러한 일련의 사안들이 단을 쌓고[設壇] 치제의 행사를 정례화하였던 것으로 보인다. 다음에 충주지역을 중심으로 한 치제상황을 정리하여 본다.

선조 26년(1593) 4월 1일 禮部예부에서 평양·개성·벽제·서울에 단을 설치하여 전사한 관군의 위령제를 지낼 것을 청하니, 단의 이름을 愍忠壇민충단이라 하라 하고, 官銀관은을 내려 祭需제수를 마련토록 하였다[50]. 같은 해 윤11월 24일에 비변사에서 명나라의 전사한 군사를 위해 경기감사에 명하여 민충단을 설치하여 제사지내도록 하고, 또한 상주·충주·임진·양주·대탄·평양·중화 등지의 큰 싸움에서 죽은 우리나라 사람들을 위해서

48) 《經國大典註解》 後集, 下, 禮典 ; 「癘祭. 祭無祀鬼神 鬼無所歸 或爲人害 故祭之」 제사를 받지 못하는 無主孤魂이나 疫疾을 퍼뜨리는 귀신에게 지내는 제사.

49) 《宣祖實錄》 권34, 선조 26년 1월 10일조, 14일조, 15일조, 30일조.

50) 《宣祖修正實錄》 권27, 선조 26년 4월 1일 乙酉조.

도 각각 해당 지방에서 제사지내도록 청하여 시행케 하였다[51]. 이로부터 임진왜란으로 희생된 영령에 대한 위령의 조치가 시작되었던 것이다.

난 후 신립·김여물·이종장 등 이름있는 분들에 대하여는 추증과 시호도 내려졌으나, 충주에서 희생된 8천의 영혼을 위해서는 그후 별 조치가 없었다. 그러다가 현종 11년(1670) 3월 25일 지평 柳筵유연이 가뭄으로 인하여 서울에서는 기우제를 지냈는데 무신년(현종 9, 1668) 봄에 민충단·강화·토산·금화·쌍령 등지에서 죽은 장수와 사졸들을 위하여 제사를 지냈으나, 진주·남원·금산·달천에서 죽은 자들에 대하여는 유독 제사를 지내지 않았으므로 祀典사전에 있어 매우 큰 흠이 된다고 청하여 특별히 가까운 신하를 보내어 날을 받아 제사지내도록 청하여 시행토록 하였다[52]. 이에 4월 10일 응교 洪柱三홍주삼을 충주에, 교리 이헌을 금산에 보내어 전사한 장졸들에게 제사를 지냈다[53]. 이후 종종 전사한 장졸들을 위하여 달천에서 제사를 지내게 되었으니 다음의 기록이 있다.

현종 12년(1671) 4월 19일에 대사간 南龍翼남용익 등이 기근과 전염병이 함께 일어나 죽는 자가 전쟁보다 심하다고 하며, 癘祭여제 지내기를 청하여 시행하였다. 예조에서는 산천제와 성황제를 먼저 행하고, 서울에서는 민충단에서, 지방은 달천을 비롯하여 험천·쌍령·금화·토산·강화·진주·남원·금산·상주·원주·울산 등 12곳은 임진왜란 때 많은 전사자를 낸 곳이므로 향과 축문 및 폐백을 보내고 본도에서 제관을 임명하여 제사를 지내도록 하였다[54].

숙종 38년(1712, 임진) 4월 1일에 지평 尹聖時윤성시가 상소하기를, "임

---

51) 《宣祖實錄》 권45, 선조 26년 윤 11월 24일 甲辰조.

52) 《顯宗實錄》 권18, 현종 11년 3월 25일 壬午조./《顯宗修正實錄》 권22, 현종 11년 3월 25일조.

53) 《顯宗實錄》 권18, 현종 11년 4월 10일 丙申조./《顯宗修正實錄》 권22, 현종 11년 4월 10일조.

54) 《顯宗實錄》 권19, 현종 12년 4월 19일 庚子조./《顯宗修正實錄》 권23, 현종 12년 4월 19일조.

진년이 다시 돌아왔으니 전례에 따라 근신과 예관을 보내어 원통하게 전사한 자의 영혼에 제사를 지내게 하고, 전사자로 사실의 자취가 없어져 알려지지 못한 자는 각 도에서 찾아내 아뢰게 하고, 旌門정문을 세워 표창하고 謚號시호를 허락하고, 사실 업적이 뛰어났는 데도 공로의 평가에 참여하지 못한 자는 그 자손을 거두어 채용"하기를 청하였다. 이에 근신을 나누어 㺚川달천을 비롯하여 노량·진주·동래·상주·안음·남원·금산·금화·임진 등 열 곳에서 임진년에 순절한 모든 장수와 사졸에게 제사를 지내도록 명하고, 벽제와 평양 등 중국의 장졸이 전사한 곳에도 똑같이 하였다[55].

위 글에서 '임진년이 돌아왔으니 전례에 따라'라고 한 사실에 비추어 매 임진년에는 위령제를 지냈던 것임을 알 수 있으니, 기록에는 없으나 효종 3년(1652) 임진년에도 제사를 지냈다고 본다. 또한 이름없이 죽은 희생자들도 찾아내어 그 자손들에게라도 은혜를 베풀도록 한 사실을 알 수 있다. 나라를 위한 희생에 대한 국가적인 보상으로 생각되어 교훈삼아야 할 일이라고 생각된다.

숙종 43년(1717) 6월 1일 예조에서 전염병이 날로 성하니 전례에 따라 서울과 지방에서 여제를 지내게 하였다. 지방은 달천을 비롯하여 험천·쌍령·금화·토산·진주·남원·금산·상주·원주·울산 등지에서 행하였으니, 지방은 本道본도로 하여금 都事도사·수령 중에서 제사를 지내게 하였다[56].

숙종 44년(1718) 4월 1일 전염병이 만연하여 서울과 지방에서 여제를 지내게 하였다. 서울은 민충단에서, 지방은 각도의 중심이 되는 곳과 달천을 비롯하여 험천·쌍령·금화·토산·진주·남원·금산·상주·원주·울산 등지의 싸움터였던 장소에는 본도의 도사를 시켜서 제사를 지내게 하였다[57]. 이

---

55) 《肅宗實錄》 권51, 숙종 38년 4월 1일 癸丑조.
56) 《肅宗實錄》 권59, 숙종 43년 6월 1일 甲申조.
57) 《肅宗實錄》 권61, 숙종 44년 4월 1일 己卯조.

기록은 현종 12년의 기록과 숙종 43년의 기록과 함께 전염병에 의한 관련이나, 싸움터라고 하는 등 임진왜란에 희생당한 무주고혼에 대한 여제로 보아, 역병이나 기근이 들면 나라를 위해 죽은 혼령에 치제를 하면 국가의 안위를 찾는다고 믿었던 것으로 보인다.

정조 17년(1793) 3월 20일 예조판서 閔鐘顯민종현이 "충주의 忠臣義士壇충신의사단에 절개를 지켜 순절한 날짜에 제사를 지내라는 명이 있었다."고 청하여 제사를 지냈다. 여기에서 임진왜란에 희생된 장졸들에 제사를 지내던 싸움터에 쌓았던 壇단이 '충신의사단'이었음을 알 수 있다[58].

순조 31년(1831) 11월 22일에, '명년 봄에 임진년에 죽은 순변사 신립과 종사관 김여물 및 여러 장사들을 충주 달천의 순절한 옛터에 제사지내라'고 명하였다. 이는 예조참판 趙寅永조인영이 胎室태실을 봉심하기 위해 충주에 갔다가 돌아와 "명년은 임진년의 옛 甲年갑년이니 옛일을 추억하는 뜻을 나타내 보임이 합당하다"고 하여 시행도록 하였다[59].

순조 32년(1832, 임진) 2월 4일 예조에서 "이미 충주 달천에서 제사지내라고 하였는데, 그때 충주목사 이종장은 종사관과 함께 같은 날 순절하여 시호의 은전을 입었는데 지난번에 거론하지 못했습니다. 이제 여러 장사의 열에 섞어둔다면 사리나 체면에 어긋나는 일이니, 마땅히 김여물과 같이 제사를 지내도록 하여 주소서"하여 그대로 시행되었다[60].

순조 32년 2월 6일 하교하기를 "금년은 皇朝황조(명나라)에서 우리나라

---

58) 《正祖實錄》: 정조 17년 3월 20일 癸丑조. '忠州의 忠臣義士壇'이라 하였으나, 이어지는 글에 尙州의 金俊臣이 나오므로 보아 前年인 정조 16년(1792) 12월 무자(24)일에 '尙州의 故忠臣 尹暹·金慶流' 등을 위해 '충신의사단'을 세운 사실로 보아 忠州가 아니라 尙州의 誤字로 보이나, 그 동안 매 임진년에 달천의 전쟁터에 壇을 설치하여 제사를 지낸 사실로 보아 이 단도 '충신의사단'이 있을 것으로 보아 무리는 아니라고 본다.

59) 《純祖實錄》 권32, 순조 31년 11월 22일 庚午조.

60) 《純祖實錄》 권32, 순조 32년 2월 4일 辛巳조.

를 다시 살려준 은혜를 생각하니, 하늘처럼 높고 땅처럼 두꺼워 보답할 방도가 없다. 따라서 평화를 지켜온 나라의 감화를 어디에 의지하여 풀겠는가. 宣武祠선무사·征東官軍祠정동관군사에 승지를 보내어 제사지내게 하고, 평양의 武烈祠무열사에도 제사를 지내데 헌관은 도백으로 하라. 본국이 어려운 때 순절하여 공훈을 세운 신하들의 충성과 공로에 대하여도 또 어찌 잊을 수가 있겠는가. 달천의 전쟁터에 대해서는 이미 예조판서의 말로 인하여 제사지내도록 하였지만 그 중에 더욱 우뚝이 드러난 사람에 대해서는 또한 마음 속에 느끼는 바를 보이지 않을 수 없다. 충렬공 宋象賢송상현·문렬공 趙憲조헌·충렬공 高敬命고경명·충무공 이순신이 순절한 곳에서 함께 순국한 장사들을 위하여 단을 설치하고 제사를 지내주되 제관은 본도의 수령들 가운데 품질이 높은 사람을 가려서 임명하라. 두 충렬공과 문렬공의 집에는 지금 벼슬하는 사람이 없으니, 제사 받드는 사람을 해당 曹조에서 이름을 물어 기용하게 하라. …… 각 고을에 있는 祠版사판(神主, 祠堂)에도 승지를 보내어 제사지내도록 하라. 아! 전후 8년 동안 국란에 충절을 바친 사람들의 수효가 어찌 이루 한정할 수 있겠는가만은 禮예가 번거로우면 도리어 무례한 것이니 이제 일일이 모두 거행하지 않고 그 중 두드러진 사람을 거론하여 행하는 것이다. 그러나 오래도록 잊지 않고 있다는 뜻은 실로 그 가운데에 포함되어 있다. 어찌 행하고 행하지 않는 것으로 차등을 두는 것이라 하겠는가? 상주의 甑淵증연에서 세 종사관이 순절한 곳에도 똑같이 제사지내도록 하라"고 명하였다[61].

고종 28년(1891) 12월 24일 영의정 沈舜澤심순택이 아뢰데, "옛날 순조 임진년(1832, 순조 32)에 특별히 지시하여 선무사·정동관군사·무열사(평양)에 제사를 지냈고, 충렬공 송상현·문렬공 조헌·충렬공 고경명·충무공

61) 《純祖實錄》 권32, 순조 32년 2월 6일 癸未조/《純祖實錄》 附錄, 行狀 壬辰年조에도 같은 내용이 있으나 行狀을 인용하였다.

이순신에 대해서는 순절한 곳에 제단을 만들고 희생된 장병들과 함께 제사를 지내 주었으며, …… 고 순변사 신립, 고 종사관 김여물, 고 목사 이종장은 전쟁터인 충주 달천에서 같이 희생된 장병들과 함께 제사를 지내 주었으며, …… 등에도 제사를 내려주니, 오래도록 잊지 않는 뜻과 충성에 보답하고 절개를 장려하는 훌륭한 덕에 참으로 흠모하여 마지않는데, 내년은 바로 그 임진년입니다. 선대 임금님들의 업적을 이어받는 뜻에 있어서 마땅히 은덕을 갚는 일이 있어야 할 것이므로 모두 순조 때에 시행한 전례대로 내년 봄에 제사를 지내주는 것이 어떨까 합니다."하여 제사지내도록 윤허를 받았다[62].

이상은 《朝鮮王朝實錄조선왕조실록》에 보이는 임진왜란에 희생된 영혼을 위로하기 위한 조정에서의 조치였다. 이에 보면 임진년 이듬해인 1593년에 서울에는 민충단을 설치하여 명나라 전사자를, 충주를 비롯하여 여러 큰 싸움터에서 전사한 분들을 위해 각기 단을 쌓아 제사를 지냈음을 알 수 있다. 이 단을 '忠臣義士壇충신의사단'이라 하였다고 본다. 충주에서는 신립·김여물·이종장은 특별한 예를 하고 기타 8천의 孤魂고혼에도 함께 제사를 지냈음을 알 수 있다.

또한 가뭄이 든다거나 전염병이 유행하는 해에도 충주를 비롯하여 임진왜란의 큰 싸움터에서 제사(여제)를 지냈으니 나라를 위해 희생한 영혼에게 나라의 안녕을 즉 國泰民安국태민안을 기원하였던 것으로 보인다.

Ⅶ. 맺는말

우리 역사상 최대의 시련기였던 선조 25년(1592)에 일어난 임진왜란은 우리의 아무런 대응책이 없었던 무방비 상태에서 그 초전부터 왜군에게 일

---

62) 《承政院日記》 고종 28년 12월 24일 甲寅조;《高宗實錄》 권28, 12월 24일.

방적으로 당하기만 하였던 전란이었다. 이 중 충주의 싸움은 왜란 초기에 최초의 방어전선의 구축이라는 의미를 갖고 조정에서 당대의 명장 신립에게 기대를 걸었던 것이었다. 이에 신립은 새재(조령)의 험요에서 적을 막지 못하고 탄금대의 배수진으로 실패하였다는 일반적인 인식이 있어왔다.

그러나 신립은 조령을 스스로 포기한 것이 아니라, 현지에 나아가 형세를 파악하였을 때 그곳을 막아 지키자는 의견이 있었으나, 당시의 상황에서는 이미 왜군이 가까이 다가왔었기 때문에 충주 달천에 주둔한 주력을 이동 배치할 시간적 여유가 없었던 것으로 보았을 것이며, 또한 적군은 오랜 행군으로 피로했을 것으로 보아 넓은 들로 끌어들여서 기병으로 적을 막아내려고 하였으니 탄금대 앞의 넓은 들을 생각하였던 것이다.

신립은 이일 등에게서 들은 적의 형세를 알고 승산이 없음을 알면서도 나름대로는 탄금대 주변의 지형을 최대한 이용하여 옥쇄를 각오한 방어전을 펴려고 하였던 것으로 본다. 즉 탄금대 앞에 있는 천연의 해자인 충주천과 금능천 앞의 넓은 들판에 1차 방어진을 편성하고 대응하였다고 본다. 그러나 이 일대는 대부분이 논과 수초가 우거진 습지로 말 뿐만 아니라, 사람의 활동도 자유스럽지 못한 지역이었다. 이곳에서 물러나게 되면 금능천을 건너서 제2의 전선을 형성하고 적을 막으려 하였으니, 이곳은 왜군의 주력 진출로로 새말과 칠지마을이 있는 일대의 구릉지이다. 그다지 넓은 지역은 아니나 충분히 말을 달리면서 저항을 하였으리라고 보아 이곳이 신립의 주 전쟁터였을 것으로 본다.

그리고 여기에서 세가 불리하면 충주천과 샛강을 건너 탄금대 밑에서 마지막 방어진을 치고 적을 맞아 싸우려고 하였던 것이다. 그러나 왜군은 수적으로도 우세하지만 전국시대를 겪는 동안 싸움의 경험이 풍부한 데다, 신예무기인 조총으로 무장하고, 탄금대 앞의 우리 진영을 3면으로 포위 공격하여왔다. 이에 전쟁의 경험이 없었을 뿐 아니라 훈련 한 번 받아보지 못한

急造급조된 오합지졸이었던 우리군은 이에 당하지 못하고 밀려서 달천의 月灘월탄에 이르러 최후를 마쳤던 것이다.

배수진이란 물러서면 물에 빠져 죽을 것이니 앞에 있는 적을 1대 1로 죽음을 각오하고, 맞서서 싸우라는 의미라 하겠다. 그러나 이는 고도로 훈련된 정병이 아니면 불가능한 것이다. 훈련되지 못한 보통사람이라면 담이 약해서 앞에서 총칼을 겨누고 위협하면 뒤에 물이 있음을 알면서도 뒷걸음질 치다가 물에 빠지는 것이 일반이라고 생각되기 때문이다. 신립의 옥쇄를 각오한 배수진은 적의 진로를 하루라도 지연시켜서 서울에서의 대응을 위한 여유를 갖도록 하기 위함도 있었음을 감안하여야 할 것으로 본다.

'달천의 월탄'은 탄금대 서쪽 달천과 남한강의 합수머리로 추정되며, 이곳이 기록상의 탄금대 아래의 '고전장'터라고 생각된다. 따라서 충주지역에 전해오는 탄금대의 중앙부 북쪽에 있는 '열두대'에 대한 일화는 신립의 영웅적인 의미를 부각하여 꾸며진 신화라고 할 것이다. 그러므로 탄금대 안의 여러 임진왜란과의 관련된 시설물 중에서 다른 것은 몰라도 현재 열두대 앞에 세워진 「申砬將軍신립장군 殉國之址순국지지」비 만이라도 없애야 할 것이다. 역사의 사실을 왜곡시키는 일이기 때문이다.

임진왜란이 일어난 이듬해인 선조 26년(1593) 우리를 도와준 명나라의 희생된 장졸을 위하여 愍忠壇민충단을 세워서 위로하고, 우리의 장졸들은 충주를 비롯하여 큰 싸움이 있었던 지역에서는 해당지역에서 위로하는 제사를 지내게 하였다. 이후 갑년이 되는 매 임진년에는 충주 달천을 비롯하여 전국의 큰 싸움이 있었던 곳에서 위령제를 지내왔다.

충주의 달천에도 단(충신의사단)을 마련하여 제사를 지냈었으나 지금은 그 흔적을 찾을 수 없다. 우리는 광복 후 임진년인 1952년에 제사를 지내지 않았다. 6·25전란 중이기도 하였으나, 실은 임진왜란과 충주의 싸움을 상기하지 못했다고 본다. 최근에 '8천 고혼 위령탑'을 탄금대 정상부 동쪽에 세우고 위령제를 지내고 있기는 하나, 앞으로 본래의 싸움터와 희생된 곳을 찾아 주변을 잘 가꾸어 역사적인 현장에 다시 '단(壇)'을 마련하여 임진왜란의 오욕의 교훈을 일깨울 추념의 행사가 이루어져야 하리라고 본다.

아울러 忠州史庫충주사고의 復元복원이다. 충주사고는 왜구에 의해 생기고 왜구에 의해 소실된 특수한 역사를 갖고 있어 다른 지역에 있었던 사고와 의미가 다르다. 우리는 이웃 간에 싸움이 아닌 평화를 사랑하는 문화민족이라는 자긍심을 심어주고 과거의 수치스런 결여된 안보의식을 일깨우는 장으로의 의미를 되새기게 하기 위하여 충신의사단의 조성과 충주사고의 복원을 하루 속히 하여야 하겠다고 생각하며 제언한다.

(《蘂城文化》 29, 2009. 11)

壬亂 義兵將 趙熊考

〈목 차〉

Ⅰ. 머리말

우리 민족의 역사는 한 마디로 시련의 연속이라고 해도 지나친 말이 아닐 정도로 숱한 異民族이민족의 침략을 받아 어려움을 겪어 왔다. 그러므로 우리 민족은 이 시련을 극복하려는 꾸준한 노력으로 이어져 왔음을 알게 하니, 우리의 역사적 발전은 바로 시련의 극복을 위한, 즉 국난을 극복하려는 민족의 의지에서 찾아볼 수 있다고 하겠다.

따라서 우리는 오늘의 분단된 민족적인 어려운 시련기를 극복하기 위하여서도 지난 시기의 역사에서 조상들의 슬기로운 지혜를 찾아 교훈으로 삼으려는 의식운동이 있어 왔다. 1970년대에 정부서에는 중·고등학교용으로《시련과 극복》이라는 교과서를 발행하여 각급 학교에서 교육한 적이 있었음은 이를 잘 반영하는 일이었다고 생각된다.

이는 우리가 오늘의 처지를 슬기롭게 극복하고 내일의 통일된 민족의 번영과 평화를 이룩하기 위해 우리의 의식을 일깨우고자 하는데 있다고 할 것이다. 그러므로 이러한 역사의식을 일깨우는 자료를 우리의 생활 주변에서 찾을 수 있다면, 그 소재야말로 실제적인 산 교육의 장이 될 것이라고 보아 의미가 크다고 할 것이다.

필자는 1980년 초에 당시 충주공업전문대학(지금 충주대학교의 전신)에 다니던 趙光元조광원군에게 종래에 별로 알려지지 않았던 인물로, 우리 역사상 최대의 시련기였던 임진왜란 때에 충주지역에서 의병을 일으켜 크게 활약한 白旗堂백기당 趙熊조웅 장군의 사실을 알게 되었다. 조웅의 후손이라는 조군에게 장군의 묘소를 안내받고, 그 지역의 村老촌로들에게 당시까지 전설적으로 전해오는 약간의 이야기를 수집하기도 하였으며, 집안에 전해오는 行狀記행장기 등의 자료를 얻어 볼 수 있었다.

너무나 젊은 청년기에 자기를 희생하면서 의병을 일으켜 나라와 내 고장을 지키기 위해 왜적을 맞아 용감하게 싸우다 순절한 사실을 알고, 필자는 이를 혼자 만이 간직할 일이 아님을 깨닫고 짧고 얕은 지식이나마 자료를 정리하여 지역민에게 알리고자 한 일이 있다[1).

20여 년이 지난 이제 趙熊조웅에 대하여 다시 붓을 들게 된 것은 충주시에서 지역의 師表사표가 될 인물을 차례로 재정립하려는 목적에서인 것이다. 그러나 새로운 사실이 있는 것은 아니며, 다만 한 둘의 자료를 더할 수 있어서 이를 참고하면서 재정리하고자 한 것이다.

---

1) 김현길, 「趙熊장군의 旌門 건립에 붙여」, 《충청일보》, 1980. 4. 2일자.
위 글은 趙熊의 종손 趙鐘浩씨가 조상의 얼을 기리고자 노력하여 정부의 보조를 받아 후손들이 살고 있는 음성 소이면에 忠臣門을 복원하려는 사실을 알고, 장군이 활약하였던 연고지에 세우는 것이 바람직하다고 지적한 내용이다. 이에 의해 1980년 11월에 충주 앙성면 능암리에 세우게 되었다.
김현길, 「壬辰倭亂과 義兵將 趙熊」, 《湖西文化硏究》 1집, 1981.
______, 「忠州義兵將 趙熊」, 《軍史》 5호, 1982.

Ⅱ. 壬辰倭亂과 義兵의 봉기

임진왜란 7년의 싸움은 고려시대 몽고와의 30여 년의 항쟁과 함께 우리 민족사에 있어서 그 유래를 찾아볼 수 없는 큰 전란 중의 하나였다. 서해안 일대를 제외하고는 전 국토가 유린당했던 엄청난 시련의 시기였다. 조선왕조의 건국 이후 우리나라는 북방 野人야인들의 소요와 남해안에 왜구의 침입은 약간 있었으나, 비교적 국내적으로는 평화를 지속하면서 2백여 년 동안 전쟁의 경험없이 지내왔다.

이와 같이 평화를 유지해 오던 조선왕조는 사실상 국방을 위한 군사제도는 마련되어 있었으나, 큰 전란이 없었기 때문에 그 기강이 풀어지고 軍備군비에 있어서는 실제로 무방비한 상태였던 것이다. 이러한 가운데 선조 25년(1592, 임진, 만력 20) 4월 13일 申尾(오후 5시경)[2]에 갑자기 구름과 같이 부산항에 밀려들어온 왜군을 맞아 우리는 싸워야 했다. 釜山城부산성이 숨돌릴 사이 없이 떨어지고, 동래 부사 宋象賢송상현은 군민과 더불어 힘을 다해 끝까지 항전하다가 순절하게 되었으니, 임진왜란[3]은 그 초전부터 우리에게 큰 타격을 주게 되었다.

---

2) 壬辰倭亂이 일어난 날짜는 4월 13일 壬寅《宣祖實錄》과 4월 14일(《宣祖修正實錄》로 구구함을 볼 수 있다. 日本측 자료인 《西征日記》(宗義智의 從軍僧 天荊의 箸)에는 「十二日晴 兵船七百艘 辰刻發大浦 申尾到釜山」이라고 하여 '12일 맑음, 병선 7백척으로 辰時(아침 7~9시)에 대마도의 大浦를 출발하여 申時의 끝시간(오후 5시경)에 부산에 도착하였다고 하였다. 日本曆은 하루 늦으므로 13일이 맞는 것으로 본다.

3) 壬辰(1592)倭亂과 丁酉(1597)再亂을 日本측에서는 '文祿慶長이 役'이라고 하며, 중국에서는 '萬曆朝鮮役'이라고 한다. 文祿(1592~1595)과 慶長(1596~1614)은 일본의, 萬曆(1573~1615)은 明나라의 年號이다. 이 기간에 있었던 싸움이라는 의미이다.

우리는 2백여 년간의 평화 속에 實戰실전의 경험이 없었을 뿐 아니라 군비도 갖추지 못했던 군대였음에 비해, 왜군은 오랜 戰國時代전국시대[4]를 겪는 동안 전쟁의 경험이 풍부하고 조직화된 精銳軍정예군이었다. 게다가 왜군은 수적으로도 압도되었으니, 침략군은 총 병력이 20만에 이르렀으며, 새로운 병기인 鳥銃조총을 갖고 있었다. 그러나 활과 창 만을 갖고 있었던 우리로서는 너무나 무력하였으며, 처음부터 당해낼 상대가 못되었던 것도 당시의 실정이었다[5]. 더구나 조총은 우리 군에게 심리적으로 공포를 주고 전의를 상실케도 하였을 것이 분명하다.

부산과 동래를 함락시킨 왜군은 세 갈래 길(中路·左路·右路)을 이용하여 서울을 향하여 破竹파죽의 세로 북상하여 올라오게 되었다. 이러한 급보에 접한 조정에서는 대책을 협의한 끝에 유명한 申砬신립 장군을 都巡邊使도순변사로 정하고, 조령·죽령·추풍령에서 적을 막고자 하였다. 李鎰이일에게는 중로인 조령 방면을, 劉克良유극량 등에게는 죽령을 방어케 하고, 신립은 충주로 떠났으니, 조정과 온 백성들은 신립 장군에게 희망을 걸고 戰勝報전승보를 기다리게 되었다.

그러나 이일은 상주에서 왜장 가또오(加藤淸正)의 군에게 패하여 충주로 물러나게 되었으니, 왜군은 천연의 要塞요새인 조령과 죽령 등지에서 아무런 저항도 받지 않고 충주로 치닫게 되었다. 신립은 할 수 없이 작전을 바꾸어 충주의 탄금대를 뒤로 하고 앞들에 배수진을 치고, 騎兵기병으로 적을 맞아 싸울 계획을 세웠다. 그러나 전세는 여러 면에서 불리하였으며, 조총소

---

4) 일본에서는 대체로 應仁·文明(1467~1477)의 亂 이후 각지에 戰國諸侯가 割據하여 오다노부나가(織田信長)가 형식적이지만 통일정권을 세우는 기초를 이룬 1568까지를 말한다.

5) 《懲毖錄》 권8, 條陳討賊機務狀「我國與倭奴交戰 較其長短 倭奴之場技三 鐵丸也 用劍也 突進也 我國之長技一 弓矢而已 然弓矢可用於數十步間 而鐵丸則數百步之外 中心穿透」.

리에 우리 軍卒군졸은 공포에 떨게 되니 충주의 항전도 실패로 돌아가고, 신립 장군은 달천의 月灘월탄에 뛰어들어 죽었다. 이때 신립의 우리 군은 8천여 명으로 이들도 모두 물에 빠져 처참하게 玉碎옥쇄하였던 것이다[6].

충주에서의 신립의 敗報패보를 들은 조정에서는 마침내 서울을 버리고 蒙塵몽진의 길을 떠나게 되었고, 왜군은 별다른 저항을 받지 않고 부산에 상륙한지 20일 만에 서울을 점령하게 되었다. 왕은 개성을 거쳐 평양으로, 그리고 다시 의주로 피난하게 되었으며, 왜군들은 개성과 평양은 물론 함경도 지방 깊숙이 쳐들어가 두만강을 건너 間島간도지방까지 들어갔으니 온 나라는 왜병에게 짓밟히는 바 되었던 것이다.

왜적은 침공 초기의 이와 같은 민활하고 신속한 진격으로 우리 군은 숨쉴 겨를도 없이 혼란에 빠졌으며, 적은 得意滿面득의만면으로 서울을 점령한 후 우리나라를 모두 삼킬 듯이 여러 部將부장 사이에 땅을 나누어 소위 그네들의 國割국할을 행하고 그 經略경략을 시작하였다. 침략 도발의 장본인인 도요토미(豊臣秀吉)도 우리나라를 넘어서 명나라까지 席卷석권할 꿈에 부풀고 있었다.

이러한 첫 싸움에 있어서 全軍전군이 붕괴된 데에는 앞에서 말한 바 新兵器신병기 즉 鳥銃조총의 위력과 훈련된 왜군 때문이기도 하지만, 우리나라 자체에도 결정적인 원인이 있었으니, 우리나라는 기강이 풀리고 군율도 서지 않은 데에다 패전한 장수와 성을 버린 수령의 죄마저 다스리지 않았으므

---

6) 申砬이 戰死한 곳을 탄금대 열두대라고 하여 이곳에 〈申砬將軍殉國之址〉 碑를 세우고 있으나 이는 잘못이다. 《宣祖實錄》 권26, 선조 25년 4월 17일 丙午조에 '申砬은 獺川 月灘가에 이르러 "전하를 뵈올 면목이 없다"고 하고 강에 뛰어들어 죽었다. 그의 종사관 金汝岉과 朴安民도 함께 죽었다'고 하고, 壬亂 이후 조정에서는 '달천'의 싸움터에 壬辰年마다 순절한 將卒들의 제사를 지냈다는 기록으로 보아 탄금대 서쪽 달천가로 보아야 할 것이다.

7) 《宣祖實錄》 권31, 선조 25년 10월 丙辰조「我國紀綱 元來叛蕩 變亂以後 軍律益頹 敗績將臣無問其罪 棄城守令 榮以官爵 一人如是 後來甘心 委靡展轉 大事將去」.

로 國事국사는 더욱 낭패하였다[7]. 태평한 가운데에 군정을 다스리지 않고 操練조련도 되지 않는 군졸은 烏合之卒오합지졸로 창졸 간에 변을 당하자 四散逃走사산도주하여 수습할 수 없었던 것이다. 이러한 가운데 조정에서는 朝臣조신들의 黨爭당쟁이 국론을 분열시켰고, 지방에서는 지방관의 虐政학정으로 인심이 離叛이반되었던 때문이라고 하겠다.

그러나 이후 왜군의 用兵용병은 그렇게 단순하고 순조롭게 되어 가지는 않았다. 그들의 점령지는 주로 幹線道路간선도로였으며 주요도시에 한하였으니, 의외로 넓어진 空漠공막한 지역을 장악하기란 쉬운 일이 아니었다. 더욱이 이순신 장군의 용의주도한 작전으로 남해에서 서해안 일대의 海上權해상권이 굳게 지켜지자, 적은 수군의 활동이 뜻과 같이 되지 않아 전라도는 적의 손에서 벗어나게 되었다.

한편 의주에서 선조는 明軍명군의 구원을 청하는 동시에 세자인 광해군에게 分朝분조하여 國權回復국권회복의 시책을 전개시키고 민심을 수습하려고 노력하였다. 이에 호응하여 각지에서는 의병이 벌떼와 같이 일어나 여러 곳에서 왜적을 공격하여 큰 성과를 올리게 되었다.

왜란 직후부터 관군은 괴멸하고 흩어졌으나, 내 고장을 지키려는 민중들의 순결한 발로는 각 지역에서 아무런 지원도 없이 개별적으로 의병을 일으키게 되었다. 관군은 병졸들이 평소에 苛斂誅求가렴주구에 시달려 그 상관을 원망하고 있었으므로 적과 싸우지도 않고 달아났지만, 의병들은 鄕里향리의 친구 관계를 유대로 하여 굳게 단결되었으므로 愛鄕心애향심을 발휘하여 용감하게 싸웠다. 이러한 과정은 의병과 관군의 대립관계를 일으키는 원인의 하나가 되기도 하였다[8]. 민중들은 비록 평소에 지배자층의 학정에 시달린

---

8) 義兵은 起兵한 처음부터 官軍과 서로 대립하고 있었으니, 《宣祖修正實錄》 권26, 선조 25년 6월조에 「湖南高敬命 嶺南郭再祐·鄭仁弘 湖西趙憲先起兵 於是官軍義兵 互爲掣肘 帥臣多與義將不協」이라 한 데서 알 수 있다. 참고 : 崔永禧, 「壬辰義兵의 性格」, 《史學硏究》 8 ; 李載浩, 「壬辰亂 義兵의 一考察」, 《歷史學報》 35·36合輯.

나머지 초기에는 불만스러운 離叛이반이 없지 않았다[9]. 그러나 침략자인 왜군에게 내 고장을 넘겨주고 굴복할 수는 없었으니, 왜적에 의한 민족의 위기에 대처하려는 피해자였던 민중과 지방의 世家大族세가대족들이 합세하여 士族사족·儒生유생을 지도자로 삼아 鄕土防衛향토방위에 나섰던 것이다.

그들의 향토를 위한 蜂起봉기는 곧 애국하는 마음과 통하는 바였으며 어려운 난국을 극복하려는 민족적인 의지였다고 할 것이니, 이는 그 동안 꾸준하게 성장해 왔던 역사의식의 발로라고도 하겠다. 의병들의 활약은 적의 후방을 교란시켰으며, 따라서 적의 무리가 전방으로 계속 진출하는 것을 좌절시키게 하였다. 그러므로 임진왜란을 보다 일찍이 끝맺게 하는데 큰 역할을 담당하였던 것이다.

임진왜란 때 의병의 활동을 지휘한 주요 의병장을 살펴보면, 郭再祐곽재우를 비롯하여 金沔김면·鄭仁弘정인홍·高敬命고경명·金千鎰김천일·鄭文孚정문부 등과, 승병으로는 西山大師서산대사로 알려진 休靜휴정과 四溟堂사명당으로 이름난 惟政유정 등이 유명하였다. 의병은 영남과 호남을 비롯하여 關西관서와 關北관북 등 전국적으로 일어났다.

충청도 지방에서도 의병의 봉기가 있었으니 柳成龍유성룡은 그의《懲毖錄징비록》에서, 僧將승장 靈圭영규를 비롯하여 전 提督官제독관 趙憲조헌, 전 청주목사 金弘敏김홍민, 庶孼서얼 李山謙이산겸, 선비 朴春茂박춘무, 충주사람 趙德恭조덕공, 內禁衛내금위 趙熊조웅, 청주사람 李逢이봉 등이 있었다고 하고, 이들 중 趙熊조웅은 더욱 용감한 사람으로 특히 말 위에 서서 달리기를 잘하여 적을 많이 죽였으나 그도 또한 전사하였다[10]고 하여, 더욱 조웅의

---

9) 倭亂 초기에 서울에서는 掌隷院, 刑曹 등 官衙와 모든 宮闕을 불살라버렸으며 지방에서도 亂民이 일어나 倉穀을 掠奪한 바 있다.

10)《懲毖錄》권1,「其在忠淸道者 僧仁靈圭 前提督官趙憲 前淸州牧使金弘敏 庶孼李山謙 士人朴春茂 忠州人趙德恭 內禁衛趙雄 淸州人李逢 靈奎勇力善鬪與憲復淸州 後爲賊所敗皆死雄尤勇敢能馬上馳 殺賊頗多戰死」.

용맹을 부각시키고 있다.

여기에서 다루려고 하는 趙熊조웅 장군은 바로《懲毖錄징비록》에 보이는 趙雄조웅이다. '雄'은 '熊'으로 사용하는 것이 옳다. '雄'으로 기록된 책으로 李肯翊이긍익의《燃藜室記述연려실기술》이 있다. 그러나 이곳에는 註주를 달아《朝野僉載조야첨재》에는 '熊'이라 하였다고 밝혔다. 이 외의 대부분의 자료에는 '熊'으로 기록하고 있으며,《漢陽趙氏世譜한양조씨세보》에도 '熊'으로 기록하고 있으므로 '雄'은 '熊'의 오기로 봄이 옳을 것이다.

Ⅲ. 趙熊의 家系

의병장 趙熊조웅은 본관이 漢陽한양이며 白旗백기라고 堂號당호하였다. 그는 隆慶융경 연간에 충주목 가흥리에서 태어났다고 하였으니, 명종 22년(1567)에서 선조 5년(1572)의 6년 사이가 된다[11]. 조웅의 생몰과 행적에 관한 기록은《白旗堂行狀백기당행장》이 있어서 비교적 자세하게 기록하고 있을 뿐이다.《한양조씨 세보》가 있으나 이곳에도 분명하지가 않다.《백기당 행장》은 그의 후손인 趙喆衡조철형이 1909년(隆熙 己酉) 11월에 지은 것이다. 조철형은 行狀행장을 쓰게 된 동기를 '삼백년이 지난 이제 행장을 기록하기에는 많은 어려움이 있었다'[12]고 언급하고 있을 정도이다. 따

11)《白旗堂行狀》에는 출생에 관하여 隆慶年間(1567~1572)이라 하였으나, 1994년에 세운 〈白旗將軍趙熊紀績碑〉文에 의하면, 장군의 戰死한 기록에 '癸巳年 8月 初4일로 是年이 24歲라'고 하였으니, 출생년은 1570년(선조 3)이 된다. 근거를 알 수 없다.

12)《白旗堂行狀》말미에 「今公之八世孫斗年 持公天聽文蹟 世乘記傳 過余於蓮亭書社 爲誌於余曰吾先祖白旗府君之世 今幾三百載 文獻久闕 如碑表誌狀等文字 無一備焉 實綠於後承之零替流落 而莫能揄揚先美也 愈久而愈決其傳則用是大懼 因請行狀」이라 하였다. 蓮亭書社는 조철형의 집 雅稱인 듯하다.

라서 행장의 기록을 살펴보더라도 너무나 간략하다. 자세히 기록할만한 자료가 충분하지 못하여 매우 어려움을 겪었음을 쉽게 이해할 수 있다.

趙熊조웅은 태어나면서부터 빼어난 재질이 있었으며 기개가 호탕하여 英邁영매하였다. 성장함에 있어서는 몸이 長大장대하고 체력이 絶倫절륜하였다고 한다[13]. 어렸을 때에는 靑龍寺청룡사[14]에서 공부를 하였으며, 성장하면서 趙綱조강(호는 慕溪)[15] 선생에게 師事사사하여 유학을 배우다가 뜻한 바 있어 무예를 익혔으니 조강 선생도 한 번 보고는 干城간성의 재목임을 알아차리고 武術무술을 권했다고 하였다.

용기와 智略지략이 뛰어나 말 위에 서서 달리며 활을 잘 쏘았으니 당시 사람들이 모두 '나르는 장군의 용맹스러움을 여기에서 다시 보는 것 같다'[16]라고 칭송하였다 한다.

이상에서 보아 조웅은 날 때부터 이미 武人무인의 기질을 타고 난 것 같다. 그래서인지 그의 가계를 살펴보면 조상 대로부터 무인 출신이 많음을 알 수

---

13) 《慕溪集》 附錄 권2, 聞白旗將軍趙熊 殉節忠州조 「軍先生族弟 嘗就先生受業焉 少有大節膂絶倫」

14) 趙熊이 어려서 이곳에서 공부했다고 行狀에 기록하고 있다. 江北 약 4km 지점에 위치한다. 靑龍寺는 高麗末葉에 창건한 절로 蘇台面 五良洞 淸溪山 남쪽 기슭에 있다. 지금은 없어져 절터 만이 남아 밭으로 경작되고 있다. 절터에는 國寶 제197호인 普覺國師定慧圓融塔과 寶物 제656호인 同 塔前獅子石燈 및 同 塔碑가 보물 제658호로 지정되고 있으며, 이 외에 位田碑와 石鐘形浮屠 등이 있다. 《忠州 靑龍寺址 發掘調査報告書》 忠州産業大學校 博物館, 1996.

15) 趙綱(1527~1599)은 趙熊의 5대조인 큰집 趙賚의 후손으로 조카벌이 된다. 字는 叔擧, 號는 慕溪이다. 性理學에 통달하고 孝誠으로 알려졌다. 선조 1년(1658)에 진사가 되고 恩津縣監을 지냈다. 憲宗조에 忠孝로 旌閭되고 左承旨에 증직되었다. 肅宗조에 宋泉書院에 향사하다가, 향리인 청원군 강내면 연정리에 孝忠祠를 세워 배향하고 있다. 文集으로《慕溪集》이 전하고 있다.

16) 《白旗堂行狀》, 「公生有異質 氣桀豪邁 旣長形體長大 膂力絶倫 早業儒術 旋事武藝 善騎射有勇力 能於馬上 立馳運槊 時人皆稱 飛將之勇 復見於斯」
《燃藜室記述》 권17, 「湖西義兵將조 '忠州忠義衛 趙雄(熊)勇敢 能於馬上 立馳運槊」이라 하였으니, 《懲毖錄》과 같은 내용이다. 趙熊에 관한 여러 기록은 한결같이 이 내용을 머리부분에 기록하였으니 장군의 용맹을 표시하는 것이라 하겠다.

있다. 그의 가계는 다음과 같다.

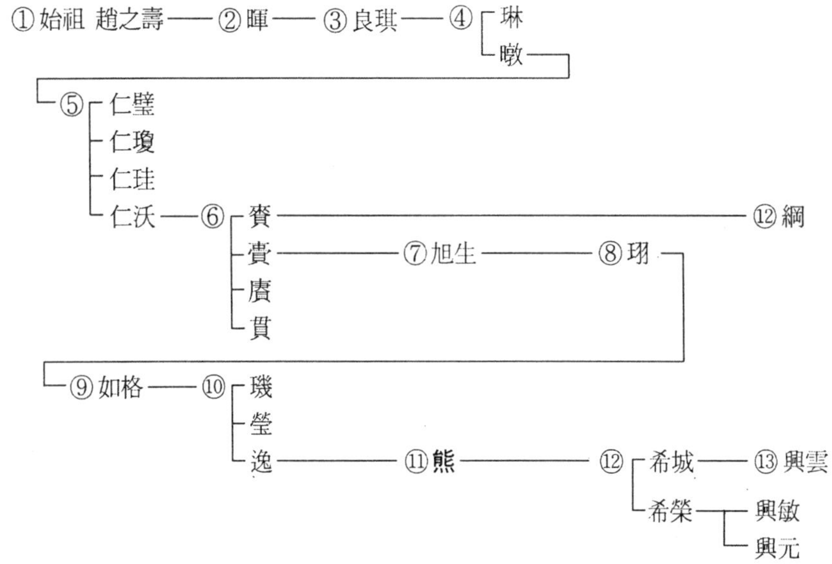

趙熊의 家系

시조인 趙之壽조지수(1218~1271)는 중국에서 귀화하여 함경도 龍津용진에 살았으며, 僉義中書첨의중서를 지냈다. 2대인 暉휘(1235~1373)는 고려의 무인이다. 고종 45년(1258)의 몽고가 침입할 때, 鐵嶺철령 이북의 땅을 들어 몽고에 투항하였다. 그리고 몽고가 和州화주에 雙城摠管府쌍성총관부를 설치하자 그 총관에 임명되고, 3대인 그의 아들 良琪양기도 이어서 쌍성총관이 되었다[17].

그러나 4대인 趙暾조돈(1308~1380)은 선친들의 부역행위에 크게 개탄하였음인지 고려에 귀화하여 충숙왕을 섬겼다. 그리고 女眞여진에 포로가 된 백성 160명을 데려왔으며, 그 공으로 左右護衛軍좌우호위군이 되었다.

17) 《高麗史》 권130, 傳 제43, 趙暉조. 趙暉는 高麗를 배신하고 蒙古에 투항하여 雙城摠管으로 역할을 하였으며, 그의 아들 良琪도 그러하였기 때문에 外傳의 叛逆者 傳에 실려 있다.

또한 공민왕 5년(1356)에 선친이 지배하고 있었던 쌍성을 수복할 때, 아들 仁壁인벽을 보내 쌍성인을 달래는 등 동북면 병마사 柳仁雨유인우를 도와서 쌍성탈환에 크게 공헌하여 禮賓卿예빈경이 되었으며, 이어 太僕卿태복경·司農寺判事사농사판사를 거쳐 工部尙書공부상서에 이르렀다. 또 홍건적이 침입하여 개경이 함락되고 왕이 福州복주(안동)로 난을 피해갈 때 行宮행궁 숙위의 책임을 맡아 1등 공신에 오르고, 해주목사·예의판서·檢校密直副使검교밀직부사에 이르러서 사직하고 牛峰縣우봉현(황해도 金川)에 살다가 龍城君용성군에 봉해지고 수년 후 본래 살았던 龍津용진으로 들어갔다.

조돈의 고려에 대한 적극적인 무공과 충성심을 발휘한 것은 분명히 선조들이 끼친 죄를 사하려는 후손된 도리에서였다고 보여진다. 이는 조돈이 늙어서 용진으로 들어갈 때, 그 아들 仁沃인옥이 따라가려고 하자, '우리집이 한때 위험한 시기를 만나 가문을 유지하기 어렵게 되었는데, 공민왕의 특별한 애호로 가문을 보전하고 봉작을 받게 되었다. 너희들 형제는 모두 높은 벼슬을 하였으나 그 은덕의 백분의 일도 보답하지 못하였으니 늙은 아비를 걱정하지 말고 내 곁에 있는 것과 같이 나라를 위하여 힘을 다하라'고 하였음에서도 알 수 있다[18].

이후부터는 대대로 나라를 위하여 크게 노력하였음을 볼 수 있다. 5대인 仁沃인옥(?~1396)도 무인으로서의 자질과 충의에 대한 혁명적인 성품이 있었으니 그의 생애를 보면 다음과 같다.

공민왕 때 散員산원이 되고, 벼슬이 올라 上護軍상호군에 이르렀다. 우왕 때 判典儀寺事판전의시사를 거쳐 李成桂이성계의 휘하에 종군했다가 威化島위화도에서 회군할 것을 건의하고, 회군 후 崔瑩최영 등 구 세력의 숙청에 가담하였다. 그후 南誾남은 등과 모의하여 이성계를 추대하려고 하였으나, 이성계의 엄명으로 감히 입을 열지 못하였다고 하였다. 典法判書전법판서에 승

18) 《高麗史》 권111, 傳 제24. 趙暾조.

진되고 회군공신이 되었다.

1389년에 이성계·정도전 등과 우왕을 폐위시키고 창왕을 옹립한 뒤, 斥佛崇儒척불숭유와 田制改革전제개혁을 적극 지지하여 신진세력의 기반을 닦는데 크게 활약하다가 공양왕 4년(1392)에 남은 등과 이성계를 추대하는 혁명을 일으켰으니 조선왕조의 개국이다. 개국 초에 中樞院副使중추원부사가 되고, 開國佐命功臣개국좌명공신의 호를 받고, 뒤에 漢山君한산군에 봉해지고 太祖廟태조묘에 배향되었다. 시호는 忠靖충정이다[19].

6대 賚재는 工曹參議공조참의를 지냈으며, 7대 旭生욱생은 奉禮봉례·水站判官수참판관·司直사직 등을 지내고 戶曹參議호조참의에 이르렀다. 8대 珝후는 蔭仕음사로 都總府都事도총부도사가 되었으며, 조웅의 할아버지인 9대 如格여격은 음사로 行玉浦萬戶행옥포만호를 지내고 寺僕正사복정에 증직되었다. 이상 6대 이후의 묘소는 조웅의 고향인 충주의 가금면 가흥리 새터 후산에 있으며 묘표 등 석물을 갖추고 있다.

아버지인 10대 逸일은 隱德은덕으로 벼슬에 나가지 않았으나, 후에 左承旨좌승지에 증직되었으며, 어머니는 靑松청송 沈심씨이며 贈淑人증숙인이다. 이 두 분 사이에 외아들로 隆慶융경 연간(1567~1572)에 장군이 태어났으니, 조부와 부모에 대한 증직은 모두 조웅 장군의 공적에 인한 것이다.

이상에서 보아 조웅은 명문가이며 武家무가의 출신임을 알 수 있다. 이러한 가문에서 태어난 조웅도 일찍이 무예에 뜻을 두고 이를 익혔으니 그의 뛰어난 무예는 드디어 인정을 받는 바 되었다. 선조 24년(1591) 3월에 趙憲조헌(호는 重峰)은 장차 왜란이 일어날 것을 미리 알고 영남과 호서·호남을 방비하기 위한 대비책을 건의하면서 장차를 위하여 將帥장수가 될 재목으로 10여 명을 추천하였다. 조웅과 金時敏김시민을 으뜸으로 추천하였는

19) 趙仁沃에 대한 記錄은《高麗史》권111, 傳 제24. 趙暾·仁沃조와《太祖實錄》권 10, 太祖 5년(1396) 9월 己巳조의 趙仁沃의 卒한 기록에 자세하다.

데 이를 政院정원에서 받아주지 아니하였다.

그러나 왜란이 일어나자 조정에서는 이들을 모두 기용하였는데 역시 이들 중 김시민과 조웅이 두드러져 칭송할 만하다[20]고 하였다.

Ⅳ. 趙熊의 起兵과 활약

趙熊조웅에 관한 비교적 자세한 내용은 앞에서 밝힌 바와 같이 《백기당행장》 뿐이다. 이 외의 대부분의 자료는 그가 기마에 능하고, 용맹성이 뛰어나 적에게 심한 타격을 가한 부분과 전사하는 장면에 한하여 간략하게 기록하고 있을 뿐이다. 조웅에 관한 관련자료는 다음과 같다.

1. 임진왜란을 전후한 당시의 기록물

① 《抗義新編》, 趙憲(1544~1592)의 遺文 및 行錄

20) 抗義新編, 《隱峯全書》 권36, 所收, 嶺湖備倭之策조 「至於備倭策中所薦十餘人 在平時皆未知名及後亂作竟獲其用 其中如金時敏·趙熊等 尤表表可稱」.
《慕溪集》 부록 권2, 「趙文烈(憲)豫占壬亂 嘗於辛卯 以嶺湖備倭之策 薦將材十人也 以將軍(熊)及金時敏首薦 擢武擧之宣傳官」.
《宣祖修正實錄》 선조 24년 3월조 「憲(趙憲)之備倭策中 所薦十餘人 在平時皆未知名 及後亂作竟獲其用 其中如金時敏·趙熊等 尤表表可稱」.
《白旗堂行狀》 「宣祖辛卯春 重峰趙憲 以公有將帥之材 䟽薦于朝 盖豫占國難 以嶺湖備禦之策 薦將材十人而以公(趙熊)及金時敏·申格·李宗人等首薦也」.
《再造藩邦志》 「嶺南備倭之策 又薦將領可合者 元愼·趙熊·禹鐸·金時敏·河洛·金慶伯等十餘人 政院不受」.
이상은 趙憲이 倭亂이 일어날 것을 미리 알고 宣祖 24년 3월에 상소한 「嶺湖備倭之策」(抗義新編 所收)에서 10여 인을 추천한 내용이다. 많은 자료에는 趙熊과 金時敏을 으뜸으로 천거하였다고 하였을 뿐 10명의 이름을 알 수 없으나, 《白旗堂行狀》에는 申格·李宗仁이 추가로 보이며, 《再造藩邦志》에는 元愼·禹鐸·河洛·金慶伯을 더하고 있어 참고된다. 그러나 이 상소가 政院에서 수용되지 못하였다가, 倭亂이 일어나자 이들을 모두 기용하였는데 이 중 趙熊과 金時敏이 더욱 두드러졌음을 알 수 있다.

②《慕溪集》, 趙綱(1527~1599)의 文集

③《懲毖錄》, 柳成龍(1542~1607)의 壬辰倭亂의 史實을 기록한 手記

④《宣祖修正實錄》

2. 후대의 자료

⑤《再造藩邦志》, 申炅(1613~1653), 壬辰倭亂과 그후 再造 再建한 사실

⑥《朝野會通》, 金載久(正祖 때의 사람)?, 太祖~英祖 1년까지의 編年史

⑦《朝野僉載》, 尹衡器 또는 尹得運?, 太祖~肅宗 46년까지의 編年史

⑧《燃藜室記述》, 李肯翊(1736~1806), 太祖~顯宗까지의 記事本末體 史書

⑨《大東紀年》, 尹起晉(?), 太祖~高宗 32년(1895)까지의 編年史

⑩《東國戰亂史》, 姜斅錫(?)

⑪《國朝中興誌》?

⑫《東史列傳》?

이상에서 ⑪과 ⑫의 두 책명은《백기당 행장》에서 참고한 것이나, 필자가 확인할 수 없었다. 이 외에 충주 지방의 각종 지리지 인물조에도 수록되어 있으니 다음과 같다.

⑬《忠原縣誌》(1759,《與地圖書》에 所收)에 기록한 내용은, 이후 작성된《忠淸道邑誌》(1780)와 趙秉老 목사가 撰한《忠州邑誌》(1870)에서 수정없이 동일하게 옮겨 놓고 있으며,《蘂城春秋》(1959)에서도 같은 내용을 인용하고 있다.

⑭《朝鮮寰與勝覽》(忠州郡편, 1934)

⑮ 근년에 편찬된《忠州市郡誌》(1985),《忠州市誌》(2001) 및《陰城邑誌》(1937, 필사본),《陰城郡誌》(1963, 1996)[21]와《忠淸北道誌》(1992)에도 人物인물조에 소개하고 있으며,《人物誌》(충청북도, 1987)에도 실리게 되어 충청북도의 인물로 부각되기 시작하였다.

이상의 여러 문헌에 수록되고 있는 내용에는 큰 차이점을 발견할 수 없으며, 그 내용도 대동소이하다. 따라서 다음에 전기하고자 하는 바는《백기당 행장》을 중심으로 하여 조웅의 활약상을 살펴보고자 할 뿐이다.

앞에서도 언급한 바이지만, 趙憲조헌은 임진왜란이 일어날 것을 미리 짐작하고, 이에 대한 대비책을 여러 가지 방법으로 제시하고 있었으니《抗義新編항의신편》의 嶺湖備倭之策영호비왜지책에 자세하다. 여기에서 조헌은 왜란에 대비하기 위해 장수의 자격을 갖춘 10여 명을 추천하였으니, 이 중 조웅과 김시민을 으뜸으로 천거한 것이다. 이는 조웅을 임진 三大捷삼대첩의 하나인 진주성을 지킨 바 있는 김시민 장군과 서로 비교할 만한 인물로 보았음에 매우 관심이 간다. 만약에 조웅이 일찍 전사하지 않았다면 김시민 장군 못지 않은 보다 혁혁한 전공을 세울 수도 있지 않았을까 하고 생각이 미친다.

천거된 해인 선조 24년(1591) 겨울 11월에 조웅은 別試별시에 응시하여 武科무과에 1등으로 합격하였다. 장수의 재목으로 천거되기도 하였음인지 특별히 기용된 듯하여 歷踐淸要역천청요하여 內禁衛내금위에 이르고, 宣傳官선전관으로 전보되었으나, 얼마 아니하여 사직하고 고향인 충주의 집으로 돌아왔다가 임진왜란을 맞이하게 되었다.

---

21) 陰城郡의 地理誌에는 1973년에 孫斗榮이 撰하여 漢文 필사본으로 전하고 있는《陰城邑誌》에 처음 기록되고 있으며, 그 이전에는 보이지 않는다. 같은 시기에 작성되었으며, 비교적 인물을 많이 다루고 있는《朝鮮寰輿勝覽》(음성군편, 1934)에도 없다. 그러나 근년에 이루어진 郡誌에는 실리고 있으니 연고를 알 수 없다. 후손들이 많이 살고 있는 데서 비롯된 것은 아닐지?

그러나 이듬해 4월에 왜란이 일어났으니, 이 기간은 무과에 합격하고 壬亂임란 전까지는 불과 5개월여 밖에 되지 않아 믿기 어렵다. 다만《징비록》에는 내금위 조웅이라고 하였으나,《조야회통》과《연려실기술》등에는 忠義衛충의위라 하였다. 이에서 볼 때 분명치는 않으나, 내금위나 충의위에서 근무하다가 사직을 하고 귀향하였다고 봄이 옳을 것이다.

임진년(1592) 4월에 왜란이 일어나 물밀듯이 왜적이 북상하여 오자, 북방의 오랑캐(니탕게)를 소탕하는데 크게 공을 세워 이름을 날린 신립 장군에게 희망을 걸고 충주방어에 당하게 하였다. 그러나 신립이 충주의 탄금대 싸움에서 8천여의 장졸과 함께 玉碎옥쇄하였다. 이 소식을 전해들은 서울에서는 북쪽으로 蒙塵몽진의 길에 오르게 되었으니, 나라 안은 그야말로 무인지경을 누비듯 왜군에게 짓밟히는 바 되었다.

이 때에 조웅은 충주의 고향집에 있다가 서울의 사정(몽진)을 듣고는 통곡하며 구차하게 살고싶은 생각이 없다고 결심한 끝에, 내 고향을 지키므로서 나라를 구하겠다는 굳은 의지를 갖고 여러 지방에 檄文격문을 띄워 5백여 명의 의병을 모집하였다.

그리고 스승이었던 趙綱조강(호 慕溪) 선생을 따라 청주에서 合陣합진하였다. 조강도 이미 청주에서 격문을 발하여 수천의 의병을 모집하고 청주의 서쪽 松峴송현에서 왜적을 크게 깨친 일이 있으니, 이에 합진하였다고 보인다. 얼마 후에 나누어서 要地요지에 주둔하여 적의 진로를 막기도 하였다[22].

그러나 끝내는 부대를 나누어 거느리고 충주로 물러나와 주둔하였다고

22)《慕溪公行狀》(1602)에 의하면, 趙綱은 壬辰倭亂이 일어나자 격문을 발하여 수 천의 의병을 모집하여 淸州의 서쪽 松峴에서 왜적을 맞아 싸워 크게 승첩한 사실로, 왕이 倡義使라 호를 내렸다고 하였다. 이때 趙熊도 스승을 따라 청주에서 공동전선을 폈다가 후에 충주로 와서 싸웠음을 알 수 있다.《慕溪集》부록 聞白旗將軍 趙熊殉節忠州조에「是募義旅五百餘人 從先生合陳」이라 하고,《白旗堂行狀》에「公(趙熊)之與義也 從慕溪公合陳于淸州 尋以分屯要害 遮截賊路 遂將分部 退屯忠州」라 한 데서 알 수 있다.

하였으니, 이 때에 충주의 북쪽 그의 고향인 가흥과 앙성 사이에 있는 台子山태자산[23] 아래에 주둔하고 서울로 항해 올라가는 왜적의 후속부대를 막아 물리쳤던 것으로 보인다. 이는 청주에서 조강과 함께 起兵기병했다가 충주가 요지임과 고향을 지키겠다는 뜻이 있어 부대의 일부를 나누어 이끌고 와서 다시 募義모의한 것으로 보이니 그의 군세가 당당했음에서 알 수 있다[24].

충주에 주둔한 조웅은 旗幟기치를 흰(白) 것으로 표시하여 軍號군호를 삼았으므로 사람들이 이르기를 白旗將軍백기장군이라 하였으며, 그가 白旗백기라 堂號당호한 것은 이에서 비롯한 것이라 하니 그의 용맹성을 뒷받침하는 것이기도 하다. 벌떼같이 일어났던 八道팔도 의병 중에서 「湖西에는 백기장군이요, 嶺南에는 紅衣장군[25]이다.」라 하여 가장 뛰어난 용맹으로 불리었다. 따라서 왜적들도 북을 치고 나가면 "紅軍과 白軍은 피하라"고 하였다고 하니, 이는 조웅의 무예와 智略지략, 충용과 절개가 남달리 뛰어났음을 말하는 것이기도 하다.

이를 더욱 실감케 하는 내용은《忠原縣誌충원현지》(1759)의 기록이다.

'임진년에 조웅이 의병을 거느리고 倡義창의하여 수 없이 적을 죽이자,

---

23) 忠州市 仰城面 陵岩里에 「태자우」라는 마을이 있다. 지금의 '대평촌'을 말하는 것으로, 이는 '대촌'과 '평촌'을 합한 마을이다. 이 마을 앞(동쪽)에 봉황산이 있으니 이곳에 태자바위(일명 할미바위라 하고, 칭칭바위 또는 봉황대라고도 한다)가 있다. 이 봉황산이 본래 台子山이 아닌가 생각된다고 지방의 村老들은 말하고 있다. 이곳은 趙熊의 出生地인 可興里에서 서북으로 3km 지점의 곳으로 양편에 산이 있는 골짜기로 北上하는 적을 저지할 만한 곳이다. 忠州의 북쪽 가흥에서 서울로 향하는 중요한 도로상이다.

24) 「靑龍寺와 趙將軍」,《漢江史》서울市史編纂委員會, 1985. pp.761~2에는 왜군이 조장군의 깃발만 보아도 겁을 집어먹고 달아나니 그의 軍勢는 크게 떨쳤다. 많은 의병들이 陣中으로 모여들고 많은 鹵獲品은 우리편의 장비에 보충되어 의병진은 나날이 증강되었다고 하였다.

25) 紅衣將軍은 郭再祐(1552~1617)를 가리킨다. 字는 季綏이며, 호는 忘憂堂이다. 宜寧에서 의병을 일으켰으며, 紅衣를 입고 선두에서 싸워 크게 적을 깨치니 紅衣將軍이라고 불리었다. 끝까지 의령을 지켰다. 난 후에 벼슬을 하여 함경감사를 지냈다.

적병이 멀리서 바라보기만 하여도 반드시 "백기장군이 온다"라고 하였다. 그러면 모두가 보지도 아니하고 흩어졌다. 그는 항상 말의 안장 밑에 화살을 감추고 적에게 활을 당기면 번번이 넘어지니, 적이 매양 "조장군의 말(馬)은 화살을 낳는(産)다"[26]고 한 데서도 알 수 있다.

조웅이 충주의 태자산 아래에 주둔하고 서쪽(서울 방면)으로 올라가는 왜적을 막아 물리치니, 左湖좌호(충청좌도를 뜻함)의 백성들은 장군에게 귀의하여 크게 의존하였다고 한다.

이 무렵에 적의 대부대(大陣)는 충주와 원주에 주둔하고 있었는데 그 營柵영책이 서울까지 연달았다. 충주의 적은 죽산·양지·용인의 길을 거쳐서 서울로 왕래하고 있었으니, 가흥과 앙성 일대의 조웅이 지키던 태자산 아래는 바로 이 길목이 된다.

원주의 적은 지평·양근·양주·광주를 거쳐 서울로 올라가고 있었다. 그런데 원주의 적이 서울로 통하는 길목인 여주의 龜尾浦구미포에서 강원도 조방장 元豪원호에 의해 섬멸되고, 이천부사 邊應星변응성이 또한 여주의 馬灘마탄에서 적을 많이 죽였다. 이 때문에 원주의 적은 길이 끊어지게 되었다. 그러자 적들은 모두 충주의 길을 거쳐 올라가게 되었으니[27], 충주는 더욱 위험한 상태에 놓이게 되었다.

이와 같은 상황에서 왜적의 대부대가 충주로 밀려들어온 것으로 보인다. 이에 조웅 장군은 白旗백기를 휘날리며 진격하니 士卒사졸들도 사기가 충천

---

26) 《忠原縣誌》 등 地理誌에 「壬辰趙熊 倡率義兵 斬敵無數 賊望見必曰 白旗將軍來矣 無不潰散 常以鞍底藏之箭 射賊應弦輒倒 賊每稱 趙將軍之馬 能産箭也……」

27) 《懲毖錄》권1, 「時賊大陣 在忠州及原州 連營達于京都 其在忠州者 取路竹山·陽智·龍仁往來 其在原州者 欲砥平·陽根·陽州·廣州抵京 元豪擊殲于驪州龜尾浦 利川府使 邊應星 又船載射手乘霧 邀賊於驪州之馬灘 殺敵頗多 由是原州賊路遂斷 悉由忠州之路」. 李洞錫, 《壬辰倭亂史》上卷, pp. 334~37. 1976에서는 위 사실을 龜尾浦戰鬪와 馬灘戰鬪라 하여 壬辰年 6월 中旬의 일로 기록하고 있다. 시기적으로 보아 趙熊의 의병 부대는 이들과 조우하게 된 것으로 보인다.

하여 용감하게 앞을 다투어 나가, 충주의 江北강북에서 왜적과 맞닥뜨리게 되었다[28]. 砲포와 화살이 우레와 같이 오고갔으며, 불길이 하늘을 가릴 정도의 치열한 교전이 이루어졌다. 조웅은 제일 앞장에 서서 종일토록 싸움을 독려하였으니 斬獲참획한 적의 수가 헤아릴 수 없었으며, 쓰러져 죽은 자도 역시 不知其數부지기수였다. 살아남은 적은 모두 도망해 버리니 충청좌도(左湖)는 한동안 안전하게 되었다. 이 싸움에서 조웅도 부상을 당했으며 사졸들은 모두 지쳤다고 하였으니, 너무나 당연한 일이 아니겠는가.

이때 충청도 巡察使순찰사가 이 사실을 듣고, 行在所행재소의 왕에게 알리니, 왕은 이를 가상히 여겨 조웅을 堂上官당상관에 올리고 충주목사에 특별히 임명하였다[29].

그러나 조웅 장군은 오직 國恥국치를 설욕하려는 마음 뿐이었으니, 강북의 싸움에서 군사들은 모두가 지쳐 있었고 자신도 부상당한 바 있는 몸이었으나, 오직 무예를 갖고 병졸을 훈련하면서 진을 치고 있었다. 그러던 어느 날, 안개가 짙게 깔리어 주위가 모두 어두운 때에 행군하는데 적이 방비가 없음을 틈타서 뒤를 엄습하여 포위 공격하여 왔다. 총알이 비오듯하고 화살과 돌이 엇갈리어 상황이 위급하게 되자, 군졸들은 대오를 잃고 방황하게

---

28) 江北은 지금의 충주시 蘇台面 지역이다. 仰城面 조대리 77번지에 살았던 김동찬(1981년도 75세, 당시의 증언)씨의 말에 의하면 지금의 可興初等學校 북쪽 강과 소태면이 접한 곳을 '청룡물개'라고 하는데 여기에서 크게 싸우다가 조웅 장군이 戰死했다고 하며, 앙성면 능암 2구 태자위 7里 김상준(1981년도 70세)씨는 '강강이벌'에서 말타고 싸웠다고 하니, 지금의 가흥초등학교 뒤의 강변을 말한다고 한다. 이는 모두 전해 내려오는 이 고장의 전설들이다.

29) 《白旗堂行狀》과 《慕溪集》에는 忠州牧使에 임명되었으나 사양하고 부임하지 않았으며, 왕의 은혜에 감격하여 몸 둘 바를 몰랐다고 하였다. 그러나 《忠原縣誌》 등 地理誌에는 官敎가 도착하기 전에 이미 趙熊은 戰死하였다고 하였으니, 「體府(體察使) 聞于 行在特除忠州牧使 官敎未到身已逝矣」라 함과, 또한 《禮曹爲謄給事》에도, 「行在特除忠州牧使 敎旨來倒而已死」라 하였다.
당시의 시간적인 사정에 의해 교지가 도착하기 전에 전사하였다는 것이 옳을 것으로 본다.

되었다. 이때 조웅은 창을 꼬나잡고 單騎단기로 앞장서서 돌격하라고 호령하며 나아가서 적을 수십 명 무찔렀다.

하지만 왜적은 더욱 기세를 더하며 총으로 공격하여 왔다. 그러자 衆寡不敵중과부적임을 알고 포위를 뚫고 나오다가 끝내는 적의 총알에 맞아 말에서 떨어져 사로잡히게 되었다. 왜적은 조웅의 손과 발을 잘라 거의 死境사경에 이르렀으나, 왜적 꾸짖기를 그치지 않자 四肢사지를 찢기는 죽음을 당하게 되었다[30].

그러나 장군의 죽음에 대하여 다음과 같은 다른 기록이 있어 관심이 간다. 조웅 장군은 말안장 밑에 화살을 감추고 적을 쏘아 맞추니 '조 장군의 말은 화살을 낳는다'고 하며 두려워하던 중 땅에 엎드려 있던 적이 조웅이 탄 말의 배를 찌르자, 말에서 뛰어내려 즉시 칼을 휘두르며 앞으로 나아가 수 많은 적을 죽일 때 칼이 갑자기 부러졌다. 그러자 이내 활로 어지럽게 공격하다가 적병의 칼날에 갈빗대가 잘려 피가 흘렀다. 이에 상처를 손으로 부여잡고 남은 적을 물리친 후, 장졸들에게 부축되어 강북에 있는 청룡사에 들어가 다음날 죽었다[31]고 하였다. 영웅의 죽음에는 항상 神異신이한 일이 있기 마련이니 조 장군의 죽음도 신화를 낳고 있음을 알게 한다.

《백기당 행장》과 《한양조씨 세보》에는 장군의 전사한 날짜를 계사년

30) 《白旗堂行狀》을 옮긴 내용이다. 《抗義新編》 嶺湖南備倭之策에는 「一日 賊乘大霧來襲 熊潰圍而出 中丸墮馬 爲賊斷手足 比死罵不絶口 遂肢解之」라 하고, 《燃藜室記述》 권17, 宣祖朝의 湖西義兵조와, 《再造藩邦志》 권2에서는 「一日 雄(熊)乘大霧行軍 賊掩其不備襲其後 雄(熊)潰圍而出 中丸墮馬 爲賊所獲 賊斷其手足 罵不絶口 遂肢解之」라 하였다. 대부분의 자료는 이와 같이 적에게 잡히어 四肢를 찢기는 죽임을 당했다고 하였다.

31) 《忠原縣誌》 등 地理誌에는 「…有仆地之倭 衝其馬腹 卽揮劒步前 所殺甚多 劒忽斷絶 乃以弓弦亂擊 賊兵被靡之際 身被劒鋩 斷脅流血 以手捧脅而擊餘賊 盡散之後 舁入靑龍寺 翌日殞絶討賊時 體府聞于行在 特除忠州牧使 官敎未到 身己逝矣自 上特贈兵參勳一等」이라 하였다.
《漢江史》 서울 市史編纂委員會, 1985, p.761에서는 위의 地理誌 내용을 중심으로 하여 지금 청룡사 일대의 古老들이 전하고 있는 전설이라고 옮기고 있어 주목된다.

(선조 26년, 1593) 8월 4일이라고 하였다. 그러나 이 무렵에는 왜군의 세가 크게 꺽이어 영남지방으로 철수한 시기였으므로 충청도 지방은 平穩평온을 되찾은 시기였다. 따라서 조웅 장군이 치열하게 적과 싸우다 전사한 상황을 생각한다면 壬辰임진년 8월로 봄이 옳을 것이다[32]. 그렇다면 이때 조웅 장군의 나이는 21세에서 26세[33]가 되는 젊은 靑年義兵將청년의병장이었음을 알 수 있다.

장군의 죽음은 전세가 치열하고 적이 계속 북상하던 임진년(1592) 8월이었으며, 더욱 포로가 되었던 상태의 적진에서였으니 그 시신을 제대로 수습하여 장례를 치를 수가 없었다. 그러므로 麾下휘하의 군졸들이 시체를 급한대로 거두어 장군이 어렸을 때 공부하던 청룡사에 모시고 돌아갔다고 하였으니, 아마 가매장을 하였던 것 같다. 그리고 평온을 찾은 계사년 10월[34]에 청룡사에서 福城洞복성동 松餌山송이산으로 이장하였으니, 지금의 앙성

32) 《壬辰倭亂史》 上卷, p.369. 第2期作戰(壬辰 自7月初旬~至9月末)의 기록에 趙雄(熊)의 作戰과 戰死를 아울러 기록하고 있다. 壬辰年(1592)에 죽었음을 의미하는 기록이라고 할 것이다. 이 해의 8월 초 작전을 보면, 적은 平壤에서 아군의 반격을 받고 있던 시기로 왜군의 후속부대는 계속 북상 중에 있었으며, 후방에서는 조헌이 청주성을 수복하는 등 의병의 활동이 활발했던 것이다.

癸巳年(1593)의 작전을 보면 위 책, 中卷 p.743의 慶州戰鬪(癸巳年 8月 6日)가 있다. 이 무렵에 왜군은 이미 남쪽으로 쫓겨 밀려가 남해안에 倭城을 쌓고 웅거 중에 있었던 시기이다.

33) 註 11에서 본 바와 같이 장군의 紀績碑文에 癸巳년 24세라고 한다면, 壬辰년에 죽었으므로 23세가 되는 셈이다. 그러나 근거를 알 수 없다.

34) 《白旗堂行狀》에는 將軍의 죽음을 癸巳年(1593) 8월로 기록하고 60여 일이 지난 그해 10月에 移葬하였다고 하였다. 그러나 壬辰年에 죽은 것이 분명하니 이는 황망 중에 가매장하였다가, 平溫을 되찾은 癸巳年 10월에 移葬한 것으로 봄이 옳을 것이다.

장군의 墓所가 있는 釣川里에 살았던 김동찬(1981년에 77세, 당시의 증언)씨는 다음과 같이 전하고 있으니, 그 마을 이름이 '말림골'인데 조장군의 시신을 이장할 때, 전국에서 모여든 弔客(주로 義兵將이었다고 함)들이 타고 온 말이 골짜기를 메워 숲을 이루었다고 하여 馬林이라고 하였던 것이 '말림'으로 전해오게 되었다고 한다. 이에 의해 추정할 때, 이 지역에서 倭軍이 완전히 물러난 癸巳년 10월경이었기에 여유있게 의병장들이 조객으로 참석할 수 있지 않았나 생각된다.

면 釣川里조천리 말림골이다.

장군의 묘소에는 높이 110cm의 망주석과 1m 정도의 문인석 및 상석이 초라하게 남아 있었으나, 최근에 규모가 있는 석등과 墓碑石묘비석을 추가로 갖추어 놓았다. 《백기당 행장》에 의하면 이장할 때 관을 열어보니 오래되었는 데도 얼굴빛이 살아있는 사람과 같이 변하지 않았다고 하며, 지금까지도 사람들이 말하고 있다고 하였다. 이는 왜적을 물리치지 못한 장군의 痛恨통한에서 눈을 감지 못한 의미로 영웅시하며 추앙하였던 마음에서 나온 신화라 하겠다.

장군의 죽음을 전해들은 朝野조야의 관리나 在野재야의 선비들은 모두 놀랐으며, 부하들과 여러 지방의 백성들도 친척이 죽은 것 같이 號哭호곡하며 슬퍼하였다고 전하고 있음은 위의 설을 뒷받침하는 것이라고 하겠다.

V. 맺는말

임진왜란을 당하여 왜군에게 전국이 유린당하는 우리 역사상 가장 어려웠던 시련의 시기에, 20대 초반의 젊은 나이로 500여 명의 의병을 모집하여 왜군이 북상하는 중요 통로인 충주의 태자산 아래에서 적을 맞아 싸우다가 순절한 조웅 장군의 활약상을 살펴보았다. 이상을 요약 정리하고, 장군의 사후에 나라에서 내린 贈職증직과 旌閭정려된 忠臣門충신문을 세우게 된 전말을 살피면서 글을 맺고자 한다.

장군은 흰기(白旗)를 군호로 삼고, 말 위에 서서 달리며 많은 적을 수 없이 죽인 용맹을 보였다. 따라서 왜적들은 멀리서 白旗백기만 보아도 두려워 흩어졌다고 하여 白旗백기 장군이라는 이름을 얻었다. 이 공로가 인정되어 충주목사에 제수되었으나, 官教관교가 도착하기 전에 전사하였다. 대부분의 자료는 이와같이 용맹하게 싸우고, 전사한 장면 만을 다음과 같이 전하고 있다.

'하루는 조웅이 깊은 안개 속에서 행군하는데 적이 그 방비가 없음을 틈타서 뒤를 엄습하였다. 조웅이 포위를 뚫고 나오다가 적의 탄환에 맞아 말에서 떨어져 사로잡혔다. 적이 그 수족을 잘랐으나, 끊임없이 꾸짖으매 사지를 찢어 죽였다'고 하였다.

영웅의 생애에는 신화가 탄생하게 마련인 듯 장군의 죽음에 대하여 또 달리 전하는 바가 있어 관심이 간다. '조장군의 말은 화살을 낳는다'고 할 정도로 神異신이한 용맹을 보이고, 홀로 칼을 휘두르며 활로 어지럽게 공격하는 등 하다가 적의 칼에 갈빗대를 잘리자 손으로 상처를 부여잡고 남은 적을 물리친 연후에야 부하들의 부축을 받으며 청룡사에 들어가서 다음날 운명하였다고 하니, 더욱 용맹함을 보여주는 신화라 할 수 있다.

또한 장군이 죽은지 수 개월 되었는 데도 얼굴빛이 살아있는 사람과 같이 변하지 않았다는 사실도 신화임이 분명하다. 묘소가 있는 지역의 마을이 '말림골'이라는 이름도 장군과 관련된 것으로 영웅다운 많은 일화를 낳고 있음에 조웅 장군은 우리에게 여러모로 교훈을 남기고 있다.

이와 같은 장군은 사후에 나라에서도 그만한 공적을 인정하였으니 다음과 같다. 임진왜란이 끝난 뒤 선조 38년(1605, 萬曆 33) 4월 16일에 조정에서는 난중에 나라에 忠節충절로 크게 역할을 한 분들을 宣武原從功臣선무원종공신으로 추대하고, 功臣錄券공신녹권에 기록하였다. 이때 받은 《선무원종공신녹권》은 종가에 전하여 오고 있다[35]. 그리고 그의 충성스런 노고를 추념

35) 《宣武原從功臣錄券》은 임진왜란 때 공을 세운 사람들을 책훈하여 공신도감에서 발급한 증서로 1605년(선조 38) 4월 16일, 9,060명에 발급한 鑄字本이다.

《白旗堂行狀》에는 死後 8년 庚子(선조 33, 1600)에 兵曹參判 副摠管에 追贈되었다고 하였다. 이에 따라 白旗將軍趙熊紀績碑文과 충신각 판상문에도 같이 기록되고 있으나 모두 잘못된 것이다. 《선무원종공신녹권》이 宣祖 38년(1605)에 발급되었으며, 여기에 參議에 증직하였음을 기록하고 있기 때문이다. 이 功臣錄券은 忠州博物館에 기증하여 보관되고 있다.

하고 節義절의를 다한 것을 추도하여 禮官예관을 보내어 제사케 하였다.

그후 광해군 10년(1618, 萬曆 46)에 兵曹參判병조참판에 다시 추증되었으니 지금 宗家종가에 전하고 있는 다음과 같은 敎旨교지에서 알 수 있다.

「贈通政大夫兵曹參議趙熊 贈嘉善大夫兵曹參判 兼同知義禁府事者
萬曆四十六年 七月
淸難原從功臣一等 兼可僕趙希成 考依承傳 追增」

조웅 장군에게는 부인 나주 박씨와의 사이에 두 아들이 있다. 장남 希成희성이와 차남 希榮희영이다. 위의 교지는 장남 희성에게 전한 것으로 이 때에 청난원종 공신 1등에 기록되었음을 알 수 있다.

장남 희성의 아들로 興雲흥운이 있는데, 흥운은 그의 할아버지인 조웅 장군의 업적을 길이 전할 뜻을 갖고 旌閭정려의 恩典은전을 베풀어 달라고 조정에 진정 즉 上言상언을 하여 숙종 16년(庚午, 1690)에 정려가 명하여졌다. 이에 따라 忠臣旌閭門충신정려문을 장군의 묘소 앞에 세웠으니 충신문의 현판문은 다음과 같다.

「忠臣 贈嘉善大夫 兵曹參判兼 同知義禁府事 行宣略將軍 宣傳官 趙熊之門
庚午 十一月 日立」

이 충신문은 대한제국 말기에 왜인들에 의하여 헐리어 없어졌다고 한다. 그러나 그 懸板현판 만은 종가에서 잘 보관하여 내려왔다. 이것을 바탕으로 하여 종손인 趙鐘浩조종호씨는 조상의 얼을 되살리고자 노력한 끝에 정부에서 충신문 복원 건립금을 받게 되어 1980년 11월에 장군이 활약하였던 태자산 아래인 충주시 앙성면 능암리 38번 국도변에 복원하여 다시 세워졌다.

지금 종가에는 장군의 공적에 관련된 몇 가지 문서가 전해지고 있으니, 前記전기한 「宣武原從功臣錄券선무원종공신녹권(충주박물관 소장)」과 「敎旨교지」, 그리고 손자인 홍운이 정려를 베풀어 달라고 禮曹예조에 올린 上言狀

상언상과, 이에 답한 回啓회계문을 집안에서 보존하여 뒷날에 증거로 삼겠다고 하여 한 벌 베껴 달라고 청원한 글인 所志소지와 예조에서 이를 허락하여 소지의 말미에 베껴서 내려준 「禮曹爲謄給事예조위등급사」가 있다.

이 모두는 나라가 위기에 처했던 어려운 시기에 일신을 돌보지 않고 나라와 자기 고장의 안전을 위하여 희생한 선인들에게 추모의 정을 일깨우게 하는 귀중한 자료이며, 우리의 귀감이 될 문서들이다. 지금의 보존상태가 좋은 편이 아님을 고려할 때 보다 잘 보존하고 널리 그 의미를 알리는 자료로 활용되었으면 하는 바람이다.

趙熊 將軍 年譜

명종 22년(1567)에서 선조 5년(1572) 사이에 조선 개국공신 趙仁沃조인옥의 6세손이며, 趙逸조일의 아들로 충주목 可興里가흥리에서 출생.
어려서 소태면 靑龍寺청룡사에서 글을 배우고 자라서는 趙綱조강(호 慕溪) 선생에게 유학을 배우다 武藝무예를 익힘.

선조 24년(1591) 趙憲조헌에 의해 추천된 바 있으며, 무과에 합격. 內禁衛내금위·宣傳官선전관에 이름.

선조 25년(1592) 임진왜란이 일어나자, 의병 500명을 모집하여 청주에서 조강과 합진하여 싸우다가 부대를 나누어 고향인 충주 가흥과 앙성 사이의 太子山태자산 아래에 주둔하여 북상하는 왜군을 막아 싸웠음.
8월 4일 왜군에 포위되어 분전하다 사로잡혀 사지를 찟기어 죽음.
묘소는 앙성면 조천리 송이산록.

선조 38년(1605) 선무원종공신녹권에 1등으로 오름. 兵曹參議병조참의에 추증됨.

광해군 11년(1618) 兵曹參判병조참판 嘉善大夫가선대부에 추증.

숙종 16년(1690) 忠臣門충신문 旌閭정려가 내려짐.

(《忠州의 人物》 3, 2003)

晋州城을 지킨 金時敏 장군

〈목 차〉

Ⅰ. 고요를 깬 戰火

조선왕조 제14대 선조 25년(1592) 4월 13일 새벽, 조용한 아침의 나라 한반도의 남단인 釜山浦부산포에 수 없는 왜병들이 상륙하여 싸움의 불꽃이 튀기 시작하였으니 이것이 장차 7년 간의 우리 역사상 엄청난 시련을 안겨 주었던 임진왜란의 시작이다.

이성계의 조선왕조 건국 이후, 우리나라는 북방의 야인과 남쪽 해안의 왜구가 심심찮게 침범해 와 분탕질이 잦았지만, 조정에서는 그 때마다 잘 조정하여 交隣政策교린정책으로 그들을 달래고 다스렸기 때문에 비교적 평화가 지속되어 고요한 아침의 나라는 성장되어 갔다.

그러한 가운데 문화는 크게 발달하여 양반 관료들이나 선비들은 제각기 유교에 바탕을 둔 학문에 깊이 빠져들어 논쟁을 일삼게 되었으니 空理空論공리공론을 일삼는 文弱문약에 빠져 파쟁만 일삼게 되었다. 이러한 파쟁은 학문을 발전시킨 것이라기 보다는 오히려 4색당쟁으로 발전되어 옳건 그르건 간에 상대방의 주장에 반대하는 입장을 표하는 폐단을 낳았으니 장차 닥쳐올 나라의 큰 화를 예방하지 못하였던 것이다.

국가에서는 그런대로 이러한 변방의 간접적인 침략에 대비하기 위해 군국 기무를 장악하는 備邊司비변사라는 합의기관을 설치하였으나 兵병·農농 일치로 인해 강력한 정예의 군대를 가지지 못했을 뿐 아니라 화포·화약의 성능도 신통하지 못하고 중요한 무기라야 고작 활과 창, 칼 정도였다.

이런 때에 선견지명이 있는 李珥이이(栗谷) 같은 분은 이미 1583년(선조 16)에 "10년이 못가서 土崩瓦解토붕와해하는 화가 있을 것이니 미리 10만 병력을 양성하여 도성에 2만명, 각 도에 1만명씩 배치하기 바란다"는 건의를 하여 국방의 강화를 주장하였으나 도리어 "태평 무사한 때에 養兵양병하는 것은 오히려 화근이 될 뿐이다"(西崖 柳成龍)라고 하여 묵살되고 말았다.

이와 같이 우리 조정에서는 안락한 생활에 젖어 있을 때, 왜국 일본에서는 새로운 형세가 전개되었다. 10여 년간의 豪族群雄호족군웅들이 割據할거하여 일대 혼란을 계속하던 이른 바 戰國時代전국시대를 豊臣秀吉풍신수길(도요토미 히데요시)이라는 한 호족이 병권을 휘어잡고 천하를 호령하게 되었다. 국내의 통일에 성공한 그는 여러 장수들의 힘을 해외로 방출시키므로써 국내적인 통일과 안전을 더욱 굳게 하려고 하였다. 거기에다 넓어진 해외소식을 듣고 자극을 받아 중국대륙을 정복하겠다는 지나친 망상을 갖게 되었다. 그리하여 풍신수길은 對馬島主대마도주를 통하여 우리 국왕의 入朝입조와 明명나라를 칠 터이니 길을 빌려달라고 요구를 하여왔다.

이에 그들의 동정을 살피기 위하여 정사로 黃允吉황윤길과 부사로 金誠一김성일을 일본에 보냈다(1590년, 선조 23). 다음해 1월에 돌아온 두 사람의 정세보고는 서로 달랐으니 황윤길은 침략의 가능을 인정하였으나 김성일은 이를 부정하였다. 황윤길은 서인이요 김성일은 동인이었다. 따라서 동·서인의 갈등으로 인해 우세한 동인의 세력은 서인의 보고를 무시하게 되었으니 국가에서는 방비를 하지 아니하였던 것이다. 이로부터 만 1년이 지난 이듬해

(1592)에 왜군은 드디어 침략을 개시한 것이다.

부산포에 상륙한 왜군에 대하여 부산진의 첨사 鄭撥정발과 동래부사 宋象賢송상현은 각기 죽음으로써 항전을 하였으나 끝내 지키지 못하였다. 7년 전쟁의 緖戰서전에 승리를 거둔 왜군은 세 길로 나누어 서울을 향하여 북상하였다. 적군은 전국시대를 겪은 백전의 노련한 군사들이며 그 수가 육군이 약 20만에 달하며 이들은 9대로 진을 나뉘어 침략하여 온 것이다.

당황한 조정에서는 야인을 진압하여 이름을 떨친 명장 申砬신립에게 희망을 걸었다. 신립은 충주 탄금대에서 背水배수의 진을 치고 새재(鳥嶺)를 넘어오는 왜적을 맞이하여 일대 격전을 벌였으나 무위로 돌아가서 신립 이하 전 장병이 순절하게 되었다. 결국 동남 제일의 천험인 새재가 무너지자 서울은 곧 위험에 직면하게 되었다.

충주의 패보를 듣자 선조는 의주로 향하고, 두 왕자를 함경도와 강원도로 보내어 근왕병을 모집케 하였다. 정부의 이러한 무능하고 무책임한 행위에 대하여 일반 국민은 분격하였다. 백성들은 선조 이하 여러 대신들이 서울을 버리고 피난가는 행로를 막고 소리쳐 욕을 하기까지 하였다.

왕이 궁성을 떠나자 노비 등은 먼저 공사 노비문서를 장악하고 있는 掌隷院장례원과 刑曹형조에 불을 지르고 나아가서 경복궁·창덕궁·춘추관도 불지르니 역대 실록과 전조의 史草사초, 《承政院日記승정원일기》 등의 값진 문화재가 모두 재로 변하게 되었다. 이와 같이 서울은 왜군이 들어오기 전에 벌써 분탕질이 일어나고 말았다. 왕이 개성에 이르자 失政실정을 비난하는 백성들의 압력에 굴복해 李山海이산해·金公諒김공량 등을 국정을 어지럽힌 책임으로 귀양보내고 陳容진용을 정비한 후 친히 스스로 죄책하는 교서를 8도에 내리고 널리 의병을 모집하였다.

두 왕자의 모병은 응하는 자가 없었으며, 끝내는 적에게 모두 포로가 되는 신세가 되었다. 이와 같은 암담한 현상은 백성을 돌보지 않고 농촌을 풀과 나무로 우거진 황무지로 만들어 놓은 위정자들의 책임이었다. 왜군은 역전의 경험을 쌓은 정예에다 또 새로운 병기인 鳥銃조총을 사용하고 있었으니 훈련도 없고 숫자도 적은 군대를 가지고 있던 우리 실정으로는 당해낼 도리가 없었던 것이다.

官軍관군(정부군)의 연패로 국토가 짓밟히니 나라와 겨레의 운명은 그야말로 백척간두에 서게 되었다. 그러나 이러한 국난을 당하자 민족과 나라를 지키기 위하여 의병이 전국에서 수 없이 일어났다. 정부의 모병에는 소극적이던 국민들이 鄕土향토의 防衛방위를 위하여 낫과 창을 들고 일어난 것이다. 의병들은 침략군의 점령지 전후방에서 왜군을 공격하여 큰 타격을 주었다. 이들은 대개 지방에 사는 양반, 농민, 노비 등이 모여서 의병장을 중심으로 부대를 편성하였고 병력이 늘어나자 그 작전지역을 확대하여 갔다. 의병장은 대체로 그 지방에서 덕망이 있는 높은 儒學者유학자들이었는데 그 중에서도 趙憲조헌·郭再祐곽재우·高敬命고경명·金千鎰김천일·鄭文孚정문부 같은 이가 그 대표적인 사람들이었다. 이들 이외에도 크고 작은 많은 의병들이 곳곳에서 일어났는데 그 중에는 西山大師서산대사 休靜휴정과, 四溟堂사명당 惟政유정 같은 승려 등이 승병을 거느리고 활약하기도 하였다.

이리하여 4월에 싸움이 시작된 후 수 개월이 지난 9월까지에는 거의 전국에서 궐기한 抗倭항왜 義兵의병이 독립하거나 혹은 남아 있는 관군과 합류하여 각지에서 항전의 중심이 되어 왜군의 군사 행동에 주는 타격은 매우 컸었다.

10월에 접어들자 왜군은 영남지방의 큰 고을이며 전라도에 이르는 요충인 진주성을 빼앗으려고 3만의 대군으로 공격하여 왔다. 그러나 이때 진주성에는 유명한 金時敏김시민 장군이 성중의 모든 국민의 단결을 호소하고 결사적인 항전으로 전후 7일 간의 공방전에서 끝내 성을 지켰으니 바로 여기에서 논하려는 주인공인 것이다.

Ⅱ. 호쾌 장대한 용장

김시민 장군은 고려 초의 명신이며 장군이었던 金方慶김방경(1212~1300)의 후손이다. 김방경은 몽고의 병란 때에 상장군으로 전라도 追討使추토사로서 삼별초를 공격하였으며, 뒤에는 行營中軍兵馬행영중군병마 元帥원수로서 활약하였다. 또한 麗元聯合軍려원연합군의 일본 정벌 때에는 고려측의 都督使도독사로 고려군을 인솔하였던 명장이었으니 武家무가 출신의 후손이다.

子자는 勉吾면오이고 본관은 安東안동이며 持平지평(司憲府의 正五品 벼슬) 忠甲충갑의 아들로 1554년(明宗 9) 오늘의 충청남도 천원군인 목천에서 태어났다. 장군의 경력은 자세하게 전하는 바가 없으나 《國朝人物考국조인물고》에 의하면 자라남에 있어서 신체가 장대하고 위엄이 있었다고 하니 장군의 기상은 이미 타고 났었음을 알게 한다. 또한 뜻하는 바가 범상치 않았다고 하니 지휘관으로서도 갖추어야 할 판단력이 출중하였음을 알게 한다. 이는 뒷날의 진주성 사수를 위한 그의 행동에서도 여실하게 찾아 볼 수 있는 바다.

나이 25세 되던 해인 1578년(선조 11)에 武科무과에 급제하였으며, 일찍이 訓練判官훈련판관으로 있을 때 한 일(事件)을 병조판서에 의논을 하였으나 병조판서가 그의 말을 듣지 아니하자 김시민은 이에 抗論항론을 하였다. 그러자 병조판서는 하극상에의 분을 참지 못하고 화를 내어 위협적인 태도로 나오니 김시민은 즉시 일어나서 머리에 쓴 모자(관)를 벗어 땅에 팽개치고는 발로 짓밟으며 말하기를 "장부로서 이 모자(신분)가 아니라면 어찌 남에게서 쉽게 모욕을 받을 것이냐!"라 하고 즉시 물러나서 관직을 떠났다 한다. 이는 그의 대담한 의지력을 나타낸 행위이니 가히 그 비범한 풍모를 짐작할 수 있으리라.

《선조실록》에 의하면 그 뒤에 지방관으로도 있었던 모양으로 선조 14년

4월에 富平府使부평부사의 자리에서 파면을 당한 기록이 보이기도 한다. 1591년(선조 24)에는 晋州通判진주통판이 되고 이듬해인 1592년에 임진왜란을 당하게 되었다.

진주는 영남의 요충이다. 북으로는 거창·대구로 통하고, 서쪽으로는 남원을 거쳐서 호남으로 이르는 길목이니 왜군들은 개전 초기부터 진주성을 노려왔다. 따라서 진주성에서는 전후 두 차례의 대 혈전이 전개되었다.

그 첫 번째 싸움이 바로 김시민 장군에 의해 지켜졌던 것이다. 왜군이 부산진에 상륙한 후 진주로 향한다는 소식이 전해지자 牧使목사 이경과 김시민은 한때 지리산으로 들어가 피난하였었다. 이 소식을 들은 경상우도 관찰사 金誠一김성일이 진주로 달려와 보니 경내가 텅 비어 있었다. 김시민은 앞서 나와서 기다렸으나 목사 이경은 병이라 빙자하고 나오지 않았다.

김성일이 군령으로 나오라고 하니 이경은 등창으로 죽었다. 김성일은 김시민을 시켜서 군사를 정돈케 하고 성을 지키게 하였다. 김시민 장군은 通判통판으로서 목사의 일을 대리로 보게 되니 전비를 가다듬고 성을 수리하며 죽기로 싸워서 지키려 결심하였다. 이 때에 왜군의 진격에 감히 항거하는 자가 없었으나 오로지 진주 만이 우뚝하게 남아서 호남·영남의 保障보장을 담당하게 되었다. 이 소식을 들은 조정에서는 7월에 김시민을 발탁하여 진주목사로 승진시켰다(燃黎室記述에는 8월이라 함).

김시민 장군은 士卒사졸들과 고락을 같이 하면서 성을 죽기로서 지키기로 계책을 세우고 泗川사천의 적이 진주를 침범한다는 소식을 듣고 경상 右兵使우병사 曹大坤조대곤(혹은 泗川縣監 鄭得悅이라고도 함)과 더불어 정병 천여 명을 이끌고 나가 十水橋십수교에서 적을 크게 파하여 격퇴시켰다. 김시민은 드디어 고성·창원 등 여러 성을 연달아 회복하고 金沔김면과 연합하여 금산의 적을 공격하여 크게 이겼다. 이때 김시민 장군은 발에 칼을 맞아 부상을 입기도 하였다. 9월에는 진해의 적장 平小太평소태를 꾀어내어서 사로잡아 왕이 있는

行在所행재소로 보내기도 하였으니 김시민 장군은 장차 다가올 큰 싸움을 위한 緖戰서전을 잘 유도해 나갔던 것이다.

Ⅲ. 약졸로 孤城을 지키다

드디어 결전의 날은 다가왔다. 10월에 접어들자 영남의 巨邑거읍인 동시에 전라도로 이르는 요충인 진주로 적병은 수 만의 군대를 집중시키고 있었으니 부산의 적장 羽柴藤元郎우시등원랑(혹은 長谷川藤五郎이라고도 함)은 동래, 김해지방의 왜군 3만여 명을 합쳐 右道우도로 침입하는 동시에 수군을 발하여 熊川웅천 해안에 둔거케 하고 우리의 전라도 군사의 진로를 방해하려 하였다. 경상우병사 柳崇仁유숭인(曺大坤兵使가 겁을 먹고 달아난 뒤에 咸安郡守에서 발탁 승진되었다)이 창원에서 패하자 왜군은 함안을 거쳐서 진주로 공격해 왔으니 10월 3일의 일이었다.

적은 세 길로 갈라서 진주로 향했다. 한 부대는 말재[馬峴]를 넘고, 또 한 부대는 미륵벼루[佛遷]를 지나 바로 진주를 치기로 하고 다음날 선봉 천여 기로 진주 동쪽 산봉우리에 와서 정탐하고 돌아갔다. 경상우병사 유숭인은 창원에서 패한 뒤 단필로 달려와 김시민에게 같이 성을 지킬 것을 원했다.

이때 김시민 장군은 "병사가 성에 들어오면 이것은 주장이 바뀌는 것이니 반드시 명령계통이 혼란할 것이라" 생각하여 받아들이지 아니하고 말하기를 "적병이 이미 가까이 와서 성문을 계엄하는 중으로 창졸 간에 염려가 있을까 하니 주장은 밖에서 응원하는 것이 좋겠오"라 하고 거절하였다.

유숭인은 부득이 돌아나오다가 적을 성 밖에서 만나 사천현감 鄭得悅정득열과 背梁배량 권관 朱大淸주대청 등과 나가 싸우다가 모두 전사하였다.

이 사실을 들은 郭再祐곽재우는 감탄하며 말하기를 "이런 계책이 족히 성을 온전하게 지킬 수 있게 하였으니 진주 사람들의 복이다"라고 하였다 한다.

진주 목사 김시민 장군은 판관 成守慶성수경, 昆陽郡守곤양군수 李光岳이광악과 여러 부하장 등과 더불어 적에게 포위당한 성을 지킬 계책을 세웠는데, 김시민의 군사 겨우 3,700여 명과 이광악의 백여 명 군사를 각기 나누어 성문을 지키게 하였다. 그리고는 성중에 영을 내려서 적군을 보아도 못본 체하고 화살 하나 허비치 못하게 하였다. 다만 성 안에서 사방을 바라볼 수 있는 곳에 龍大旗용대기를 세우고 장막을 크게 벌인 후 성중의 남녀노소를 모아 모두 남복을 입혀서 허장성세를 도모하였다.

수 만의 적병은 진주의 동쪽 10리 밖의 臨淵臺임연대 주변에 집결하여 진을 치고 있었다. 6일 아침이 되면서 적군은 여울(大灘)로부터 침입하여 오는데 그들은 긴 자루의 금부채를 휘두르고, 혹은 흰 바탕에 황금무늬로 채색한 갖가지의 그림을 그린 삽선을 젔는데 바람에 펄럭여 광채가 황홀하였으며, 혹은 닭깃으로 만든 관을 쓰거나 혹은 푸르고 붉은 일산을 받치고 쳐들어오니 흰 칼날이 햇빛을 가리고 살기가 공중에 뻗치어 있었다.

왜적은 세 갈래로 나오는데 한 부대는 동문 밖 順天堂순천당에 진을 치고는 성 안을 내려다 보고, 하나는 開慶院개경원에서 동문을 지나 鳳鳴樓봉명루 앞에 진을 치고, 하나는 향교 뒷산에서 바로 순천당, 봉명루 진과 합해서 각 산봉우리마다 벌같이 둔치하고 개미같이 모여들었다.

적장 6명은 검은 옷을 입고 쌍견마에 창과 칼을 잡은 자가 호위하여 서고, 그 앞뒤에는 납의를 입은 여인이 역시 쌍견마로 따르는 많은 왜졸을 거느리고 왜장 앞에 섰다. 銃手총수 천여 명이 성중을 향해 일제히 공격하여 왔다. 탄환은 마치 우레소리와 같았다. 3만여의 적이 일시에 함성을 울리니 천지를 진동시키는 듯하였다.

그러나 성 안에서는 아무 반응을 보이지 않아 사람이 없는 것 같았다. 적의 포화가 뜸해지기를 기다려서 아군은 북을 울리며 포를 쏘니 적병은 여염집으로 흩어져서 혹은 문짝을 가지고, 혹은 棺관 재목을 가지고, 혹은 집 판자를 벗겨서 성 밖 백보쯤 되는 곳에 죽 늘어서서 판자 안에 엎드려 그 사이에서 총쏘기를 그치지 않았다. 남은 적은 민가에 들어가 지붕을 덮은 볏집(藁草) 같은 것을 거두어 일시에 막사를 지어 6~7리나 연해서 뻗치었고 모두 푸른 장막에 들었다. 적장들은 혹은 향교에 들어가거나 여염집에 들어갔다. 적의 보급과 전비를 갖추는 일은 계속 되었으니 이 날 짐 실은 마소가 동쪽에서 들어가는 것이 종일 끊이지 않았다. 초경에 적이 한 곳에서 날나리를 불며 곳곳에서 서로 호응하여 여러 왜적들이 크게 소리치다가 밥 먹을 무렵에 그쳤으나, 밤새도록 불을 피우고 총격을 가해오는 적의 탄환소리가 그치지 않았다.

다음날인 7일에는 長片箭장편전으로 성중을 향해 난사하였으며 또한 사방으로 흩어져 수 십리 이내의 민가를 모두 불태우기도 하였다.

김시민 장군은 밤에 악공을 시켜서 문루에서 피리(笛)를 불게 하여 한가한 모습을 보이기도 하였다. 그러나 적은 어린 아이들을 동원하여 서울말로 혹은 사투리로 "서울이 함락되어 8도가 무너졌는데 籠롱만한 작은 성을 어찌 지키겠는가, 오늘 저녁에 介山개산의 아버지가 오면 너희 세 장수의 머리는 마땅히 깃대 위에 달릴 것이다"라고 외치면서 성 주위를 돌아다니면서 아군의 사기를 떨어뜨리게 하는 심리전을 펴기도 하였다. 이에 김시민 장군은 아무런 댓구도 하지 않도록 하고 오로지 성을 지킬 것만을 지시하였다.

밤이 되자 적은 어둠을 타고 대로 엮은 것을 동문 밖에 세우고 흙을 쌓아 언덕을 만들고 성내를 굽어볼 수 있도록 하고는 포를 쏘면서 화살을 피할 곳도 만들면서 공략의 준비를 서둘렀다.

8일에 적은 대나무로 수 천의 사다리를 만들어 성을 기어올라 넘도록 하였으며 높은 비계(架) 3층을 만들어 성을 굽어보도록 하기도 하였다. 이에 김시민 장군은 玄字銃현자총을 일시에 쏘아 3층의 비계를 꿰뚫으니 적은 놀라서 물러났다. 또한 김시민 장군은 성내에 화구를 준비하고 震天雷진천뢰, 질려포,

돌맹이 등을 많이 비치하고 또 자루가 긴 도끼와 낫을 준비하였으며, 가마솥을 많이 준비하여 물을 끓이게 하였다. 그리고 낮에는 진내에 복병을 하여 놓고 서서 보지못하게 하고는 허수아비를 만들어 활을 당겨 시위를 채워 성 위에 출몰케 하고 군사들에게는 엄명하여 헛되이 한 개의 화살도 못 쏘게 하였다.

이 때에 진주성의 위급함을 안 경상우도 관찰사 김성일이 명하되 三嘉삼가의 의병장 尹鐸윤탁, 의령의 假將가장 곽재우, 초계의 가장 鄭彦忠정언충 등은 동쪽으로, 합천의 가장 金俊民김준민은 북쪽으로, 전라 의병 崔慶會최경회는 서쪽으로, 고성의 가장 鄭凝道정응도와 진주의 복병장 鄭惟敬정유경(혹은 權氏라고도 함) 등은 남쪽으로부터 응원토록 하였다. 이에 윤탁은 2백여 명을 거느리고 정언충은 백여 명으로 강변에서 만나 말재에서 적과 크게 싸워서 패해 돌아갔으며, 곽재우는 선봉장 심대승에게 명하여 북산에 올라가 횃불을 올리고 날라리를 불며 포를 쏘고 북을 울리며 큰 소리로 "전라도의 원병 만여 명과 더불어 의령의 紅衣將軍홍의장군(郭再祐)이 합세하여 내일 아침에 와서 적을 무찌르리라"고 성중에다 말하니 성 안에서도 이에 호응하였다. 김준민은 결사병 80여 명을 이끌고 丹溪縣단계현에 이르러 적의 官舍관사를 불지르며 돌진하며 소리치니 적은 20여 리나 쫓겨 달아났다.

밤이 되자 조응도와 정유경은 각각 십자의 횃불을 들고 남강 10리 밖의 재위에 벌려서서 날라리를 불매 성중에서도 북을 울리고 응답하니 적은 원병이 온줄 알고 두려워 하였다.

구원병은 오지 않고 적의 세력은 날로 늘어났다. 포탄은 비와 같이 날아오는 데도 김시민 장군은 밤낮으로 방어하면서 항상 한마음으로 모든 군사의 사기를 돋우면서 함께 죽자고 격려하며 몸소 물과 미음을 가지고 다니면서 배고프고 목마른 자를 구하였다. 김시민은 스스로 울면서 "성을 만일 보전하지 못하면 성중의 모든 남녀는 다 칼끝의 귀신이 될 것이다. 죽을 마당에는 묘책이 나오리니 옛 말을 명심하라"고 회유하니 모든 사졸은 죽기로서 싸웠다. 그러나 쌀이 떨어지게 되자 김시민 장군은 감영의 아전인 河景海하경해로 하여금 밤을 도와서 성을 빠져나가 쌀과 양식을 얻어오게 하여 싸울 준비를 굳게 하였다.

Ⅳ. 壯烈한 最後의 決戰

왜적의 대병이 진주성을 포위하고 강렬한 공격을 계속한지 8일째가 되는 10월초 10일 새벽, 어둠을 타고 적은 각 막사에 불을 밝히고 짐바리를 실어내어 돌아가는 듯 짐짓 퇴각하는 모양을 보여 아군의 마음을 늦추게 하였다. 그리고는 불을 끄고 조용히 돌아와서 동문의 新城신성을 육박하여 허수아비를 만들어 사다리로 올려 보내어 아군을 속이고는 말탄 왜적이 뒤따라 돌진하며 총탄을 비오듯 퍼부었다.

김시민 장군은 동문의 북장대를 맡고 판관은 동문 옹성에 있다가 騎士기사를 거느리고 죽기로 싸웠다. 미리 갖추어 놓았던 포로 쏘고, 돌을 던지고, 불을 던지며 끓는 물을 퍼부으니 적은 마름쇠를 밟고 화살, 돌맹이에 맞은 자가 수 없이 많았으며 쓰러진 시체가 삼(麻)가리 같았다.

성 동에서 전쟁이 무르익을 무렵 적은 어둠을 타고 옛 북문으로 들어오니 형세가 위급하게 되었다. 성 위의 담을 지키던 자들이 모두 놀라 흩어졌다. 전 萬戶만호 崔德良최덕량과 군관 李訥이눌·尹思復윤사복이 죽기를 무릅쓰고 싸우는데 비전투원인 늙고 약한 남녀들도 이에 가세하여 돌을 던지고 불을 던지고 하니 성중에는 기와, 돌맹이, 지붕덮은 집들이 거의 동이 날 정도였다.

동녘이 밝아지자 적세는 약간 누그러졌다. 이때 김시민 장군은 왼쪽 이마에 적의 탄환을 맞아 지휘를 하지 못하게 되었다. 그러자 곤양군수 李光岳이광악이 대신하여 여러 장수를 독려하며 활을 쏘고 돌을 던지나 적은 개미같이 붙어서 성을 기어올라 왔다. 이에 불을 던지고 끓는 물을 퍼부으며 진천뢰를 던지는 등 결사 항전하니 적의 죽은 수는 헤아릴 수 없었다. 이때 비단옷을 입고 쌍견마를 탄 적장이 군사를 이끌고 돌진하여 오매, 이광악이 활을 먹여 쏘아 죽이니 적은 모두 통곡하며 시체를 메고 돌아갔다. 이에 따라 성중의 사기는 충전하여 갔다. 날이 새고 햇볕이 동녘에 떠오르자 적병은 물러가기 시작하였다. 적병의 죽은 수는 헤아릴 수 없었으며 왜장의 시체는 상자에 메고 돌아갔으며 우마와 포로로 잡았던 우리 남녀들을 버리고 도망갔다. 왜장 羽柴藤元우시등원은 豊臣秀吉풍신수길의 종질로 병력이 가장 강성했던 자인데 진주성 공격에서 패하고 창원지방으로 돌아가 분한을 참지 못해 죽었다 한다.

김시민 장군은 군사를 일으키던 당초부터 미리 전쟁준비를 착실히 하였으며 더욱 焰硝염초 백 50근을 굽고 倭製왜제를 모방해서 만든 총 70여 자루로 항상 연습케 한 까닭에 싸움이 벌어지자 화약이 떨어지지 않게 풀잎에 싸서 적에게 던지기까지 하였다.

순찰사 김성일은 이 첩보를 듣고 진주로 달려와 적의 산더미같은 시체를 보고는 김시민 장군이 부상으로 누워있는 곳에 가서 위로하였다. 그러나 김시민 장군은 탄환을 맞았지만 몸을 돌보지 않고 때때로 머리를 들어 북쪽을 향해 나라의 안위를 걱정하며 눈물을 흘리다가 마침내 숨을 거두었다.

진중에서는 적이 알까하여 장군의 죽음을 비밀에 붙여서 發喪발상을 하지 않았다. 그러나 그 뒤에 장군의 죽음을 애도하는 곡성의 소리는 1년 간이나 그치지 않았으며 士女사녀들이 소복을 하였다 한다.

임진왜란에 있어서 나라가 붕괴되어 갈 때에 누구 한 사람 감히 성을 지키겠다는 결의를 하는 이가 없었는데, 김시민 장군 만이 굴하지 않고 3만여 왜군의 포위 맹공에 대응하기를 귀신같이 하여 외로운 진주성을 굳게 지켰다. 오직 忠義충의로서 사졸을 격려하여 싸워서 적을 물리쳐 호남을 덮어 막아 적으로 하여금 內地내지로 들어오지 못하게 하였던 것이다.

임진왜란의 3대첩으로 우리는 李舜臣이순신 장군이 노량해전과 權慄권율 장군의 행주대첩과 바로 김시민 장군의 진주성을 지킨 싸움을 들고 있다. 그 중에서도 왜적들은 강화 문제를 논의할 때 말하기를, "진주의 싸움에서 將官장관이 죽은자가 3백명이며, 군졸이 3만명이나 죽었으니 반드시 그 보복을 한 뒤에야 강화를 하겠다"고 하였다고 하니 사실에 과장된 점이 없지 않으나 그만큼 그들은 큰 타격을 받았던 것임을 증명하는 것이라고 하겠다.

조정에서는 김시민 장군에게 宣武功臣선무공신의 호를 내리고 上洛君상락군에 봉하였다가 뒤에 영의정 상락부원군을 추증하였다. 그리고는 진주와 괴산읍 능촌리에 사당을 세워 충민사라 하고 위패를 모셨으며, 괴산의 사당에는 선조의 綸音윤음을 받들어 「一隅孤城萬古三綱」이라는 현액을 보존하고 있다. 이 사당에는 김시민 장군을 주향으로 하고 원주목사로서 적에게 끝끝내 항전하다 순절한 충숙공 金悌甲김제갑의 위패도 봉안하고 있다.

진주의 충민사는 대원군의 서원 철폐시에 폐지되자 서장대 아래의 彰烈祠창열사에다가 진주성 싸움에서 숨져간 장졸들과 함께 신위를 모시게 되었다.

시호를 忠武충무라 하였으며 1979년 11월 29일에 괴산의 충민사 정화사업이 완성되어 준공식을 가졌음은 그의 충의정신을 오늘에 되기리기 위한 마음에서 이루어진 결과인 것이다. (《忠淸文藝》 1980. 2)

附記: 괴산군 괴산읍 능촌리 57에는 김시민 장군의 사당 忠愍祠(충청북도 기념물 제12호)가 있다. 晋州에 있던 김시민 장군의 사당이 1866년에 철폐되자 이곳으로 합사했다. 이곳은 김장군의 숙부인 金悌甲을 모신 사당이었다. 1976년에 중원군 살미면에 있던 김장군의 묘소도 이곳으로 이장하고 정화하였다.

林慶業과 忠烈祠

I

충주시의 중심부에서 서남쪽으로 약 4km 지점인 충주시 단월동 385-1에 조선 인조 때의 명장이었던 忠愍公충민공 林慶業임경업 장군의 영정을 봉안하고 있는 사당이 있다. 사적 제189호로 1969년 11월 21일에 지정하여 충주시에서 보호관리하고 있는 충열사이다.

이 충열사는 1697년(숙종 23)에 창건되었으며 1727(영조 3)에 賜額사액된 이래 여러 차례 보수되어 왔다. 또한 1791년(정조 15)에는 왕이 친히 「御製達川忠烈祠碑」라 글을 지어 비석을 세우게 하였으니 오늘에 전하고 있다. 그러나 이 사당은 그 규모가 작고 건물이 퇴락되어 1978년 정부에서 지난날 충신의 얼을 기리는 뜻에서 완전 해체하여 중건하고 기념관까지 세워 오늘의 규모로 聖域化성역화한 것이다.

이 밖에 중원군 살미면 洗星里세성리 150에는 평택 임씨 종중에서 관리하고 있는 不祧廟부조묘 임경업 祠宇사우가 또 있다. 이 사우는 충열사보다 앞선 1668년(현종 9)에 창건되었으며 1984년에 중건하였다. 이곳에서도 임경업의 영정을 봉안하고 享祠향사하고 있다. 또한 이 사당 좌측에 남향하여 세워진 임경업 충열문이 있다. 이는 1788년(정조 12)에 命旌명정된 旌閭정려로서 임경업이 淸청나라로 끌려가다가 탈출한 뒤 그의 행방을 알기 위해

청에 끌려가 고문에 시달리다 옥중에서 할복자결한 부인 전주 이씨의 충절을 기리기 위하여 세워진 것이다. 현판에는 「有名總兵朝鮮國 崇政大夫議政府贊成諡忠烈公林慶業 贈貞敬夫人全州李氏忠烈雙成之門 崇禎三戊申上之十二年十一月十五日」이라고 하여 임경업과 부인의 충열문임을 알 수 있다.

또한 충주시 풍동 산 1번지에는 임경업과 그의 부인 전주 이씨의 合墳墓합분묘가 있다. 82년 5월 크게 묘역의 정화사업을 하여 오늘에 전하고 있다. 이와같이 충주에는 임경업 장군에 대한 사우와 충열문 등이 여럿 있다. 이는 이 고장에서 태어난 뚜렷한 명장의 위업을 기리기 위한 배려에서 세워진 것들이다. 따라서 임경업 장군에 대하여 충주지역에서는 매년 사당에서의 향사 외에 지방문화행사의 일환인 우륵문화제에서도 장군의 추모제를 거행하고 있다. 여기에 임경업 장군은 어떠한 인물인가에 대하여 개관하여 보고자 한다.

II

임경업은 1594년(선조 27)에 판서 林整임정의 후손이며 林篁임황의 아들로 충주 달천 가까운 풍동에서 태어났다. 자는 英伯영백이고 호는 孤松고송이라 하였으며 본관은 평택이다.

임경업은 어려서부터 뛰어나게 총명하였으며 남에게 매이지를 아니했다. 소년시절부터 전쟁놀이를 즐겼으며 항상 대장이 되어 어린이들을 지휘하는 꼬마대장이었다. 하루는 길가에서 돌을 모아 성을 쌓고 군기를 날리며 진을 치고 진중에서 호령을 하던 중 경주로 부임하러 가던 목사 尹暹윤섬이 빨리 길을 비키라고 호령하였다. 이때 임 소년은 "사람이 성을 피해야지

어찌 성이 사람을 피하겠소"하고 맞섰다. 이에 윤 목사는 장차 큰 인물이 되리라 짐작하고 행차가 성을 피하여 먼 길로 돌아갔다는 일화가 있으니 여섯 살 때의 일이라고 한다.

아홉 살되던 해에 史記사기를 읽다가 "글은 성명을 기록하면 족하니 만 사람을 대적하는 학문을 원한다"는 項羽항우(秦나라 장군)의 말을 보자 이것이야말로 대장부의 말이라 생각하고, 이후부터 학문을 단념하고 兵書병서를 읽고 武藝무예에 힘썼다.

열 다섯 살 때에 집을 나와 丹月寺단월사에서 3년, 보은 속리산 문장대(慶業臺라고도 함)에서 5년간 무예연마에 힘쓰다가 집에 돌아와 스물 두 살에 鎭安大君진안대군의 7대손인 潛잠의 딸과 결혼하여 잠시 가사를 돌보았다.

1618년(광해군 10) 25세 되던 해에 무과에 급제하고 갑산·삼수의 방위를 위해 小農堡推官소농보추관이 되었다.

III

1624년(인조 2)에 평안도 병마절도사 겸 부원수인 李适이괄이 인조반정에 대한 논공 행상에 불만을 품고 반란을 일으켜 한때 서울을 점령하기까지 하였다. 이 때에 임경업 형제는 길마제(鞍峴)에서 叛軍반군을 크게 무찔렀으며 또한 용산으로 달려가 府庫부고의 재산을 되찾는 데도 공을 세웠다. 이로 인해 振武原從功臣진무원종공신이 되었으며 嘉善大夫가선대부에 올랐다.

이듬해에 僉知中樞府事첨지중추부사 겸 羽林衛將우림위장이 되었으며, 이어 防踏鎭僉節制使방답진첨절제사로 1626년에 樂安郡守낙안군수가 되었다. 이 무렵 만주에서 일어난 後金후금(뒤에 淸)이 向明排淸향명배청정책을 지키고 있는 조선을 쳐서 후환을 없애려고 하였다. 임경업은 이에 반하여 임진왜란 때에 우리를 도와준 명나라를 돕기 위해 싸울 각오를 하고 있었다.

1627년(인조 5)에 후금은 광해군의 폐위와 인조의 즉위, 즉 仁祖反正인조반정의 부당성을 구실로 조선을 침략하여 왔다. 즉 丁卯胡亂정묘호란이다. 이때 임경업은 중군이 되어 강화도로 갔으나, 적군은 이미 우리와 형제의 맹을 맺고 돌아간 뒤였다.

1629년 龍驩衛副護軍용환위부호군, 1931년(인조 9)에 劒山山城검산산성 방어사가 되어 성을 수축하고 정묘호란 이후 허물어진 龍骨城용골성 등을 완전히 보수하였다. 이러한 노고를 치하하여 왕은 준마 한 필을 하사하였다.

이 무렵 椵島가도에 있는 명나라 도독 劉興治류흥치는 후금과 내통하고 胡軍호군(후금군) 3백여 명을 투항해온 양 속이고 끌어들여 조선을 공략하려 하였다. 이를 미리 알아차린 임경업은 서둘러 큰 옥사를 지어놓았다. 이 무렵 가도에서 내분이 일어나 류흥치가 살해되자 호군들이 아군지역으로 탈출하여 왔다. 이에 임경업은 이들을 모두 잡아 미리 준비한 옥에 가두었다. 이때 宣川府使선천부사 이준은 이들을 모두 죽이고자 하였으나 임경업은 후환이 있을 것이라고 반대하였다.

얼마 후에 후금에서는 이들 3백명을 구출하기 위해 우리에게 몰려왔다. 임경업은 잘 달래고 3백명을 돌려주어 또 한 차례 있을 수 있었던 큰 싸움을 미리 막아낸 것이다. 先見之明선견지명이라 하겠다.

1631년(인조 9)에 定州牧使정주목사가 되었다가 이듬해 부친상을 당하고 고향인 달천에 돌아와 근신하고 있었다. 그런데 이 무렵 淸北청북(청천강 이북) 지방의 백성들이 서울에 올라와 대궐 앞에서 일부 조정대신들이 이 지역을 방어하기 불편하다고 버리자고 하는데 반대하는 호소를 하였다. 이 사건에 金自點김자점은 필히 임경업이 뒤에서 시킨 일이라고 하여 잡아 올렸다. 임경업은 상복을 입고 있는데 어찌 그런 일을 멀리서 지시할 수 있겠는가하고 변명하였다. 그 정당성이 인정되어 곧 석방되었다. 조국의 강토를 쉽게 버리려는 자들의 소행이 한심스러울 뿐이다.

1633년(인조 11)에 청북방어사가 되고, 이내 寧邊府使영변부사가 되었다. 부임하자 白馬山城백마산성 및 義州의주의 성첩 등도 보수하였다. 이 무렵 명장 孔有德공유덕 등이 牛家壓우가압으로 도망와서 호군과 통하며 명에 반기를 들었다. 이에 임경업은 이들을 공격, 섬멸하였다. 이 공로로 明皇명황은 總兵官총병관의 벼슬을 주고 金花금화의 큰 상을 내렸으니 명나라에까지 이름이 알려지게 된 것이다.

1634년 4월에 喪상을 벗고 5월에 副護軍부호군이 되고 의주부윤 겸 청북방어사가 되었다. 부임하자 임경업은 왕에게 오랑캐의 반복무상한 행동이 재침의 기회를 노리고 있음이 확실하다고 1만명의 군졸을 요구하였다. 그러나 허락되지 않았다.

임경업은 義州鎭의주진 兵馬僉節制使병마첨절제사를 더하고 이듬해에 嘉義大夫가의대부로 승진되었다. 임경업은 常平倉상평창을 설치하고 선정을 베풀었으므로 각처에서 소문을 듣고 백성들이 몰려왔다 한다. 1636년에 다시 의주부윤에 복직되었다.

이 해에 후금 太宗태종은 淸청이라 국호를 바꾸고 자칭 황제라 하고 우리에 대한 움직임이 심상치 않았다. 임경업은 적정의 심상치 않음을 備邊司비변사에 보고하며 海西해서(황해 평안도)의 군 2만명을 준다면 결사적으로 방어하겠다고 하였으나 諫官간관의 반대로 허락되지 않았다.

Ⅳ

청의 태종은 우리나라에 사신을 보내와서 稱臣칭신을 요구하였다. 이에 조정에서는 크게 반발하여 인조는 사신을 만나지 않고 국서도 받지 않았다. 이것을 핑계삼아 1636년(인조 14) 12월 초엿샛날(혹은 12월 12일이라고도 함) 청태종은 대군을 이끌고 침략해 왔다. 이것이 丙子胡亂병자호란이다.

임경업은 적의 침입을 알고 남녀 노약자 도합 8백여 명을 갖고 작전을 세웠다. 허수아비 수 천을 만들어 義州城의주성 주위에 세우고 적의 눈을 속였다. 적은 이에 주춤하고 의주를 피해서 서울로 직접 공격해 내려왔으니 안일 만을 꿈꾸는 列邑열읍은 감히 적에게 맞서지를 못했다.

인조는 여러 왕자, 비빈 및 왕족들을 급히 강화도로 피란시켰다. 그러나 왕은 그곳으로 가는 길이 막혀 할 수 없이 南漢山城남한산성으로 난을 피하였다. 그러나 40여 일 만인 이듬해 1월 30일에 왕은 三田渡삼전도에 나가 청태종 앞에 무릎을 꿇고 항복을 하였으니 우리 역사상 가장 치욕적인 사실을 만들었던 것이다.

이때 임경업은 적이 서울로 침입한 틈을 타서 적의 首都수도 瀋陽심양을 일거에 쳐 없애려 하였다. 그러나 김자점은 의주에서 청군을 놓친 것을 책하며 계교를 쓰지 못하게 하였다. 청군도 瀋陽심양이 허한 것을 염려하여 장군 요추에게 3백여 騎기를 주어 본국으로 돌려 보냈다. 임경업은 이들이 돌아가는 길을 막아 적장을 베고 모두 섬멸하여 울분을 풀었다.

청나라는 날이 갈수록 오만해 갔다. 청은 평안도 앞 바다에 있는 명군 기지인 椵島가도를 공략키 위해 우리의 군사를 요구해 왔다. 이에 조정에서는 임경업에게 돕도록 명하였다. 임경업이 명군을 친다는 것은 매우 괴로운 일이었다. 따라서 계교를 내어 선봉장을 피하고 가도에 몰래 척후병을 보내어 미리 대비케 하여 피해를 줄이게 하는 등 명을 돕는데 노력하였다.

1638년(인조 16)에 평안병사 겸 安州牧使안주목사가 되었다. 1640년에 淸청은 明명의 錦州금주를 치려고 또 조선에 援兵원병을 요청해 왔다. 이에 조선에서는 임경업을 舟師주사의 상장으로 차출하였다. 그러나 임경업은 바닷길이라는 핑계로 지연책을 쓰면서 몰래 사람을 보내어 명군에게 사실을 알렸다. 따라서 명군과 조선군은 서로 공포만 쏘는 등 피해를 줄이었다. 이 사실이 뒤에 탄로되었으나 청태종은 임경업을 경계하면서도 그의 용맹과 높은 의기를 보고 용서를 하였다.

1642년(인조 20)에 명장 洪承疇홍승주가 청에 항복하자 그와 임경업이 내통한 사실이 알려졌다. 또한 임경업이 중 獨步독보를 明명에 보내어 내통한 사실까지도 드러나게 되었다. 독보는 排淸배청사상이 철저하고 의기가 있어 병자호란 이후 임경업과 알게 되어 명에 드나들면서 국가의 기밀문서 등을 비롯하여 서로 간의 사정을 살피고 정보를 주고 받는데 활약했던 인물이다.

이러한 사실을 알게 된 청태종은 이와 관련한 반청파를 일소하고자 崔鳴吉최명길 등을 잡아 갔으며 임경업도 체포하여 북으로 끌고 가게 되었다. 큰 뜻을 한 번 펴보지 못하고 오랑캐에게 잡혀가 부질없이 개죽음을 당할 것을 생각하니 임경업에게는 너무나 억울하고 원통하였다. 이에 임경업은 탈출을 결심하고 황해도 金郊驛금교역에서 옥문을 부수고 도망하였다.

임경업은 머리를 깍고 변신하고는 명나라로 망명하려고 뱃사람을 속여 배를 얻어타고 가다가 뱃사람을 위협하여 명의 登州등주로 항해를 계속케 하였다.

延平島연평도에 이르자 임경업은 선객 만을 내리게 하고는 절벽 위에 「某月某日林慶業過此」(모월모일 임경업이 지나갔다)라고 쓰고 이곳을 떠났다. 연평도에서는 그곳에 임경업의 사당을 세우고 지금까지 享祠향사하고 있다. 이 지방 뱃사람들은 초여름 조기잡이 때가 되면 이 사당에 모여 조기잡이가 잘 되게 해달라고 고사를 지내고 있으니 임경업은 조기의 神신으로 전설을 남기고 있기도 하다.

임경업은 海豊縣해풍현에 표착하였다. 현관이 처음에는 의심하고 가두었으나 사실을 알고는 登州등주의 도독 黃龍황룡에게 안내되었다. 둘은 서로 병사를 의논하고 明皇帝명황제에 알리니 명황제는 副總兵부총병에 임명하고 청국을 공략할 계획을 세웠다.

그러나 때는 이미 늦었다. 청군은 북경을 함락하고 청태종은 산해관에 들어왔다. 명장과 협의하였으나 명장이 속속 청군에 항복하자 임경업은 다시 도망하려 하였으나 미리 와 있던 獨步독보에게 배신당하여 결국은 1645년 1월에 청의 포로가 되었다.

임경업은 북경으로 압송되어 항복할 것을 강요당했다. 그러나 "내 목을 벨지언정 너희 오랑캐와 같이 머리를 깎을 수 없다"는 태도로 변발할 것을 반대하다 마침내 옥에 갇히게 되었다.

이 무렵 조선에서는 相臣상신 沈器遠심기원이 반란을 꾀하다 발각되었다. 심기원이 임경업과 같이 공모했다고 허위 자백을 한 일이 있었다. 이에 청태종은 임경업을 벌하려 했다. 이 소식을 들은 인조는 조선에서 죄를 다스리겠다며 환국시켜줄 것을 요청하여 1646년(인조 24) 6월 18일에 檻車함차에 가두어 서울로 압송되어 왔다.

심문을 하였으나 임경업과 심기원과는 무관한 일이었으며 그 동안의 사정은 둘이 서로 통할 수 있는 시간도 없었음이 밝혀졌다. 그러나 좌의정 김자점이 임경업을 시기하던 차라 죽이려고 하였다. 나라를 배반하고 명나라에 들어가 국법을 어겼다고 하여 刑吏형리들에게 매질하여 숨지게 하였다.

죽음에 임하여 임경업은 "천하의 일이 아직도 끝나지 않았는데 나를 죽이는 것은 큰 일을 그르치는 것이 아니냐"하고 외치면서 생을 마쳤으니 6월 20일이요, 나이 53세였다. 이 소식을 들은 인조는 "그대여 나는 죽이려고 하지 않았는데 어찌하여 갑자기 세상을 떠났느냐"하고 탄식하였다.

V

임경업은 초기에는 의기가 등등하였으나 말년에는 외로운 세상을 보냈다. 그는 "나는 타고 날 때 물건이 되지 않고 사람이 된 것을 다행으로 생각한다. 더구나 남자로 태어났으니 얼마나 다행인가?"하고 무상의 영광으로 여겼다. 그러나 "아! 나는 이 작은 나라에 태어났으니 좁은 데서 비벼대며 살아야 하는 팔자가 되었구나"하고 비관도 하였다. 임경업의 생애를 스스로 말한 명언이라 하겠다.

임경업은 김자점의 독단적인 계획으로 죽은 것이었다. 그러나 얼마 후에 김자점도 반역죄로 몰려 죽임을 당하였으니, 비로소 임경업의 충성심이 크게 빛나게 되었다. 1697년(숙종 23)에 특명으로 復官복관되고 忠愍公충민공이라 謚號시호했다.

임경업이 金郊驛금교역에서 탈출한 후 그 가족도 모두 잡혀서 청나라로 끌려갔다가 처 만을 남겨두고 모두 돌려보냈다. 그의 처는 임경업의 행방을 알 줄 알고 실토하라고 매일 고문을 했다. 그러나 "우리 주인은 대명의 충신이요, 나는 그 충신의 아내다. 오랑캐의 옥중에서 욕을 보며 남편의 충절을 욕보일 수 있겠는가"하고 품에서 칼을 뽑아 자결하였다. 영웅의 아내다운 최후를 마친 것이다.

임경업은 충주의 충열사 외에 宣川선천에도 충열사를 세워서 향사하고 있다. 임경업 장군의 무용담을 소재로한 고대소설《임경업전》이 있기도 하다. 충주시 달천동의 임경업 장군 사당인 忠烈祠충열사(사적 제189호)에는 영정과 위패를 모시고 있으며 유물관이 있어 임 장군의 사적을 알 게하는 유물이 전시되고 있다. (《忠淸日報》 1987. 2. 25, 「忠北史의 再照明」 57回)

嚴政面 所在 胎室碑에 對하여

〈목 차〉

Ⅰ. 序 言(酒洞부락 두 胎室碑의 發見)

1983년 4월 22일 새마을 대잔칫날이다. 나는 道도의 김예식씨와 전일의 약속대로 오후 1시경에 중원군 엄정면 사무소로 갔다. 그곳에서 서로 만나기로 하였기 때문이었다. 새마을운동이 시작된지 13년이 되는 기념행사에 도를 대표하여 면에 출장나온 것이었다.

김예식씨가 전날 가춘리 주동부락에 이름모를 비석이 있다고 하여 같이 가보기로 하고 이 날로 약속을 한 것이다. 마침 중원군의 재무과장인 이상묵씨와 같이 주동부락을 찾아갔다. 다행인 것은 군의 차편을 편도 만이라도 이용할 수가 있었기에 상당히 먼 오지부락이지만 쉽고 그리고 편하게 갈 수가 있었다. 마을의 북쪽으로는 玉女峯옥녀봉의 줄기가 제원군의 경계를 이루며 병풍처럼 둘러져 있고 그 여러 支脉지맥이 남쪽으로 뻗어내려 오는 구렁에 주동부락이 아늑하게 자리하고 있으니 속칭 술옛말이라고도 한다. 바로 마을 뒤로 나직한 봉우리가 셋이 솟아 있는데 가운데의 것을 胎峯태봉이라 하였다.

우리는 마을 입구에서 한 젊은 청년의 안내로 비석이 있는 곳으로 갔다. 비석은 태봉 아래 남쪽으로 논이 연결되고 있는데 논 가운데로 흐르는 또랑에 눕혀져서 방차역할을 하고 있는 것이었다. 우선 되는대로 물에 면한 쪽을 살펴 보았더니 글자가 있음을 확인할 수 있었다. 일행은 힘을 합하여 그 비석의 한쪽을 들어서 세워 보았다. 아무런 연모도 없이 주변에서 말뚝 하나를 뽑아서 이용하는 등 매우 힘든 작업이었다. 비석의 전면에는

「辛巳年十一月初七日丑時生二 王子阿只氏胎室」

이라고 한 줄로 새겨져 있었으며, 뒷면에는

「順治二年八月二十四日 立」

이라고 하였다. 제2왕자 阿只아지의 태실비가 분명했다. 비석의 총 길이는 183cm이며 폭은 55cm, 두께는 18cm였다. 그 청년은 또 하나의 비석이 있는데 깨어져 있다고 하였다. 그곳으로 안내를 받았다. 마을의 어느 집 담 밑에 한쪽의 떨어진 조그만 碑片비편을 확인하였으나 그것으로는 무엇인지를 알 수가 없었다. 마침 그 뒷집이 이장댁이었다. 이장집으로 안내되어 자세한 이야기를 들을 수가 있었다.

본래 비석은 태봉 위에 두 개가 있었는데 그 하나를 수년 전에 새마을회관 앞으로 옮긴다고 하여 태봉에서 산밑으로 굴려 내려다가 들고 가려 했는데 너무나 무거워서 또랑가에 버렸다는 것이다. 방금 보고 온 것이 그것이었음을 알게 되었다. 막걸리를 한 두잔 하면서 마을 사람들은 아마도 태봉 위에 하나의 비석이 어딘가 묻혀 있을 것이라는 이야기였다.

나는 일행과 다시 胎封태봉으로 올라갔다.

태봉 정상부는 평편하게 다듬어져 있고 그 북쪽에는 마을에서 세워놓은 종대(鍾架)가 있었으며 그 남쪽으로 民墓민묘가 있었다. 이장인 이의권씨의

말에 의하면 언젠가는 몰라도 민묘의 북쪽과 남쪽에 각각 胎缸태항이 하나씩 묻혀 있는데 도굴되었다는 것이다. 그러나 지금도 태항은 묻혀 있다고 하였다. 태항이란 태를 안치하여 묻은 돌로 만든 항아리를 말한다. 지금 있는 민묘는 윤성규씨의 모친을 모신 무덤으로 3~4년 밖에 안된다고 하였다. 아무리 명당자리라고 하더라도 망국의 옛 왕자 태실이 있었던 곳에 그 시설을 헐어버리고 일개 민간의 무덤을 쓰다니 하는 생각이 들면서 지난날 왕조의 위엄이 어디로 사라지고 이러한 상태가 되었는지 참으로 隔世격세의 느낌이 들었다.

우리는 정상부 중앙의 동쪽가에서 묻혀져 있는 斷碑단비를 찾았다. 떼로 덮혀 있는 것을 베끼고 살펴보니 비석의 머리부분부터 150cm이었는데 밑부분이 깨어져 나가고 있었다.

앞면에는 「己卯十月十七日卯時生一」에서 밑부분이 깨어져 나갔으니 앞에서의 비와 연결지어 볼 때 「王子阿只氏胎室」이 없어진 부분임을 알 수 있었다. 한편 돌려서 뒷면을 보니 「崇德八年十月二十五日」까지 있음을 볼 때 밑부분에 「立」자가 없어진 것임을 또한 알 수 있었다. 따라서 이 비는 제1왕자 阿只아지의 태실비임을 쉽게 확인할 수 있었다.

우리 일행은 내려오는 길에 이장에게 胎峯태봉 정상부 민묘의 주인 윤씨를 만나면 언젠가 사초를 하든가 할 기회가 있으면 신고를 하여 胎缸태항을 파내어 박물관에라도 보관할 수 있도록 하는 것이 좋을 것이라 전하고는 내려왔다. 돌아오는 길에는 경운기를 빌려 타고 시내버스 종점인 주동까지 와서 털털거리는 비포장의 시골길을 버스에 몸을 싣고 늦게야 돌아왔다.

필자는 여기에서 이 두 태실비의 주인공이 누구이며 같은 면내에 있는 경종대왕 태실의 藏胎장태 事實사실을 비롯하여 나아가서 조선왕조에 있어서의 태봉에 관한 사실을 살펴 보고자 한다.

처음으로 시도하는 바라 일부 해석상의 잘못이 없지 않음을 諸彦제언의 가르침으로 후일의 교정을 기대할 뿐이다.

Ⅱ. 景宗大王 胎室과 그 初藏

엄정면에는 이미 알려져 있는 지방유형문화재 제6호로 1975년 8월 20일에 지정된 景宗大王경종대왕 태실이 괴동리 산 35에 있다. 태봉 정상부에는 석조로 된 한 변이 194~6cm 길이의 8각형 石欄干석난간을 둘러서 淨域정역을 만들었는데 난간의 石柱석주는 높이가 124cm에 밑변 길이가 63cm의 것이 둔중하게 세워져 있다. 그 중앙에는 한 변의 길이가 131cm가 되는 4각형의 下臺石하대석을 놓고 그 위에 8각의 上臺石상대석을 얹었는데 별다른 장식은 없으며 그 위에 둥근 浮屠形부도형의 태실이 얹혀져 있다. 그 위에는 8각의 屋蓋石옥개석이 있으며 정상에는 寶珠보주만 조각하고 있다.

8각형의 石欄干석난간 내부의 바닥은 중앙부로부터 밖으로 향하여 방사선처럼 넓게 다듬은 돌을 16枚매로 모두 깔았다. 이 태실 북쪽 밖으로 태실비가 세워져 있는데 蓮花紋연화문을 조각한 臺石대석(95×64cm) 위에 높이 144cm에 폭 54cm, 측면 폭 20cm의 碑身비신으로 그 전면에

「康熙二十七年十月二十八日酉時生
元子阿只氏胎室」

이라고 두 줄로 새겨져(陰刻) 있으며 뒷면에는

「康熙二十八年二月二十二日　立」

이라고 새겨져 있다.

또한 동쪽 면에는 龜趺귀부와 雙龍쌍룡을 조각한 螭首이수를 갖춘 加封時가봉시의 태실비가 세워져 있는데 여기에는 「景宗大王胎室」이라 전면에 새

졌으며, 뒷면에는 「雍正四年九月初八日建」이라고 하였다.

이상에서 볼 때 이 태실이 경종대왕의 것임을 알 수 있다. 이 태실의 서쪽에 세워진 안내판에 의하면 1831년(순조 31)에 김군첨 등이 도굴하였으며 또한 일제하에서도 도굴되었다고 하였다. 《文化財誌문화재지》(忠淸北道發行, 1982)에 의하면 일제가 태실의 관리와 유지가 어렵다는 이유로 1928년에 전국의 태실을 창경원 안으로 옮기게 되었는데 이 경종대왕 태실도 이때 胎缸태항(태항아리)을 꺼내갔다고 한다.

그후 석물은 사방으로 흩어져 태실비 만이 남아 있었는데 1976년에 멀리 면소재지까지 옮겨져 있던 일부 석물 등을 모아서 완전히 오늘의 모습으로 복원하였다고 한다.

경종은 강희 27년 즉 숙종 14년(무진) 10월 28일 酉時유시에 禧嬪희빈 張氏장씨의 몸에서 肅宗숙종의 제1왕자로 태어났다. 이는 태실비에서도 알 수 있는 바다. 그 뒤 태실을 세우기 위한 진행과정을 《胎峯謄錄태봉등록》의 기록을 중심으로 살펴 본다.

숙종 15년 정월 초1일에 관상감에서 왕자 阿只氏아지씨의 藏胎장태에 관한 일을 牒呈첩정하였다. 이에 왕의 하교가 있었으니 다음과 같다. 「一等胎峯으로 하되 公洪道 忠原 庚坐甲向에 藏胎하도록 하였는데 藏胎吉日은 二月 二十二日 辰時이며, 始役은 正月 二十日 卯時이며, 開基는 二月 初八日 午時이다. 또한 地神에 대한 祭祀인 后土祭는 같은 날(2月 8日) 먼동이 트는 새벽(曉頭)에 행하고 發胎日은 二月 十六日 巳時[1]」로 하였음을 알 수 있다.

---

1) 《胎峯謄錄》一 肅宗 己巳 正月 初一日
「一觀象監牒呈內 戊辰十月二十八日酉時誕生 王子阿只氏藏胎事. 傳敎矣一等胎峯 公洪道忠原庚坐甲向藏 吉胎日二月二十二日辰時. 始役正月二十日卯時. 開基二月初八日午時. 告后土祭同日曉頭行. 發胎二月十六日巳時. 胎神安慰祭封土後臨時 謝后土祭事畢後臨時 事據曺, 啓目粘連牒呈是白有向前 新生王子阿只氏 藏胎吉日乙良 傳牒呈施行何如. 啓依允」.
公洪道는 忠淸道의 降號임. 忠原도 忠州의 降號이나, 正月 二日에 忠州로 복호되고,

태실비를 세운 날이 강희 28년(숙종 15) 2월 22일로 된 것은 이미 그 해 정월 초1일에 관상감에서 藏胎吉日장태길일로 정하여 牒呈첩정한 대로 시행되었음을 알게 하는 것이다.

정월 초6일 관상감에서는 또 다시 첩정하되 왕자의 장태 때에 들어가는 잡물을 本道본도 즉 公洪道공홍도와 각각 해당되는 관청에서 마련하도록 조치를 하였다[2]. 또한 정월 10일에는 왕자의 藏胎장태 때에 소요되는 잡물의 進排진배와 도로를 정비 보수하는 일을 말하되 잡물은 전에 하였던 예에 따르되 王子阿只氏왕자아지씨 藏胎장태 때에 소용되는 잡물은 각기 해당되는 관청에서 급속하게 상하가 進排진배토록 하고, 도로의 정비 보수는 경기와 충홍 두 도의 감사가 책임지도록 하였다[3]고 하였으나 藏胎장태하기 위해 서울에서 胎峯태봉까지에 이르는 태를 奉送봉송하는 길을 크게 정비 보수하였던 것임을 알 수 있다.

또한 藏胎장태할 때에는 安胎使안태사 및 奉送봉송하는 陪行時배행시의 복색 등도 마련하고 있으니 捲草祭권초제[4] 때에는 모두가 吉服길복을 입고 祭

도명은 忠洪道라고 하였다.

2) 同上 己巳正月初六日
「一觀象監牒呈內 壬子阿只氏藏胎時雜物磨鍊後錄. 事據曺. 啓目粘連牒呈是白有向前 新生王子阿只氏藏胎時 所入雜物乙良 依所報令本道及各該司照例 趨卽擧行如何. 康熙二十八年正月初六日 都承旨 臣 李彦綱次知. 啓依允」.

3) 同上 己巳 正月初十日
「一觀象監牒呈內 壬子阿只氏藏胎時 所用雜物進排及道路修治事據曺. 啓目粘連牒呈是白有向前 王子阿只氏藏胎時 所用雜物令各該司急速上下進排爲白乎矣 道路乙良置亦京畿忠洪兩道監司 處趂卽擧行事移文知委何如. 啓依允. 原粘目移送觀象監」.

4) 捲草祭란 妃嬪에게 産候가 보이면 內醫院提調가 모든 執事官을 거느리고 産殿房에 들어가 吉한 方向에 産座를 만들고 방의 4方에 安産을 祝願하는 符籍을 붙이고 醫官을 언제든지 부를 수 있도록 방울을 軒廳에 매어 단 다음 吉한 方向을 살펴서 顯草할 문을 정하고 門楣에 못을 박고 紅樱을 늘여 두었다가 몸을 풀면 紅樱을 매어달고 7日이 지난 후에 捲草官이 命銀, 命米, 命紬, 命絲 등을 진열하여 焚香祭告하는 禮, 捲草祭가 끝나면 藁席을 添櫃에 넣고 紅袱로 싸서 男子면 內資寺 女子면 內寺部의 창고에 넣어둔다.

禮제례를 행할 것이며 장태할 때에는 길복으로 행하되 매우 막중한 일이므로 억지로 새로운 제도를 만들어서 행하지 못하도록 하였다[5]. 이 때의 安胎使안태사는 이조판서 沈梓심재이었다.

장태가 끝나면 일정한 구역을 정하여 일반인의 출입과 農耕농경을 금하는 禁標금표를 정하는데 胎峯태봉의 禁標금표 안의 민가는 헐고 田畓전답은 禁耕금경토록 하였는데 백성들에게 억울함이 없도록 給代급대 또는 給價급가를 각기 해당 관청에서 하도록 하였다[6].

또한 安胎안태 후에 安胎使안태사 沈梓심재는 狀啓장계를 올려 결과를 보고하였는데 이에 의하면 「二月 十六日에 명을 받들어 陪胎 發行하여 同月 十九日 忠州의 胎峯 點穴處에 이르렀으며 二十二日 辰時에 安胎를 하고 따라간 臣下들 一行이 役事를 마무리 짓고 올라왔다.」고 하였으며 火巢화소[7] 안의 민가는 우선 헐었으며 民田민전은 禁耕금경토록 하고 해당 관청에 그 대가를 換給환급토록 하였다[8]고 하여 藏胎장태의 役事역사를 끝냈음을 알 수 있다.

---

5) 《胎峯謄錄》 肅宗 己巳 二月 初三日
「一曺 啓曰卽者觀象監以今此 元子藏胎時 安胎使以下陪行服色 吉服與時服 指一分付事. 牒呈而捲草祭時旣以吉服行祭 藏胎時吉服乃行 明白無疑而如此莫重之事 不可臆度創觀云. 元子藏胎事 體莫重而本曺亦無 國恤時可據前例似當依. 捲草祭時例借吉而 臣曺有難率爾斷定何以爲之敢稟 傳曰 吉服陪行可也」.

6) 《胎峯謄錄》 肅宗 己巳 二月 二十八日
「一今二月二十七日晝講入侍時 知事沈梓所啓 今此元子胎峯禁標內盧舍則己令撤毁田畓則當爲入陳似當分付該曺或給代或給價 俾無稱寃之端衣 上曰分付該曺或換給或給價可也」.

7) 火巢란 陵이나 胎峯에 불이 나지 않도록 둘레에 垓字를 파고 그 밖으로 풀이 나지 않도록 空地化한 곳을 말한다. 垓字는 內垓字와 外垓字로 區別하고 外垓字의 밖을 火巢라 한다. 內垓字 안은 백성들의 土地所有 有權을 認定하지 않으며 또한 牧燕도 不許한다(校註 大典會通, pp.361~363, 中樞院 刊, 1939).
王이나 大君 王子에는 각각 火巢區域이 定하여져 있었으니 胎峯謄錄에 의하면 大王은 一等胎峯으로 三百步, 大君은 二等胎峯으로 二百步, 王子는 三等胎峯으로 一百步로 하고 있음을 알 수 있다.

8) 《胎峯謄錄》 肅宗 己巳 三月 初三日
「一安胎使吏曺判書沈梓狀啓 臣今月十六日 奉命陪胎發行 同月十九日到忠州地胎峯

Ⅲ. 景宗大王 胎室 加封의 役事

이상에서 태실을 설치함에 있어서 그 初藏초장의 진행되는 과정을 살펴 보았다. 그런데 藏胎장태된 왕자가 왕의 위에 오르게 되면 初藏초장된 태실에다 石欄干석난간을 두르는 등 石物加封석물가봉을 하게 된다. 전기한 元子阿只氏원자아지씨가 경종대왕의 위에 오른 뒤 4년 만에 승하하여 재위 중에 加封가봉을 하지 못하였다. 그러자 영조가 왕위를 계승한 뒤 그 2년(병오) 9월 초8일에 비로소 가봉의 役事역사를 하였다. 이는 태실의 동쪽에 세워진 「景宗大王胎室. 雍正四年 九月 初八日 建」이라고 한 비에 의해서 알 수 있다. 景宗胎室경종태실의 加封가봉 과정에 대하여는 《胎峯謄錄태봉등록》에 자세히 실려 있어 그 대강을 살펴 보기로 한다.

영조 1년 9월 5일에 충청도 충주의 景宗胎峯경종태봉에 석물로 加封가봉의 役事역사를 하려고 하였으나 흉년이 들어 기근이 있으므로 다음해 가을로 미룬 일이 있었다. 따라서 2년 7월 5일에 이 일을 의논할 때 올해도 흉년이기에 役事역사하기가 어렵기는 하나 올 가을에 하기로 하였기 때문에 거행할 것을 왕에게 아뢰니 왕은 뒷날 다시 논의하기로 하였다[9]. 이에 대해서 7월 16일에 좌의정 洪致中홍치중 영부사와 상의하여 선왕(경종)이 즉위한 뒤 즉시 했어야 할 것이나 아직까지 이루지 못했으며 금년에 태봉이 있는 충주는 흉년을 면하게 되었으니 불과 裳石상석과 表石표석 하나를 세움은 그

點穴處 二十二日辰時安胎爲白 遣臣一行段完役後爲還上去爲白乎稱 火巢內人家段爲先毁撤爲白 遣民田則 仍爲禁耕後入陣田結 稟停換給事 自本官查報該曹之意分付緣由事」.

9)《胎峯謄錄》二 英祖 2年 丙午 七月 初五日
「一曺 启曰上年九月初五日大臣備局堂上 引見 入侍時因 大臣陳達 忠清道 忠州地 景宗大王胎峯石物加封之役當擧去行而 年事凶歉待明秋爲之事定奪矣 今年湖西年事亦不免凶歉似難動役而 既有今秋擧行之敎 仍爲擧行乎敢 稟 傳曰日後登對時更稟」.

리 큰 일이 아니니 이번 가을에 거행함이 옳겠다고 하였다. 왕은 본래 태봉은 즉위 후 加封가봉하는 것이었으나 호서지방이 해마다 凶歉흉겸으로 즉시 행하지 못하였는데 선조(경종)가 이루지 못하고 내가 즉위한지 3년이나 지났으니 나의 마음도 불안하니 이번 가을에는 불가불 거행하겠다고 하였으며 두 大臣대신의 의견도 이와 같으니 허락한다고 하여 겨우 왕(英祖)의 가봉에 대한 재가를 얻은 것이다[10].

따라서 태실에 대한 석물 가봉은 전례에 따라서 觀象監관상감 官員관원과 繕工監선공감의 監役官감역관 각 일원에 명하여 결정된 바를 충청도에 시달하여 이에 대한 立會입회를 하고 공사를 보살피도록 하였으며 觀象監官관상감관이 시달할 때 告由祭고유제를 지내고 香祝향축을 받아서 행하도록 하였다. 또한 觀象監관상감과 繕工監提調선공감제조는 석물의 排設배설을 董役동역에게 하달하도록 하였다[11].

7월 22일 관상감에서는 경종 태실의 석물 欄干中童石난간중동석, 蓋簷石개첨석, 裳石상석, 龜籠臺구롱대, 表石표석, 磩石장석 등을 만들어 배열하는 길

---

10) 同上 丙午 七月十九日 條에 대한 자세한 기록이 있다.
「左議政洪致中所啓. 景宗大王胎峯加封事 連以凶歉尙未擧行矣 頃者禮曹草記以今秋擧行之意啓. 稟而以日後登對時更稟爲敎 臣與領府事相議則 以爲玆事至重. 先大王卽位之後宜卽擧行而 三年 已迫尙遷遷就極爲未安云矣. 胎峯在於忠州地而 忠州今年年事以免凶歉云 且胎峯石物不過一裳石一 表石爲役亦似不鉅 以秋問擧行實合事宜矣. 上曰已與領府事相議耶 都提調閔曰 臣方帶繕工提調係是職掌故欲爲陳達而未及矣此事昨年春 臣待罪禮曺判書以待秋與行之意仰達及至秋成 又爲陳達以年凶退行於明秋定奪矣 今年湖西年事故未知前頭之如何而 卽今論之忠州庶可免凶云今秋擧行似好矣. 先大王卽祚之後宜卽擧行而 三年將畢尙此遷就事極未安 固當及時擧行而 必須預爲稟定然後京外 多有擧行之事矣. 上曰胎峯例於卽位後加封而 大行朝以湖西之連値凶歉難於動而不卽擧行矣 予亦仰體. 先朝之盛意尙未擧行而 三年條迫予心之不安當如何耶 今秋則不可不擧行而 兩大臣之意亦如此依所達爲之可也」.

11) 同上
「在議政洪致中 陳達忠淸道忠州地 景宗大王胎峯石物加封之役以今秋擧行事. 命下矣 胎室石物加封時依前例觀象監官員及繕工監監役官各一員. 令本監擇定前期下去本道 眼同看役觀象監官下去時告由祭 香祝仍爲受去設行而. 觀象監及繕工監提調則石物排設臨時下去董役事分付何如. 傳曰允」.

일을 9월 초8일 묘시로 하고, 태실의 開基개기 始役시역을 8월 23일 묘시로 先告事由祭선고사유제는 같은 날 새벽에 행하고, 告后土祭고후토제는 같은 날 묘시에 하고, 啓目粘連계목점연은 앞에서의 예에 의하여 하도록 牒呈첩정하였다. 또한 태실 석물 加封가봉의 吉日길일을 牒呈첩정에 의해서 시행하되 繕工監선공감과 觀象監관상감 및 忠淸道監司충청도감사에 명하여 미리 거행토록 하였다[12].

7월 23일 관상감에서는 군인, 잡물은 모두 공주의 숙종 태실의 석물 造拜조배 때의 儀軌의궤를 抄出초출하여 그 예에 따를 것이며, 왕의 재가가 있은 뒤에는 충청도 및 각 관청에 미리 알리고 8월 초6일 시역에 있어서 공장, 군인, 잡물, 기계 등을 갖추기 어려우면 戶曹호조에 알리도록 하였다. 또한 태실의 석물을 造排조배할 때에 드는 잡물, 工匠공장은 충청도와 각 해당 관청에 명하여 미리 거행토록 하였다[13].

이와 같은 절차를 거쳐서 경종대왕 태실의 가봉이 진행되어 갔다. 여기서 그 석물 조배를 공주의 숙종태실을 조영할 때에 준하여 役事역사를 하라고 하였으니 당시의 사정을 알려주는 자료가 최근에 청주의 영조태실을 가봉

---

12) 同上 丙午 七月二十二日
「一觀象監牒呈內 景宗大王胎室石物欄干中童石盖簷石裳石龜籠臺表石磩石 造排吉日來九月初八日卯時 胎室開基始役吉日八月二十三日卯時 先告事由祭同日曉頭行告后土祭同日卯時 謝后土祭事 畢後臨時設行始役. 八月初六日卯時推擇事據曺. 啓目粘連牒呈是白有亦向前. 景宗大王胎室 石物加封吉日乙良依牒呈施行爲白乎矣 令繕工監觀象監及本道監司 吉日時及良趂卽擧行事知委何如. 雍正四年七月二十二日右承旨 朴致遠次知 啓依允」.

13) 同上 丙午 七月二十三日
「一觀象監牒呈內 云云 軍人雜物乙良 一依公州地 肅宗大王 胎室石物排儀軌抄出後錄爲去乎依例. 啓下後本道及各司良中預先知委. 八月初六日始役良及工匠軍人雜物機械等乙 胎室所無遺進排俾無臨時窘迫之弊事據曺. 啓目粘連牒呈是白有亦向前. 景宗大王胎室石物造排時 所入雜物工匠乙良依所報 令本道及各該司趂卽擧行事移文知委何如. 雍正四年七月二十三日右承旨臣朴致遠次知 啓依允. 藝文館 香室 承文院 繕工監 觀象監捧甘」.

할 때에 절차를 마련했던 儀軌의궤를 발견하므로서 자세히 알 수 있게 되었다. 이는 1729년 10월에 작성된 筆寫本필사본으로 현재 청원군 낭성면 무성리 태봉마을 이장인 李相麟이상린씨가 소장하고 있는 것을 찾아내어 車勇杰차용걸 교수에 의해서 알려지게 되었다[14].

본래 영조대왕태실의 석물 造排조배의 진행에 있어서는 충주의 경종태실에 준하도록 하였던 것임을 알 수 있으며 이는《胎峯謄錄태봉등록》2권(영조 5) 기유 9월 초1일조에 의해서 알 수 있다[15]. 이는 경종태실이 이보다 3년 전에 이루어졌기 때문에 상세한 儀軌의궤가 남아 있었으므로 그에 준해서 역사를 진행토록 하였음을 말하여 주는 것이라고 하겠다. 그런데 이번에 발견된 영조의 胎室加封儀軌영조가봉의궤에 의하면 경종태실에서 본받은 것이 아니라 공주의 숙종태실을 尺量척량하여 본받고 있음을 알 수 있으니 同동 儀軌의궤 9월 초1일조에서 알 수 있다[16].

여기에서 생각할 수 있는 바는 바로 충주의 경종태실의 석물 조배시에는 바로 숙종태실을 조영할 때 그 儀軌의궤에 준하여 시행토록 하였음에서 볼 때 실제 영조태실을 가봉할 때에는 충주의 경종태실이 숙종태실 의궤을 따랐으므로 그 본 바탕인 공주의 숙종태실을 척량하여 그대로 하였던 것이 아닌가 생각된다. 덧붙여 말한다면 今上금상의 태실이기 때문에 선왕의 制제에 따름이 당연하나 그 바탕이 바로 숙종태실에 의거했기에 애당초 바탕을

14) 車勇杰,「英祖大王 胎室加封依軌에 대하여」(湖西文化硏究 第2輯, 忠北大學校 湖西文化硏究所, 1982. 8).

15)《胎峯謄錄》二 英祖 5年 己酉九月初一日
「……石物造排吉日來十月十四日午時. 胎室開基來九月二十日卯時 先破西方石物治役吉日九月十一日午時 軍人及雜物 一依忠州景宗大王胎室石物造排時儀軌抄後錄依例……」

16)《英祖胎室加封儀軌》九月初一日에「標石前後面書塡 一依肅廟朝擧行向事」라 하였고 同九月十二日에는「胎室加封所兼監役官爲牒報事 今此聖上胎室加封 今九月初四日辭朝 爲香祝下去 傳香于公山縣與繕工監役 仍進肅廟朝胎室舊制 奉審石物尺量後 今月十一日 到淸州地……」

찾아 하려고 한 것이라고 하겠다.

이 儀軌의궤에 의하여 당시 태실 가봉시에 동원된 역군과 잡물의 調發조발 및 역사의 사실을 자세하게 알 수 있으니 태실관계 자료로서 매우 귀중함을 알 수 있다. 아마 충주의 경종태실의 역사에 있어서도 이 의궤의 내용에 준하였음을 알 수 있다[17].

경종태실의 加封가봉 役事역사의 진행은 繕工監선공감 提調제조 正憲大夫정헌대부 禮曹判書예조판서 兼겸 知經筵事지경연사 同知成均館事동지성균관사 沈宅賢심택현과 觀象監관상감 提調제조 嘉善大夫가선대부 行龍驤衛副護軍행룡양위부호군 鄭亨益정형익이 9월 초7일 충주에 도착하여 태봉으로 가서 標石표석, 龜臺石귀대석, 中童石중동석, 盖簷石개첨석, 欄干石난간석 등을 조성하고 8일 묘시로부터 순서에 따라 安排안배한 뒤 莎草사초를 하여 모든 加封役事가봉역사를 매듭지었다. 그리고 이튿날인 9일에는 差使員차사원 鄭錫정석으로 하여금 입회시켜 火巢화소의 경계를 謄錄등록에 따라서 三百步삼백보를 척량하여 立標입표를 하였으며 본관에 명하여 垓字해자를 파서 禁斷금단토록 하였으며 守直軍수직군 8명을 예에 따라 정하여 보호 관리토록 하여 분부하고 10일 서울로 올라갔으니 감역관 任敬임경은 한 달 가까이 걸려 監董감동하였음을 알 수 있다[18].

조정에서는 이 가봉 역사에 공이 있는 사람들에게 11월 초3일에 상을 내렸으니 다음과 같다. 선공감제조 심택현과 관상감제조 정형익에게는 각각 半熟

17) 車勇杰, 前揭論文末尾에 「英祖胎室加封儀軌」에 全文이 실려 있다.

18) 《胎峯謄錄》 二　英祖 二年 丙午 九月十三日
「一繕工監提調 正憲大夫 禮曹判書 兼知經筵事 同知成均館事臣沈宅賢 觀象監提調嘉善大夫行龍驤衛副護軍 臣 鄭亨益聯名狀啓 內臣等 本月初七日馳到忠州地 進詣胎峯則 標石龜臺石中童石盖簷石欄干石等物已爲造成爲白有去乙 自初八日卯時 次第安排後莎草等役. 初九日竝皆完訖爲白 遣火巢界限與差使員鄭錫 眼同尺量依謄錄三百步立標後令本官掘垓 禁斷守直軍八名依例定体之意 亦爲分付 本州爲白乎旀 臣等段 初十日還爲上去爲白乎矣 監役任敬段月餘 監董之餘重得寒疾勢難發程乙仍于使之 調理追乎 上來緣由幷以馳啓爲白 卧乎事是良尔 詮次 善啓云云 啓下禮曺」.

馬반숙마 1필, 서표관 유기서와 도차사원 정석에게는 각각 兒馬아마 1필을, 지방관 박치원에는 上弦弓상현궁 一張1장을 내려 주었으며, 감역관 임경에게는 6품으로 遷轉천전하였으며, 교수 김우하에게도 품직에 알맞는 벼슬을 제수하였으며, 奏時官주시관 이연화에게는 上弦弓상현궁 一張1장을 사급하였으며 원역과 공장 등에게 해당되는 관청과 충청도에서 米미, 布포를 마련하여 주었다[19]. 지금 괴동리 마을에 下馬碑하마비가 있는데 이 비는 본래 경종대왕태실 앞 큰 길가에 있었던 것을 마을 안으로 옮겨 왔다고 한다. 태봉이 있는 주변에서는 下馬하마하여 지나가도록 하였음을 이 비석에 의하여 알 수 있다.

Ⅳ. 酒洞부락 두 胎室碑의 主人公 問題

이상에서 경종대왕 태실의 장태 과정을《胎峯謄錄태봉등록》을 중심으로 살펴 보았다. 그러면 이제 서두에 開陣개진한 주동부락의 두 태실비는 어느 분의 것인가에 대하여 살펴 보기로 한다. 이에 대해서는 그 생년월일 만이 비문에 의해서 알 수 있을 뿐 다른 기록이 없기에 그 바탕을 찾기에 매우 어려움을 느낀다.

우선 제1왕자의 생일이 숭덕 년간의 기묘년이라는 것과 제2왕자의 생일이 순치 년간의 신사년임을 알 수 있으니 이는 각각 인조 17년(1639)과 동 19년(1641)임이 분명하다. 따라서 이 두 분이 인조의 왕자임을 알 수 있다.《璿源系譜선원계보》에 의하면 인조의 繼妃계비 莊烈王后장열왕후 趙氏조씨의 소생으로 4남이 있으며 廢出폐출 趙貴人조귀인 소생으로 2남1녀가 있

19) 同上 丙午 十一月初三日
「一備忘記 景宗大王胎室石欄干加封時 繕工提調沈宅賢 觀象監提調鄭亨益各半熟馬一匹. 書標官 柳基緖 都差使員鄭錫各兒馬一匹 地方官朴致遠 上弦弓一張賜給 監役官 任敬六品遷轉 教授金佑夏 相當職除授 奏時官 李挺華上弦弓一張賜給員役工匠等 令該曺本道米布分等 磨鍊題給爲良敎」.

음을 알 수 있다. 여기에서 태실비의 주인공은「제1왕자」, 「제2왕자」라고 한 것으로 보아, 趙貴人조귀인 소생인「一男 崇善君 澂」과「二男 樂善君 潚」[20]의 것임을 짐작케 한다. 그런데 이 분들에 대한 생년월일을 알 수가 없어 확정짓기는 어렵다.

여기에서 이 두 왕자의 태실비를 세운 해를 살펴보면 제1왕자가 숭덕 8년(계미) 10월 25일이다. 이에 가까운《胎峯謄錄태봉등록》을 살펴보면 9월 29일자와 10월 초1일자에 藏胎장태에 관한 觀象監관상감의 牒呈內容첩정내용이 기록되어 있음을 볼 수 있다. 그러나 여기에서도 이 주인공이 누구인지는 알 수가 없다. 다만 제1왕자의 藏胎事實장태사실 만은 틀림이 없음을 알 수 있으니 그 본문은 다음과 같다.

> 癸未(仁祖 21年) 九月 二十九日
> 一觀象監牒呈據啚 啓目王子阿只氏藏胎時 應用雜物乙良 依所報趂卽擧行事知委何如 啓依啓目施行爲乎矣 役軍以多量宜減定爲良如敎 役軍減 五十名
> 曳石軍減 一百名
> 癸未 十月 初一日
> 一觀象監牒呈據啚 啓目王子阿只氏藏胎時 所入雜物乙良 依所報令該司趂卽上下進排何如 啓依允

이 때에 역군을 減감하게 된 이유는 전후(임진, 병자 등란)의 어려움을 극복하기 위함이었던 것 같으니《胎峯謄錄태봉등록》의 제기록이 亂中난중에 소실되었던 것을 이 계미년에 새로이 마련하여 기록하기 시작한 데서도 알 수 있다. 이 왕자의 藏胎事장태사가 첫째번으로 기록되고 있음은 매우 다행한 일이라고 하겠다.

「第二王子의 藏胎 立碑는 順治二年(乙酉) 八月 二十四日」로 되어 있으니 이에 관련된《胎峯謄錄태봉등록》의 기록은 前記전기한 기록에 바로 다

---

20)《濬源系譜》의 濬源世系 二十九面 裏面.

음하여

乙酉(仁祖 23年) 閏六月 十七日

一觀象監官員 以領事提調 意啓曰 二王子阿只氏藏胎定於八月 例以胎峯三處書啓受點而 但去癸未年藏胎時 三阿只氏胎室以長幼次序 一峯上同藏事別有傳敎 依此擧行故 今則胎峯望單子 不爲書入之意敢啓傳曰知道

라고 기록하고 있을 뿐이다. 이 기록으로 보아 분명히 제2왕자의 태실에 관한 것을 알 수 있다. 또한 같은 태봉에 두 분의 태를 함께 묻었다는 기록은 분명히 주동 부락에 있는 태봉과 일치하고 있음을 알 수 있다. 이곳에는 앞에서도 언급하였지만 1·2왕자가 동일지역에 장태되고 있음에서 더욱 분명하다. 그러나 이 두 기록으로서도 그 주인공이 누구인지 알 수는 없다.

여기에서 우선 전술한 바 있는《璿源系譜선원계보》에서 인조의 趙貴人조귀인 소생인 두 왕자「一男 崇善君 澂」과「二男 樂善君 潚」에 관하여 살펴 보기로 한다. 이 두 왕자의 생년월일은 현재 알 수 없다. 그러나《仁祖實錄인조실록》에 의하면 그 24년(병술) 12월에「以 王子澂爲崇善君 澂趙昭儀出也」[21]라고 있으니 이 기록이 崇善君숭선군에 대한 첫 기록이다. 이에 의하여 태실비의 생년인 기묘년(인조 17)과 비교하여 보면 7년의 차가 있으니 8세되는 해에 왕자를 숭선군이라 封君봉군하였음을 알 수 있다. 또한 동왕 26년(戊子) 2월에 숭선군의 부인 간택문제가 처음으로 논의되니 이 때의 나이는 10세가 된다. 그리고 동년 5월에 가서 申翊全신익전의 딸로 하여금 숭선군의 부인으로 삼았다는 기록을 볼 수 있다[22]. 당시로 보아 10세면 왕자의 혼례가 있었음은 일반의 예라고 할 것이다. 그런데 실록에는 동 왕

---

21)《仁祖實錄》卷47, 仁祖 24年 丙戌 12月 丁酉條.

22)《仁祖實錄》卷49, 仁祖 26年 戊子 2月 辛未條.
「上·下教 禮曹曰·崇善君澂夫人揀擇」이라 하였으며
同 仁祖 26年 戊子 五月 甲寅條에
「以 申翊全女子爲崇善君夫人」이라 한 것으로 알 수 있다.

자 숭선군의 졸년이 기록되어 있으니 숙종 16년(1690) 정월 6일 무술로 되어 있다. 숭선군이 죽었으며 謚號시호를 孝敬효경이라 하였다고 기록하고 있다[23]. 태실비의 생년으로부터 起算기산한다면 52세가 되는 해에 해당된다. 있을 수 있는 나이라고 하겠다.

이에 대하여 2왕자인 樂善君낙선군에 대하여는 인조 26년 12월에 비로소 封君봉군하였음을 기록하고 있다. 이는 태실비의 생년(신사년)으로부터 계산한다면 8세가 되는 셈이다[24]. 또한 낙선군의 졸년이 실록에 의하면 숙종 21년(1695) 3월 14일(을해)에 졸하였으며 謚號시호하기를 靖憲정헌이라 하였으니[25] 생년을 신사년으로 따지고 보면 55세가 되는 해가 된다. 이도 또한 있을 수 있는 나이라 추측된다.

생존년령에 대해서 이렇다고 단정짓기는 어려우나 당시를 중심한 왕가중 인조가 54세 살았으며, 효종이 40세, 숙종이 59세를, 소현세자가 33세, 인평대군이 36세, 현종이 33세를 살았다고 본다면 숭선군과 낙선군 두 왕자의 52세, 55세는 일반적으로 추측하여 제 나이를 살았다고 할 것이니 전기한 중원군 엄정면 가춘리 주동부락 태봉의 두 왕자 태실의 주인공이 인조의 후비 귀인 조씨 소생인 1남 숭선군과 2남 낙선군의 것임을 짐작케 한다고 하겠다.

숭선군은 앞에서 살핀대로 인조 24년(1646)에 封君봉군되고 동 26년(1648)에 申翊全신익전의 딸과 결혼을 하였다. 중원군 앙성면 중전리 중방부락에는 신익전의 신도비가 있는데 그 비문에 보면 신익전의 둘째 딸과 결혼하였음을 알 수 있다. 이 무렵 金自點김자점은 그의 손자인 世龍세룡과 숭

23) 《肅宗實錄》 卷22, 肅宗 16年 正月 戊戌條에
「崇善君澂卒 謚孝敬」이라 하였다.

24) 《仁祖實錄》 卷49, 仁祖 戊子 12月 己酉條에
「以王子潚爲樂善君 昭儀趙氏出也」

25) 《肅宗實錄》 卷28, 仁祖 21年 3月 乙亥條에
「樂善君潚卒 謚靖憲」이라고 한 데서 알 수 있다.

선군의 누이되는 孝明翁主효명옹주와 결혼시켜 왕실의 외척이 되고 권력을 오로지 하려다가 1649년 효종이 즉위하자 金慶錄김경록, 宋俊吉송준길의 탄핵으로 罷職파직되었다. 이에 앙심을 품고 譯官역관 李馨長이형장을 시켜서 효종의 北伐計劃북벌계획과 송시열이 지은 長陵誌文장능지문에 명나라 연호를 사용하고 있음을 청나라에 고자질하였다. 청에서는 이를 크게 의심하여 대군을 국경선에 배치하고 使者사자를 보내어 그 眞否진부를 詰問힐문하였다. 효종은 기민한 수습으로 무마를 하였으나 김자점의 반역행위를 물어 귀양보냈다. 이 때에 숭선군의 어머니인 조귀인이 김자점의 사수로 그의 며느리인 신씨(숭선의 부인이며 신익전의 딸)을 저주한 사건이 일어났다. 이에 조귀인이 賜死사사되니 1651년(효종 2)의 일이다. 이 때에 김자점 등이 숭선군을 왕으로 추대하려 했다는 무고로 숭선군도 이듬해에 강화도에 또한 이어서 喬洞교동에 圍籬安置위리안치시켰다가 효종 7년(1656)에 석방되었으며 동 10년에 官爵관작이 복구되었다. 이 咀呪事件저주사건으로 김자점 및 그의 손자이며 조귀인의 사위인 金世龍김세룡 등은 사형에 처하였다. 숭선군 생애의 한 단면을 말해 주는 것이다.

이상에서 주동부락 두 태실비의 1왕자는 숭선군(1636~1690), 2왕자는 낙선군(1641~1695)임을 알 수 있게 되었다. 또한 같은 면내에 있는 경종대왕 태실에 대해서도 藏胎장태과정을 살펴보았다. 이것을 확인하기 위한 《胎峯謄錄태봉등록》(복사본)을 빌려 보게 된 일은 매우 큰 도움이었다. 차용걸 교수에 대해 감사를 드린다.

Ⅴ. 朝鮮朝의 藏胎事實

순서가 뒤바뀐 듯하나 조선시대 왕가의 장태 사실을 살피는 것도 도움이 되리라 생각되어 다음에 概觀개관하여 보기로 한다.

《經國大典경국대전》 禮典예전 奉審條봉심조에 보면 「寢廟山陵, 壇, 墓는 禮曹에서 提調와 같이 奉審하여 上奏한다.」고 하였으며 이에 곁들여 「地方은 觀察使가 王, 王妃, 王世子의 胎室과 宗廟各室 王后考妣 墓所까지 審省한다.」고 하였다. 여기에서 태실이라 함은 왕자가 출생하면 그 태를 담는 胎缸태항을 만들어 胎衣태의와 胎盤태반을 藥劑약제로 처리한 연후에 담아서 길지를 택하여 석실을 만들고 安胎使안태사를 보내서 이를 埋藏매장하는 것을 말한다. 왕비는 비가 된 연후에 전에 묻었던 것을 공식으로 胎藏移安태장이안하였다.

藏胎장태함에 있어서는 우선 길지를 택하여야 하는데 이에 대하여는 반드시 지관을 보내어 看審간심을 하였다. 이는 고려시대에 크게 성행하였던 風水思想풍수사상에 깊은 영향을 받은 데서 비롯된 것이라고 하겠다. 安胎안태를 위한 길지를 택하는데 있어서는 《胎藏經태장경》이라는 책에 의해서 이루어졌다. 이 책이 어떠한 내용을 담은 것인지 알 수는 없으나 고려시대부터 있어 왔음을 알 수 있다. 고려조에서는 科擧試驗과거시험 과목으로 지리학을 택한 사람에게 필수적으로 과했던 書目서목임을 알 수 있다[26]. 조선조의 문종 즉위 후 9월조에는 《胎藏經태장경》에 의한 安胎法안태법이 기록되고 있음에서 그 한 부분을 짐작할 수 있다. 이에 의하면 그 사람의 賢愚현우나 衰盛쇠성이 모두 태에 있으니 삼가지 않으면 안된다고 하였으며 장태에는 六安胎法육안태법이 있다고 하였으니,

三月	和正胎	五月	軟藏胎	三年	壯應胎
五年	中符胎	七年	向陽胎	十五年	過陽胎

26) 《高麗史》 卷73, 選擧志 1科目 1條에 보면 仁宗 14年 11月에 科했던 것임을 알 수 있다. 여기에 보면 《胎藏徑》 一卷을 읽고 文章을 破讀케 하였다고 하였다.

등으로 구분하고 있다. 또한 남자는 15세가 되면 학문에 뜻을 두며(志學之年), 여자는 15세에 조촐하게 집을 지키는 나이(遵家之年)이므로 남자는 마땅히 軟藏연장, 中符중부, 向陽胎향양태 가운데 年月연월에 묻어 志學之年지학지년을 기다리고, 여자도 역시 和正화정, 壯應장응, 過陽胎과양태에 해당하는 年月연월에 묻어 遵家之年준가지년을 기다리게 한다고 하였다. 남자가 만약 好地호지를 만나면 聰名愛學총명애학하고, 事業九經사업구경하며, 團爽無病단상무병하며, 官職高遷관직고천한다고 하였다[27]. 이에 대하여 차용걸 교수는 다분히 占卜的점복적이고 금기적인 성격의 내용이 담겨 있으며, 음양설에 근거한 것으로 음양의 수리적 응용을 인간의 장래에 맞추는 사상적 기반에서 태장의 이론이 성립되었음을 말한다고 하고 陰陽交合음양교합의 이치에 의해서, 즉 陰陽合德음양합덕하여야 萬事亨通만사형통, 萬物生成만물생성한다는 것으로 說明설명된다고 하였다[28].

이 六安胎法육안태법에 의하면 전술한 바 있는 숭선군과 낙선군은 출생한지 5년 만에 장태를 하였으니 中符胎중부태의 방법을 취했으며, 경종대왕은 5개월 만에 장태하였으니 軟藏胎연장태의 방법을 취하였음을 알 수 있다. 또한 여자의 태는 일반적으로 3월에 해당하는 和正胎화정태의 법을 따랐음을 알 수 있으며 영조 30년 6월 16일(갑자)에 觀象監관상감에서 「藏胎之法에 女胎則限三朔이라 하였으니 새로 태어난 翁主胎는 오는 7月에 三朔이 차므로 擇日하여 擧行하여야 한다고 啓言하니 王이 允許하였다.」[29]고 한 기

---

27) 《文宗實錄》 卷三, 文宗卽位年 庚午 九月 己酉
「風水學啓 胎藏徑曰 夫天生萬物 以人爲貴 人生之時 因胎而長 況其賢愚衰盛 皆在於胎 胎者不可不愼 凡降胎之三月 名爲和正胎 五月軟藏胎 三年壯應胎 五年中符胎 七年向陽胎 十五年過陽胎謂之六安胎法也 故經曰 男子十五年 則志學之年 女子十五年 則遵家之年 然則男子 宜當軟藏·中符·向陽胎中年月藏待於志學之年 女子亦當和正·壯應·過陽胎之年月藏待於遵家之年 男子若値好地 聰明愛學·事業九經·團爽無病·官職高遷」

28) 車勇杰, 前揭論文, pp.6～7.

29) 《英祖實錄》 卷81 英祖 30年 甲戌 六月 甲子.

록에서 알 수 있다.

또한 安胎안태의 제도는 국가에서 반드시 들(野)의 圓峰원봉을 택하여 그 위에 藏胎장태를 하였으며 이를 일러서 胎峯태봉이라고 하였다. 이곳에는 耕作경작과 柴地시지를 금하였으니 園陵원릉의 제도와 같았다[30]고 하였다. 그런데 藏胎장태를 위한 마땅한 길지의 선택을 위한 看審간심은 사전에 전국적으로 證考使증고사를 보내어 胎經태경의 擇地法택지법에 따라서 구하고 3등으로 구분하여 置簿치부하여 두었다가 왕자 등이 탄생하면 미리 看審간심해 둔 길지를 골라서 태실로 마련하였던 것이니 「依胎經擇地之法廣求吉地於京畿下三道」[31]라 한 기록과 「平時에 證考使를 파견하여 胎峯으로 마땅한 곳을 看審하여 三等으로 나누어 置簿하니 元子·元孫은 一等이요, 大君·公主는 二等, 王子·翁主는 三等인데 胎峯抄에 受點한다.」라고 한 데서 알 수 있다[32].

그런데 이와 같이 미리 置簿치부하여 둔 태봉의 길지에 대한 文籍문적이 壬辰임진·丙子병자 兩亂양란으로 인하여 모두 없어졌으므로 여러 阿只氏아지씨가 아직 藏胎장태되지 못하고 있으며 앞으로 태어날 왕자, 공주 등의 安胎안태를 위하여 다시 證考使증고사를 보내어 지리학적 면에서 胎峯태봉으로 적합한 곳을 미리 看審간심하여 치부하여 두려고 하였으나 이것이 잘 이루어지지 아니하여 道監司도감사들이 推考추고한 일도 있었다[33]. 이러한 사실

---

30) 《顯宗改修實錄》 卷22, 顯宗 11年 庚戌 3月 丙子條에 보면
「安胎之制 不見於古禮而國制必擇野中圓峰 藏胎於其上 謂之胎峯 封植禁耕柴 如園陵之制……」라 한 데서 알 수 있다.

31) 《文宗實錄》 卷3 文宗 卽位年 9月 己酉條.

32) 《宜祖實錄》 卷151, 宜祖 35年 6月 乙卯條.
「觀象監啓曰 平時證考使差遣 胎峯可當處看審 分三等置薄 元子元孫則一等 大君公主則二等 王子翁主則三等 胎峯抄啓受點……」

33) 同上 宜祖 35年 6月 乙卯條에 계속하여
「藏胎前例 而亂離以後 置薄閪失 諸阿只氏未藏胎 非止一二 不久有藏胎之命 則無憑可考 極爲悶慮 證考使 雖未可差遣 而令各道都事 率本監地理學官員 胎峯可合處

을 알게 하는《胎峯謄錄태봉등록》은 바로 亂離난리로 산실된 胎峯關係文籍태봉관계문적을 다시 정리 기록하기 위하여 꾸며진 것으로 그 첫 기록이 인조 21년(계미, 1643) 4월 초5일자 부터이다.

이 첫 기록은 4월 16일에 세종대왕 태봉의 火巢內화소내에서 失火事件실화사건이 발생한데 대한 경상감사의 狀啓상계로부터 시작되고 있으며, 태봉의 관리상태와 장태과정 등을 이후부터 낱낱이 상세하게 기록을 하고 있다. 모두 2권으로 되어 있으며 그 1권은 숙종 40년까지의 사실을 수록하였으며 2권은 숙종 41년부터 영조 16년까지의 胎峯事實태봉사실을 기록하고 있어 태봉에 관한 연구에 있어서 중요하고 귀중한 자료이다.

胎室證考使태실증고사의 地方派遣지방파견에 있어서도 지방의 폐해를 가져올 경우에는 중지되기도 하였으며[34] 또한 중종대에는 風水說풍수설의 荒唐황당함을 들고 해마다 지방에 흉년이 들어 백성들의 살림이 어려운데 證考使증고사를 파견함은 그 從事官종사관도 많으며, 지관으로 따르는 자도 하나 둘이 아닌데 이는 민폐가 심하므로 일체의 역사나 중앙관의 지방파견을 견제할 것을 논하기도 하였다. 또한 藏胎장태에 의한 禍福說화복설에도 큰 변화가 일어나게 되었음을 알 수 있으니 이 무렵의 사대부들은 대부분 胎태를 불에 태워버리는 습성이 일반적이었음을 알 수 있다. 따라서 왕자나 왕녀의

預爲看審等第 啓下置薄 臨時啓用事 捧承傳何如. 傳曰允」

《胎峯謄錄》仁祖 21年 癸未 8月 5日

「觀象監官員以領監事提調意啓曰 頃因下地官之教將有安胎之擧而 胎峯置薄文籍兵亂散失未得 査考以啓卽令該曺移文 各道列邑所在胎峯 一一看審地名及坐向並爲成冊上途而 赿不擧行本監又置爲行會嚴明申飭而 只京畿 忠淸 江原道 若干邑外 其餘三道無一邑回報極爲可駭 全羅 慶尙 黃海 三道 監司並爲推何如傳曰允」

34)《太宗實錄》卷1, 太宗元年 辛巳 5月 癸巳條에 보면 당시에 있어서 風水學에 있어 一可見이 있는 河崙을 시켜 藏胎吉地를 살피려 하였으나 農務에 妨害가 된다고 中止시킨 일을 다음과 같이 기록하고 있다.

「門下府 郎舍請停胎室證考使 從之, 上欲以河崙爲證考使 歷巡忠淸·慶尙, 全羅道 郎舍啓 方農旱甚 不宜大臣出外 以妨農務也」

태봉들 가운데 元子胎封원자태봉은 부득이 擇地택지를 하여야 하지만 封胎地봉태지는 가급적 동·서문 밖으로 一日程1일정 혹은 二日程2일정에 한하여 선택을 하되 멀리 下三道하삼도까지 가서 擇地택지하는 것은 불필요한 것이라고 하였으며 胎室證考使태실증고사의 파견도 없앴음을 알 수 있다. 이는 胎峯證考使태봉증고사 및 看審간심 및 役事역사 등에 대한 지나친 폐해로 인한 參贊官참찬관 李耔이자와 領事영사 鄭光弼정광필 掌令장령 權撥권발 등의 進言진언으로 당시의 사정을 알게 하는 일들이다[35].

證考使증고사의 파견에 대한 폐해도 그러려니와 藏胎時장태시의 폐해도 매우 심했음을 알 수 있다. 抄軍초군의 동원수가 많아 폐해가 심하므로 그 동원을 없애거나 줄이도록 하기도 하였으며, 또한 藏胎處장태처의 田地전지가 많이 陳荒地진황지로 되어가고 있으므로 藏胎一峯장태일봉 외에는 禁耕금경하지 못하게 하거나, 王子君胎왕자군태 외의 翁主胎옹주태는 한 곳에 묻도록

35) 《中宗實錄》 권30, 中宗 12年 丁丑 11월 乙未
「參贊官李耔曰 年年凶歉 百姓困苦 若事有關係 則弊不可計也 今證考使(擇安胎地也)下去 從事官亦多相地官從之者 又比一二 而如指民之家舍田地近處 則民皆傾財而施賂 此今年不必爲之事不可遣也 大抵風水之說 荒唐之事也 且於近地 豈無可擇者 而必於遠方 以貽民弊乎. 上曰 所言至當證考使亦不免因循古例也 此果無益之事也 且於下三道往來九有弊 於近地擇之亦可也 光弼曰 如元子胎封不可不擇 以此其弊 因循已久矣 且必於無家舍無田地處占之 則民亦無寃 且於京畿 無可擇之地然後遣地理官於下三道 與監司同巡擇之 亦非所以輕之也 掌令權撥曰 去年於慶山地安胎時 臣以差使員親見之安胎近處 皆使陳荒 故民之有家舍田地于其傍者咸呼號哭泣及其旣安皆還于民 若預定其界限 則民亦預知而不甚騷動 今則不然 不分彼此 故民先騷擾 此甚不當. 上曰 風水之說 固不可信 其事亦不關係而使百姓騷動 先定其界限可也 庸謹曰 禍福壽夭必有天定 此皆無益若於元子 則猶可擇地若每如此 則地亦不足矣 撥曰 禍福之說 有何所關常時士大夫之家 其於生男生女 胎則盡焚之於火 此非有係於 禍福也. 上曰 此因循例事而爲之 果無益也 當問于有司 思所以更處之可也○傳于政院曰 封胎地 可先於東西門外擇地門外無可當地 則或一日程 或二日程. 無過一二日程 凡喪葬擇地 猶不必求之於遠 況此事乎 不必爲遣於下三道也 且胎封之地凡田地陳荒亦有畿限 而民不之知 或多騷擾此亦弊之大者 可先定其界也 且若於 京畿無可當之地 則雖擇於下三道 不必遣證考使也 相地官 擇不泛監者遣之與其道監司同巡 一時擇地可也」

하는 등 논의된 일도 있다[36]. 藏胎時장태시 폐해를 없애기 위해서 中葉중엽 이후에는 멀리 安胎使안태사를 보내어 길지를 택하여 封胎봉태할 것이 아니라 御苑어원의 潔淨결정한 곳에 藏胎장태하는 것이 옳다고 생각하여 그와 같이 하여 왔던 일도 있다. 이러한 사실은 영조 41년 5월 13일(정해)에 封胎봉태한 石函석함이 舊闕구궐 옆에서 발견된데 대한 문제로부터 시작되어 內苑내원에 藏胎장태하여 왔음을 알게 한다[37]. 정조 17년 4월 8일(경오)에도 새로 태어난 옹주의 태를 內苑내원에 묻었음도[38] 바로 藏胎時장태시의 폐해를 없애려고 한 데서 비롯한 것임을 알 수 있다.

태를 藏胎地장태지까지 봉송할 때에는 매우 화려한 의식을 행하였음을 알 수 있다. 태가 지나가는 길을 크게 정비 보수하되 그 해당되는 도에서 책임을 졌으며[39] 주현에서는 結綵棚결채붕하고 儺戱나희를 하였으며 館門관문에서 結綵결채를 끝이었으며 儀仗의장과 鼓樂고악으로 맞이하였다고 하였으니

---

36)《成宗實錄》卷283, 成宗 24年 癸丑 10月 辛未
「戶曹參判曹偉啓曰 藏胎時抄軍必充千數 而以觀象監官員領役 其弊甚多 請今後勿充千數 又令守令領役 上曰 軍數雖少 而功役可就 則不必充千數也 許琮曰 藏胎處田地必多陳荒請藏胎一峯外 勿禁耕 僉知中樞府事權侹啓曰 江原黃海等道胎峯 不易多得臣意以爲 王子君胎 外翁主胎 則一處藏之且於三角山近處 擇地藏之爲便 上曰 其問便否于觀象監」

37)《英祖實錄》卷105, 英祖 41年 乙酉 5月 丁亥
「景福衛將 得一石函於舊闕之傍以進 上取覽之 卽封胎於石函者 而石面刻以王子乙巳五月日寅時生 上命玉堂 考出譜略以奏 仍敎曰 國初 獻陵陵上四方石大爲民弊故 聖祖親詣 陵所 改以兩片石 國朝陵誌 古則以石 而予於丁丑以後 仰體 列朝儉德以磁代之 莫重之處猶然 況其次乎藏胎之弊 予知熟矣 以古例爲難更也 今於舊闕 得藏胎石函 此中葉以後事也 前已封胎者 今無論 自今藏胎 必於御苑潔淨處 以陶缸埋之 以此載于儀曹遂爲定式」

38)《正祖實錄》卷37, 正祖 17年 癸丑 四月 庚午
「藏新生翁主胎于內苑 國朝故事 每王子公翁主生有司以藏胎處所 備三望受點 遣安胎使藏之 英宗甲戌 命郡主藏胎勿差安胎使 只今中官往藏 乙酉得藏胎石函于景福宮北城內 始知中葉以前故例之藏于內苑 命嗣後藏胎 必於內苑淨潔地藏置 至是有司以 翁主藏胎儀節稟旨 上 遵先朝受敎 以是日藏胎于宙合樓之址砌」.

39) 前註 3 參考.

얼마나 화려하였는가를 알 수 있다[40]. 또한 안태한 후에는 매 3년마다 胎室安慰祭태실안위제를 지냈었다. 그러나 세종은 태조와 정종 때에는 하지 않았던 일이었는데 태종에 의해서 시행하게 되었던 것이니 이는 옛 제도에 따라서 없애는 것이 좋겠다고 생각되어 없애버린 일도 있다[41].

태실에는 또한 석물로 欄干난간을 설치하도록 하였다. 石物欄干석물난간은 대개 加封가봉할 때에 행하였으니 숙종·경종·영조태실의 예에서 알 수 있다. 그런데 초기에는 나무(木)로 난간을 둘렀던 것을 항구적인 보존을 위하여 돌로 하게 된 것 같다[42]. 그러나 한때는 石欄干석난간을 설치하지 못하게 한 일도 있었으니 세조는 예조에 이르기를 "이후부터 어태나 왕세자, 원손의 태실에 石欄干을 설치하지 말라"고 하였다[43]. 이에 대하여 예조에서는 어태실(세조태실)이 성주의 대군과 여러 군의 胎室태실의 곁에 있으며 또한 儀物의물(石欄干 등인 듯)이 없으니 길지를 택하여 옮겨서 선왕의 舊例구예에 따라 儀物의물을 설치할 것을 아뢰니 許허하지 아니하고 다만 標石표석을 치우고 立碑입비하여 구별토록 하라고 하여서 비석을 세웠던 일도 있다[44].

그러나 왕으로 즉위하면 그 당대에 가봉하여 석물을 갖추어야 함을 원칙

---

40) 《世宗實錄》 卷2, 卽位年 戊戌 11月 辛亥
「禮曹啓 胎室移安 晉州時 令於安胎處結綵棚說儺戲 其所過州縣 止於館門結綵 以儀仗鼓樂郊迎 各道監司守令 毋得越境 從之」

41) 《世宗實錄》 卷13, 世宗 3年 辛丑 10月 己亥
「命除胎室安慰祭 前此安胎後 每三年 一次行祭 謂之胎至安慰祭 室是禮曹 令書雲觀稽舊例 太祖 恭靖王安胎後 並不行安慰祭 乃命罷之」

42) 《世宗實錄》 卷2, 世宗卽位年 戊戌 11月 己酉
「宣旨 胎室石欄之設 掘地損脉 今晉州胎室 毋設石欄 只用木爲欄 朽則改之 以爲恒式 」

43) 《世祖實錄》 卷29, 世祖 8年 壬午 8月 甲申
「傳旨 禮曹曰 今後御胎及王世子元孫胎室 並物設石欄干」

44) 同上 世祖 8年 壬午 9月 乙巳
「先是 禮曹啓 御胎室 在星州大君諸君胎室之旁且無儀物擇地移安 依先王舊例 設儀物 不允, 只命去標石 立碑以別之至是立碑」하였다고 하고 碑文을 계속하여 記錄하고 있다.

으로 삼아왔으니 현종 3년 6월 23일(갑자)에 영의정 鄭太和정태화는 「卽位한 후 胎峯石物은 當代에 加設하여야 한다.」고 상언한 바에서 알 수 있다[45]. 이와같은 태실의 석물을 가설하거나 立碑입비할 때와 그 과정에 있어 磨治마치하거나 석물 등을 바꿀 때에는 엄격한 관리를 하기 위하여 禮曹예조의 堂上官당상관 및 監役官감역관이 직접 나가서 감독을 하였다[46]. 그러나 이러한 석물을 가설하는데 있어서도 폐해는 없지 않았으나 浮石부석(採石)하여 옮기는 일이 매우 어려웠으며 또한 觀象監員관상감원들이 제 분수에 맞지않게 행동을 하는 폐도 있어서 그 소재지 수령에게 검거토록 한 일도 있으며 土功石役토공석역이 수 개월이 지나도록 끝맺기가 어려워 농사에도 지장을 주는 등 하였으며[47] 또한 백성들이 굶주려서 돌을 운반하기에 매우 피곤하였으며 한 임금의 태를 묻는데 그 해가 下三道하3도에 두루 미쳤다고 하였으니[48] 얼마나 크고 어려웠던 무리한 역사였는가를 짐작케 한다.

태실을 관리하기 위해서 胎室都監태실도감이란 官府관부를 설치하기도 하였다. 이는 태실의 조영과 그 관리에 있어서 엄격하고 철저하게 하기 위한 제도를 마련하려고 한 것이라 생각된다. 세종은 胎室都監태실도감을 두고 晉州胎室진주태실에 侍衛品官시위품관 8인, 守護干수호간 8인을 두도록 한 일이 있

---

45) 《顯宗改修實錄》 卷1, 顯宗 3年 壬寅 6月 甲子
「領議政 鄭太和曰 卽位後胎封石物 當卽加說 而臣等未諳故事 尙未擧行 誠是欠典也 上曰胎封加設石物 乃古例耶」.

46) 《大典會通》 卷3, 禮典 奉審條
「大王胎室碑石 磨治及石物物改時 本曹堂上官及監役官 進去董役」

47) 《成宗實錄》 卷284, 成宗 24年 癸丑 11月 癸卯
「傳于承政院曰 藏胎時 用軍人幾名 可濟其事乎 承旨等啓曰 藏胎時 若浮石處距胎封遠 則轉輪爲難故必役三百名 然後可易濟也 且觀象監官員 不無汎濫之弊 令所在守令 領軍檢擧何如 傳曰可」.
《宣祖實錄》 卷60, 宣祖 28年 乙未 二月 已巳
「王女安胎土功石役甚鉅 數月之內 勢不加畢 正當東作之時 畿內孑遺之民 將廢農事」라 한 記錄과 「胎峯之役 供億之費不貲 浮石之弊甚鉅」 등에서 알 수 있다.

48) 《燃藜室記述》 別集 第2卷 藏胎

으며, 胎室都監태실도감에게 동옷[襦衣]과 털로 된 冠靴관화를 下賜하사한 일도 있었다[49]. 이와 같은 胎室管理태실관리를 위해서는 이미 太宗태종도 胎室태실을 정하고 侍衛品官시위품관 4인과 守護人수호인 十戶10호를 京山府경산부 祖谷山조곡산에 御胎어태를 安藏안장하고 둔 바가 있으니[50] 이 사실이 세종대에 와서 제도로 태실도감을 설치케 한 원인이 된 것이라고 하겠다. 그러나 뒤에는 守直軍수직군을 두어 보호관리토록 하였다[51].

태를 봉한 뒤에는 胎峯태봉 주변을 정화하기 위해서, 일정한 구역내에는 민가를 헐어 없애고 田土전토에 대해서도 禁耕금경토록 하였다. 그 구역이 넓었을 경우에는 四域4역의 동남이 각 9,600보이며 서쪽 9,590보, 북쪽이 470보를 확보하여 立標입표를 한 때도 있었다[52]. 이러한 조치는 매우 지방민에게 큰 폐해가 되는 일로 많은 논란이 되었던 문제인 듯하다. 문종 원년 정월에 中樞院副事중추원부사 朴堧박연의 上言상언에서도 충분히 알 수 있다. 朴堧박연은 胎峯태봉 밑에 민가를 헐고 田土전토를 폐하는 것은 매우 痛惜통석한 일이라 하고 지리학을 인용하여 풍수에 있어서도 人烟인연의 해가 없으면 된다고 하였으며, 葬法장법에 있어서도 예로부터의 경험을 생각할 때 모두 사람이 사는 것을 피하지 않았다 하고 신라의 陵墓능묘가 모두 왕성 안에 있는데도 천년을 성대하게 누렸다고 하였으며, 태실은 능묘에 비할 바가 아니니 인연을 싫어할 것이 아니라 하였다. 또한 나라의 전토가 줄어들면

49) 《世宗實錄》 卷2, 世宗 卽位年 戊戌 11月 丁未朔에
「胎室都監 請置晉州胎室 侍衛品官八人 守護干八人 上王從之」라 하였으며 己酉條에 「賜胎室都監 提調金自知 襦衣毛冠靴」라 한데서 알 수 있다.

50) 《太宗實錄》 卷2, 太宗元年 辛巳 10月 癸亥
「安胎于京山府祖谷山 閔霽詣咸州 奉胎函 以至京山府 定胎室侍衛品官四員及 守護人十戶」

51) 前註 18 參照.

52) 《文宗實錄》 卷6, 元年 辛未 3月 乙巳
「安胎使 禮曹判書許翊還啓 今已移安東宮胎室于星州伽倻山 定其四域 東南各九千六百步 西九千五百九十步 北四百七十步 爲之立標 又定品官 李孝眞等八人 百姓金道者六人 使之守護」

민생의 원한이 있다고 하였다. 이에 대하여 지리관계의 諸書제서와 胎經說태경설에도 撤屋철옥하고 금경토록 한 기록이 없으므로 특별히 德音덕음을 베풀어 舊業구업에 따르도록 하고 風水學풍수학에 따라서 행하도록 하였다[53]고 한 데에서도 태봉 주변에 대하여 지나치게 넓은 지역에 다 금표구역을 설정하여 문제점으로 나타나고 있었음을 알 수 있다.

이와 같은 문제점을 해소하기 위한 논의는 종종 있어왔음을 또한 알 수 있다. 숙종 38년 3월 27일에도 서산·공주 兩界양계 사이에 태봉이 있는데 그 四周4주가 10여 리에 이른다 하고 300보의 한도를 넘어서서 옥토가 曠廢광폐당하고 있음을 논하기도 하였다[54]. 이러한 논의가 여러 차례 있어오다가 끝내 胎室步數태실보수를 정하게 된 것이라 생각된다[55].

태실을 설치한 安胎地안태지에 대해서는 그 지방을 격상시키기도 하였다. 문종은 즉위년 7월에 安胎안태로 이미 昆陽郡곤양군으로 승격된 전례에 따

---

53) 《文宗實錄》 卷5, 文宗元年 辛未 正月
「中樞院副使朴堧上言 胎峯之下 撤民廬舍 廢其田 土極爲痛惜地理之說有曰 雞鳴犬吠閙市烟村 隱隱隆隆 孰探其源又曰山朝不如水朝水朝不如人朝 則不以人居 爲忌明矣 若曰山水之氣因人居而有損則都城州縣 民所聚也 而綿歷多年富庶如一 則人烟之不害於風水 足可驗也 又以葬法考之古今經驗皆不忌人居 臣見新羅陵墓多在王城之內 而享國千年號稱盛代 中國之人墓在田園之畔 而家世不絶 名賢出焉則人烟團集 亦爲吉氣無疑矣 而況胎室不比陵墓之幽玄 尤不嫌於人烟何必胎峯千仭之下其不干山脉平下之地. 田園第宅. 盡撤無遺. 然後爲吉也哉. 此甚無理. 如以草木荒茂爲貴則桑田竹卉 亦草木之美者也 何故廢桑田 而護榛莽撤人居 而養虫蛇爲哉意其作俑者豈不敬謹之 至曲生別議爲此過中之禁防乎 若堅據此例 立爲恒規則傳祚萬年胎所 亦同國田之減 民生之怨靡有止息況昇平日久 生齒極繁人多地窄片無閑土 保民足食 亦王政之所急誠願. 殿下命令徧考地理諸書及胎經之說 如無撤屋禁耕之文則特渙德音 許仍舊業其峯邊有寺之處因爲祝齡之所 如古人胎室之例何如 命下風水學議之」

54) 《胎峯謄錄》 一卷, 肅宗 38年(壬辰) 3月 27日條에
「一幼學 金永孚等 上言據曺粘目云云 觀此上言則其矣等 伏見瑞山 公州兩界間 有胎峯四面周廻將至十餘里 論其步數不啻三百步之外限制已過 沃土曠廢當此寸 土如金之日 非但不宜廢棄亦非……」

55) 前註 7 參照
《胎峯謄錄》 一卷, 末尾에 肅宗 38年 壬辰 3月 27日에 이어서 肅宗 39年 癸巳 4月

라 基川기천, 任內임내, 殷豊縣은풍현은 基豊郡기풍군으로 승격시켰으며[56], 또한 현종의 태실이 있는 大興縣대흥현도 石欄干석난간을 排設배설한 뒤에 승격시켜서 郡군으로 한 일도 있다[57].

이러한 태실을 관리하는 책임은 지방수령에게 있었다. 따라서 지방수령에 대한 불만들이 있으며 태실의 석물을 쳐부수므로써 지방관에 대한 항거를 하는 일도 있었다. 중종 30년 9월에 영의정 金謹思김근사 등의 啓계에 의하면 胎室石物태실석물을 쳐부순 일이 수령을 謀害모해하려 한 일이 아닌가 하고 생각케 한 일[58]도 그러려니와 선조 8년에 瑞山서산의 간사한 백성이 그 고을원을 해하려고 명종의 胎峯石欄干태봉석난간을 쳐부수었다[59]고 한 일은 주목할 일이다.

끝으로 역대 왕들의 태실 소재지를 알아보고자 한다. 다행하게도《정조실록》[60]에 태조로부터 영조대까지 기록되고 있다. 또한《胎峯謄錄태봉등

初2日條 同年 閏5月 初5日條 및 40年 甲午 8月 16日條에서 각각 胎峯의 步數의 問題와 耕作의 關係事를 기록하고 있다.

《英祖實錄》卷29 英祖 7年 辛亥 6月 乙未에

「(趙)文命又曰 列聖胎室步數規制各殊 而顯廟肅廟胎室 俱不滿三百步 上問昆陽胎室步數爲幾許仍敎曰 仰體 列祖遺意 仍其舊可矣 盖以當宁胎室當封 而慮其廣占步數 貽害民田故也」

56)《文宗實錄》卷1, 卽位年 庚午 7月 丙午에

「藝文館大提學 權孟孫等啓曰 臣等籍鄕慶尙道 基川·任丙·殷豊縣 乃上安胎之處 請陞郡置守 下吏曹議之」라고 陞爲郡할 것을 請한데 대하여 同 戊辰日에「議政府據吏曹呈啓 慶尙道 基川·任內·殷豊縣 乃安胎之處 請依昆陽郡例 陞爲郡 以基川縣合屬 號爲基豊郡 從之」라 한 데서 알 수 있다.

57)《正祖實錄》卷18, 正祖 8年 甲辰 9月 丁卯.

58)《中宗實錄》卷80, 中宗 30年 乙未 9月 甲戌.

「領議政金謹思等啓曰 臣等見慶尙道觀察使李思鈞啓本 胎室石物打毁事 至爲駭愕 此與亂逆無異不可只遣敬差官而推之也. 此雖曰謀害守令 然其山直招內云 自前亦累衝火云爾 則固非謀害守令之事也 若欲害守令 則必當衝火於官庫 豈必於胎室乎……」

59)《燃藜室記述》別集 二卷 祀典典故 藏胎條에

「宣祖乙亥 瑞山奸民 欲害其宰打破 明宗胎峯石欄」이라고 있다.

60)《正祖實錄》卷18, 正祖 8年 甲辰 9月 丁卯條.

록》에도 보이고 있다. 그러나 약간의 차가 있으므로 여기에 대비하여 참고에 供공할까 하는 바다.

《正祖實錄》·《胎峯謄錄》:(　)안은 車勇杰 敎授 註에 依함.

太祖	珍山	萬仞山	같음(珍山東三十里胎室山)
正宗	金山	直持寺後	같음
太宗	星山	祖谷山	같음
世宗	昆陽	所谷山	같음(泗川郡昆明面隱土里)
文宗	豊其	鳴鳳寺後	같음(醴泉郡上星面鳴鳳洞)
端宗	昆陽	所谷山	같음(泗川郡昆明面隱土里)
世祖	星州	禪石寺後	禪石山
睿宗	全州	胎室山	같음(全州南二十里胎室山)
成宗	慶州	慶安驛後	慶安驛
中宗	加平	西面	같음(加平郡下邑里양태봉)
仁宗	永川	公山	같음
明宗	瑞山	東面	같음(瑞山東三十里胎峯山)
宣祖	林川	西面	같음(林川西二十里可乙化面)
仁祖			
孝宗			
顯宗	大興	遠東面	같음(大興東十三里朴山)
		辛酉年十月 石欄干排設後	大興縣陞號爲郡守
肅宗	公州	南面 吳谷無愁山洞口	公州南面(公州南十里胎峯里)
景宗	忠州	嚴政立碑北數里許	忠州
英祖	淸州	山內一東面無雙里	기록없음

Ⅵ. 結　語

중원군 엄정면 가춘리 주동부락에서 새로이 발견된 두 개의 태실비의 주인공을 확인하기 위한 작업 중《胎峯謄錄태봉등록》을 얻어보게 되면서 같은 면내에 있는 경종대왕 태실의 藏胎장태 과정을 아울러 살필 수 있게 된 것은 지방에 있는 유적을 연구하는데 매우 큰 도움이었다.

분명하게 확정짓기는 어려웠으나 前記전기 두 왕자의 태실이 인조의 후비 조귀인의 소생인 1남 숭선군 澂징과 2남 낙선군 潚숙의 것임을 짐작할 수 있게 되었다. 현재 두 비는 하나는 胎峯태봉 밑 논 가운데로 흐르는 또랑가에 눕여져 있고, 하나는 頂部정부에 묻혀져 있으며 胎峯頂部태봉정부에는 民墓민묘가 있으니 이 지역에 대한 淨化정화가 시급함을 알게 할 뿐이다. 비록 지난날 망국의 왕자 태실이라 하더라도 이와 같이 방치하여 둘 수는 없지를 않은가. 문화재적인 측면에서도 한 번쯤 고려하여야 할 문제라고 하겠다.

끝으로 조선왕조에 있어서의 태실의 문제를 개관하여 보려고 하였다. 매우 자료가 산만하게 되어 있어 체계있는 정리를 하기에는 어려웠으나 그런대로 살피는 과정에서 몇몇 農本國家농본국가로서의 耕地面積경지면적의 줄어드는 문제점에 대하여 크게 논의를 거듭하고 있었던 것은 매우 생각해 볼만한 문제이기도 하였다. 여기에 다시 정리를 하면서 맺는 글로 삼겠다.

조선조에 있어서는 고려조부터 성행하였던 풍수설에 영향을 입고 또한 《胎藏經태장경》이라는 藏胎장태를 위한 地理書지리서를 바탕으로 하여 사전에 왕실의 藏胎地장태지 證考使증고사를 널리 파견하여 看審감심하였으며 왕자가 태어나면 간심된 吉地길지를 골라 初藏초장을 하는데 이는 《胎藏經태장경》에 의한 六安胎法육안태법에 의하여 행하였음을 알 수 있다.

왕으로 등극을 하게 되면 初藏초장한 곳에다가 加封가봉을 하는데 여기에는 石欄干석난간을 시설하고 다시 비석을 세우게 된다. 세조 때에는 한때 석난간 등 儀物의물을 피하고 비석을 세워서 구별하기도 하였으나 대개는 石欄干석난간을 둘렀다.

이와같이 태실을 완성하면 그 주변을 성역화했으니 火巢區域화소구역을 정하여 경내에는 민가를 헐고 田土전토는 모두 禁耕금경토록 하였다. 또한 태실의 관리를 위하여 胎室都監태실도감을 설치하기도 하였으나 恒久的항구적인 것은 아니었던 것 같다. 그러나 보호관리를 위하여 守直軍수직군을 약간명 두었음을 알 수 있다.

태를 奉送봉송하기 위해서는 도로를 개수하고 화려한 행사를 하였으니 結綵柵결채책하고 儺戱나희를 하는데 儀杖의장과 鼓樂고악으로 맞이하였으며 安胎안태 후에는 安慰祭안위제를 지냈던 것이다. 安胎處안태처를 승격시켜서 縣현을 郡군으로 하였으니 이와 같은 행사는 신성시하고 尊嚴존엄을 보이기 위한 것이었음을 알 수 있게 한다.

그러나 이와 같은 藏胎過程장태과정에 있어서의 諸般제반 役事역사의 어려움과 이에 따른 지방민에 대한 폐해가 매우 심하였으며 撤屋禁耕區域철옥금경구역의 확장에서 오는 경지면적의 축소는 무엇보다도 생산력을 감퇴하는 일로 많은 문제점을 낳게하여 火巢區域화소구역이 정하여지게 되기도 하였음은 매우 다행한 일이 아니었는가 한다.

끝으로 한 가지 주목할 일은 중종·명종대에 이르러서는 풍수지리설에 대한 荒唐性황당성이 제기되었으니 이는 성리학이 작용하면서 나타난 현상이라고 하겠다. 이러한 결과로 藏胎地장태지를 택하기 위하여 멀리 지방으로 證考使증고사를 파견하는 일도 고려를 하였으며 內苑내원에 묻기도 하였음을 알 수 있다. 더욱 士大夫사대부의 집에서는 태의 禍福說화복설에 큰 의혹을 갖고 불에 태워 없애는 습속이 있어오게 되었으니 이 遺習유습이 아마도 오늘에 이르기까지 일반에게 행하여져 온 것이 아닌가 한다.

(《藥城文化》5, 1983)

追記: 가춘리 태실비는 10여 년이 지나서 완전한 2王子의 비는 태봉 북쪽 입구에 세웠으나, 一王子의 비는 어떻게 되었는지 없어졌다고 한다.

抗日 義兵將 韓鳳洙考

〈목 차〉

Ⅰ. 序 言

조선조 말기에 우리나라는 아무런 대안없이 門戶문호를 개방하였기 때문에 일본을 비롯하여 淸國청국과 美미·露로·英영·獨독·佛國불국 등 열국들이 무분별하게 들어와 각기 利權이권을 다투는 곳이 되고 말았다. 무능한 조정 대신들은 갈피를 잡지 못하고 그들의 勢세에 따라 아침 저녁으로 向背향배를 달리하는 형편이었으니 참으로 한심한 일이었다.

이러한 가운데 일본은 처음부터 계획적으로 우리나라를 침탈하고자 갖은 간계를 다 써가며 조정대신들을 매수하여 국왕과 국민들의 의사와는 달리 주권을 빼앗기 위한 不平等條約불평등조약을 하나하나 체결해 가면서 나라의 운명을 조여가고 있었다. 이에 항거의 깃발을 들고 일어난 것이 외세를 물리치자는 甲午갑오(1894) 東學運動동학운동이었으니 이것이 원인하여 淸·日戰爭청일전쟁이 일어났다. 일본의 승리로 전쟁이 끝나자 일인들은 더욱 가중한 행동을 서슴치 않았으니 이듬해에는 국모인 민황후를 살해하는 일까지 일어났다. 이에 격분한 뜻있는 분들에 의해서 항일 의병이 일어나기 시작하였다.

그 첫 봉기는 10월 11일을 전후하여 보은에서 文錫鳳민석봉 등 유생들이 일어났으며, 제천에서는 毅庵의암 柳麟錫유인석을 중심으로 왜적을 토벌하자는 의거를 선언하고 義士의사들을 모아 義軍의군을 편성하고 이듬해 정월에 충주성을 공략하는 전과를 올리기도 하였다. 그 여세는 전국적으로 퍼져나가게 되었다. 이 항일 의병이 일어난지 올해가 꼭 백년이 되는 해이기도 하여 제천에서는 그 기념행사를 크게 가진 바 있다.

이에 日軍일군들은 官軍관군(韓國軍)과 더불어 의병을 토벌하면서 친일파들로 내각을 구성하고 우리의 목을 조르더니 1905년에는 乙巳條約을사조약을 체결하고 외교권을 빼앗아 갔다. 게다가 統監府통감부를 설치하고 정치마저도 그들의 뜻대로 관여하니 高宗고종은 이 억울함을 호소하기 위해 헤이그에 이준 등 密使밀사를 파견하였다. 그러나 이것이 빌미가 되어 일제는 고종을 강제로 퇴위시켜 丁未條約정미조약을 체결하고 군대까지도 해산하게 되었다. 이에 격분한 解散軍人해산군인들은 일제에 반항하며 각지로 흩어져 의병운동의 일선을 담당하게 되었으니 전국적으로 확산되어 갔다.

이 시기에 청주지역에서도 倭賊왜적을 물리치고자 義兵의병의 봉기가 있었으니 그 대표적인 분이 바로 韓鳳洙한봉수 義兵將의병장이다. 韓鳳洙한봉수의 활동은 매우 민첩하고 지략이 뛰어났으며 그 용맹성이 남달라 오늘에까지 갖가지 전설적인 이야기가 많이 전해지고 있다. 그야말로 神出鬼沒신출귀몰하는 洪吉童홍길동과 같은 인물로 전해지고 있을 뿐 뚜렷한 기록이 없어 더욱 신화와 같은 인물로 부각되는 듯하다.

다음에 전개코자 하는 바는 현재 남아 있는 몇몇 기록을 중심으로 그의 생애를 정리하여 보고자 한다. 그러나 이들의 기록도 서로 다른 곳이 한 두 군데가 아니어서 어려움이 있다. 韓鳳洙한봉수를 새롭게 이해하는데 도움이 되게 하고자 할 따름이다.

Ⅱ. 韓鳳洙에 대한 記錄

韓鳳洙한봉수에 대한 의병활동 기간의 일기 같은 것은 전해지고 있지 않다. 다만 그가 1972년에 사망하였으니 광복을 맞이하고도 오랫동안 살아계셨으므로 당사자의 증언이 그 동안 몇 개의 기록을 남기게 하였을 뿐이다. 최초의 기록은 洪元吉홍원길씨의 소설로서 《義兵大將 韓鳳洙의병대장 한봉수》라고 생각된다. 1950년 3월에 출판된 4.6판 124면의 작은 책이다. 홍원길씨는 직접 한봉수로부터 전해들은 바를 소년들에게 읽히게 하고자 소설화하였다고 생전에 말한 바를 필자는 들었다. 따라서 이 기록 중의 사건사실은 크게 어긋나지 않으리라고 생각되어 참고가 되리라고 보아진다.

다음으로는 최근까지 한봉수의 주된 공적으로 인정되는 기록으로 1961년에 편찬된 《清州誌청주지》에 실린 내용이다.

이 책은 趙健相조건상씨가 꾸민 것으로 또 직접 한봉수에게서 전해들은 바라 하였다. 셋째로는 1967년에 한봉수가 의거한지 60년이 되는 해를 기념키 위해 세워진 頌功碑송공비로 청주 중앙공원 안에 있다. 이 비문도 조건상씨가 지었다. 다음으로는 그가 돌아가신 1972년 묘소 앞에 세워진 묘비가 있으니 이 또한 조씨의 글이다.

이 외에 李鐘春이종춘씨의 글이 있으니 1972년에 편찬된 《국난을 극복한 고장의 등불》 속에 〈게릴라전의 명장 한봉수〉가 있으며, 1975년에 편찬된 《충청북도지》의 인물편에 실린 내용이다. 이 두 편의 글은 모두 국사편찬위원회에서 편찬한 《한국독립운동사》와 조건상의 《청주지》를 인용한 것으로 《청주지》의 내용과 큰 차가 없다. 또한 묘소 앞에는 청원군에서 세운 안내판이 있다. 이곳에도 새로운 사실이 한 군데 있어 주목된다. 그리고 1977년에 세운 抗日항일 義擧碑의거비가 있으니 이는 한봉수가 최초로 의거했다는 진천군 문백면에 있다.

이상에서 보면 크게 두 가지로 나눌 수 있다. 첫째는 홍씨의 소설《의병대장 한봉수》와 조씨의《청주지》를 근거로 삼고 있기 때문이다. 그러나 이 두 가지 내용이 모두 韓鳳洙한봉수가 생전에 전하여 준 實談실담을 근거로 하였다는 것이다.

이 밖에 주목되는 기록이 있으니 한봉수가 왜병에게 잡힌 뒤 재판에서 판결된 〈判決原本판결원본〉이 있다. 이 내용은 13개 항의 사건을 기록하고 있는데 앞선 내용과 매우 큰 차이를 보이고 있어 관심이 간다.

이상의 내용을 종합하여 차이점을 들어가면서 다음에 그의 생애를 간략하게 옮겨 보고자 한다.

Ⅲ. 出　生

한봉수의 출생과 성장과정은 소설 속에 자세하다. 그 내용을 개략하면 청주군 山外一面산외일면(지금 北一面) 가는다리(細橋)에서 가난한 농군인 한진영(淸原郡誌에서)의 독자로 태어났으며 두 살되던 해에 아버지를 여의었다. 홀어머니의 손에서 갖은 고난을 겪으며 성장하였으나 이웃 아이들과 어울리면 항상 그 우두머리 노릇을 하였다. 16세 때에 장가를 드니 처가는 서울의 西江서강이었다. 장가 든 뒤 포수꾼인 의부를 따라 다니며 화승총을 익혔으니 그도 명포수로 알려졌다. 이것이 의병활동에 큰 도움을 준 것이었다. 《청주지》에는 六尺長身육척장신에 빛나는 眼光안광은 大義대의를 상징하는 당대의 壯士장사였다고 하였다.

그런데 출생년에 두 가지 설이 있어 주목된다. 소설에는 1874년이라 하였으나 이는 잘못이다. 이 외에 1883년(癸未年)과 1844년(甲申年)이라는 두 가지 기록이 엇갈리고 있다. 묘비에는 1883년생이라 하였으며 활자로 기록한 《청주지》, 《道誌도지》 등에는 모두가 이 설을 따르고 있으나 청주 중앙공원에 있는 頌功碑송공비와 진천의 義擧碑의거비에는 1884년이라 새기고 있기 때문이다. 또한 조선 말 의병활동을 하던 때에는 이름을 奉洙봉수라고 하였던 것 같다. 이는 재판 판결문에 이와 같이 기록되고 있다. 언제부터 鳳洙봉수라 하였는지는 알 수 없으나 1919년 3·1운동에 참여하다 체포되어 판결된 판결문에는 鳳洙봉수라 기록하고 있으니 일제 초기에 이름자를 바꾼 것 같다. 이에 대해서는 선생의 戶籍호적을 열람하면 알 수 있겠으나 확인하지를 못하였다.

Ⅳ. 최초의 義擧

소설에는 20세 되던 때 일본 헌병의 횡포를 보고 분격하여 사살하였다. 그러자 지명 수배되어 쫓기던 차 2명의 왜 헌병을 유인하여 사살한다. 이후 계속 쫓기는 바 되다가 왜병에게 발견되어 위기를 지능으로 모면한 뒤 그를 또한 사살하고, 2시간 뒤 30리 떨어진 곳에서 또한 왜헌병이 사살되니 이 모두 한봉수의 뛰어난 작전들이었다고 하였다.

이와 같이 되자 한봉수는 고향에서 살 수 없어 24세 되던 1907년 5월에 처와 어머니를 妻家처가인 서울 西江서강으로 피신시킨 뒤 본격적으로 의병을 일으키고자 뜻을 정하고 모병하니 700명이나 모였다.

그동안 개인적인 유격전에서 이제는 집단적인 결전의 시기가 왔다. 7월 28일 일군 50여 명과 괴산군 괴산면 대산리에서 일군을 유인하여 7명을 사살하고 총 7정, 실탄 60상자, 식료품 40뭉치를 빼앗았다고 하였다.

그러나 조씨의 《청주지》를 비롯한 모든 기록 비문 등에는 1907년 5월 26일 正午頃정오경(義擧碑 : 이에 대하여는 8월 說, 가을 등 엇갈린다) 청주의 細橋세교에서 解散軍人해산군인들을 모아(墓碑 앞 안내판에는 한봉수도 鎭衛隊 上等兵이었다고 기록하고 있다. 그러나 여러 면에서 볼 때 그는 군인은 아니었다) 진천군 문백면에서 일헌병 3명을 발견하고 보리밭에 은신했다가 모두 사살한 것이 첫 蜂起봉기라고 하였다. 이것을 기념하기 위해 이곳에는 1977년 6월에 《義兵將 淸州韓公鳳洙의병장청주한공봉수 抗日義擧碑항일의거비》가 세워졌다.

이에 대하여 〈判決原本판결원본〉에는 이 사건과 유사한 기록이 있다. 「1908년 6월 10일에 김규환과 더불어 그 부하 6~7명과 함께 청주군 북쪽 江外一面 梧根에서 진천군에 이르는 10여 리의 길에서 일본 헌병 2명(1명은 乘馬하고, 1명은 徒步)이 지나가는 것을 알고 보리밭에 숨어 기다리다가 김규환이 앞서가던 승마 헌병을 사살하자 다른 1명은 잠시 응전하다가 전사한 헌병의 총기를 갖고 퇴각했다」는 내용이다.

내용상으로는 동일사건으로 보이나 1년의 시차가 있다. 이 사건은 裁判재판 기록이 옳은 것이 아닌가 생각된다.

〈판결원본〉에 의하면 韓鳳洙한봉수의 의거 동기를 다음과 같이 기록하고 있어 주목된다.

「被告(韓鳳洙)는 평소에 솜틀 기계를 밟는 직업으로 매일같이 淸安郡 장암에 통근하던 중 1907년 陰8월 어느날, 집으로 돌아가던 중 暴徒 首魁 金奎煥에게 납치되어 그 부하가 되어 행동하였다. 당시 나라의 사정에 분개하여 정부를 전복하고 정사를 변경하고자 뜻을 세우고 김규환을 따라 여러 차례 守備隊 및 憲兵隊와 충돌하였다. 더욱 군자금을 마련코자 우송 중인 우편물을 습격하고 人家에 들어가 재물을 빼앗기도 하였다. 1908년 陰7월 중, 淸州 細橋에서 守備隊와 충돌하였을 때 김규환과 따로 떨어진 뒤 독립하여 首魁가 되어 부하 수십 명을 거느리고 같은 행동을 계속하였다.」고 하였다.

사건기록의 첫항(이것이 실제 작전의 시초가 아닌가 한다)에는 다음과 같이 기록되어 있다.

「1908년 4월 3일 김규환과 그 부하 20여 명과 같이 청주군 山外一面(지금 北一面) 細橋에서 체송 중인 우편물을 습격하여 체송인이 도망하자 우편물 전부를 약탈하고 그 속에 있는 현금 3천원 중 銀貨, 銅貨는 각자 분배하고 紙幣는 軍資金으로 김규환이 가졌다.」고 하였다.

이 사실로 보아 韓鳳洙한봉수는 처음부터 혼자서 활동한 것이 아니라 金奎煥김규환과 뜻을 같이 하고 義擧의거한 것이었으나 이 해 7월에 독립한 것으로 생각된다.

V. 義兵 同志

청주 중앙공원에 서 있는 頌功碑송공비와 墓碑묘비에는 한봉수와 함께 의거를 한 참모들의 이름이 새겨져 있다. 여기에는 石成國석성국이 참모장으로 활약하였다고 하였으며 보은의 의병장으로 기록되고 있다. 〈判決原本판결원본〉에는 石聖國석성국으로 나온다. 이에 의하면 「1908년 5월 9일(판결문 2항) 김규환·石聖國 등과 함께 각자의 부하를 합한 약 40여 명이 淸州郡 山外一面 椒井洞에서 말탄 日本 騎兵 2명이 우편물을 호송하고 오는 것을 左右의 산록에 숨었다가 石聖國이 앞서 오는 왜병을 저격 사살하자 다른 1명의 왜병은 응전하다 달아났다. 이에 우편물을 빼앗아 그 속에 있는 현금 2천원을 각자 분배하였다.」고 하였다.

이 내용은 송공비와 묘비에 보이는 유사사건이 있으니 1908년 1월로 椒

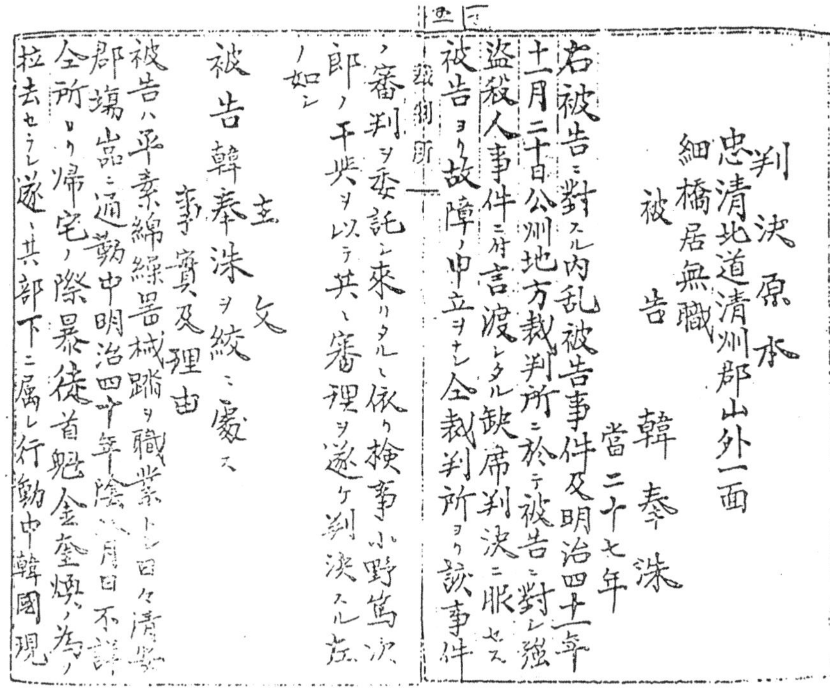

判決原本
忠清北道清州郡山外一面
細橋居無職
被告 韓奉洙
當二十七年
右被告ニ對スル内乱被告事件及明治四十二年
十一月二十日公州地方裁判所ニ於テ被告ニ對シ強
盗殺人事件ニ付言渡シタル欠席判決ニ服セス
被告ヨリ故障ノ申立ヲナシ全裁判所ヨリ該事件
ノ審判ヲ委託シ来リタルニ依リ検事小野篤次
郎ノ干渉ヲ以テ共ニ審理ヲ遂ケ判決スル左
ノ如シ
主 文
被告韓奉洙ヲ絞ニ處ス
事實及理由
被告ハ平素綿繰器械踏ヲ職業トシ日々清州
郡場嵓ニ通勤中明治四十年陰八月日不詳
全所ヨリ帰宅ノ際暴徒首魁金奎煥ノ為ノ
拉去セラレ遂ニ其部下ニ属シ行動中韓國現

〈1910년 6월 29일 공주지방재판소 청주지부 田中判事가 내린 한봉수에 대한 판결 원본〉

井초정 뒷재에서 목을 보다 江原道강원도로부터 수송하는 稅金세금호위대를 기습하여 수송대장 소위 외 3명을 사살, 구실(租稅金) 10년분 77만원과 총기를 노획하여 軍資군자로 사용했다는 기록이다.

이외에 서장관에 李亮九이양구, 군기 공급을 꾀하다가 순국한 裵昌根배창근, 보은의 金雲路김운로, 琅城낭성의 申潢신황은 손잡던 義兵의병이며, 청주의 孟永俊맹영준, 潘基鶴반기학, 韓春한춘 등 뜻을 같이 하였다는 동지의 이름이 비문에 나타난다.

그러나 소설에서나 비문 등에는 〈판결원문〉에 보이는 金奎煥김규환에 대하여는 한마디도 언급이 없다. 앞에서도 기록했지만 한봉수의 의거 동기가 김규환에 의해서였다면, 언급이 있어야 할 것이나 그리하지 않아 의아하다.

이 외에 〈판결원문〉에는 「1909년 陰8월 이후에는 당시 폭도의 수괴로서 文大將이라 자칭하는 趙雲植과 기맥을 통하여 여러 차례 보은군 속리산에서 會合 모의를 하고 혹은 공동으로 혹은 단독으로 수차에 걸쳐서 각지에 橫行하였다.」하고, 사건기록의 9. 10. 11. 12항에는 조운식과 함께 행동하는 기록이 보인다. 조운식에 대해서는 소설 속에도 보이고 있다. 소설의 최후 결전항에 보면 「봉수부대가 문경 장바위에 가서 경상도 의병대장 金聲應·趙雲植 등과 만나서 의견을 교환하였다.」고 하였다.

〈판결원문〉에는 다음의 이름들이 보인다. 모두 의병이다. 徐順命서순명·金慶化김경화·韓春三한춘삼·李正九이정구 등이다.

Ⅵ. 마지막 싸움

비문 등에는 한봉수 의병장의 전과에 대하여 다음과 같이 기록하고 있다. 「싸우면 이기고 치면 앗아 호서일경에 용맹을 떨치고 이어 전의·목천·평택·여주·횡성 등 여러 곳에서 분전, 헌병대요 병참이요 창고요 십여 군데를 쳐 칠십여 적을 무찌르고 푸짐한 무기 탄약을 노획, 그 해(1909)의 聞慶戰鬪에서는 수백의 적과 맞싸워 사십여 명의 강력부대를 무찌르며 잔적을 몰아내니 이가 의거 40여 회의 마지막 싸움이다.」고 하여 문경에서 마지막 싸움이 있었음을 기록하고 있다. 소설에서도 마지막 싸움 기록으로 문경을 들고 있으니 다음과 같다.

「의병의 수는 줄고 반비례로 놈들의 수는 늘고 이 역전하는 대세에 아무리 호랑이라는 칭호를 받는 한봉수 대장인들 별수가 없었다. 그들은 적을 찾는 일보다 적을 피하는 행동으로 나갈 수 밖에 없었다. 문경 농바위(별말)라는 데까지 이른 한봉수 부대는 2백여 명의 적병을 만나 싸우게 되었다. 그러나 이쪽은 겨우 사오십 명에 불과했으니 산속도 아닌 마을에서 즉 平野戰에서 병기, 훈련 등 모든 점으로 우수한 네 배의 왜병을 물리칠 승산은 도저히 없는 것이었다.」

이러한 상황에서 한봉수 부대는 무장을 갖추고 결전에 임했으나 끝내 포위되자 속리산으로 탈출하여 눈물을 머금고 부대를 해산하였다. 최후 싸움의 결과였다.

한봉수는 단신 어머니와 처가 있는 서울 西江서강으로 가서 나날을 보내다 우연히 구세군 참령 미국인 선교사 증여히가두의 도움으로 이듬해인 1910년 2월 망명길에 올랐다. 그러나 이 또한 무슨 운명이랴, 남대문을 지나다 왜놈에게 잡히고 말았다.

이에 앞서 1908년 11월 20일 한봉수는 공주지방재판소에서 강도 살인사건으로 결석재판을 받은 바 있었다. 체포되자 전 판결과 함께 다시 심리를 받아 1910년 6월 29일, 공주지방재판소 청주지부에서 絞首刑교수형을 받고 刑형집행을 기다리다 8월 29일 소위 일제의 한일합방으로 인한 특별사면으로 석방되었다. 이때 나이 27세의 청년 의병장이었다.

Ⅶ. 3·1운동과 광복

일제의 가혹한 무단통치에 반기를 든 우리 민족은 1919년 3월 1일 민족의 독립을 외치는 만세운동을 일으켰다. 의병장 한봉수 선생도 가만 있지를 않았다. 다음에 한봉수의 재판 기록을 간략하게 정리한다.

1919년 4월 1일 한봉수는 李太雨이태우, 林鳳洙임봉수 등 여러 명이 함께

細橋里세교리 구 시장에서 「조선독립만세」를 높이 불렀으며, 다음날인 2일에도 역시 세교리 구 시장에서 마을 사람들이 운집하고 있었다. 이때 植木식목을 위해 內秀普通學校내수보통학교 敎師교사 嚴翼東엄익동 등 학생 85명이 지나가는 것을 잡아 군중과 함께 「조선독립만세」를 높이 불렀다.

이에 治安치안을 방해했다는 죄목으로 체포되어 1919년 5월 6일 공주지방법원 청주지청에서 한봉수는 1년 징역형을 받고 李太雨이태우·林鳳洙임봉수는 笞刑태형 90에 처했다.

이상에서도 종전의 여러 비문 기록에는 2년반의 형을 받았다고 하였으나 잘못된 내용이다.

국가 危難위난에 의분 항거하여 장부의 뜻을 펴고 의기 심기에 굶고 노숙하며 밤하늘에 빌면서 악전고투하던 이 언덕 저 산마루 자취 밟아 사냥으로 만절지키신 선생이 광복을 맞이하니 그 감개 어떠했으랴.

1963년 3월 1일에 국가에서는 그에게 건국공로훈장 단장을 내리었다. 또한 1972년 7월에는 대통령의 주택자금을 하사 받았으니 생전의 일이었다. 그러나 그 해 겨울 12월 25일 세상을 뜨시니 90세였다. 29일 社會葬사회장으로 고향인 청주 북일면 학평리 85-34에 안장하였다.

한봉수에 대한 여러 가지 사건이 있으며 전설처럼 전해지는 내용 등은 누구에 의해서든 한 번 정리되어져야 할 일로 남게 됨을 아쉽게 생각하면서 글을 맺는다.

(《淸州文化》 10, 淸州文化院, 1995)

中原의 研究 〈값 48,000원〉

인쇄 2011년 6월 20일
발행 2011년 6월 25일

저 자 金 顯 吉
발행인 孫 光 春
인쇄처 修 書 院
등 록 1971.12.9. No.2-282

발행처 도서출판 修書院
서울특별시 성북구 삼선동1가 15-2
TEL. 765-0924~5, FAX. 765-0927
E-mail : suseowon@hanmail.net

ISBN 978-89-88892-96-1